Springer-Lehrbuch

Weitere Bände in dieser Reihe
http://www.springer.com/series/1183

Horst Gischer • Bernhard Herz • Lukas Menkhoff

Geld, Kredit und Banken

Eine Einführung

Dritte, aktualisierte und erweiterte Auflage

Springer

Prof. Dr. Horst Gischer
Otto-von-Guericke-Universität
Fakultät für Wirtschaftswissenschaft
Lehrstuhl für Monetäre Ökonomie und
öffentlich-rechtliche Finanzwirtschaft
Universitätsplatz 2
39106 Magdeburg
Deutschland
gischer@ovgu.de

Prof. Dr. Lukas Menkhoff
Leibniz Universität Hannover
Institut für Geld und
Internationale Finanzwirtschaft
Königsworther Platz 1
30167 Hannover
Deutschland
menkhoff@gif.uni-hannover.de

Prof. Dr. Bernhard Herz
Universität Bayreuth
Rechts- und Wirtschaftswissenschaftliche
Fakultät
Lehrstuhl für Volkswirtschaftslehre 1
Universitätsstraße 30
95447 Bayreuth
Deutschland
bernhard.herz@uni-bayreuth.de

ISSN 0937-7433
ISBN 978-3-642-23256-5   e-ISBN 978-3-642-23257-2
DOI 10.1007/978-3-642-23257-2
Springer Heidelberg Dordrecht London New York

Die Deutsche Nationalbibliothek verzeichnet diese Publikation in der Deutschen Nationalbibliografie; detaillierte bibliografische Daten sind im Internet über http://dnb.d-nb.de abrufbar.

© Springer-Verlag Berlin Heidelberg 2004, 2005, 2012
Dieses Werk ist urheberrechtlich geschützt. Die dadurch begründeten Rechte, insbesondere die der Übersetzung, des Nachdrucks, des Vortrags, der Entnahme von Abbildungen und Tabellen, der Funksendung, der Mikroverfilmung oder der Vervielfältigung auf anderen Wegen und der Speicherung in Datenverarbeitungsanlagen, bleiben, auch bei nur auszugsweiser Verwertung, vorbehalten. Eine Vervielfältigung dieses Werkes oder von Teilen dieses Werkes ist auch im Einzelfall nur in den Grenzen der gesetzlichen Bestimmungen des Urheberrechtsgesetzes der Bundesrepublik Deutschland vom 9. September 1965 in der jeweils geltenden Fassung zulässig. Sie ist grundsätzlich vergütungspflichtig. Zuwiderhandlungen unterliegen den Strafbestimmungen des Urheberrechtsgesetzes.
Die Wiedergabe von Gebrauchsnamen, Handelsnamen, Warenbezeichnungen usw. in diesem Werk berechtigt auch ohne besondere Kennzeichnung nicht zu der Annahme, dass solche Namen im Sinne der Warenzeichen- und Markenschutz-Gesetzgebung als frei zu betrachten wären und daher von jedermann benutzt werden dürften.

Springer ist Teil der Fachverlagsgruppe Springer Science+Business Media (www.springer.com)

Vorwort zur 3. Auflage

Auch die 3. Auflage dieses Lehrbuches ist in erster Linie für einführende Veranstaltungen in die monetäre Ökonomie gedacht. Diese Veranstaltungen werden typischerweise unter Titeln wie „Geld und Kredit", „Geldtheorie und Geldpolitik", „Geld und Banken" oder „Geld und Währung" angekündigt. All dies lässt sich mit diesem Lehrbuch bestreiten, sofern es sich um Einführungen im Bachelor- oder u.U. auch Masterstudium handelt.

Neues

Die 3. Auflage unseres Lehrbuches hat fast sieben Jahre seit dem Erscheinen der 2. Auflage 2005 benötigt, u.a. weil die große Wirtschafts- und Finanzkrise seit 2007 manches in Frage gestellt hat. Als Autoren fühlen wir uns in der Konzeption unseres Buches durch dieses Ereignis „leider" bestätigt, weil wir dem Finanzsektor weit mehr Raum geben als vergleichbare Bücher. Insofern haben wir diesen Schwerpunkt weiter ausgebaut: So behandeln wir in dieser Auflage Regulierungsfragen in zwei Kapiteln (10 und 11) und widmen der Geld- und Regulierungspolitik in der Krise ein neues eigenes Kapitel (22).

Eine zweite grundlegende Neuerung der 3. Auflage betrifft die Aufnahme von drei neuen Kapiteln (19 bis 21) zur Währungspolitik, um die bisherigen geldpolitischen Teile für die Gegebenheiten offener Volkswirtschaften abzurunden. Damit ergibt sich zudem die Möglichkeit dieses Lehrbuch auch für einen einführenden Kurs in Geld und Währung zu verwenden, solange die Währungspolitik nicht im Mittelpunkt steht.

Eine dritte Änderung ergibt sich aus der praktischen Verwendung dieses Buchs, die einige Umorganisationen von Kapiteln nahelegt. Insbesondere haben wir das Kapitel 3 zur EZB nach vorn verlegt, um zu Beginn institutionelle Grundlagen zu klären. Damit ist auch das sich daran anschließende Kapitel 4 zum Geldangebot mitverschoben worden. Aufgrund verschiedener Anregungen haben wir es jetzt neu um ein Kapitel 5 zur Geldnachfrage ergänzt, die auch eine kurze Einführung in das IS-LM-Modell beinhaltet. Darüber hinaus haben wir Kürzungen vorgenommen: Kapitel 12 setzt sich aus zwei ehemaligen Kapiteln (Kapitel 11 und 12 der 2. Auflage) zusammen und Kapitel 17 beinhaltet nun die wichtigsten Teile der ehemaligen Kapitel 16 und 17. Schließlich sind Daten und institutionelle Angaben aktualisiert worden.

Insgesamt ist das Lehrbuch damit um 4 Kapitel länger geworden, da 6 neue Kapitel hinzugekommen sind und nur 2 Kapitel in andere integriert wurden. Wir hoffen, dass diese neue Gewichtung den Nutzern entgegen kommt.

Zur Ergänzung von Vorlesung und Lehrbuch stehen unter
www.wiwi.uni-hannover.de/gif/gkb
im Internet die Abbildungen im Text sowie weitere zusätzliche Informationen zum Thema Geld, Kredit und Banken zur Verfügung.

Danksagung

Für hilfreiche Kritik danken wir den Studierenden, die sich entsprechende Mühe gemacht haben, auf Ungenauigkeiten oder Ergänzungsbedarf hinzuweisen. Großen Anteil haben zudem unsere wissenschaftlichen MitarbeiterInnen, die mit diesem Buch arbeiten und an der Neugestaltung der 3. Auflage beteiligt waren, insbesondere Patrick Brämer, Toni Richter, Alexander Erler, Fabian Bätje und Marina Nikiforow. Besonderer Dank gebührt schließlich Daniel Funke, Christian Uffrecht und Claudia Zieprich, die gemeinsam die einheitliche Schlussfassung erstellt haben.

Magdeburg, Bayreuth und Hannover im Juli 2011

Horst Gischer, Bernhard Herz und Lukas Menkhoff

Vorwort zur 2. Auflage

Die erfreulich rege Nachfrage nach diesem Lehrbuch hat eine unerwartet schnelle 2. Auflage notwendig gemacht. Wir haben uns deshalb darauf beschränkt, Fehler zu beseitigen, Unklarheiten auszuräumen, Daten sowie Literatur zu aktualisieren und institutionelle Neuerungen zu berücksichtigen. Erwähnenswert sind vor allem Maßnahmen der Europäischen Zentralbank, die das geldpolitische Instrumentarium leicht modifiziert und ihre Strategie etwas umgestellt hat. Ferner bieten wir erstmals allen Lehrenden, die mit unserem Buch intensiver arbeiten möchten, die Schaubilder und Tabellen als Dateien für Folien- oder Beamer-Präsentationen an.
Für den regen Zuspruch und konkrete Hinweise zur Verbesserung danken wir unseren Studierenden sowie Mitarbeiterinnen und Mitarbeitern, insbesondere Daniela Beckmann, Nicole Gaubitz, Julia Hoffmann, Rafael Rebitzky, Mike Stiele und Mirko Weiß.

Bayreuth, Hannover, Magdeburg im August 2004

Horst Gischer, Bernhard Herz und Lukas Menkhoff

Aus dem Vorwort zur 1. Auflage

Zielgruppen

Dieses Lehrbuch ist als Grundlage für einführende Veranstaltungen in die monetäre Ökonomie gedacht. Vorlesungen hierzu finden in der Regel unter Titeln wie "Geld und Kredit", "Geldtheorie und Geldpolitik", "Geld und Banken" oder auch "Geld und Währung" statt. Sie werden typischerweise am Ende des Grundstudiums oder zu Beginn des Hauptstudiums angeboten und bleiben für die meisten Studierenden die einzige Veranstaltung dieser Fachrichtung.

Für das Themengebiet "Geld" gibt es bereits mehrere Lehrbücher – was also ist das Besondere an unserem Text? Neu ist der gewählte Blickwinkel und die sich daraus ergebende Stoffauswahl. Es sind die Finanzmärkte, die heute die monetäre Ökonomie und die wissenschaftliche Diskussion prägen. Entsprechend erörtern wir zunächst Finanzmärkte und Banken, was bisher zwar schon in amerikanischen Lehrbüchern verbreitet ist ("Money, Banking and Financial Markets"), aber nicht in deutschen. Wir wollen in eine volkswirtschaftliche Sichtweise von Finanzmärkten und Banken einführen. Nur so kann die moderne Geldpolitik verstanden werden. Folglich spielen Finanzinstitutionen im ganzen Buch eine wichtige Rolle.

Diese explizite Berücksichtigung von Finanzmärkten und Banken hat nach unserer Erfahrung einen weiteren didaktischen Vorteil. Immer mehr Studierende nähern sich volkswirtschaftlichen Fragen aus einer betriebswirtschaftlichen Perspektive. Ferner fragen Studierende heute stärker – wie es Praktiker schon immer getan haben – nach dem unmittelbar praktischen Nutzen ihres an der Universität erworbenen Wissens. Den sich daraus ergebenden Forderungen trägt dieses Lehrbuch auf folgende Weise Rechnung:

- Die Kapitel beginnen zumeist mit einer Anknüpfung an relevante Fragestellungen aus der Praxis.
- Der Text wird mit zahlreichen Schaubildern und Tabellen ergänzt.
- Boxen im Text liefern Hinweise auf verwandte oder weiter gehende Fragen.
- Jedes Kapitel wird durch eine Zusammenfassung, kommentierte Literaturhinweise und Schlüsselbegriffe abgerundet.
- Auf einer Homepage für dieses Buch finden sich Verständnisfragen zu den jeweiligen Kapiteln sowie Hinweise auf Antworten, die eine Selbstkontrolle erleichtern sollen.
- Die Homepage bietet ferner Links zu interessanten Seiten, außerdem Hinweise auf kurze Artikel und aktuellere Themen, die sich für Diskussionen in Übungen eignen.

Danksagung

Ein Lehrbuch entsteht nicht als Einzelwerk in einem Zug. Die primäre Motivation lieferten unsere Studierenden mit ihren Wünschen, Fragen und ihrer Kritik. Ihnen gerecht zu werden, hat uns dazu angeregt, dieses Lehrbuch zu schreiben. Die einzelnen Kapitel wurden mehrfach in Veranstaltungen eingesetzt und weiterentwickelt.

Neben der studentischen Kritik hat der Text auch die Hilfe von "Profis" erfahren, ohne dass wir diese verantwortlich machen möchten. Hilfreiche Hinweise haben uns zudem Thomas Hartmann-Wendels und Fritz Helmedag gegeben. Schließlich danken wir unseren Mitarbeiterinnen und Mitarbeitern, die involviert waren, insbesondere Michael Frömmel, Guido Henkel und Lukas Vogel. Ein besonderer Dank gilt Sandra Wolf, die mit großer Sorgfalt alle Kapitel in die einheitliche Schlussfassung gebracht hat.

Bayreuth, Hannover, Magdeburg im Juli 2003

Horst Gischer, Bernhard Herz, Lukas Menkhoff

Inhaltsverzeichnis

Vorwort V

Kapitel 1
Funktionen des Finanzsektors

Zum Inhalt von Kapitel 1   1
    1.1 Finanzsektor und Realwirtschaft   2
    1.2 Die Geldfunktion   3
    1.3 Die Allokationsfunktion   5
    1.4 Die Versicherungsfunktion   9
    1.5 Produktive Funktionen des Finanzsektors   11
    1.6 Abgrenzungen monetärer Aktiva   13
Literaturhinweise   16
Zusammenfassung   16
Schlüsselbegriffe   17

Kapitel 2
Finanzsystem und Finanzierung

Zum Inhalt von Kapitel 2   19
    2.1 Das Finanzsystem in der Volkswirtschaft   19
    2.2 Finanzierung, Sparen und Geldvermögensbildung   21
    2.3 Größenordnungen der deutschen Finanzierungsrechnung   25
    2.4 Deutsche Finanzierungsstrukturen im internationalen Vergleich   29
    2.5 Finanzinstitutionen in Deutschland   32
    2.6 Ein Überblick über das deutsche Finanzsystem   35
Literaturhinweise   37
Zusammenfassung   38
Schlüsselbegriffe   39

Kapitel 3
Zentralbanken und Europäische Zentralbank

Zum Inhalt von Kapitel 3   41
    3.1 Begründungen für eine staatliche Zentralbank   42
    3.2 Aufbau des europäischen Zentralbankwesens   44
    3.3 Aufgaben des Eurosystems   48
    3.4 Aufgaben der Deutschen Bundesbank   50
    3.5 Zentralbanken: Bank des Staates oder überparteiliche Institution?   53
    3.6 Die EZB als unabhängige Zentralbank   57

3.7 Ist tatsächlich Unabhängigkeit die Ursache für Preisniveaustabilität? 60
Literaturhinweise 62
Zusammenfassung 63
Schlüsselbegriffe 63

Kapitel 4
Geldschöpfung im Finanzsektor

Zum Inhalt von Kapitel 4 65
    4.1 Die Bilanz von Kreditinstituten 65
    4.2 Die Bilanz des Eurosystems 67
    4.3 Kreditschöpfung und Geldschöpfung 69
    4.4 Von der Kreditschöpfung zum Geldangebot 72
    4.5 Die Geldmenge im Euro-Währungsgebiet 75
    4.6 Die Wirkung von Innovationen im Zahlungsverkehr auf die Geldschöpfung 77
Literaturhinweise 80
Zusammenfassung 81
Schlüsselbegriffe 81

Kapitel 5
Motive der Geldhaltung und makroökonomisches Grundmodell I

Zum Inhalt von Kapitel 5 83
    5.1 Motive der Geldhaltung 83
    5.2 Makroökonomisches Grundmodell I: IS-LM-Konzept 86
Literaturhinweise 91
Zusammenfassung 91
Schlüsselbegriffe 92

Kapitel 6
Theorie der Zinsen

Zum Inhalt von Kapitel 6 93
    6.1 Funktionen von Zinsen 94
    6.2 Zinsbildung und Zinshöhe 96
    6.3 Zinswirkungen geldpolitischer Maßnahmen 100
    6.4 Internationaler Zinszusammenhang 101
Literaturhinweise 105
Zusammenfassung 105
Schlüsselbegriffe 105

Kapitel 7
Zinsstrukturtheorie

Zum Inhalt von Kapitel 7	107
7.1 Risikostruktur der Zinssätze	107
7.2 Fristigkeitsstruktur der Zinssätze	109
7.3 Zinsprognose und implizite Terminzinsen	115
Literaturhinweise	117
Zusammenfassung	117
Schlüsselbegriffe	118

Kapitel 8
Theorie der Banken

Zum Inhalt von Kapitel 8	119
8.1 Geschäftsfelder einer Bank	119
8.2 Mikroökonomische Vorteile von Banken	122
8.3 Risiken und Bankmanagement	127
Literaturhinweise	135
Zusammenfassung	135
Schlüsselbegriffe	136

Kapitel 9
Kreditrationierung: Modellansatz und Relevanz

Zum Inhalt von Kapitel 9	137
9.1 Besonderheiten von Kreditmarktbeziehungen	137
9.2 Theoretische Modelle der Kreditvergabe	139
9.3 Rationierungskonsequenzen und Korrekturmöglichkeiten	145
9.4 Makroökonomische Konsequenzen	155
Literaturhinweise	157
Zusammenfassung	158
Schlüsselbegriffe	159

Kapitel 10
Regulierung des Finanzsektors

Zum Inhalt von Kapitel 10	161
10.1 Staatliche Eingriffe auf Finanzmärkten	161

10.2 Systemrisiko fordert Wirtschaftspolitik	163
10.3 Optimaler Regulierungsgrad	167
10.4 Makroökonomische Stabilisierung des Finanzsystems	169
10.5 Makroprudenzielle Regulierung	171
10.6 Regulierung des Zahlungsverkehrs	174
Literaturhinweise	178
Zusammenfassung	179
Schlüsselbegriffe	179

Kapitel 11
Bankenregulierung und Einlagensicherung

Zum Inhalt von Kapitel 11	181
11.1 Entwicklung der Bankenregulierung	181
11.2 Bankenregulierung gemäß Basel II	185
11.3 Institutionen der Bankenregulierung	191
11.4 Basel III: Was ist zu erwarten?	193
11.5 Kritische Stimmen zur geltenden Bankenregulierung	196
11.6 Einlagen, Bankenruns und Einlagenversicherung	198
Literaturhinweise	202
Zusammenfassung	203
Schlüsselbegriffe	203

Kapitel 12
Makroökonomisches Grundmodell II und Systematik der Übertragungswege

Zum Inhalt von Kapitel 12	205
12.1 Makroökonomisches Grundmodell II: AS-AD-Konzept	206
12.2 Ansatzpunkte monetärer Eingriffe	216
12.3 Systematik der Transmissionsmechanismen	220
Literaturhinweise	222
Zusammenfassung	222
Schlüsselbegriffe	223

Kapitel 13
Übertragungswege der Geldpolitik

Zum Inhalt von Kapitel 13	225
13.1 Zins- und Vermögenspreiseffekte	225
13.2 Kreditkanal	237

13.3 Modelltheoretische Konsequenzen	247
Literaturhinweise	248
Zusammenfassung	248
Schlüsselbegriffe	250

Kapitel 14
Geldwertstabilität als Ziel der Geldpolitik

Zum Inhalt von Kapitel 14	251
14.1 Das Konzept der Geldwertstabilität	252
14.2 Volkswirtschaftliche Kosten der Inflation	258
14.3 Geldwertstabilität und andere wirtschaftspolitische Ziele	265
14.4 Geldwertstabilität und Beschäftigung	266
14.5 Geldwertstabilität und Wachstum	273
Literaturhinweise	275
Zusammenfassung	275
Schlüsselbegriffe	276

Kapitel 15
Geldpolitische Instrumente

Zum Inhalt von Kapitel 15	277
15.1 Die Rolle der Instrumente in der Geldpolitik	277
15.2 Überblick zu den Hauptinstrumenten des Eurosystems	280
15.3 Weitere geldpolitische Instrumente	283
15.4 Zur technischen Abwicklung der Offenmarktpolitik	286
15.5 Der Funktionswandel der Mindestreserve	290
15.6 Das Zusammenwirken der Instrumente in der Geldmarktsteuerung	294
Literaturhinweise	296
Zusammenfassung	296
Schlüsselbegriffe	297

Kapitel 16
Regelbindung in der Geldpolitik

Zum Inhalt von Kapitel 16	299
16.1 Regelgebundene und diskretionäre Entscheidungen	300
16.2 Das Problem geldpolitischer Wirkungsverzögerungen	301
16.3 Das Principal-Agent-Problem der Geldpolitik	303
16.4 Das Problem der Zeitinkonsistenz	304
16.5 Das Barro-Gordon-Modell	306

16.6 Verringerung des Inflationsanreizes durch geldpolitische Regelbindung 310
16.7 Alternativen zu einer geldpolitischen Regelbindung 313
Literaturhinweise 316
Zusammenfassung 316
Schlüsselbegriffe 317

Kapitel 17
Zwischenziele und operative Ziele der Geldpolitik: Taylor-Regel und Inflation Targeting

Zum Inhalt von Kapitel 17 319
   17.1 Warum geldpolitische Zwischenziele? 319
   17.2 Die Taylor-(Zins)-Regel 323
   17.3 Praktische Umsetzung der Taylor-Regel 325
   17.4 Anwendungsbereiche der Taylor-Regel 327
   17.5 Direkte Inflationsziele – Inflation Targeting 330
   17.6 Praktische Umsetzung des Inflation Targeting 331
   17.7 Praktische Erfahrungen mit der Inflationssteuerung: Wie erfolgreich ist Inflation Targeting? 336
Literaturhinweise 338
Zusammenfassung 338
Schlüsselbegriffe 339

Kapitel 18
Die geldpolitische Konzeption der Europäischen Zentralbank

Zum Inhalt von Kapitel 18 341
   18.1 Das Ziel: Sicherung der Preisniveaustabilität 341
   18.2 Die Zwei-Säulen-Strategie 345
   18.3 Die EZB-Strategie – eine Quasi-Zwischenziel-Strategie 348
   18.4 Kommunikation 350
Literaturhinweise 355
Zusammenfassung 356
Schlüsselbegriffe 357

Kapitel 19
Währungstheoretische Grundlagen

Zum Inhalt von Kapitel 19 359
   19.1 Wechselkurse 360
   19.2 Offenheit von Finanzmärkten und Zinsparität 362

19.3 Geldmenge, Zinssatz und Wechselkurs	365
19.4 Produktion und Wechselkurs in der kurzen Frist	369
Literaturhinweise	375
Zusammenfassung	375
Schlüsselbegriffe	376

Kapitel 20
Geldpolitik bei globalen Finanzmärkten

Zum Inhalt von Kapitel 20	377
20.1 Wirkungen der Geldpolitik bei flexiblen Wechselkursen	378
20.2 Feste Wechselkurse	380
20.3 Devisenmarktinterventionen und Geldmenge	382
20.4 Geldpolitik bei festen Wechselkursen	385
20.5 Das magische Dreieck der Geld- und Währungspolitik: Offene Märkte, stabile Wechselkurse und geldpolitische Autonomie	288
Literaturhinweise	391
Zusammenfassung	391
Schlüsselbegriffe	392

Kapitel 21
Europäische Währungsunion

Zum Inhalt von Kapitel 21	393
21.1 Entstehung und Folgen des Maastricht-Vertrages	393
21.2 Theorie des optimalen Währungsraumes	395
21.3 Konvergenzkriterien und Stabilitäts- und Wachstumspakt	398
21.4 Probleme der Währungsunion	400
Literaturhinweise	402
Zusammenfassung	403
Schlüsselbegriffe	403

Kapitel 22
Geldpolitik in der Finanzkrise

Zum Inhalt von Kapitel 22	405
22.1 Der Verlauf der (Finanz)Krise von 2007-2010	405
22.2 Ursachen der Finanz- und Wirtschaftskrise	409
22.3 Die Rolle der Geldpolitik	413
22.4 Die Rolle der Regulierungspoltik	417

22.5 Institutionen internationaler Finanzmarktregulierung	418
22.6 Ausblick	422
Literaturhinweise	423
Zusammenfassung	423
Schlüsselbegriffe	424
Literaturverzeichnis	425
Stichwortverzeichnis	443

Kapitel 1

Funktionen des Finanzsektors

Zum Inhalt von Kapitel 1

Finanzmärkte spielen eine immer wichtigere Rolle in der Wirtschaft. Ihre Akteure strukturieren die Unternehmenslandschaft um, sie transferieren Kapital rund um die Welt und sie machen Millionen von kleinen Anlegern über Aktienkäufe zu *Kapitalisten*. Finanzmarktpreise, wie der deutsche Aktienindex DAX oder der Dollar-Wechselkurs, gehören heute täglich zu den wichtigen Nachrichten.

Gleichzeitig nimmt die Skepsis zu, ob dies alles auch nützlich für die betroffenen Volkswirtschaften ist. Übertreiben die Finanzmärkte nicht in ihren Kursentwicklungen, produzieren damit Kapitalfehllenkungen und belasten die Realwirtschaft? Dominieren Finanzüberlegungen das Wirtschaftsgeschehen und entmachten damit die Arbeitnehmer? Dominieren internationale Finanzmärkte gar die Handlungsmöglichkeiten nationaler Wirtschaftspolitik?

Diese Sorgen kann man nur verstehen und bewerten, wenn man hinter die vordergründigen Ereignisse blickt. Aus volkswirtschaftlicher Sicht interessiert vor allem die Frage, welche Funktionen Finanzmärkte in der Wirtschaft wahrnehmen. Erst das Verständnis für grundlegende Funktionen verschafft Abstand zu den aktuellen Entwicklungen und damit die Voraussetzung, diese einordnen zu können.

Dem Thema *Funktionen des Finanzsektors* nähern wir uns über eine Anknüpfung an der volkswirtschaftlichen Betrachtung von Wirtschaftskreisläufen. Kreisläufe sind eine hoch aggregierte Form der Abbildung einer Volkswirtschaft und bestimmter Transaktionen innerhalb dieser Wirtschaft. Im Folgenden interessiert also, welche Rolle dabei der Finanzsektor spielt. Insbesondere fragen wir auch nach dem Verhältnis des Finanzsektors zum Rest der Wirtschaft, der so genannten Realwirtschaft.

1.1 Finanzsektor und Realwirtschaft

Die Begriffsbildung eines Finanzsektors geht bereits davon aus, dass es in der Wirtschaft einen *Nicht-Finanzsektor* gibt, die **Realwirtschaft**. Große Gebiete der Volkswirtschaftslehre beschäftigen sich ausschließlich mit der Realwirtschaft. Dies macht Sinn, weil Menschen wirtschaften, um ihre *realen* Lebensumstände zu verbessern.

Neben der Realwirtschaft unterscheiden wir den **Finanzsektor**. Er umfasst alle Institutionen, deren hauptsächliche Tätigkeit sich auf Finanzaktiva bezieht. Insbesondere zählen dazu:

- Kreditinstitute, die Einlagen annehmen und Kredite vergeben,
- Versicherungsunternehmen, die finanzielle Risiken absichern (sie werden in diesem Text nicht weiter behandelt),
- Finanzmärkte, auf denen Finanztitel gehandelt werden, sowie
- hoheitliche Institutionen, wie die Deutsche Bundesbank und die Europäische Zentralbank.

Der Finanzsektor unterscheidet sich damit nicht prinzipiell von anderen Dienstleistungsbranchen. Je nach Abgrenzung entsteht dort etwa 5 v.H. der Wertschöpfung und in diesem Sinne ähnelt der Finanzsektor der Realwirtschaft (vgl. Tabelle 1.1). Was ihn dagegen von anderen Branchen abhebt, ist der spezifische Geschäftsgegenstand der dazugehörigen Institutionen.

Möglicherweise hilft es, sich den Finanzsektor bildhaft als eine Art Transportgewerbe für Finanzaktiva statt für Güter vorzustellen: In einer arbeitsteiligen Wirtschaft werden die Bestandteile eines Produktes häufig über Hunderte oder Tausende von Kilometern transportiert bis sie zum eigentlichen Produkt zusammengesetzt und zu den Verbrauchern gebracht werden. Dabei entstehen erhebliche Aufwendungen, die nicht unmittelbar in das Produkt eingehen, sondern **Transaktionskosten** darstellen. Das sind Kosten für die Betreibung eines Wirtschaftssystems (vgl. Richter und Furubotn 1999, S.523). So wie Güter transportiert werden müssen, damit eine arbeitsteilige Volkswirtschaft funktioniert, müssen auch Geld und allgemeiner Finanzaktiva bewegt werden, damit die *eigentlichen* Ziele in einer Wirtschaft erreicht werden können.

Nachdem wir die Gemeinsamkeiten von Finanzsektor und anderen Branchen betont haben, stellt sich die Frage nach den Besonderheiten des Finanzsektors. Damit verbunden stellt sich die Frage, warum ein Fach wie *Geld und Kredit* zum Kern der Volkswirtschaftslehre gehört, aber nicht ein Fach Transportwirtschaft (*Bahn und LKW*)? Die Antwort lautet schlicht, dass letztlich jede wirtschaftliche Entscheidung eine finanzielle Dimension hat und damit der Finanzsektor wichtiger ist:

- Selbst ohne großes Verständnis für Finanzinstitutionen ist klar, dass die wirtschaftliche Entscheidung einer Konsumentin und eines Unternehmens finanzielle Dinge berührt,
- dass Finanzinstitutionen Weitreichenderes als der Transportsektor zu entscheiden haben, bspw. indem manche Unternehmen Kredit bekommen und andere nicht und dadurch produzieren können,
- dass Entscheidungen über Sparen und Investieren immer auch zugleich zukunftsbezogen sind und
- dass Fehler im Finanzsektor schwerwiegender sind, indem Finanzkrisen mit volkswirtschaftlich katastrophalen Folgen geschehen können.

Wenn wir im folgenden eine Trennung in Finanzsektor und Realwirtschaft vornehmen, so bleibt uns das Künstliche dieser Trennung vor Augen. Dennoch ist es ein hilfreicher gedanklicher Kniff, wie wir gleich sehen werden, wenn einzelne Funktionen des Finanzsektors behandelt werden. Wir beginnen mit der Einführung von Geld als speziellem Finanzaktivum

Tabelle 1.1: Aufspaltung der Volkswirtschaft in Finanzsektor und Realwirtschaft

Perspektive	Finanzsektor	Realwirtschaft
typische Unternehmen	Kreditinstitute (Banken und Sparkassen), Versicherungen, Börsen usw.	Landwirtschaft, Bau-, Industrie- und Dienstleistungsunternehmen, Staat
Wertschöpfung	je nach Abgrenzung etwa 5 v.H. Anteil	95 v.H. der Wertschöpfung
Bezug zu Finanzaktiva	Finanzaktiva sind der Geschäftsgegenstand	Finanzaktiva als wichtige Rahmenbedingung

1.2 Die Geldfunktion

Eine einfache Wirtschaft kann vollkommen ohne Geld auskommen. Man denke an eine so genannte Robinson Crusoe-Ökonomie, also eine Volkswirtschaft, die nur aus einer Person – Robinson Crusoe – besteht. In diesem Fall gibt es keinen Grund, Geld in der Wirtschaft einzuführen, da keine Güter oder Dienstleistungen getauscht werden. Dagegen stellt sich in jeder arbeitsteiligen Wirtschaft die Frage, wie die Tauschvorgänge organisiert werden sollen. In einfachen Wirtschaften gibt es die Möglichkeit des **Naturaltauschs**. Auch wenn es solche Geschäfte heute im Privatbereich immer noch gibt, und sie als

Barter Trade bei internationalen Transaktionen neu *erfunden* wurden, so sind sie für die meisten Tauschvorgänge sehr unpraktisch.

Dies hat im Wesentlichen drei Gründe, welche die Einführung von Geld in einer Volkswirtschaft funktional machen, die als **Geldfunktionen** herausgestellt werden:

- **Tauschmittelfunktion:** Es ist viel bequemer mit Geld zu bezahlen als mit Naturalien, die schlecht zu transportieren sind, schlecht zu portionieren und deren Wert für Außenstehende manchmal schwierig abzuschätzen ist.
- **Rechenmittelfunktion:** Es ist übersichtlich, alle Geschäfte durch Einführung von Geld vergleichbar zu machen. Die Austauschrelationen zwischen Naturalien würden sonst enorm zunehmen: Bei zwei Gütern gibt es einen *Preis*, bei drei Gütern bilden sich bereits drei Preise, bei vier Gütern sechs usw.
- **Wertaufbewahrungsfunktion:** Schließlich möchten die Menschen nicht unbedingt Zug um Zug tauschen, sondern mit einem Gegengeschäft warten, was bei verderblichen Naturalien problematisch werden kann.

Die Einführung von Geld hilft somit Transaktionskosten zu senken. Man beachte, dass dieses Ergebnis gilt, obwohl Ressourcen für die *Produktion* von Geld aufgewendet werden müssen.

Aus den obigen Begründungen ist klar geworden, dass Geld bei allen wesentlichen Transaktionen in einer Volkswirtschaft im Spiel ist. Wenn wir dabei nur auf die Zahlungsverkehrsfunktion abstellen, so lässt sich dies an einem Wirtschaftskreislauf veranschaulichen. Dieser vereinfacht die Zusammenhänge in einer Volkswirtschaft sehr stark, indem die Entscheidungseinheiten zu Haushalten und Unternehmen aggregiert werden. Ferner wird hier von einer stationären Volkswirtschaft ohne Sparen und Investieren ausgegangen. Damit erhält man zwei *Pole eines Kreislaufs* zwischen denen Transaktionen stattfinden: Haushalte bieten ihre Arbeitskraft den Unternehmen an, die den Haushalten wiederum ihre Produkte liefern. Im Gegenzug erhalten die Haushalte Arbeitseinkommen, das sie für die Güterkäufe ausgeben (vgl. die graphische Darstellung in Schaubild 1.1). Entscheidend ist hier die strikte Gegenläufigkeit von **realwirtschaftlichem und monetärem Kreislauf**. In dieser einfachen Welt ohne Investitionsvorgänge bilden die monetären Ströme das realwirtschaftliche Geschehen sozusagen eins-zu-eins ab. Dabei hat der Finanzsektor nur die Rolle, die realwirtschaftlichen Tauschvorgänge zu erleichtern.

Schaubild 1.1: Wirtschaftskreislauf einer Volkswirtschaft

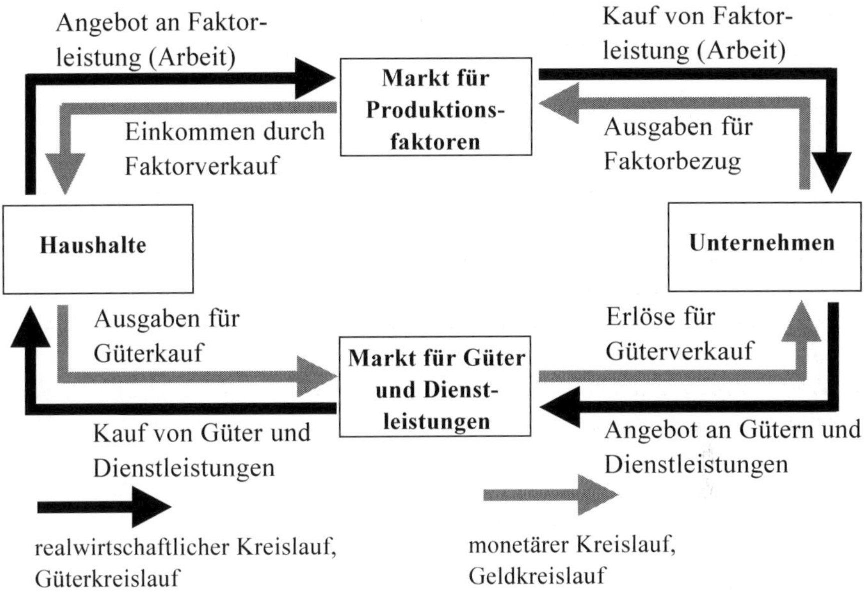

```
Angebot an Faktor-                           Kauf von Faktor-
leistung (Arbeit)      ┌──────────────┐      leistung (Arbeit)
      ───────────────▶ │  Markt für   │ ◀───────────────
                       │ Produktions- │
       Einkommen durch │   faktoren   │  Ausgaben für
       Faktorverkauf   └──────────────┘  Faktorbezug


   ┌──────────┐                              ┌────────────┐
   │ Haushalte│                              │ Unternehmen│
   └──────────┘                              └────────────┘

       Ausgaben für                          Erlöse für
       Güterkauf       ┌──────────────┐      Güterverkauf
      ───────────────▶ │Markt für Güter│ ◀───────────────
                       │ und Dienst-  │
       Kauf von Güter und│ leistungen │  Angebot an Gütern und
       Dienstleistungen└──────────────┘  Dienstleistungen
```

realwirtschaftlicher Kreislauf,   monetärer Kreislauf,
Güterkreislauf   Geldkreislauf

1.3 Die Allokationsfunktion

Der Finanzsektor erfüllt des Weiteren eine wichtige Allokationsfunktion. In jeder Volkswirtschaft gibt es Sparer, die weniger ausgeben als sie einnehmen, und Investoren, die mehr ausgeben als sie einnehmen. Der Finanzsektor organisiert den deshalb sinnvollen **Brückenschlag zwischen Sparer und Investor**. Diese Aufgabe muss in jeder Gesellschaft gelöst werden (vgl. Box 1.1).

Genau diese Entscheidung über die Kapitalverwendung – also die Zuordnung von (noch verfügbaren) Ersparnissen zu Investitionsvorhaben – ist die Allokationsfunktion, die der Finanzsektor heute erbringt. Schaubild 1.2 skizziert dabei die beiden wesentlichen Wege, den direkten über die **Kapitalmärkte**, wie Aktien- und Rentenmärkte, und den indirekten über so genannte **Finanzintermediäre**, wie Kreditinstitute. Dabei sind letztere selbst wiederum an Kapitalmärkten aktiv.

Box 1.1: Der Brückenschlag in der Geschichte

In einer Dorfgesellschaft wird der Brückenschlag bspw. dadurch erreicht, dass alle Erwachsenen den Häuserbau der Reihe nach gemeinsam durchführen: Dadurch sparen diejenigen, die den ersten mithelfen zu investieren, und in späteren Phasen ist es dann umgekehrt, dass diejenigen, die zuerst ein Haus bekommen haben, sozusagen nachholend sparen, was sie über ihre Ersparnisse hinaus bereits investiert hatten. Was in einer kleineren, ohne Geld lebenden Dorfgemeinschaft noch zu organisieren ist, wird in größeren Gemeinschaften schwieriger.

In Feudalgesellschaften, bspw. im europäischen Mittelalter, findet der *Brückenschlag* statt, indem die Ersparnis weitgehend an der Gesellschaftsspitze durch erzwungene Arbeit gebildet wird, was dann wohlwollende Fürsten in erheblichem Umfang in Form *öffentlicher* Investitionen zurückgeben. Man sieht bereits, dass Umfang und Qualität der Investitionen in diesem Organisationsmodell vollkommen von der Haltung einer einzigen Person abhängen können. War der Fürst ein guter Unternehmer, so hat er die Ersparnisse verantwortungsvoll verwendet, doch häufig waren die Interessen auf ausschweifendes Leben oder die Befriedigung von Günstlingen angelegt. Das Kapital wird aus ökonomischer Sicht häufig nicht sinnvoll angelegt.

Von daher stellt das Aufbrechen dieses erzwungenen Brückenschlags und das Herausbilden freiwilliger Brückenschläge einen enormen Fortschritt dar. Ohne hier verschiedene Stadien der Herausbildung eines Finanzsektors nachzuvollziehen, so ist doch unmittelbar einsichtig, dass die Auswahl rentabler Investitionsvorhaben durch dafür geeignete Personen zu besseren Ergebnissen führen wird als die erwähnten Dorf- oder Fürstenmodelle.

Schaubild 1.2: Brückenschlag zwischen Sparern und Investoren

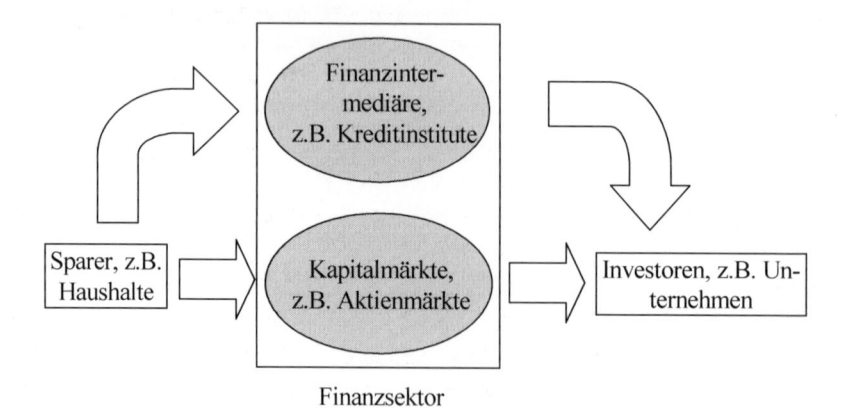

Sparer, z.B. Haushalte → Finanzintermediäre, z.B. Kreditinstitute / Kapitalmärkte, z.B. Aktienmärkte → Investoren, z.B. Unternehmen

Finanzsektor

Dieser Brückenschlag zwischen Sparern und Investoren beinhaltet in der Realität mehrere Schritte. Dabei sind drei Aspekte von besonderer Bedeutung:
- Eine rationale Entscheidung über die Kapitalverwendung kann nur getroffen werden, wenn hinreichende Informationen über Chancen, Risiken und Alternativen vorliegen. Solche Informationen muss der Finanzsektor vor der Entscheidung beschaffen und stellt sie nach der Entscheidung direkt oder implizit zur Verfügung. Informationsbeschaffung und -bereitstellung bezeichnet man als die **Informationsfunktion** des Finanzsektors.
- Nach diesem ersten Schritt erfolgt die eigentliche Kapitalbereitstellung für Vorhaben, also die **Finanzierungsfunktion**. Zum einen verteilt der Finanzsektor dabei vorhandenes Kapital auf konkurrierende Verwendungen, was die **intertemporale Allokation** mit einschließt (vgl. dazu ausführlicher Kapitel 3). Zum anderen kann der Finanzsektor auch den Umfang des verfügbaren Kapitals beeinflussen. Erstens kann durch geeignete Sparangebote, vor allem in weniger entwickelten Volkswirtschaften, Kapital mobilisiert werden. Zweitens sorgen Investitionen in rentablere Vorhaben für eine tendenziell bessere Vergütung der Kapitalgeber, machen damit Sparen attraktiver und erhöhen möglicherweise das Kapitalangebot. Drittens kann der Finanzsektor Kredite bereitstellen, die Liquiditätsengpässe überwinden helfen und dadurch im Grenzfall zusätzliche Investitionen ermöglichen, so dass aus dieser zusätzlichen Wertschöpfung gespart werden kann.
- Schließlich genügt es nicht, Kapital bereitzustellen, sondern dessen Verwendung muss auch überprüft und bei Fehlverhalten sanktioniert werden, was man als **Kontrollfunktion** des Finanzsektors bezeichnet.

Diese Funktionen werden an Finanzmärkten und in Finanzintermediären, wie insbesondere Kreditinstituten, unterschiedlich erfüllt. Am wichtigsten ist die Tatsache, dass Kreditinstitute Fremdkapital im Rahmen eines Vertrags bereitstellen, dessen Informationen nur den Vertragsparteien bekannt sind. Finanzmärkte dagegen stellen häufig auch Eigenkapital bereit, und vor allem sind die dem Geschäft zugrunde liegenden Informationen öffentlich zugänglich (vgl. ausführlicher Tabelle 1.2).

Sowohl auf der Spar- als auch auf der Investitionsseite bieten Kreditinstitute damit Transaktionskostenvorteile: So bleiben den investierenden Unternehmen manche Publizitätspflichten erlassen, und die Sparer brauchen sich nicht intensiv um die Anlage ihres Geldes kümmern. Dieser Informationsunter-schied ist eine wesentliche Determinante dafür, dass an Finanzmärkten eher größere Einheiten – Unternehmen oder vermögende Haushalte – operieren, während kleinere Einheiten eher auf Kreditinstitute angewiesen sind. Kleinere Akteure nutzen also eine Dienstleistung der Kreditinstitute, die sich aus deren Zwischenstellung zwischen Sparer und Investor ergibt, der **Intermediation**. Banken und Sparkassen sind die wichtigste Gruppe der Finanzintermediäre.

Bei ihrer Intermediationsdienstleistung lassen sich aus volkswirtschaftlicher Sicht wiederum drei Aspekte unterscheiden:
- Als **Losgrößentransformation** bezeichnet man, dass kleine Einlagen bei diesen Instituten in größere Kredite *transformiert* werden.
- Unter **Fristentransformation** versteht man die Tatsache, dass meist kurzfristig kündbare Einlagen in längerfristige Kredite ausgelegt werden.
- Schließlich findet hinsichtlich der Einlagen bei einem einzigen Institut insofern eine **Risikodiversifikation** statt, als dass das Institut wiederum das Kapital an zahlreiche Unternehmen weitergibt (vgl. ausführlicher 1.4).

Tabelle 1.2: Allokationsfunktion von Finanzmärkten und Kreditinstituten

Allokationsfunktion	Finanzmärkte	Kreditinstitute (allgemeiner: Finanzintermediäre)
Informationsaufbereitung	Wertpapieranalyse (Bilanzanalyse, Hintergrundinformationen)	Kreditanalyse
Informationsbereitstellung	Wertpapierkurse → Zinssätze → Zinsstruktur → Risikoaufschläge	unvollständig, da keine volle Transparenz über Kreditzinsen
Kapitalbereitstellung	Börsengänge Kapitalerhöhung Wertpapieremission Unternehmenskäufe	Kreditvergabe
Verwendungskontrolle	ständige Analyse von Berichten	ständige Analyse
Sanktionierung	Kapitalumschichtung → Kursveränderung; ggf. Eigentümerbeschlüsse	Instrumente des Kreditvertrages
	Eigen- oder Fremdkapital	Fremdkapital

▬ Hauptunterschiede

Die Intermediationsdienstleistung ist im Prinzip auch über Finanzmärkte zu erreichen – deshalb stellen Finanzintermediäre und Finanzmärkte auch zwei Wege dar, den Brückenschlag zu realisieren. Offensichtlich kommen dabei die Finanzintermediäre den kleineren Einheiten wegen geringerer Transaktionskosten entgegen und werden deshalb von diesen in Anspruch genommen. Aus dieser Begründung ergibt sich aber auch, dass technische Innovationen, die zu sinkenden Transaktionskosten führen, die relative Bedeutung der Finanzintermediäre mindern, was als **Disintermediation** bezeichnet wird.

1.4 Die Versicherungsfunktion

Investitionsvorgänge rentieren sich in der Regel erst über Jahre hinweg. Da in dieser Zeit viel Unerwartetes und Unvorhersehbares geschehen kann, beinhalten Investitionsvorgänge immer Unsicherheit. Diese Unsicherheit wird in der Wirtschaftswissenschaft in verschiedenen Konzepten von Risiko operationalisiert. Am gebräuchlichsten ist dabei die Erfassung über die Standardabweichung der möglichen Ausprägungen des Investitionsertrags. Steigt die Spannbreite möglicher Ausprägungen, so steigt das Risiko des Investments (vgl. Box 1.2).

Box 1.2: Formen der Risikodiversifikation

Die Kosten fehlender Risikodiversifikation werden bei einem Blick in die Wirtschaftsgeschichte sofort einsichtig. In einer kleinen Gruppe von Menschen reichen schon Krankheiten bei wenigen Mitgliedern aus, um die Gruppe zu gefährden. Diversifiziert man die Risiken durch Bildung größerer Gruppen, bspw. in Form einer Gesellschaft von Jägern, die sich auf bestimmte Tiere spezialisiert hat, dann führt eine exogene Reduktion im Aufkommen dieser Tiere möglicherweise zur Hungersnot. Eine bäuerlich geprägte Gesellschaft kann durch Naturereignisse in der Region in ihren Lebensgrundlagen bedroht sein.

Theoretisch könnten sich die Mitglieder dieser Gesellschaft gegen mögliche Risiken *versichern*, doch gab es solche Märkte historisch nur in engen Grenzen. Die Transaktionskosten bei der Organisation solcher Märkte wären zu hoch gewesen.

Insofern ist die Staatenbildung eine praktikable institutionelle Voraussetzung für – staatlich – organisierte Risikodiversifikation. Tendenziell erlauben also größere Wirtschaftsräume potentiell das Eingehen größerer wirtschaftlicher Risiken und damit die Realisation höherer Renditen. Dabei entstehen Wirtschaftsräume heute auch durch die Vereinbarung freien Handels über Staatsgrenzen hinaus. In diesem Sinne stellt ein Weltkapitalmarkt das Ende der Entwicklung zunehmender Diversifikationsmöglichkeiten dar.

Da Menschen im Allgemeinen **risikosensitiv** sind, hängen ihre Entscheidungen über alternative Vorhaben nicht nur von der erwarteten Rendite, sondern auch vom zu erwartenden Risiko ab. Deshalb arbeitet die Wirtschaftswissenschaft für verschiedene Zwecke mit **Rendite-Risiko-Kombinationen** (Beispiele dafür gibt es in der Entscheidungs-, Finanzierungs- und Investitionstheorie). In Schaubild 1.3 sind zwei Arten von Kurven in einem Rendite-Risiko-Diagramm abgetragen. Die untere, konkav gekrümmte Kurve soll die besten Investitionsmöglichkeiten darstellen, d.h. das jeweils minimale Risiko, das zur Erzielung einer vorgegebenen Rendite eingegangen werden muss. Diese Kurve vermittelt wegen ihres steigenden Verlaufs die *produktive Funktion von Risiko* (Sinn, 1986). Die Krümmung zeigt an, dass höhere Renditen mit überproportionalem Risikoanstieg verbunden sind.

Die Schar der oben liegenden Kurven ist demgegenüber konvex gekrümmt. Es sind Indifferenzkurven, deren Nutzenniveau mit dem Abstand von der x-Achse steigt. Sie stellen die jeweils geforderte Rendite dar, die die eingegangenen Risiken aus Sicht der Kapitalgeber kompensiert. Ihr konvexer Verlauf zeigt überproportional steigende Renditen für die Übernahme höherer Risiken an, also **Risikoscheu** der Kapitalgeber. Folglich bietet der Tangentialpunkt A in der Abbildung das beste zu realisierende Verhältnis von Rendite und Risiko aus Sicht des Anlegers. Wir vernachlässigen bei dieser rein einzelwirtschaftlichen Betrachtung die tatsächlichen Aggregationsprobleme wie sie in der finanzwirtschaftlichen Kapitalmarkttheorie diskutiert werden, weil sich daraus für unsere Fragestellung keine prinzipiell neuen Einsichten ergeben.

Schaubild 1.3: Die Auswahl der optimalen Rendite-Risiko-Alternative

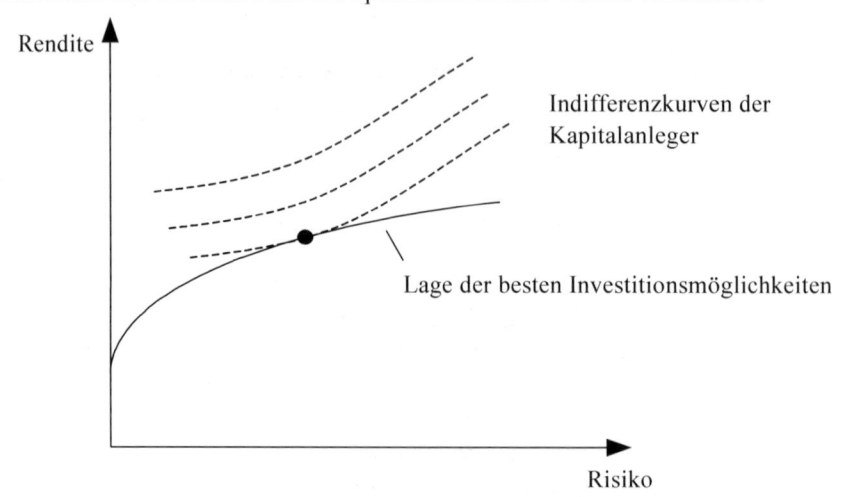

Rendite (μ): Erwartungswert der Ergebnisausprägung von Entscheidungen (z.B. verschiedene Investitionsprojekte)
Risiko (σ^2): Varianz von Ergebnisausprägungen

Wichtig ist die Erkenntnis, dass der Finanzsektor durch seine Instrumente das Ergebnis der einzelwirtschaftlichen Entscheidungssituation systematisch verbessern kann. Bei der Behandlung der Allokationsfunktion hatten wir bereits den Aspekt der Risikodiversifikation durch Kreditinstitute angesprochen. Diese Diversifikation kann insofern erweitert werden, als sie sich nur auf das Portfolio des jeweiligen Instituts bezieht. Im Grunde bieten heutzutage Versicherungen und Terminmärkte aber immer stärker die Möglichkeit, Risiken nahezu beliebig entsprechend den jeweiligen Präferenzen zu profilieren (siehe Box 1.3).

In Schaubild 1.3 bedeutet dies, dass sich die Kurve der besten Investitionsmöglichkeiten nach oben verschiebt. Dadurch ergibt sich auch ein neuer Tangentialpunkt mit einer Indifferenzkurve höheren Nutzens. Letztlich können damit größere Risiken einzelner Investitionen so umverteilt werden, dass sie für die einzelnen Entscheidungseinheiten tragbar bleiben. Dies hat zur Konsequenz, dass – bei gleicher Risikobereitschaft – insgesamt risiko- und damit renditeträchtigere Investitionen getätigt werden können.

1.5 Produktive Funktionen des Finanzsektors

In den obigen Abschnitten 1.2 bis 1.4 hatten wir drei zentrale Funktionen des Finanzsektors kennen gelernt. In jedem dieser Fälle verbessert ein funktionstüchtiger Finanzsektor die Leistungsfähigkeit der Volkswirtschaft und trägt damit zur Wohlstandssteigerung bei. Tabelle 1.3 präsentiert die wesentlichen Ergebnisse in knapper Form. Einige übergreifende Ergebnisse möchten wir hervorheben:
- Erstens verursacht der Finanzsektor zwar Transaktionskosten, aber deren Höhe ist geringer als der dadurch gestiftete Nutzen in Form der Erfüllung dreier zentraler Funktionen.
- Zweitens geht die Nützlichkeit des Finanzsektors weit über die Einführung von Geld hinaus, die in der Geldtheorie häufig in den Vordergrund gestellt wird.
- Drittens dürfte der wichtigste Beitrag eines funktionierenden Finanzsektors in einer möglichst effizienten Erfüllung der Allokationsfunktion liegen.
- Viertens sind Kapitalmärkte und Kreditinstitute zwar Konkurrenten innerhalb des Finanzsektors, aber aufgrund ihres jeweiligen Profils sprechen sie auch unterschiedliche Zielgruppen an.

Wenn also der Finanzsektor eine wichtige Rolle für das Funktionieren einer Volkswirtschaft hat, dann stellt sich die Frage, wie man dies empirisch überprüfen kann. Dazu hat sich seit den 90er Jahren eine ausgedehnte Literatur entwickelt, aus weit akzeptierte Verfahren und Ergebnisse entstanden sind (vgl. auch konkret Europäische Zentralbank, 2005).

Hinsichtlich der Verfahren untersucht der größte Teil der Studien den Zusammenhang zwischen **„Finance and Growth"** (vgl. Levine, 2005). Dabei wird ein besser entwickelter Finanzsektor meist mittels eines größeren Finanzsektors (in der einen oder anderen Form) quantifiziert und die Wohlfahrt bzw. das Funktionieren der Volkswirtschaft wird anhand ihrer Wachstumsrate gemessen. Da das Wachstum (G) einer Volkswirtschaft von zahlreichen Faktoren (X) abhängt, muss natürlich für solche anderen Faktoren kontrolliert werden und um den Beitrag des Finanzsektors (F) zu ermitteln, wird typischerweise gemessen, ob ein entwickelter Finanzsektor heute (i) das Wachstum in einigen Jahren (j) beeinflusst. Daraus ergibt sich folgender Regressionsansatz:

(1.1) $\quad G(j) = \alpha + \beta F(i) + \gamma X + \varepsilon$

Studien, die diesen Zusammenhang viele Länder über mehrere Jahrzehnte untersuchen, zeigen, dass längerfristige Wachstumsdifferenzen zwischen Volkswirtschaften größenordnungsmäßig zu 20% durch den Entwicklungsgrad des Finanzsektors bedingt sind. Allerdings setzt diese Schlussfolgerung voraus, dass man die oben eingeführten einfachen zeitverzögerten Regressionsergebnisse als einen **kausalen Einfluss** interpretiert. Dies scheint nicht unplausibel, aber kann es nicht sein, dass die Finanzsektorentwicklung von der allgemeinen volkswirtschaftlichen Entwicklung getrieben wird, also ein endogener Prozess ist?

Nachfolgende Arbeiten sind deshalb in ihren Untersuchungen auf andere Weise vorgegangen, bspw. indem sie Panelmethoden verwenden oder indem sie institutionelle Änderungen („natürliche Experimente") oder institutionelle Differenzen zwischen Finanzsektoren bei ansonsten gleichen Umständen untersuchen. Die Ergebnisse bestätigen tendenziell den einfachen Zusammenhang.

Allerdings sollte immer deutlich bleiben, dass dies ein durchschnittlicher Zusammenhang ist, so dass sich in Studien einzelner Länder auch gegensätzliche Befunde zeigen. Ferner ist Finanzsektorentwicklung eine komplexe Angelegenheit, der man durch ein Maß wie „Kredit an den privaten Sektor" nur bedingt gerecht werden kann, wie schon volkswirtschaftlich schädliche Phasen von Kreditbooms zeigen. Worauf kommt es genau in diesem Entwicklungsprozess an und in welcher Situation ist für eine Volkswirtschaft welcher Schritt besonders wichtig? Auf diese Fragen gibt es einige Antworten, aber sie bieten noch ein offenes Feld für die laufende Forschung.

Tabelle 1.3: Produktive Funktionen des Finanzsektors

Zentrale Funktionen	Detaillierte Funktionen	Nutzen für die Volkswirtschaft
Geld:		
Geldfunktion	• Tauschmittel • Rechenmittel • Wertaufbewahrungsmittel	reduziert Informations- und Transaktionskosten
Kapitalmärkte, Finanzintermediäre:		
Allokationsfunktion	• Informationsfunktion * • Finanzierungsfunktion • Kontrollfunktion	erhöht Kapitalproduktivität; verbessert Risikostreuung
zusätzliche Intermediationsdienstleistungen durch Kreditinstitute:		
	• Losgrößentransformation • Fristentransformation • Risikodiversifikation	ähnlich wie Finanzmärkte, vor allem für kleinere Wirtschaftseinheiten
Versicherungen, Terminmärkte:		
Versicherungsfunktion	Risikomanagement: Bewertung, Ausgleich, Verteilung	reduziert Risiken bzw. ermöglicht riskantere Investitionen

* beinhaltet: Informationen über gesamtwirtschaftliche Kapitalknappheit, Zinsniveau, Zinsstruktur, Risikobewertung

1.6 Abgrenzungen monetärer Aktiva

Bei der Erfüllung seiner Funktionen hinterlässt der Finanzsektor Spuren. Über die entstehenden Transaktionskosten, die sich im Wesentlichen in der Wertschöpfung des Finanzsektors ausdrücken, hatten wir bereits gesprochen. In diesem Abschnitt geht es – neben den erwähnten Aufwendungen und Erträgen – um eine weitere *bilanzwirksame* Spur, die der Finanzsektor hinterlässt: die Entstehung von Finanzaktiva, die häufig Produkte der Finanzinstitutionen darstellen.

Ein besonders wichtiges Finanzaktivum ist dabei Geld, für das verschiedene Abgrenzungen festgelegt sind, je nachdem welche Funktionen im Vordergrund stehen. Je besser ein Finanzaktivum die Funktionen erfüllt, die traditionell das Bargeld ausübt (eher Tausch- als Wertaufbewahrungsmittel), desto höher ist sein Grad der Geldnähe, kurz sein **Geldgrad**. Dieser Geldgrad wird an der **Liquidität** der betreffenden Finanzaktiva gemessen, also an ihrer Eigenschaft möglichst kurzfristig und risikolos in Geld eintauschbar zu sein. Liquidität geht also positiv mit niedrigen Transaktionskosten der Nutzung und stabilem Nennbetrag eines Finanzaktivums einher. Insofern weisen Sichteinlagen sehr hohe Liquidität und damit einen sehr hohen Geldgrad auf. Hingegen sind Aktien, die nicht unmittelbar für Zahlungszwecke genutzt werden können und deren Wert mit der Börsenkursentwicklung deutlich schwankt, offensichtlich sehr geldferne Finanzaktiva. In diesem Sinne werden drei Geldmengenabgrenzungen unterschieden:

- Am engsten ist die Definition für die so genannte **Geldmenge M1**, d.h. Geld im engeren Sinne. Hierunter versteht man den Bargeldumlauf (ohne Kassenbestände der Kreditinstitute) sowie täglich fällige Einlagen (Sichteinlagen) der im Euro-Währungsgebiet ansässigen Nichtbanken.
- Darauf baut die **Geldmenge M2** auf, die neben M1 zusätzlich Einlagen mit vereinbarter Laufzeit von bis zu 2 Jahren umfasst (Termineinlagen) und Einlagen mit vereinbarter Kündigungsfrist von bis zu 3 Monaten (meist Spareinlagen).
- Nochmals umfassender ist die Definition für die weiteste Geldmengenabgrenzung **Geldmenge M3**. Neben M2 gehen hier noch Offenmarktgeschäfte der Zentralbank (so genannte Repogeschäfte, diese werden in Kapitel 15 näher erläutert), Geldmarktfondsanteile und Geldmarktpapiere sowie Bankschuldverschreibungen mit einer Laufzeit von bis zu 2 Jahren ein.

Wir haben gesehen, dass der Geldgrad der Finanzaktiva die entscheidende Rolle für ihre Einbeziehung in eine Geldmengenabgrenzung spielt. Wenn man wieder an Abschnitt 1.2, der sich mit der Zahlungsverkehrsfunktion beschäftigt, zurück denkt, dann steht diese Funktion im Vordergrund. Dahinter verbirgt sich die Frage, welche Menge an Finanzaktiva für (realwirtschaftliche) Transaktionszwecke zur Verfügung steht. Warum dies für die europäischen Zentralbanken so interessant ist, werden wir erst in späteren Kapiteln behandeln. Weil es aber um diese Beziehung geht, werden nur diejenigen Finanzaktiva einbezogen, die sich in den Händen des so genannten **Geldhaltungssektors** befinden, das sind Haushalte, Unternehmen, Staat und einige Finanzinstitutionen, die nicht zu den **monetären Finanzinstituten (MFIs)** – die entsprechen näherungsweise der traditionellen Abgrenzung der Kreditinstitute – zählen (vgl. dazu Kapitel 2).

Schaubild 1.4: Abgrenzung monetärer Aktiva im Euro-Währungsgebiet

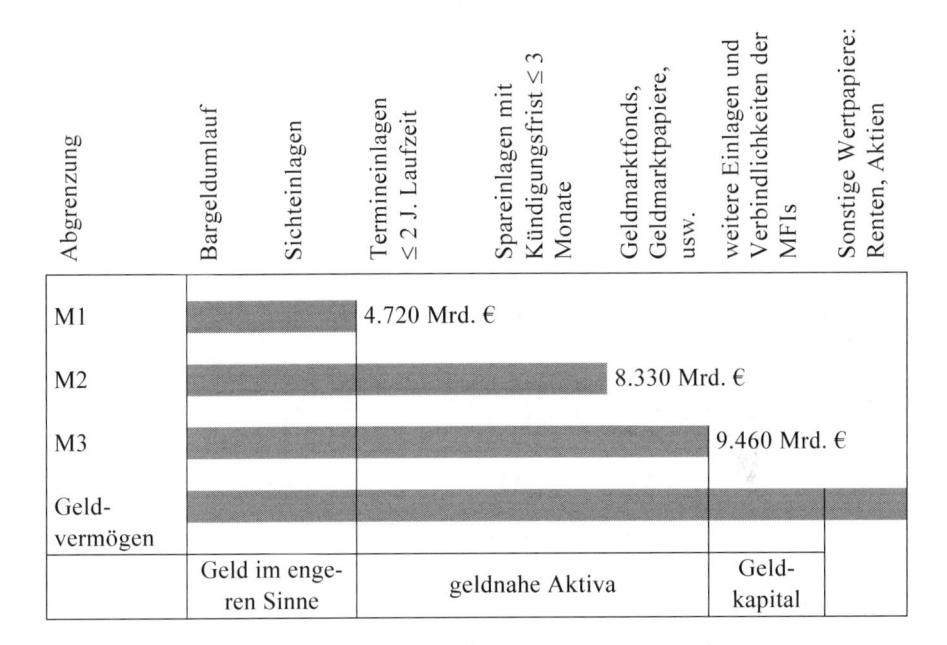

Abgrenzung	Bargeldumlauf	Sichteinlagen	Termineinlagen ≤ 2 J. Laufzeit	Spareinlagen mit Kündigungsfrist ≤ 3 Monate	Geldmarktfonds, Geldmarktpapiere, usw.	weitere Einlagen und Verbindlichkeiten der MFIs	Sonstige Wertpapiere: Renten, Aktien
M1			4.720 Mrd. €				
M2					8.330 Mrd. €		
M3						9.460 Mrd. €	
Geldvermögen							
	Geld im engeren Sinne		geldnahe Aktiva			Geldkapital	

Quelle: Monatsbericht der Deutschen Bundesbank (Daten für Juni 2010)

Neben den Geldmengenkonstrukten stellt das **Geldvermögen** eine weitere nützliche Abgrenzung von Finanzaktiva dar. Dieses umfasst neben M3 noch das **Geldkapital**, das sind nach der Definition des Eurosystems Termineinlagen mit einer Laufzeit von mehr als zwei Jahren, Einlagen mit einer vereinbarten Kündigungsfrist von mehr als drei Monaten, Schuldverschreibungen mit einer Laufzeit von mehr als zwei Jahren sowie das Kapital und die Rücklagen von Banken. Neben diesem Geldkapital enthält das Geldvermögen noch sonstige Wertpapiere, wie Aktien und Renten (vgl. Schaubild 1.4).

Die Geldmenge M3 besteht zu etwa 50 v.H. aus M1, zu über 38 v.H. aus M2 soweit es nicht zu M1 zählt und damit zu nur gut 12 v.H. aus exklusiven M3-Bestandteilen. Dabei macht M3 im Euro-Währungsgebiet im Juni 2010 etwa 9.460 Mrd. € aus und damit ca. 105 v.H. des Bruttoinlandsprodukts, das für das Jahr 2009 etwa 8.970 Mrd. € beträgt.

Für das Geldvermögen zeigen wir hier die Relationen am *deutschen* Beispiel auf: Demnach beträgt das Geldkapital etwa genau so viel wie M3 und das darüber hinaus gehende Geldvermögen nochmals so viel wie die bisher erfassten Finanzaktiva zusammen. Insgesamt macht also das Geldvermögen in Händen der Nichtbanken – was etwa den Nicht-MFIs bzw. dem Geldhaltungssektor auf europäischer Ebene entspricht – mehr als das Zweieinhalbfache des Bruttoinlandsprodukts aus.

Literaturhinweise

Funktionen des Finanzsektors werden in Lehrbüchern meist nur sehr kurz abgehandelt. Mishkin (2007) spricht die relevanten Themen in seinen Einführungskapiteln an. Einen guten, allerdings recht abstrakten Einstieg in dieses Thema bietet Hellwig (1997). Vertiefend zum Thema Risikotragfähigkeit sei Sinn (1986) empfohlen.

Das Thema Wirtschaftskreislauf bzw. Volkswirtschaftliche Gesamtrechnung wird in verschiedenen einschlägigen Lehrbüchern, wie Frenkel und John (2006), umfassend behandelt.

Einen guten Überblick zum Einfluss der Finanzsektorentwicklung auf das Wachstum von Volkswirtschaften gibt Levine (2005). Weiterführend diskutieren Merton und Bodie (2004) Zusammenhänge zwischen der hier verwendeten funktionalen Perspektive mit einer strukturellen und einer institutionellen Perspektive. Die heute gültigen Geldmengendefinitionen erläutert die Europäische Zentralbank (1999).

Zusammenfassung

1. Die Gründe für die Existenz des Finanzsektors ergeben sich aus den Funktionen, die er in der Volkswirtschaft wahrnimmt.
2. Für viele Fragestellungen ist es hilfreich, dem Finanzsektor die (übrige) Realwirtschaft gegenüber zu stellen.
3. Institutionen des Finanzsektors erfüllen die Geldfunktionen. Dadurch werden Informations- und Transaktionskosten gesenkt.
4. Die wichtigste Aufgabe des Finanzsektors ist die Erfüllung der Allokationsfunktion, d.h. die effiziente Zuordnung von verfügbarem Kapitalangebot (der Sparer) zur Kapitalnachfrage, vor allem Investitionsvorhaben.
5. Der Allokationsprozess lässt sich wiederum in drei aufeinander folgende Schritte aufspalten: Informations-, Finanzierungs- und Kontrollfunktion.
6. Die Allokationsfunktion wird sowohl durch Finanzintermediäre, wie Kreditinstitute, als auch durch Finanzmärkte, wie Aktienmärkte, wahrgenommen.
7. Kreditinstitute kann man als Institutionen verstehen, die vor allem Informations- und Sanktionierungsprobleme lösen, die sich bei der Finanzierung kleinerer Einheiten stellen.
8. Die dritte zentrale Funktion des Finanzsektors ist die Versicherungsfunktion. Hierzu tragen neben Finanzmärkten und Kreditinstituten vor allem auch Versicherungsunternehmen bei. Im Ergebnis können durch höhere

Risikotragfähigkeit rentablere Vorhaben verwirklicht werden.

9. Insgesamt kann man zeigen, dass ein entwickelter Finanzsektor das Wachstum einer Volkswirtschaft positiv beeinflusst.

10. Die Tätigkeiten des Finanzsektors finden bilanziellen Niederschlag: Der Wertschöpfungsvorgang produziert Aufwendungen und Erträge; ferner entstehen dabei Finanzaktiva.

11. Geldpolitisch von besonderem Interesse ist die Geldmenge, also diejenigen Aktiva die für ähnliche Aufgaben wie traditionell das Bargeld genutzt werden.

12. Die weiteste Abgrenzung finden Finanzaktiva im Geldvermögen, das mehrfach so groß ist wie das Bruttoinlandsprodukt und damit ein Maß finanzieller Verflechtungen ist.

Schlüsselbegriffe

Allokationsfunktion
Allokation, intertemporale
Disintermediation
Finance and Growth
Finanzierungsfunktion
Finanzsektor
Fristentransformation
Geldfunktionen
Geldgrad
Geldhaltungssektor
Geldkapital
Geldmenge M1 – M3
Geldvermögen
Informationsfunktion
Intermediationsfunktion

Kontrollfunktion
Liquidität
Losgrößentransformation
MFIs (monetäre Finanzinstitute)
Realwirtschaft
Rechenmittel
Rendite-Risiko-Kombination
Risikodiversifikation
Risikoscheu
Tauschmittel
Transaktionskosten
Versicherungsfunktion
Wertaufbewahrungsfunktion
Wirtschaftskreislauf

Kapitel 2

Finanzsystem und Finanzierung

Zum Inhalt von Kapitel 2

In Deutschland und weltweit wachsen Finanzmärkte in rasantem Tempo; es "sterben" Zweigstellen; das Online-Banking blüht und führt zur Neugründung von spezialisierten Finanzinstitutionen; Kapitalmärkte gewinnen im Vergleich mit den dominierenden Kreditinstituten an Bedeutung; die großen deutschen Finanzinstitutionen erwirtschaften Teile ihrer Wertschöpfung im Ausland und befinden sich zu großen Anteilen in ausländischem Besitz.

Im Zuge der Internationalisierung nähert sich das deutsche Finanzsystem den im Ausland üblichen Strukturen an. Insofern erscheinen manchen die vorherrschende Finanzierung über Kreditinstitute, erst recht über die scheinbar beschaulichen regionalen Finanzinstitutionen, wie Sparkassen oder Volks- und Raiffeisenbanken, als veraltet. Allerdings funktionieren Volkswirtschaften mit verschiedenen Finanzsektoren offensichtlich gut, so dass auch die Forschung keine klare Empfehlung für ein bestimmtes Finanzsystem gibt (bspw. Beck und Levine 2002).

Wir konzentrieren uns deshalb darauf, Zusammenhänge zwischen Finanzsystem, Finanzsektor und Finanzierung zu entwickeln. Es werden wichtige Institutionen des Finanzsektors in Deutschland, sowie ihre Eigenarten im internationalen Vergleich und ihre jeweiligen Funktionen vorgestellt. Dabei zeigen wir ihre Verankerung in der einzelwirtschaftlichen Finanzierung auf. Diese Finanzierung wiederum ist verbunden, aber nicht deckungsgleich mit dem volkswirtschaftlichen Sparen. Das Ziel dieses Kapitels liegt also darin, Grundlagen für ein systematisches Verständnis von Finanzinstitutionen und Kenntnisse über ihre Ausprägung in Deutschland zu schaffen.

2.1 Das Finanzsystem in der Volkswirtschaft

Die Frage nach der geeigneten institutionellen Ausgestaltung von Finanzbeziehungen hängt von den Zielen und Randbedingungen ab. Zu den maßgeblichen Randbedingungen zählen staatliche Vorschriften im weitesten Sinne sowie die jeweiligen Marktverhältnisse. Wichtiger Bestandteil dieser Verhältnisse sind – wie auf allen Märkten – neben den verwendeten Technologien die Präferenzen der Marktteilnehmer. Auf der Seite der Investoren haben diese Präferenzen Einfluss auf ihre Finanzierungsentscheidungen. Insofern wird das Verständnis der Finanzinstitutionen erleichtert, wenn man den Horizont bis auf die Finanzierung erweitert.

Dabei interessieren hier nicht einzelne Finanzierungsformen und ihre Leistungsfähigkeit oder die Analysen zur Kapitalstruktur. Vielmehr ist das Verständnis für die auf volkswirtschaftlicher Ebene aggregierten Finanzierungsstrukturen hilfreich, wenn man – wie hier – die jeweiligen Finanzinstitutionen verstehen will. Nimmt man beide Bereiche zusammen, also zum einen den Finanzsektor und zum anderen die Finanzierungsstruktur, so spricht man vom **Finanzsystem** einer Volkswirtschaft.

Die Stellung des Finanzsystems in der Volkswirtschaft ist in Schaubild 2.1 skizziert. Wenn wir an der Basis, also in der Abbildung unten, beginnen, so finden wir dort den Kern der Realwirtschaft. Konsum, Sparen und Investieren sind Bestandteile der elementaren Kreislaufanalyse, wie in Kapitel 1 bereits angesprochen. Hierbei ist das Finanzsystem zwar hilfreich, aber nicht elementar. Erst indem Sparen und Investieren nicht in identischen Einheiten geschehen, kommt es zu den typischen Fragen nach geeigneten Formen der Finanzierung. Die Antwort auf diese Fragen schlägt sich in Finanzierungsverträgen nieder, die finanzielle Verflechtungen und in diesem Zuge Geldvermögen sowie Verpflichtungen schaffen. Damit erfüllt der Finanzsektor die Allokations- und Versicherungsfunktionen.

Bis dahin ist allein die Existenz des marktmäßigen Finanzsektors erklärt, in dem Angebot und Nachfrage nach Finanzdienstleistungen gehandelt werden. Wie aber bei den meisten Märkten, so kann man auch bei Finanzmärkten das volkswirtschaftliche Ergebnis durch geeignete ordnungspolitische Rahmengebung verbessern helfen. Dieser Rahmen findet einen institutionellen Niederschlag im hoheitlichen Finanzsektor. Damit sind drei Teile kurz angesprochen, um einen ersten Überblick zu vermitteln: Finanzierungsstrukturen, hoheitlicher und marktmäßig organisierter Finanzsektor. Da der hoheitliche Finanzsektor vor allem in den Kapiteln 3, 10 und 11 behandelt wird, beschränken wir uns hier auf die beiden anderen Teile, beginnend mit der Finanzierung.

Schaubild 2.1: Die Stellung des Finanzsystems in der Volkswirtschaft

mögliche Vorkenntnisse	Volkswirtschaft	Finanzsystem
• Wirtschaftspolitik: Ordnungspolitik	Der Staat legt Rahmenbedingungen für den Finanzsektor fest	Hoheitlicher Finanzsektor
• Kapitalmarkttheorie	Externe Finanzierung findet über den Finanzsektor statt	Marktmäßiger Finanzsektor
• Investitionsrechnung • Finanzierung von Unternehmen	Produktionsvorgänge erfordern u.a. Investitionen und Finanzierung	Finanzierungsstrukturen
• Produktionswirtschaft	Unternehmen und Staat produzieren	Realwirtschaft
• Konsumtheorie (Mikroökonomie)	Menschen konsumieren	

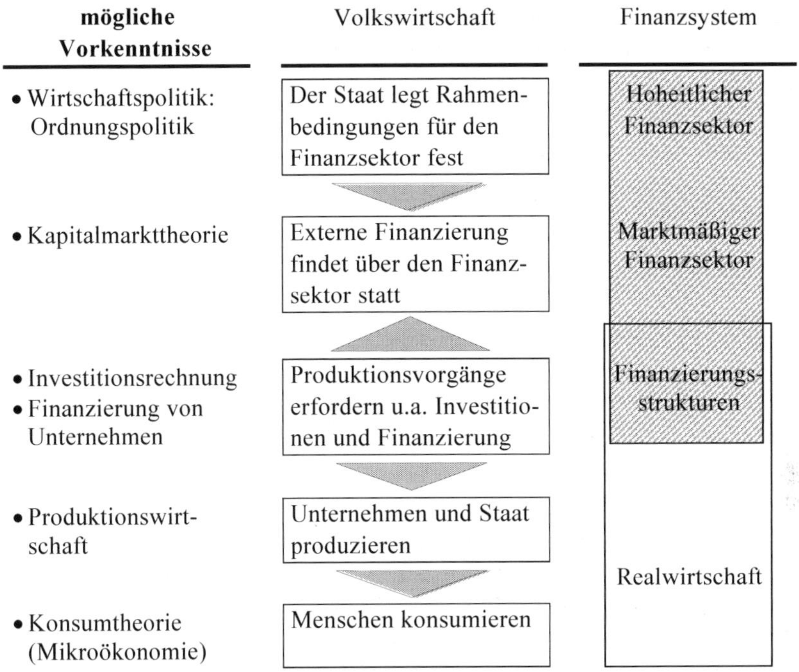

2.2 Finanzierung, Sparen und Geldvermögensbildung

Finanzierung bedeutet in einem sehr weiten Sinne, dass Kapital bereitgestellt wird, um damit Investitionen und manchmal auch zusätzlichen Konsum zu tätigen. Finanzierung ist demnach nicht gleichzusetzen mit Investitionsfinanzierung. Ferner ist aus der Unternehmensfinanzierung bekannt, dass nicht jede Investitionsfinanzierung mit monetären Strömen verbunden ist, bspw. der Aufnahme eines Bankkredits. Bevor man also über Finanzierung und deren Verbindung mit makroökonomischen Fragen, wie bspw. der Geldpolitik, nachdenkt, hilft es, einige Zusammenhänge zu klären.

Dazu knüpfen wir wieder an der Kreislaufdarstellung an. Das Kreislaufdenken ist in seinem Ursprung ein realwirtschaftliches Denken. Die Abgrenzung der Pole in Haushalte und Unternehmen liegt im Kern darin begründet, dass Haushalte konsumieren und Unternehmen investieren. Dies sind realwirtschaftliche Vorgänge. Insofern ist auch der Begriff des Sparens in der Volkswirtschaftlichen Gesamtrechnung ebenfalls ein realwirtschaftlicher Begriff, der erst einmal nichts mit dem Sparen bei einer Bank oder Sparkasse zu tun hat. Sparen bedeutet hier Konsumverzicht und wenn etwas produziert wird, was nicht konsumiert wird, so kann es nur investiert worden sein. Von daher folgt dann die ex post-Identität von Sparen und Investieren.

Für die weiteren Überlegungen ist die **realwirtschaftliche Bedeutung des Sparens** elementar. Folglich kann es Sparen auch völlig ohne Finanzsektor geben. Der erwähnte Fall der Dorfgemeinschaft in Kapitel 1, in der reihum Häuser gebaut werden, ist solch ein Beispiel von Sparen und Investieren ohne Finanzinstitutionen. In der Kreislaufdarstellung gibt es deshalb konsequenterweise keinen Finanzsektor. Der 5-polige Kreislauf in Schaubild 2.2 zeigt ein komplexes Beziehungsgeflecht, da mehrere Sektoren sparen und investieren können.

Schaubild 2.2: Wirtschaftskreislauf der Volkswirtschaft
(5-poliges Modell, realwirtschaftlich)

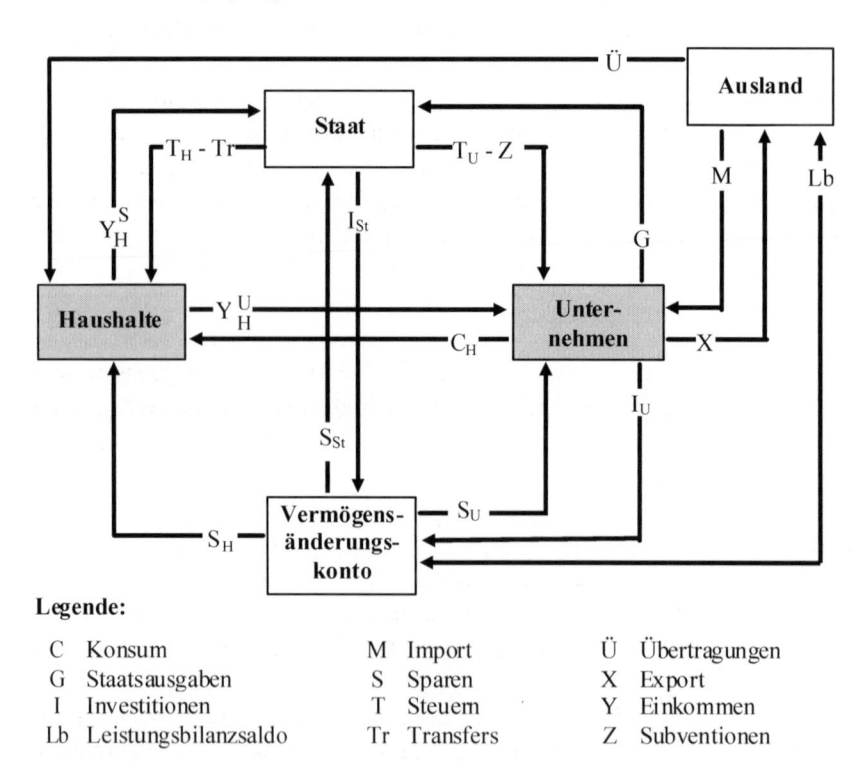

Legende:

C	Konsum	M	Import	Ü	Übertragungen
G	Staatsausgaben	S	Sparen	X	Export
I	Investitionen	T	Steuern	Y	Einkommen
Lb	Leistungsbilanzsaldo	Tr	Transfers	Z	Subventionen

Hinzu kommt eine Einsicht, die bei flüchtiger Betrachtung leicht übersehen wird: Der Kreislauf erfasst die Beziehungen zwischen Sektoren, aber

Sparen findet auch – bildlich gesprochen – innerhalb einiger Sektoren statt. Dies ist ein weiterer Hinweis darauf, dass die strikte Gegenläufigkeit von realen und monetären Strömen nur eine Möglichkeit ist, aber keine zwingende Notwendigkeit. Wenn aber Realwirtschaft und Finanzsektor nicht einfach nur dasselbe Geschehen auf ihre eigene Weise erfassen, dann müssen sie sich auch nicht entsprechen. Dies deutet bereits die spätere zentrale Einsicht an: So wie eine Realwirtschaft gänzlich ohne Finanzsektor gedeihen kann, so kann sich der Finanzsektor bei der Erfüllung seiner Funktionen auch von den Transaktionen der Realwirtschaft freimachen.

Am besten hilft hier wohl ein Beispiel: Ausgangslage sei Schaubild 1.2 in Abschnitt 1.3 (Allokationsfunktion) des vorangegangenen Kapitels 1, in dem der Brückenschlag zwischen Sparer und Investor gezeigt wird. Geht man davon aus, dass der Sparer den Brückenschlag vollzieht indem er Aktien des Investors kauft, so gilt die Gegenläufigkeit von realen und monetären Strömen – dem Konsumverzicht des Sparers zugunsten des Investors steht eine Verbindlichkeit gegenüber, die der Investor gegenüber dem Sparer eingeht, indem er Aktien begibt.

Wir hatten aber auch schon den Fall angesprochen, dass die Investorin aus eigener Kraft ihre Investitionen tätigt. Gut vorstellbar ist der Fall, dass dies Unternehmen aus einbehaltenen Gewinnen tun. In diesem Fall sind Sparer und Investor identisch, d.h. es kommt zum realwirtschaftlichen Vorgang wie bisher, aber ungewohnt ist, dass dabei keine finanziellen Transaktionen stattfinden und somit auch kein Geldvermögen entsteht. Dies entspricht damit der Situation einer Volkswirtschaft ohne Finanzsektor.

Das logische Gegenstück dazu sind Aktivitäten des Finanzsektors ohne realwirtschaftlichen Niederschlag, die deshalb auch nicht in die Kreislaufdarstellung eingehen. Damit es dazu kommt, müssen finanzielle Geschäfte getätigt werden, ohne dass dabei gespart wird. In diese Kategorie fallen konsumorientierte Vorgänge, wie bspw. die Aufnahme eines Konsumentenkredits. Wichtige Finanzsektoraktivitäten ohne direkten realwirtschaftlichen Bezug sind auch Geschäfte, die innerhalb des Finanzsektors abgeschlossen werden und die deshalb in der Finanzierungsrechnung zusätzlich ausgewiesen werden. Ein Beispiel hierfür sind Interbankenkredite, so dass nicht benötigte Einlagen bei einem Institut als Kredit bei einem anderen Institut ausgelegt werden können.

Damit haben wir drei Beispiele angesprochen, die als gedankliche Grenzfälle die möglichen Beziehungen zwischen Realwirtschaft und Finanzsektor charakterisieren. In der Sprache der VGR ging es realwirtschaftlich gesehen um Sparen bzw. Investieren und monetär gesehen um finanzielle Beziehungen. Sparen führt in diesem Sinne zur Erhöhung des volkswirtschaftlichen

Kapitalstocks oder – in der Terminologie der Finanzierungsrechnung – des **Sachvermögens**. Die entsprechenden Spar- und Investitionsvorgänge werden über den Pol des **Vermögensänderungskontos** erfasst. Dieses Konto ist nicht mit dem Finanzsektor zu verwechseln.

Vielmehr schlägt sich der Aufbau finanzieller Beziehungen als Geldvermögensbildung bzw. Kreditgewährung nieder und führt zur Erhöhung des **Geldvermögens** der Volkswirtschaft. Da aber die Geldvermögensbildung einer Einheit immer mit der Kreditnahme einer anderen Einheit in der Wirtschaft einhergeht, steigen bei wachsendem Bruttogeldvermögen die Verbindlichkeiten bzw. in der Terminologie der Finanzierungsrechnung die *Außenfinanzierung* in gleicher Höhe mit, so dass das **Nettogeldvermögen** – bei Vernachlässigung des Auslands – immer Null bleibt.

Schaubild 2.3: Beziehung zwischen volkswirtschaftlichem Sparen und Geldvermögensbildung

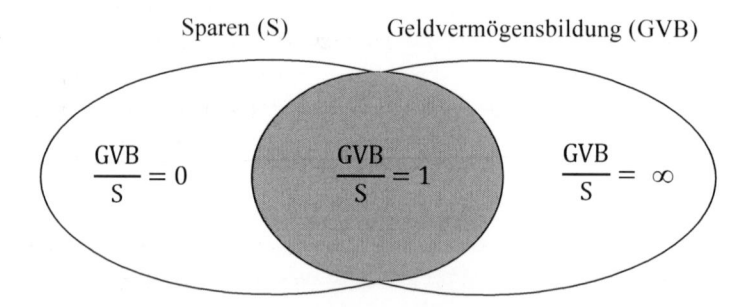

Sparen (S)   Geldvermögensbildung (GVB)

$$\frac{GVB}{S} = 0 \qquad \frac{GVB}{S} = 1 \qquad \frac{GVB}{S} = \infty$$

S = realwirtschaftliches Sparen, d.h. Konsumverzicht;
Ex post gilt S = Investieren, d.h. Sparen bedeutet eine Zunahme des Sachvermögens.

GVB = Zunahme der monetären Forderung von volkswirtschaftlichen Sektoren gegenüber anderen Sektoren, d.h. Zunahme des Bruttogeldvermögens.

Mit diesen Klärungen kann auch der Kapitalbegriff präziser gefasst werden. Kapital in der Denkweise der Kreislaufbetrachtung bzw. der VGR stellt immer auf eine realwirtschaftliche Größe ab, weshalb man deutlicher von **Realkapital** sprechen kann. Das Gegenstück bildet nicht der Begriff des Geldkapitals, der bereits in Kapitel 1 für eine ganz bestimmte Abgrenzung von Geldvermögensbeständen benutzt wurde, sondern der Begriff des **Finanzkapitals**. Realkapital und Finanzkapital sind demnach andere Worte für

Sachvermögen und Geldvermögen. Wenn in diesem Buch von Kapital die Rede ist, dann ist in aller Regel das Finanzkapital gemeint.

Schaubild 2.3 stellt die besprochenen Zusammenhänge zwischen Sparen und Geldvermögensbildung – oder: Realkapital- und Finanzkapitalbildung – dar. Nur wenn sich die Ellipsen überschneiden fallen die Vorgänge in Realwirtschaft und Finanzsektor zusammen. Im linken Teil der Abbildung bleibt der Finanzsektor in aller Regel unberührt und im rechten Teil wird die Realwirtschaft nicht tangiert.

2.3 Größenordnungen der deutschen Finanzierungsrechnung

Die deutschen Daten zu Sparen, Geldvermögensbildung usw. finden sich in der **Finanzierungsrechnung**, welche die Deutsche Bundesbank in ihren Monatsberichten vorstellt. Diese Statistik hat Ähnlichkeit mit einem 5-poligen Wirtschaftskreislauf, weil sie zwischen fünf Aggregaten unterscheidet, *Private Haushalte* (einschließlich private Organisationen ohne Erwerbszweck), *Unternehmen* (genauer: nichtfinanzielle Kapitalgesellschaften), *Staat* (Gebietskörperschaften und Sozialversicherungen), *Finanzsektor* (genau: finanzielle Sektoren, d.h. Kreditinstitute, Versicherungen usw.) und *Ausland* (genau: übrige Welt). Allein der fünfte Pol der realwirtschaftlichen Kreislaufdarstellung, das Vermögensänderungskonto, stellt kein eigenes Aggregat wie die anderen dar. Vielmehr geht es darum zu ermitteln, wie dieser Pol gespeist wird, also wer durch Sparen (oder Entsparen) bzw. die damit identischen Investitionen zur Vermögensmehrung beiträgt. Dies ist die realwirtschaftliche Ebene. Ferner wird die finanzielle Verflechtung abgebildet und damit die Frage beantwortet, wer die Vermögensänderung *finanziert* (vgl. den Begriff *Finanzierungsrechnung*).

Die realwirtschaftliche Situation in Deutschland war 2009 bedingt durch die große Finanz- und Wirtschaftskrise ungewöhnlich. Dennoch lassen sich Grundzusammenhänge aufzeigen. Demnach betrug das nominale Bruttoinlandsprodukt (BIP) rund 2.410 Mrd Euro und damit gut 85 Mrd. weniger als 2008. Davon entfallen rund 411 Mrd. auf Investitionen, im Einzelnen auf Ausrüstungen (158), Bauten (244), sonstige Anlagen (27) und Vorratsänderungen (-18). Dies ergibt eine **Bruttoinvestitionsquote** von etwa 17%, was krisenbedingt unter dem Durchschnitt liegt. Zieht man hiervon die Abschreibungen ab, mit allen Vorbehalten gegenüber ihrer Ermittlung, so erhält man die weitaus geringeren Nettoinvestitionen von 44 Mrd. Größenordnungsmäßig liegt die **Nettoinvestitionsquote** also unter 2 v.H. und auch in investitionsstarken Jahren überschreitet sie kaum 5 v.H.

Schaubild 2.4: Ersparnis und Sachvermögensbildung einzelner Sektoren Deutschland 2009 (in Mrd. €)

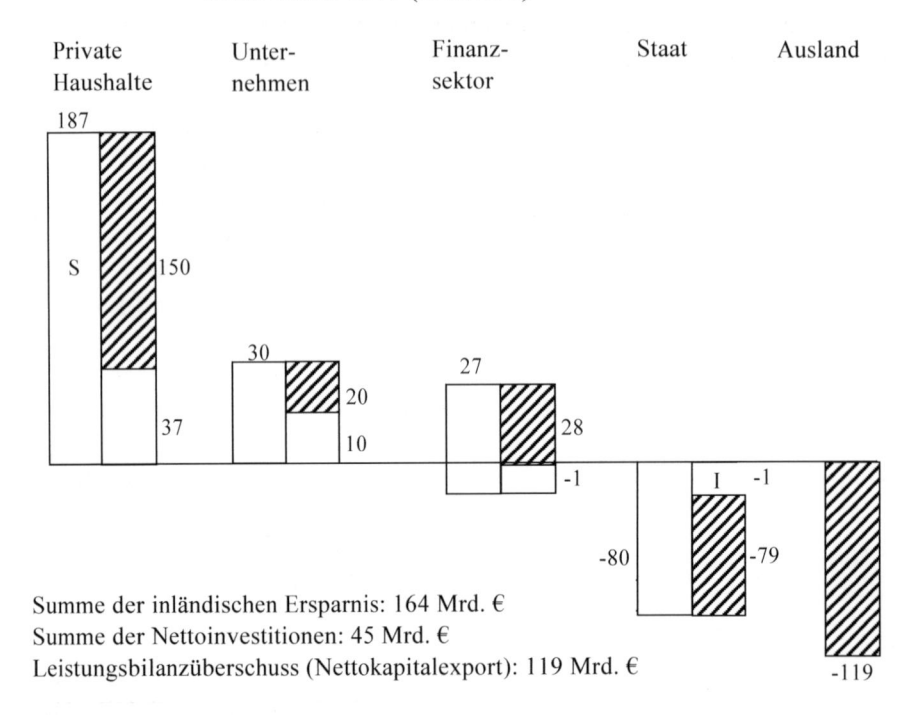

Private Haushalte · Unternehmen · Finanzsektor · Staat · Ausland

187 · S · 150 · 37 · 30 · 20 · 10 · 27 · 28 · -1 · I · -1 · -80 · -79 · -119

Summe der inländischen Ersparnis: 164 Mrd. €
Summe der Nettoinvestitionen: 45 Mrd. €
Leistungsbilanzüberschuss (Nettokapitalexport): 119 Mrd. €

Quelle: Deutsche Bundesbank (2010a), S.17

Die **Sachvermögensbildung** (Nettoinvestitionen) und Ersparnisse der fünf betrachteten Pole gibt Schaubild 2.4 exemplarisch für das Jahr 2009 wieder. Man erkennt in der Kopfleiste die unterschiedenen Aggregate der Statistik. Typisch für die privaten Haushalte ist deren Sparüberschuss, wie er in der einfachen Vorstellung des Brückenschlags zwischen Sparer und Investor angenommen wird. Private Haushalte sparten 187 Mrd. €, investierten 37 Mrd. € (im Wesentlichen in den Wohnungsbau) und stellten damit anderen Einheiten einen Finanzierungssaldo von 150 Mrd. € an Ersparnissen zur Verfügung. Dagegen investieren die Unternehmen (nichtfinanzielle Kapitalgesellschaften) typischerweise mehr als sie selbst sparen, wenngleich nicht im Krisenjahr 2009, während der Finanzsektor eher die Charakteristik von Privathaushalten aufweist. Bemerkenswert ist die Situation des Staates, der hohe negative Ersparnisse und fast keine Nettoinvestitionen aufweist. Schließlich ist die Summe aller Investitionen mit 45 Mrd. € deutlich geringer als diejenige aller Ersparnisse mit 164 Mrd., so dass Deutschland dem Ausland Ersparnisse im Umfang von 119 Mrd. zur Verfügung gestellt hat. In der außenwirtschaftlichen Statistik wird diese Zahl als **Leistungsbilanzüberschuss** ausgewiesen. Würden finanzielle Verflechtungen allein zum Ausgleich von Spar-Investitionssalden entstehen, wie sie in Schaubild 2.4 gezeigt werden, so wäre die Bruttogeldvermögensbildung so hoch wie die Summe der positiven Salden, d.h. etwa 198 Mrd. €. Tatsächlich beträgt die Summe der **Geldvermögensbildung** aller Sektoren jedoch typischerweise das Vielfache, wenngleich nicht im Krisenjahr 2009 mit nur 158 Mrd. €. Vernachlässigt man hier das Interbankengeschäft und die zunehmende Verflechtung mit dem Ausland, so passt die Struktur der Geldvermögensbildung typischerweise zu den bisherigen Erkenntnissen, wie Schaubild 2.5 zeigt.

Schaubild 2.5: Geldvermögensbildung und Außenfinanzierung einzelner Sektoren in Deutschland 2009 (in Mrd. €)

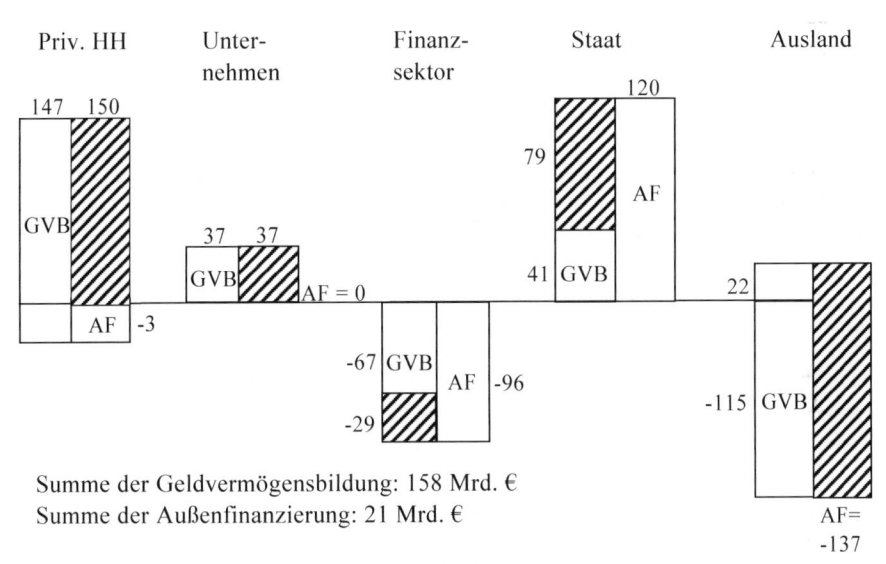

Summe der Geldvermögensbildung: 158 Mrd. €
Summe der Außenfinanzierung: 21 Mrd. €

Quelle: Deutsche Bundesbank (2010a), S.18

Sektoren, die mehr sparen als investieren, bilden einen positiven Finanzierungssaldo (vgl. Schaubild 2.4) und in gleicher Höhe demnach Nettogeldvermögen (vgl. Schaubild 2.5) bzw. umgekehrt. Besonders auffällig ist der Aufbau *untypischer* Positionen im Unternehmenssektor: Obwohl dieser i.d.R. von der restlichen Wirtschaft finanziert wird, gibt es in 2009 erhebliche Geldvermögensbestände und per Saldo keine Außenfinanzierung.

Trotz der Ausnahmesituation kennzeichnet auch das Jahr 2009 eine größere Geldvermögensbildung als Nettoinvestition. Diese Situation ist typisch für die jüngere Vergangenheit und weist einen sich verstärkenden Trend auf. Die Volumina des Finanzsektors wachsen schneller als die der Realwirtschaft, so dass sich daraus die Sorge einer **Abkoppelung** des Finanzsektors von der Realwirtschaft ergibt (vgl. Box 2.1).

Box 2.1: Abkoppelung des Finanzsektors?

Das starke Wachstum der finanziellen Aktiva und der Umsätze mit Finanzaktiva hat viele Beobachter zu sehr kritischen Einschätzungen veranlasst. Häufig wird die Realwirtschaft als normativer Bezugspunkt gewählt und das Finanzsektorwachstum dazu in Beziehung gesetzt. Der *Geldvermögenskoeffizient*, Geldvermögen der nicht-finanziellen Sektoren zu BIP, hat im Laufe der letzten Jahrzehnte deutlich zugenommen, vor allem wenn man im *Erweiterten Geldvermögenskoeffizienten* die finanzielle Verflechtung des Finanzsektors mit einbezieht (vgl. dazu das Schaubild)

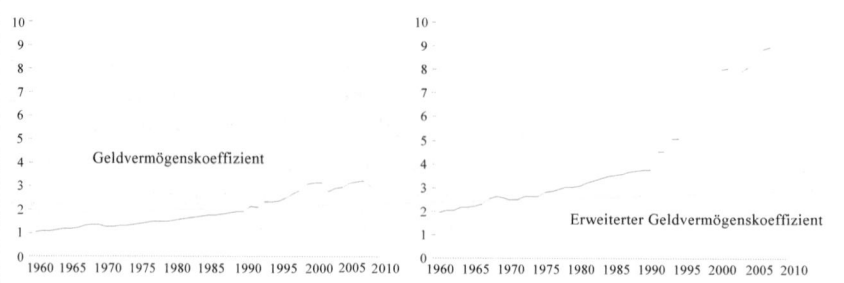

[Schaubild: Geldvermögenskoeffizient und Erweiterter Geldvermögenskoeffizient, 1960–2010]

Allerdings bedeutet starkes Wachstum nicht automatisch Abkoppelung, da es auch durch eine andere Wahrnehmung der Finanzsektorfunktionen bedingt sein kann. Zwei Beispiele mögen dies verdeutlichen: Erstens ermöglichen niedrigere Transaktionskosten, wie sie sich durch technische Innovationen ergeben haben, eine bessere Anpassung von Portfolios an neue Informationen. Zweitens erlaubt die Deregulierung vieler Finanzmärkte das Abschließen zusätzlicher Geschäfte, die früher nicht erlaubt waren. Insofern wäre der Schluss von einem steigenden Geldvermögenskoeffizienten auf eine schädliche Abkoppelung wohl ein Kurzschluss, ohne dass deshalb das starke Wachstum des Finanzsektors gleich unproblematisch ist (vgl. ausführlicher Menkhoff und Tolksdorf 1999).

2.4 Deutsche Finanzierungsstrukturen im internationalen Vergleich

Die deutschen Unternehmen haben in den 90er Jahren etwa die Hälfte ihrer Nettoinvestitionen aus eigenen Ersparnissen – also einbehaltenen Gewinnen – finanziert. Da diese Angabe aus der Finanzierungsrechnung (siehe oben) stammt, bezieht sie sich auf den *Sektor Unternehmen*, d.h. Salden einzelner Unternehmen sind hier bereits kompensiert. Dies wiederum bedeutet, dass der kleinere Teil der Investitionen aus eigenen Ersparnissen finanziert werden kann, und demnach mehr als die Hälfte aller Nettoinvestitionen über Finanzinstitutionen finanziert werden. Hinsichtlich dieser externen Unternehmensfinanzierung stellt Mishkin (2007) acht nicht selbstverständliche Merkmale ("puzzles") fest, die in allen Industrieländern gelten. Diese Merkmale, die in Tabelle 2.1 kurz benannt sind, bilden zugleich einen Vergleichsmaßstab für den deutschen Fall.

Warum dominieren – als erstes Merkmal – nicht Aktienemissionen die Finanzierung, obwohl sie den Brückenschlag doch in besonders einfacher Weise herstellen? Warum macht die Aktienfinanzierung sogar nur eine Größenordnung von etwa 10 v.H. aus? Damit verbunden ist das zweite Merkmal, dass auch die Finanzierung über die Ausgabe von Rentenpapieren durch Unternehmen (Industrieobligationen) keine größere Rolle spielt und in einer ähnlichen quantitativen Größenordnung wie die Aktienfinanzierung liegt. Beides sind Formen der direkten Finanzierung über Kapitalmärkte, so dass in dieser Gemeinsamkeit auch eine Erklärung zu suchen ist, die auf Transaktionskosten aufbaut. Aus Sicht der Unternehmen erfordern Transaktionen am Kapitalmarkt eine weitgehende Informationspflicht, die unerwünscht sein kann, vor allem wenn die Unternehmensform ansonsten mehr Verschwiegenheit zuließe. Aus Sicht der Kapitalanleger macht die Anlage in Wertpapieren, gleichgültig ob in Aktien oder in Rentenpapieren, ebenfalls erhebliche Informationsaufwendungen notwendig. Ferner sind die Risiken im Vergleich zur Einlage bei einem Kreditinstitut beachtlich, zum einen aufgrund möglicher Kursschwankungen, zum anderen wegen eines möglichen Forderungsausfalls. Zu diesen Informationsproblemen treten noch Diversifikationsschwierigkeiten für Kleinanleger sowie mögliche Anreizprobleme, indem bspw. die Eigentümer eines Unternehmens dann am liebsten Eigenkapital *verkaufen*, wenn die neuen Eigentümer dafür einen besonders hohen Preis zahlen.

Das Gegenstück zur begrenzten Rolle für Kapitalmärkte bildet die hohe Bedeutung der indirekten Unternehmensfinanzierung. Finanzintermediäre erreichen hier einen Marktanteil von etwa 80 v.H., das dritte Merkmal. Viertens machen Kreditinstitute wiederum den größten Teil davon aus, etwa 60 v.H. bezogen auf das Gesamtvolumen. Kreditfinanzierung ist typisch für mittelständische Unternehmen, während vor allem größere, etablierte Unternehmen den Kapitalmarkt direkt zur Finanzierung nutzen können (fünftes Merkmal). Die Zwischenstellung von Finanzintermediären reduziert die Informations- und Transaktionskosten auf beiden Seiten des *Brückenschlags*. Gerade bei kleineren Einheiten lohnt es sich bestenfalls für einen Spezialisten, den Finanzintermediär, sich die notwendigen Kenntnisse zur Beurteilung der Kreditwürdigkeit anzueignen und die folgenden Kontrollaufgaben wahrzunehmen. Insofern werden Kreditinstitute auch als spezialisierte *Produzenten von Kredit* aufgefasst.

Tabelle 2.1: Acht international typische Merkmale externer Unternehmensfinanzierung

---

1. *Aktien* sind nicht die wichtigste Finanzierungsquelle (ca.10 v.H. Anteil an externer Finanzierung).
2. Auch andere Formen der direkten Finanzierung am Kapitalmarkt dominieren nicht (etwa 10 v.H. *Rentenpapiere*).
3. Indirekte Finanzierung, bei der *Finanzintermediäre* mitwirken, ist ungleich wichtiger als direkte Finanzierung (grob 80 v.H.).
4. *Kreditinstitute* sind die wichtigste Quelle externer Finanzierung (grob 60 v.H.).
5. Nur größere, etablierte Unternehmen haben direkten *Zugang zum Kapitalmarkt*.
6. Das Finanzsystem ist besonders stark *reguliert*.
7. *Sicherheiten* stellen ein typisches Merkmal von Kreditverträgen dar.
8. *Kreditverträge* sind komplexe Konstruktionen, die das Verhalten der Schuldner begrenzen.

Vgl. Mishkin (2007), Kapitel 8

Doch auch diese Spezialisten wissen immer noch weniger als die Unternehmensinsider, also die Manager und Eigentümer, und sind nicht gegen betrügerisches Verhalten potentieller Kreditnehmer immun. Von daher erklären sich die Merkmale sechs bis acht moderner Finanzierungsstrukturen, dass Finanzmärkte – vor allem Finanzintermediäre – stark reguliert werden, dass Sicherheiten typische Begleitumstände einer Kreditvergabe sind und dass Kreditverträge komplexe Konstruktionen sind, die die Handlungsmöglichkeiten des Schuldners im Interesse des Kreditgebers eingrenzen.

Wenn man Deutschland hinsichtlich dieser acht Merkmale mit anderen Industrieländern vergleicht, dann passt es ganz gut in das internationale Muster (vgl. auch Schaubild 2.6 zu Bankkrediten). Dennoch gibt es einige Besonderheiten:

Schaubild 2.6: Bankkredite nach Unternehmensgröße in Deutschland

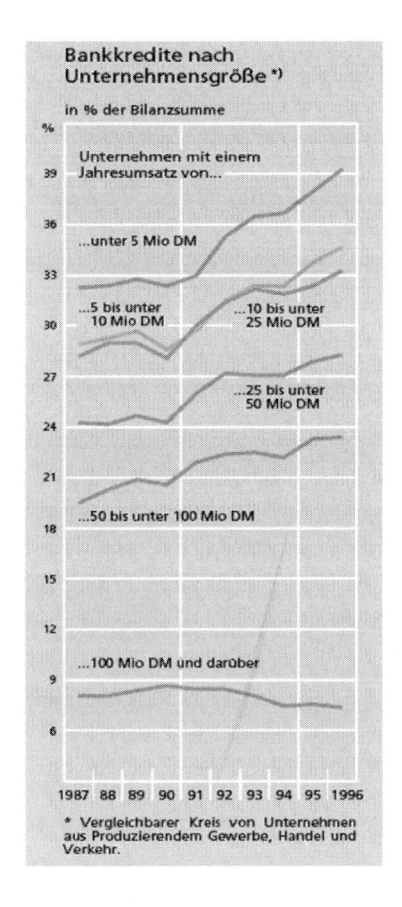

Anmerkungen zum hohen Niveau der Kreditfinanzierung (versus Anleihen)

- *Auflagen:* bis 1990 Emissionsgenehmigungsvorschriften und Börsenumsatzsteuer (2 ½ Promille des Kurswertes)
- *Gewerbeertragsteuer:* Zinsen aus Dauerschulden zählen zur Bemessungsgrundlage → Schuldverschreibung über ausl. Finanzierungstochter, die Kapital kurzfristig an Unternehmen leiht
- *Unternehmensgröße:* 2/3 der Umsätze durch Unternehmen mit < 250 Mio. € Jahresumsatz → Fixkosten der Emission (Emissionsvol. i.d.R. > 25 Mio. €)
- *Rechtsform:* Anleihe eher wenn Offenlegungspflichten erfüllbar und gute Reputation gegeben ist, d.h. für größere Unternehmen
- ⇒ Hausbankbeziehung als Mittel zur Verringerung von Informationskosten
- ⇒ Trend geht zu Anleihen (v.a. zur Refinanzierung von Kreditinstituten), weil Renditeorientierung / Risikobereitschaft steigt, Bedarf für Altersversorgung und institutionelle Anleger

Quelle: Deutsche Bundesbank Monatsbericht Januar 2000, S. 33-48

So ist die Bedeutung der Finanzierung über Kapitalmärkte in Deutschland relativ gering. Deren Beitrag lag in der Vergangenheit noch weit unter dem international durchschnittlichen Wert von 20 v.H.

- Finanzintermediäre, die neben Kreditinstituten in Deutschland eine wichtige Rolle spielen, sind Versicherungsgesellschaften, die Schuldscheindar-

lehen an eingeführte Unternehmen vergeben. Dieses Finanzierungsinstrument hat den Vorzug, weder Kredit noch Rentenpapier zu sein. Folglich unterliegen diese Darlehen nicht den Bestimmungen einer Kreditvergabe und bedürfen auch keiner bilanziellen Neuansätze, vor allem keiner Abschreibungen, aufgrund von Zinsänderungen.
- Die geringe Rolle der direkten Finanzierung über Kapitalmärkte ist zum Teil auch durch die Unternehmenslandschaft in Deutschland mitbestimmt. Der Mittelstand spielt eine wichtige Rolle, und zahlreiche Gesellschaften befinden sich in Familienbesitz oder doch in einem strategischen Verbund, der wenig Interesse an zusätzlichen Aktionären aufkommen lässt.

2.5 Finanzinstitutionen in Deutschland

Von diesen Überlegungen zu Finanzierungsstrukturen, die Stromgrößen betreffen, sind die Bestandsvolumina an den einzelnen Finanzmärkten sorgfältig zu unterscheiden. Zum einen sind Bestände kumulierte Ströme, die durch das Hinzukommen ständig neuer (Netto-)Investitionen entstehen. Zum anderen kommen die Bestände nicht nur durch Investitionsfinanzierung zustande, sondern auch durch Finanzierung von Konsumausgaben und durch Weiterleitung von Salden, bspw. indem eine Bank ihre Kredite nicht nur durch Einlagen, sondern auch durch Begebung von Wertpapieren deckt.

Im Ergebnis kann bei den oben angesprochenen Einflüssen von der Finanzierungsseite nicht überraschen, dass in Deutschland die Kreditinstitute von ihrem Geschäftsvolumen her in Relation zu den Wertpapiermärkten und anderen Finanzinstitutionen dominieren (vgl. Schaubild 2.7). Dies wird häufig noch unterschätzt, weil viele umlaufende Rentenpapiere von Kreditinstituten zur Refinanzierung begeben wurden. Auffällig bei den Kreditinstituten sind die vielfältigen Formen, in denen sie operieren. Demnach halten gewöhnliche private Kreditinstitute lediglich einen Marktanteil von einem Viertel.

Während in der Vergangenheit meist Geld, Aktien oder Rentenpapiere die Finanzmärkte dominierten, gibt es heute eine Vielzahl an komplexeren Finanzkonstruktionen. Um sich bei dieser Vielzahl zu orientieren, ist es nützlich, drei **Dimensionen der Finanzmärkte** zu unterscheiden. Diese drei Dimensionen schlagen sich folglich auch in den jeweiligen Finanzprodukten nieder:

Schaubild 2.7: Segmente des deutschen Finanzsektors

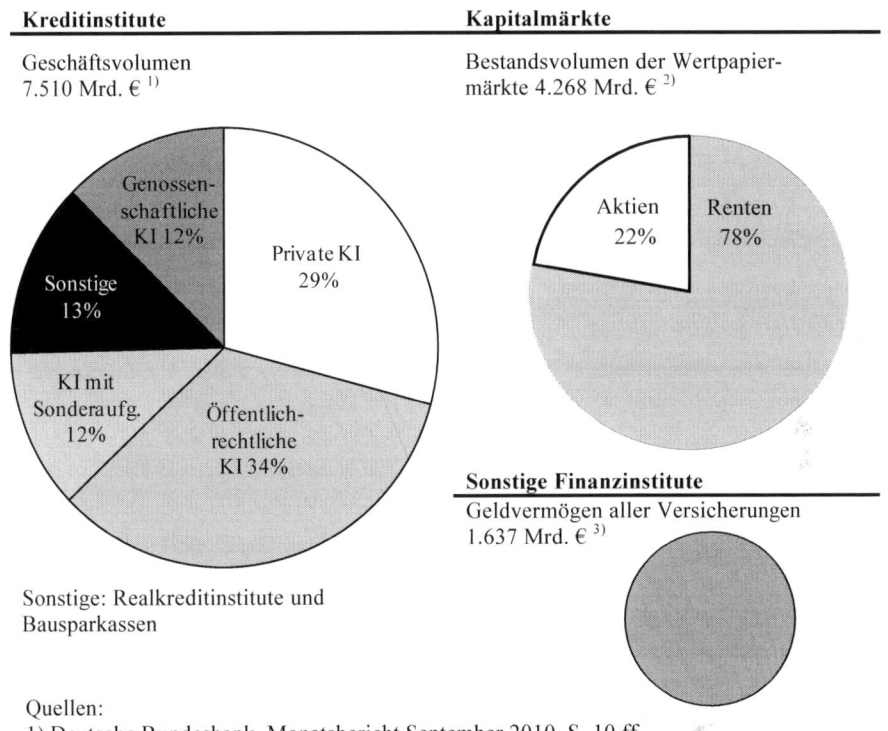

Kreditinstitute	Kapitalmärkte
Geschäftsvolumen 7.510 Mrd. € [1]	Bestandsvolumen der Wertpapiermärkte 4.268 Mrd. € [2]

Kreditinstitute (Pie chart):
- Genossenschaftliche KI 12%
- Private KI 29%
- Sonstige 13%
- KI mit Sonderaufg. 12%
- Öffentlich-rechtliche KI 34%

Kapitalmärkte (Pie chart):
- Aktien 22%
- Renten 78%

Sonstige Finanzinstitute

Geldvermögen aller Versicherungen 1.637 Mrd. € [3]

Sonstige: Realkreditinstitute und Bausparkassen

Quellen:
1) Deutsche Bundesbank, Monatsbericht September 2010, S. 10 ff.
2) Deutsche Bundesbank, Monatsbericht September 2010, S. 50*
3) Deutsche Bundesbank, Statistik, Zeitreihe CEB0QB, 2009 3.Q.

- Die erwähnten Finanzaktiva – Geld, Aktien, Renten – sind die **Grundprodukte**. Sie repräsentieren Zahlungsansprüche in einer jeweils genau definierten Form, wobei sie sich hinsichtlich des eingegangenen Risikos und meist auch der Fristigkeit unterscheiden. Aktien weisen kurzfristig das größte Risiko (im Sinne von Wertveränderungen) auf, Renten ein mittleres und Geld das vergleichsweise geringste. Hinsichtlich der Fristigkeit ist zwischen derjenigen des ursprünglichen Finanzierungsvorgangs und der faktischen Haltedauer zu unterscheiden: Aktien bleiben im Prinzip unbefristet im Umlauf, Renten laufen meist über einige Jahre, während Geld in Form von Einlagen meist noch kürzer festgelegt wird. Alle Aktiva jedoch sind fast jederzeit zu verkaufen, selbst Termingelder sind oft vorzeitig gegen eine Entschädigungszahlung verkäuflich.

- Diese Grundprodukte lassen sich im Zuge der Internationalisierung über verschiedene Währungsräume miteinander tauschen, wobei dann in aller Regel zugleich **Währungen** getauscht werden, etwa Euro gegen US-Dollar.
- Schließlich haben vor allem die Finanzinnovationen seit den 70er Jahren dazu geführt, dass sich die Finanzmärkte immer stärker in eine dritte Dimension, die **Zeit**, entwickelt haben. Das Instrument hierzu sind **Termingeschäfte**, die einen Tausch von Finanzaktiva im heutigen Zeitpunkt zu einem Termin in der Zukunft vereinbaren. Werden diese Termingeschäfte als **Future-Geschäft** stark standardisiert, dann sind sie leicht handelbar. Wird das Termingeschäft mit einem Wahlrecht der Ausübung verknüpft, so handelt es sich um ein **Optionsgeschäft**.

Eine graphisch-anschauliche Darstellung der drei Dimensionen bietet der skizzierte Würfel in Schaubild 2.8. Die drei Dimensionen des Würfels entsprechen dabei den drei Dimensionen der Finanzmärkte:

Schaubild 2.8: Drei Dimensionen von Finanzmärkten

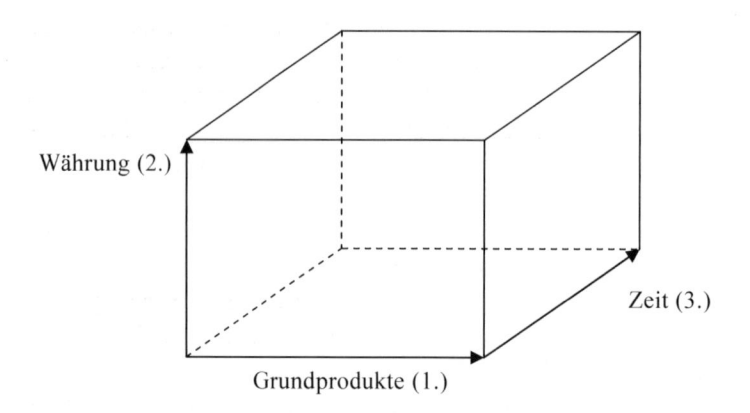

Ein Finanzierungsvorgang auf dem **Primärmarkt** oder ein Tausch dieses Finanztitels auf dem **Sekundärmarkt** berührt potentiell immer diese drei Dimensionen. Ein Beispiel verdeutlicht dies: Der Kauf einer deutschen Aktie gegen Belastung des Girokontos berührt allein die erste Dimension. Würde es sich um eine US-Aktie handeln, die an einer US-Börse in US-Dollar notiert, so müssen im Zuge dieses Kaufs zugleich Euro in US-Dollar getauscht werden. Schließlich ist vorstellbar, dass die US-Aktie nicht sofort, sondern auf Termin gekauft wird. In diesem Fall wird heute der Preis für das Termingeschäft fällig und zum Lieferzeitpunkt der Aktie die restliche Summe. Die zunehmende Bedeutung der zweiten und dritten Dimension auf den Finanzmärkten hat zahlreiche Implikationen, die im weiteren Verlauf eingehender behandelt werden. Hier seien aber drei Konsequenzen, die die Geldpolitik berühren, angedeutet:

- Geldpolitische Impulse in Form von Zins- und Geldmengenänderungen wirken aufgrund der niedrigen Transaktionskosten und der engen Austauschbeziehungen zwischen den einzelnen Bereichen der Finanzmärkte immer auf alle Bereiche. Aktienmärkte sind damit stärker in das Blickfeld der Zentralbanken geraten.
- Die Internationalisierung führt zu wechselseitigen Impulsen zwischen den verschiedenen Ländern, was dem nationalen Handlungsspielraum Grenzen setzt.
- Die explizite Preisbildung auf Terminmärkten verstärkt die Bedeutung der Erwartungsbildung, manchmal als **Erwartungslastigkeit** bezeichnet.

2.6 Ein Überblick über das deutsche Finanzsystem

Abschließend sollen in einem Überblick die erwähnten Finanzinstitutionen eingeordnet werden. Der erste Teil des Finanzsystems, die Ausgestaltung der **Finanzierungsstruktur**, hängt wie in Abschnitt 2.1 angesprochen eng mit den Funktionen des Finanzsektors zusammen. Beginnend mit den Geldfunktionen kann man deshalb danach fragen, wie der Zahlungsverkehr abgewickelt wird. Für die makroökonomische Betrachtung ist dabei von Interesse, welche Bedeutung das Bargeld im Vergleich zu bargeldlosen Zahlungsformen spielt, wie in Kapitel 4 noch deutlicher wird. Hinsichtlich der Allokationsfunktion kommt es auf die Bedeutung der verschiedenen Finanzierungsquellen an. Hier konkurrieren die Finanzierung ohne Einbeziehung des Finanzsektors, wie durch einbehaltene Gewinne oder durch Lieferantenkredite, und die Finanzierung durch den Finanzsektor. Innerhalb des Finanzsektors ist zwischen der Finanzierung über Finanzintermediäre und der über Kapitalmärkte zu unterscheiden. Beziehung sowohl zur Allokationsfunktion sowie zur Versicherungsfunktion haben Fragen der Fristigkeit typischer Finanzbeziehungen und die Form der Zinsvereinbarung. Auch bei diesen Punkten kann man sich leicht vorstellen, dass die dominierende Form der Finanzierung Bedeutung für die instrumentelle Ausgestaltung der Geldpolitik und ihre Auswirkungen hat.

Neben diesen Ordnungsgesichtspunkten für die Finanzierungsstruktur gibt Schaubild 2.9 auch Informationen zu den beiden Teilen des Finanzsektors. Den zweiten Block des Schaubildes bildet der **marktmäßig organisierte Teil des Finanzsektors**. Hier sind drei recht verschiedene Bereiche zu unterscheiden: erstens Kreditinstitute – so der übergeordnete Begriff für Banken, Sparkassen und ähnliche Institutionen, zweitens Finanzintermediäre die keine Kreditinstitute sind sowie drittens organisierte Finanzmärkte für Wertpapiere und davon abgeleitete Terminkontrakte (Derivate). Die besondere Rolle der Kreditinstitute innerhalb der Gruppe der Finanzintermediäre resultiert daraus, dass diese Institutionen als einzige Kredit und damit (Buch-)Geld produzieren können, der Fachbegriff lautet *Geld schöpfen* können (vgl. Kapitel 4).

Schließlich lassen sich im **hoheitlichen Teil des Finanzsektors** – in Anlehnung an die wirtschaftspolitische Unterscheidung in Ordnungs- und Ablaufpolitik – Institutionen für Marktregulierung und Marktsteuerung erkennen. Regulierung definiert den Rahmen, innerhalb dessen sich private Institutionen bewegen können, wie Vorschriften zum Management von Kreditinstituten, die das Bundesaufsichtsamt für Finanzdienstleistungen – mit Unterstützung der Deutschen Bundesbank – durchsetzt (vgl. dazu Kapitel 11). Steuerung dagegen übt das Eurosystem, d.h. die Europäische Zentralbank im Zusammenwirken mit den nationalen Zentralbanken aus (vgl. Kapitel 3), indem es über verschiedene Instrumente die makroökonomische Situation beeinflusst (vgl. dazu Kapitel 15).

Hinsichtlich der drei unterschiedenen Bestandteile des Finanzsystems sind in Schaubild 2.9 die für Deutschland im internationalen Vergleich typischen Charakteristika unterstrichen. Hervorzuheben ist dabei die Einordnung des deutschen Finanzsystems unter die **bankbasierten** im Unterschied zu den **kapitalmarktbasierten Finanzsystemen**. Deutschland gleicht in dieser Hinsicht eher anderen kontinentaleuropäischen Ländern, während die angelsächsischen Länder tendenziell durch relativ große Kapitalmärkte gekennzeichnet sind. Ein weiteres Charakteristikum ist die oft langfristige Finanzierung zu festen Zinsen, die – im Vergleich zu vielen anderen Ländern – von der relativen Preisstabilität begünstigt wurde. Schließlich haben in Deutschland Kreditinstitute im öffentlichen Eigentum eine ungewöhnlich hohe Marktbedeutung. Diese drei deutschen Spezifika werden heftig diskutiert: Ohne darauf hier näher eingehen zu können, geht die Tendenz in Deutschland in Richtung einer Angleichung an internationale Verhältnisse. Gleichzeitig bewegen sich andere Länder in die deutsche – und zugleich damit häufig kontinentaleuropäische – Richtung.

Schaubild 2.9: Ein Überblick zum Finanzsystem in Deutschland

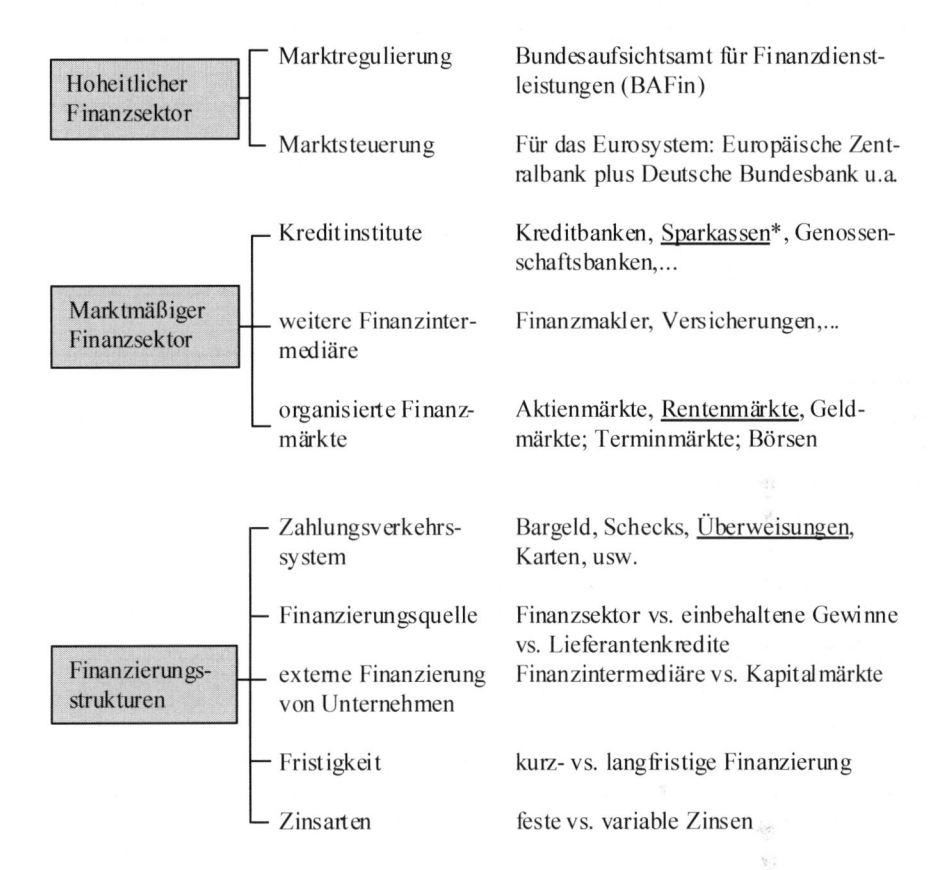

Hoheitlicher Finanzsektor	Marktregulierung	Bundesaufsichtsamt für Finanzdienstleistungen (BAFin)
	Marktsteuerung	Für das Eurosystem: Europäische Zentralbank plus Deutsche Bundesbank u.a.
Marktmäßiger Finanzsektor	Kreditinstitute	Kreditbanken, Sparkassen*, Genossenschaftsbanken,...
	weitere Finanzintermediäre	Finanzmakler, Versicherungen,...
	organisierte Finanzmärkte	Aktienmärkte, Rentenmärkte, Geldmärkte; Terminmärkte; Börsen
Finanzierungsstrukturen	Zahlungsverkehrssystem	Bargeld, Schecks, Überweisungen, Karten, usw.
	Finanzierungsquelle	Finanzsektor vs. einbehaltene Gewinne vs. Lieferantenkredite
	externe Finanzierung von Unternehmen	Finanzintermediäre vs. Kapitalmärkte
	Fristigkeit	kurz- vs. langfristige Finanzierung
	Zinsarten	feste vs. variable Zinsen

* Die deutsche Positionierung im internationalen Vergleich ist unterstrichen

Literaturhinweise

Zur Verbindung von Finanzierungsstruktur und Finanzsektor zu einem Finanzsystem vgl. Mayer (1990) oder Schmidt und Tyrell (1997). Mögliche Angleichungstendenzen werden bspw. bei Neuberger (1999) thematisiert.

Institutionelle Grundlagen des deutschen Finanzsektors sind in verschiedenen Lehrbüchern dokumentiert, bspw. bei Issing (1996, 2006); eine stärker analytische Sichtweise in Krahnen und Schmidt (2004). Auf die relative Bedeutung von Bankkrediten zu Anleihemarkt geht ausführlich die Deutsche Bundesbank (2000) ein.

Die Finanzierungsrechnung stellt die Deutsche Bundesbank (2010a) in einem Sonderheft vor. Eine systematische Erläuterung im Rahmen eines Lehrbuchs findet sich bei Duwendag u.a. (2010). Die Diskussion der typischen Finanzierungsstruktur in Industrieländern erfolgt bei Mishkin (2007).

Zusammenfassung

1. Der Finanzsektor einer Volkswirtschaft reflektiert in erheblichem Maße die Finanzierungsstruktur. Beide Teile zusammen bilden das Finanzsystem.

2. Im Finanzsektor unterscheidet man den hoheitlichen und den marktmäßig organisierten Teil.

3. Sparen hat in der Kreislaufdarstellung eine realwirtschaftliche Bedeutung. Da ex post das Sparen gleich dem Investieren ist, entspricht Sparen der Sachvermögensbildung und damit dem Aufbau des Kapitalstocks einer Volkswirtschaft.

4. Im Unterschied dazu erfasst die Geldvermögensbildung die finanziellen Verflechtungen, so dass dem Geldvermögen einer Einheit eine Verpflichtung einer anderen Einheit gegenüber steht und das Nettogeldvermögen einer Volkswirtschaft Null ist.

5. Sparen kann, aber muss deshalb nicht mit Geldvermögensbildung zusammen fallen. Obwohl in Deutschland über die Hälfte der Nettoinvestitionen durch Ersparnisse desselben Sektors finanziert werden, ist die Geldvermögensbildung größer als das Sparen derselben Periode.

6. Im Trend nimmt der Geldvermögenskoeffizient aus Geldvermögen zu Bruttoinlandsprodukt zu, was die Sorge um eine Abkoppelung des Finanzsektors begründet.

7. Zu den international typischen Merkmalen der externen Unternehmensfinanzierung zählt die relativ größere Bedeutung der Kreditfinanzierung gegenüber der Kapitalmarktfinanzierung. Vor allem Unternehmensgröße und Rechtsform begründen diese in Deutschland ausgeprägte Struktur.

8. Finanzmärkte sind heutzutage über die Grundprodukte, wie Aktien, hinaus durch zwei weitere Dimensionen gekennzeichnet: die internationale Dimension führt zur Einbeziehung von Finanztiteln über verschiedene Währungsräume hinweg, die zeitliche Dimension führt zur Ausbildung von Terminmärkten.

9. In der Finanzierungsstruktur spielen mehrere Aspekte eine Rolle, wie vor allem die Quelle der Finanzierung und die Fristigkeit.

10. Deutschland fällt eher unter die bankbasierten als die kapitalmarktbasierten Finanzsysteme, weist langfristige Finanzierungsformen, feste Zinsen und einen großen Anteil öffentlicher Banken auf.

Schlüsselbegriffe

Abkoppelung
Außenfinanzierung
Banken, öffentliche
Finanzierungsstruktur
Finanzkapital
Finanzmarktdimensionen
Finanzsektor, hoheitlicher
--, marktmäßiger
Finanzsystem, bankbasiert
--, kapitalmarktbasiert
Future-Geschäft
Grundprodukte
Investitionsquote
Kapitalstock

Kreditfinanzierung
Nettogeldvermögen
Optionsgeschäft
Primärmarkt
Realkapital
Sachvermögen
Sekundärmarkt
Sparen, realwirtschaftliche Bedeutung
Termingeschäft
Vermögensänderungskonto
Währung als Finanzmarktdimension
Zeit als Finanzmarktdimension

Kapitel 3

Zentralbanken und Europäische Zentralbank

Zum Inhalt von Kapitel 3

Das Projekt einer Europäischen Währungsunion war das wohl ehrgeizigste wirtschaftspolitische Vorhaben in Europa während der 80er und 90er Jahre des letzten Jahrhunderts. Eine Währungsunion erfordert den Verzicht auf nationalstaatliche Gestaltung der Geldpolitik. In kaum einem Land fiel dieser Verzicht schwerer als in Deutschland. Dies hat wenigstens drei Gründe: Erstens bedeutet der Übergang zu einer einheitlichen europäischen Geldpolitik eine *Entmachtung* der angesehenen Deutschen Bundesbank. Dieses Unbehagen geht zweitens einher mit hoher Inflationsaversion in Deutschland und traditionell höheren Inflationsraten in den Nachbarländern. Drittens schließlich war Deutschland als wirtschaftlich größtes Land, das zudem als einziges Mitgliedsland der Währungsunion über eine international breit verwendete Währung verfügte, bis zur Währungsunion in seiner Geldpolitik autonomer als die meisten Nachbarländer. Letztere mussten mit ihrer Geldpolitik vor allem im Europäischen Währungssystem in hohem Maße den Vorgaben der Deutschen Bundesbank folgen.

Das Projekt der Währungsunion war also in den Mitgliedsländern und insbesondere in Deutschland umstritten. Es ist deshalb interessant zu verstehen, warum die Europäische Zentralbank in ihrer jetzigen Form vereinbart wurde. Vorweg beginnen wir mit einer breit angelegten Diskussion möglicher Begründungen für eine staatliche Zentralbank, stellen danach die – folglich staatlichen – europäischen Institutionen vor, und problematisieren anschließend die institutionellen Gegebenheiten. Dabei geht es insbesondere um Messung, Bedeutung und Alternativen von Unabhängigkeit der EZB, also Gesichtspunkte, die in Kapitel 16 im Rahmen geldpolitischer Regelbindung erneut aufgegriffen werden.

3.1 Begründungen für eine staatliche Zentralbank

Die Europäische Zentralbank wurde als neu gegründete Institution der EU-Staaten von vornherein nur als staatlich getragene Zentralbank diskutiert. Dies entsprach zum einen den Gegebenheiten in den EU-Ländern, zum anderen spricht aber auch ökonomisch vieles für solch eine Gestaltung. In diesem Abschnitt werden fünf Begründungen dafür referiert (vgl. Schaubild 3.1).

Schaubild 3.1: Begründungen für eine staatliche Zentralbank

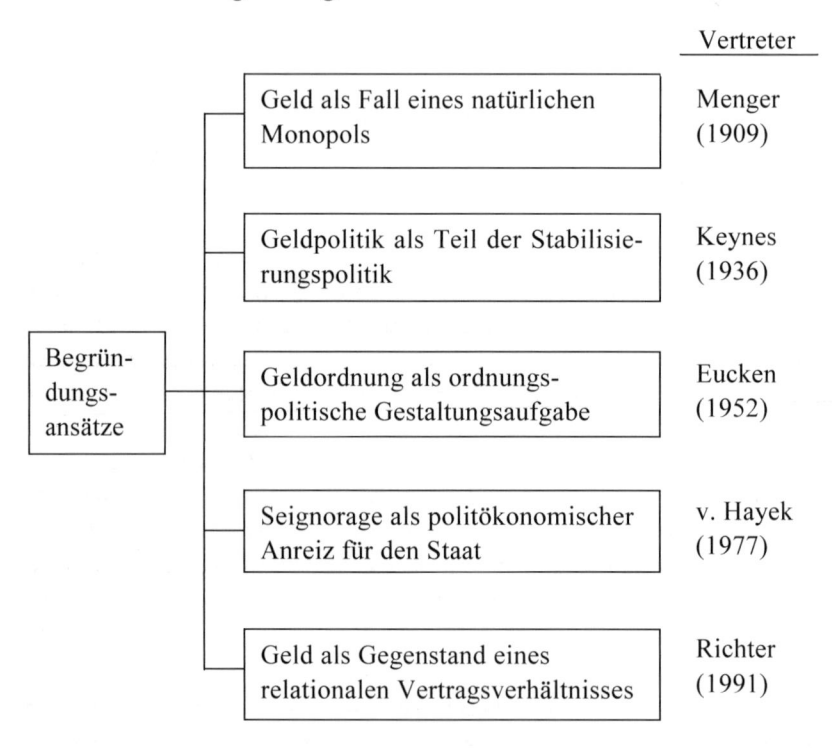

Begründungsansätze		Vertreter
	Geld als Fall eines natürlichen Monopols	Menger (1909)
	Geldpolitik als Teil der Stabilisierungspolitik	Keynes (1936)
	Geldordnung als ordnungspolitische Gestaltungsaufgabe	Eucken (1952)
	Seignorage als politökonomischer Anreiz für den Staat	v. Hayek (1977)
	Geld als Gegenstand eines relationalen Vertragsverhältnisses	Richter (1991)

Bereits in der Neoklassik argumentiert Carl Menger ganz pragmatisch zugunsten eines staatlichen Währungsmonopols, weil es natürliche Vorteile einer begrenzten Zahl an Währungen gibt. Im Grunde handelt es sich um eine Variation der Argumentation zur Einführung von Geld, die bereits in Kapitel 1 vorgestellt worden war. Geld reduziert gegenüber einer reinen Tauschwirtschaft die Transaktionskosten und je weniger konkurrierende Geldarten es gibt, desto besser gelingt die Kostensenkung. Wenn der Staat dies erkennt, dann kann er die volkswirtschaftlichen Vorteile sofort und vollständig realisieren, indem er nur ein einziges Geld zulässt. Die Institution, die dieses Geld emittiert, ist die staatliche Zentralbank. Man kann den staatlichen Eingriff auch dahin gehend deuten, dass hier aufgrund der Vorteile einer einzigen Währung der Fall eines **natürlichen Monopols** vorliegt. Da die monopolistische Wahl von Menge und Preis bekanntlich fern vom volkswirtschaftlich Wünschenswerten liegt, ist ein staatlicher Eingriff gerechtfertigt, hier in Form einer staatlichen Zentralbank.

Eine andere Begründung für eine staatliche Zentralbank liefert John Maynard Keynes in den 30er Jahren, der Zeit der Weltwirtschaftskrise. Die Volkswirtschaften scheinen ausgesprochen instabil, die Vermögenspreise schwanken extrem stark und von freiwilliger Arbeitslosigkeit würde kaum jemand bei der damaligen Massenarbeitslosigkeit und Verelendung sprechen. Stabilisierung ist folglich gefragt und im keynesianischen Argumentationsrahmen kann Geldpolitik diese Aufgabe meist gut erfüllen. Die Rechtfertigung staatlicher Zentralbankpolitik liegt hier also im Versagen des Marktes für ausreichende Stabilität zu sorgen.

Walter Eucken liefert in den Jahren nach dem Zweiten Weltkrieg eine weitere Begründung. Gerade im Kontrast zu der damals zerrütteten Wirtschaft und nach den starken Staatseingriffen der 30er Jahre, plädiert er für die bewusste staatliche Gestaltung eines Ordnungsrahmens für die private Wirtschaft. Aus der Perspektive der stark gelenkten Kriegswirtschaften ergibt sich daraus ein massiver Rückzug des Staates, während aus der Perspektive sehr wirtschaftsliberaler Vorstellungen dem Staat durchaus eine starke Rolle zufällt. Bei der Begründung seiner ordnungspolitischen Prinzipien plädiert er für das Primat der Währungspolitik, das heißt eine klare Stabilitätsorientierung bei der Geldversorgung. Stabiles Geld soll die Funktionsfähigkeit des Preismechanismus in einer Marktwirtschaft sichern. Die staatliche Rolle wird also letztlich aus der unbedingten Sicherung eines hohen Gutes abgeleitet. Implizit wird erwartet, dass sich ordnungspolitisch denkende Regierungen dem sachlich begründeten Diktum unterwerfen.

Ganz anders schätzt Friedrich August von Hayek das Ziel staatlichen Handelns ein. Er stellt den opportunistischen Aspekt in den Vordergrund, hier auf möglichst einfachem Wege zu möglichst hohen Staatseinnahmen kommen zu können und somit das Wahlvolk zu „beglücken". Eine staatliche Zentralbank sichert das Monopol auf die Ausgabe von Bargeld, das dem Emittenten volle Kaufkraft gewährt, aber in der Herstellung nur einen Bruchteil seines Nominalwertes kostet. Diese Differenz, die **Seignorage**, stellt eine wesentliche Einnahmenquelle einer Zentralbank bzw. des sie tragenden Staates dar. Dazu können sich weitere Einnahmen gesellen wie aus einer (unverzinsten) Mindestreserve (vgl. dazu ausführlicher Kapitel 4 und 15). Der Staat kann offensichtlich die Höhe dieser Einnahmen in starkem Maße selbst beeinflussen, indem er mehr Geld buchstäblich druckt, was letztlich inflationär wirkt. Dies passt zur Situation der späten 70er Jahre mit steigenden und zunehmend als störend hoch empfundenen Inflationsraten. Folglich plädiert von Hayek auch für privaten **Währungswettbewerb**, in dem die Geldnutzer stabile Währungen präferieren würden. Die Begründung für eine staatliche Zentralbank liegt folglich nicht im volkswirtschaftlichen Interesse, sondern im Interesse der politisch Handelnden.

Auf Grundlage neuerer institutionenökonomischer Überlegungen schlägt Rudolf Richter vor, Geld als Gegenstand eines relationalen Vertragsverhältnisses zu verstehen. "**Relationale Verträge** sind langfristige Vereinbarungen, die der Tatsache unvollständiger Voraussicht Rechnung tragen, indem sie Lücken für künftige Kontingenzen offen lassen" (Richter und Furubotn 1999, S. 520). Im hiesigen Zusammenhang kann man argumentieren, dass sich das Geld eines einzigen Emittenten auf natürlichem Weg tendenziell durchsetzen wird (s.o.). Diese starke Position ermöglicht es dem Emittenten, die Geldhalter unangenehm zu überraschen, indem eine unerwartete Inflationierung der Währung zugelassen wird. Dies entspricht offensichtlich nicht dem Interesse der Geldhalter, die im Sinne eines relationalen Vertrages von stabilem Geldwert ausgehen. Die Sicherung dieses impliziten Versprechens bedarf institutioneller Vorkehrungen. Eine staatliche Zentralbank, die auf Stabilität verpflichtet wird, kann als Institution zur Sicherung des relationalen Vertrages angesehen werden.

Es dürfte deutlich geworden sein, dass jede dieser fünf Begründungen vernünftige Gesichtspunkte aufgreift, weshalb diese Ansätze auch nicht konkurrierend zu verstehen sind. Es ist ferner offensichtlich, wie jeweils drängende Probleme der Zeit Antworten erfordern und wie eine staatliche Zentralbank dadurch stärker in der einen oder anderen Rolle gesehen werden kann.

3.2 Aufbau des europäischen Zentralbankwesens

Da es gute Gründe für eine staatliche Zentralbank gibt, haben die EU-Staaten diese Lösung auch für die Währungsunion gewählt. Allerdings muss der Aufbau aufgrund der Vielzahl teilnehmender Staaten etwas komplizierter ein. So ist das **Eurosystem**, das seit Anfang 2011 die Geldpolitik für die 17 teilnehmenden Länder im Euro-Währungsgebiet konzipiert und durchführt, nicht identisch mit dem **Europäischen System der Zentralbanken (ESZB)**, zu dem alle Mitgliedsländer der Europäischen Union zählen – also derzeit 27 – und das insofern eine weitere Abgrenzung als das Eurosystem bildet.

Der Name Eurosystem ist eingeführt worden, um eine Summe von Institutionen zu bezeichnen, die – im Rahmen genauer Festlegungen – Geldpolitik im Euro-Währungsgebiet verantworten. Im Kern besteht das Eurosystem aus den 17 Zentralbanken der teilnehmenden Länder und dem Spitzeninstitut, der **Europäischen Zentralbank (EZB)**, die wiederum von den Teilnehmerländern über ihre Zentralbanken getragen wird. Insofern reflektiert der institutionelle Aufbau des Eurosystems die Zwischenstellung, in der sich die Europäische Union befindet: auf der einen Seite auf die Nationalstaaten angewiesen, auf der anderen Seite aber auch schon mit überstaatlichen Elementen ausgestattet. Wie werden in solch einem komplexen Gebilde Entscheidungen gefällt?

Die wesentlichen Dinge werden im sogenannten **EZB-Rat** besprochen und entschieden, der das Eurosystem leitet. Da der EZB-Rat formal ein Beschlussorgan der EZB ist (Art. 107 EGV), kann man auch vereinfacht sagen, die EZB "macht" die Geldpolitik. In diesem Rat sind derzeit 17 nationale Zentralbanken (NZBen) mit ihren Präsidenten sowie die sechs Direktoriumsmitglieder der EZB mit Stimmrecht vertreten. Die Durchführung der Geldpolitik jedoch obliegt den teilnehmenden Institutionen: zentrale Aspekte werden von der EZB organisiert, dezentrale Aspekte von den NZBen (zum Überblick vgl. Schaubild 3.2).

Während die Organisation der NZBen den jeweiligen Ländern überlassen bleibt – auf die Deutsche Bundesbank gehen wir in Abschnitt 3.4 ein – ist die Ausgestaltung der EZB zwischen den beteiligten Ländern genau vereinbart worden. Ihr Sitz ist Frankfurt am Main, sie wird von einem sechsköpfigen **Direktorium** geleitet, darunter einem Präsidenten und einem Vizepräsidenten. Die Vertragslaufzeit der Direktoriumsmitglieder beträgt acht Jahre, die nicht verlängert werden kann. Die Wahl durch die beteiligten 17 Staats- und Regierungschefs muss einstimmig erfolgen.

Die Anzahl von 23 stimmberechtigten Mitgliedern im EZB-Rat ist offensichtlich recht groß für ein Entscheidungsgremium. Ursprünglich war das Eurosystem 1999 mit 11 Mitgliedsländern gestartet, so dass es 17 Mitglieder im EZB-Rat gab (vgl. zur Entwicklung Tabelle 3.1). Sobald in der Zukunft die Anzahl der NZB-Präsidenten im EZB-Rat größer als 18 ist, greift ein Rotationssystem, so dass immer nur 15 NZB-Präsidenten ein Stimmrecht haben werden. Demnach werden die Mitgliedsländer in zwei bis drei Gruppen eingeteilt, je nach volkswirtschaftlicher Größe der Länder. Deutschland wird in der Gruppe der 5 größten Länder sein, von denen dann rotierend immer 4 Länder Stimmrecht haben. Kleinere Länder sind dann etwas seltener als zu 80% im EZB-Rat mit Stimmrecht vertreten. Insofern wird mit dieser Reform das Prinzip der Gleichbehandlung aller Mitgliedsländer sanft aufgeweicht.

Allerdings könnten dann immer noch die Vertreter aus einigen kleinen Ländern die Linie des gesamten Eurosystems mehrheitlich bestimmen (sofern sie sich nicht dem gesamten Währungsgebiet verpflichtet fühlen).

Tabelle 3.1: Mitglieder von Währungsunion und EU

	Mitglieder der (Euro-) Währungsunion	Σ	weitere EU-Mitglieder	Σ	Summe EU
1.1.1999	Belgien, Deutschland, Finnland, Frankreich, Irland, Italien, Luxemburg, Niederlande, Österreich, Portugal, Spanien	11	Dänemark, Griechenland, Schweden, Vereinigtes Königreich	4	15
1.1.2001	Griechenland	12		3	15
1.5.2004		12	Estland, Lettland, Litauen, Malta, Polen, Slowakei, Slowenien, Tschechische Republik, Ungarn, Zypern	13	25
1.1.2007	Slowenien	13	Bulgarien, Rumänien	14	27
1.1.2008	Malta, Zypern	15		12	27
1.1.2009	Slowakei	16		11	27
1.1.2011	Estland	17		10	27

Schaubild 3.2: Der Aufbau des europäischen Zentralbankenwesens

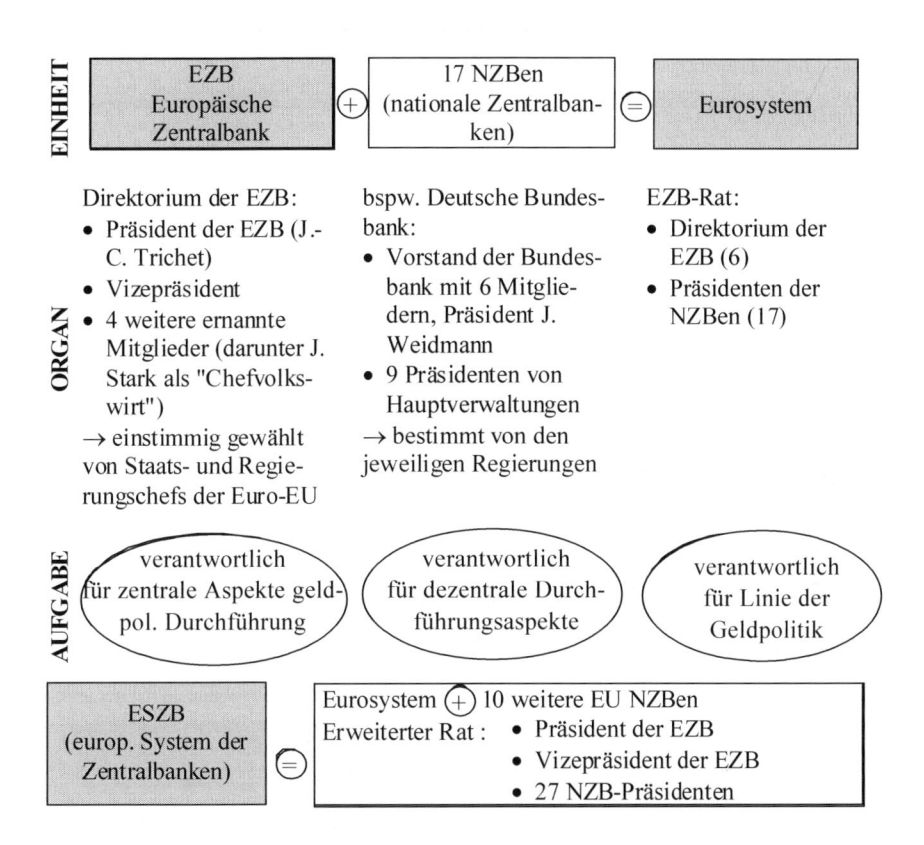

EINHEIT

| EZB Europäische Zentralbank | (+) | 17 NZBen (nationale Zentralbanken) | (=) | Eurosystem |

ORGAN

Direktorium der EZB:
- Präsident der EZB (J.-C. Trichet)
- Vizepräsident
- 4 weitere ernannte Mitglieder (darunter J. Stark als "Chefvolkswirt")
→ einstimmig gewählt von Staats- und Regierungschefs der Euro-EU

bspw. Deutsche Bundesbank:
- Vorstand der Bundesbank mit 6 Mitgliedern, Präsident J. Weidmann
- 9 Präsidenten von Hauptverwaltungen
→ bestimmt von den jeweiligen Regierungen

EZB-Rat:
- Direktorium der EZB (6)
- Präsidenten der NZBen (17)

AUFGABE

verantwortlich für zentrale Aspekte geldpol. Durchführung

verantwortlich für dezentrale Durchführungsaspekte

verantwortlich für Linie der Geldpolitik

| ESZB (europ. System der Zentralbanken) | (=) | Eurosystem (+) 10 weitere EU NZBen
Erweiterter Rat:
• Präsident der EZB
• Vizepräsident der EZB
• 27 NZB-Präsidenten |

Neben dem Eurosystem stehen die verbleibenden zehn selbständigen Zentralbanken innerhalb der Europäischen Union (EU). Diese sind, wie andere Zentralbanken auch und wie es bspw. die Deutsche Bundesbank bis Ende 1998 – also bis zur Einführung der Währungsunion – war, voll eigenverantwortlich für ihre Geldpolitik. Da aber in der EU die einzelnen Mitgliedsländer nicht zu weit auseinander driften sollten, und um eine Aufnahme in das Eurosystem gegebenenfalls zu erleichtern (wie zuerst den Beitritt Griechenlands zum Jahreswechsel 2000/01), hat man als Klammer das Europäische System der Zentralbanken (ESZB) geschaffen, in dem alle EU-Staaten automatisch Mitglied sind. Im Unterschied zum EZB-Rat wird das ESZB vom **Erweiterten Rat** geleitet, der neben den 27 Präsidenten der EU-Zentralbanken aus dem EZB-Präsidenten und dem EZB-Vizepräsidenten besteht. In diesem Erweiterten Rat geht es nicht nur um das Kontakt halten innerhalb der EU, sondern außerdem um einige gemeinsame Themen, nicht zuletzt im Rahmen des sogenannte **EWS II**. Da alle EU-Staaten zugleich Mitglieder des Europäischen Währungssystems (EWS) sind, gibt es aus ökonomischer Sicht im EWS nur noch elf Mitglieder: die Währungsunion sowie die zehn EU-Länder, die nicht der Währungsunion angehören – deshalb zur Unterscheidung vom früheren EWS der Begriff EWS II. Ein weiterer Unterschied ist die Tatsache, dass sich keines der Nicht-Euro-Länder einem strengen Wechselkurs- und Interventionsmechanismus unterwirft, wie er das frühere EWS kennzeichnete.

3.3 Aufgaben des Eurosystems

Die Geldpolitik in einer Währungsunion muss einheitlich sein. Im Euro-Währungsgebiet mit derzeit 17 Mitgliedsländern wird die geldpolitische Verantwortung vom Eurosystem wahrgenommen.

Der Geldpolitik im Euroraum ist in Artikel 105.1 des EG-Vertrags (EGV) als vorrangiges Ziel gesetzlich übertragen worden, die Preisniveaustabilität zu sichern. Diesem Ziel haben sich alle übrigen Aufgaben im Konfliktfall unterzuordnen. Diese starke und unbedingte Festlegung auf nur ein Ziel ist aus der Vorstellung einer klaren Aufgabenzuweisung auf die verschiedenen Trägerinstitutionen der Wirtschaftspolitik entstanden. In dieser Zuordnung ist die Geldpolitik für die Verhinderung von Inflation zuständig.

Nach diesem primären Ziel gibt es eine Reihe von Aufgaben, die das Eurosystem zu erfüllen hat (vgl. dazu Art. 105.2 EGV). Dies passt zu den in Abschnitt 3.1 referierten Begründungen für eine staatliche Zentralbank, die inhaltlich mit sinnvollen Aufgaben verwandt sind. In allen Mitgliedsstaaten sind dies vier Aufgaben, oft auch fünf, wie wir sehen werden:

- Erstens obliegt dem Eurosystem die Festlegung und Durchführung einer **einheitlichen Geldpolitik** im Zuständigkeitsgebiet. Die angemessene Erledigung dieser Aufgabe ist zugleich das wesentliche Instrument, um das vorrangige Ziel der Preisniveaustabilität zu erreichen.
- Zweitens ist das Eurosystem neben der Stabilisierung des Binnenwertes auch in die Außenwertsicherung eingebunden. Die Zentralbanken sind verantwortlich für die **Verwaltung der Devisenreserven**: die Europäische Zentralbank und die nationalen Zentralbanken für ihre jeweiligen Bestände. Weiterhin führen sie die Devisengeschäfte durch. Damit verbunden ist die Vorstellung, durch geeignete Maßnahmen zur Stabilisierung eines angestrebten Wechselkurses beizutragen.
- Drittens obliegt dem Eurosystem die **Förderung der Zahlungssysteme**. So betreibt es ein innereuropäisches Zahlungsverkehrsnetz. In Deutschland unterhält die Deutsche Bundesbank zudem ein nationales Netz.

- Viertens ist das Eurosystem gehalten, die **allgemeine Wirtschaftspolitik** – unter Wahrung seines primären Ziels – zu unterstützen (Art. 105.1 EGV). Dies erklärt auch, warum Zentralbank und Finanzminister bzw. andere wirtschaftspolitisch Verantwortliche sich wechselseitig kontaktieren (vgl. genauer Art. 113, 114 EGV).
- Fünftens schließlich sind die nationalen Zentralbanken in unterschiedlichem Umfang in die **Finanzmarktaufsicht** eingebunden, was auf nationaler Ebene rechtlich festgelegt ist.

Bei der Verfolgung dieser fünf Aufgaben agiert das Eurosystem allerdings nicht im "leeren Raum", sondern kommt in Berührung mit anderen Akteuren. Insoweit diese nicht identische Ziele verfolgen sowie die Einschätzungen teilen, kommt es zu **Interessenkonflikten** zwischen den Parteien und dadurch zu Einschränkungen für die Geldpolitik. In Schaubild 3.3 sind solche Einschränkungen schlagwortartig benannt und den Aufgaben der Geldpolitik zugeordnet.

So steht die stabilitätsorientierte Geldpolitik in potentiellem Konflikt mit der Lohnpolitik, mit importierter Inflation und möglichen wahltaktischen Überlegungen der Regierungen im Sinne eines politischen Konjunkturzyklus. Nicht einmal ihr primäres Ziel kann die Geldpolitik demnach uneingeschränkt beeinflussen. Dies gilt noch viel ausgeprägter für die Wechselkurspolitik, die im Kern den Regierungen des Euroraums obliegt (vgl. Art. 111 EGV). Im Extremfall geben letztere feste Wechselkurse vor, die für die Geldpolitik ein Datum sind oder die Regierungen geben Orientierungen für die erwünschte Wechselkurspolitik. Weitgehend problemlos sind allein private Alternativen zum Zahlungsverkehrsnetz der Zentralbanken, da sie komplementären Charakter haben. Sehr konfliktträchtig ist demgegenüber die Unterstützung der allgemeinen Wirtschaftspolitik, vor allem wenn diese nicht zur "Linie" des Eurosystems passt. Bei der letzten Aufgabe, der Aufsicht, hingegen hat die Zusammenarbeit mit den organisatorisch häufig eigenständigen Aufsichtsbehörden vergleichsweise reibungslos funktioniert.

Hinter den Einschränkungen für die Geldpolitik, die sich durch die Interessen anderer Akteure ergeben, stehen häufig gleichzeitig andere Bewertungen wirtschaftspolitischer Ziele. Bei solchen **Zielkonflikten** ist das Eurosystem gesetzlich auf *sein* Ziel der Preisniveaustabilität festgelegt. Diese Zielkonflikte sind in Schaubild 3.3 im rechten Teil festgehalten. Der in der Wirtschaftspolitik vielleicht am intensivsten diskutierte Konflikt besteht zwischen Preisniveaustabilität und Beschäftigung (vgl. dazu Kapitel 14). Mit der zunehmenden außenwirtschaftlichen Öffnung hat in den letzten 25 Jahren auch der potentielle Konflikt mit dem Ziel der Außenwertstabilität Beachtung gefunden. Vergleichsweise neu ist der Zielkonflikt zwischen Preisniveaustabilität und

Finanzsystemstabilität. So kann sich die Situation ergeben, dass die Zentralbank als Lender of last Resort gefordert ist, also expansiv wirken soll (vgl. Kapitel 10, 11), und dadurch ihr Ziel der Preisniveaustabilität möglicherweise gefährdet. Näher gehen wir im Rahmen der geldpolitischen Kapitel auf diese Zielkonflikte ein.

Schaubild 3.3: Aufgaben des Eurosystems

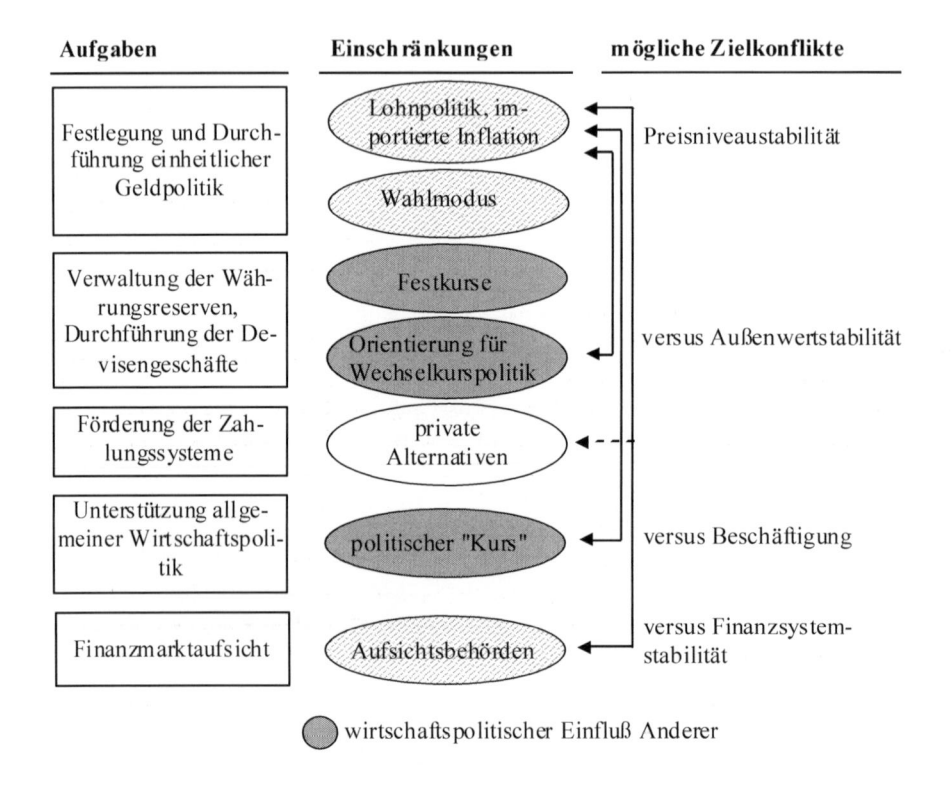

Aufgaben	Einschränkungen	mögliche Zielkonflikte
Festlegung und Durchführung einheitlicher Geldpolitik	Lohnpolitik, importierte Inflation / Wahlmodus	Preisniveaustabilität
Verwaltung der Währungsreserven, Durchführung der Devisengeschäfte	Festkurse / Orientierung für Wechselkurspolitik	versus Außenwertstabilität
Förderung der Zahlungssysteme	private Alternativen	
Unterstützung allgemeiner Wirtschaftspolitik	politischer "Kurs"	versus Beschäftigung
Finanzmarktaufsicht	Aufsichtsbehörden	versus Finanzsystemstabilität

● wirtschaftspolitischer Einfluß Anderer

3.4 Aufgaben der Deutschen Bundesbank

Die Aufgaben und die etwas kompliziert erscheinende Struktur des Eurosystems haben viele Impulse von der Deutschen Bundesbank übernommen, die wiederum in ihrer Gründungsphase nach dem Zweiten Weltkrieg von der US-amerikanischen Zentralbank, der **Federal Reserve**, beeinflusst wurde. Allen drei Zentralbankorganisationen gemeinsam ist ihr vergleichsweise dezentraler Aufbau. Dies ist das Ergebnis eines ebenfalls dezentralen Staatswesens, das diese Zentralbanken trägt. Insofern reflektieren dezentral organisierte Zentralbanken die föderale Struktur ihrer Träger.

Die Deutsche Bundesbank wurde 1957 mit Sitz in Frankfurt am Main gegründet (zu Vorläufern vgl. Box 3.1). Sie ist verantwortlich für die Geldpolitik in Deutschland, wobei sie diese alleinige Verantwortlichkeit seit 1999 auf das Eurosystem übertragen hat. Diese Übertragung geldpolitischer Entscheidungsgewalt war die Ursache für eine Reorganisation im Jahr 2002. Seitdem verfügen die neun regionalen Hauptverwaltungen über keine zentralen Mitwirkungsrechte mehr, die allein bei einem **Vorstand** in Frankfurt liegen. Bis zu diesem Zeitpunkt hatten die Präsidenten der Hauptverwaltungen (damals *Landeszentralbanken* genannt) Stimmrecht im obersten Entscheidungsgremium, ähnlich wie dies heute die nationalen Zentralbankchefs im EZB-Rat haben. Die Bundesbank unterhält 2010 ein Netz von neun Hauptverwaltungen und 47 Filialen. Was macht die Deutsche Bundesbank mit ihren fast 10.000 Mitarbeiterinnen und Mitarbeitern (Zielgröße von 9.000 bis Ende 2012), die einen Personal- und Sachaufwand (einschließlich Abschreibungen) von rund 1,3 Mrd. € im Jahr 2009 verursachen?

Box 3.1: Vorläufer der Deutschen Bundesbank

Die Deutsche Bundesbank wurde erst 1957 gegründet. Seit der Gründung der Bundesrepublik Deutschland im Jahr 1949 hatte sie eine Vorläuferinstitution, die 1948 gegründete **Bank deutscher Länder**. Der Begriff bringt bereits zum Ausdruck, dass die Bank deutscher Länder im Kern ein Zusammenschluss von Zentralbankinstitutionen der Bundesländer war, während die Bundesbank eine zentrale Institution des Gesamtstaates mit starken dezentralen Elementen ist. Diese Institution unterstand bis 1951 der alliierten Kontrollkommission der westlichen Siegermächte des 2. Weltkriegs. Seitdem war die deutsche Zentralbank unabhängig von politischen Weisungen (vgl. auch das Schaubild).

1876		1948	1957	1999
Reichsbank		Bank deutscher Länder	Deutsche Bundesbank	ESZB
Mark	1923/24: Rentenmark ab 1924: Reichsmark	Deutsche Mark		Euro

Bereits zwischen 1922 und 1937 war die 1876 gegründete **Reichsbank** eine unabhängige Zentralbank gewesen, was allerdings die Hyperinflation nach dem 1. Weltkrieg in den Jahren 1922-24 nicht verhindert hatte. Im deutschen Kaiserreich und danach bis 1922 war die Zentralbank von Weisungen des Kanzlers abhängig,

1937 wurde sie direkt dem Reichskanzler unterstellt.
Man sieht an dieser wechselvollen Geschichte der deutschen Zentralbank den engen Bezug zur allgemeinen Politik. Ohne eine politische Klammer im Deutschland des 19. Jahrhunderts gab es keine Zentralbank. In einer Diktatur oder unter Besatzungsrecht konnte die Zentralbank nicht unabhängig agieren. Insofern erhoffen sich viele Beobachter von der Europäischen Währungsunion weitere Integrationswirkungen auf die Mitgliedsstaaten.

Im Einzelnen kann man vier Aufgabenbereiche unterscheiden, die in weiten Teilen denen des Eurosystems entsprechen. Dies ist zwangsläufig so, da das Eurosystem hinsichtlich der Umsetzung seiner Aufgaben weitgehend auf die nationalen Zentralbanken angewiesen ist (vgl. ausführlicher Tab. 3.2):

- Bei den geld- und währungspolitischen Aufgaben hat die Bundesbank keine Entscheidungskompetenz mehr. Nur noch ihr Präsident hat eine Stimme im EZB-Rat. Darüber hinaus versteht sich die Bundesbank auch als "Wächter und Mahner gegenüber der Öffentlichkeit".
- Das meiste Personal ist in der Durchführung operativer Aufgaben gebunden. Hierbei geht es um die instrumentelle Umsetzung der Geldpolitik sowie die Sicherstellung des Zahlungsverkehrs.
- Zunehmende Bedeutung erhalten Aufgaben im Zusammenhang mit der Stabilität des Finanzsystems. Dies geht über die Mitarbeit in der Bankenaufsicht hinaus und betrifft die Vertretung deutscher Interessen in zahlreichen internationalen Institutionen und Gremien.
- Schließlich erfüllt die Bundesbank weitere Aufgaben, wie als Ressourcenpool in der Beratung anderer Zentralbanken.

Im Zuge der staatlich gewollten Einbindung der Deutschen Bundesbank in das Eurosystem hat die Bundesbank ihre geldpolitische Entscheidungskompetenz verloren. Damit hat sie sich ein erhebliches Stück weit von einem unabhängigen Träger der Wirtschaftspolitik weg bewegt, hin zu einer staatlichen Durchführungsinstitution. In ihrer Reorganisation von 2002 und dem starken Personalabbau passt sich die Bundesbank den geänderten Aufgaben sowie der Automatisierung vieler Vorgänge der Bargeldbearbeitung an.

Tabelle 3.2: Aufgaben der Deutschen Bundesbank

4 Aufgabenbereiche	Aufgaben im einzelnen
geld- und währungspolitische Aufgaben	• "Wächter und Mahner gegenüber der Öffentlichkeit" • Beratung der Bundesregierung • Präsident hat Stimme im EZB-Rat, ist allerdings in seinem Verhalten unabhängig
operative Aufgaben	• Durchführung der Refinanzierung der Kreditinstitute • Zahlungsverkehr: Dienstleister zusammen mit anderen nationalen Zentralbanken • Bargeldversorgung • Verwaltung von Währungsreserven
Aufgaben im Zusammenhang mit der Stabilität des Finanzsystems	• Mitwirkung in der Bankenaufsicht • Gremienvertretung: IWF-Gouverneur, BIZ-Verwaltungsrat, Forum für Finanzmarktstabilität, G10-Notenbankgouverneure, Wirtschafts- und Finanzausschuss der EU
weitere Aufgaben	• Funktionen im Bereich der Außenwirtschaft (z.B. internationale Hilfestellung)

3.5 Zentralbanken: Bank des Staates oder überparteiliche Institution?

Die Europäische Zentralbank ist genauso wie die übrigen Mitglieder des Eurosystems – also auch wie die Deutsche Bundesbank – eine staatliche Institution. Gleichzeitig jedoch haben Zentralbanken im Euro-Währungsgebiet einen Status als quasi *überparteiliche* Institution. Diese beiden Positionen schließen sich in gewisser Weise gegenseitig aus und bilden dadurch ein Spannungsfeld.

Es ist in Kürze durch folgende Überlegungen motiviert: Auf der einen Seite ist Geldpolitik nichts anderes als Politik mit Geld. Es gibt hier – wie in anderen Politikbereichen auch – sowohl konkurrierende wissenschaftliche Positionen als auch und vor allem unterschiedliche Präferenzen. Folglich sollte Geldpolitik einer demokratisch-politischen Kontrolle unterliegen. Auf der anderen Seite ist Geldwertstabilität ein sehr hohes Gut und bedarf eines Schutzes, den – wie die Erfahrung immer wieder gezeigt hat – politische Institutionen in einer Demokratie häufig nicht bieten (vgl. Abschnitt 3.1). Insofern sollte die Verfolgung dieses Ziels außerhalb des üblichen politischen Prozesses erfolgen. Beide Positionen sind legitim und haben ihre Berechtigung: Insofern besteht hier ein klarer Zielkonflikt.

In diesem Spannungsfeld haben sich die Gewichte in den 80er und 90er Jahren verschoben. Waren vorher die meisten Zentralbanken abhängig von politischen Institutionen, meistens von den Anweisungen des Finanzministeriums, so hat mit dem Übergang zur Europäischen Währungsunion die Politikferne zugenommen. Ursächlich für diesen Wandel ist zweierlei: Erstens wirkte die vergleichsweise politikferne Deutsche Bundesbank als erfolgreiches Vorbild und zweitens setzte Deutschland aufgrund seines hohen Gewichts in diesen Fragen eine politikferne Zentralbank unter Hinweis auf internationale Erfahrungen durch. Ihren Ausdruck fand die Neupositionierung europäischer Zentralbanken in der weitgehenden **Unabhängigkeit** dieser Institutionen von politischen Einflüssen (vgl. näher den nächsten Abschnitt 3.6). Dennoch sind Zentralbanken in vieler Hinsicht typische staatliche Institutionen:

- Rechtlich gesehen gehören die Zentralbanken den jeweiligen Staaten, die nationalen Zentralbanken dem jeweiligen Nationalstaat und die EZB der Gesamtheit der beteiligten nationalen Zentralbanken. Die Deutsche Bundesbank gehört dabei, trotz aller Mitspracherechte der Länder, allein dem Bund. Die EZB-Anteile sind nach einem Schlüssel auf die Mitgliedsländer verteilt worden, demzufolge 50 v.H. durch den Bevölkerungsanteil und 50 v.H. durch den nationalen Anteil an der gesamtem Wertschöpfung bestimmt werden (vgl. Schaubild 3.4). Allerdings zahlen nur die Mitglieder der Währungsunion ihre Kapitalanteile voll ein und haben deshalb an Gewinn bzw. Verlust der EZB teil. Bezogen auf das eingezahlte Kapital liegt der deutsche Anteil bei etwa 27 v.H.
- Auch funktional gesehen ist der staatliche Auftrag deutlich. Die Zentralbanken sollen bestimmte Aufgaben erfüllen, wie die Durchführung der Geldpolitik, die wir oben bereits behandelt hatten. So gesehen arbeiten Zentralbanken wie andere staatliche Behörden.
- Wie bei Behörden üblich behält sich die politische Spitze des Staates die Besetzung der Leitungspositionen vor. Personalrechtlich werden Zentralbanken, ähnlich wie Behörden, nach öffentlichem Dienstrecht geführt.
- Schließlich fließt ein eventueller Jahresüberschuss den Eigentümern, also dem Staat zu, bzw. muss der Staat Defizite decken.

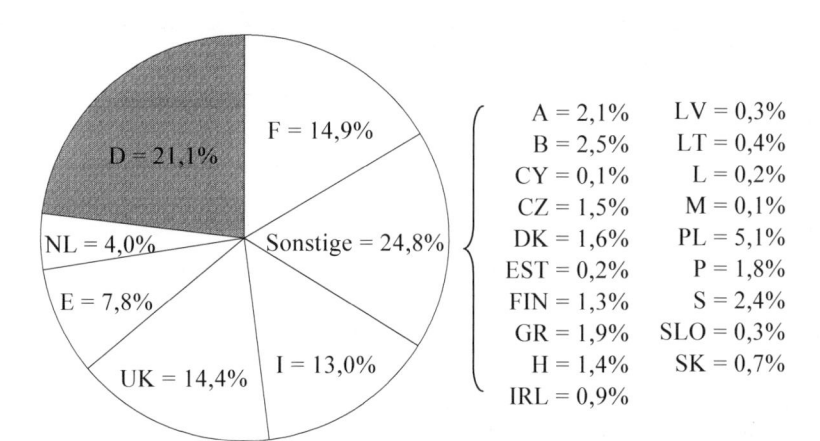

Schaubild 3.4: Anteile der EU-Zentralbanken am EZB-Kapital

A = 2,1%	LV = 0,3%
B = 2,5%	LT = 0,4%
CY = 0,1%	L = 0,2%
CZ = 1,5%	M = 0,1%
DK = 1,6%	PL = 5,1%
EST = 0,2%	P = 1,8%
FIN = 1,3%	S = 2,4%
GR = 1,9%	SLO = 0,3%
H = 1,4%	SK = 0,7%
IRL = 0,9%	

Pie chart segments: D = 21,1%; F = 14,9%; Sonstige = 24,8%; I = 13,0%; UK = 14,4%; E = 7,8%; NL = 4,0%

Folgt man den vorgetragenen Merkmalen, so sind Zentralbanken im Euroraum **Banken des Staates**. Ihre **Überparteilichkeit** kommt demgegenüber darin zum Ausdruck, dass sie unabhängiger entscheiden können als andere staatliche Bürokratien. Bevor wir auf die Unabhängigkeit der EZB eingehen, ist ein Blick in die Vergangenheit nützlich: Die Deutsche Bundesbank steht als Rollenmodell der EZB da und hat in ihrer Geschichte schon einige Erfahrungen mit dem hier besprochenen Zielkonflikt gesammelt. Dabei ging es in rund fünfzig Jahren politischer Einflussnahme auf ihre Entscheidungen um vier Themengruppen (vgl. für Beispiele Tabelle 3.3):

- Hinsichtlich der Zinsen hatte die Bundesbank eine geringere Präferenz für niedrigere Zinsen.
- Hinsichtlich des Wechselkurses kann man die Position der Bundesbank am ehesten so zusammenfassen, dass sie tendenziell „systemstabilisierend" wirken möchte, d.h. im Rahmen des Bretton Woods-Systems fester Wechselkurse eher wechselkursstabilisierend und mit dessen Zusammenbruch 1973 eher auf die Preisbildung der Devisenmärkte vertrauend.
- Ein weiteres Themenfeld ist die Einbindung der Geldpolitik in das größere Umfeld der Wirtschaftspolitik. Hier hat sich die Bundesbank tendenziell gegen den Versuch einer Einbindung gewehrt, weil sie dahinter eine versuchte inhaltliche Einflussnahme gesehen hat.

- Schließlich hat die Bundesbank hinsichtlich der seit den 80er Jahren erheblichen Gewinne darauf gedrungen, dass zum einen konservativ bilanziert wird und zum anderen die Ausschüttung zugunsten des Bundeshaushalts nicht die Geldpolitik behindert.

Tabelle 3.3: Konflikte zwischen Bundesbank und Bundesregierung

Konfliktbereiche	Beispiele (aus der Perspektive der Bundesbank)		Ergebnis*
1. Zinsen	• 1950	Kanzler Adenauer gegen Zinserhöhung	+
	• 1956	s.o. *Fallbeil-Rede*: Fallbeil einer Zinserhöhung trifft die kleinen Leute	+
	• 1998	Finanzminister Lafontaine drängt auf Zinssenkung	+/-
2. Wechselkurs	• 1961	DM wertet gegen Rat der Bundesbank auf	-
	• 1968	DM wertet gegen Rat der Bundesbank nicht auf	-
	• 1969ff.	Bundesbank ist gegen DM-Blockfloaten versus USA	+/-
	• 1990	Bundesbank will keine Umstellung 1:1 bei deutscher Einheit	-
	• 90er	Bundesbank ist EWU-skeptisch	-
3. Politikkoordination	• 1987	Bundesbank ist gegen bedeutsamen deutsch-französischen Wirtschaftsrat	+
	• 90er	Bundesbank ist für eine unabhängige EZB	+
	• 1998	Duisenberg ist der Kandidat der NZBen als erster EZB-Präsident	+
4. Gewinnverwendung	• 80er	US-Dollar-Aufwertung führt erstmals zur Ausschüttung hoher Gewinne (→ geldpolitisch verträgliche Abwicklung; Defizitreduktion)	+/-
	• 1997	Finanzminister Waigel will Goldreserven schlagartig neu bewerten	+/-

* Bundesbank setzt sich durch: +

Die Übersicht in Tabelle 3.3 zeigt ein nicht unerwartetes Ergebnis: Bei den Themen, die in den Entscheidungsbereich der Bundesbank fallen – wie Zinsen und Beteiligung an Politikkoordination – hat sie sich weitgehend durchgesetzt. Die Bundesbank war demnach keine von der Wirtschaftspolitik bestimmte Institution (vgl. Berger und Woitek 1997 für einen empirischen Ansatz). Dagegen hat die Bundesregierung dort dominiert, wo ihre Zuständigkeit liegt, d.h. beim Thema Wechselkurs und letztlich auch – die Bedenken der Bundesbank berücksichtigend – bei der Gewinnverwendung.

Im Grunde operiert das Eurosystem in einem ähnlichen Spannungsfeld wie früher die Bundesbank. Auf der einen Seite sollen verschiedene Ziele der Wirtschaftspolitik gestützt werden (vor allem werden immer wieder Zinssenkungen gefordert), auf der anderen Seite benötigt das Eurosystem ein gewisses Maß überparteilicher Glaubwürdigkeit, um seine originären Aufgaben (vgl. Abschnitt 3.3) nachhaltig erfüllen zu können. Beispielhaft für die Abwägung beider Gesichtspunkte mag die Rolle des Eurosystems bei der Bewältigung der griechisch-europäischen Krise im ersten Halbjahr 2010 stehen. Während die EZB lange der Politik vor allem beratend zur Seite stand, hat sich das Eurosystem auf dem Höhepunkt der Vertrauenskrise entschlossen, im Rahmen seiner regulären Annahme von Wertpapieren als Sicherheiten, auch Staatsanleihen zweifelhafter Bonität zu akzeptieren. Damit erfolgt ein zweifacher Tabubruch: Erstens nimmt die Zentralbank ein erhebliches Ausfallrisiko in Kauf (und kann damit im Grenzfall selbst stützungsbedürftig werden) und zweitens übernimmt die Zentralbank bei den damaligen Gegebenheiten faktisch einen Teil der Staatsfinanzierung von den Geschäftsbanken. Zweifellos hat das Eurosystem damit die Politik der Europäischen Union unterstützt, möglicherweise auch vollkommen aus eigener Überzeugung.

3.6 Die EZB als unabhängige Zentralbank

Die EZB wurde also explizit als eine von der Politik weitgehend unabhängige Zentralbank gegründet und sollte so an die Tradition der Deutschen Bundesbank anknüpfen. Der wesentliche Grund für die gesetzliche Verankerung der Unabhängigkeit liegt in dem Zusammenhang begründet, dass größere Unabhängigkeit der Zentralbank mit niedrigerer Inflation in den betreffenden Ländern einher geht. Aufgrund der Überlegungen in Abschnitt 3.1 ist die Geldwertstabilität vor allem auch durch politökonomische "Verführungen" im Sinne von Hayeks gefährdet. Dagegen kann eine gewisse Politikferne, wie sie eine von der Wirtschaftspolitik unabhängige Zentralbank verankert, hilfreich sein. Besonders überzeugend waren in dieser Debatte aber nicht allein deutsche Erfahrungen, sondern auch allgemeinere unterstützende empirische Befunde.

Eine wichtige Untersuchung von Alesina und Summers (1993) hat dazu beispielsweise für 16 Industrieländer ihre Positionierung hinsichtlich der beiden interessierenden Größen erfasst. Die Darstellung in Schaubild 3.5 ist diesem Aufsatz entnommen und legt eine sehr klare Botschaft nahe: Eine institutionelle Ausgestaltung der Zentralbank mit hoher Unabhängigkeit begünstigt niedrige Inflationsraten. Die Musterfälle dafür sind Deutschland, die Schweiz und die USA.

Schaubild 3.5: Zusammenhang zwischen Zentralbankautonomie und Inflationsrate in 16 Industrieländern (1955-1988)

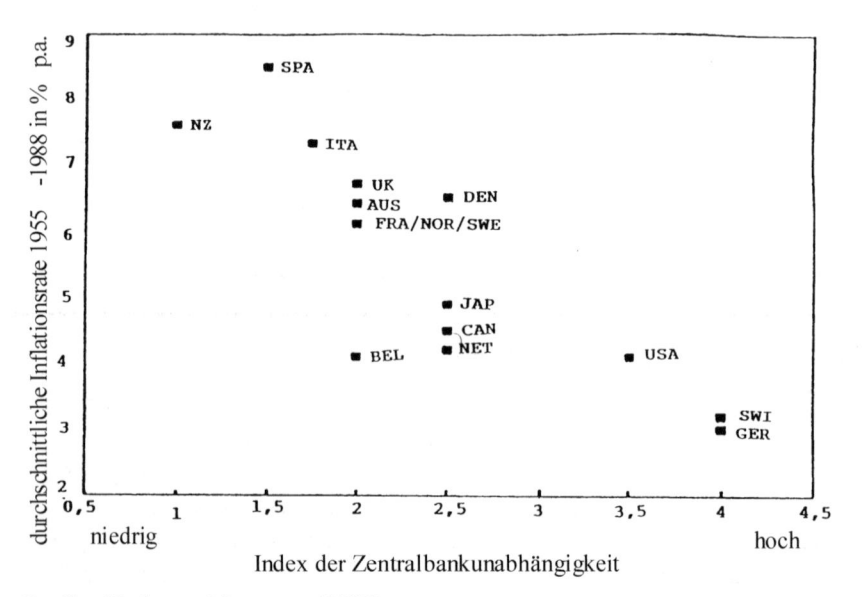

Quelle: Alesina und Summers (1993)

Um den empirischen Zusammenhang zwischen Unabhängigkeit und Inflation zu ermitteln, benötigt man ein Maß für Unabhängigkeit. In dieser Hinsicht hat sich gezeigt, dass es nicht einen einzigen geeigneten Anhaltspunkt gibt, sondern zweckmäßigerweise ein Indikatorenbündel herangezogen werden sollte. Je nach dessen Zusammenstellung ergeben sich zwar unterschiedliche Einschätzungen einzelner Zentralbanken, doch die Korrelation der verschiedenen Indikatorenbündel miteinander ist hoch positiv: Für die Kernaussage kommt es also nicht so sehr auf die Auswahl und Definition der Indikatoren an.

Tabelle 3.4: Indikatoren für eine faktisch unabhängige Zentralbank

Aspekte der Unabhängigkeit	operationalisierbare Kriterien	Bewertung der EZB
funktionelle	• keine Weisungsbefugnis der Politiker	✓
	• keine Unterstützungsverpflichtung für allg. Wirtschaftspolitik	–
	• keine *Kontrolle* durch politische Gremien	✓
personelle	• nur fachliche Auswahl bei Ernennung (Wahl aus Zentralbank-Gremien statt Politik)	–
	• lange Amtszeiten	✓
instrumentelle (Geldmengenkontrolle)	• keine direkte Budgetfinanzierung	✓
	• Entscheidung über Währungssystem und Wechselkurse bei Zentralbank	–
finanzielle	• eigene Einnahmen der Zentralbank	✓
	• eigener Haushalt	✓
	• selbständige Bilanzierung mit klarer Gewinnausschüttungsregelung	✓

vgl. Clausen und Willms (1993); Bofinger (1996), Kap. 4.2

Einen umfassenden Überblick zu den Indikatoren liefert Tabelle 3.4. Hier werden vier grundsätzlich verschiedene Aspekte der Unabhängigkeit von Zentralbanken unterschieden und diesen Aspekten wiederum operationalisierbare Indikatoren zugeordnet. Die rechte Spalte in der Tabelle gibt eine Einschätzung für die EZB wieder. Man erkennt unschwer, dass die EZB in der Mehrzahl der Kriterien die Anforderungen an eine „ideale" Unabhängigkeit erfüllt. In drei wichtigen Punkten allerdings gibt es einen deutlichen Einfluss der Politik, den man als Einschränkung einer idealen Unabhängigkeit auffassen kann. Hier ist zu beachten, dass genau diese Einschränkungen in gleicher Weise auch auf die bis 1998 geldpolitisch autonome Deutsche Bundesbank zutrafen.

Die jüngere Forschung hat allerdings Bedenken aufkommen lassen, inwieweit eine so weitgehend unabhängige Institution wie das Eurosystem tatsächlich im besten Interesse einer Volkswirtschaft liegt bzw. ob wirklich Unabhängigkeit der entscheidende Grund für eine stabilitätsorientierte Geldpolitik ist.

3.7 Ist tatsächlich Unabhängigkeit die Ursache für Preisniveaustabilität?

Die Industriestaaten mit den geringsten Inflationsraten der Nachkriegsgeschichte hatten vergleichsweise unabhängige Zentralbanken. Insofern mag die Vermutung einer ursächlichen Beziehung nahe liegen. Es stellt sich allerdings die Frage, ob Unabhängigkeit tatsächlich kausal verantwortlich ist, oder ob möglicherweise auch weitere Einflussfaktoren eine Rolle spielen? Insbesondere ist gefragt worden, ob sowohl die stabilitätsorientierte Politik als auch die Unabhängigkeit von einer dritten Größe beeinflusst sein mögen.

Diese Größe ist als die **Stabilitätskultur** eines Landes bezeichnet worden, die dann die Ausprägung von Institutionen mit formen würde. Damit ergeben sich zwei konkurrierende Vorstellungen: Die **orthodoxe Argumentation** sieht in der Unabhängigkeit von Zentralbanken die Ursache für Preisniveaustabilität, während die **historische Argumentation** in der Stabilitätskultur die Ursache für Unabhängigkeit und Preisniveaustabilität sieht. Welche dieser Argumentationen hat Erklärungskraft und wie könnte man dies überprüfen?

Einen Vorschlag zur empirischen Überprüfung der beiden konkurrierenden Vorstellungen hat Hayo (1998) gemacht. Dabei greift er auf jährlich durchgeführte Befragungen der Bevölkerung in den EU-Staaten zurück, in denen sich die Menschen zur Wichtigkeit wirtschaftspolitischer Probleme äußern. Aus diesen Befragungen kann man erkennen, welche Bedeutung die Preisniveaustabilität in den Ländern jeweils hatte. Dabei wird deutlich, dass offensichtlich der aktuelle Problemdruck, wie er sich aus hoher Inflation ergibt, die Bedeutung von Stabilität erhöht. Ferner könnte die Bedeutung von Stabilität auch losgelöst von aktuellen Problemen mehr oder weniger ausgeprägt sein. Diese mögliche Erklärung einer **Wichtigkeit von Preisniveaustabilität** (W) lässt sich für 12 EU-Länder (Index i von 1 bis 12) über die Jahre 1976-1993 (Index t von 1 bis 18) in einer Regression schätzen, bei der $u_{i\,t}$ den Fehlerterm der Schätzung bildet:

(3.1) $\quad W_{it} = \alpha + \beta \, \pi_{i\,t} + u_{i\,t}$

Die Koeffizienten α und β sind dann die zu interpretierenden Größen, die etwas über Stabilitätskultur aussagen: β erfasst die Stärke, mit der die Menschen jeweils Inflation ablehnen, die **Inflationssensitivität (β)**. α dagegen misst die Bedeutung von Stabilität unabhängig vom aktuellen Inflationsdruck, ein Maß, das als generelle **Inflationsaversion (α)** bezeichnet wird. Für die

Ausprägung dieser beiden Koeffizienten ergeben sich Implikationen aus den oben vorgestellten Argumentationen, so dass wir hier konkurrierende Hypothesen testen können:
- Aus Sicht der orthodoxen Argumentation dürfte Stabilitätskultur keinen systematischen Zusammenhang mit der Inflationsrate aufweisen, da die Höhe der Inflationsrate nicht von der Stabilitätskultur, sondern von der institutionellen Ausgestaltung der Zentralbank beeinflusst wird. Die Hypothesen lauten demnach, dass die Koeffizienten α und β unabhängig von der Inflationsrate variieren.
- Aus Sicht der historischen Argumentation hingegen würde man Zusammenhänge zwischen den Koeffizienten und den realisierten Inflationsraten erwarten. In Ländern mit genereller Inflationsaversion und hoher Inflationssensitivität sollte die Inflationsrate gering sein, d.h. die Hypothese lautet, dass α und β negativ mit der Inflationsrate korreliert sind.

Die Vorzeichen der Koeffizienten weisen ein deutliches Muster auf, das wir in graphischer Form in Schaubild 3.6 abbilden. Man sieht unmittelbar, dass die Inflationsaversion (α) mit der Höhe der Inflationsrate ansteigt, während die Inflationssensitivität (β) fällt – ersteres ist für die historische Argumentation unerwartet, letzteres nicht. Wegen dieser systematischen Zusammenhänge, die auf inhaltliche Verbindungen hindeuten, kann man offenbar folgern, dass die orthodoxe Argumentation zu kurz greift. Demgegenüber kann die historische Argumentation einen Teil der vorgefundenen Evidenz erklären.

Schließlich interessiert noch, in welchem Ausmaß sich die beiden hier diskutierten Argumentationen aus empirischer Sicht unterscheiden. Hierzu können wir weitere Untersuchungsergebnisse festhalten:
- Erstens sind sowohl Unabhängigkeit als auch Inflationssensitivität negativ mit Inflation im oben beschriebenen Ländersample korreliert. Allerdings ist der Zusammenhang für Inflationssensitivität etwas enger, so dass diese tendenziell mehr erklärt.
- Zweitens sind Unabhängigkeit und Inflationssensitivität positiv miteinander korreliert, wenngleich nicht statistisch signifikant. Sie messen also etwas ähnliches, aber doch deutlich unterschiedliches.

Schaubild 3.6: Generelle Inflationsaversion, Inflationssensitivität und Inflationsrate in 12 europäischen Ländern

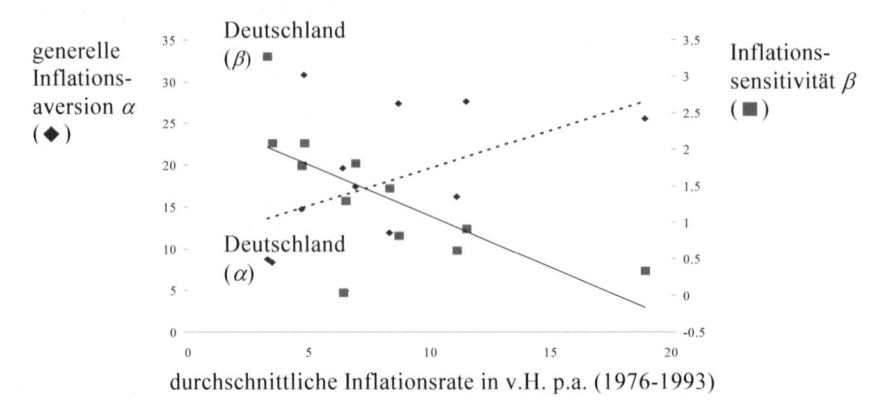

generelle Inflationsaversion α (♦)

Deutschland (β)

Deutschland (α)

Inflationssensitivität β (■)

durchschnittliche Inflationsrate in v.H. p.a. (1976-1993)

Werte aus Hayo (1998), Table 3, 4

Es ist aber nicht nur das Vorhandensein von Stabilitätskultur, das eine kausale Rolle von Unabhängigkeit für Preisniveaustabilität relativiert. Weitere Untersuchungen und Vorschläge für die optimale institutionelle Ausgestaltung der Zentralbank werden in Kapitel 16 behandelt.

Literaturhinweise

Zu den Begründungen für eine staatliche Zentralbank vgl. die im Text erwähnten Titel. In den jüngeren Lehrbüchern zu *Geld und Kredit*, wie Görgens et al. (2001), wird die EZB umfassend dargestellt. Der hier gewählte Blickwinkel der institutionellen Ausgestaltung einer unabhängigen Zentralbank wird sehr umfassend bei Bofinger et al. (1996) behandelt. Einen breiten Überblick bieten außerdem Eijffinger und De Haan (1996). Sehr informativ zu den rechtlichen Grundlagen ist Köhler (1999) sowie zur Entstehungsgeschichte Geigant (2002). Zum Rotationssystem bei Abstimmungen im EZB-Rat vgl. Europäische Zentralbank (2003a) sowie Hausner (2004).

Eine knappe Diskussion der Indikatoren für Unabhängigkeit liefern Clausen und Willms (1993). Empirisch orientiert ist der viel zitierte Beitrag von Alesina und Summers (1993), aus dem eine Abbildung übernommen wurde.

Der Begriff Stabilitätskultur und mögliche Implikationen werden ausführlich analysiert in Bofinger et al. (1998).

Zusammenfassung

1. Es gibt gute ökonomische Gründe für die Einrichtung einer staatlichen Zentralbank.

2. Im Europäischen System der Zentralbanken (ESZB) sind die 27 Zentralbanken der EU-Mitgliedsstaaten organisiert.

3. Geldpolitisch entscheidungsrelevant ist der EZB-Rat, in dem die Direktoriumsmitglieder der Europäischen Zentralbank (EZB) sowie die Präsidenten der derzeit 17 nationalen Zentralbanken (NZBen) des Eurosystems vertreten sind.

4. Die einheitliche Geldpolitik im Euro-Währungsgebiet wird vom Eurosystem festgelegt.

5. Dem Ziel der Preisniveaustabilität nachgeordnet verfolgt das Eurosystem weitere Aufgaben, was zu potentiellen Zielkonflikten führen kann.

6. Auch wenn die Deutsche Bundesbank als Mitglied im Eurosystem keine Geldpolitik mehr betreibt, bleiben ihr vielfältige Aufgaben.

7. Zentralbanken sind immer im Spannungsfeld zwischen *Bank des Staates* und *überparteiliche Institution* organisiert.

8. Die EZB wurde ausdrücklich als unabhängige Zentralbank gegründet. Dadurch soll die Realisierung von Preisniveaustabilität gesichert werden.

9. Neben Unabhängigkeit bestimmt aber auch die Stabilitätskultur eines Landes über die tolerierte Inflationsrate mit.

Schlüsselbegriffe

Deutsche Bundesbank
Europäische Zentralbank (EZB)
Europäisches System der Zentralbanken (ESZB)
Eurosystem
EZB-Rat
Inflationsaversion
Inflationssensitivität
Interessenkonflikte

Relationaler Vertrag
Seignorage
Stabilitätskultur
Unabhängigkeit der Zentralbank
Währungswettbewerb
Zentralbankordnung
Zentralbankrat
Zielkonflikte

Kapitel 4

Geldschöpfung im Finanzsektor

Zum Inhalt von Kapitel 4

Geld ist ein ganz besonderes Finanzaktivum, das allerdings im Laufe der Geschichte immer wieder andere Formen angenommen hat. Heute bezahlen Menschen zunehmend weniger mit Bargeld und benutzen stattdessen Schecks, Kreditkarten oder Geldkarten. Es darf auch spekuliert werden, ob Geld in Zukunft vielleicht als *cybercash* vorwiegend im Internet zirkuliert und damit viele hergebrachte Institutionen zu Anpassungen zwingen wird.

Aus volkswirtschaftlicher Sicht interessiert Geld nicht nur wegen seiner funktionalen Rolle, sondern auch wegen seines großen Missbrauchspotentials. Wie bei den meisten anderen Dingen auch, kommt es auf die Dosierung an: So nützlich Geld ist, so schädlich wirkt eine übermäßige Versorgung, die in der Wirtschaftsgeschichte schon häufig zu einer völligen Zerrüttung des Finanzsektors und letztlich der gesamten Wirtschaft geführt hat. Diese makroökonomischen Zusammenhänge behandeln wir erst im Teil über die Geldpolitik ab Kapitel 14; hier sollen Grundlagen gelegt werden.

Dazu werden wir die Institutionen kurz vorstellen, die am Geldschöpfungsprozess neben Nichtbanken beteiligt sind, Kreditinstitute und Zentralbanken. Wir konzentrieren wir uns dabei auf ihre Bilanzen und die Frage, wie sich Geldschöpfung darin niederschlägt. Mit dem so erarbeiteten analytischen Instrumentarium können wir uns dann auch der Frage zuwenden, welche Rolle technischen Innovationen für die Geldschöpfung und ihrer Steuerung durch Zentralbanken zukommen mag.

4.1 Die Bilanz von Kreditinstituten

Dieses Kapitel ist in der Tradition der Volkswirtschaftslehre mit dem Begriff *Geldschöpfung* benannt. Wir wollen aber im Folgenden deutlich machen, dass diese Terminologie irreführend sein kann, denn der Geldschöpfungsprozess ist im Allgemeinen ein Kreditschöpfungsprozess. Kreditinstitute vergeben zusätzliche Kredite an ihre Kunden und schreiben ihnen in diesem Zuge entsprechende Guthaben an Buchgeld gut: Kredit- und Geldschöpfung geschehen in einem Zug. Deshalb beginnt dieses Kapitel mit Kreditinstituten. Um die Vorgänge besser zu verstehen, ist es nützlich, sich die **Bilanz eines Kreditinstituts** vor Augen zu führen.

Wir greifen zu diesem Zweck exemplarisch auf die vereinfachte Bilanz eines Kreditinstituts zurück, die in Tabelle 4.1 dargestellt ist. Wie in jeder Unternehmensbilanz geben **Passiva** über die Mittelherkunft und **Aktiva** über die Mittelverwendung Auskunft. Ferner müssen beide Seiten der Bilanz gleich groß sein, in diesem Fall gut 8 Mrd. €, was wenig im Vergleich zu einer Großbank mit einer etwa 50-mal so großen Bilanzsumme ist (entspricht rund 400 Mrd. €), aber 10 bis 20-mal so viel im Vergleich zu einer durchschnittlichen deutschen Sparkasse oder Volksbank mit vielleicht 400 bis 800 Mio. € **Bilanzsumme**.

Tabelle 4.1: Vereinfachte Bilanz eines Kreditinstituts in Mio. Euro

Aktiva		Passiva		
Kredite und Darlehen an Kunden	4.600	6.000	Einlagen von Kunden	Kundengeschäft
Forderungen an Kreditinstitute	900	1.500	Verbindlichkeiten gegenüber Kreditinstituten	Interbankengeschäft
Wertpapiere	2.200			
Grundstücke, Gebäude, Einrichtungen, Beteiligungen	100	400	Eigenkapital	Passiva = *Fremdkapital*
Barmittel	150			
Sonstige Aktiva	50	100	Sonstige Passiva	
Bilanzsumme	8.000	8.000		
nicht-bilanzielles Geschäft: Bürgschaften, Derivate, usw.				

Wenn wir auf die Passivseite blicken, so ist für die kleineren Kreditinstitute typisch, dass das **Kundengeschäft** dominiert, d.h. Sicht-, Termin- und Spareinlagen von Nichtbanken, während bei großen Instituten das **Interbankengeschäft** relativ wichtiger ist. Das **Eigenkapital** macht gegenüber diesen beiden Quellen von **Fremdkapital** 5 v.H. der Bilanzsumme aus, was gemessen an einer durchschnittlichen Eigenkapitalquote deutscher Unternehmen von größenordnungsmäßig 20 v.H. recht wenig, aber für ein Kreditinstitut typisch ist.

Auf der Aktivseite dominieren zwar ebenfalls die Kredite an Kunden (Nichtbanken), doch ist ihr Volumen geringer als die Einlagen von Kunden. Aufgrund dieser Passivlastigkeit im Kundengeschäft stellt das Institut Mittel für andere Zwecke zur Verfügung. Dies geschieht nicht zuletzt als Angebot auf dem Kapitalmarkt, indem Wertpapiere im Wert von 2,2 Mrd. € gehalten werden. Neben den Forderungen an Kreditinstitute von etwas unter 1 Mrd. € gibt es noch einige kleinere Aktivpositionen, die auch aus anderen Unternehmen gut bekannt sind, wie Gebäude, Beteiligungen oder Barmittel.

Über diese Geschäfte hinaus, die sich immer in der Bilanz niederschlagen, reicht das sogenannte nicht-bilanzwirksame Geschäft. Traditionell zählen dazu vor allem Bürgschaften, also eingegangene Verpflichtungen, die potentiell bilanzwirksam werden können. Die Addition dieser zusätzlichen Geschäfte zur Bilanzsumme führt zum **Geschäftsvolumen**, das im Allgemeinen wenige Prozentpunkte größer ist als die Bilanzsumme. Neu ist demgegenüber das enorme Volumen, das sich aufgrund **derivativer Geschäfte** ergeben hat. Einzelne Kreditinstitute halten sich mit Detailangaben zurück, doch für Deutschland ist bekannt, dass das Bestandsvolumen der Derivate weitaus größer als das Bestandsvolumen bilanzwirksamer Geschäfte ist.

Insgesamt mag verwundern, dass überhaupt Verbindlichkeiten und gleichzeitig Forderungen gegenüber anderen Kreditinstituten eingegangen werden. Dies kann zwei Zielsetzungen verfolgen: Zum einen dienen diese Positionen einer Erhöhung der bilanziellen Beweglichkeit, da der Interbankenmarkt im Unterschied zum Kundengeschäft liquide ist. Zum anderen dienen solche Positionen der Steuerung von Risiken, indem entweder offene Positionen geschlossen werden oder in Erwartung von vorteilhaften Kursbewegungen bewusst eingegangen werden. Ein wesentlicher Gesichtspunkt dabei ist die Fristigkeit der Passiv- im Vergleich zur Aktivseite, wobei – gemäß der Fristentransformation (vgl. Kapitel 1) – eine Tendenz zu längeren Aktiv- als Passivbindungen besteht.

4.2 Die Bilanz des Eurosystems

Der Geldschöpfungsprozess berührt neben den Kreditinstituten in aller Regel die Zentralbank. Auch hier schlagen sich die Prozesse gegebenenfalls in der Bilanz nieder. Aufgrund der einheitlichen Währung im Euro-Raum ist nicht die Bilanz einer nationalen Zentralbank maßgeblich, sondern die Bilanz der geldpolitischen Entscheidungseinheit, d.h. des Eurosystems mit derzeit 17 Mitgliedsstaaten.

Die konsolidierte Bilanz der beteiligten Zentralbanken im Euro-Währungsgebiet wies zum Jahresende 2010 eine Bilanzsumme von gut 2 Bio. € auf (vgl. Tabelle 4.2).

Tabelle 4.2: Vereinfachte konsolidierte Bilanz des Eurosystems in Mrd. € (zum 31.12.2010)

Aufgabe	Aktiva		Passiva	
Geldmarktsteuerung	**Forderungen an Kreditinstitute (5)**	**547**	**381**	**Einlagen von Kreditinstituten (2,8)**
	Hauptrefinanzierung (6)	228	127	**Geldmarktinstrumente**
	längerfristige Refinanzierung (7)	298	0	Schuldverschreibungen (9)
	Spitzenrefinanzierung (10)	0,025	127	Euroverbindlichkeiten (10, 11)
	Sonstige (11, 12)	21		
	Geldmarktinstrumente (4, 12, 13)	**527**		
außenwirtschaftliche Absicherung	**Währungsreserven**	**591**	**16**	**Verbindlichkeiten in Fremdwährung (12, 13)**
	Gold (1)	367		
	Forderungen in Fremdwährung an Gebietsfremde (= Devisenreserven) (2)	224		
	Forderungen in Fremdwährung an Ansässige im Euro-Währungsgebiet (3)	**27**		
sonstige Positionen	**Forderungen an den Staat (14)**	**35**	**840**	**Banknotenumlauf (1)**
	Abgrenzung (15)	**279**	78	**Eigenkapital (17)**
			562	**Sonstiges (insbes. Ausgleichsposten) (14, 15, 16)**
	Bilanzsumme (16)	**2004**	**2004**	**Bilanzsumme (18)**

Quelle: EZB, Monatsbericht, Tabelle 1.1; Zahlenangaben in Klammern geben die jeweilige Spalte in der Quelle für Aktiva und Passiva an.

Unterteilt man die Bilanzpositionen nach dem Kriterium, welche Aufgabe durch die jeweiligen Positionen angesprochen wird, so lassen sich drei Bereiche unterscheiden, die auch im Schaubild markiert sind: Erstens operiert die Zentralbank mit Steuerungsabsichten auf den Geldmärkten, entweder direkt oder indirekt über die Kreditinstitute. Zweitens weist die Bilanz Fremdwährungspositionen auf, die nicht primär für Geldmarktgeschäfte gedacht sind, sondern gegebenenfalls der außenwirtschaftlichen Absicherung der Politik dienen sollen. Drittens schließlich bleiben sonstige Positionen, unter denen der Bargeldumlauf dominiert.

Differenziert man etwas weiter, so kann man wesentliche Positionen auf den beiden Seiten der Bilanz hervorheben. Auf der Passivseite der Bilanz zählen mit 508 Mrd. € etwa ein Viertel zu den Geldmarkt-orientierten Positionen, zwei Fünftel entfallen auf den Bargeldumlauf (840 Mrd. €) und ca. ein Drittel besteht im Wesentlichen aus Eigenkapital und sonstigen Positionen (640 Mrd. €). Auf der Aktivseite hingegen dominieren Positionen der binnenorientierten Geldmarktsteuerung mit etwa der Hälfte (1074 Mrd. €) und der außenorientierten Steuerung mit über einem Viertel (591 Mrd. €). Man beachte hinsichtlich der Währungsreserven, dass die Angabe in Tabelle 4.2 sich auf die konsolidierte Bilanz des Eurosystems bezieht, während die Europäische Zentralbank als ausführende Institution nur über etwa 55 Mrd. € Währungsreserven und dabei etwa 40 Mrd. € Devisenreserven – die bei Deviseninterventionen genutzt werden könnten – verfügt

Die beiden Positionen *Einlagen der Kreditinstitute* sowie *Banknotenumlauf* fasst man – ergänzt um die vom Staat ausgegebenen Münzen – zum sogenannten **Basisgeld** zusammen. Dabei spielt der Umlauf an Münzen in Relation zum Banknotenumlauf eine so geringe Rolle, dass wir der Einfachheit halber manchmal *Bargeld* mit der Position *Banknoten* gleichsetzen können. Basisgeld hat seinen Namen erhalten, weil dieses Aggregat die Basis für den Geldschöpfungsvorgang darstellt, wie wir im folgenden Abschnitt sehen werden.

4.3 Kreditschöpfung und Geldschöpfung

Der Name *Geldschöpfung* stellt auf die Passivseite der Bilanzen ab, gleichgültig ob das Augenmerk eher auf die Kreditinstitute oder die Zentralbank gerichtet ist. Das "Denken in Bilanzen" verdeutlicht jedoch unmittelbar, dass die Schöpfung zusätzlichen Geldes als eine Verlängerung der Passivseite mit einer gleich großen Verlängerung der Aktivseite einher gehen muss. Wenn wir dabei auf die Kreditinstitute schauen, so handelt es sich im Wesentlichen um Kredite. Da Kredite und Einlagen parallel steigen, stellt sich die Frage welche dieser beiden Größen die treibende Kraft darstellt? Gesamtwirtschaftlich gesehen geht der Anstoß von der Kreditseite aus, also nur wenn eine Partei bereit ist das Risiko einer Kreditnahme einzugehen, entsteht daraufhin eine Einlage, also Geld. Was spricht für die beiden denkbaren Möglichkeiten?

Wir diskutieren dazu vier Fälle, die in Tabelle 4.3 skizziert sind. Nehmen wir als Fall 1 an, eine Kundin legt Geld bei ihrer Bank A als Termineinlage an, dann vermehren sich die Passiva, während dadurch noch kein neuer Kredit entstanden ist. Woher stammt das Geld? Vielleicht wurde es von einer anderen Bank B überwiesen, der dann entsprechende Passiva fehlen. In diesem Fall könnten die Bilanzungleichgewichte dadurch geschlossen werden, dass diejenige Bank A, die zusätzliche Einlagen erhalten hat, diese als Kredit an die Bank B gibt, der diese Einlagen nun fehlen. Dadurch bleibt die Bilanzsumme bei B erhalten und ist bei A gestiegen, das Kundengeschäft bleibt unverändert, während das Interbankenvolumen gestiegen ist. Eine Alternative besteht darin, dass die Kundin Bargeld einzahlt, das dann bei Bank A auf der Aktivseite verbucht wird (Fall 2). Wichtig ist nun, dass beide Varianten keine Geldschöpfung darstellen, wie ein Blick auf die Abgrenzung der Geldmengenaggregate zeigt: Dort ist das umlaufende Bargeld enthalten, während Interbankenverflechtungen ausgeklammert bleiben.

Tabelle 4.3: Neue Passiva ohne und mit Geldschöpfung

	Aktiva	Bilanz eines Kreditinstituts A	Passiva
Fall 1	+ Kredit an Bank B		+ Termineinlage [- Termineinlage bei Bank B] [+ Verbindlichkeit von B ggü. A]
Fall 2	+ Bargeld		+ Sichteinlage
Fall 3	+ Kredit an Kunden		+ Sichteinlage des Kunden
Fall 4	+ Wertpapiere (aus Kundengeschäft)		+ Sichteinlage des Kunden

Anders ist die Situation, wenn der Vorgang mit einem neuen Kundenkredit beginnt. Wir nehmen als Fall 3 wieder an, eine Kundin bekomme einen zusätzlichen Kredit von Bank A eingeräumt. Dann wird ihr im Zuge der Verbuchung ein entsprechendes Guthaben auf einem Girokonto derselben Bank eingeräumt. Es kommt also zu einer Bilanzverlängerung wie dies bereits der Fall war, wenn die Transaktionen auf der Passivseite angestoßen werden. Neu ist hingegen, dass die umlaufende Geldmenge steigt, weil die zusätzliche Einlage im Besitz des Nichtbankensektors liegt. Eine Variante zur Geldschöpfung über Kreditschöpfung besteht im Ankauf anderer Aktiva durch das Kreditinstitut (Fall 4). Wenn z.B. eine Bank Wertpapiere aus dem Besitz der Kundin kauft und ihr dafür ein entsprechendes Guthaben einräumt, so steigt ebenfalls die umlaufende Geldmenge.

Wir können also zusammenfassen, dass die umlaufende Geldmenge im Allgemeinen dann steigt, wenn die Kreditinstitute zusätzliche Aktiva im Geschäft mit Nichtbanken aufbauen und letzteren dafür Bankguthaben einräumen. Theoretisch könnten die Kreditinstitute damit unbegrenzt Einlagen schaffen, die in die Geldmengenabgrenzung eingehen. In der Praxis jedoch sprechen drei Gründe dagegen:

- Solange die Kreditinstitute mit Barabhebungen ihrer Kundschaft rechnen müssen, und diese steigen mit zunehmenden Kundeneinlagen, muss das Kreditinstitut eine gewisse Relation von Bargeld zu Einlagen, die **Bargeldhaltungsquote**, beachten. Im Fall des exemplarischen Kreditinstituts, weist die dargelegte Bilanz eine Relation der Barmittel zu allen Kundeneinlagen von 2,4 v.H. aus. Der relevante Wert liegt sogar höher, weil in den Kundeneinlagen auch sehr langfristige Einlagen enthalten sind, die kaum für Zahlungszwecke benutzt werden und deshalb auch nur eine marginale Bevorratung an Barmitteln benötigen.
- Weiterhin sind die Kreditinstitute gehalten, in einem festgelegten Verhältnis zu ihren reservepflichtigen Kundengeldern, Einlagen bei der Zentralbank zu unterhalten, sogenannte **Mindestreserven**. Die sich daraus ergebende **Reservehaltungsquote** beträgt derzeit 2 v.H. (vgl. ausführlicher Kapitel 15).
- Schließlich benötigen die Kreditinstitute aus aufsichtsrechtlichen Gründen Eigenmittel bei risikobehafteten Geschäften, wie bspw. der Kreditvergabe. So kann also auch diese **Eigenmittelanforderung** – zumindest im Einzelfall – die Geldschöpfung begrenzen (vgl. ausführlicher Kapitel 11).

4.4 Von der Kreditschöpfung zum Geldangebot

Für die makroökonomische Analyse ist bedeutsam, dass die Erfüllung der Bargeld- und der Reservehaltungsquoten nur durch die Bereitstellung von Basisgeld, also Geld der Zentralbank, geleistet werden kann. Insofern muss der einfache Fall einer unbegrenzten Geldschöpfung um drei Komponenten ergänzt werden: Erstens benötigt das Kreditinstitut auf der Aktivseite zusätzliche Barmittel sowie zweitens Zentralbankguthaben und drittens muss die Zentralbank dafür dem Kreditinstitut im weitesten Sinne einen Kredit einräumen, d.h. das Kreditinstitut geht eine dem Aktivazuwachs entsprechende zusätzliche Verbindlichkeit (auf der Passivseite verbucht) ein.

Tabelle 4.4: Kredit- und Geldschöpfung

Aktiva	Bilanz eines Kreditinstituts (Angaben in Euro)		Passiva
Kredit (K)	+1000		
		Sichteinlagen (Depositen D)	+ 1000
Bargeld (BG)	+24		
Mindestreserven (R)	+20		
		Zentralbankkredit (Basisgeld B)	+44
Bilanzverlängerung	+1044	Bilanzverlängerung	+1044

Im Fall der in Tabelle 4.4 dargestellt wird verwenden wir dazu einen Kundenkredit von 1000 €, der erst einmal in Form von 1000 € Sichteinlagen gehalten wird. Das Kreditinstitut muss dafür – laut obigem Fall – rechnerisch 24 € weitere Barmittel halten und zusätzliche Mindestreserven von 20 € einlegen. Folglich entsteht ein zusätzlicher Bedarf an Zentralbankgeld (Basisgeld) von 44 €.

Es bietet sich deshalb auch an, den Prozess der Geldschöpfung vom knappen Basisgeld her zu entwickeln. Diese Verknüpfung von Kreditgewährung durch Kreditinstitute und von der Zentralbank angebotenem Basisgeld macht der **Geldangebotsmultiplikator** m deutlich. Dabei wird die umlaufende Geldmenge (M) analytisch in das Produkt aus Basisgeld (B) und dem Geldangebotsmultiplikator m zerlegt:

(4.1) $\quad m = \dfrac{M}{B} \quad$ bzw. $\quad M = m \cdot B$

Aus dieser Perspektive kann man die Frage stellen, wie viel Geld im Sinne umlaufender Geldmenge M kann aus einer bestimmten Menge Basisgeld B entstehen? Die Antwort hängt offensichtlich von der Größe des Geldangebotsmultiplikators ab. Wie wir oben gesehen haben, gibt es Restriktionen für die Größe des Multiplikators. Diese kann man durch Erweiterungen berücksichtigen: Demnach setzt sich die Geldmenge M aus Bargeld (BG) und Depositen (D) zusammen und das Basisgeld B aus Bargeld und Mindestreserven (R):

(4.2) $\quad M = BG + D$

(4.3) $\quad$ sowie $\quad B = BG + R$

Einsetzen von (9-2) und (9-3) in (9-1) ergibt:

(4.4) $\quad m = \dfrac{M}{B} = \dfrac{BG + D}{BG + R}$

Diesen Ausdruck kann man mittels Division durch D erweitern und erhält dann einen Quotienten BG/D, das ist die **Bargeldhaltungsquote** (k), sowie einen weiteren Quotienten R/D, das ist die **Reservehaltungsquote** (r). Folglich lässt sich die Erweiterung in

(4.5) $\quad m = \dfrac{BG/D + D/D}{BG/D + R/D}$

durch Einsetzen dieser Quoten verkürzt ausdrücken als:

(4.6) $\quad m = \dfrac{k + 1}{k + r}$

Dies ist nun ein Ausdruck des Geldangebotsmultiplikators m, der Restriktionen und damit verschiedene Einflüsse deutlich werden lässt. Ein Beispiel für einen Geldschöpfungsprozess mag wieder helfen, diese Einflüsse zu erkennen: Ausgangspunkt wäre hier die Bereitstellung von zusätzlichem Basisgeld, etwa indem die Zentralbank dieses durch Ankauf von Wertpapieren eines Kreditinstituts bereit stellt. Durch diesen Aktivtausch erhält das Kreditinstitut Basisgeld, das für weitere Expansion notwendig ist. In einem ersten Schritt kann die Bank genau so viel zusätzlichen Kredit geben, wie sie zusätzliches Basisgeld besitzt. Bei diesem Vorgang erhalten die Kunden Kredit und Einlagen. Die Kredite werden typischerweise benutzt, um damit Ausgaben zu tätigen. Letzteres führt zu einem Abfluss an Einlagen und dadurch an Basisgeld (entweder durch Bargeldverwendung der Kunden oder Abflüsse an andere Banken). Bis hierhin ist es zu sogenannter **einfacher Geldschöpfung** durch das Entstehen von Bankeinlagen gekommen, die ihrem Umfang nach maximal so groß wie die Menge des zusätzlichen Basisgeldes sind.

Die Berücksichtigung anderer Kreditinstitute führt zu einem Prozess **multipler Geldschöpfung**. Das Basisgeld wird zwar bei der ursprünglichen Bank abgezogen, aber es bleibt dem Bankensystem erhalten, indem das Bargeld wieder eingezahlt wird oder die Zentralbankgeldguthaben zwischen Banken weitergegeben werden. Die multiple Geldschöpfung wird also durch diese beiden Faktoren ermöglicht, doch zugleich auch limitiert, denn bei der Weitergabe von Bank zu Bank bleibt jedes Mal etwas Basisgeld *hängen*, das dann bei der nächsten Bank fehlt. Dieses Verteilen des zusätzlichen Basisgeldes spiegelt Nachfrage nach Geld wider. Wenn man die Grenzen dieses Prozesses genauer ausdrücken möchte, so gelangt man zu Formel (4.6). Diese Formel für den Geldangebotsmultiplikator beinhaltet demnach auch Elemente der Geldnachfrage.

Aus empirischer Sicht ergibt sich der Geldangebotsmultiplikator ex post aus Basisgeld und Geldmenge, er ist aber selbst keine feste Größe. Das liegt daran, dass in diesen Multiplikator das Verhalten verschiedener Gruppen einfließt, das nicht wirklich konstant sein wird. Wohl aber kann man verschiedene Wirkungsrichtungen unterscheiden, die plausibel sind. Einen Überblick verschiedener Einflüsse auf die Geldmenge gibt Schaubild 4.1.

Schaubild 4.1: Einflüsse auf die Geldmenge

Akteur	B (×)	m	(=) M
Zentralbank	Basisgeld ↑		↑
		Reservehaltungsquote r ↑	↓
		Zinssatz ↑ ⇒ Marktzinsen ↑	↓
Nichtbanken		Bargeldhaltungsquote k ↑	↓
		Umschichtung von M zu Geldkapital: k ↑	↓
Kreditinstitute		Relative Attraktivität von Geldkapital ↑	↓

Unter den gemachten Annahmen ergibt sich damit ein vielfältiger Einfluss der Zentralbank auf das Volumen der Geldmenge. Daneben wird dieser Zusammenhang aber auch vom Verhalten der Nichtbanken beeinflusst. Erstens können diese ihre Bargeldhaltungsquote verändern und zweitens können sie entscheiden welchen Teil ihres Geldvermögens sie in Geldkapital – und damit welchen Teil in Geldmenge – halten, was einen eigenen Einfluss auf die Geldmenge ausübt. Schließlich haben auch die Kreditinstitute einen Einfluss, indem sie das Verhalten der Nichtbanken im Hinblick auf die beiden angesprochenen Zusammenhänge – Bargeldhaltungsquote und Geldvermögensstruktur – beeinflussen können.

Diese Einflüsse aufzuzeigen, bedeutet nicht sie vorhersagen zu können. Es gibt zwar verschiedene Theorien zum Geldangebot, die Aussagen über die Stärke und die Bestimmung von Einflussfaktoren machen, doch empirisch erweisen sich solche Aussagen in der kürzeren Frist als problematisch (vgl. bspw. Brunner 1961). In der langen Frist jedoch ist deutlich, dass Veränderungen des Geldangebotsmultiplikators den Einfluss der Zentralbank nicht überkompensieren. Langfristig hat die Zentralbank einen so starken Einfluss auf die Geldmenge, dass wir in den späteren makroökonomischen Kapiteln meist einfach unterstellen werden, die Zentralbank kontrolliere die Geldmenge. Von daher wird auch die Begrifflichkeit verständlich: Während kürzerfristig die Geldmenge durch die Geldnachfrage mitbestimmt wird, ergibt sich langfristig ein dominierender Einfluss der Zentralbank, so dass man dann von *Geldangebot* und einem entsprechenden Multiplikator sprechen kann.

4.5 Die Geldmenge im Euro-Währungsgebiet

Will man den Geldschöpfungsprozess in der Realität verstehen, so muss man auf entsprechende Statistiken für das Euro-Währungsgebiet zurückgreifen. Diese setzen drei statistische Harmonisierungen voraus, in die übrigens alle Mitgliedsstaaten der Europäischen Union einbezogen sind und nicht nur die jeweiligen Mitgliedsstaaten des Eurosystems:

- Es sind die Institutionen festzulegen, die in den Prozess der Geldschöpfung einbezogen sind. Sie werden als **Monetäre Finanzinstitute (MFIs)** bezeichnet und umfassen drei Hauptgruppen: erstens die Zentralbanken einschließlich der Europäischen Zentralbank, zweitens gebietsansässige Kreditinstitute und drittens sonstige gebietsansässige Finanzinstitutionen, die im Wesentlichen aus Geldmarktfonds bestehen. Ein **Kreditinstitut** ist definiert als „ein Unternehmen, dessen Tätigkeit darin besteht, Einlagen oder andere rückzahlbare Gelder des Publikums (einschließlich der Erlöse aus dem Verkauf von Bankschuldverschreibungen an das Publikum) entgegenzunehmen und Kredite auf eigene Rechnung zu gewähren." Insgesamt werden so im Euro-Währungsgebiet fast 10.000 MFIs erfasst, davon über 3.000 aus Deutschland (laufend aktualisiert unter www.ecb.int).

- Ferner ist eine Abgrenzung des relevanten **Geldhaltungssektors** notwendig. Dazu zählen alle im Euro-Währungsgebiet ansässigen Nicht-MFIs mit Ausnahme der Zentralregierungen, d.h. private Haushalte, nicht-finanzielle Unternehmen, Nicht-MFI-Finanzinstitutionen, Länder, Gemeinden und Sozialversicherungsträger. Zentralregierungen, als Eigentümer der Zentralbanken, bilden einen sogenannten **geldneutralen Sektor**, dessen Verbindlichkeiten weitgehend unberücksichtigt bleiben. Eine Ausnahme bilden zum Beispiel Konten bei staatlichen Postämtern und ähnliches.
- Schließlich müssen die Verbindlichkeiten der MFIs harmonisiert werden, damit die Geldmengenabgrenzungen eindeutig abgrenzbar sind, ohne Besonderheiten der nationalen Finanzsysteme zu vernachlässigen (vgl. Kapitel 1).

Auf Basis dieser einheitlichen Vereinbarungen erstellt die Europäische Zentralbank eine **konsolidierte Bilanz** aller MFIs, bei der im Unterschied zu den aggregierten Werten die Inter-MFI-Positionen wegfallen. Da die Geldmenge konzeptionell bestimmten Verbindlichkeiten von Finanzinstitutionen entspricht, lassen sich bei entsprechender Aufbereitung der Bilanz die Volumina der Geldmengen auf der Passivseite ablesen. Die Werte zum Jahresende 2010 zeigt Tabelle 4.5.

Von den gesamten konsolidierten Passiva in Höhe von 25.834 Mrd. € entfallen rund 40 v.H., genau 9.525 Mrd. €, auf Einlagen, die zur Geldmenge M3 gezählt werden. Die Veränderungsdynamik einer steigenden M3-Position kann man anhand der Bilanzdaten verdeutlichen: Entweder steigen Aktivpositionen oder andere Passivpositionen müssen kompensatorisch schrumpfen.

Unter den Aktiva dominieren Kredite an Gebietsansässige, einschließlich von diesen begebene Rentenpapiere, in Höhe von insgesamt über 16.000 Mrd. €. Auf der Passivseite sind täglich fällige Einlagen in Höhe von ca. 3.900 Mrd. € ein großer Posten, ferner sonstige Passivpositionen einschließlich der Einlagen der Zentralstaaten ebenfalls mit fast 4.400 Mrd. €. Auf beiden Bilanzseiten verbucht sind Geschäfte mit Ansässigen außerhalb des Euro-Währungsgebiets, deren Aktivsaldo von knapp 633 Mrd. € ebenfalls einen Gegenposten zur Geldmenge bildet. Weitere Positionen lassen sich der Bilanz in Tabelle 4.4 entnehmen.

Tabelle 4.5: Die konsolidierte Bilanz der MFIs in Mrd. Euro
(zum 31.12.2010)

Aktiva				Passiva
3243	Kredite an öffentliche Haushalte (1.8)	Bargeldumlauf (2.1)		790
13367	Kredite an sonstige Nicht-MFIs im Währungsgebiet (1.9)	täglich fällige Einlagen (2.2)		3912
		Einlagen mit Laufzeit ≤ 2 J. (2.3)		1775
		Einlagen mit Kündigungsfrist ≤ 3 Mon. (2.4)		1909
		zusätzlich nur in M3 (1.4)		1139
		Zwischensumme M3 (1.5)		9525
		Einlagen mit Laufzeit > 2 J. (2.10)		2437
		Einlagen mit Kündigungsfrist > 3 Mon. (2.9)		118
		Schuldverschreibungen > 2 J. (2.8)		2749
		Kapital und Rücklagen (2.11)		2007
		Zwischensumme		7311
5004	Aktiva ggü. Ansässigen außerhalb des Euro-Währungsgebiets (9*)	Passiva ggü. Ansässigen außerhalb des Euro-Währungsgebiets (8*)		4371
798	Aktien (8*)	sonstige Passivpositionen (9*)		4356
232	Sachanlagen (10*)			
3190	sonstige Aktivpositionen 4001 (11*) - 811 **	Restposten (10* plus **)		271
25834	Bilanzsumme (1*)	Bilanzsumme (1*)		25834

Quelle: EZB, Monatsbericht, Tabellen 2.3 (MFIs und Zentralstaaten) bzw. 2.2 (MFIs); Zahlenangaben in Klammern geben die jeweilige Spalte in der Quelle für Aktiva und Passiva an (für Tab. 2.2 mit *).
** Restgröße aufgrund unzureichender Zuordnungsmöglichkeit zwischen Tab. 2.3 und 2.2

4.6 Die Wirkung von Innovationen im Zahlungsverkehr auf die Geldschöpfung

Zahlungen wurden ursprünglich insbesondere über Bargeld abgewickelt. Im nächsten Schritt haben sich dann Substitute etabliert, die auf die Sichteinlagen von Girokonten zugreifen. Dies sind in der einfachsten Form **Schecks**, die ein privates Zahlungsversprechen dokumentieren, das u.U. durch eine begrenzte Einlösungsgarantie eines Kreditinstituts – wie bei Euroschecks – ergänzt wird. Anstelle der Scheckausstellung an den Zahlungsempfänger tritt häufig die Ausstellung einer **Überweisung** durch den Zahlenden, die in vielen Fällen von papiergebundenen Belegen auf ihrem Weg durch die verschiedenen Zahlungsverkehrsinstitutionen begleitet wird.

Von der Durchführung her haben andere Zahlungsformen die Papierform schon hinter sich gelassen und damit erhebliche Transaktionskosten gespart. Regelmäßige Überweisungen lassen sich als **Daueraufträge** durchführen. Am weitesten gehen **Lastschriften**, bei denen – entweder für einen Einzelfall, meist aber für wiederkehrende Zahlungen – dem Zahlungsempfänger das Recht zur Belastung des Kontos des Zahlungspflichtigen eingeräumt wird.

Gemessen an diesem Standard stellen viele heute als modern angesehene Zahlungsformen über Karten nur Varianten, aber nichts wirklich Neues dar (zu den Marktanteilen im Zahlungsverkehr vgl. Schaubild 4.2). Immerhin kann man davon ausgehen, dass sie aus Sicht der Nutzer Transaktionskosten senken. Dabei lassen sich wiederum zwei Formen unterscheiden:

- Schon relativ lange gibt es **Kreditkarten**, bei denen gegen Vorlage der Karte, gegen Leistung einer Unterschrift und häufig durch Kontrolle über den Magnetstreifen auf der Karte eine Zahlung geleistet wird. Das Beiwort *Kredit* deutet darauf hin, dass diese Zahlung nicht gegen sofortige Belastung erfolgt, sondern bis zur Belastung ein temporärer Kredit eingeräumt wird und im Allgemeinen auch das Konto überzogen werden kann.
- Anders verhält es sich bei **Debitkarten** (in Deutschland vor allem die Eurocheque-Karte), die eine Kontobelastung ermöglichen, wobei die Sicherheit des Zahlungsempfängers in der Prüfung der Karte, einer geleisteten Unterschrift und der geforderten Eingabe einer Geheimnummer (PIN: Persönliche Identifikationsnummer) bestehen kann. Ist das Zahlungsterminal gar online mit einem Rechenzentrum verbunden, so kann unmittelbar das Konto belastet und damit einem Missbrauch weitgehend vorgebeugt werden.

Wirklich neu sind hingegen die in den 90er Jahren entwickelten **Geldkarten**, bei denen auf einem Chip Geld sozusagen geladen werden kann. Bei diesem Ladevorgang wird unmittelbar das Sichtguthaben des entsprechenden Kontos belastet, so dass die Geldkarte als enges Substitut für Bargeld benutzt werden kann. Damit geleistete Zahlungen greifen deshalb nicht mehr auf Sichtguthaben bei Kreditinstituten zurück, sondern es entsteht etwas Neues, das die Europäische Zentralbank (1998, S.8) wie folgt definiert: "**Elektronisches Geld** wird allgemein definiert als eine auf einem Medium elektronisch gespeicherte Werteinheit, die allgemein genutzt werden kann, um Zahlungen an Unternehmen zu leisten, die nicht die Emittenten sind. Dabei erfolgt die Transaktion nicht notwendigerweise über Bankkonten, sondern die Werteinheiten auf dem Speichermedium fungieren als vorausbezahltes Inhaberinstrument."

Schaubild 4.2: Marktanteile im Zahlungsverkehr

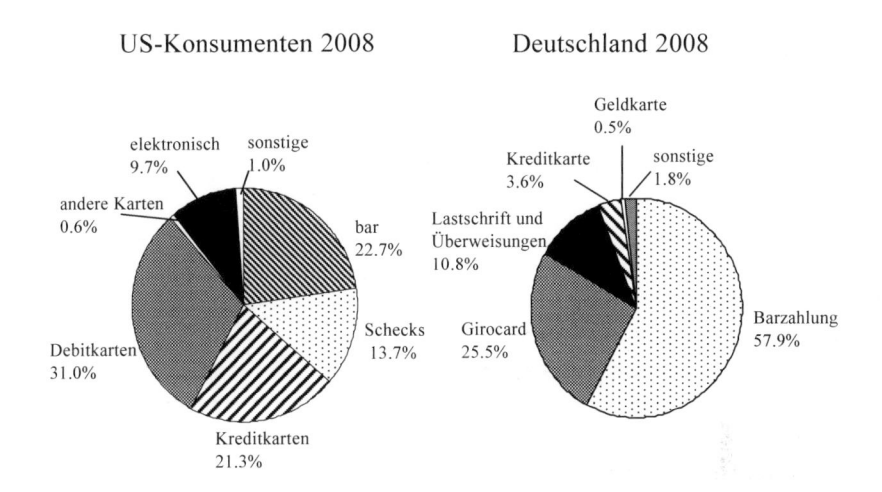

US-Konsumenten 2008

- elektronisch 9.7%
- sonstige 1.0%
- andere Karten 0.6%
- bar 22.7%
- Debitkarten 31.0%
- Schecks 13.7%
- Kreditkarten 21.3%

Deutschland 2008

- Geldkarte 0.5%
- Kreditkarte 3.6%
- sonstige 1.8%
- Lastschrift und Überweisungen 10.8%
- Girocard 25.5%
- Barzahlung 57.9%

Fragt man nach der Wirkung dieser Innovationen auf die Geldschöpfung, so ist unmittelbar einsichtig, dass die Nutzung sowohl der älteren Formen wie Schecks usw. als der neueren Karten in verschiedenem Umfang die Verwendung von Bargeld ersetzt. Analysiert man dies im Rahmen des Geldangebotsmultiplikators, so bewirkt eine reduzierte Bargeldnutzung, dass die Bargeldhaltungsquote sinkt und damit der Multiplikator steigt. Inwieweit sich die Reservehaltung ändert, hängt von verschiedenen Verhaltensweisen ab. Generell bedeutet die Substitution von Bargeld durch Schecks oder traditionelle Karten, dass tendenziell die entsprechenden Sichtguthaben steigen werden. Jedoch bedeuten gut planbare Zahlungsformen wie Daueraufträge oder Kreditkarten wegen ihrer periodischen und angekündigten Belastung auch, dass die Höhe der Sichtguthaben leichter disponiert werden kann und dadurch im Durchschnitt eventuell sinkt. Keinen Effekt mehr auf die Reservehaltung haben Geldkarten seit ihrer Einbeziehung in die Mindestreservepflicht seit dem 24.5.2002. Hier erfolgt zwar eine Umbuchung zulasten der Sichtguthaben, doch ist dies eine Substitution zwischen zwei gleichermaßen reservepflichtigen Geldformen.

Für den Geldschöpfungsprozess hat dies folgende Konsequenzen: Der rückläufige Bargeldeinsatz reduziert die Bargeldhaltungsquote, erhöht dadurch den Multiplikator, reduziert damit die mengenmäßige Bedeutung des Zentralbankgeldes und macht deshalb andere Einflüsse temporär wichtiger.

Die Effekte auf die Reservehaltung sind bestenfalls schwach, da seit 2002 Geldkarten in die Bemessungsgrundlage einbezogen sind.

Neben die Karten ist in jüngster Zeit das **Internet** als weiteres Medium getreten, über das Zahlungen abgewickelt werden können. Der Geschäftsvorgang wird dabei meist so abgewickelt, dass Konsumenten bei einem Händler ein Gut über das Internet als Kommunikationsweg bestellen. Der Zahlungsvorgang kann dann auf verschiedene Arten erfolgen: Im Grunde sind alle oben genannten Formen denkbar, also z.B. bezahlen gegen Rechnung mittels Überweisung, die Belastung über eine Kreditkarte oder das Abbuchen einer Lastschrift. Bis zu diesem Punkt ergeben sich durch das Internet noch keine grundsätzlich neuen Wirkungen für den Zahlungsverkehr und den Geldschöpfungsprozess.

Geldpolitisch bedeutsam wird der Einfluss des Internet erst, wenn dadurch sozusagen „eigenes Geld" geschaffen wird, wofür phantasievolle Namen benutzt werden wie **e-money** oder **cybercash**. Dieses im Internet verfügbare Geld zählt wie schon die erwähnten Geldkarten zum elektronischen Geld (**e-Geld**). Um elektronisches Geld im Internet von anderen Geldarten abzugrenzen, verwendet die Deutsche Bundesbank den Begriff **Netzgeld**. Damit Netzgeld wirklich etwas anderes ist als herkömmliches Geld – obwohl es natürlich alle Geldfunktionen erfüllt und somit herkömmliches Geld bleibt –, muss es nicht nur Bargeld ersetzen wie traditionelle Karten, sondern auch unabhängig von Einlagen bei Kreditinstituten sein.

In der Vergangenheit war diese Unabhängigkeit insofern praktisch unmöglich, als Kreditinstitute geradezu dadurch definiert waren, dass sie Einlagen annehmen und nur darüber Zahlungsverkehr abgewickelt werden konnte. Jetzt bietet sich durch die automatische elektronische Verbuchung der Transaktionen in größerem Umfang die Möglichkeit, dass Zahlungen über Netzgeld abgewickelt werden, ohne dass ein Kreditinstitut eingeschaltet werden muss. Allerdings werden alle Emittenten von Netzgeld – auch wenn es sich um normale Unternehmen handelt – in Europa seit 1998 als Kreditinstitute erfasst und unterliegen damit den entsprechenden Vorschriften.

Literaturhinweise

Weiterführende Hinweise zu Bilanzen von Kreditinstituten finden sich in Lehrbüchern zur Bankbetriebslehre wie Hartmann-Wendels u.a. (2010). Die Bilanz des Eurosystems wird monatlich im Monatsbericht der Europäischen Zentralbank in Tabelle 1.1 abgedruckt.

Der Geldschöpfungsprozess wird in allen Lehrbüchern zu *Geld und Kredit* behandelt. Erläuterungen zu den Besonderheiten des Eurosystems finden sich bei Europäische Zentralbank (1999a, 1999b). Innovationen durch das Internet diskutieren u.a. Söllner und Wilfert (1996), im Hinblick auf elektronisches Geld die Europäischen Zentralbank (1998b) und die Deutsche Bundesbank (1999).

Zusammenfassung

1. Die Forderungen von Kreditinstituten bestehen hauptsächlich aus Krediten, die Verbindlichkeiten meist aus Einlagen.
2. In der Zentralbankbilanz spiegeln sich die Aufgaben der Geldmarktsteuerung sowie der außenwirtschaftlichen Absicherung der Geldpolitik.
3. Größte Positionen sind auf der Aktivseite Währungsreserven sowie Kredite an Kreditinstitute, auf der Passivseite der Banknotenumlauf sowie Einlagen der Kreditinstitute.
4. Geldschöpfung ist in ihrem Ursprung meist Kreditschöpfung.
5. Geldschöpfung der Kreditinstitute ist begrenzt durch die Bargeldhaltung und Reservehaltung. Unter Berücksichtigung beider Grenzen kann man einen Geldangebotsmultiplikator herleiten.
6. Der Geldschöpfungsprozess resultiert in einer Erhöhung der Geldmenge. Die konsolidierte Bilanz der MFIs zeigt die möglichen Entstehungszusammenhänge auf.
7. Innovationen im Zahlungsverkehr substituieren zunehmend den Gebrauch von Bargeld. Dieser Effekt für sich genommen führt zu einer sinkenden Bargeldhaltungsquote.
8. Durch ihre Einbeziehung in die Mindestreservepflicht (bzw. den regulatorischen Rahmen generell) höhlen auch die Geldkarte als Innovation oder Zahlungen im Internet die Geldschöpfungsgrenze nicht mehr aus.

Schlüsselbegriffe

Bargeldhaltungsquote
Basisgeld
Bilanz
Bilanzsumme
Distributionskanal
E-Geld (elektronisches Geld)
Geldangebotsmultiplikator
geldneutraler Sektor
Geldschöpfung, einfache
----, multiple

Geschäftsvolumen
Interbankengeschäft
Karten (Debit-, Geld-, Kredit-)
Kreditinstitut
Kundengeschäft
MFIs (Monetäre Finanzinstitute)
Netzgeld
Reservehaltungsquote
Zahlungsverkehr

Kapitel 5

Motive der Geldhaltung und makroökonomisches Grundmodell I

Zum Inhalt von Kapitel 5

Bis in die ersten Jahrzehnte des 20. Jahrhunderts wurde monetären Fragestellungen in der ökonomischen Forschung wenig Bedeutung beigemessen. In den bis dahin vorherrschenden sog. neoklassischen Gleichgewichtsmodellen galt Geld allein als eine Art Schmiermittel zur „technischen" Abwicklung von realwirtschaftlichen Transaktionen. In einem anderen populär gewordenen Bild erscheint Geld als Schleier, der sich vor die Realwirtschaft legt und die wahren Allokationsmechanismen verdeckt. Es ist daher wenig verwunderlich, dass die wesentlichen Grundlagen der mikroökonomischen Theorie ohne Rückgriff auf ein Geldgut auskommen. Die paradigmatische Wende leitete John Maynard Keynes im Jahr 1936 ein, als er in seiner Epoche machenden „General Theory" erstmals den Einfluss der Geldversorgung auf makroökonomische Zustände systematisch analysierte.

Im Folgenden werden wir die wesentlichen Neuerungen der keynesianischen Sicht der Dinge ausführlich beleuchten. Im ersten Schritt wenden wir uns den Motiven der Geldhaltung zu: Warum und in welchem Umfang sind private Akteure bereit, Liquidität zu halten anstatt diese gegen ein Zinsversprechen in Anlagen unterschiedlicher Fristigkeit zu investieren? Die Weiterungen dieser Analyse sind gravierend, denn sie münden in einem makroökonomischen Grundmodell, das sich von der neoklassischen Variante fundamental unterscheidet. Diesem **Zins-Einkommens-** oder **IS-LM-Modell** widmen wir daher besondere Aufmerksamkeit, auch weil es in den nachfolgenden Kapiteln wiederholt Anwendung finden wird.

5.1 Motive der Geldhaltung

In Kapitel 1 sind bereits die volkswirtschaftlichen Funktionen des Geldes beschrieben worden, zudem haben wir eine Abgrenzung der in der Praxis unterschiedlichen Formen von Geld (oder auch Liquidität) kennen gelernt. Aus den Geldfunktionen können auch die Bestimmungsgründe der privaten Geldhaltung abgeleitet werden. Man spricht in diesem Zusammenhang auch von der **Liquiditätspräferenztheorie**, insbesondere bei der Fokussierung auf die von Keynes entwickelte Argumentation. Dieser beschreibt ausführlich die folgenden Bestimmungsgründe der Geldhaltung:

- das Transaktionsmotiv,
- das Vorsichtsmotiv und
- das Spekulationsmotiv.

Im **Transaktionsmotiv** kommt zum Ausdruck, dass Käufe und Verkäufe auf Güter- und Dienstleistungsmärkten in großem Umfang sofort und bei kleineren Umsätzen auch regelmäßig durch Barzahlung abgewickelt werden. Dafür ist beim Erwerber einer Ware oder einer Dienstleistung eine hinreichende Liquiditätsausstattung notwendig. Diese besteht in der Regel entweder aus Bargeld oder aus der Möglichkeit zu einem mehr oder weniger unmittelbaren Rückgriff auf Sichteinlagen bei einem Kreditinstitut („Girokonto"). Die Zahlung per Kredit- bzw. Kontokarte setzt freilich das Einverständnis des Marktpartners voraus, die Begleichung des Kaufpreises unter Verwendung gesetzlicher Zahlungsmittel ist dagegen die rechtliche Normalvariante.

Die nahe liegende Referenzgröße für den Umfang der Liquiditätshaltung zu Transaktionszwecken ist das einzelwirtschaftliche Periodeneinkommen. Daneben treten in der Praxis zusätzlich institutionelle Nebenbedingungen, etwa die Möglichkeit zur Beeinflussung der Synchronität von Einnahmen und Ausgaben oder die räumliche Dichte von Kreditinstituten oder Geldautomaten. Ein durchschnittlicher Arbeitnehmer erhält z.B. monatlich seine Gehaltszahlung, deren konkreten Zeitpunkt er aber nicht beeinflussen kann. Folglich wird er seine beabsichtigten Auszahlungen über einen Zeitraum von einem Monat planen und seine (Bar-)Geldhaltung seinen Zahlungsgewohnheiten anpassen. Der (durchschnittliche) Anteil l des periodischen Einkommens, den der Akteur als Liquidität hält, wird als **Kassenhaltungskoeffizient** bezeichnet.

Das **Vorsichtsmotiv** berücksichtigt die Möglichkeit, dass entgegen der Planung des privaten Akteurs zusätzliche Auszahlungen anfallen können. Ein Defekt der heimischen Waschmaschine kommt nicht nur ungelegen sondern auch unerwartet, die damit verbundene Reparaturrechnung wird zudem kurzfristig fällig. Unter Vorsichtsgesichtspunkten angelegte liquide Rücklagen lösen das Zahlungsproblem, ihr Volumen ist im Wesentlichen abhängig von der Risikoeinstellung des Akteurs und seinen finanziellen Restriktionen (d.h. seinem regelmäßigen Einkommen). Zudem stellt sich für den Einzelnen die Frage, welche „Lagerkosten" für die Vorsichtsgeldhaltung anfallen: Da für hochliquide Einlagen bei Kreditinstituten keine (oder nur sehr geringe) Zinsen gezahlt werden, entstehen **Opportunitätskosten** des Verzichts auf eine Rendite tragende Anlage. Die Höhe der Geldhaltung aus Vorsichtsgründen hängt mithin sowohl vom Einkommen als auch vom Zinsniveau (als Indikator für die Opportunitätskosten) ab.

Das **Spekulationsmotiv** der Geldhaltung lässt sich ebenfalls über die alternative Verwendung von Liquidität beschreiben. Eine Banknote ist bei näherer Betrachtung nichts anderes als ein (von der Zentralbank emittiertes) Wertpapier ohne Zinsanspruch. Der ökonomische Vorteil des Bargeldes liegt in der (transaktions-)kostenlosen und unbehinderten Möglichkeit zur Umwandlung in Güter oder Dienstleistungen. Ergänzt man das Verwendungsspektrum um Finanzanlagen, erweitert sich der Verhaltenskalkül des Akteurs: Unverzinslich gehaltene Liquidität konkurriert – im einfachsten Fall – um die Anlage in festverzinsliche Wertpapiere. Freilich unterliegen beide Alternativen spezifischen Risiken. Der Nutzen der Bargeldhaltung kann durch Preissteigerungen auf realen Märkten verringert werden, weil dadurch die Kaufkraft zurückgeht. Die Anlage in verzinslichen Wertpapieren birgt wiederum ein Kursrisiko, d.h. die implizite Gefahr, beim Verkauf des Papiers weniger zu erlösen als beim Kauf dafür gezahlt wurde.

Um die Zusammenhänge zu verdeutlichen, nehmen wir an, die von uns betrachtete Ökonomie böte nur ein einziges festverzinsliches Wertpapier an, das darüber hinaus eine unbefristete Laufzeit aufweist. Diese, zugegeben extreme, Annahme erleichtert die Analyse, weil keine Tilgungs- oder Rückzahlungseffekte zu berücksichtigen sind. Die jährliche Zinszahlung des Papiers belaufe sich auf K Geldeinheiten, der am Markt zu zahlende und mit den Angebots- und Nachverhältnissen variierende Preis betrage P_C. Die Rendite i der Wertpapieranlage ergibt sich unmittelbar als der Quotient aus Zinszahlung und Einstandspreis, d.h. $i = K/P_C$. Die Anreizstruktur der Wertpapieranlage kann nunmehr leicht abgeleitet werden: Kaufe bei niedrigem P_C, erziele eine hohe Rendite i und verkaufe das Wertpapier zu einem späteren Zeitpunkt bei einem möglichst hohen Preis. Neben der Zinszahlung realisiert der Anleger zusätzlich Kursgewinne.

Diese Erkenntnisse waren auch zu Keynes' Zeiten weder spektakulär noch neu. Das „revolutionäre" Element erhält die Theorie durch ihre konsequente Übertragung auf die Liquiditätshaltung privater Akteure. Der Zinssatz (genauer: die Rendite) erhält endgültig und systematisch Eingang in die Planung der (Bar-)Geldhaltung von Wirtschaftssubjekten. Keynes unterstellt (pragmatisch), dass jeder Einzelne mehr oder weniger konkrete Vorstellungen von der „normalen" Höhe des (gesamtwirtschaftlichen) Zinssatzes hat. Folglich ist jeder Akteur in der Lage, aus dem gegenwärtigen Zinsniveau Erwartungen über die Zinshöhe in der Zukunft zu bilden. Liegt der heutige Zinssatz unter dem als normal angesehenen Niveau, rechnet das Wirtschaftssubjekt mit einem tendenziellen Zinsanstieg – und umgekehrt. Der Zusammenhang zwischen Zinssatz und Preis des festverzinslichen Wertpapiers liefert schließlich die Regel für die Geldhaltung aus dem Spekulationsmotiv: Bei niedrigem Zinssatz ist der Preis des Wertpapiers hoch, der Akteur hält „Kasse" statt Wertpapiere zu kaufen. Im umgekehrten Fall, der Zinssatz ist (relativ) hoch, wird die Liquiditätshaltung suboptimal, der Kauf von Wertpapieren verspricht wegen des niedrigen Preises nicht nur eine hohe Rendite sondern auch noch zusätzliche Kursgewinne. Die fundamentale Neuerung des Keynes'schen Konzepts der Liquiditätspräferenz liegt mithin in einem systematischen gegenläufigen Zusammenhang zwischen dem Volumen der Geldhaltung und dem gesamtwirtschaftlichen Zinsniveau.

Das gesamte Liquiditätsvolumen eines einzelnen Akteurs setzt sich aus allen drei beschriebenen Bestandteilen zusammen. Man spricht in diesem Zusammenhang auch häufig von der **Geldnachfrage** des Wirtschaftssubjekts. Im nächsten Abschnitt 5.2 werden wir darauf zurückkommen. Da sich die unterschiedlichen Motive der Geldhaltung letztlich auf die Einflussgrößen Einkommen und Zinssatz zurückführen lassen, ist es für theoretische Modellanalysen letztlich unbedeutend, welche Anteile die einzelnen Komponenten am gesamten Liquiditätsvorrat des Wirtschaftssubjektes haben. Wichtig sind vielmehr die qualitativen Zusammenhänge: Die individuelle Geldhaltung steigt mit dem Periodeneinkommen und nimmt mit steigendem Zinssatz ab. Für makroökonomische Fragestellungen lässt sich die gesamtwirtschaftliche Geldnachfrage durch Aggregation ermitteln und mit Hilfe partieller Variation der Einflussgrößen grafisch veranschaulichen.

5.2 Makroökonomisches Grundmodell I: IS-LM-Konzept

Die Grundstruktur des IS-LM-Modells ist in Schaubild 5.1 wiedergegeben. Es betont die Wechselwirkungen zwischen Güter- und Finanzmärkten. Gesamtausgaben, Zinsen und Einkommen werden gemeinsam durch ein simultanes Gleichgewicht auf Güter- und Finanzmärkten bestimmt. In der einfachsten Variante steht der Geldmarkt repräsentativ für den Finanzsektor, auf dem Gütermarkt wird die aggregierte Nachfrage – im Sinne der Verwendungsseite des BIP – als Untersuchungsvariable in den Mittelpunkt gerückt. Die jeweiligen Gleichgewichtskombinationen von Zins und Einkommen werden durch die LM- bzw. IS-Kurve abgebildet.

Die Analyse in diesem Modellkontext formuliert demzufolge Gleichgewichts*bedingungen*, die erfüllt sein müssen, um alle involvierten Märkte zu räumen. Für den Gütermarkt ist diese Situation – in einer geschlossenen Ökonomie ohne Staat – gleichbedeutend mit der (notwendigen) Identität zwischen (freiwilliger) privater Ersparnis und (geplanten) Investitionen der Unternehmen. Bei (unterstellt) zinsabhängiger Investitionsnachfrage und einkommensabhängiger Spartätigkeit kann auf diese Weise eine **IS-Kurve** abgeleitet werden, die fallend im Zinssatz verläuft (vgl. Schaubild 5.2). Freilich erfordert dieses Resultat eine sorgfältige Interpretation, um dem – häufig anzutreffenden – Vorwurf zu begegnen, die keynesianisch orientierte Makrotheorie folge gleichsam einer „inneren Mechanik". Vielmehr gibt die IS-Kurve (allein) die *hypothetischen* Kombinationen von Zins und Einkommen an, bei denen das gesamtwirtschaftliche Güterangebot (und damit das Einkommen) der aggregierten Nachfrage entspricht, *sofern* alle Akteure ihre zins- bzw. einkommensabhängigen Verhaltenskalküle *nicht* ändern. Es gibt – nicht nur in der Praxis – durchaus Gründe, warum die theoretisch postulierten Gleichgewichtskombinationen möglicherweise nicht erreicht werden.

Schaubild 5.1: Die Struktur des IS-LM-Modells

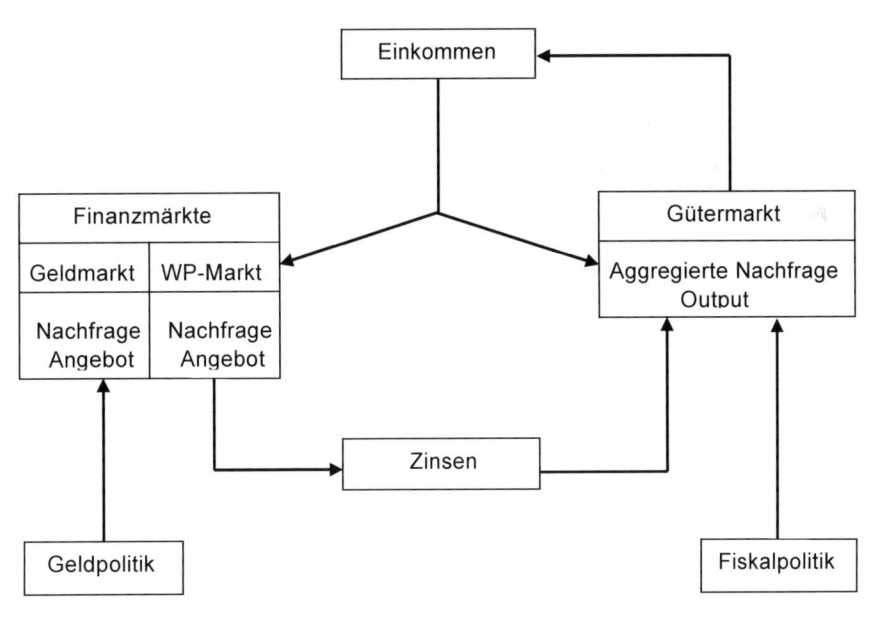

Quelle: Dornbusch u.a. (2001), S. 216

Die realitätsnähere Integration von Staat und Ausland in die gesamtwirtschaftliche Nachfrageanalyse führt bei der Herleitung der IS-Kurve zu analogen Ergebnissen. Man kann – mit mehr oder weniger großem technischem Aufwand – zeigen, dass der grundsätzlich negative Zusammenhang zwischen Zins und Einkommen erhalten bleibt.

Für die Betrachtung der monetären Sphäre hat sich in der IS-LM-Terminologie der Begriff des „Geldmarktes" eingebürgert, obwohl diese Bezeichnung bei näherem Hinsehen nachhaltige Verwirrung stiften kann. Wir werden freilich an der üblichen Bezeichnung festhalten, um unnötige Komplikationen zu vermeiden, aber nachfolgend knapp herausstellen, wieso es sich bei „dem" Geldmarkt nicht um einen Markt für Geld handelt.

Ausgangspunkt ist die in Abschnitt 5.1 vorgenommene Spezifizierung der Motive, aus denen private Akteure Liquidität – vornehmlich in Form von gesetzlichen Zahlungsmitteln, kurz: Geld – halten. Wir haben festgestellt, dass die keynesianische **Geldnachfrage** mit sinkendem Zins und steigendem Einkommen zunimmt.

Schaubild 5.2: Gleichgewicht im IS-LM-Modell

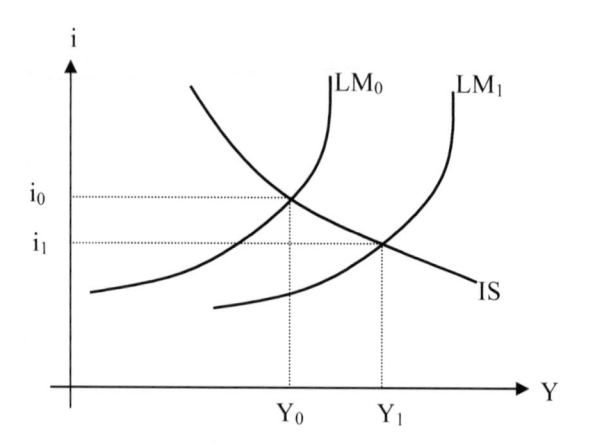

Ein Gleichgewicht auf dem Geldmarkt wird erreicht, indem man der skizzierten Geldnachfrage L das – unterstellt – exogene **Geldangebot** M gegenüberstellt. Üblicherweise wird gleichzeitig das – in der einfachen Variante annahmegemäß konstante – Preisniveau berücksichtigt, als Geldangebot fungiert daher präziser die reale Geldmenge (M/P). Die Geldmenge selbst wird autonom und zinsunabhängig von der Zentralbank festgelegt, so dass sich im

Zusammenspiel mit der Geldnachfrage unterschiedliche Zins-Einkommens-Kombinationen ergeben, die wiederum die **LM-Kurve** bilden (vgl. Schaubild 5.2).

Es sollte deutlich geworden sein, dass auf dem hier beschriebenen Geldmarkt (beinahe) selbstverständlich kein Geld gehandelt wird, die Zentralbank „verkauft" ja ihre Geldmenge nicht gegen Zinsen und auch der private Akteur zahlt für die Entgegennahme von Liquidität kein direktes Entgelt. Insofern spiegelt der Zins (besser: die Rendite), wie bereits angemerkt, die Opportunitätskosten der Kassenhaltung wider. Auf typischen (mikroökonomischen) Märkten werden indes (mengenmäßige) Nachfrage und der Preis des betrachteten Gutes bei gegebenen Preisen aller übrigen Güter gegenübergestellt, die Nachfrage nach Brot wird in der Markttheorie üblicherweise nicht in Abhängigkeit der Opportunitätskosten für den Verzicht auf Fleisch analysiert.

Dies gilt es im Gedächtnis zu behalten, denn bei der simultanen Untersuchung von Güter- und Geldmarkt ist „der" Zins ja gleichzeitig die Bestimmungsgröße für die langfristigen Produktionsgesichtspunkten folgende Investitionsnachfrage sowie die prinzipiell kurzfristig ausgerichtete Kassenhaltung. Wie wir in den Kapiteln 6 und 7 ausführlich erörtert werden, kann diese Gleichsetzung in der (geldpolitischen) Praxis zu erheblichen Problemen führen.

Schaubild 5.2 illustriert, welche makroökonomischen Konsequenzen eine Veränderung der (realen) Geldausstattung haben kann. Die Ausgangssituation ist gekennzeichnet durch das Zinsniveau i_0 sowie das Gleichgewichtseinkommen Y_0. Eine Ausdehnung der nominalen Geldmenge bei (unterstellt) konstantem Preisniveau, z.B. bei Unterbeschäftigung, führt zu einer Rechtsverschiebung der LM-Funktion. Das neue gesamtwirtschaftliche Gleichgewicht weist ein niedrigeres Zinsniveau (i_1) bei gleichzeitig gestiegenem Output Y_1 auf. Man beachte allerdings, dass wir uns einer komparativ-statischen Methodik bedient haben, die also nur die Existenz bzw. die Eigenschaften verschiedener Gleichgewichte untersucht. Die wesentlichen Schwierigkeiten der praktischen Geldpolitik liegen hingegen darin, den tatsächlichen Anpassungspfad zu finden und zu beschreiben. Die Ausführungen der Kapitel 12 und 13 werden sich dieser Problematik ausführlich widmen.

Die beschriebenen Wechselwirkungen zwischen Geldmenge M, Zinssatz i und Einkommen Y lassen sich in einem einfachen Modell einer geschlossenen Ökonomie ohne Staatstätigkeit auch formal charakterisieren. Es sei

(5.1) $$C = C^a + cY + \frac{C^l}{i}$$

die gesamtwirtschaftliche Konsumfunktion, in der C^a den autonomen Konsum angibt, c die marginale Konsumquote darstellt und C^l die zinsabhängige

Nachfrage nach langlebigen Konsumgütern repräsentiert. Die unternehmerische Investitionstätigkeit kann durch die Funktion

(5.2) $\quad I = I^a + \dfrac{I^n}{i}$

abgebildet werden, in der I^a die autonomen (Ersatz-)Investitionen wiedergibt und I^n für die zinsabhängige Investitionsnachfrage steht. Die private Liquiditätshaltung gibt

(5.3) $\quad L = lY + \dfrac{L^s}{i}$

wieder. Der erste Summand stellt die einkommensabhängige **Transaktionsgeldhaltung** dar, der zweite Summand beschreibt die zinsabhängige Geldhaltung (z.B.) aus **Spekulationsmotiven**. Annahmegemäß sei die Geldmenge M exogen, d.h.

(5.4) $\quad M = \overline{M}$.

Bekanntlich lassen sich die Gleichungen (5.1) und (5.2) zum Gütermarkt, sowie die Gleichungen (5.3) und (5.4) zum Geldmarkt zusammenfassen. Im Gleichgewicht auf beiden Teilmärkten gelten die nachfolgenden funktionalen Zusammenhänge zwischen Y und i:

(5.5) $\quad Y = \dfrac{1}{1-c}\left(C^a + \dfrac{C^l}{i} + I^a + \dfrac{I^n}{i}\right) \quad\quad$ Gütermarkt

(5.6) $\quad Y = \dfrac{1}{l}\left(\overline{M} - \dfrac{L^s}{i}\right) \quad\quad$ Geldmarkt.

Durch Gleichsetzen von (5.5) und (5.6) erhält man sowohl den gesamtwirtschaftlichen Gleichgewichtszinssatz

(5.7) $\quad i^* = \dfrac{l(C^l + I^n) + (1-c)L^s}{(1-c)\overline{M} + l(C^a + I^a)} \quad\text{mit}\quad \dfrac{\partial i^*}{\partial \overline{M}} < 0$

als auch das damit einhergehende gesamtwirtschaftliche Gleichgewichtseinkommen

(5.8) $\quad Y^* = \dfrac{(C^l + I^n)\overline{M} - (C^a + I^a)L^s}{l(C^l + I^n) + (1-c)L^s} \quad\text{mit}\quad \dfrac{\partial Y^*}{\partial \overline{M}} > 0$.

Die hier ausgeblendeten Sektoren „Staat" und „Ausland" lassen sich über die Nachfrageseite auf dem Gütermarkt ohne größere Probleme in das Modell integrieren. Das IS-LM-Konzept ist dann in der Lage, die Konsequenzen fiskal- bzw. geldpolitischer Eingriffe für den gesamtwirtschaftlichen Gleichgewichtsoutput bzw. das gleichgewichtige Zinsniveau zu ermitteln. Der Fokus liegt primär auf der Analyse der Anpassungsreaktionen im privatwirtschaftlichen Bereich, d.h. bei den Haushalten und Unternehmen. Im Rahmen der Untersuchung der unterschiedlichen Übertragungswege monetärer Maßnahmen werden wir auf das IS-LM-Modell zurückkommen.

Literaturhinweise
Zur ausführlichen Begründung der Motive der Geldhaltung wird mit Nachdruck auf die originäre Quelle, Keynes (1936), verwiesen. Alle späteren Adaptionen sind mehr oder weniger werktreue Interpretationen des Originals. Dies gilt in ähnlicher Weise für die Umsetzung der Keynes'schen Argumentation in das IS-LM-Modell, dessen Verbreitung auf Arbeiten von Hicks (1937) und Hansen (1953) zurückgeht.

Die auf dieser Basis in diesem Abschnitt skizzierten makrotheoretischen Grundlagen arbeiten z.B. Dornbusch u.a. (2008) oder Felderer/Homburg (2005) auf, die jährlich vorgelegten Gutachten des Sachverständigenrates zur Begutachtung der gesamtwirtschaftlichen Entwicklung sind eine hervorragende Quelle für die Beurteilung der faktischen Auswirkungen von Geld- und Fiskalpolitik auf die Realwirtschaft.

Zusammenfassung

1. Eine wesentliche Modifikation der bis dato gebräuchlichen makroökonomischen Modelle stellt die von Keynes begründete Liquiditätspräferenztheorie dar.
2. Als Determinanten der Geldhaltung können zum einen das nominale Einkommen sowie zum anderen der gesamtwirtschaftliche Zinssatz identifiziert werden.
3. Die Geldhaltung zu Transaktionszwecken orientiert sich am Einkommen, die Geldhaltung zu Vorsichts- oder Spekulationszwecken ist im Wesentlichen vom aktuellen bzw. erwarteten Zinsniveau abhängig. Die Aggregation über die einzelnen Motive der Geldhaltung führt zur sog. Geldnachfragefunktion.
4. Das IS-LM-Modell besteht aus zwei Komponenten: den gleichgewichtigen Zins-Einkommens-Kombinationen auf dem Gütermarkt (IS-Kurve) sowie den gleichgewichtigen Zins-Einkommens-Kombinationen auf dem Geldmarkt (LM-Kurve).
5. Ein gesamtwirtschaftliches Gleichgewicht stellt sich ein, wenn Ein-

kommen und Zinssatz sich so einstellen, dass sowohl der Güter- als auch der Geldmarkt geräumt sind. Grafisch ist dies im Schnittpunkt von IS- und LM-Kurve der Fall.

6. Im gesamtwirtschaftlichen Gleichgewicht lassen sich die Auswirkungen von exogenen Änderungen des Geldangebotes ableiten: Eine Erhöhung der Geldmenge M führt zu einem Rückgang des Gleichgewichtszinssatzes i und zu einem Anstieg des nominalen Outputs Y.

7. Durch Erweiterung des einfachen IS-LM-Modells um Staatstätigkeit und Außenhandel lassen sich auch die Auswirkungen fiskalpolitischer Maßnahmen und unterschiedlicher Salden der Handelsbilanz auf das gesamtwirtschaftliche Gleichgewicht analysieren.

Schlüsselbegriffe

Geldangebot
Geldnachfrage
Investitionsnachfrage
IS-Kurve
IS-LM-Modell
Kassenhaltungskoeffizient
Konsumnachfrage
Liquiditätspräferenztheorie

LM-Kurve
Opportunitätskosten
Staatsverbrauch
Spekulationsmotiv
Transaktionsmotiv
Umlaufgeschwindigkeit des Geldes
Vorsichtsmotiv
Zins- Einkommens-Modell

Kapitel 6

Theorie der Zinsen

Zum Inhalt von Kapitel 6

Zinsen gehören zu den zentralen ökonomischen Größen, mit denen nicht nur der vermeintliche Fachmann, sondern auch der Laie mehr oder weniger regelmäßig konfrontiert wird. Für den privaten Akteur beeinflussen sie z.B. die Anlageentscheidungen oder die langfristigen Planungen für die Schaffung von Wohnraumeigentum. In Unternehmen sind Zinsen Orientierungsgrößen für die relative Vorteilhaftigkeit von Investitionsalternativen und spiegeln die Kosten des Fremdkapitals wider. In der politischen Öffentlichkeit wiederum sind Zinsen nicht selten Indikatoren für die aktuelle oder zu erwartende gesamtwirtschaftliche Situation. Darüber hinaus haben Zinsänderungen regelmäßig Auswirkungen auf die Kurse an internationalen Aktienbörsen und damit gleichsam auf den „Puls der Wirtschaft".

Was jedoch auf den ersten Blick überschaubar und einleuchtend erscheint, erweist sich freilich bei näherem Hinsehen als durchaus knifflig und unübersichtlich, denn in der Praxis existieren zahlreiche Zinsgrößen nebeneinander, abgesehen von der bisweilen wenig präzisen Abgrenzung von Zinsen und Renditen. Insofern ist die häufig anzutreffende Diskussion über *den* Zins irreführend und damit ebenso regelmäßig Anlass für Missverständnisse und vermeidbare Kontroversen.

Im Folgenden wollen wir die verschiedenen Definitionen und Erscheinungsformen von Zinsen (im weitesten Sinne) systematisieren. In diesem Zusammenhang sollen auch die ökonomischen Funktionen von Zinsen beleuchtet werden, ebenso die Möglichkeiten und Grenzen, ihre zukünftige Entwicklung möglichst präzise und zuverlässig zu prognostizieren. Zu diesem Zweck verwenden wir ein Konstrukt, das unter der Bezeichnung Zinsstruktur in jüngerer Zeit erheblich an Bedeutung gewonnen hat und im unmittelbar nachfolgenden Kapitel 4 ausführlich beschrieben wird. Vor allem mit Blick auf die geldpolitische Verwertbarkeit unserer Erkenntnisse soll dann geprüft werden, inwieweit eine autonome Zentralbank auf Zinsen als Informationsquelle oder Steuerungsgröße zurückgreifen kann.

6.1 Funktionen von Zinsen

Während in der Gegenwart Zinsen zu den alltäglichen Erscheinungen wirtschaftlichen Handelns gehören, galt noch bis weit in das Mittelalter das auf Aristoteles zurückgehende kanonische Zinsverbot. Geld hatte bis dato keine eigenständige ökonomische Funktion, sondern diente – so die verbreitete Ansicht – lediglich als Medium zur Erleichterung des Tausches. Eine Eigenschaft übrigens, die selbst in die hochentwickelte neoklassische Gleichgewichtstheorie nur unter größten Schwierigkeiten integriert werden kann. Unterstellt man jedoch, dass Geld (in welcher Form auch immer) zumindest vorübergehend als ökonomischer Wertspeicher zu dienen vermag, dann ist offenkundig der Zeitpunkt des (Güter-) Tausches von erheblicher Bedeutung. Temporärer Konsumverzicht führt mithin zu einzelwirtschaftlichem Sparen, das wiederum nur dann zweckmäßig ist, wenn zum einen der Nutzenentgang heute durch höhere Konsumtätigkeit morgen ausgeglichen werden kann. Zum anderen erfordert das realwirtschaftliche Kreislauf-Gleichgewicht (vgl. Kapitel 1), dass bei gegebener Produktion andere Akteure mehr als ihr laufendes Einkommen konsumieren oder investieren. Der Konsumverzicht übende Haushalt stellt über den Kreditmarkt seine einzelwirtschaftliche Ersparnis anderen zeitlich befristet zur Verfügung. Das Entgelt für diese temporäre **Überlassung von Kaufkraft** ist der Zins.

Wurde im ersten Schritt primär ein privater Haushalt betrachtet, wollen wir uns im Folgenden die Bedeutung des Zinses für ein Unternehmen vor Augen führen. Das grundsätzliche Problem eines güterproduzierenden Unternehmens liegt in der zeitlichen Reihenfolge von Herstellung und Veräußerung. Zunächst muss produziert (und damit investiert) werden, bevor verkauft werden kann. Das bedeutet für den Unternehmer, dass er seine Kosten und Erlöse ohne präzise Kenntnis späterer Ereignisse planen bzw. kalkulieren muss. Im Rahmen der **Investitionsrechnung** können die erwarteten Einzahlungen über die Laufzeit eines Projektes den erwarteten Auszahlungen gegenübergestellt werden. In der Regel wird der Investor den Zahlungsströmen in der Zukunft ein geringeres Gewicht beimessen als heutigen Zahlungen. Er wird daher die zukünftigen Nettozahlungen auf die Gegenwart *abzinsen* (Bar- bzw. Kapitalwertverfahren). Der rechnerische Gegenwartswert späterer Nettozahlungen variiert invers mit der Höhe des zugrundeliegenden Zinssatzes.

Allerdings stellt sich bei der beschriebenen Vorgehensweise die Frage nach der Wahl des richtigen **Diskontfaktors**, ein Problem, das mit Blick auf die Vielzahl unterschiedlicher Marktsätze keinesfalls einfach zu lösen ist. Als Alternative steht die Ermittlung der **internen Verzinsung** eines Investitionsprojektes zur Verfügung. Gesucht wird jetzt derjenige Diskontfaktor, bei dem die Zahlungsreihe des Investitionsvorhabens einen Kapitalwert von genau Null erzielt. Dieser interne Zinssatz kann als Vergleichsmaßstab für Investitionsalternativen verwendet oder den etwaigen Finanzierungskosten gegenübergestellt werden. Dabei wollen wir allerdings die möglichen technischen Schwierigkeiten bei der Suche nach dem internen Zinssatz großzügig unterschlagen.

Der hier skizzierte Zusammenhang ist bereits von Wicksell (1898) diskutiert worden: Der realwirtschaftlich determinierte, dem Gleichgewicht aus freiwilliger Ersparnis und privater Investitionsnachfrage entsprechende, **natürliche Zins** steht dem **Geldzins** gegenüber, der die Kosten der (Fremd-) Finanzierung widerspiegelt. Solange der Geldzins niedriger ist als der natürliche Zins, sind Investitionen in Realkapital lohnend. Über die Veränderung des Geldzinses, so die Hypothese, könnte dann die gesamtwirtschaftliche Nachfrage beeinflusst werden; ein Sachverhalt, der in ähnlicher Form selbst in der Gegenwart wirtschaftspolitische Handlungsmuster prägt. Letztendlich beruht die neoklassische Investitionsfunktion auf der Ermittlung der internen Verzinsung der unterschiedlichen Projekte, und auch in der keynesianisch geprägten Argumentation findet sich die Bedeutung der (erwarteten) Verzinsung realwirtschaftlicher Investitionen unter dem Stichwort **Grenzleistungsfähigkeit des Kapitals** wieder.

Bisher haben wir nur von Zinsen gesprochen, wenngleich – unter bestimmten Voraussetzungen – Renditen gemeint waren. Als Rendite bezeichnet man im allgemeinen die prozentuale Relation von (Gewinn-)Einkommen bezogen auf das (durchschnittlich) eingesetzte Kapital. Der interne Zinssatz ist demnach präzise formuliert die erwartete rechnerische Rendite eines Investitionsprojektes. Insbesondere auf Finanzmärkten wird beim Vergleich unterschiedlicher Anlagealternativen üblicherweise die Rendite, in diesem Fall auch die Effektivverzinsung, als Maßstab verwendet. Bei börsennotierten festverzinslichen Wertpapieren (Renten) ist die Rendite als Ertragsgröße offensichtlich wesentlich aussagefähiger als die Nominalverzinsung, da die Kurse dieser Anlagepapiere durchaus erheblich schwanken können.

Haben wir eingangs den Zins als Kompensation für den temporären Konsumverzicht charakterisiert, so ist neben der zeitlichen Dimension noch ein weitere Determinante zu berücksichtigen. Für den Käufer einer Anleihe beispielsweise spielt die (mehr oder weniger) subjektive Einschätzung der Zahlungsfähigkeit des Emittenten eine erhebliche Rolle. Die **Bonität** des Schuldners findet durch entsprechende Risikoaufschläge im Nominalzinssatz ihren Niederschlag. Dieses Verfahren ist die Erklärung dafür, dass bei börsennotierten Anleihen Titel mit identischer Laufzeit aber unterschiedlichen Emittenten entweder bonitätsbedingte Nominalzinsdifferenzen aufweisen oder – bei sich verschlechternder Rückzahlungsfähigkeit nach der Ausgabe der Anleihe – mit identischen Nominalzinsen ausgestattete Papiere mitunter spürbare Kursdifferenzen verzeichnen.

6.2 Zinsbildung und Zinshöhe

In der Makroökonomie kommt der Erklärung der Höhe der (Nominal-) Zinsen eine zentrale Bedeutung zu. So entzündete sich die prominenteste wirtschaftstheoretische Kontroverse des 20. Jahrhunderts nicht zuletzt an der Frage nach der Rolle von Zinsen im makroökonomischen Kontext.

Für die (neo-)klassische Wirtschaftstheorie bildet der Kapitalmarkt den Rahmen für die Bestimmung des gleichgewichtigen Zinsniveaus. Die privaten Haushalte bieten ihre durch (realen) Konsumverzicht überschüssigen Finanzmittel (Ersparnisse) auf dem Kapitalmarkt an, während private Unternehmen – wie im vorangegangenen Abschnitt beschrieben – zur Finanzierung ihrer Investitionen (auch) Fremdkapital nachfragen. Während der inverse Zusammenhang zwischen unternehmerischer Kapitalnachfrage und Zinshöhe auf den erwarteten internen Ertragsraten der Investitionsprojekte beruht, verlangt ein mit dem Zinssatz positiv steigendes Kapitalangebot (mittelbar) nach einer (negativ) mit dem Zinsniveau variierenden Konsumnachfrage. Im Gleichgewicht auf dem Kapitalmarkt stellt sich ein Zinssatz ein, bei dem das Volumen der privaten Ersparnis genau der (wertmäßigen) privaten Investitionsnachfrage entspricht, so dass simultan auch der Gütermarkt ausgeglichen ist.

Ein wesentlicher Bestandteil der „keynesianischen Revolution" ist die Neuformulierung der Zinstheorie. Keynes verzichtet auf die empirisch äußerst fragwürdige zinsinduzierte Konsumneigung und führt statt dessen einen – freilich gleichfalls nicht unproblematischen – Geldmarkt ein (vgl. zur kritischen Ausein-andersetzung Gischer/Helmedag, 1992). Mit Hilfe einer (auch) zinsabhängigen Liquiditätsnachfrage der privaten Akteure und einem grundsätzlich exogenen Geldangebot wird ein gleichgewichtiger Zinssatz generiert, der den Geldmarkt räumt. Zum Wesenzug der keynesschen Argumentation gehört indes die Möglichkeit, dass trotz geräumten Geldmarktes ein Unterbeschäftigungsgleichgewicht auf dem Gütermarkt existieren kann. Insbesondere in der auf Hicks (1937) zurückgehenden Interpretation des keynesschen Werkes lassen sich (theoretische) Situationen identifizieren, in denen durch eine geeignete Variation der Geldmenge ausgelöste Zinsanpassungen die angestrebte Vollbeschäftigung herbeiführen können.

Beide – hier nur grob skizzierten – theoretischen Erklärungsansätze der Zinsbildung weisen indes den grundlegenden Nachteil auf, einen (mutmaßlich) gesamtwirtschaftlich relevanten Zinssatz determinieren zu wollen. In der Praxis richten sich die Wirtschaftsakteure jedoch nach einem breiten Spektrum von Zinsraten. Diese wiederum bilden sich in geeignet abgegrenzten Marktsegmenten mit jeweils unterschiedlichen Anbietern und Nachfragern. Am **Interbankenmarkt** beispielsweise handeln Finanzinstitutionen liquide Mittel variierender Fristigkeit untereinander, die hier gültigen Zinssätze orientieren sich zudem unmittelbar an den Zinsvorgaben der Zentralbanken. Die Interbankensätze stellen darüber hinaus eine wesentliche Grundlage zur Kalkulation der Preise für Dienstleistungen dar, die Banken für private und staatliche Kunden erbringen. Als **EURIBOR** (*Eur*o *i*nter*b*ank *o*ffered *r*ates) werden Zinssätze unter Finanzintermediären im Euro-Währungsgebiet mit Laufzeiten von einem Monat bis zu zwölf Monaten bezeichnet, für am Bankplatz London gehandelte Interbankenanlagen wird analog der **LIBOR** (*L*ondon *i*nter*b*ank *o*ffered *r*ate) der jeweiligen Fristigkeit herangezogen. Man spricht beim EURIBOR bzw. LIBOR zwar von Geldmarktsätzen, gleichwohl handelt es sich bei diesem Geldmarkt streng genommen um einen (kurzfristigen) Kreditmarkt, der folglich nicht mit dem Geldmarkt in der keynesschen Diktion gleichgesetzt werden darf.

Die institutionellen Finanzmärkte, also diejenigen Marktsegmente, in denen primär monetäre Finanzinstitute tätig sind, zeichnen sich durch eine hohe Sensibilität der Preise hinsichtlich aktueller oder erwarteter Liquiditätsengpässe aus. Die gehandelten Volumina sind beträchtlich, sie bewegen sich durchaus im Milliardenbereich. Durch die große Zahl der Anbieter und die in der Regel vergleichbare Informationsausstattung aller beteiligten Akteure sind die (internationalen) Geldmärkte ausgesprochen kompetitiv, sie können nicht zuletzt deshalb als einige der wenigen Praxisbeispiele für vollkommene polypolistische Märkte angesehen werden.

Abweichend gestaltet sich die Zinsbildung auf monetären Teilmärkten, die durch ein systematisches Informationsungleichgewicht (**Informationsasymmetrie**) zwischen den Akteuren gekennzeichnet sind. Hierzu zählen vornehmlich Märkte für Unternehmens- und Konsumentenkredite. Die Besonderheiten, die sich aus der Informationsasymmetrie für die Verhaltensmuster der Marktteilnehmer ergeben, werden wir ausführlich in Kapitel 8 erörtern. An dieser Stelle soll der Hinweis genügen, dass in den bezeichneten Marktsegmenten eine wettbewerbskonforme Preisbildung mitunter nicht erfolgt. Vielmehr spielen Verhandlungsmachtvorteile eine gewichtige Rolle, insbesondere dann, wenn in nennenswerter Größenordnung Transaktionskosten anfallen können, z.B. beim Wechsel einer bestehenden Bankverbindung.

In der Praxis differieren die Preise in einzelnen Marktsegmenten mitunter erheblich. In ausgewählten Teilmärkten beträgt die beobachtbare Streubreite (**Dispersion**) der Zinssätze nicht selten mehrere Prozentpunkte, wodurch insbesondere bei (privaten) Kreditverträgen erhebliche Kostenunterschiede auftreten können. Selbst auf den ersten Blick geringe Zinsdifferenzen summieren sich bei entsprechendem Kreditvolumen und langer Laufzeit zu entscheidungsrelevanten Größenordnungen.

Die empirische Erfahrung belegt, dass spürbare Zinsdifferenzen keinesfalls historische Ausnahmen darstellen, sondern vielmehr die durchaus dauerhaften Preisspannen auf Finanzmärkten widerspiegeln. In der Regel liegen den abweichenden Zinsvereinbarungen allerdings unterschiedliche Kredit- bzw. Anlageverträge zugrunde. Innerhalb der jeweiligen Teilmärkte können die privaten Vertragspartner nach Risikoklassen abgegrenzt werden, d.h. die in einem Segment zusammengefassten Finanzkontrakte sind – nach Auffassung der Bank – unterschiedlich sicher. Die Zinssätze enthalten daher, ebenso wie börsennotierte Rentenpapieren, auch **Risikoprämien**. Gleichwohl sinken z.B. bei den Kontokorrentkrediten an private Unternehmen (KKK) mit der Höhe des eingeräumten Kredites sowohl die oberen bzw. unteren Intervallgrenzen als auch (erheblich signifikanter) die durchschnittlichen Zinssätze.

Bisher haben wir eine wichtige Determinante der (Nominal-)Zinshöhe unterschlagen, die aber – nicht nur für den privaten Geldanleger – von substantieller Bedeutung ist: die (erwartete) Inflationsrate. In Abschnitt 6.1 wurde gezeigt, dass der Zins u.a. als Entgelt für die temporäre Überlassung von Kaufkraft aufgefasst werden kann. Neben den (subjektiven) Nutzenentgang aus Verzicht auf Liquidität, der nicht zuletzt spontane Konsumwünsche begrenzen kann, tritt das nachvollziehbare Motiv, am Ende der Kontraktlaufzeit (z.B. Fälligkeit der Geldanlage) in realen Größen nicht schlechter gestellt zu sein als zu Anlagebeginn. Daraus folgt unmittelbar, dass der vereinbarte Zinssatz auch den mutmaßlichen Kaufkraftverlust infolge (in der Regel) steigender Güterpreise ausgleichen muss: Wer auf den heutigen Kauf eines Fernsehgerätes zum Preis von € 1.000 zugunsten einer einjährigen Finanzanlage verzichtet, wird dies bei einem erwarteten Anstieg des Gerätepreises von € 50 während der Anlagefrist nur dann tun, wenn die nominale Verzinsung mindestens 5 v.H. beträgt. Hierbei ist aber der Nutzenentgang durch den Verzicht auf den Konsum von Fernsehsendungen noch nicht enthalten. Insofern müsste der tatsächlich vereinbarte Nominalzins noch höher liegen, je nachdem, in welchem Verhältnis der Akteur bereit ist, Konsum heute gegen Konsum morgen zu substituieren (**Gegenwartspräferenz**).

Aus unseren bisherigen Erkenntnissen lässt sich eine funktionale Beziehung ableiten, die als *Fishersche Zinsgleichung* bekannt geworden ist:

(6.1) $\quad i_n = i_r + \pi^e$.

In (6.1) steht i_n für den nominalen Zinssatz, i_r repräsentiert den **realen** (z.B. aus der Ermittlung der internen Verzinsung gewonnenen) **Zins** und π^e gibt die erwartete Inflationsrate wieder. Angesichts dieses Zusammenhanges wird u.a. verständlich, warum mit zunehmenden Preissteigerungserwartungen auch die Nominalzinsen steigen. Zudem kann begründet werden, dass investierende Unternehmen mit Fremdkapital aufnehmen können, dessen nominale Zinskosten oberhalb der internen Verzinsung liegen, wenn die prinzipielle Möglichkeit zur Überwälzung steigender (sonstiger) Produktionskosten besteht. Vor diesem Hintergrund sind Aussagen über die nominalen Zinsniveaus verschiedener Ökonomien nur bedingt aussagekräftig, solange die jeweiligen Inflationsraten nicht bekannt sind.

Schaubild 6.1: Umlaufrendite, Inflationsrate und Realzins

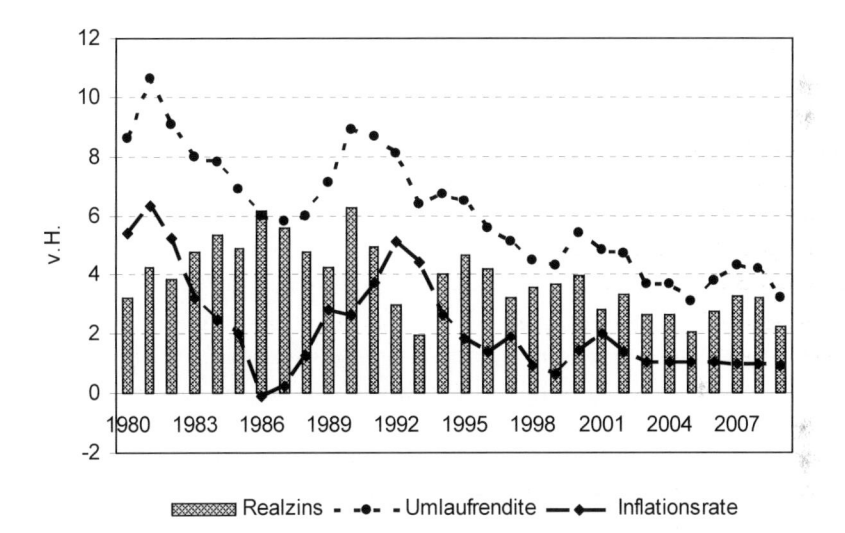

Legende: Umlaufrendite: Umlaufrendite festverzinslicher Wertpapiere
Inflationsrate: Veränderung des Preisindex für die Lebenshaltung

Quelle: Deutsche Bundesbank, Statistisches Bundesamt

Schaubild 6.1 gibt die Verhältnisse für Deutschland wieder. Im Betrachtungszeitraum ist der langfristige Nominalzins (Umlaufrendite) in den 1980er Jahren von mehr als 10 v.H. auf knapp 6 v.H. gesunken, nach der Wiedervereinigung gab die Umlaufrendite gleichfalls um mehr als 5 Prozentpunkte nach. Der um die Inflationsrate bereinigte Realzins hingegen hat sich zwischen 1980 und 1986 trotz rückläufiger Nominalzinsen sogar erhöht, nach 1990 ist er allerdings (unter Schwankungen) von rd. 6 v.H. auf beinahe 2 v.H. gesunken. Für den interessierten Betrachter gesamtwirtschaftlicher Entwicklungen folgt daraus, dass Nominalzinssenkungen nur dann investitionsfördernd wirken können, wenn die (relevante) Inflationsrate zumindest nicht in gleichem Umfang abnimmt.

Die hier geschilderten Zusammenhänge sind freilich angreifbar, da in (6.1) die erwartete Inflationsrate verwendet wird, während Schaubild 6.1 die realisierten Preissteigerungen verwendet. Die Wirtschaftstheorie beschäftigt sich daher intensiv mit der Frage, wie (Inflations-)Erwartungen ermittelt und in geeignete ökonomische Modelle integriert werden können. Dieses Problem werden wir im Kapitel 7 ausführlicher beleuchten.

6.3 Zinswirkungen geldpolitischer Maßnahmen

Welchen konkreten Modellkontext man auch verwendet, bestimmend sind für die Höhe des Zinses (oder besser: des Zinsniveaus) eine hinreichend zinselastische Finanzmittelnachfrage sowie ein (im einfachsten Fall) exogenes Angebot. In der keynesianischen Terminologie wäre die Geldnachfrage zinsabhängig, das Geldangebot durch die Zentralbank hingegen zinsunelastisch. Für unsere spätere Untersuchungen bedeutsam sind nunmehr die Auswirkungen einer autonomen Veränderung der Geldmenge auf die Zinshöhe. Wir gehen im folgenden von einer expansiven Geldpolitik aus, d.h. die Geldmenge wird erhöht.

Die (zeitlich) unmittelbare Folge eines erweiterten Geldangebotes bei unterstellt unveränderter Nachfrage ist eine Zinssenkung. Man spricht in diesem Zusammenhang vom **Liquiditäts-** oder **Keynes-Effekt**, der modelltheoretisch durch die Rechtsverschiebung der (starren) Geldangebotskurve ausgelöst wird.

Die anfängliche Senkung des Zinsniveaus führt im nächsten Schritt zur Ausweitung der zinsreagiblen privaten Investitionsnachfrage. Damit nimmt die gesamtwirtschaftliche Nachfrage zu, was wiederum ein erhöhtes Gleichgewichtseinkommen zur Folge hat. Ein Teil der Geldhaltung dient vornehmlich der Finanzierung von realwirtschaftlichen Transaktionen und ist demzufolge einkommensabhängig. Mithin erhöht das gestiegene Einkommen die gesamte Geldnachfrage und folglich auch das Zinsniveau. Dieser **Einkommens-** oder **Wicksell-Effekt** genannte Prozess kann die ursprüngliche Zinsniveausenkung u.U. sogar vollständig kompensieren, führt in jedem Fall aber zu einem (Wieder-)Anstieg des Zinses.

Eine zusätzliche, tendenziell zinssteigernd wirkende, Folge der Geldmengenerhöhung ist der **Preisniveau-** oder **Fisher-Effekt**. Sofern das gesamtwirtschaftliche Güterangebot nicht vollkommen preiselastisch ist, steigt bei einer Ausweitung der gesamtwirtschaftlichen Nachfrage auch das Preisniveau. In der Folge passen die privaten Akteure ihre Inflationserwartungen an. Über die bereits bekannte Fishersche Zinsgleichung muss daher das Nominalzinsniveau steigen, damit die Wirtschaftssubjekte bereit sind, bei nunmehr höheren Preisen ein hinreichendes Kapitalangebot bereitzustellen.

Kommt es in einer Volkswirtschaft (mehr oder weniger) regelmäßig zu diskretionären Eingriffen der Zentralbank, so erhöht sich prinzipiell die Unsicherheit der privaten Akteure hinsichtlich Zeitpunkt und Umfang einer weiteren geldpolitischen Maßnahme. Die Geld- und Wertpapierhaltung ist folglich mit größeren Risiken behaftet, die wiederum nach einem höheren Nominalzinssatz verlangen. Dieser **Unsicherheits-** oder **Friedman-Effekt** führt also ebenfalls zu einem tendenziell steigenden Zinsniveau.

Die knappe Darlegung der möglichen Zinseffekte offenbart zunächst einmal, dass zwischen den direkten – oder unmittelbaren – Zinswirkungen einerseits und den indirekten – sprich: mittelbaren – Zinsreaktionen andererseits unterschieden werden sollte. Selbstverständlich ist in der Regel davon auszugehen, dass eine Geldmengenausweitung zu anfänglichen Zinssenkungen führen wird, ungeklärt ist jedoch, wie lange diese Reaktion anhält bzw. in welchem Umfang sie tatsächlich erfolgt. Die hier isoliert geschilderten Anpassungsreaktionen der Ökonomie können sich fraglos überlagern, so dass am Ende schließlich ein (dauerhaft) gesunkenes Zinsniveau ebenso begründbar ist wie ein letzthin gestiegenes oder gar unverändertes Niveau der Zinssätze. Die geldpolitische Instanz hat daher sorgfältig abzuwägen, ob die intendierte (realwirtschaftliche) Wirkung ihrer Maßnahmen auch wirklich hinreichend sicher eintreten wird. Ist dies hingegen nicht der Fall, so könnte der eingetretene Schaden unter Umständen größer sein als der mutmaßliche Nutzen. In den Kapiteln 14 und 15 werden diese Konsequenzen noch ausführlich diskutiert.

6.4 Internationaler Zinszusammenhang

Angesichts zunehmender internationaler Verflechtungen zwischen Unternehmen bzw. Volkswirtschaften haben sich die Einflüsse des (gesamten) Auslandes auf ein einzelnes Land in der Vergangenheit spürbar verändert. Für die deutsche Wirtschaft war insbesondere nach dem 2. Weltkrieg die ökonomische Beziehung zu den Vereinigten Staaten von Amerika von vitaler Bedeutung, ungeachtet der stufenweisen Integration in einen inzwischen gemeinsamen Europäischen Binnenmarkt im Rahmen der Europäischen Union. In der wirtschaftstheoretischen Terminologie war Deutschland (allein) nicht nur im Vergleich zu den USA stets eine „kleine offene Volkswirtschaft". Erst durch die Etablierung der Europäischen Währungsunion mit Beginn des Jahres 1999 stehen sich mit dem Euro-Raum und den USA zwei ähnlich wirtschaftsstarke Regionen auf den internationalen Güter- und Finanzmärkten gegenüber.

Für die Erklärung der Zinsentwicklung sind die internationalen Wirtschaftsbeziehungen eines Landes eine weitere wichtige Größe. Sofern Kapitalströme – wie in westlichen Industrieländern beinahe ausnahmslos üblich – nationale Grenzen unbehindert überschreiten können, suchen sich Kapitalanbieter stets den Anlageort mit der höchsten erwarteten Rendite. Internationale Zinsdifferenzen signalisieren daher zunächst einmal **Renditedifferentiale** zwischen einzelnen Ländern. Freilich erwachsen aus der Anlage von Finanzmitteln in fremder Währung zusätzliche Gefahren. Zum einen können (nominale) Zinsdifferenzen darauf zurückzuführen sein, dass zwischen den betrachteten Ländern auch ein Inflationsgefälle existiert, mithin die inflationsbereinigten Realzinsen durchaus vergleichbar sein könnten.

Zum anderen besteht bei der Anlage im Ausland regelmäßig ein **Wechselkursrisiko** dahingehend, dass sich das Austauschverhältnis der betroffenen Währungen innerhalb der Anlagefrist zuungunsten des Finanzinvestors ändern kann. So mag der Nominalzinssatz für eine einjährige Auslandsanlage zwar um drei Prozentpunkten über dem einer gleichartigen heimischen Finanzinvestition liegen, wenn aber der Rückzahlungsbetrag in ausländischer Währung durch eine Abwertung um mehr als drei Prozent verringert wird, dann wäre die heimische Anlage (ex post) lukrativer gewesen. Dauerhafte internationale Zinsdifferenzen lassen deshalb auch Rückschlüsse auf die erwartete Entwicklung der Wechselkurse der betroffenen Währungen zu (vgl. Schaubild 6.2)

Schaubild 6.2: Zinssätze für Dreimonatsgelder in Deutschland und den USA

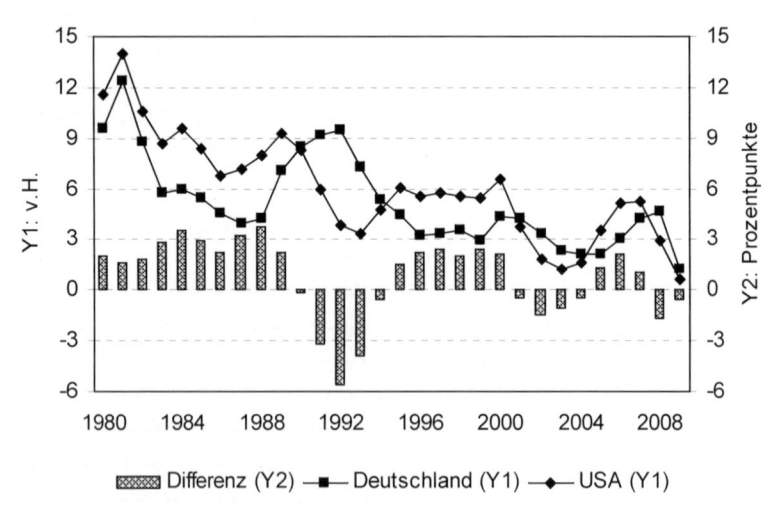

Quelle: Sachverständigenrat (2010)

Die Abbildung macht deutlich, dass bis zur Wiedervereinigung Deutschlands im Jahr 1990 das amerikanische Zinsniveau im Schnitt um rd. zwei Prozentpunkte über dem deutschen gelegen hat. Diese Differenz war aus

Sicht der internationalen Anleger offenbar auch hinreichend für den Ausgleich des möglichen Wechselkursrisikos zwischen dem US-Dollar und der Deutschen Mark. Sie war aber darüber hinaus auch Ausdruck einer relativ großen Kapitalnachfrage in den USA, die u.a. in dem (beinahe systematischen) **Leistungsbilanzdefizit** der Vereinigten Staaten begründet war. Um ausländisches Finanzkapital zu attrahieren, war eine attraktive, über dem deutschen Niveau liegende, Verzinsung erforderlich.

Der Strukturbruch in 1990 demonstriert eindrücklich, dass sich die Situation zu Beginn der 90er Jahre fundamental geändert hatte. Die Finanzierungslasten des „Wiederaufbaus Ost" sowie der anfängliche Inflationsschub durch die Einführung der D-Mark in den neuen Bundesländern führten zu einem massiven Anstieg des DM-Zinsniveaus, der aber gleichzeitig half, ausländisches Kapital zur Deckung der Finanznachfrage in das nunmehr geeinte Deutschland zu lenken. Erst Mitte der 90er Jahre hat sich das ursprüngliche Verhältnis zwischen US- und DM-Zinsniveau wieder eingestellt. Seit 1995 verändern sich die kurzfristigen Zinssätze in den Vereinigten Staaten und in Deutschland wieder nahezu parallel. Auch der Start der Europäischen Währungsunion hat daran zunächst nichts geändert. Erst der im Vergleich erheblich kräftigere Konjunktureinbruch in Deutschland (und Europa) nach 2001 führte zu einem Zinsaufschlag für Euro- gegenüber US-$-Anlagen, gleiches gilt für die Phase der Finanzkrise.

Für unsere Analyse der Bestimmungsgründe „des" Zinses kann aus den obigen Beobachtungen abgeleitet werden, dass die Internationalisierung der Finanzströme erhebliche Bedeutung für die heimischen Märkte hat. Selbst wenn es geldpolitisch opportun wäre, das inländische Zinsniveau gegen den internationalen Trend steuern zu wollen, so können die Renditedifferenzen gegenüber alternativen Anlageländern nicht außer Acht gelassen werden. Der Zentralbank sind damit häufig Grenzen ihrer Handlungsfähigkeit gesetzt, die sie ohne Abstimmung mit anderen nationalen monetären Instanzen nicht ohne weiteres überschreiten kann.

Zinssätze sind in der ökonomischen Diskussion offensichtlich von ganz herausragender Bedeutung. Die in diesem Kapitel diskutierten Zusammenhänge lassen sich je nach Perspektive vertiefen und erweitern. Auch in den nachfolgenden Abschnitten werden wir immer wieder auf die Verwendung von Zinsen stoßen und deren Rolle für mikro- und makroökonomische Problemstellungen kennenlernen. Die nachfolgende Abbildung 6.3 verschafft einen Überblick und bildet gleichzeitig eine Synopse der verschiedenen Determinanten, die im Rahmen der Zinstheorie herangezogen werden. Zudem lassen sich dem Schaubild die jeweiligen Schwerpunkte der ökonomischen Fragestellungen entnehmen.

104 — Theorie der Zinsen

Schaubild 6.3: Determinanten der Zinsbildung

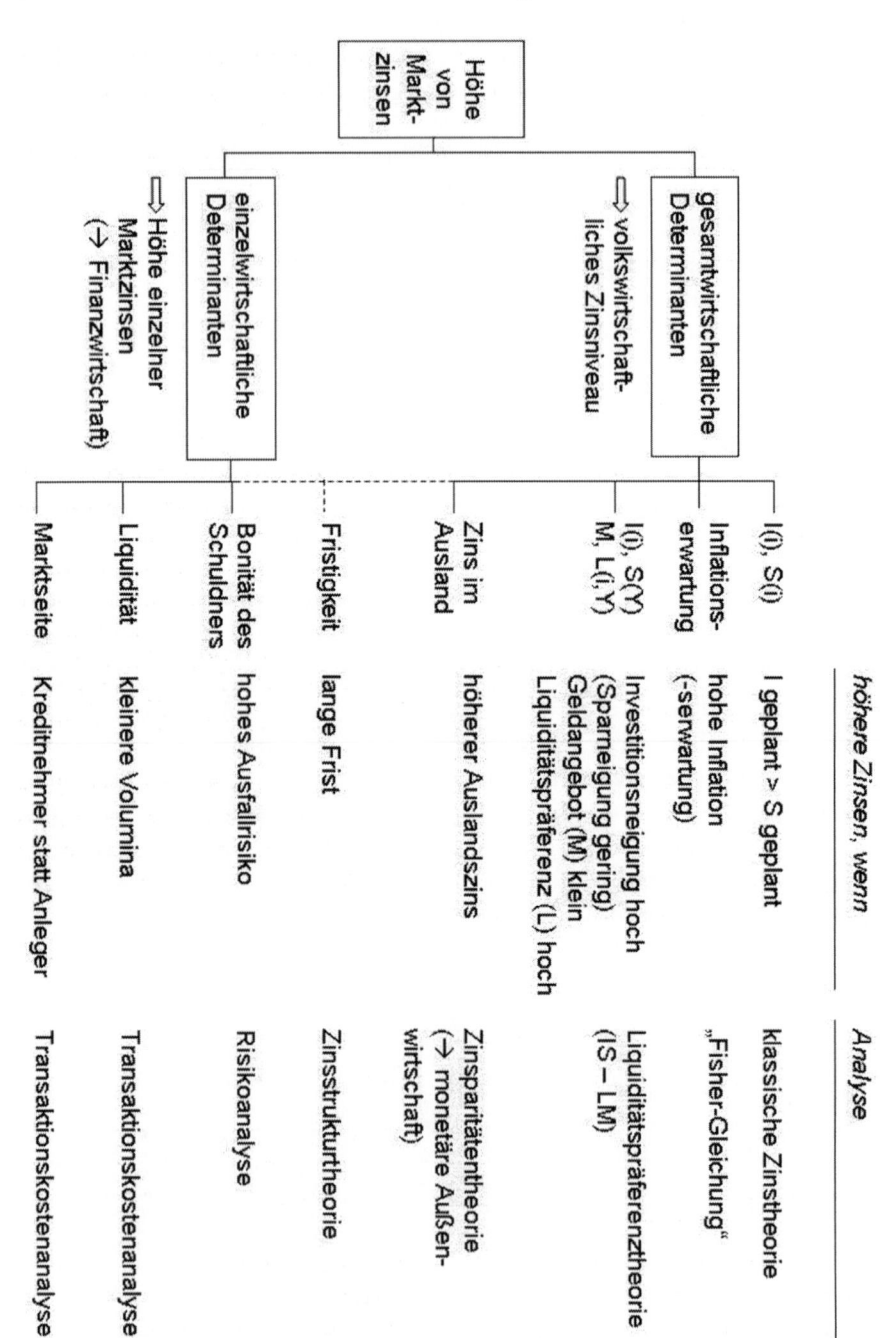

Höhe von Marktzinsen

⇒ **gesamtwirtschaftliche Determinanten** / volkswirtschaftliches Zinsniveau

Determinante	höhere Zinsen, wenn	Analyse
I(i), S(i)	I geplant > S geplant	klassische Zinstheorie
Inflationserwartung	hohe Inflation(-serwartung)	„Fisher-Gleichung"
I(i), S(Y), M, L(i,Y)	Investitionsneigung hoch (Sparneigung gering), Geldangebot (M) klein, Liquiditätspräferenz (L) hoch	Liquiditätspräferenztheorie (IS – LM)
Zins im Ausland	höherer Auslandszins	Zinsparitätentheorie (→ monetäre Außenwirtschaft)

⇒ **einzelwirtschaftliche Determinanten** / Höhe einzelner Marktzinsen (→ Finanzwirtschaft)

Determinante	höhere Zinsen, wenn	Analyse
Fristigkeit	lange Frist	Zinsstrukturtheorie
Bonität des Schuldners	hohes Ausfallrisiko	Risikoanalyse
Liquidität	kleinere Volumina	Transaktionskostenanalyse
Marktseite	Kreditnehmer statt Anleger	Transaktionskostenanalyse

Literaturhinweise

Die Zinstheorie gehört zu den Standardgegenständen der Geldtheorie, sie findet sich folglich in jedem einschlägigen Lehrbuch. Wer die Grundlagen sehr ausführlich studieren möchte, wählt die beinahe klassischen Werke von Fisher (1930) oder Lutz (1967). Prägnantere Darstellungen bieten u.a. Issing (2007) oder Mishkin (2009), der darüber hinaus gängige Finanzmarktinstrumente analysiert. Ein analytisch anspruchsvoller Überblick findet sich bei Ingersoll (1992). Die Monatsberichte der Deutschen Bundesbank und der Europäischen Zentralbank liefern ebenso regelmäßig und aktuell wertvolle und umfangreiche Informationen zur Zinsentwicklung wie die Homepages der beiden Institutionen im Internet.

Zusammenfassung

1. Im Rahmen der Konsumtheorie stellt der Zins das Entgelt für die temporäre Überlassung von Kaufkraft dar.
2. In der Investitionsrechnung dient der Zins entweder als Diskontfaktor oder wird als interner Zinssatz aus einer Zahlungsreihe ermittelt.
3. Als Rendite bezeichnet man die prozentuale Relation von Gewinn zu eingesetztem Kapital.
4. Marktzinsen enthalten regelmäßig eine bonitätsabhängige Risikokomponente.
5. Der Interbankenmarkt kann als weitgehend vollkommener Markt angesehen werden, während auf Märkten für Unternehmens- oder Konsumentenkredite häufig Informationsungleichgewichte bestehen.
6. Der reale Zinssatz berechnet sich als Differenz zwischen Nominalzins und erwarteter Inflationsrate.
7. Unterschiedliche Effekte entscheiden letztendlich über die tatsächliche Entwicklung des Zinsniveaus in Abhängigkeit von geldpolitischen Eingriffen. Kurz- und langfristige Wirkungen können sich dabei durchaus kompensieren.
8. Aufgrund des internationalen Zinszusammenhanges können der isolierten einheimischen Zinspolitik in der Praxis Grenzen gesetzt sein.

Schlüsselbegriffe

Bonität
Diskontfaktor
Einkommens- oder Wicksell-Effekt
EURIBOR
Gegenwartspräferenz
Geldzins
Grenzleistungsfähigkeit des Kapitals
Informationsasymmetrie
Interbankenmarkt
Interne Verzinsung
Investitionsrechnung

Leistungsbilanzdefizit
LIBOR
Liquiditäts- oder Keynes-Effekt
Natürlicher Zins
Preisniveau- oder Fisher-Effekt
Realer Zins
Renditedifferentiale
Risikoprämie
Überlassung von Kaufkraft
Unsicherheits- oder Friedman-Effekt
Wechselkursrisiko

Kapitel 7

Zinsstrukturtheorie

Zum Inhalt von Kapitel 7

Bereits ein oberflächlicher Blick in die Finanzmarktseiten seriöser überregionaler Tageszeiten offenbart, dass in der Realität nicht nur einzelne Zinssätze für sich genommen von Interesse sind, sondern vor allem das – mehr oder weniger typische – Nebeneinander zahlreicher unterschiedlicher Zinsen und Renditen für Anlageentscheidungen berücksichtigt werden muss. Es kommt letztendlich auf eine möglichst präzise wählbare Kombination von Fristen, Risiken und Zinskonditionen an, wenn nach der optimalen Finanzanlage gesucht wird. Die im Folgenden diskutierten Theorien der Zinsstruktur spielen hierbei eine prominente Rolle.

Gleichzeitig werden die wechselseitigen Abhängigkeiten zwischen unterschiedlichen Zinsgrößen regelmäßig verwendet, um die zukünftige Entwicklung des Zinsniveaus zu prognostizieren. Hierbei geht es vornehmlich um die möglichst vollständige Verarbeitung von impliziten Informationen, die aus der gleichzeitigen Existenz verschiedener Zinssätze für Finanzanlagen abgeleitet werden können. In jüngerer Zeit wird aus der Analyse von Zinsstrukturen auch auf die Erwartungen der Marktteilnehmer über die (mutmaßliche) geldpolitische Strategie der Zentralbank geschlossen. Ein Grund mehr also, sich mit diesem Phänomen etwas ausführlicher zu beschäftigen.

7.1 Risikostruktur der Zinssätze

Solange wir uns auf institutionellen Märkten bewegen, gilt eine Reihe von Erkenntnissen, auf der die Überlegenheit dezentral organisierter Volkswirtschaften gegenüber zentralverwalteten Ökonomien beruht. Eine wesentliche Eigenschaft von Marktwirtschaften ist die Verarbeitung von Informationen über Preise. Die Emission festverzinslicher Wertpapiere ist hierfür ein eingängiges Beispiel. Angenommen, ein bekanntes und in der Vergangenheit durchweg erfolgreiches Unternehmen beabsichtigt, seinen Fremdkapitalbedarf über eine Industrieobligation, also ein langlaufendes Wertpapier mit fester nominaler Verzinsung, zu decken. In der Ausgangssituation wird selbstverständlich bereits eine große Zahl von ähnlichen Wertpapieren am Markt gehandelt. Um den Finanzierungserfolg sicherzustellen, muss die Neuemission mit einer **marktadäquaten Verzinsung** ausgestattet sein. Woran sollte sich das Unternehmen orientieren?

Als erster Anhaltspunkt mag ein in der Laufzeit vergleichbares Wertpapier eines öffentlichen Haushaltes dienen. Auch staatliche Stellen decken schließlich einen erheblichen Teil ihres laufenden Budgets über die Kreditaufnahme in Form von Rentenpapieren. Zumindest in westlichen Ländern gelten die Emissionen des Staates im Allgemeinen als sicher, man geht also als Anleger davon aus, dass Zins- und Tilgungsleistungen pünktlich und in voller Höhe gezahlt werden. Die erwarteten Steuereinnahmen des Staates gelten hierfür gleichsam als eine Art von Garantie. Unser Beispielunternehmen verfügt zwar nicht über das Recht der Steuererhebung, aber seine „Garantie" liegt in der bis zum Emissionszeitpunkt nachgewiesenen ökonomischen Leistungsfähigkeit. Wenngleich diese prinzipiell niedriger einzuschätzen ist als die Zahlungsfähigkeit eines funktionierenden Staates, werden die relevanten Unterschiede aus der Sicht des Kapitalanlegers relativ gering sein. Es ist folglich zu erwarten, dass der für eine erfolgreiche Emission erforderliche Nominalzinssatz des Wertpapiers in der Nähe der Rendite der Staatsschuldverschreibung liegen wird. Ein Anleger wird also in der Praxis durchaus bereit sein, gegen einen geringen (**Risiko-**)**Aufschlag** anstelle des staatlichen Wertpapiers eine beinahe gleichwertige Industrieobligation zu erwerben.

Es ist auf der Basis unserer bisherigen Überlegungen leicht nachvollziehbar, dass die vom Markt geforderten Zinsaufschläge mit dem zu erwartenden Risiko der Kapitalanlage zunehmen werden. Letztendlich signalisiert der jeweilige Platzierungserfolg, ob die vom Emittenten gewählte Nominalverzinsung seiner Obligation den Risiko-Rendite-Anforderungen der Kapitalanleger gerecht wurde. Ordnet man nunmehr die Schuldner festverzinslicher Wertpapiere nach ihrer (vermeintlichen) Qualität und stellt dieser jeweils den vom Markt, sprich: Anleger, geforderten Rendite gegenüber, so erhält man die Risikostruktur der Zinssätze. Im Allgemeinen wird als Qualitätsmaß das **Rating** des Emittenten gewählt, ein Vorgehensweise, auf die wir im Kapitel 9 noch eingehen werden. Spezielle, anerkannte Agenturen (z.B. Standard and Poor's oder Moody's) veröffentlichen regelmäßig Ratingeinstufungen von Staaten und international tätigen Unternehmen, auf deren Basis Risikostrukturkurven ermittelt werden können. Das nachfolgende Schaubild 7.1 präsentiert ein empirisches Beispiel.

Man erkennt, dass die (absoluten) Aufschläge („**risk spreads**") zum risikolosen Zinssatz (RL) für die ersten Kategorien noch relativ gering sind. Gleichwohl muss man aus der Sicht des Emittenten berücksichtigen, dass diese (risikoadjustierten) Renditen über die gesamte Laufzeit des Wertpapiers zu zahlen sind. Für eine Obligation der Kategorie BBB bedeutet dies für eine Laufzeit von zehn Jahre immerhin eine höhere Zinszahlungslast von rd. 16 v.H. der Emissionssumme. Für die Risikokategorien BB oder B erreichen die vom Markt geforderten Aufschläge schnell prohibitive Größenordnungen. Hinter den Risikoeinstufungen stehen letztendlich sorgfältig und über große Stichproben empirisch ermittelte (kumulierte) Ausfallwahrscheinlichkeiten von Anleihen. Für den von uns betrachteten 5-Jahres-Horizont beträgt etwa die Wahrscheinlichkeit, dass eine AAA geratete Obligation ausfällt, weniger als 0,05 v.H., eine in die Kategorie BBB eingestufte Anleihe wird aber bereits mit einer Wahrscheinlichkeit von mehr als 7 v.H. nicht ordnungsgemäß zurückgezahlt (vgl. Ross et.al., 2005, S. 581).

Schaubild 7.1: Ratingkategorien und Renditen

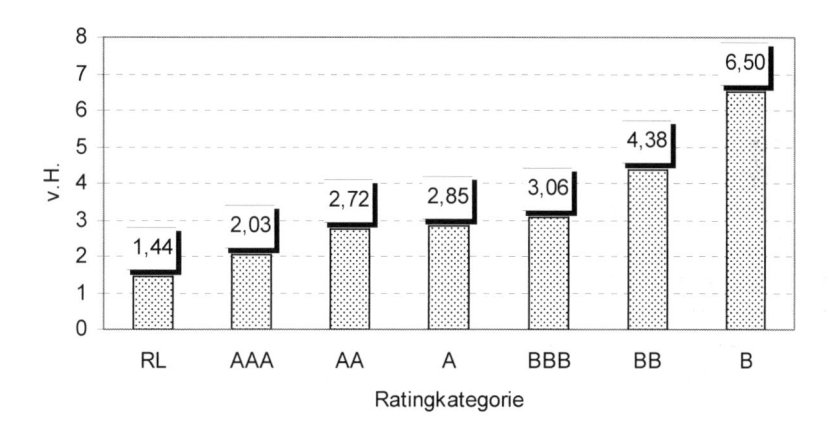

Börsennotierte Anleihen, Restlaufzeit: 5 Jahre

Ratingkategorie	v.H.
RL	1,44
AAA	2,03
AA	2,72
A	2,85
BBB	3,06
BB	4,38
B	6,50

Quelle: Börse Stuttgart, 24.09.2010

7.2 Fristigkeitsstruktur der Zinssätze

Bislang haben wir uns lediglich mit ausgewählten Zinssätzen in abgegrenzten Finanzmarktsegmenten beschäftigt. Dabei konnten die Teilmärkte sowohl hinsichtlich des gehandelten „Gutes" (z.B. Unternehmenskredit, Festgeldanlage) differenziert werden, als auch nach der Fristigkeit des Kontraktes (z.B. Einmonats-Festgeld, Dreimonats-Festgeld). Im Entscheidungskalkül eines privaten Akteurs können die Beziehungen zwischen den einzelnen Marktsegmenten vor allem unter zeitlichen Gesichtspunkten eine erhebliche Rolle spielen. Ein Beispiel soll das Problem illustrieren.

Betrachtet wird ein privates Wirtschaftssubjekt, das im Zeitpunkt $t = 0$ seine überschüssige Liquidität L für zwei Perioden ertragbringend anlegen möchte. Zur Verfügung stehen risikofreie festverzinsliche Wertpapiere unterschiedlicher Laufzeiten und nominaler Verzinsung. Unser Akteur kann nunmehr wählen zwischen einer Anlage in ein Wertpapier mit einer (Rest-) Laufzeit von genau zwei Perioden zum Zinssatz $i_{0,2}$ und der Anlage in ein Wertpapier mit einperiodiger Laufzeit zum Zinssatz $i_{0,1}$. Bei der zweiten Alternative ist zu Beginn der zweiten Periode, also in Zeitpunkt $t = 1$, eine erneute einperiodige Anlage zum Zinssatz $i_{1,1}$ möglich. Es sei unterstellt, dass der Anleger seinen Ertrag maximieren möchte und ihm alle relevanten Zinssätze zum Zeitpunkt der Entscheidung bekannt seien. Für die Variante I beträgt die Rückzahlung am Ende der zweiten Periode

(7.1) $\quad R_I = L \cdot (1 + i_{0,2})^2$.

Die wiederholte einperiodige Anlage führt zur Rückzahlung in Höhe von

(7.2) $\quad R_{II} = L \cdot (1 + i_{0,1}) \cdot (1 + i_{1,1})$.

Für den in unserem Beispiel unterstellten Fall vollständiger Kenntnis aller relevanten Zinssätze wäre bei – ebenfalls angenommenen – kompetitiven Märkten eine dauerhafte Differenz zwischen R_I und R_{II} nicht zu erwarten, da durch **Arbitrage** zwischen den skizzierten Anlagevarianten die (anfänglichen) Ertragsdifferenzen beseitigt würden (vgl. zur näheren Erläuterung Box 7.1). Im Gleichgewicht müssten demnach die Rückzahlungen nach zwei Anlageperioden in beiden Varianten identisch sein. Damit lässt sich unter Verwendung von (7.1) und (7.2) ein prinzipieller Zusammenhang zwischen dem zweiperiodigen Zinssatz $i_{0,2}$ und den beiden einperiodigen Zinssätzen $i_{0,1}$ und $i_{1,1}$ herleiten. Wegen $R_I = R_{II}$ gilt

(7.3) $\quad L \cdot (1 + i_{0,2})^2 = L \cdot (1 + i_{0,1}) \cdot (1 + i_{1,1})$

bzw. nach einigen einfachen Umformungen

(7.4) $\quad i_{0,2} = \sqrt{(1 + i_{0,1}) \cdot (1 + i_{1,1})} - 1$.

Aus (7.4) folgt für vollkommene Wettbewerbsmärkte, dass im Gleichgewicht der zweiperiodige Zinssatz dem geometrischen Mittel der beiden Einperiodensätze entsprechen muss. Es ist darüber hinaus leicht ersichtlich, dass analoge Beziehungen zwischen Investments mit mehr als zwei Perioden und den jeweils relevanten Einperiodenanlagen ableitbar sind. In jedem Fall ergibt sich der langfristige Zinssatz wiederum als geometrisches Mittel der kurzfristigen Sätze.

Freilich haben wir in unserer obigen Analyse einige Annahmen getroffen, die es im nächsten Abschnitt kritisch zu hinterfragen gilt. Gleichwohl werden wir feststellen, dass sich unter Verwendung empirischer Daten aus unseren bisherigen Erkenntnissen interessante Weiterungen ableiten lassen. Zunächst soll die Möglichkeit der risikofreien Anlage diskutiert werden.

Aus Kapitel 1 ist bekannt, dass man in der Finanzmarkttheorie Anlage- oder Investitionsalternativen nach ihrer (erwarteten) Rendite und dem spezifischen Risiko klassifizieren kann. In einer Welt voller Unsicherheit sind – bei strenger Auslegung – alle (ökonomischen) Transaktionen mehr oder weniger risikobehaftet. Dennoch gibt es durchaus Anlageformen, deren Restrisiko zumindest hinreichend in der Nähe von Null liegt. Staatliche Wertpapiere in entwickelten und international wettbewerbsfähigen Ökonomien sind im weitesten Sinne des Wortes sicher, d.h. die Gefahr, weniger als die vertraglich vereinbarten Zahlungen zu erhalten, ist äußerst gering. Folgerichtig werden staatliche Titel üblicherweise als risikolos angesehen.

> **Box 7.1: Nominalzins, Kurs und Arbitrage**
>
> Festverzinsliche Wertpapiere zeichnen sich dadurch aus, dass sie über die gesamte Laufzeit eine vorgegebene (i.d.R.) jährliche Zinszahlung versprechen. Werden Sie an Wertpapierbörsen gehandelt, richtet sich der Preise (Kurs) eines Wertpapieres nach den Angebots- und Nachfrageverhältnissen. Üblicherweise werden die Kurse festverzinslicher Wertpapiere in Prozent ihres Nennwertes angegeben. Der Nennwert ist gleichzeitig auch der Rückzahlungswert des Papieres am Ende der vorgesehenen Laufzeit. Wer also am 01. August 2002 ein neuemittiertes festverzinsliches Wertpapier mit einer Laufzeit von 10 Jahren und einem Nennwert von € 100 und einem nominalen Zinssatz von 6 v.H. p.a. erworben hat, erhält jährlich zum 01. August € 6 Zinsen und zum 01. August 2012 zusätzlich € 100 Rückzahlung. Angenommen dieses Wertpapier sei im Vergleich zu anderen Anlagen mit einem attraktiven Zins (*Kupon*) ausgestattet, so wäre es an der Börse (relativ) begehrt und könnte demzufolge am 02. August 2002 möglicherweise zu € 103 (oder 103 v.H.) verkauft werden. Der Erwerber erhält zwar ebenfalls € 6 Zinsen pro Jahr, hat aber nicht den Nennwert von € 100 sondern € 103 bezahlt, seine rechnerische Verzinsung (*Rendite*) beträgt folglich € 6/€ 103 = 5,83 v.H. Man erkennt unmittelbar, dass sich bei festverzinslichen Wertpapieren Rendite und Kurs invers zueinander verhalten. Werden auf unterschiedlichen, häufig räumlich getrennten, aber ansonsten sachlich gleichartigen, Märkten für (beinahe) identische Güter unterschiedliche Preise erzielt, dann können bei Vernachlässigung von Transaktionskosten durch Kauf der Güter auf dem *billigeren* Markt und Verkauf der Güter auf dem *teureren* Markt Gewinne erzielt werden, und zwar solange, bis sich durch die beschriebenen Transaktionen die Preise auf beiden Märkten angeglichen haben (*Arbitrage*). In unserm Beispiel vom Akteur mit den Anlagealternativen bezeichnen die *Zinsen* also streng genommen *Renditen*, sofern es sich bei den Anlageformen um börsengängige Wertpapiere handelt. Wenn die Beziehung (4.5) nicht gelten würde, wäre eine der Alternativen unattraktiv, d.h. die Nachfrage nach den entsprechenden Wertpapieren ginge zurück, der Kurs würde (c.p.) sinken und die Rendite demgemäß zunehmen – und zwar solange, bis die Indifferenz zwischen den beiden Alternativen wiederhergestellt wäre.

Freilich haben wir in unserer obigen Analyse einige Annahmen getroffen, die es im nächsten Schritt kritisch zu hinterfragen gilt.

Gleichwohl werden wir feststellen, dass sich unter Verwendung empirischer Daten aus unseren bisherigen Erkenntnissen interessante Weiterungen ableiten.

In westlichen Industrieländern, insbesondere in Deutschland, bieten die staatlichen und quasi-staatlichen Institutionen eine Vielzahl von börsengängigen Finanzierungstiteln an, die sich sowohl in der Ausstattung als auch der Laufzeit unterscheiden. Ordnet man die Anleihen der öffentlichen Hand nach der verbliebenen Restlaufzeit und trägt die jeweilige (durchschnittlich) erreichbare Verzinsung pro Jahr in einem Diagramm ab, dann erhält man die **Fristigkeitsstruktur der Zinssätze**, oder kurz: die Zinsstruktur.

Schaubild 7.2: Fristigkeitsstruktur der Zinssätze

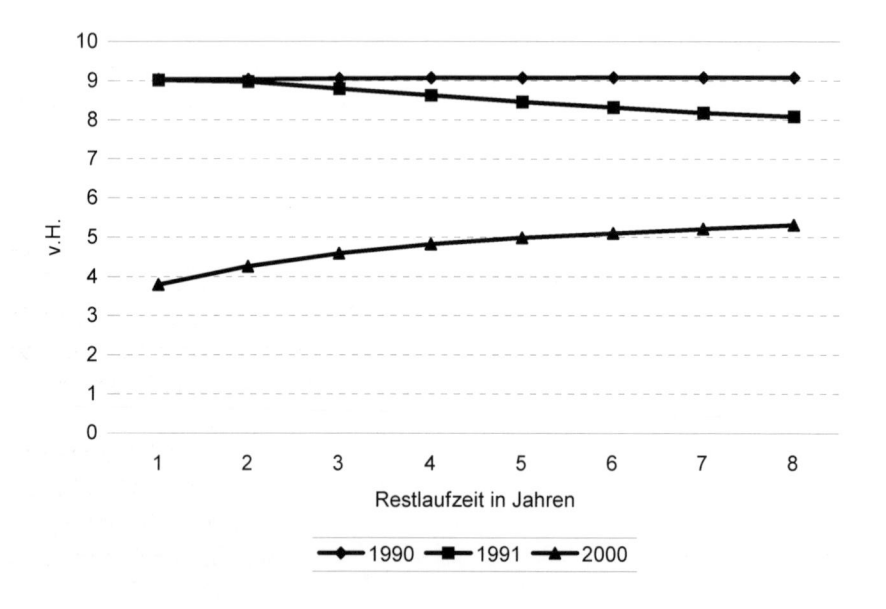

Quelle: Deutsche Bundesbank

In Schaubild 7.2 sind die Zinsstrukturkurven für Deutschland in drei ausgewählten Jahren abgebildet. Sie enthalten nur Werte auf der Basis von börsen-notierten öffentlichen Anleihen, werden monatlich von der Deutschen Bundesbank erhoben und in den Beiheften zu den Monatsberichten veröffentlicht. Augenfällig ist der völlig unterschiedliche Verlauf der Zinsstrukturkurven in den einzelnen Jahren.

Wenn wir uns zunächst die Zinsstruktur für das Jahr 2000 ansehen, dann entspricht der mit der Restlaufzeit steigende Verlauf sicherlich der spontanen Intuition: Je länger ein Anleger auf seine Liquidität zu verzichten bereit ist, desto höher sein zwischenzeitlicher Nutzenentgang aus der alternativen Verwendung des angelegten Geldes, desto höher (mutmaßlich) sein Inflationsrisiko und damit einhergehend die geforderte jährliche Verzinsung (vgl. hierzu auch die Ausführungen zur Fisher-Gleichung in Kapitel 3). In der Tat wird der Verlauf dieser Zinsstrukturkurve als *normal* angesehen. Vor diesem Hintergrund ist es naheliegend, dass die mit der Restlaufzeit fallende Kurve des Jahres 1991 als *anomal* oder *invers* bezeichnet wird, die Variante des Jahres 1990 nennt man *horizontale* Zinsstruktur(kurve).

In der Literatur findet man häufig keine expliziten Darstellungen der Zinsstrukturkurven, sondern lediglich deren Charakterisierung anhand des **Spreads** (*S*), d.h. der Differenz zwischen lang- (i_l) und kurzfristigem (i_k) Zinssatz: wenn

- $S = i_l - i_k > 0 \Rightarrow$ normale Zinsstruktur,
- $S = i_l - i_k < 0 \Rightarrow$ inverse Zinsstruktur,
- $S = i_l - i_k \cong 0 \Rightarrow$ horizontale Zinsstruktur.

Aus der Veränderung des Spreads können Rückschlüsse auf die Zins- und Inflationserwartungen der Akteure gezogen werden, die wiederum geldpolitische Maßnahmen induzieren können. Insofern gilt die Zinsstruktur als aussagefähiger monetärer Indikator.

Eine weitere Annahme, die zur Ableitung der Beziehungen zwischen Zinssätzen unterschiedlicher Fristigkeit geführt hat, ist die Existenz vollkommener Finanzmärkte. Selbstverständlich gilt es, auch dieses Postulat mit einer gewissen Großzügigkeit zu beurteilen, denn implizite Voraussetzungen wie vollkommene Markttransparenz oder homogene Güter sind in praxi kaum zu erfüllen. Wenn wir jedoch berücksichtigen, dass an Wertpapierbörsen regelmäßig eine große Zahl umfassend informierter Makler und Finanzmanager tätig ist, darf zumindest von hinreichend gleichmäßiger Markttransparenz ausgegangen werden. Sind die gehandelten Anleihen – hier primär öffentlicher Emittenten – darüber hinaus enge Substitute, so kann auch Homogenität im weiteren Sinne unterstellt werden. Allenfalls die zeitliche Komponente birgt Konflikte, die sich als schwer überwindbar herausstellen können. So sind die Substitutionsbeziehungen zwischen einer (einmaligen) mehrjährigen Anlage und einer entsprechend wiederholten einjährigen Anlage keinesfalls a priori eindeutig, wenn die betrachteten Akteure unterschiedliche Risikoeinstellungen aufweisen oder – wie in Box 7.1 beschrieben – Vorfälligkeitsverkäufe unzureichend prognostizierbare Kursrisiken beinhalten können.

Angesichts dieser prinzipiellen Probleme existieren durchaus abweichende theoretische Erklärungen für *die* Zinsstruktur. Als ältester Ansatz gilt die **Liquiditätsprämientheorie**. Sie orientiert sich an den Opportunitätskosten der langfristigen Finanzanlage, also dem durchaus dauerhaften Verzicht auf Konsumtätigkeit im Gegenwert des festgelegten Geldvermögens. Da mit der Länge des Anlagehorizontes auch die Preisunsicherheit für reale (Güter-) Märkte zunimmt, müssen die erwarteten Renditen mit der Fristigkeit steigen. Dies gilt selbst dann, wenn es keinen Grund zur Annahme gibt, dass sich das gesamtwirtschaftliche Zinsniveau ändern könnte. Während so der normale

Verlauf der Zinsstrukturkurve durchaus plausibel begründet werden kann, scheitert die Liquiditätsprämientheorie bei der Erklärung inverser Zinsstrukturen.

Die **Erwartungstheorie** der Zinsstruktur hingegen ist in der Lage, alle empirisch beobachtbaren Verlaufsformen zu erfassen. Sie benötigt jedoch alle bereits diskutierten, z.T. kritischen, Annahmen über die Vollkommenheit der Finanzmärkte. Die Erwartungstheorie bildet gleichsam die Grundlage der abgeleiteten Beziehungen (7.1) bis (7.4). Sie geht davon aus, dass die langfristigen Renditen dem (geometrischen) Mittel der erwarteten (!) kurzfristigen Zinssätze entsprechen. In einer – freilich hypothetischen – Welt ohne externe Schocks und mit rationalen Erwartungen aller Akteure, stellt die Beziehung (7.4) eine stabile Gleichgewichtssituation dar, da die erwarteten Renditen im Mittel den später realisierten Zinssätzen entsprechen. Der Verlauf der Zinsstrukturkurve lässt dann Rückschlüsse auf die Zinserwartungen zu: Eine normale Zinsstruktur beinhaltet Zinssteigerungserwartungen, bei einer inversen Zinsstruktur rechnen die Akteure mit sinkenden (kurzfristigen) Zinsen.

In der Erwartungstheorie der Zinsstruktur kann auch eine Veränderung des Spreads ökonomisch interpretiert werden. Eine zunehmende Differenz zwischen kurz- und langfristigen Zinsen spricht für verstärkte Zinssteigerungserwartungen, ein Rückgang des Spreads hingegen für einen erwarteten Druck auf die zukünftigen kurzfristigen Marktsätze. Berücksichtigt man darüber hinaus die Fishersche Zinsgleichung (vgl. Kapitel 6) und unterstellt, es gäbe ein gleichsam „natürliches" reales Zinsniveau, dann korrespondieren die Zinserwartungen unmittelbar mit Inflationserwartungen: Je höher der erwartete zukünftige Zins ist, desto höher auch der für eine spätere Periode erwartete Preisniveauanstieg.

Die **Marktsegmentationstheorie** lockert die Substitutionsannahme für unterschiedliche Teilmärkte. Insbesondere bei individuell abweichenden Risikoeinstellungen der Finanzmarktakteure kann man a priori keineswegs davon ausgehen, dass eine (einmalige) mehrjährige und eine wiederholte einjährige Anlage als gleichwertige Alternativen angesehen werden. Insofern können sich die Angebots- und Nachfrageverhältnisse in den einzelnen Marktsegmenten durchaus unabhängig entwickeln, so dass Arbitrage nur bedingt einen (gewichteten) Ausgleich der Zinssätze herbeiführen kann. Der Spread wäre in diesem Kontext als eine Art Risikoprämie aufzufassen, die nicht notwendigerweise allein von der Fristigkeit der Anlage abhängt, daher auch inverse Zinsstrukturkurven zulassen würde.

7.3 Zinsprognose und implizite Terminzinsen

Aus unseren bisherigen Erkenntnissen drängt sich beinahe unmittelbar die Frage auf, ob mit Hilfe der offensichtlich reichlich verfügbaren Marktdaten nicht eine verlässliche Zinsprognose durchführbar wäre. In der Tat könnten Informationen über die zukünftigen Zinsen für eine Reihe von ökonomischen Transaktionen von erheblichem Nutzen sein, man denke beispielsweise an die Fremdfinanzierung von Wohnraumeigentum und die damit verbundene Entscheidung zwischen einem Kredit mit variabler Verzinsung und einem Darlehen mit konstantem Zinssatz über einen festgelegten Zeitraum. Ließe sich die zukünftige Zinsentwicklung präzise vorhersagen, wäre der Kalkül einfach: Wähle die Alternative mit den geringeren kumulierten Zinsaufwendungen! Ohne fundierte Kenntnis der Zukunft hingegen bleibt die Entscheidung der individuellen Risikoneigung – und subjektiven Zinserwartung – überlassen. In Erwartung steigender Zinssätze wäre die Festzinsvereinbarung attraktiv, geht man indes von sinkenden Marktsätzen aus, könnten variable Zinsen von Vorteil sein.

In den früheren Abschnitten sind uns bereits verschiedene Bausteine begegnet, die für eine Zinsprognose verwendet werden könnten. Zum einen sei hier noch einmal auf die Fishersche Zinsgleichung verwiesen, in der die Inflationserwartungen enthalten sind, zum anderen haben wir mit der Erwartungstheorie der Zinsstruktur einen Zusammenhang zwischen langfristigen, am Markt bereits erzielbaren, Renditen und den Erwartungen für die Entwicklung der kurzfristigen Zinssätze beschrieben. Wenn wir davon ausgehen, dass in den Zinserwartungen (auch) die von den Marktakteuren prognostizierten Inflationsraten enthalten sind, dann lassen sich aus der Zinsstruktur die erwarteten kurzfristigen Zinsen ableiten.

Zunächst greifen wir auf Gleichung (7.4) zurück, die unter Verwendung von perfekter Arbitrage den zweiperiodigen Zinssatz als geometrisches Mittel der relevanten Einperiodensätze bestimmt. Zum Betrachtungszeitpunkt $t = 0$ sind aber am Markt nur die Zinssätze $i_{0,1}$ und $i_{0,2}$ beobachtbar.

Die (präzise) Kenntnis von $i_{1,1}$ haben wir vorausgesetzt. Wenn wir hingegen eine Zinsprognose durchführen wollen, können wir nur auf Daten zurückgreifen, die uns zum Prognosezeitpunkt tatsächlich bekannt sind. Aus den verfügbaren Zinssätzen lässt sich jedoch durch einfache Umformung von (7.4) ableiten, welchen (einperiodigen) Zinssatz $i_{t+1,1}$ der *Markt* in $t = 0$ erwartet. Man nennt $i_{t+1,1}$ den **impliziten Terminzins** für den Einperiodenzeitraum, der im Zeitpunkt $t+1$ beginnt, alternativ ist die Bezeichnung **Forward Rate** gebräuchlich. Technisch kann $i_{t+1,1}$ wie folgt ermittelt werden: Ausgehend von (7.4) gilt

(7.5) $\quad i_{0,2} = \sqrt{(1+i_{0,1}) \cdot (1+i_{t+1,1})} - 1$.

Auflösen nach der gesuchten Größe $i_{t+1,1}$ liefert

(7.6) $\quad i_{t+1,1} = \dfrac{(1+i_{0,2})^2}{1+i_{0,1}} - 1.$

Analog kann man aus einer gegebenen Zinsstrukturkurve alle weiteren impliziten (einperiodigen) Terminzinsen für spätere Zeiträume ermitteln. So errechnet sich die Forward Rate für die im Zeitpunkt $t + k$ beginnende Periode als

(7.7) $\quad i_{t+k,1} = \dfrac{(1+i_{0,t+k+1})^{t+k+1}}{(1+i_{0,t+k})^{t+k}} - 1.$

Bei Gültigkeit aller theoretischen Voraussetzungen für die Erwartungstheorie der Zinsstruktur könnten die impliziten Terminzinsen als Prognosen für die zukünftige (Nominal-)Zinsentwicklung interpretiert werden.

Schaubild 7.3: Implizite Terminzinsen und tatsächliche Zinssätze

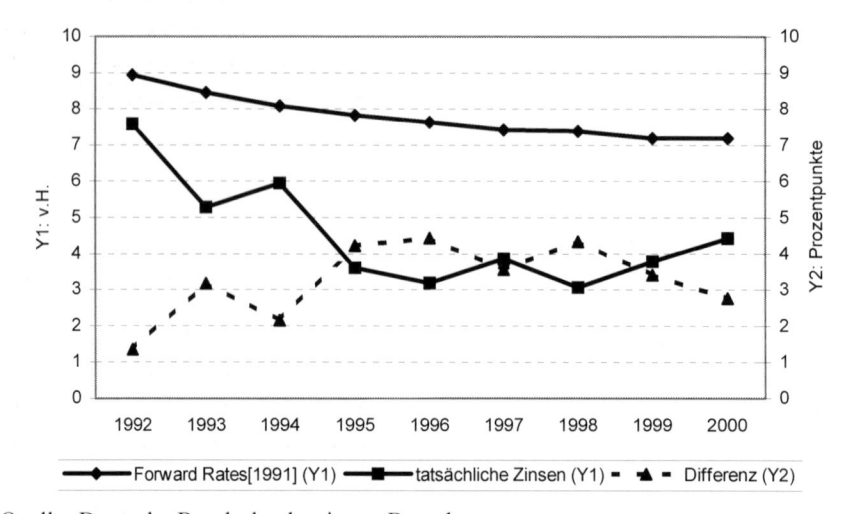

Quelle: Deutsche Bundesbank; eigene Berechnungen

Die empirischen Belege deuten allerdings darauf hin, dass die Vorhersage künftiger Zinsentwicklungen auf der Basis von Zinsstrukturkurven nur sehr eingeschränkt möglich ist. Ein Beispiel liefert Schaubild 7.3, in dem zum einen die aus der Zinsstrukturkurve des Jahres 1991 abgeleiteten Forward Rates abgetragen sind, zum anderen die in den Jahren 1992 bis 2000 tatsächlich beobachteten Einjahressätze und die Differenzen zwischen Vorhersage und späterem Marktzins. Man erkennt, dass die Zinserwartungen der Akteure im Trend zutreffend waren, im Niveau indes erhebliche Prognosefehler zu konstatieren sind. Allenfalls für das Jahr 1992, also für die Einjahresvorhersage, liefert die Zinsstruktur halbwegs brauchbare Ergebnisse.

Die Schlussfolgerung aus diesen wenig überzeugenden Resultaten ist leider nicht eindeutig, wenngleich die möglichen Ursachen überschaubar sind:
- Entweder die Annahmen (und damit auch die unterstellten Verhaltenshypothesen) der Erwartungstheorie der Zinsstruktur sind unzulässig, oder
- das Postulat vollkommener Märkte kann nicht aufrechterhalten werden, d.h. die Substitutionskonkurrenz zwischen den einzelnen Marktsegmenten ist nicht hinreichend hoch.

Beide Begründungen erschweren nicht nur die Zinsprognose über etwaige andere Instrumente, sondern können überdies geldpolitische Maßnahmen bzw. deren Erfolgsaussichten behindern.

Literaturhinweise

Zur Vertiefung der Fragestellungen zur Zinsstruktur sei auf Kath (1972) oder Campbell (1995) verwiesen, einen knappen, aber sehr präzisen Überblick gibt Malkiel (1966). Die deutschen Verhältnisse werden instruktiv und ausführlich in Deutsche Bundesbank (1991) dargelegt. Eine geldpolitische Perspektive präsentieren exemplarisch Hesse/Roth (1992), die empirische Aussagefähigkeit impliziter Terminzinsen für Deutschland wird von Gischer (1996) untersucht.

Zusammenfassung

1. Mit Hilfe der Risikostrukturkurve lassen sich die vom Markt geforderten Zinsaufschläge für die Übernahme von Fremdkapitalrisiken darstellen.
2. Die Fristigkeitsstruktur der Zinssätze gibt den Zusammenhang zwischen Anlagefrist und Nominalverzinsung wieder.
3. Mit dem Spread kann der Verlauf der Zinsstrukturkurve charakterisiert werden.
4. Die Liquiditätsprämientheorie betont die Opportunitätskosten der langfristigen Kapitalanlage.
5. Die Erwartungstheorie stellt über eine Arbitragebedingung eine allgemeine Verbindung zwischen kurz- und langfristigen Zinssätzen her.
6. In der Marktsegmentationstheorie werden Anlagen unterschiedlicher Fristigkeit als unvollkommene Substitute angesehen
7. Bei uneingeschränkter Gültigkeit der Erwartungstheorie der Zinsstruktur kann durch die Ermittlung der impliziten Terminzinsen auf die erwartete Veränderung der kurzfristigen Zinsen geschlossen werden.

Schlüsselbegriffe
Arbitrage
Erwartungstheorie
Forward Rate
Fristigkeitsstruktur der Zinssätze
impliziter Terminzins
Liquiditätsprämientheorie

marktadäquate Verzinsung
Marktsegmentationstheorie
Rating
Risikoaufschlag
risk spread
Spread

Kapitel 8

Theorie der Banken

Zum Inhalt von Kapitel 8

In den Kapiteln 1 und 2 haben wir bereits die makroökonomischen Funktionen von Finanzintermediären im Allgemeinen und Banken im besonderen kennen gelernt. In diesem Abschnitt widmen wir uns primär der mikroökonomischen Begründung der Existenz von Finanzinstituten. Wir suchen also nach überzeugenden Antworten auf die Frage: *Warum gibt es Banken?*

Schon im vorangegangenen Kapitel haben wir Hinweise darauf gefunden, dass (zumindest) theoretisch Ökonomien denkbar sind, die ohne Finanzintermediäre auskommen. Dies würde freilich voraussetzen, dass jeder Akteur ungehinderten Zugang zu der Institution hat, die wir Kapitalmarkt genannt haben. Die Realität jedoch legt den Verdacht nahe, dass diese Voraussetzung selbst in entwickelten Industrieländern entweder nicht regelmäßig erfüllbar ist oder aber weitere, näher zu analysierende Besonderheiten von Finanzmärkten existieren, die Kreditinstitute zu dauerhaft überlebensfähigen Unternehmen in arbeitsteiligen Geldwirtschaften werden lassen.

In diesem Kapitel werden zunächst die wesentlichen Teilbereiche des Bankgeschäfts skizziert, bevor die bereits angedeuteten Unvollkommenheiten von Finanzmärkten eine ausführlichere Beachtung erfahren. Es kann vor diesem Hintergrund gezeigt werden, dass spezielle Institutionen die systembedingten Marktrisiken zu geringeren gesamtwirtschaftlichen Kosten übernehmen können als der einzelne (nicht spezialisierte) Marktteilnehmer. Anschließend analysieren wir die spezifischen Anreize der institutionellen Finanzintermediation und arbeiten die damit verbundenen Gefahren heraus.

8.1 Geschäftsfelder einer Bank

Um sich zu verdeutlichen, welche ökonomischen Transaktionen von Banken durchgeführt werden, ist es hilfreich, eine typische Bankbilanz zu betrachten. Nun ist es freilich nicht unproblematisch, aus der Vielzahl existierender Kreditinstitute ein beliebiges herauszugreifen. Um dieser Schwierigkeit aus dem Wege zu gehen, wählen wir gleichsam den gesamten Bankensektor in der Bundesrepublik Deutschland als Referenzmaßstab. Das nachfolgende Schaubild 8.1 gibt die Aktiva und Passiva aller **Monetären Finanzinstitute (MFI)** in Deutschland wieder.

Schaubild 8.1: Aktiva und Passiva der Monetären Finanzinstitute

Bankbilanz (in Mrd. €)			
Aktiva		Passiva	
Kassenbestand	14,2	Einlagen von Euro-Banken	1616,8
Kredite an Euro-Banken	2583,7	Einlagen von Euro-Nichtbanken	2842,3
Kredite an Euro-Nichtbanken	3664,0	~ inl. Nichtbanken	2750,9
~ inl. Unternehmen und Privatpersonen	2685,0	~ ausl. Nichtbanken	69,5
~ inl. öffentliche Haushalte	543,2	~ Zentralstaaten	21,9
~ ausl. Nichtbanken	435,8	Verbindlichkeiten aus Wertpapieren	1600,9
Aktiva gg. Nicht-Euro-Kunden	1111,1	Passiva gg. Nicht-Euro-Kunden	705,4
Sonstige Aktiva	268,4	Kapital und Rücklagen	443,4
		Sonstige Passiva	432,6
Bilanzsumme	7641,3	Bilanzsumme	7641,3

Bankbilanz (in v.H. der Bilanzsumme)			
Aktiva		Passiva	
Kassenbestand	0,2	Einlagen von Euro-Banken	21,2
Kredite an Euro-Banken	33,8	Einlagen von Euro-Nichtbanken	37,2
Kredite an Euro-Nichtbanken	47,9	~ inl. Nichtbanken	36,0
~ inl. Unternehmen und Privatpersonen	35,1	~ ausl. Nichtbanken	0,9
~ inl. öffentliche Haushalte	7,1	~ Zentralstaaten	0,3
~ ausl. Nichtbanken	5,7	Verbindlichkeiten aus Wertpapieren	21,0
Aktiva gg. Nicht-Euro-Kunden	14,5	Passiva gg. Nicht-Euro-Kunden	9,2
Sonstige Aktiva	3,5	Kapital und Rücklagen	5,8
		Sonstige Passiva	5,7
Bilanzsumme	100,0	Bilanzsumme	100,0

Quelle: Monatsbericht der Deutschen Bundesbank, Nr. 9 (2010), Tab. IV.1.

Bevor wir uns den Details zuwenden, gilt es einige begriffliche Hindernisse aus dem Weg zu räumen. Mit dem faktischen Beginn der Europäischen Währungsunion im Januar 1999 ist das monetäre Berichtswesen in den Teilnehmerländern vereinheitlicht worden. Gleichzeitig hat die Europäische Zentralbank (EZB) als Sammelbezeichnung für die von ihr vornehmlich betrachteten, insbesondere geldpolitisch relevanten, Unternehmen den Terminus *Monetäre Finanzinstitute* eingeführt. Zu diesen gehören, neben den Zentralbanken der Euro-Länder, vor allem die Banken bzw. Kreditinstitute nach herkömmlichem Verständnis. Wenngleich in der Literatur gelegentlich Banken und Kreditinstitute ebenfalls unterschieden werden, wollen wir im Folgenden Banken, Kreditinstitute und MFIs als Synonyme ansehen, wohl wissend, dass sich die Bezeichnungen in Einzelheiten durchaus voneinander abgrenzen lassen. Dort, wo es relevant erscheint, werden gegebenenfalls Präzisierungen vorgenommen.

In Schaubild 8.1 sind die Bilanzbestände der Banken in Deutschland per 30. Juni 2010 zum einen in Euro und zum anderen in Relation zur Bilanzsumme ausgewiesen. Man erkennt, dass sowohl auf der Aktiv- als auch auf der Passivseite die Positionen der inländischen Nichtbanken das größte Gewicht aufweisen. Darüber hinaus werden von in Deutschland tätigen Kreditinstituten mehr als 85 v.H. der Geschäfte mit Euro-Kunden, d.h. im Eurogebiet ansässigen Marktpartnern, getätigt. Während auf der Aktivseite die Erträge bringenden Bestände aufgeführt sind, bildet die Passivseite gleichsam die Kosten verursachenden Transaktionen ab. Analog zu einem gewerblichen Unternehmen kann man die linke Bilanzseite als Reflex der Mittelverwendung auffassen und die rechte Bilanzseite entsprechend als Abbild der Mittelherkunft. Charakteristisch für Kreditinstitute (nicht nur in Deutschland) ist die ausgesprochen geringe Eigenkapitalausstattung, die im Durchschnitt nur knapp 6 v.H. der Bilanzsumme beträgt. Im Kapitel 11 wird vor dem Hintergrund der Regulierung im Bankensektor auf diesen Sachverhalt besonders hingewiesen.

In der (gesamtwirtschaftlichen) Bilanz nicht enthalten sind darüber hinaus die Tätigkeiten von Banken, die zwar prinzipiell ebenfalls lukrativ, aber nicht unmittelbar bilanzwirksam sind. Hierzu gehören die **Kommissionsgeschäfte**, z.B. Erwerb und Verkauf von Wertpapieren im Kundenauftrag oder die technische Vorbereitung und Durchführung von Börsengängen größerer Unternehmen. Daneben wickeln Kreditinstitute den Zahlungsverkehr ihrer Kunden ab, ein Geschäftsfeld, das im Vergleich zu anderen Sparten des Bankbetriebs in den letzten Jahren freilich spürbar an Attraktivität verloren hat. Vielmehr verlegen sich vornehmlich international tätige Kreditinstitute in der jüngeren Vergangenheit weitaus mehr auf das **Investmentbanking**, also u.a. der Anbahnung und Abwicklung von Unternehmenszusammenschlüssen. Auch diese Aktivitäten führen zu (Provisions-)Erträgen, ohne direkt in der Bilanz sichtbar zu werden. Sie haben den zusätzlichen Vorteil, keinen speziellen bankrechtlichen Nebenbedingungen zu unterliegen, insbesondere keine gesetzlich vorgeschriebenen Eigenkapitalbestimmungen erfüllen zu müssen.

Für unsere weiteren Ausführungen von besonderem Interesse ist das Kreditgeschäft von Banken. Hierbei handelt es sich letztendlich um die Umwandlung von Kunden-Einlagen in Kunden-Forderungen. Während erstere, zumindest aus Sicht der Bankgläubiger und vor dem Hintergrund der fraglos positiven Erfahrungen in der Bundesrepublik Deutschland, als sicher gelten dürfen, sind letztere in nicht unerheblichem Umfang ausfallbedroht, d.h. risikobehaftet. Dieser Tatsache gilt es Rechnung zu tragen, wenn das Verhalten von Banken bei der Kreditvergabe beleuchtet wird. Aus der Perspektive des mutmaßlich risikoscheuen Depositenkunden wären hoch riskante Darlehen, etwa bei der Neugründung von Unternehmen oder im Bereich neuer, noch spekulativer Märkte, keineswegs wünschenswert.

In diesem Zusammenhang ist dann die Frage nach der Dominanz der Bilanzseite von Bedeutung, die jedoch nicht eindeutig beantwortet werden kann: Sucht sich ein Finanzinstitut bei gegebener Kreditnachfrage die notwendige Einlagenfinanzierung oder ist nicht vielmehr das Depositenvolumen vorgegeben, für das die Bank nach einer möglichst lukrativen Anlage sucht? Man beachte, dass im ersten Fall der Einleger (idealerweise) die Risiken des Kreditinstitutes kennt, mithin nach einer Bank Ausschau halten kann, die ein seiner Risikoeinstellung entsprechendes Anlageportfolio besitzt. Im zweiten Fall hingegen tritt der Einleger gleichsam in Vorleistung und kann erst nach Ablauf der Anlageperiode das tatsächlich realisierte Anlageprofil erkennen. Die Antwort auf diese Frage ist für die Konkurrenz auf institutionellen Finanzmärkten nicht unbedeutend, da sich Finanzinstitute prinzipiell risikobezogen positionieren könnten, um hieraus Wettbewerbsvorteile zu ziehen.

8.2 Mikroökonomische Vorteile von Banken

In dezentral organisierten Marktwirtschaften können Unternehmen nur dann dauerhaft existieren, wenn sie mit ihren Aktivitäten Gewinne erzielen. Dies ist bei Banken in Deutschland, von vereinzelten Ausnahmen abgesehen, fraglos der Fall. Warum sind private Akteure bereit, eine Finanzinstitution mit einer Transaktion zu betrauen, die sie grundsätzlich in Eigenregie durchführen könnten?

Ein wesentlicher Grund liegt in den (mutmaßlichen) Kostenvorteilen, die ein Kreditinstitut im Vergleich zum nichtspezialisierten Marktteilnehmer aufweist. Obgleich dieses Argument möglicherweise intuitiv nachvollziehbar sein mag, überzeugt es den kritischen Ökonomen erst, nachdem er sich die spezielle Situation auf Finanzmärkten vor Augen geführt hat. Im Gegensatz zu typischen Märkten für (physische) Güter weisen Märkte für Finanzanlagen eine Reihe von Besonderheiten auf, von denen die **asymmetrische Informationsverteilung** die (theoretisch) wichtigste ist.

Eine Situation mit asymmetrischer Informationsverteilung ist dadurch gekennzeichnet, dass einer der beteiligten Akteure mehr für die zugrundeliegende Transaktion relevante Daten kennt als ein anderer. Ein in der Literatur berühmtes Beispiel ist der Markt für Gebrauchtwagen (Akerlof, 1970). Der Verkäufer eines gebrauchten Autos ist über den Zustand seines Fahrzeuges naturgemäß besser informiert als ein potentieller Erwerber, ähnlich gestaltet sich die Ausgangslage auf Märkten für Finanzanlagen. Der Anbieter eines festverzinslichen Wertpapiers kennt seine eigenen aktuellen und zukünftigen Zahlungsmöglichkeiten weit besser als derjenige, der seine zeitweise nicht benötigte Liquidität in dieses Wertpapier investieren möchte. Gerade die zukünftige Zahlungsfähigkeit des Emittenten ist aber für den Anleger von höchster Bedeutung, zieht er doch eben aus dieser (regelmäßigen) Bedienung des Wertpapiers seinen ökonomischen Gewinn.

Die Integration eines Finanzintermediärs, sprich: einer Bank, kann die Ausgangslage für den privaten Anleger positiv beeinflussen. Das Kreditinstitut hat sich auf die Transformation von Einlagen in Kredite spezialisiert und verfügt nicht zuletzt aufgrund seiner regelmäßigen Aktivitäten an den Finanzmärkten über umfangreichere und gesichertere Informationen über alternative Kreditnehmer (oder Wertpapieremittenten) als der private Kunde. Die erforderlichen **Transaktionskosten**, die sich aus Informations- und Risikokosten zusammensetzen, können daher niedriger ausfallen als bei der Direktanlage durch den privaten Haushalt.

Die skizzierte Reduzierung der Transaktionskosten kann zum einen durch spezielle standardisierte Einlagen- oder Kreditkontrakte noch unterstützt werden (**Economies of Scale**). Hier sind sowohl bei der Bearbeitung und Verwaltung der Kundeneinlage (z.B. Spardeposite oder Sparbrief) sinkende Durchschnittskosten realisierbar wie auf der Aktivseite, wenn etwa ein Teil der zur Verfügung gestellten Kundengelder in Ratenkredite umgewandelt werden, für die ebenfalls feste Konditionen und Vertragsformen vorgesehen sind.

Die Institution „Bank" steht in diesem Zusammenhang im Sinne von Coase (1937) für die Koordination von wirtschaftlichen Transaktionen innerhalb eines Unternehmens anstelle der Koordination über einen (modell-typischen) Markt. Eine derartige Vertragsorganisation kann vor allem bei wiederkehrenden oder prinzipiell dauerhaften Geschäftsbeziehungen sinnvoll sein, einem Phänomen etwa, das insbesondere in Deutschland unter dem „Hausbankprinzip" bekannt ist. Williamson (1985) weist ausdrücklich darauf hin, dass ein erheblicher Vorteil institutionengebundener Transaktionen in der Fortdauer der Beziehung liegt, mithin gerade hierdurch Transaktionskosten sinnvoll verringert werden können.

Darüber hinaus ist eine Bank weit besser in der Lage, durch die Streuung der Einlagen in unterschiedliche Regionen, Branchen und Unternehmen positive Portfolio-Effekte zu realisieren (**Economies of Scope**). Mit seiner Deposite *kauft* der Bankkunde gleichsam einen (fiktiven) Anteil am Kreditportfolio des Finanzinstituts, aus dessen realisierten Erträgen wiederum die Einlagen auf der Passivseite entgolten werden. Wer schon etwas präziser mit in der Praxis erhältlichen Anlageformen vertraut ist, erkennt unmittelbar die Konkurrenz von Investmentfonds-Anteilen zur Bankeinlage, was dazu führt, dass die Kosten zur *Einwerbung* von privaten Kundengeldern für Kreditinstitute tendenziell steigen.

Einer Bank entstehen durch ihre permanenten Geschäftsaktivitäten auf beiden Bilanzseiten Informationen, die auf der jeweils anderen genutzt werden können, z.B. wenn ein Unternehmen bei diesem Institut ein Girokonto unterhält, über das der Zahlungsverkehr mit Lieferanten und Abnehmern abgewickelt wird, und gleichzeitig einen Kredit aufgenommen hat. Damit übernimmt eine Bank, die regelmäßig sowohl Passiv- als auch Aktivgeschäfte betreibt, für ihre Kunden auch die Funktion eines Maklers, der für die jeweiligen Nachfragewünsche aufgrund seiner überlegenen Marktkenntnis unterschiedliche Angebotsformen offerieren kann.

Die Informationsbeschaffungs- und -verarbeitungsvorteile einer Bank können zudem für Kontroll- bzw. Überwachungsprozesse genutzt werden, die bei der Darlehensvergabe von erheblicher Bedeutung sind. Mit der Kreditgewährung übernimmt der Gläubiger, sei es nun ein Finanzinstitut oder ein privater Wertpapierkäufer, spezielle Risiken, die – wie wir im Kapitel 9 sehen werden – unmittelbar mit dem Schuldner in Zusammenhang stehen. Eine Bank kann im Gegensatz zum privaten Anleger diese Risiken vorteilhafter begrenzen:

- Lern- und Erfahrungseffekte führen zu einer kompetenteren Beurteilung von Investitionsprojekten, die finanziert werden sollen (**Screening**).
- Die begleitende Kontrolle der unternehmerischen Tätigkeit kann verhindern, dass der Schuldner für den Kreditgeber nachteilige Transaktionen durchführt, z.B. mit dem eingeräumten Darlehen eine Spielbank aufsucht (**Moral Hazard**).
- Ein Kreditinstitut ist durch seine Kontrollrechte besser in der Lage, die tatsächliche wirtschaftliche Situation des Schuldners nach Durchführung eines Investitionsprojektes zu bestimmen, um bspw. damit zusammenhängende Zahlungsverpflichtungen des Kreditnehmers einzufordern (**State Verification**).

Überträgt der private Haushalt durch seine Bankeinlage alle diese Aufgaben an ein Kreditinstitut, spricht man auch von **Delegated Monitoring**. Diese Delegation von Überwachungs- und Kontrollaufgaben ist aber nur dann sinnvoll, wenn die Kosten der Überwachung der Bank ihrerseits geringer sind als die kumulierten Erträge aus der Delegation. Dies ist gleichbedeutend mit dem Problem, dass zwar die Bank jetzt ihre Kreditnehmer kontrolliert, die Einleger der Bank jedoch nicht zwangsläufig davon ausgehen können, dass die Bank stets im Interesse ihrer Depositenkunden handelt.

Hierbei handelt es sich um eine – nicht nur für Finanzmärkte – typische **Principal-Agent-Situation**, die in der Praxis z.B. durch die Ausübung des sog. *Depotstimmrechts* gekennzeichnet ist. Unterhält etwa ein Anleger ein Aktiendepot bei einem Kreditinstitut, so wird dies i.d.R. damit beauftragt, auf der Hauptversammlung der Aktiengesellschaft im Namen des Aktionärs an der Beschlussfassung mitzuwirken. Verfügt ein Finanzinstitut über ein großes Volumen an Depotstimmrechten, so kann es entscheidend auf die Unternehmenspolitik Einfluss nehmen, ohne unmittelbar selbst die Risiken seines Handelns tragen zu müssen. Damit könnte der Agent (Bank) u.U. den Interessen des Principals (Anleger) zuwiderlaufen.

Ein weiteres prominentes Argument für die Existenz von Banken liegt in der Möglichkeit einer kollektiven Liquiditätsversicherung. Angenommen, jeder Akteur hält eine Liquiditätsreserve als Versicherung gegen unerwartete Einnahmeausfälle (**Liquiditätsschocks**) und die tatsächlichen individuellen Ausfälle sind nicht perfekt miteinander korreliert, dann kann gezeigt werden, dass eine gemeinsame Liquiditätshaltung einen geringeren Umfang annehmen kann als die Summe der einzelwirtschaftlichen Vorsorgevolumina.

In der Praxis spiegelt sich dieser Vorteil u.a. in der Möglichkeit wider, als Kunde einer Bank über eingeräumte Kreditlinien (Dispositions- oder Überziehungskredite) verfügen zu können. Für den Einzelnen besteht dadurch keine unmittelbare Notwendigkeit mehr, für unvorhergesehene finanzielle Belastungen liquide Mittel vorzuhalten, die bei positiv verzinslichen Anlagealternativen u.U. hohe Opportunitätskosten verursachen würden. Zwar entstehen bei der Inanspruchnahme des Dispositionskredites letztendlich sogar auszahlungsrelevante Kosten, doch bei hinreichend geringer Wahrscheinlichkeit eines faktisches Zahlungsmittelengpasses sind die erwarteten Kreditkosten möglicherweise niedriger als die zwischenzeitlich realisierten Anlageerträge. Die Bank, die in diesem Beispiel gleichsam als Versicherer gegen Liquiditätsschocks auftritt, macht sich die (empirische) Tatsache zunutze, dass ein Teil der kurzfristig fälligen Einlagen in Kredite umgewandelt werden kann, solange nicht alle Einleger gleichzeitig ihre Depositen zurückverlangen.

Vornehmlich in Deutschland kommt den Kreditinstituten eine weitere wichtige Aufgabe zu, die ohne sie nur schwerlich zu erfüllen wäre: die Sicherstellung von langfristigen Finanzierungsbeziehungen insbesondere für kleine und mittlere Unternehmen (**Hausbankverhältnis**). Diese Schuldner haben üblicherweise keinen oder bestenfalls einen sehr eingeschränkten Zugang zum Kapitalmarkt. Ihnen steht folglich die Alternative der direkten Eigen- oder Fremdfinanzierung durch die Ausgabe von frei handelbaren Unternehmensanteilen oder Schuldverschreibungen nicht offen. Gleichwohl ist ein Investor an einer gesicherten, kontinuierlichen Finanzierung seiner Projekte interessiert, um auf dieser Grundlage die Unternehmensrisiken kalkulieren und begrenzen zu können.

Box 8.1: Risiko und Risikoeinstellungen

Bei der Analyse von Finanzmärkten kommt dem Risiko als ökonomischem Parameter eine außerordentliche Bedeutung zu. Im umgangssprachlichen Alltag wird Risiko zumeist als die Möglichkeit des Eintritts eines negativ empfundenen Ereignisses angesehen, z.B. einer Krankheit oder eines Unfalls. In der mathematischen Statistik entspricht dies dem Wahrscheinlichkeitsbegriff, der freilich nur *ein* Bestandteil des Risikos darstellt. Dies wird offensichtlich, wenn man sich klarmacht, dass die Wahrscheinlichkeit, mit einem Flugzeug abzustürzen, um ein Vielfaches geringer ist, als mit dem Auto zu verunglücken. Dennoch wird das Risiko des Fliegens von vielen Menschen (instinktiv) höher eingeschätzt als das des Autofahrens. Die Eintrittswahrscheinlichkeit eines negativen Ereignisses allein reicht offenbar nicht aus, hinzu kommt der tatsächlich realisierte Schadensumfang. Dieser ist bei der Fliegerei in der Tat bei weitem größer als bei der überwiegenden Mehrzahl der Autounfälle, von denen glücklicherweise sehr viele z.B. ohne Personenschäden abgehen. Salopp formuliert besteht das Risiko mithin aus der Kombination (dem Produkt) aus Eintrittswahrscheinlichkeit eines Ereignisses und dem daraus erwachsenen Schadensumfang. Im ökonomischen Umfeld trennt man diese beiden Komponenten auch in die Risikoursache (z.B. die unzureichende Informationsausstattung zum Zeitpunkt einer Entscheidung) und die Risikowirkung (d.h. den tatsächlich eintretenden finanziellen Schaden). Freilich reicht diese knappe Charakterisierung für die Beschreibung unterschiedlicher Risikoeinstellungen noch nicht aus, es bedarf einer weiteren (statistischen) Dimension, um Risikosituationen umfassend abzubilden. Dies lässt sich am Beispiel dreier Spiele demonstrieren, die unterschiedliche Auszahlungsfolgen haben:

€	A	B	C
+300			1/6
+200		1/4	1/6
+100	1/2	1/4	1/6
-100	1/2	1/4	1/6
-200		1/4	1/6
-300			1/6

In den Spalten A, B und C sind die Eintrittswahrscheinlichkeiten für die in der €-Spalte angegebenen Zahlungen angegeben. Der Einsatz beträgt für jedes Spiel 0 €, positive Beträge bedeuten Gewinne, negative entsprechend Verluste. Alle drei Spiele haben einen Gewinnerwartungswert von 0 €, jedoch eine unterschiedlich große Varianz (oder Standardabweichung) der Zahlungskonsequenzen. Der Leser kann selbst überprüfen, dass die Varianz des Spiels A am geringsten ist, die des Spiels C am höchsten und die des Spiels B dazwischen liegt. Man nennt einen Akteur *risikoneutral*, wenn er zwischen Alternativen mit identischem Erwartungswert unabhängig von der Streuung indifferent ist. Ein Akteur wird als *risikoscheu* oder *risikoavers* bezeichnet, wenn er bei Alternativen mit identischen Erwartungswert diejenige mit der niedrigsten Streuung wählt (hier: Spiel A). Ein Akteur ist *risikofreudig*, wenn er das Spiel mit der größten Streuung wählt (also Spiel C), solange die Alternativen einen identischen Erwartungswert aufweisen.

Damit eine börsenunabhängige Fremdfinanzierung durch langfristige Kreditkontrakte zustande kommt, sind einige notwendige Voraussetzungen zu beachten. An der grundsätzlichen Vorteilhaftigkeit einer derartigen Vereinbarung für den Kreditnehmer besteht dann kein Zweifel, wenn seine Alternativen, wie beschrieben, begrenzt sind. Für ein Finanzinstitut ist ein langfristiges Kreditengagement zunächst nur dann interessant, wenn die erwartete Rendite die durch einen solchen Vertrag eingeschränkte Handlungsfähigkeit kompensiert, sprich: bei hinreichend attraktiver Verzinsung. Freilich bindet sich die Bank durch den Kreditkontrakt auch an die Unternehmensrisiken, sie wird folglich mehr oder weniger umfangreiche Kontroll- bzw. Mitwirkungsrechte einfordern. Diese wiederum limitieren den Aktionsspielraum des Investors, der dann versuchen wird, den Gläubiger zu begleitenden Leistungen (z.B. Prolongations- oder Aufstockungszusagen) zu bewegen. Häufig werden diese Regelungen nicht ausdrücklich vertraglich vereinbart, ihre Einhaltung kann jedoch für beide Seiten vorteilhaft sein (**implizite Kontrakte**).

Das Nebeneinander von direkter und indirekter (Fremd-)Finanzierung in der Praxis verdeutlicht, dass für unterschiedliche Unternehmen und Kalküle alternative Vertragsformen existieren, aus denen der einzelne Marktteilnehmer unter Beachtung seiner individuellen Risiko- und Zahlungsbereitschaft auswählen kann. Die in diesem Abschnitt skizzierten (komparativen) Vorteile von Banken müssen daher nicht für jeden Anleger oder Investor tatsächlich ausschlaggebend sein.

8.3 Risiken und Bankmanagement

Mit der Durchführung von Bankgeschäften sind selbstverständlich – mehr oder weniger spezielle – Risiken verbunden, denen wir uns zum Verständnis der spezifischen Handlungsmuster von Kreditinstituten im folgenden ausführlich widmen wollen. Die Auseinandersetzung mit den Risiken des Bankbetriebs bereitet insbesondere die Argumentation in Kapitel 9 vor, in dem auch das Problem der asymmetrischen Informationsverteilung noch einmal aufgegriffen wird.

Wie jedes andere erwerbswirtschaftlich tätige Unternehmen strebt auch ein Finanzinstitut prinzipiell eine größtmögliche Gewinnerzielung an. Diesem Zweck entsprechend steht für die Bankleitung eine geeignete Strukturierung der Aktiv- und Passivseite der Bilanz im Vordergrund. Mit Rückgriff auf Mishkin (2009) lassen sich die folgenden grundsätzlichen Bereiche des Bankmanagements ableiten:

- Sicherung der permanenten Zahlungsfähigkeit bei Abzug von Depositen durch Aufrechterhaltung einer ausreichenden Liquiditätsreserve (**Liquiditätsmanagement**),
- Aufbau eines risikominimierten Portfolios auf der Grundlage diversifizierter Aktivpositionen (**Anlagenmanagement**),
- Akquirierung hinreichender Einlagenvolumina zu möglichst niedrigen Finanzierungskosten (**Einlagenmanagement**),
- Optimierung und entsprechende Beschaffung des notwendigen Betrages an Eigenkapital (**Eigenkapitalmanagement**).

Allerdings stehen die einzelnen Komponenten des Bankmanagements bisweilen in Konkurrenzbeziehung zueinander, darüber hinaus sind die jeweiligen Maßnahmen zur Erreichung der beschriebenen Ziele nicht risikolos.

Auf der Aktivseite der Bilanz werden Banken regelmäßig mit dem **Kreditrisiko** konfrontiert, d.h. mit der grundsätzlich positiven Wahrscheinlichkeit, dass Darlehensnehmer ihren vertraglichen Verpflichtungen nicht zeitpunktgerecht oder unvollständig nachkommen. Weiterhin verfügen Kreditinstitute in der Praxis nicht über eine hinreichend große Marktmacht, um alle sie betreffenden Preise über unterschiedlich lange Planungs- und Kontrakthorizonte kontrollieren zu können. Im Zeitablauf schwankende Zinsen begründen folglich das **Zinsänderungsrisiko**.

Das Liquiditätsmanagement bezieht sich vornehmlich auf die Planung der Reservehaltung von Zentralbankgeld. Jeder Abfluss von Einlagen führt in gleichem Umfang zu einer Verringerung der Ausstattung mit Zentralbankgeld. Eine zu niedrige Reservehaltung kann daher bei unerwartet hohen Abflüssen zu kostspieligen Anpassungen auf der Aktivseite der Bankbilanz führen:
- Die Beschaffung zusätzlicher liquider Mittel auf dem Interbankenmarkt verursacht Kosten in Höhe des aktuellen Interbankenzinssatzes.
- Beim Verkauf von Positionen des Umlauf- oder Anlagevermögens entstehen Opportunitätskosten in Höhe des notwendigen Verzichts auf Zinserträge. Im ungünstigsten Fall müssen sogar Kursverluste bei der Veräußerung von Wertpapieren realisiert werden.
- Die Kreditaufnahme bei der Zentralbank ist ebenfalls nur gegen ein entsprechendes Entgelt möglich, sehr häufig sind die Kreditfazilitäten nicht nur befristet sondern auch im Volumen limitiert.
- Die Kündigung bzw. Nicht-Verlängerung von Kundenkrediten führt zu Kosten in Höhe des entgangenen Zinsertrages und birgt darüber hinaus die Gefahr der Abwanderung von Kunden.

Insofern sind (auf den ersten Blick) überschüssige Liquiditätsreserven als eine Versicherung gegen die Kosten des Einlagenabflusses anzusehen. Je höher die Kosten für die Beschaffung zusätzlichen Zentralbankgeldes sind, desto höher ist die freiwillige Reservehaltung. Solange Liquiditätsreserven bei der Zentralbank verzinst werden, wie bis zu einem vorgegebenen Volumen durch die Europäische Zentralbank, entstehen zumindest Zinserträge.

Box 8.2: Bankenstruktur in Deutschland

Die Bankenbranche in Deutschland galt über lange Jahre als sicherer Hort ansprechender Gewinne. Zwar reagierten die Jahresergebnisse der Kreditinstitute durchaus auf konjunkturelle Veränderungen, sie blieben aber – häufig im Gegensatz zur internationalen Konkurrenz – von nachhaltigen Einbrüchen bis in die 90er Jahre weitgehend verschont. Selbst außerordentliche Ereignisse wie die deutsche Wiedervereinigung hinterließen (zunächst) keine Spuren in den Bankenbilanzen. Erst die jüngste internationale Finanzkrise hat auch den Bankensektor in erhebliche Schwierigkeiten gebracht.

In den letzten Jahren hat sich zudem die Wettbewerbssituation der Kreditinstitute spürbar gewandelt. Dies lässt sich u.a. an der deutlich veränderten Marktstruktur (vgl. das nachfolgende Schaubild) ablesen.

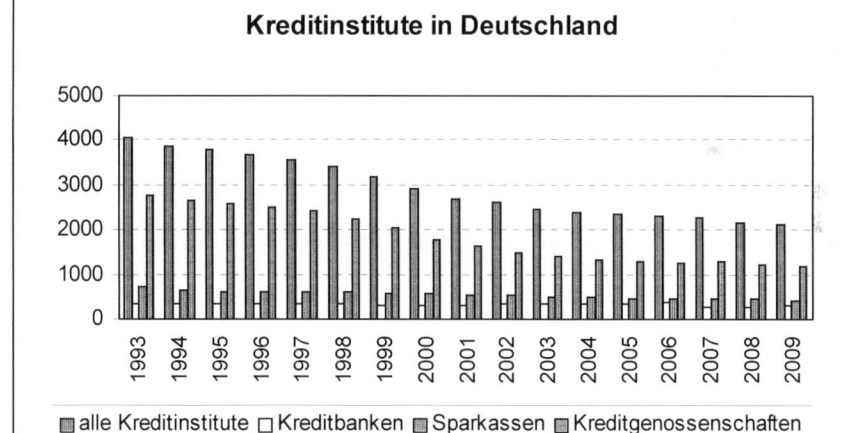

Kreditinstitute in Deutschland

■ alle Kreditinstitute □ Kreditbanken ■ Sparkassen ■ Kreditgenossenschaften

Man erkennt, dass die Zahl der Kreditinstitute insgesamt zwischen 1993 und 2009 um knapp 50 v.H. zurückgegangen ist, vor allem die kleinen, vorwiegend eng regional tätigen Kreditgenossenschaften und Sparkassen waren dauerhaft nicht mehr konkurrenzfähig. Es darf wohl für die nächsten Jahre vermutet werden, dass sich der skizzierte Anpassungsprozess – nicht zuletzt durch internationale Mitwettbewerber induziert – grundsätzlich fortsetzen wird.

Die Aufgabe des Anlagenmanagements besteht in der Beschaffung und Verwaltung von Vermögenspositionen, die
- eine möglichst hohe Rendite erzielen,
- kein erkennbares oder nicht tragbares Risiko beinhalten sowie
- unterschiedliche Bindungsfristen zur Unterstützung des Liquiditätsziels aufweisen.

Der wesentliche Teil des Aktivgeschäfts von Universalbanken findet in der Kreditvergabe statt. Das vornehmliche Problem besteht in der Trennung von *guten* und *schlechten* Risiken, d.h. in der Auswahl zwischen Schuldnern, die ihren Zahlungsverpflichtungen verabredungsgemäß nachkommen werden und solchen, bei denen Zahlungsschwierigkeiten zu befürchten sind. Empirische Untersuchungen zeigen, dass Banken in der Vergangenheit offenbar über im Durchschnitt akzeptable Trennkriterien verfügt haben oder im Zweifelsfall hinreichend *konservativ* gewesen sind. Die (geschätzte) langfristige Verlustquote ist – auch im internationalen Vergleich – üblicherweise geringer als 1 v.H. der Kreditforderungen. Allerdings kostet die offenkundige Risikoaversion entgangene Zinserträge durch den Verzicht auf riskantere Finanzierungen.

Ein weiterer Bereich des Aktivgeschäfts von Banken ist der Erwerb festverzinslicher Wertpapiere, insbesondere von Emissionen öffentlicher Haushalte. Insgesamt beträgt der Anteil der Verschuldung des Staates immerhin rd. 7 v.H. der Bilanzsumme aller in Deutschland tätigen Finanzinstitute. Zur Erhaltung bzw. Unterstützung des Liquiditätsziels halten Banken überdies kurzfristige Forderungstitel, z.B. im Interbankengeschäft oder in Form von Geldmarktpapieren. Beide Positionen sind schnell liquidisierbar, erwirtschaften aber dennoch positive Renditen. Innerhalb aller Sparten des Anlagenmanagements gilt der portfoliotheoretische Grundsatz der Risikodiversifizierung. Gleichwohl folgt aus der Beachtung dieser Maxime keinesfalls, dass eine Optimierung des Portfolios a priori möglich wäre. Vielmehr ist die Strukturierung der Aktivseite ein mehr oder weniger ausgeprägter Trial-and-Error-Prozess.

Das Einlagenmanagement ist mit dem Beschaffungssektor eines produzierenden Unternehmens vergleichbar. Die primäre Aufgabe besteht in der Finanzierung bzw. Refinanzierung der Aktivgeschäfte. Dabei hat in den letzten Dekaden eine spürbare Veränderung im Anlageverhalten insbesondere der privaten Akteure stattgefunden. Bestand in früheren Jahren die private Geldkapitalbildung zu wesentlichen Teilen aus Spareinlagen mit durchschnittlich bescheidener Verzinsung, kann heute eine deutlich differenziertere Aufteilung der Anlageformen beobachtet werden:

- Die Einlagen reagieren empfindlich auf Zinsdifferenzen, so dass vornehmlich in Phasen mit inverser Zinsstrukturkurve in erheblichem Umfang Termindepositen nachgefragt werden.
- Zudem verlagern private Haushalte ihre Anlageschwerpunkte zunehmend in den Bereich festverzinslicher Wertpapiere insbesondere staatlicher Emittenten.
- Durch die Strukturverschiebungen bei der privaten Geldkapitalbildung sind Banken in größerem Ausmaß als früher gezwungen, ihren Finanzbedarf bei Kapitalanlagegesellschaften oder Versicherungen zu decken. Hierdurch sind die Finanzierungskosten im Durchschnitt spürbar gestiegen.
- Private Anlageinvestitionen in Anteilspapiere (Aktien) entziehen den Banken zusätzlich Einlagenpotential mit entsprechenden negativen Renditekonsequenzen. Die Kreditinstitute versuchen dieser Entwicklung durch die Verlagerung ihrer Geschäftstätigkeit in den Handelsbereich Rechnung zu tragen.

Die Beschaffung eigener Mittel ist eine notwendige Nebenbedingung, um Bankgeschäfte überhaupt dauerhaft betreiben zu können. Im Vordergrund steht üblicherweise die Haftungsfunktion des Eigenkapitals, auf die im Zusammenhang mit den Regulierungsbegründungen im Finanzsektor noch ausführlich eingegangen wird (vgl. Kapitel 11). In völliger Analogie zum Liquiditäts- und Anlagenmanagement gilt ein Augenmerk der Eigenkapitalbeschaffung ebenfalls der Renditeorientierung. Gleichwohl sind die Zusammenhänge zwischen Rentabilität auf der einen und Risikobegrenzung auf der anderen Seite für Banken ausgesprochen komplex. Nicht zuletzt die internationale Finanzkrise hat die mangelnde Eignung der Eigenkapitalrentabilität als Orientierungsgröße für das Bankmanagement mehr als eindrücklich demonstriert.

Vor diesem Hintergrund gewinnen Kennzahlen an Bedeutung, die zum einen die „Kosten" der Ertragserzielung reflektieren (**Cost-Income-Ratio** oder **Kosten-Ertrags-Relation**) und zum anderen berücksichtigen, dass die angemessene Vergütung der Bereitstellung von Fremdkapital die Attraktivität des Institutes aus der Sicht des Anlegers erhöht. Folglich erscheint eine (modifizierte) Kennziffer „**Gesamtkapitalrentabilität**" als Vergleichsmaßstab sowohl angemessen als auch sinnvoll.

Die Cost-Income-Ratio (CIR) ist definiert als der Quotient aus Verwaltungsaufwendungen einerseits und der Summe der Zins- und Provisionserträge andererseits. Sie gibt, als Prozentzahl interpretiert, wieder, wie viel Aufwand „investiert" werden muss, um eine Einheit Ertrag zu erzielen. Je niedriger die Kosten-Ertrags-Relation, desto effektiver („besser") arbeitet die Bank. Freilich gilt es sorgfältig zu differenzieren: Die „angemessene" CIR ist abhängig vom Geschäftsmodell eines Kreditinstitutes. Wird bewusst und konsequent der direkte Kundenkontakt (auch) in der Fläche gesucht, sind die erforderlichen Personalaufwendungen relativ hoch, mithin die CIR ebenfalls. Banken mit geringerer Filialdichte können daher niedrigere CIRs realisieren.

Die für Kreditinstitute zweckmäßige Gesamtkapitalrendite (GKR) setzt die Summe aus Fremdkapitalzinsen (Zinsaufwand) und Jahresüberschuss (vor Steuern) in Beziehung zum Gesamtkapital (Bilanzsumme). Diese Definition verdeutlicht, dass hohe Jahresüberschüsse in der Regel (nur) zu Lasten der Fremdkapitalgeber erzielt werden können, letztere aber dann nicht selten zudem höhere Insolvenzrisiken tragen müssen. Wie in der Finanzkrise gesehen, konnten überdurchschnittliche Eigenkapitalrenditen vornehmlich durch die massive Erhöhung des Verschuldungsgrades generiert werden, mit der Folge z.T. äußerst geringer Haftungspuffer für Zahlungsausfälle auf der Aktivseite der Bankbilanz.

Schaubild 8.2: Cost-Income-Ratio ausgewählter Bankengruppen

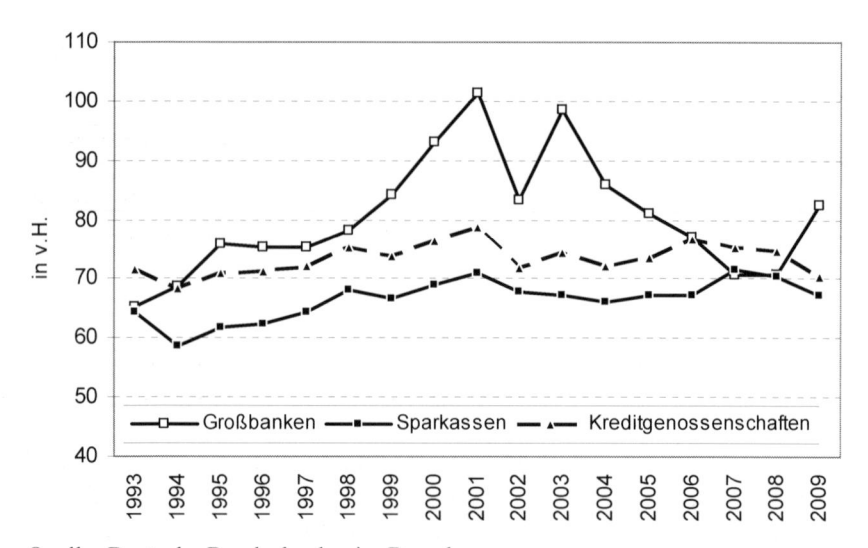

Quelle: Deutsche Bundesbank; eig. Berechnungen

Schaubild 8.2 spiegelt die deutlich unterschiedlichen Ertragsverhältnisse in den drei wesentlichen Säulen des deutschen Bankensektors wider. Auffällig sind nicht nur die abweichenden Niveaus der CIR, sondern auch die großen Differenzen bei der Variabilität der Kennziffer. Den Großbanken ist es im Betrachtungszeitraum offensichtlich nicht gelungen, hinreichend hohe Erträge auf einer stabilen Geschäftsgrundlage zu erzielen. Sie wurden im Übrigen von den Folgen der Finanzmarktkrise besonders stark getroffen.

Wesentlich ähnlicher liegen indes die Verhältnisse beim Vergleich der Gesamtkapitalrentabilität. Zwar sind auch hier die Schwankungen im Segment der Großbanken ebenfalls erkennbar größer, gleichwohl liegen die Jahreswerte im langfristigen Durchschnitt erstaunlich nah beieinander (vgl. Schaubild 8.3). Die durchaus unterschiedlichen Geschäftsmodelle der Bankengruppen waren zumindest in den vergangenen (knapp) zwei Dekaden ähnlich erfolgreich.

Schaubild 8.3: Gesamtkapitalrendite ausgewählter Bankengruppen

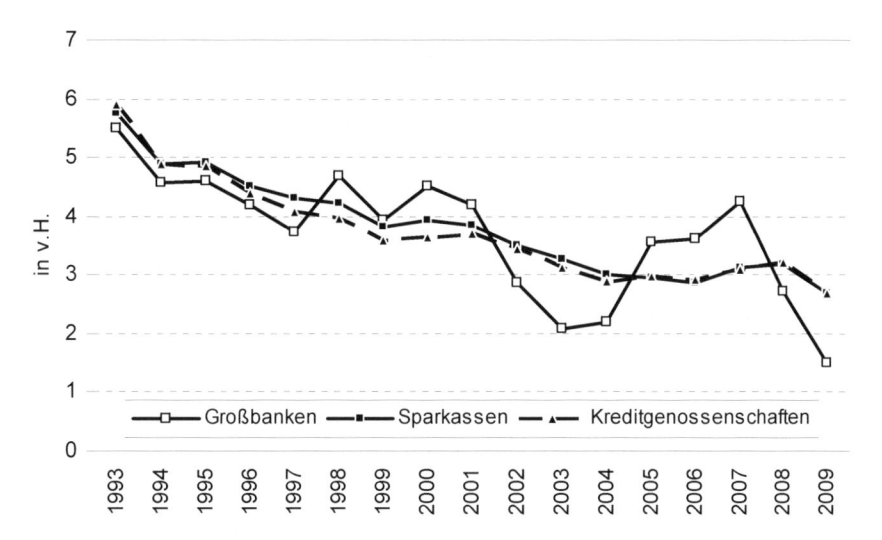

Quelle: Deutsche Bundesbank; eig. Berechnungen

Schaubild 8.1 haben wir entnommen, dass Banken (nicht nur) in Deutschland mit im Vergleich zu gewerblichen Unternehmen weit unterdurchschnittlichen Eigenkapitalquoten arbeiten. Dies bedeutet auch, dass sie nur in sehr geringem Umfang absolute Risiken zu tragen imstande sind. Die Risikopufferfunktion des Eigenkapitals ist demzufolge sehr begrenzt. Nicht zuletzt deshalb investieren Finanzinstitute in die Entwicklung von Strategien zur Vermeidung oder Begrenzung von Kredit- bzw. Zinsänderungsrisiken.

Im Rahmen des Kreditrisikomanagements stehen die Kreditwürdigkeitsprüfung (Screening) sowie die Kreditüberwachung (**Monitoring**) an erster Stelle der regelmäßigen Maßnahmen. Beide Verfahren dienen der intensiven Informationsbeschaffung über aktuelle oder potentielle Schuldner. Es ist unmittelbar einsichtig, dass für diese Zwecke auf Dauer angelegte Geschäftsverbindungen von großem Vorteil sind. Der Gläubiger erhält hier einen permanenten Einblick in die Investitions- und Finanzierungsaktivitäten des Schuldners, über seine laufenden Einnahmen und Ausgaben sowie die Qualität der unternehmerischen Finanzplanung. Der Kreditnehmer seinerseits kann in einer Hausbankbeziehung von ihm bekannten Ansprechpartnern oder verkürzten Entscheidungsfristen profitieren sowie zudem die Vertrauensbildung auf beiden Seiten intensivieren.

Begleitet werden die Informationsbeschaffungsanstrengungen regelmäßig von Besicherungsmaßnahmen für zugesagte Darlehen. Hierdurch kann vor allem das Vermögensrisiko verringert werden, das darin besteht, dass der Kreditnehmer bei einem unternehmerischen Misserfolg über keine verwertbaren Vermögensgegenstände mehr verfügt, die zur Deckung der Darlehensschuld verwendet werden könnten. Durch die frühzeitige juristische Übereignung von Rechten an wertsicheren Aktivpositionen (z.B. Grundstücke oder Gebäude) steht dem Gläubiger ein privilegierter Anspruch auf Bedienung seiner ausstehenden Forderung zu. Allerdings kann dieser Anspruch erst im Falle des dauerhaften Zahlungsverzuges durchgesetzt werden, das Liquiditätsrisiko des Darlehensnehmers verringert eine Besicherung daher üblicherweise nicht. Dieses besteht in der Gefahr einer nicht fristgerechten laufenden Zahlung der Zins- bzw. Tilgungsleistungen für die Kreditschuld.

Das Management von Zinsänderungsrisiken ist in der Praxis komplexer, da hier die Fristigkeitsverhältnisse auf Aktiv- und Passivseite der Bankbilanz simultan beachtet werden müssen. Ein Zinsänderungsrisiko entsteht grundsätzlich dann, wenn die Ausleihungen eine andere Fristigkeitsstruktur aufweisen als die Einlagen. So ist die Finanzierung langfristiger Kredite durch kurzfristige Einlagen immer dann lukrativ, wenn der langfristige Sollzinssatz (deutlich) höher ist als der kurzfristige Habenzins (normale Zinsstruktur). Kehrt sich jedoch die Vorteilhaftigkeit zwischen kurz- und langfristiger Anlage um (inverse Zinsstruktur), dann müssen die Konditionen auf der Passivseite erfolgsschädlich angepasst werden, während die Aktivpositionen, z.B. durch Festzinsvereinbarungen, auch weiterhin – jetzt relativ – niedrige Erträge erzielen. In der Bankpraxis bedient man sich technisch und analytisch z.T. sehr aufwendiger Methoden zur Abschätzung und Kontrolle des Zinsänderungsrisikos. Begleitend werden Hedginginstrumente eingesetzt, um das (absolute) Zinsänderungsrisiko zu begrenzen. Erneut wird der Trade-off zwischen Sicherheits- und Ertragsziel deutlich: Je geringer die Zinsänderungsrisiken sind, desto geringer ist auch (ceteris paribus) die erwartete Nettorendite und umgekehrt. Einmal mehr – und nicht zum letzten Mal – stoßen wir auf die Risikoeinstellung der Bankmanager als ausschlaggebenden Handlungsparameter.

Literaturhinweise

Die Theorie der Bank ist primär Gegenstand der bankbetriebswirtschaftlichen Literatur, insofern bieten sich als umfassende Lehrbücher die Monographien von Hartmann-Wendels u.a. (2010) sowie Büschgen/Börner (2003) an. Freilich gehen beide sehr viel weiter ins Detail als für unsere Zwecke notwendig.

In den Monatsberichten der Deutschen Bundesbank wird jährlich (zumeist im Herbst) über die Ertragslage der deutschen Kreditinstitute referiert, den statistischen Anhängen zu den jeweiligen Berichten lassen sich u.a. die Daten entnehmen, die dem Schaubildern 8.2 und 8.3 zugrunde liegen. Hier finden sich umfangreiche Informationen über die Markt- und Wettbewerbsverhältnisse, denen in Deutschland ansässige Finanzinstitute ausgesetzt sind. Einen umfassenden internationalen Vergleich der Performance von Banken liefern Gischer/Richter (2009), eine kritische Auseinandersetzung mit Messkonzepten präsentiert Gischer (2010).

Zur Vertiefung der in den Abschnitten 2 und 3 skizzierten Fragestellungen bieten sich vor allem zwei englischsprachige Werke an, die gleichzeitig einen Einblick in die amerikanischen Verhältnisse gestatten, Mishkin (2009) und Greenbaum/Thakor (2007) können uneingeschränkt zur Lektüre empfohlen werden, ein kursorischer Abriss zur Risikosituation von Banken findet sich bei Gischer (1999).

Zusammenfassung

1. Kreditinstitute sind insbesondere in Deutschland wichtige Mittler zwischen vornehmlich privaten Anlegern und öffentlichen oder privaten Schuldnern.

2. Die Eigenkapitalausstattung von Banken ist im Vergleich zu gewerblichen Unternehmen gering.

3. Neben der Abwicklung von bilanzwirksamen Geschäften betätigen sich Kreditinstitute u.a. als Makler für Wertpapiertransaktionen oder Agenten bei Börsengängen oder Unternehmensfusionen.

4. Die vornehmlichen mikroökonomischen Funktionen kommen Finanzinstituten beim Delegated Monitoring, der zentralen Liquiditätsvorsorge sowie der langfristigen Finanzierung von nicht börsenfähigen Unternehmen zu.

5. Im Rahmen ihrer Geschäftstätigkeit sind Banken speziellen Risiken ausgesetzt. Hierzu zählen vor allem das Kredit-, das Zinsänderungs- und das Liquiditätsrisiko.

6. Durch eine geeignete Gestaltung der Bilanzstruktur auf der Aktiv- und Passivseite kann den Bankrisiken Rechnung getragen werden.

7. Die Risikoeinstellung der Akteure ist ein ausschlaggebender Parameter bei der Analyse des Bankenverhaltens.

Schlüsselbegriffe
Anlagenmanagement
Asymmetrische Informationsverteilung
Cost-Income-Ratio (CIR)
Delegated Monitoring
Economies of Scale
Economies of Scope
Eigenkapitalmanagement
Einlagenmanagement
Gesamtkapitalrentabilität (GKR)
Hausbankverhältnis
Implizite Kontrakte
Investmentbanking
Kommissionsgeschäfte
Kosten-Ertrags-Relation
Kreditrisiko
Liquiditätsmanagement
Liquiditätsschock
Monetäre Finanzinstitute (MFI)
Monitoring
Moral Hazard
Principal-Agent-Situation
Risikoeinstellung
Screening
State Verification
Transaktionskosten
Zinsänderungsrisiko

Kapitel 9

Kreditrationierung: Modellansatz und Relevanz

Zum Inhalt von Kapitel 9

Im vorangegangenen Kapitel haben wir herausgestellt, dass Banken einen großen Teil ihrer Erträge mit der Vergabe von Krediten an private und öffentliche Schuldner erwirtschaften. Wir haben aber auch auf die damit verbundenen Risiken hingewiesen. In diesem Abschnitt wollen wir nunmehr das Kreditvergabeverhalten von Banken genauer analysieren. Da sich Finanzinstitute bei der Darlehensgewährung stets in einer Situation befinden, in der sie systematisch über weniger relevante Informationen verfügen als der Kreditnehmer, werden sie auch spezielle Vorsichtsmaßnahmen treffen, um die tatsächlichen Kreditrisiken möglichst zu begrenzen. Die Kreditrationierung ist ein Verfahren, das diesen Überlegungen Rechnung trägt.

Nachfolgend werden zunächst die Besonderheiten von Kreditbeziehungen diskutiert, wir präzisieren hier vor allem die Varianten und Konsequenzen der asymmetrischen Informationsverteilung. Im nächsten Schritt formulieren wir einfache Modellansätze der Kreditrationierung und arbeiten die markttheoretischen Schlussfolgerungen heraus. Abschließend schlagen wir die Brücke zur Makroökonomik und bereiten damit die Argumentation zu den Übertragungswegen der Geldpolitik vor.

9.1 Besonderheiten von Kreditmarktbeziehungen

In den weiteren Ausführungen wollen wir unter Kreditmarktbeziehungen Konstellationen verstehen, in denen Banken unverbriefte Darlehen an private Nichtbanken, vornehmlich Unternehmen, vergeben. Wir blenden bewusst den Handel mit verbrieften Forderungen, also Wertpapieren im engeren Sinne, aus, da hier – im Gegensatz zum Bankenkreditmarkt – die Anforderungen an ideale Märkte als weitgehend erfüllt angesehen werden können. Dies gilt insbesondere für die Beurteilung der Wettbewerbsverhältnisse, die bei börsengängigen Effekten ohne gravierende Einschränkungen als polypolistisch angesehen werden dürfen.

Kreditmärkte unterscheiden sich in einer Reihe von Eigenschaften von Märkten, auf denen physische Güter und nicht-finanzielle Dienstleistungen getauscht werden. Von besonderer Bedeutung ist der zeitliche Aspekt. Während der einfache Güterkauf Zug-um-Zug, also Ware gegen unmittelbare Bezahlung, abgewickelt wird, erbringt bei der Kreditgewährung der Gläubiger eine einseitige Vorleistung, indem er dem Schuldner Finanzmittel zur Verfügung stellt, die dieser erst zu einem späteren Zeitpunkt zurückzahlen soll. Die Auswahl geeigneter Schuldner wird damit zum entscheidenden Problem für den (potentiellen) Kreditgeber. Letztendlich wird sich die Bank bei der Darlehensvergabe mit Erwartungen über die (tatsächlichen) zukünftigen Zahlungen des Schuldners zufrieden geben müssen.

Die Kreditbeziehung ist nachhaltig von der asymmetrischen Ausstattung mit entscheidungsrelevanten Informationen zwischen Gläubiger und Schuldner geprägt. Während dem Kreditgeber über die Laufzeit des Darlehenskontraktes keine nennenswerten Handlungsspielräume offen stehen, bestimmt der Schuldner u.a. die Wahl des durchzuführenden Investitionsprojektes. Insbesondere wenn ihm unterschiedliche risikoreiche Alternativen zur Verfügung stehen, kann der Darlehensnehmer die zu erwartenden Nettorückflüsse zum Nachteil des Kreditgebers gestalten. Diese, für den Gläubiger ex ante nicht erkennbaren, **Hidden Actions** begründen das Phänomen des moralischen Risikos (Moral Hazard). Zu adverser Selektion (**Adverse Selection**) können Situationen führen, in denen (ökonomisch) leistungsfähige mit weniger leistungsfähigen Kreditnehmern in einem einzigen, nicht präzise trennbaren Marktsegment (**gepoolter Markt**) um Kreditkontrakte konkurrieren. Hier verhindern unter Umständen die **Hidden Characteristics** der Nachfrager eine optimale Darlehensallokation (Spremann, 1990). Theoretische Modelle des Finanzmarktes berücksichtigen diese Probleme, indem sie regelmäßig von gepoolten Märkten ausgehen, in denen ex ante nicht separierbare Güter unterschiedlicher Qualität gehandelt werden. Gesucht wird dann gleichsam nach der für die Bank gewinnmaximalen *Mischung*.

In der Gütermarkttheorie sieht sich der Nachfrager stets einer Budgetrestriktion ausgesetzt. Die Analyse von Finanzmärkten berücksichtigt Beschränkungen der Zahlungsfähigkeit üblicherweise nicht, sondern definiert das Rückzahlungspotential des Kreditnehmers über den Erfolg der durchgeführten Investition. Bedeutsam ist dieses Untersuchungsverfahren insofern, als hiermit ein einzelnes (geplantes) Projekt isoliert betrachtet wird, ohne das kreditaufnehmende Unternehmen als Ganzes, d.h. mit allen bereits in früheren Perioden eingegangenen Verpflichtungen, zu berücksichtigen. Die in der Praxis häufig umfangreiche und detaillierte Prüfung der Kreditwürdigkeit durch den Gläubiger reduziert sich mithin auf die Suche nach der relevanten Dichtefunktion der Investitionsrückflüsse.

Korrespondierend zur **Budgetrestriktion** der Nachfrager unterliegt der Anbieter in Gütermarktmodellen einer Beschränkung seiner Ressourcen. Diese findet ihren Niederschlag im jeweiligen Verlauf der (Grenz-)Kostenfunktion bzw. in Kapazitätsengpässen. Auf kompetitiven Gütermärkten entscheidet die individuelle Höhe der Grenzkosten über das mengenmäßige Angebot und die Absatzchancen. Als Ressourcen der (potentiellen) Kreditvergabe fungieren bei Banken die Kundeneinlagen sowie die Refinanzierungskontingente bei der Zentralbank. In der Praxis stellen diese Finanzierungsquellen allerdings nur selten bindende Restriktionen dar, m.a.W. die Möglichkeit zur zusätzlichen Kreditvergabe kann in der Regel vorausgesetzt werden. Zudem ändern sich mit der (marginalen) Hereinnahme weiterer Einlagen die Finanzierungsgrenzkosten nicht, die Grenzkostenfunktion verläuft demnach im relevanten Bereich typischerweise waagerecht.

9.2 Theoretische Modelle der Kreditvergabe

Eine Bank ist sich, als institutioneller Gläubiger, der beschriebenen Probleme bei der Kreditvergabe zweifellos bewusst, die regelmäßig durchgeführte Kreditwürdigkeitsprüfung dient daher auch nicht nur der Erfüllung gesetzlicher Auflagen, sondern bildet zugleich die Grundlage der Abschätzung der mutmaßlichen Ausfallwahrscheinlichkeit einzelner Kreditforderungen. Im gleichen Atemzuge stellt sich jedoch die Frage, wie das Finanzinstitut mit dem (subjektiven) Ausfallrisiko umgehen soll? Grundsätzlich stehen drei Verhaltensvarianten zur Auswahl:
- Die Bank kompensiert den (mittleren) erwarteten Ausfall über den Kreditpreis, d.h. im vertraglich vereinbarten Darlehenszinssatz ist ein hinreichender Risikoaufschlag enthalten (**Risikoabgeltungshypothese**).
- Der Kreditgeber akzeptiert nur Darlehensverträge, die ein vorgegebenes (absolutes oder relatives) Risikoniveau nicht überschreiten (**Risikonormierungshypothese**).
- Kreditanträge, die ein erkennbares Ausfallrisiko beinhalten, werden grundsätzlich nicht abgeschlossen (**Risikovermeidungshypothese**).

Die Risikovermeidungshypothese stellt streng genommen einen Spezialfall der Risikonormierung dar, das hinnehmbare Risikoniveau beträgt dann gerade Null. Folglich sind für die weitere Analyse nur noch die beiden erstgenannten Varianten von Bedeutung.

Die Vorgehensweise der Risikoabgeltung lässt sich anhand eines einfachen Beispiels leicht demonstrieren. Angenommen eine Bank hätte die Alternative, einen Betrag K zum sicheren Zinssatz i_s für eine Periode anzulegen oder zum Zinssatz i_r als Kredit zu vergeben, wobei dieses Darlehen mit der Wahrscheinlichkeit p, $0 < p < 1$, (vollständig) ausfällt, m.a.W. nicht zurückgezahlt wird. Das Finanzinstitut ist indifferent zwischen den beiden Anlagemöglichkeiten, wenn die Erwartungswerte der Rückzahlung identisch sind, d.h. wenn gilt

(9.1) $\quad K \cdot (1+i_s) = K \cdot (1+i_r) \cdot (1-p)$.

Da die Anlagebeträge K identisch sind, lässt sich der risikoadäquate Zinssatz i_r unmittelbar durch einfache Umformung von (6.1) ermitteln:

(9.2) $\quad i_r = \dfrac{1+i_s}{1-p} - 1$.

Man erkennt, dass der Zinssatz für den risikobehafteten Kredit wie intuitiv erwartet mit der Ausfallwahrscheinlichkeit zunimmt. Der Risikoaufschlag Δi auf den sicheren Zinssatz beträgt

(9.3) $\quad \Delta i = i_r - i_s = \dfrac{p}{1-p} \cdot (1+i_s)$.

Der eher unscheinbare Ausdruck (9.3) enthält eine wichtige Erkenntnis: Der Risikoaufschlag steigt überproportional mit der Ausfallwahrscheinlichkeit, d.h. selbst kleine (absolute) Veränderungen der Wahrscheinlichkeit des Kreditausfalls können zu einer erheblichen Zunahme des risikoadäquaten Darlehenszinssatzes führen. Im Prinzip lässt sich jedoch jedes Ausfallrisiko durch einen gemäß (9.3) kalkulierbaren Zinsaufschlag kompensieren. Dies gilt nicht nur für den hier betrachteten einperiodigen Kreditvertrag, sondern auch analog für mehrperiodige Darlehen.

Im nächsten Schritt nehmen wir eine Modifikation des bisherigen Modells vor, in dem wir unterstellen, dass Ausfallrisiko und (geforderter) Darlehenszinssatz nicht unabhängig voneinander sind. Vielmehr berücksichtigen wir im weiteren die asymmetrische Informationsverteilung zwischen Gläubiger und Schuldner und machen uns zusätzlich eine wichtige Eigenschaft von Kreditverträgen deutlich. Bei einem Darlehen handelt es sich grundsätzlich um einen **Festbetragsanspruch**, dessen Höhe definitionsgemäß vom realisierten Investitionsertrag unabhängig ist. Folglich ist die genaue Höhe der Zins- bzw. Tilgungsverpflichtung nur im Falle der tatsächlichen Zahlungsfähigkeit des Schuldners von Bedeutung. Von einer Zinserhöhung sind somit Investoren mit geringem Misserfolgsrisiko de facto stärker betroffen als Kreditnehmer, deren Projekte eine größere Misserfolgswahrscheinlichkeit aufweisen. Von den möglicherweise positiven Ertragserwartungen riskanter Projekte profitiert mithin der Schuldner allein, während die negativen Folgen auch vom Gläubiger getragen werden (müssen).

> **Box 9.1: Ausfallwahrscheinlichkeit und Zinsaufschlag**
>
> Wir haben bei der Analyse der Risikoabgeltungshypothese mit Gleichung (9.3) einen Zusammenhang zwischen der Wahrscheinlichkeit des Kreditausfalls und dem zur Kompensation erforderlichen Zinsaufschlag abgeleitet. Durch die Umkehrung der Sichtweise kann man aber gleichzeitig ermitteln, welche Ausfallwahrscheinlichkeiten sich mit gegebenen Risikoprämien abgelten lassen. Die nachfolgende Tabelle gibt Auskunft über die Größenordnungen bei alternativen Zinssätzen für die sichere einperiodige Anlage:
>
> | $i(r)-i(s)$ | $i(s)=0{,}04$ | $i(s)=0{,}06$ | $i(s)=0{,}08$ |
> |---|---|---|---|
> | | p (in v.H.) | p (in v.H.) | p (in v.H.) |
> | 0,005 | 0,48 | 0,47 | 0,46 |
> | 0,010 | 0,95 | 0,93 | 0,92 |
> | 0,020 | 1,89 | 1,85 | 1,82 |
> | 0,040 | 3,70 | 3,64 | 3,57 |
> | 0,080 | 7,14 | 7,02 | 6,90 |
>
> Man erkennt, dass die abgeltbaren Ausfallwahrscheinlichkeiten selbst bei außergewöhnlichen Zinsaufschlägen eher bescheiden bleiben. Einer Verdoppelung des Zinssatzes bei einem Ausgangsniveau von 4 v.H. steht gerade einmal eine Kompensation für $p = 3{,}7$ v.H. gegenüber, für einen sicheren Zinssatz von 8 v.H. kann durch die Anhebung des Risikosatzes auf 16 v.H. eine Ausfallwahrscheinlichkeit von lediglich 6,9 v.H. ausgeglichen werden. Berücksichtigt man darüber hinaus, dass die in der Praxis beobachtbaren Zinsdifferenzen für gleichartige Kontrakte in der Regel vier bis sechs Prozentpunkte nicht wesentlich überschreiten, dann kann eine nennenswerte Abgeltung von Kreditrisiken über den Zinssatz kaum angenommen werden.
>
> Das bedeutet nun selbstverständlich nicht, dass *gute* und *schlechte* Schuldner identische Konditionen erhalten, sondern dass die tatsächlich realisierten Zinsdifferenzen letztendlich Verhandlungsmachtunterschiede widerspiegeln. Außerdem skizziert das obige Beispiel allein den einjährigen Kreditvertrag, bei mehrjährigen Kontrakten, z.B. mit Annuitätentilgung, sind die über den Zinssatz kompensierbaren Ausfallrisiken größer. Freilich sind hier auch die empirisch beobachtbaren Dispersionen geringer, zudem sind derartige Darlehen in der weitaus überwiegenden Mehrzahl besichert. Am qualitativen Ergebnis in bezug auf die abgeltbaren Ausfallrisiken ändert sich indes nichts.

Für den Schuldner besteht also ein Anreiz, unter alternativen Investitionsprojekten mit identischem (Gewinn-)Erwartungswert dasjenige auszuwählen, das die höchste Streuung der Rückzahlungsbeträge aufweist: Im negativen Fall *verliert* vor allem die Bank ihre Kreditforderung, im positiven Fall profitiert der Darlehensnehmer vom begrenzten Anspruch des Finanzinstituts. Allerdings nimmt mit diesem Verhalten des Schuldners bei steigendem Zinssatz die Ausfallwahrscheinlichkeit der Kreditforderung zu. Für unsere Modellbetrachtung bedeutet dies:

(9.4) $\quad p = p(i)$ mit $\quad \dfrac{dp}{di} > 0$.

Aus der Sicht der Bank beläuft sich der erwartete Bruttoertrag π^B (vor Abzug der Finanzierungskosten) folglich auf

(9.5) $\quad \pi^B = [1 - p(i)] \cdot (1 + i) \cdot K$.

Unter der Annahme, die Bank maximiere π^B durch geeignete Festlegung des Zinssatzes i, folgt als Bedingung 1. Ordnung:

(9.6) $\quad \dfrac{d\pi^B}{di} = -\dfrac{dp(i)}{di} \cdot (1+i) \cdot K + [1-p(i)] \cdot K \overset{!}{=} 0$.

Unglücklicherweise ist der Ausdruck (9.6) etwas unübersichtlich, er lässt sich jedoch vereinfachen, wenn man berücksichtigt, dass

- $K > 0$ ist und

- $\varepsilon_{p,i} = \dfrac{dp(i)}{di} \cdot \dfrac{i}{p(i)} > 0$ als Elastizität der Ausfallwahrscheinlichkeit in bezug

auf eine Veränderung des Zinssatzes definiert werden kann.

Umformen von (6.6) und Auflösen nach *i* führen schließlich zu der nachfolgenden Beziehung

(9.7) $\quad i^* = \dfrac{-\varepsilon_{p,i}}{1 - \dfrac{1}{p(i)} + \varepsilon_{p,i}} > 0 \quad$, wenn $\quad \varepsilon_{p,i} < \dfrac{1}{p(i)} - 1$.

Man beachte, dass $0 < p(i) < 1$ gilt, d.h. der Bruch auf der rechten Seite der letzten Ungleichung ist stets größer als 1, die Nebenbedingung $\varepsilon_{p,i} > 0$ wird folglich nicht verletzt. Die Bedingung 2. Ordnung für ein Maximum von (9.5) ist im Übrigen mindestens dann erfüllt, wenn

(9.8) $\quad \dfrac{d^2 p(i)}{di^2} \geq 0$.

Das Schaubild 9.1 gibt die Ergebnisse unserer arithmetischen Analyse wieder.

Schaubild 9.1: Bruttoertragsfunktion einer Bank

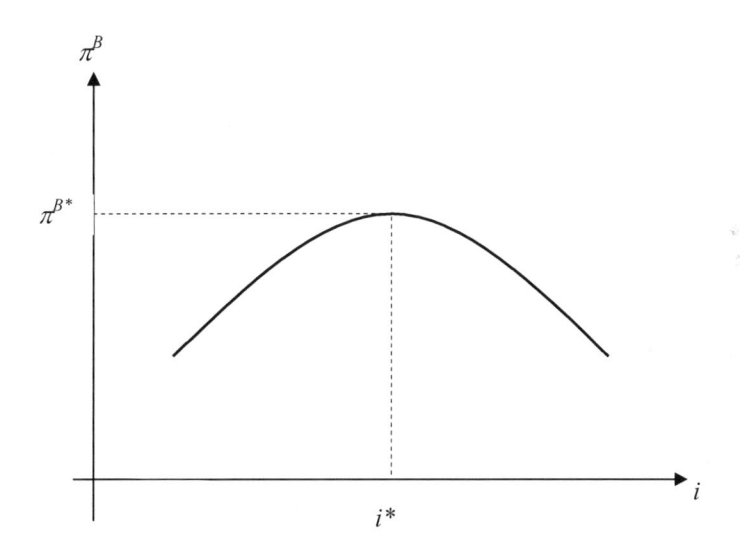

Welche Schlussfolgerungen lassen sich nun aus diesen eher abstrakt anmutenden Darlegungen ziehen? Die inhaltliche Konsequenz aus der Gültigkeit von (9.7) ist gravierend, denn wir haben gezeigt, dass unter bestimmten Voraussetzungen für die Bank ein gewinnmaximierender Zinssatz i^* existiert, d.h. kein Finanzinstitut wird in unserem gewählten Kontext für einen Kreditkontrakt einen Zins $i > i^*$ fordern. Für eine Marktsituation, in der die Kreditnachfrage $K^N(i^*)$ größer ist als das Darlehensangebot $K^A(i^*)$, folgt somit *keine* Zinserhöhung (wie auf walrasianischen Gütermärkten mit Nachfrageüberhang), sondern die mengenmäßige Rationierung eines Teils der Nachfrage. In unserem Modellbeispiel ist eine nicht-monoton steigende Beziehung zwischen (erwartetem) Bruttogewinn und Zinssatz die einzige *notwendige* Bedingung für Kreditrationierung.

Die in der Literatur als grundlegend geltende Analyse von Stiglitz/Weiss (1981) verwendet andere Annahmen, gelangt aber zu weitgehend identischen Resultaten. Ausgehend von risikoneutralen Gläubigern, die sich zwei Gruppen von ex ante nicht unterscheidbaren Kreditnehmern mit unterschiedlichen Wahrscheinlichkeitsverteilungen der Kreditrückzahlung (**Poolingsituation**) gegenübersehen, wird ein Modell formuliert, das als Ergebnis Allokationen zulässt, in denen der Kreditmarkt ebenfalls nicht-preisgeräumt ist. Dies hat zur Konsequenz, dass bei dem für die Bank optimalen Kreditzinssatz ein Nachfrageüberhang existiert, der nicht durch einen Anstieg des Zinses ausgeglichen werden kann (**Rationierungs-Gleichgewicht**). Da die Gläubiger annahmegemäß den erwarteten Gewinn der Kreditgewährung bei exogenem (kompetitivem) Refinanzierungszinssatz maximieren, würde eine Erhöhung des Kreditzinses über das bankoptimale Niveau die Ausfallwahrscheinlichkeit der vergebenen Darlehen erhöhen und damit die erwartete Rückzahlung verringern. Die Gewinnerwartungsfunktion der Bank in Abhängigkeit vom geforderten Kreditzins weist mithin ein globales Maximum auf.

Schaubild 9.2: Rationierungs-Gleichgewicht auf dem Kreditmarkt

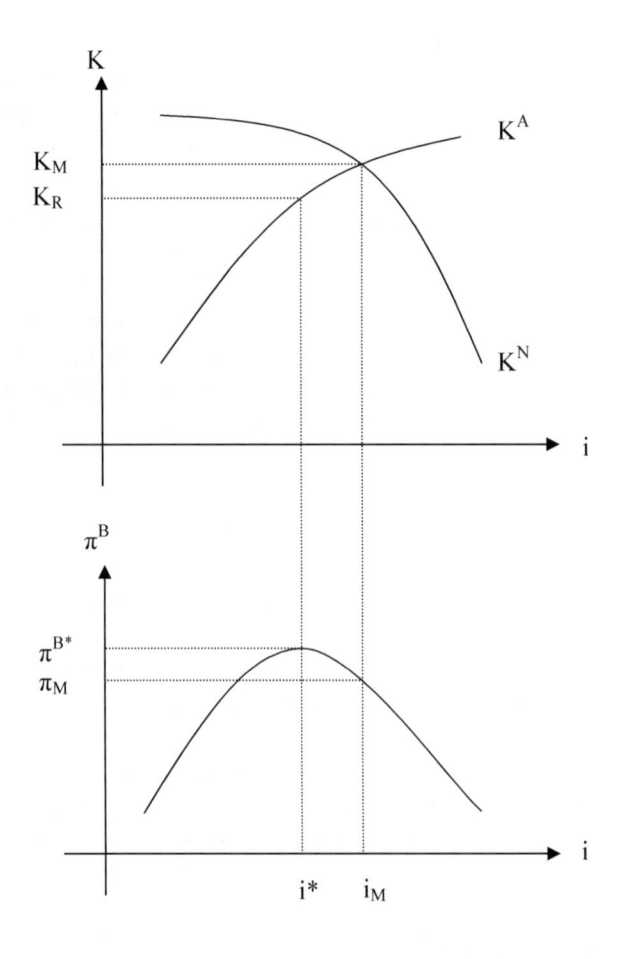

In Schaubild 9.2 wird die Situation noch einmal grafisch verdeutlicht. Der herkömmliche (walrasianische) Gleichgewichtszinssatz i_M würde zwar den Kreditmarkt räumen, nicht aber für die einzelne Bank den Gewinnerwartungswert π^B maximieren. Für das Kreditinstitut wäre der Zinssatz i*, mit dem korrespondierenden erwarteten Gewinn π^{B*}, lukrativer, obwohl in diesem Falle die Kreditnachfrage K^N größer wäre als das Kreditangebot K^A.

Konstituierend für diese in unterschiedlichen Modellrahmen erzielten Ergebnisse sind die bereits beschriebenen Möglichkeiten von Adverse Selection und Moral Hazard. Die Unterscheidung in riskante und weniger riskante Investitionsprojekte, deren jeweiliger Nettogewinn für den Schuldner vom geforderten Darlehenszins abhängt, kann zu Situationen führen, in denen sich weniger riskante Projekte nicht mehr lohnen und demzufolge ab einem kritischen Zinsniveau nur noch stärker ausfallgefährdete Investitionen durchgeführt werden. Verfügt der jeweilige Kreditnachfrager über nur genau ein (entweder riskantes oder weniger riskantes) Projekt, besteht die Gefahr von Adverse Selection. Kann ein einzelner Schuldner zwischen alternativen Investitionsvorhaben wählen und hängt die Entscheidung für das riskantere Projekt wie skizziert vom Zinsniveau ab, können Zustände mit Moral Hazard resultieren. In jedem dieser Fälle sind – wie gesehen – Allokationen ableitbar, die im (neo-)klassischen Sinne *ungleichgewichtig* genannt werden können.

Freilich ist es wenig zweckmäßig, den walrasianischen Gleichgewichtsbegriff auf Märkte anzuwenden, die den Vollkommenheitsanforderungen (definitionsgemäß) nicht entsprechen. Insofern können die abgeleiteten Rationierungsergebnisse sehr wohl stabil und damit – im modifizierten Sinne – als gleichgewichtig angesehen werden, wenn keine Bank einen Anreiz hat, vom realisierten, nicht-preisgeräumten Marktzustand abzuweichen. Darüber hinaus besteht durchaus die Möglichkeit, dass ein Rationierungsgleichgewicht die Forderungen an Pareto-Effizienz erfüllt (Jaffee/Stiglitz, 1990, S. 868).

9.3 Rationierungskonsequenzen und Korrekturmöglichkeiten

Die Erkenntnis, die wesentliche Ursache nicht-preisgeräumter Marktallokationen in der Informationsasymmetrie der beteiligten Marktseiten zu suchen, weist den Weg für die Analyse möglicher Korrekturinstrumente. Die Beseitigung der ungleichen Verteilung relevanter Informationen oder die Implementierung trennfähiger Sortierkriterien würden die Poolingsituation vermeiden können und dem (herkömmlichen) Marktmechanismus wieder Geltung verschaffen. Gleichwohl sind derartige Lösungen leichter gefordert als gefunden. Selbst bei dem nachhaltigen Versuch, Kreditnachfrager geeignet zu klassifizieren, besteht eine Reihe von gravierenden Problemen. So kann etwa die Zahl der Risikogruppen kleiner sein als die tatsächliche Zahl der unterschiedlichen Qualitäten. Zudem wird möglicherweise nur ein Teil der Kunden klassifiziert oder es treten Klassifizierungsirrtümer auf. Letztendlich kommt es zum Pooling unterschiedlicher Schuldner in mindestens einer Gruppe, womit die prinzipiellen Voraussetzungen für ein Gleichgewicht mit Überschussnachfrage geschaffen sind. Erst wenn es dem Gläubiger gelingt, die Bedingungen des Kreditvertrages so zu setzen, dass der Darlehensnehmer aus Eigennutz ein Verhalten wählt, welches im Interesse der Bank liegt, können die unerwünschten Folgen der asymmetrischen Informationsverteilung vermieden werden. Gelingt die vollständige **Separation** nicht, bleibt allerdings die Frage unbeantwortet, nach welchen Kriterien das im Vergleich zur Nachfrage unzureichende Kreditangebot auf die einzelnen Schuldner verteilt werden soll. Obgleich unterschiedliche Varianten nahe liegen, ist die tatsächliche Wahl streng genommen beliebig.

Es existieren aber auch **implizite Anreize** für einzelne Marktteilnehmer, Poolingsituationen aus eigener Anstrengung zu vermeiden. Gehen die Separierungsaktivitäten von einzelnen (guten) Schuldnern aus, spricht man allgemein von **Signalling,** während **Screening** den Versuch des Kreditgebers charakterisiert, weitere (kostenverursachende) Informationen über die Nachfrager zu erlangen. In einem Kreditmarkt mit einem uniformen Kontrakt für alle Schuldner subventionieren die *guten* Risiken die *schlechten* Nachfrager. Gleichwohl besteht die prinzipielle Möglichkeit der Separierung für gute Kunden nur, wenn die Kosten der Signalisierung, d.h. des Bonitätsnachweises, niedriger sind als die (rechnerischen) Subventionierungskosten. Da die Informationen über die individuelle Qualität annahmegemäß nur den Nachfragern selbst bekannt ist, entscheidet jeder einzelne Schuldner allein über seine Signalaktivitäten. Gelingt es, ein trennfähiges Signal zu etablieren, können die Mengenrationierung beseitigt und ein stabiles Mehr-Vertrags-Gleichgewicht gefunden werden. Die vereinbarten Kreditkontrakte enthalten dann neben Zins und Darlehenssumme hinaus weitere Bestandteile.

Als geeignetes Trennkriterium wird regelmäßig die Bereitschaft zur Stellung von (dinglichen) **Sicherheiten** angesehen. Unter der Voraussetzung, die Nachfrager differierten durch unterschiedliche riskante Projekte, die wiederum nur den Schuldnern bekannt seien, wären gute Kreditnehmer grundsätzlich eher bereit, Sicherheiten zu stellen, da die Wahrscheinlichkeit eines nicht hinreichenden Investitionsrückflusses bei ihnen niedriger ist als bei schlechten Kunden. Letztere hingegen präferieren Darlehensverträge ohne Sicherheitenstellung auch unter Hinnahme höherer Zinsen. Sicherheiten können insbesondere dann als effiziente Signale für die Riskantheit von Projekten verwendet werden, wenn die Grenzrate der Substitution zwischen Zins und Sicherheitenstellung bei den weniger riskanten Unternehmen höher ist als bei den. Neben der Gewährung von Sicherheiten sind eine Reihe weiterer Signale denkbar, etwa die freiwillige Bereitstellung von Eigenfinanzierungsmitteln oder die Einhaltung von Bilanzstrukturnormen. Es sei daran erinnert, dass die Signalaktivität selbst Kosten verursachen kann, die allein an die Existenz der Poolingsituation gebunden sind. Insofern wäre die Identifizierung eines Signals zweckmäßig, das (unternehmensintern) zugleich produktive Wirkung hätte, z.B. der Aufbau einer angemessenen Finanzorganisation, die den Kapitalgebern sichtbar gemacht wird.

Wenngleich bisher im wesentlichen auf Zustände mit adverser Selektion bezogen, können Sicherheiten auch zur Verringerung des moralischen Risikos eingesetzt werden, da sie für den Darlehensnehmer einen Anreizmechanismus darstellen und somit als Screening-Instrument geeignet sind. Der Zusammenhang zwischen Zinshöhe, Sicherheitenniveau und Riskantheit des (jetzt endogen wählbaren) Investitionsprojektes entspricht demjenigen in der Signalling-Variante. Allerdings signalisieren die Darlehensnehmer jetzt nicht mehr ihre Qualitätseigenschaften, sondern die Bank stellt alternative Kreditkontrakte zur Auswahl bereit, die hinsichtlich der Zins-Sicherheiten-Kombination voneinander abweichen. Die freiwillige Entscheidung für einen bestimmten Vertrag wird als Indikator für die Verlustwahrscheinlichkeit des geplanten Investitionsprojektes angesehen. Unter der Voraussetzung, dass die Vermögensausstattung zumindest für das sicherste Projekt ausreichend ist, sind preisgeräumte Kreditmärkte mit Nachfragerseparation möglich. Streng genommen ist jedoch der Kreditgeber, im Gegensatz zur durchaus verbreiteten Ansicht in der Literatur, nicht an zusätzlichen Informationen über den Schuldner bzw. seine Investitionsprojekte interessiert. Da der Gläubiger alternative Kontrakte zur Auswahl anbietet, hat er seine Kreditvergabeentscheidung bereits im Vorfeld getroffen. Bei Risikoneutralität präferiert der Darlehensgeber keinen seiner unterschiedlichen Verträge, sondern ist (definitionsgemäß) zwischen ihnen indifferent. Folglich liefern auch alle Kontrakte einen identischen Gewinnerwartungswert, so dass letztlich allein die Trennfähigkeit in bezug auf das moralische Risiko von Bedeutung ist. Von einer Verbesserung der Informationsausstattung profitiert die Bank nur dann, wenn Kreditkunden wiederholt Fremdkapital nachfragen und bereits mindestens einmal per **Selbst-Selektion** ihre Charakteristika offenbart haben.

Auch Selbst-Selektion führt indes nicht automatisch zu Separationsgleichgewichten ohne Rationierung, da Schuldner durchaus in mehr als einem Kriterium voneinander abweichen können, so dass die alleinige Auswahl zwischen unterschiedlichen Zins-Sicherheiten-Kombinationen erneut Pooling-

Zustände hervorrufen kann. Gleichwohl kann die Berücksichtigung einer weiteren Determinante neben dem Zinssatz im Kreditvertrag die Trennung bis dato nicht-unterscheidbarer Risiken erheblich erleichtern, wobei der Rückgriff auf Sicherheiten nur eine Variante darstellt. Die Rolle von Sicherheiten wird darüber hinaus (unzulässigerweise) häufig auf Vermögenseffekte reduziert. Der Annahme, die Vermögensausstattung des Kreditbewerbers sei begrenzt, kann durchaus als konsensfähig angesehen werden, die Folgerung hingegen, ein hinreichend hoher Vermögensbestand führe zu einer gegen Null tendierenden Kreditnachfrage, lässt Liquiditätsaspekte außer acht. So ist in höchstem Maße zweifelhaft, ob eine beliebige Veräußerung von Gegenständen des Umlaufvermögens erstens problemlos möglich ist und zweitens den bilanziell ausgewiesenen Gegenwert erbringt. Darüber hinaus stehen nach dem Verkauf der Unternehmensaktiva möglicherweise nicht mehr die Betriebsmittel zur Verfügung, an die eine erfolgreiche Durchführung des Investitionsprojektes geknüpft wird, dessen Finanzierung durch Kreditaufnahme beabsichtigt ist. Es bleibt weiterhin ungeklärt, ob eine Bank überhaupt bereit wäre, jedes Ausmaß an Liquiditätsunsicherheit gegen Vermögenssicherheiten zu substituieren, da in einem (mehrperiodigen) Kreditkontrakt grundsätzlich die laufende Bedienung angestrebt wird.

Die Interpretation von Modellergebnissen wird außerdem durch die Verhaltensannahmen im Sicherheitenkontext erschwert. Häufig liegt der Darlehensnachfrage ein Investitionsprojekt zugrunde, das in vollem Umfang fremdfinanziert werden soll. In diesem Fall trägt der Investor ohne Sicherheiten kein Risiko: Er setzt nichts ein und kann nichts verlieren. Sicherheiten fungieren dann als Eigenkapitalersatz. Sie werden dem Unternehmen als Vermögenswerte übertragen und im Gegenzug entsteht eine rechnerische Eigenkapitalposition. Transferiert man die Rechte an den Vermögenswerten im nächsten Schritt an die Gläubiger, so verringert sich die Nettoforderung auf die Differenz zwischen Kreditbetrag und Sicherheitengegenwert bzw. (ebenfalls rechnerisch) auf die Differenz zwischen Kreditbetrag und Eigenkapital. Erst durch diese buchungstechnischen Umformungen erhält der Investor auch *formal* einen Anspruch auf den (kapitalisierten) Investitionsertrag.

Insbesondere der wiederholten und mehrperiodigen Kreditaufnahme tragen die Reputationsansätze Rechnung. Sie betonen die Bedeutung dauerhafter Geschäftsbeziehungen zwischen Gläubigern und Schuldnern. So können bspw. Kreditnehmer an einer prognostizierbaren Belastung über die gesamte Darlehenslaufzeit interessiert sein. Feste Zinssätze spiegeln dann gleichsam eine Versicherungsprämie wider und sind mit Hilfe andauernder Kundenbeziehungen ökonomisch rational begründbar (**implizite Kontrakte**). Die jüngeren Beiträge stellen die Vorteile des Reputationsaufbaus bei asymmetrisch verteilten Informationen heraus. Der *gute Ruf* eines Schuldners schlägt sich schließlich in der (materiellen) Kreditwürdigkeit (**Bonität**) nieder, die vornehmlich davon geprägt wird, dass der Darlehensbewerber in der Vergangenheit nur Zahlungsverpflichtungen eingegangen ist, denen er auch nachkommen konnte.

Box 9.2: Unternehmensrating

Ausdruck der Bonität eines Unternehmens (oder allgemein: eines Schuldners) ist beispielsweise das Rating. Spezielle Agenturen, die bekanntesten sind Moody's Investors Service und Standard & Poors, bestimmen anhand ausgeklügelter Kriterien die mutmaßliche Zahlungsfähigkeit von privaten Unternehmen oder auch staatlichen Schuldnern und ordnen sie dem Ergebnis entsprechend in Ratingklassen ein. Mit „AAA" ausgezeichnete Kreditnehmer weisen eine unzweifelhafte Bonität mit geringstem Insolvenzrisiko auf, eine befriedigende Bonität wird mit „BBB" indiziert, mit „CCC" geratete Unternehmen weisen eine kaum ausreichende Bonität und ein sehr hohes Insolvenzrisiko auf. Abstufungen zwischen diesen Oberkategorien sind weitere, feinere Abstufungen gebräuchlich. Aus der Erfahrung lassen sich mit den Rating-Kategorien Insolvenzwahrscheinlichkeiten verbinden (siehe Schaubild):

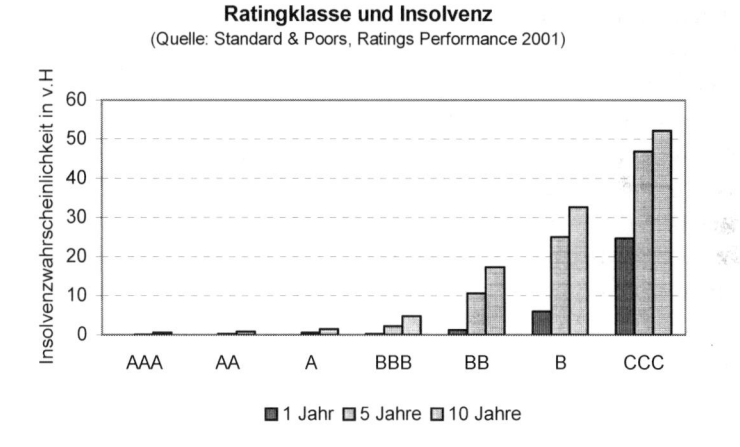

Ratingklasse und Insolvenz
(Quelle: Standard & Poors, Ratings Performance 2001)

■ 1 Jahr ■ 5 Jahre ■ 10 Jahre

Man erkennt, dass für die Rating-Kategorien „AAA", „AA" und „A" auch im 10-Jahres-Horizont keine erkennbaren Ausfallrisiken zu erwarten sind, während in der Ratingklasse „BBB" nach 10 Jahren immerhin rd. 5 v.H. der Unternehmen insolvent werden. In der Kategorie „CCC" existieren (statistisch) nach 10 Jahren sogar nur noch knapp 48 v.H. der ursprünglichen Unternehmen. Ein potentieller Kreditgeber sollte daher stets an einem aktuellen Rating seiner Darlehenskundschaft interessiert sein.

Voraussetzung für die Ausnutzung von Reputationsvorteilen ist die beidseitige Vorteilhaftigkeit derartiger Arrangements sowie die Durchsetzbarkeit von Sanktionen, wenn von bisherigen Verhaltensweisen abgewichen wird (**Enforcement Problem**). Die Drohung des Gläubigers, bei nicht-ordnungsgemäßer Bedienung des Darlehens den Konkurs des Schuldners herbeizuführen, ist dann überzeugend, wenn der Gewinn aus dem Kreditkontrakt zu Beginn der Geschäftsbeziehung anfällt. Für den Darlehensnehmer ist die Einhaltung von Vereinbarungen vorteilhaft, solange die Kosten der Rückzahlungsverweigerung die Erträge übersteigen. Geschäftsbeziehungen zudem Informationsgewinne sowohl gegenüber konkurrierenden Darlehensgebern als auch in bezug auf die asymmetrische Informationsverteilung abgeleitet. Kreditbewerber mit kurzer Marktzugehörigkeit haben infolgedessen strategische Nachteile gegenüber Konkurrenten, die einen positiven Nachweis ihrer bisherigen Zahlungsgepflogenheiten erbringen können. Die Konsequenzen sind für *Newcomer* tendenziell höhere Zinsen resp. schlechterer Zugang zum Fremdkapital überhaupt. Immer dann, wenn aus einer existierenden oder früheren Kreditbeziehung öffentliche (positive) Informationen entstehen, kann das Fremdkapital suchende Unternehmen seine Marktposition verbessern. Der Nachweis, bei einer seriösen Bank über eine hohe Kreditlinie verfügen zu können, oder von einer bekannten Rating-Agentur als in hohem Maße kreditwürdig bezeichnet zu werden, stärkt zweifellos die Stellung des Nachfragers gegenüber potentiellen Konkurrenten.

Welche Ursache im Einzelnen auch immer für das Rationierungsergebnis verantwortlich sein mag, das Problem, wie ein zur Verfügung stehendes Kreditvolumen schließlich auf die individuellen Nachfrager verteilt werden soll, bleibt zunächst ungelöst. Wenn eine Separation der *schlechten* von den *guten* Schuldner nicht gelingt, dann sind alle Darlehensnehmer für die Bank gleichsam uniform. Man unterscheidet in der Literatur zwei Varianten:
- Alle Kunden erhalten einen niedrigeres als das gewünschte Kreditvolumen ähnlich dem Repartierungsverfahren auf Wertpapiermärkten (Typ-I-Rationierung oder Teilrationierung).
- Ein Teil der Schuldner erhält Kredit in der beantragten Höhe, andere Nachfrager gehen vollkommen leer aus (Typ-II-Rationierung oder Vollrationierung).

Man beachte, dass wir Rationierungsresultate abgeleitet haben, obwohl implizit unterstellt wurde, der Kreditgeber würde seine Ausfallrisiken prinzipiell über den Darlehenszinssatz abgelten. Es sind offenkundig Konstellationen denkbar, in denen eine Kompensation der für die Bank negativen Effekte über den Preis, also Zinssatz, nicht mehr möglich ist. Insofern sind die hier vorgestellten Erkenntnisse von möglicherweise weitreichenderer Bedeutung als die Modellierung der Kreditvergabe unter der Risikonormierungshypothese. Da diese jedoch die Verhältnisse der Realität weit besser charakterisiert als die Risikoabgeltungstheorie, sollen im folgenden die entsprechenden Weiterungen skizziert werden.

Dabei gilt es zu berücksichtigen, dass aus der Ablehnung der Risikoabgeltung keineswegs folgt, eine Bank würde bei der Vergabe von Krediten keinem Ausfallrisiko mehr ausgesetzt sein. Vielmehr ist zwischen (gleichsam) *geplanten* und *latenten* Risiken zu unterscheiden. Erstere entsprechen der Vorgehensweise für risikoneutrale Gläubiger, letztere sind notwendige und nicht vermeidbare Konsequenzen der (institutionellen) Darlehensgewährung. Da die Bedienung der eingegangenen Schuld, wie bereits mehrfach erwähnt, in der Zukunft liegt und diese naturgemäß ungewiss ist, bestehen die latenten Risiken der Kreditvergabe im wesentlichen in den zum Zeitpunkt der Entscheidung nicht prognostizierbaren Ereignissen späterer Perioden. Die (finanziellen) Folgen dieser systematischen Unsicherheit sind zudem nicht quantifizierbar, insofern auch nicht konkret und individuell in der Konditionierung herausgelegter Darlehen zu berücksichtigen.

Ohne Risikoabgeltung nimmt die ökonomische Bedeutung der Zinshöhe für die Kreditkalkulation der Bank ab. Das grundsätzlich existierende Ausfallrisiko kann stattdessen anhand von Durchschnittsprämien als Aufschlag auf die Finanzierungskosten berücksichtigt werden. Hierdurch wird ein **Risikodeckungsfonds** (Schierenbeck, 1991, S. 221) gespeist, der im Idealfall wiederum die tatsächlichen Kreditausfälle kompensiert. Allerdings ist es fraglich, ob diese Standardrisikoprämien in den Konditionenverhandlungen der Praxis in jedem Fall durchsetzbar sind.

Ihren Niederschlag findet die Risikonormierung regelmäßig in der Begründung einer Kreditobergrenze (**Kreditlimit**). Dieses Limit spiegelt die Risikoeinstellung des Gläubigers wider und wird durch individuelle Erwartungen und Informationen bestimmt. Allerdings ist – insbesondere bei gewerblichen Kreditnehmern – eine übereinstimmende Einschätzung der maximalen Kreditwürdigkeit durch unterschiedliche Darlehensgeber nicht zu erwarten. Die Folge sind Preissetzungsspielräume des Finanzinstitutes, die sich in einer empirisch beobachtbaren Zinsdispersion für gleichartige Darlehen ausdrücken. Als Konsequenz ergibt sich auf Kreditmärkten häufig eine weitaus differenziertere Wettbewerbssituation, die freilich nur in Ausnahmefällen polypolistischer Natur ist.

Da die Vergabe von Darlehen unter den beschriebenen Rahmenbedingungen letztendlich auf privaten Informationen des Gläubigers beruht, kommt es zu einer simultanen Bestimmung von Kreditlimit *und* Zinssatz. Damit überwindet der Darlehensgeber aber gleichzeitig die (markttheoretische) Hürde der Preisnehmereigenschaft: Er reagiert folglich nicht mehr allein mit dem Kreditvolumen bei gegebenem (Markt-)Preis, sondern ihm stehen vielmehr sowohl Zins als auch Darlehensvolumen als Aktionsparameter zur Verfügung.

Diese Schlussfolgerung wird unmittelbar einsichtig, wenn man – stark vereinfacht – von einer aus der Sicht der Bank B gegebenen (Rück-)Zahlungsfähigkeit Q_j eines Schuldners j ausgeht, der wiederum einen einperiodigen Kredit K_j nachfragt. Der Zusammenhang zwischen den relevanten Größen Q_j, K_j und dem Zinssatz r^B ist dann

(9.9) $\quad Q_j \geq K_j \cdot (1 + r^B)$

bzw. bei vollständiger Ausnutzung der Rückzahlungsfähigkeit und Umstellung der Variablen

(9.10) $\quad K_j = \dfrac{Q_j}{1 + r^B}$ mit $\dfrac{\partial K_j}{\partial Q_j} > 0$ und $\dfrac{\partial K_j}{\partial r^B} < 0$.

Schaubild 9.3: Kreditspielraum bei gegebener Rückzahlungsfähigkeit

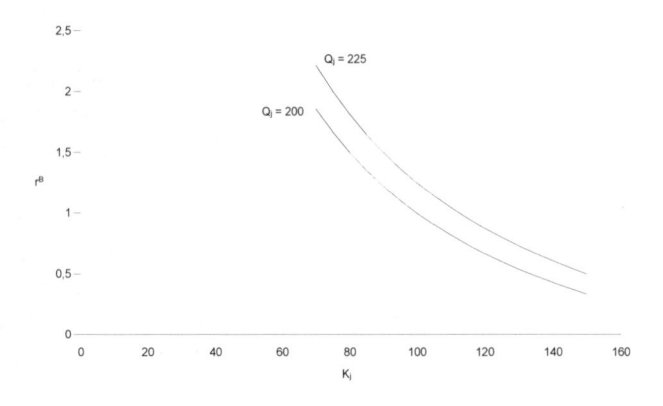

Im Schaubild 9.3 sind die Konsequenzen von (9.10) für zwei unterschiedliche Rückzahlungsbeträge Q_j wiedergegeben. Bei der Interpretation der Resultate ist zu beachten, dass die abgeleiteten Kurven *keine* Kreditangebotsfunktionen darstellen, sondern vielmehr alle Zins-Mengen-Kombinationen repräsentieren, bei denen die (gegebene) individuelle Rückzahlungsfähigkeit eines Schuldners gerade vollständig ausgeschöpft wird. Bei der Konditionierung von Kreditanträgen ist diese Erkenntnis von erheblicher Bedeutung.

Angenommen der zur Deckung der Finanzierungskosten zuzüglich durchschnittlicher Risikoprämie erforderliche Zinssatz r^B betrage 10 v.H., dann kann bei einer Rückzahlungsfähigkeit von $Q_j = 200$ Geldeinheiten ein Kredit in Höhe von (maximal) 181,8 Geldeinheiten gewährt werden. Benötigt ein

Kunde hingegen ein Darlehen von 200 Geldeinheiten, dann kann dies nur bei einer (Mindest-)Rückzahlungsfähigkeit von 224 Geldeinheiten eingeräumt werden. Auch die grundsätzliche Bereitschaft des Kunden, einen höheren Zinssatz zu akzeptieren, ändert die Entscheidung der Bank nicht, da die vorhandene Zahlungsfähigkeit nicht einmal ausreicht, um die Normalkonditionen zu erfüllen.

Wenngleich unser Beispiel eine rigorose Vereinfachung der Realität darstellt, finden sich die daraus gezogenen Schlussfolgerungen in der Kreditpraxis durchaus wieder. Bei der privaten Baufinanzierung etwa wird ein (seriöser) Kreditberater zunächst den regelmäßig verfügbaren (periodischen) Liquiditätsspielraum ermitteln, aus dem der Bauherr sein zugeteiltes Darlehen bedienen kann. Unter Berücksichtigung des zum Zeitpunkt der Kreditvergabe gegebenen Zinsniveaus lässt sich der maximale Darlehensbetrag ermitteln. Dieses Limit ist grundsätzlich nicht durch eine höhere Zinszahlungsbereitschaft des Schuldners ausdehnbar: Bei gegebenen Liquiditätsverhältnissen würde der periodische Bedienungsbetrag sowohl durch den nunmehr gestiegenen Zinssatz als auch den höheren Kreditbetrag zunehmen und damit die ohnehin limitierte Rückzahlungsfähigkeit des Kunden übersteigen. Hieran kann die Bank selbstverständlich kein Interesse haben.

Eine weitere wichtige Konsequenz hat die beschriebene Variante der Risikonormierung für den Wettbewerbsprozess. Durch die – im Wesentlichen – privaten Informationen über einzelne Kunden können die von verschiedenen Banken im Rahmen ihrer Kreditwürdigkeitsprüfung ermittelten Kreditobergrenzen durchaus voneinander abweichen. Damit ergeben sich aber auch gleichzeitig (beschränkte) Preissetzungsspielräume für die Banken, wenn sie auf ihre mutmaßliche (relative) Marktmacht vertrauend die Zahlungsfähigkeit eines Schuldners ausschöpfen wollen. Das gilt insbesondere für Fälle, in denen dem Nachfrager spürbare Kosten bei der Kreditsuche entstehen. Vor diesem Hintergrund lassen sich die empirisch feststellbaren, mitunter beträchtlichen, Zinsdispersionen in einzelnen Kreditmarktsegmenten als Ausdruck der ungleichen Machtverteilung im Verhandlungsprozess interpretieren.

Eine derartige Erklärung liegt nahe, wenn man sich vergegenwärtigt, welche Eigenschaften eine Kunde-Bank-Beziehung häufig begleiten (Devinney/ Flannery, 1988):

- Die Verbindung liefert beiden Seiten systematisch *exklusive* Informationen.
- Die Beziehung gleicht nicht selten der Situation eines bilateralen Monopols.
- Die Geschäftsverbindung generiert somit *Quasirenten*, deren Aufteilung der jeweiligen (relativen) Verhandlungsmacht entspricht.

Darüber hinaus kann in einem derartigen Szenario die (passive) Preisnehmereigenschaft des Gläubigers nicht mehr aufrechterhalten werden. Im Gegensatz zu Modellen mit risikoneutralen, das vermeintliche Risiko individuell über den Zinssatz abgeltenden Kreditgebern entscheiden Banken in der Praxis üblicherweise über Darlehensvolumen und Zinssatz simultan. Dies geschieht nicht zuletzt angesichts der Erkenntnis, dass die Reaktionsverbundenheit insbesondere im regionalen gewerblichen Kreditgeschäft mit kleinen und mittelständischen Kunden eher gering einzuschätzen ist. Daraus ergibt sich eine grundsätzlich eingeschränkte Wirksamkeit des Konkurrenzmechanismus mit (immer noch) ausgeprägter Tendenz zur *Stammkundschaft* (Hausbankphänomen, Kundenloyalität).

Wir haben bereits in Kapitel 8 eine dauerhafte Kreditbeziehung unter Informationsaspekten für beide Marktseiten als sinnvoll beschrieben. Allerdings besteht für die Schuldner angesichts der vorstehend vorgetragenen Argumente die latente Gefahr, einer Bank möglicherweise dauerhaft *ausgeliefert* zu sein (**locked-in customers**, Klemperer 1987). Bei hinreichend hohen Wechselkosten (**Switching Costs**) können Kunden nicht glaubhaft mit einem Abbruch der bisherigen Bankverbindung drohen, dies gilt vor allem für Kreditnehmer, deren Kreditwürdigkeit eingeschränkt ist. In einer ähnlichen Situation befinden sich auch neugegründete Unternehmen, für die zunächst streng genommen kein Finanzinstitut über verlässliche (private) Informationen verfügt. Eine dann letztendlich zustande gekommene Kreditverbindung wird nur unter großen Schwierigkeiten gelöst werden können.

Man sollte daher die auch in der nicht-akademischen Öffentlichkeit regelmäßig diskutierte Verschärfung des (globalen) Bankenwettbewerbs sorgfältig analysieren: Zweifellos haben die Öffnung der Märkte sowie die verbesserten Informationsmöglichkeiten zu einer Intensivierung des Wettbewerbs mit tendenziellem Druck auf die (Gewinn-)Margen beigetragen, freilich trifft dies vornehmlich auf das Segment mit bonitätsmäßig einwandfreien, auf internationalem Parkett (mehr oder weniger) bekannten Schuldnern zu. Für das Massenkreditgeschäft im Bereich der Klein- und Mittelbetriebe ist hingegen in jüngerer Zeit eine spürbar veränderte Marktkonstellation auszumachen, da sich vor allem große private Kreditinstitute nur noch mit geringerer Intensität diesem Segment zuwenden. Das Marktumfeld ist daher in weiten Teilen als unvollkommene Konkurrenz charakterisierbar.

Ein letzter, aktueller Aspekt soll erwähnt werden, um die praktische Relevanz der Risikonormierungshypothese zu unterstützen. Im Zusammenhang mit der Darstellung des Regulierungsbedarfs im Bankensektor ist auf den Value-at-Risk (VaR) Ansatz bei der Bestimmung der notwendigen Eigenkapitalausstattung von Kreditinstituten hingewiesen worden. Ohne an dieser

Stelle auf die (technischen) Einzelheiten eingehen zu wollen, kann man das VaR-Verfahren in der Tat als eine besondere Variante der Risikonormierung ansehen. Durch die Wahl bzw. Vorgabe der maximal akzeptierbaren Ausfallwahrscheinlichkeit für risikotragende Aktiva wird gleichsam derjenige (Eigen-) Kapitalbetrag festgelegt, der als prinzipiell gefährdet angesehen werden muss. Dies ist nichts anderes als die Etablierung einer allgemeinen Risikonorm.

9.4 Makroökonomische Konsequenzen

Die gesamtwirtschaftlichen Auswirkungen des Kreditvergabeverhaltens der Banken können zwei unterschiedlichen Perspektiven beleuchtet werden:
- Zum einen stellen die Finanzinstitute einen wichtigen Sektor innerhalb einer Volkswirtschaft dar, dessen Ertragslage einen unmittelbaren Einfluss auf die Entwicklung des Wachstums einer Ökonomie ausübt.
- Zum anderen sind die Kredite an Privatpersonen und Unternehmen ein herausgehobenes Bindeglied zwischen dem monetären Bereich einer Volkswirtschaft, in der wirtschaftspolitischen Sphäre repräsentiert durch die Zentralbank, und den realwirtschaftlichen Märkten.

Trotz der systematischen Schwierigkeiten und Risiken, denen sich Banken ausgesetzt sehen, ist ihre wirtschaftliche Performance in der Bundesrepublik Deutschland bis Ende der 1990er Jahre ohne Zweifel eindrucksvoll. In 1999 erzielten die Finanzinstitute insgesamt einen Jahresüberschuss vor Steuern in Höhe von rd. 21 Mrd. €, das entspricht einer durchschnittlichen Eigenkapitalrentabilität von mehr als 11 v.H. Erst im Anschluss an die weltweiten Turbulenzen auf den Kapitalmärkten im Frühjahr 2000 sowie strategische Fehlentscheidungen insbesondere bei den Großbanken haben sich die ökonomischen Erfolge der Branche deutlich relativiert. Nicht zuletzt durch die internationale Finanzkrise nach 2008 wurde das öffentliche Bild auch der deutschen Bankenbranche nachhaltig beschädigt. Die hohe Risikobereitschaft im Investmentgeschäft(!) stand im krassen Gegensatz zu den bisherigen Standards bei der gewerblichen Kreditvergabe, die massiven Verluste aus Abschreibungen auf (langfristige) Schuldverschreibungen und Derivate führten zu einer Existenzkrise zahlreicher Banken.

Im Gegensatz zu diesem Verhalten steht die Vorgehensweise der Kreditinstitute beim „traditionellen" gewerblichen Darlehensgeschäft. Bei näherer Untersuchung der Jahresabschlüsse von Kreditinstituten bekommt man einen (allerdings groben) Eindruck von den faktischen Risiken der Kreditgewährung, wenn man das sog. Bewertungsergebnis dem Geschäftsvolumen (bzw.

der Bilanzsumme) gegenüberstellt (**Bewertungsquote,** vgl. Schaubild 9.4). Für den Betrachtungszeitraum belief sich die Bewertungsquote in keinem Jahr auf mehr als 0,5 v.H. des Geschäftsvolumens, wobei sich der seit 1994 rückläufige Trend in 2000 erkennbar verändert hat, aber selbst die ersten beiden Jahre der Finanzkrise keine das bis dato bekannte Niveau übersteigende Abschreibungen im Kreditgeschäft erforderlich machten. Die im Schaubild ausgewiesenen Größen enthalten allerdings noch die Interbankengeschäfte, die in einzelnen Jahren mit nahezu 25 v.H. zum Geschäftsvolumen beitrugen, jedoch aufgrund der überwiegend kurzen Laufzeiten außerhalb von außergewöhnlichen Krisenzeiten keinen Ausfallrisiken unterliegen. Selbst bei sehr vorsichtiger Beurteilung sind im Betrachtungszeitraum im deutschen Bankensektor trotz erheblicher Verwerfungen in den vergangenen Jahren deutlich weniger als 1 v.H. der gesamten Kreditvolumina an Nichtbanken ausfallbedroht gewesen. Dies scheint die Hypothese zu stützen, dass Banken bei der institutionellen Kreditvergabe eher risikoavers als risikoneutral agieren.

Schaubild 9.4: Bewertungsergebnis in v.H. des Geschäftsvolumens (ab 1999 der Bilanzsumme)

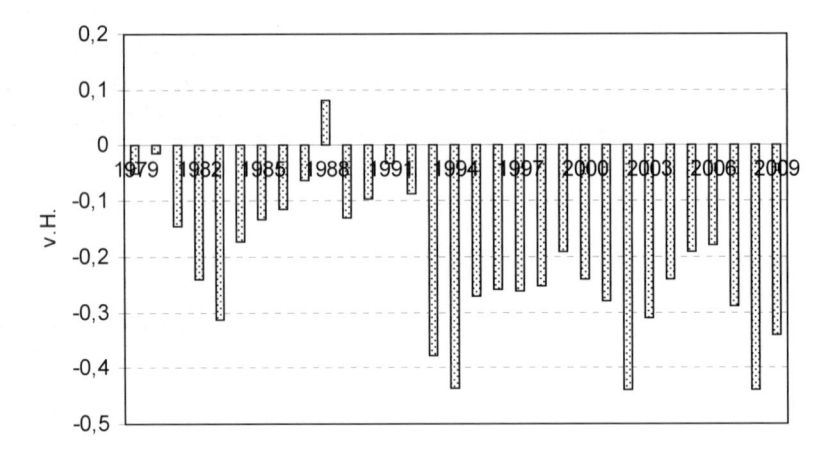

Quelle: Deutsche Bundesbank

Wenden wir uns dem zweiten Aspekt der makroökonomischen Bedeutung des Bankensektors zu. Hier gilt es zunächst, theoretische Schlussfolgerungen aus dem (empirisch gestützten) Befund zu ziehen, dass Kreditinstitute keine nennenswerte Risikoabgeltung bei der Darlehensvergabe betreiben. Wenn potentielle Schuldner tatsächlich kreditrationiert werden, also der Zinsmechanismus auf dem Darlehensmarkt (teilweise) außer Kraft gesetzt ist, dann kann diese Marktunvollkommenheit Auswirkungen auf die (annahmegemäß) preisgeräumten Güter- und Arbeitsmärkte haben.

Einzelne Unternehmen können auf dem Kreditmarkt trotz signalisierter Zahlungsbereitschaft keine hinreichend hohen Darlehensvolumina realisieren und müssen folglich ihre Produktions- und Nachfragepläne auf den Güter- und Faktormärkten revidieren. Dies führt zu einer unbeabsichtigten Reduktion der gesamtwirtschaftlichen Nachfrage und – in einem weiteren denkbaren Schritt – zur Unterbeschäftigung.

Dass diese Situation in der Realität durchaus eintreten kann, lässt sich anhand der wiederkehrend vorgetragenen Vorwürfe belegen, Kreditinstitute kämen ihrer volkswirtschaftlichen Verantwortung nicht nach, wenn sie neugegründeten Unternehmen das dringend erforderliche Fremdkapital verweigerten. Eine ähnliche Argumentation wird auch bei der Begründung des immer noch unzureichenden Wiederaufbauprozesses in den neuen Bundesländern vorgetragen. Letztendlich beklagen beide Aussagen die (mutmaßlich) unzureichende Risikobereitschaft der Banken bei der Kreditvergabe.

Auf einen weiteren Punkt, der im Rahmen der Diskussion der geldpolitischen Instrumente vertieft wird, sei abschließend hingewiesen. Wenn bei der Kreditvergabe der Preis (sprich: Zinssatz) nicht zwangsläufig ausschlaggebend ist, dann kann dies zur Folge haben, dass am Preis ausgerichtete Instrumente, also die Zinspolitik, unter Umständen ineffizient wären. Den daraus folgenden Konsequenzen hätte eine vorausschauende Zentralbank geeignet Rechnung zu tragen.

Literaturhinweise

Als grundlegende Arbeit zur Theorie der Kreditrationierung gilt der Beitrag von Stiglitz/Weiss (1981), auf den eine ganze Reihe von Erwiderungen und Ergänzungen gefolgt sind. Den Stand der Diskussion zusammenfassende Überblicke finden sich u.a. bei Jaffee/Stiglitz (1990) oder Russell (1992). Einen ersten Zugang zur Problematik vermitteln vor allem Gischer (1999) oder Rohde/Rehbock (2000). Immer noch lesenswert, aber analytisch anspruchsvoll ist die Monographie von Clemenz (1986). In der deutschsprachigen Lehrbuchliteratur wird das Problem der Kreditrationierung eher stiefmütterlich behandelt, Ausnahmen bildet das bereits andernorts erwähnte Werk von Hartmann-Wendels u.a. (2010).

Die Probleme der asymmetrischen Informationsverteilung werden in unterschiedlichem Zusammenhang erörtert. Der Aufsatz von Akerlof (1970) kann zweifellos als eine Initialzündung verstanden werden, ebenso weitreichende Beachtung hat die Monographie von Spence (1975) erfahren. Konzise Darstellungen auf unterschiedlich hohem Niveau finden sich z.B. bei Spremann (1996) oder Greenbaum/Thakor (2007).

Zusammenfassung

1. Als Folge der zeitlichen Differenz zwischen Leistung und Gegenleistung im Rahmen eines Darlehenskontraktes führt die asymmetrische Informationsverteilung auf dem Kreditmarkt zu Allokationsproblemen.

2. Ist das Verhalten des Kreditnehmers a priori nicht eindeutig zu beurteilen, besteht die Gefahr von Moral Hazard, in gepoolten Märkten kann die nachfrageinduzierte Zinsanpassung der Bank zu Adverse Selection führen.

3. Folgen Kreditinstitute der Risikoabgeltunghypothese, so wird der erwartete Kreditausfall durch einen entsprechenden Zinsaufschlag kompensiert.

4. Im Rahmen der Risikonormierungshypothese akzeptieren die Gläubiger nur Darlehensverträge, die ein vorab festgelegtes Risikoniveau nicht überschreiten.

5. Wenn die Ausfallwahrscheinlichkeit mit steigendem Zinsen zunimmt, können Situationen entstehen, in denen ein bankoptimaler Zinssatz existiert, der auch bei einem Nachfrageüberschuß nicht überschritten wird (Rationierungsgleichgewicht).

6. Für gute Schuldner bestehen implizite Anreize, ihre eigene Leistungsfähigkeit unter Beweis zu stellen (Signalling) oder aber Sicherheiten anzubieten, um günstige Zinskonditionen zu erhalten.

7. Bei grundsätzlich gegebener Rückzahlungsfähigkeit von Unternehmen besteht ein funktionaler Zusammenhang zwischen dem Kreditzinsniveau und der maximalen Darlehenshöhe.

8. In der Praxis häufig beobachtete Hausbankbeziehungen können sowohl für den Schuldner als auch für den Gläubiger ökonomisch vorteilhaft sein.

9. Es gibt empirische Hinweise darauf, dass Kreditinstitute nicht systematisch Risiken durch Zinsaufschläge zu kompensieren, womit Rationierungseffekte für den Bankenkreditmarkt plausibel sind. Als makroökonomische Konsequenz ist u.a. eine nicht erwünschte Arbeitslosigkeit denkbar.

Schlüsselbegriffe

Adverse Selection
Bewertungsquote
Bonität
Budgetrestriktion
Enforcement Problem
Festbetragsanspruch
Hidden Actions
Risikonormierung
Risikovermeidung
Screening
Selbst-Selektion

Hidden Characteristics
Implizite Anreize
Implizite Kontrakte
Kreditlimit
Pooling
Rationierungs-Gleichgewicht
Risikoabgeltung
Separation
Sicherheiten
Signalling
Switching Costs

Kapitel 10

Regulierung des Finanzsektors

Zum Inhalt von Kapitel 10

Die im Jahr 2007 ausgebrochene Finanzkrise hat fast zum Kollaps des weltweiten Finanz- und Wirtschaftssystems geführt. Bis ins Jahr 2011 hinein haben sich viele Finanzinstitutionen und Volkswirtschaften noch nicht wieder vollständig erholt. Eine breit akzeptierte Lehre dieser Krise ist die Einsicht, dass der Finanzsektor einer geeigneten Regulierung bedarf und dass diese bis in die Krise hinein ungenügend war. Insofern sehen manche Beobachter das Finanzsystem an einer Wasserscheide: Während seit den 80er Jahre fortschreitend liberalisiert wurde, könnte dieser Trend umgekehrt werden zugunsten einer stärkeren Regulierung der Finanzmärkte.

Eine Regulierung des Finanzsektors verfolgt mehr Ziele als die Vermeidung großer Krisen. Insgesamt gesehen geht es darum, die Funktionalität des Finanzsektors zu erhalten. Wir werden verschiedene Ziele im Folgenden ansprechen, aber Krisenvermeidung oder positiv ausgedrückt die **Stabilität des Finanzsystems** steht aus volkswirtschaftlicher Sicht klar im Vordergrund.

In diesem Kapitel geben wir einen Überblick zur Regulierung des Finanzsektors (Abschnitte 10.1 bis 10.3) einschließlich zentraler makroökonomischer Überlegungen (Abschnitte 10.4 bis 10.6). Dagegen behandelt Kapitel 11 die beiden wichtigsten Bereiche der mikroökonomisch ausgerichteten Regulierung: Bankenregulierung und Einlagensicherung.

10.1 Staatliche Eingriffe auf Finanzmärkten

Der Staat greift an den Finanzmärkten in hohem Maße ein, gemessen an der Eingriffsintensität an anderen Märkten oder an der Idealvorstellung privat organisierter Märkte. Die Eingriffe haben sowohl mikro- als auch makroökonomischen Charakter. Sie erstrecken sich zudem auf die drei zentralen Ziele der Wirtschaftspolitik: Allokationseffizienz (hier: Ordnungsrahmen setzen), wirtschaftliche Stabilität (hier: Systemrisiko kontrollieren und Marktlenkung) sowie Verteilungsgerechtigkeit (hier: Konsumentenschutz) (vgl. Schaubild 10.1).

Schaubild 10.1: Staatliche Eingriffe auf den Finanzmärkten sind ungewöhnlich stark ausgeprägt

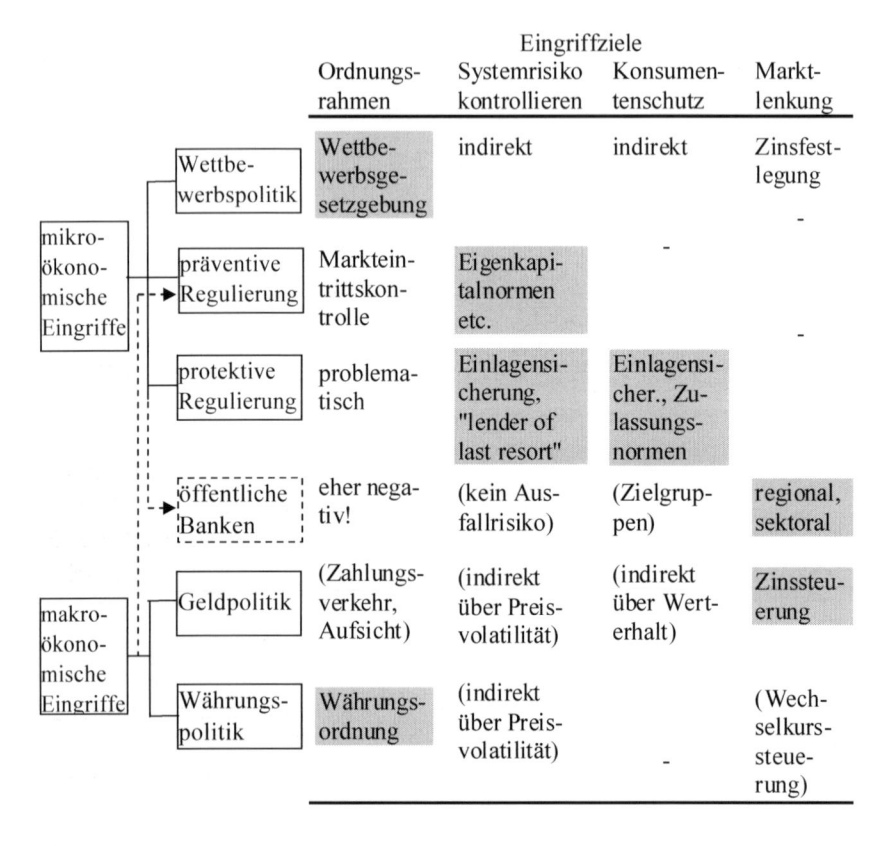

			Eingriffziele		
		Ordnungsrahmen	Systemrisiko kontrollieren	Konsumentenschutz	Marktlenkung
mikroökonomische Eingriffe	Wettbewerbspolitik	Wettbewerbsgesetzgebung	indirekt	indirekt	Zinsfestlegung
	präventive Regulierung	Markteintrittskontrolle	Eigenkapitalnormen etc.	-	-
	protektive Regulierung	problematisch	Einlagensicherung, "lender of last resort"	Einlagensicher., Zulassungsnormen	-
	öffentliche Banken	eher negativ!	(kein Ausfallrisiko)	(Zielgruppen)	regional, sektoral
makroökonomische Eingriffe	Geldpolitik	(Zahlungsverkehr, Aufsicht)	(indirekt über Preisvolatilität)	(indirekt über Werterhalt)	Zinssteuerung
	Währungspolitik	Währungsordnung	(indirekt über Preisvolatilität)	-	(Wechselkurssteuerung)

Die Theorie der Wirtschaftspolitik lehrt, dass Allokationseffizienz am besten durch die Bereitstellung verlässlicher Rahmenbedingungen für privates Wirtschaften gefördert wird. Elemente dieses Ordnungsrahmens sind:
- Die **Wettbewerbspolitik** soll sicherstellen, dass eine faire Konkurrenz der Anbieter langfristig ein gutes Marktergebnis sichert.
- Ein weiteres Element sind **Offenlegungspflichten** im Finanzsektor, um die Marktteilnehmer mit hinreichenden und verlässlichen Informationen zu versorgen. Aufgrund der ausgeprägten asymmetrischen Informationen zwischen den Beteiligten ist dies von besonderer Bedeutung an Finanzmärkten.

- Schließlich zählen auch die Bereitstellung einer funktionierenden **Geldordnung**, wie die Emission stabilen Geldes (vgl. dazu Kapitel 3), und einer funktionierenden **Währungsordnung**, die eine verlässliche außenwirtschaftliche Einbindung der Volkswirtschaft ermöglicht, zu den zentralen ordnungspolitischen Aufgaben, um die Allokationseffizienz zu sichern.

Ungewöhnlicher für die Wirtschaftspolitik als die oben beschriebenen Maßnahmen sind diejenigen Maßnahmen, die sich auf das Ziel der wirtschaftlichen Stabilität beziehen. Im Vordergrund steht dabei die Kontrolle des **systemischen Risikos**, also der Gefahr, dass das Finanzsystem durch massive Krisen seine Funktionsfähigkeit einbüßt. Dieser Gefahr sollen Maßnahmen der **präventiven Regulierung** und der **protektiven Regulierung** entgegen wirken. Wie es die Begriffe zum Ausdruck bringen, soll Krisen vorbeugend begegnet werden oder sie sollen in ihren unerwünschten Auswirkungen begrenzt werden (vgl. auch Kapitel 11). Bei der Verfolgung des Stabilitätsziels geht es aber nicht nur um Bekämpfung systemischer Risiken, sondern auch um **Marktlenkung**, hier der monetären Märkte (vgl. dazu die letzten Kapitel in diesem Buch). Allerdings kann makroökonomische Politik zur Systemstabilität beitragen, worauf Abschnitt 10.4 eingeht.

Als drittes Politikziel verfolgen staatliche Eingriffe im Finanzsektor die Verteilungsgerechtigkeit. Zwar wird dabei nicht aktiv umverteilt, doch sollen schwächere Marktteilnehmer geschützt werden. Schwächer bedeutet hier in erster Linie, schlechter informiert zu sein. In diesem Sinne hilft die Versicherung kleinerer Einlagen bei Kreditinstituten gegen Zahlungsunfähigkeit, die **Einlagenversicherung**, vor allem kleinen Marktteilnehmern. In diese Richtung zielen auch das Angebot öffentlicher Banken, das ausdrücklich einkommensschwächere Zielgruppen ansprechen soll, sowie die wertsichernde Rolle stabilitätsorientierter Geldpolitik.

Alles in allem sind die Eingriffe auffällig stark und betreffen – wie gezeigt – vielfältige Bereiche. In diesem Kapitel konzentrieren wir uns im Folgenden auf das allgemeine Ziel der wirtschaftlichen Stabilität, hier der Finanzsystemstabilität und einige passende makroökonomische Überlegungen.

10.2 Systemrisiko fordert Wirtschaftspolitik

Finanzsystemstabilität wird gefährdet durch das Systemrisiko. Das ist das Risiko, dass durch irgendwelche Ereignisse das gesamte Finanzsystem in seiner Existenz oder wenigstens Funktionalität bedroht ist. Dies ist charakteristisch für den Finanzsektor und eben nicht für andere Branchen der Volkswirtschaft. Das Systemrisiko ist das Ergebnis von drei Faktoren, die zusammen wirken: systembedingte Fehlanreize für eine riskante Politik, die Fragilität der Finanzinstitutionen sowie drittens ein hohes Ansteckungspotential an den Finanzmärkten. Zwar erhöht jeder dieser Faktoren für sich bereits die Gefahr einer massiven Finanzkrise, aber vor allem in Kombination ergibt sich eine potentiell prekäre Situation (vgl. Schaubild 10.2). Weil das systemische Risiko ferner keine marginalen Institutionen betrifft, sondern einen Kernbereich der Volkswirtschaft, dessen Funktionalität hohe Bedeutung hat, ist die Wirtschaftspolitik gefordert, stabilisierend zu wirken. Die genannten Bestandteile sind im Einzelnen zu diskutieren:

Schaubild 10.2: Hohes Systemrisiko im Finanzsektor

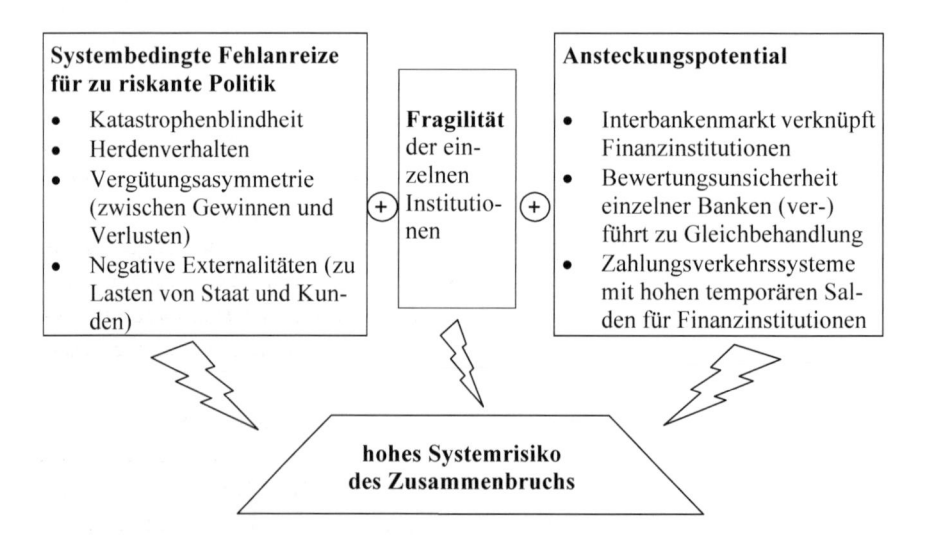

Systembedingte Fehlanreize für zu riskante Politik	Fragilität der einzelnen Institutionen	Ansteckungspotential
• Katastrophenblindheit • Herdenverhalten • Vergütungsasymmetrie (zwischen Gewinnen und Verlusten) • Negative Externalitäten (zu Lasten von Staat und Kunden)	(+) ... (+)	• Interbankenmarkt verknüpft Finanzinstitutionen • Bewertungsunsicherheit einzelner Banken (ver-)führt zu Gleichbehandlung • Zahlungsverkehrssysteme mit hohen temporären Salden für Finanzinstitutionen

→ **hohes Systemrisiko des Zusammenbruchs**

Fehlanreize für eine zu riskante Politik ergeben sich in Kreditinstituten latent aufgrund von **Principal-Agent-Konflikten**. Solche Konflikte treten immer dann auf, wenn ein Entscheider nicht alle Konsequenzen seines Tuns voll allein zu tragen hat, sondern externe Effekte vorliegen. Ein typisches Lehrbuchbeispiel ist in Tabelle 10.1 dargestellt. Demnach gibt es zwei Alternativen, die bei gleichen Einzahlungen in zwei gleich wahrscheinlichen Umweltzuständen charakteristische Auszahlungen aufweisen. Offensichtlich ist Alternative 1 konservativ und Alternativ 2 recht riskant. Gesellschaftlich ist Alternative 1 vorzuziehen, weil der Erwartungswert höher als bei Alternative 2 und das Risiko null ist. Der Entscheider wird dennoch bei reiner Gewinnmaximierung die Alternative 2 wählen, da er annahmegemäß Verluste nicht zu tragen hat und Gewinne voll vereinnahmen kann.

Tabelle 10.1: Ein typisches Anreizproblem

p=50%	Alternative 1	Alternative 2	Alternative 2a
Zustand 1	107	120	120
Zustand 2	107	80	100
Erwartungswert	107	100	110

Bezogen auf Kreditinstitute ergeben sich folgende drei Anwendungen des Principal-Agenten-Modells:
- Im Kreditgeschäft ist ein Kreditnehmer ohne Eigenkapital und sonstige Haftung in der Situation des Agenten und die Bank ist der Principal.
- In der Banksteuerung ist das Management in der Situation des Agenten und die Eigentümer der Bank sind in der Principal-Situation.
- Im Einlagengeschäft trägt die Bank mögliche Verluste, während Einleger sich um das Risiko nicht kümmern müssen, sofern es eine Einlagenversicherung gibt. Hier ist der Kunde der Agent und die Bank der Principal.

Ähnliche Problemlagen gibt es natürlich grundsätzlich bei allen Unternehmen, aber sie haben nicht gleich schwere volkswirtschaftliche Konsequenzen. Damit zusammen hängend dürfte es weitere Problembereiche geben, wobei Crockett (1996) vier betont (für ein gravierendes Beispiel siehe Box 10.1):

- Die Ursache der **Katastrophenblindheit** besteht darin, dass die Wahrscheinlichkeit des Auftretens extremer Ereignisse tendenziell unterschätzt wird. Ferner neigen Menschen im Allgemeinen dazu, die Kosten von Katastrophen zu gering zu veranschlagen. Kurzum, es gibt gute Erfahrungsgründe und solide Erkenntnisse der empirischen Verhaltensforschung für die Aussage einer gewissen Katastrophenblindheit. Dies ist an den Finanzmärkten insofern bedeutsam als die Verteilung der möglichen Ereignisse keinesfalls einer Normalverteilung folgt, sondern gerade Extremwerte *zu* häufig vorkommen.
- Eine zweite Ursache ist **Herdenverhalten**, d.h. die Tendenz, den Entscheidungen anderer Marktteilnehmer zu folgen. Während damit irrationales Verhalten verbunden sein kann, gibt es auch ernsthafte Vermutungen (und auch Modellierungen) für die Hypothese, dass Marktteilnehmer unter nicht unrealistischen Bedingungen durchaus sogar gegen die eigenen Informationen Transaktionen vornehmen.
- Als dritte Ursache ist auf die **Vergütungsasymmetrie** zu verweisen, dass erzielte positive Ergebnisbeiträge unbegrenzt positiv honoriert werden,

während negative Beiträge – wie Fehlspekulationen – zwar zum Verlust variabler Gehaltsbestandteile führen, aber nicht negativ sanktioniert werden. Auch dieses Problem ist nicht auf Finanzinstitutionen beschränkt, hat aber wegen der vergleichsweise großen Handelsabteilungen mit notwendigerweise volatilen Ergebnissen größere Bedeutung als in den meisten Unternehmen.
- Schließlich kann man argumentieren, dass die **negative Externalität** bei allzu großer Risikofreude ausgeprägter als in anderen Wirtschaftsbereichen ist. Die Lasten von Finanzkrisen tragen weniger die Verursacher – seien es Management oder Eigentümer von Finanzinstitutionen – als vielmehr überwiegend Staat und Kunden.

Die Fehlanreize wären weniger gravierend, wenn sie nicht bei Institutionen auftreten würden, deren **Fragilität** offensichtlich ist. Doch die Eigenkapitalquote von Kreditinstituten liegt mit größenordnungsmäßig 5 v.H. weit unterhalb des Durchschnitts in der Wirtschaft. Damit ist die Kapazität, eventuelle Schieflagen aus eigener Kraft zu beheben, recht begrenzt.

Als dritter Faktor, der das Risiko eines Systemzusammenbruchs begünstigt, kommt das hohe **Ansteckungspotential** im Finanzsektor hinzu. Die besonders leichte Ansteckungsgefahr ergibt sich wiederum aus drei Ursachen:
- Finanzinstitutionen sind in hohem Maße über den **Interbankenmarkt** durch gegenseitige finanzielle Forderungen miteinander verflochten.
- Diese Verflechtung wird kurzfristig dadurch erhöht, dass durch den Zahlungsverkehr und schwebende Wertpapiergeschäfte erhebliche **temporäre Salden** entstehen können.
- Schließlich ist die **Bewertungsunsicherheit** bei Finanzinstitutionen nicht zuletzt deshalb hoch, weil zum einen bewusst große Bewertungsspielräume vom Gesetzgeber vorgesehen sind und zum anderen viele Risiken durch Termingeschäfte aus den veröffentlichten Unterlagen nicht mehr abzuschätzen sind.

Zusammenfassend ergibt die Kombination aus systembedingten Fehlanreizen, Fragilität und hohem Ansteckungspotential ein erhebliches Systemrisiko, dem der Staat aufgrund der volkswirtschaftlichen Bedeutung des Finanzsektors durch Regulierung entgegen wirkt. Dabei verursacht Regulierung immer auch Kosten, die mit berücksichtigt werden müssen.

Box 10.1: Ursachen und Lehren der 1980er US- Bankenkrise

In den 80er Jahren erlebten die USA ihre größte Bankenkrise seit der Weltwirtschaftskrise der 30er Jahre. Die direkten Kosten zur Rettung des Bankensystems summierten sich am Ende auf mehr als 150 Mrd. US-Dollar. Was war geschehen? Es lassen sich sechs wichtige Ursachen unterscheiden:

- Erstens, Finanzinnovationen schufen neue Wettbewerber und neue konkurrierende Produkte, die das traditionelle Bankgeschäft weniger profitabel machten. Damit stieg c.p. der Anreiz, die Profitabilität durch Übernahme höherer Risiken zu sichern.
- Zweitens kam es Anfang der 80er Jahre zu einer finanziellen Liberalisierung, die insbesondere "savings and loan associations" – das waren aus deutscher Sicht eine Art Bausparkassen – neue, bankenähnliche Geschäftsfelder eröffnete.
- Dies ging drittens mit einer Ausweitung der Einlagenversicherung einher, die – wie wir später sehen werden – moral hazard-Verhalten begünstigt.
- Viertens kam es zu einer relativen Schwächung der Bankenaufsicht, denn die erheblich komplexeren Überwachungsaufgaben sollten mit demselben Personal bewältigt werden.
- Fünftens ergaben sich unglückliche Umstände durch einen bis dahin nicht gekannten Zinsanstieg, der die Fristentransformation zu einem Verlustgeschäft machte.
- Schließlich reagierten die Aufsichtsbehörden mit unangemessener Nachsicht, sogenannter **regulatorischer Unterlassung** (*regulatory forbearance*). Ein Grund dafür ist ein Principal-Agent-Problem zwischen Regulierern und WählerInnen, denn der vordergründige Erfolg der Regulierer besteht darin, weniger Pleiten zuzulassen. Das schafft kurzfristig einen Anreiz, marode Banken am Leben zu erhalten, in der Hoffnung, dass sie unter besseren gesamtwirtschaftlichen Umständen wieder Fuß fassen. Dieses Kurzfristdenken wird durch ähnlich motivierten politischen Druck verstärkt.

Die wichtigste Lehre aus diesem Desaster von allzu risikofreudigen Bankmanagern, unbedachter Politik, laxer Aufsicht und widrigen Umständen ist es, eine strenge Aufsicht ohne politischen Einfluss zu installieren. Vgl. ausführlich Mishkin (2007), S.293ff.

10.3 Optimaler Regulierungsgrad

Da Regulierung neben den angestrebten Nutzen auch mit unerwünschten Kosten verbunden ist, gilt es einen optimalen Grad der Regulierung abzuschätzen. Diese Optimierungsüberlegung kann man sich an Extremsituationen klar machen. Bei totaler Risikoscheu könnte man übervorsichtige Sicherheitsstandards bspw. im Kreditgeschäft vorschreiben oder an den Finanzmärkten Preise festlegen. Dann wäre die Gefahr üblicher Finanzkrisen stark reduziert, doch die Nachteile sind gravierend: Geringe Risikobereitschaft wird im Allgemeinen mit geringeren erwarteten Erträgen erkauft (vgl. Kapitel 1), administrierte Preise setzen den Marktmechanismus außer Kraft, und zu viel Regulierung hemmt Innovationen. Das andere Extrem zu solch extrem restriktiver Regulierung ist nicht attraktiv. Würden keine Vorschriften zur Risikobegrenzung erlassen, keine Transparenz eingefordert usw., so entspräche dies in vieler Hinsicht den Finanzsystemen der Industrialisierungszeit, die nicht die heutige Leistungsfähigkeit aufwiesen und durch viele massive (vermeidbare) Krisen gekennzeichnet waren.

Eine graphische Veranschaulichung für diese Überlegungen bietet Schaubild 10.3. Die dortige Nutzenkurve geht von tendenziell zunehmendem Regulierungsnutzen aus, doch scheint es plausibel, auch bei diesem Gut von sinkendem Grenznutzen auszugehen. Umgekehrt verhält es sich mit den Kosten, die steigen und bei denen ein überproportionaler Anstieg ebenfalls gut möglich ist, denn die massiven Folgen extremer Risikovermeidung oder eines nahezu ausgeschalteten Preismechanismus sind bekannt. Der optimale Regulierungsgrad ergibt sich als der Punkt A, bei dem Grenznutzen gleich Grenzkosten ist.

Schaubild 10.3: Regulierungsnutzen und -kosten

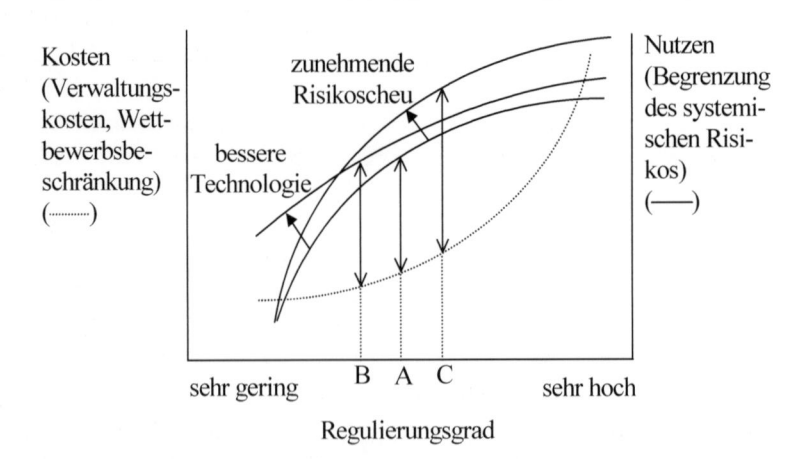

Der optimale Punkt hängt allerdings vom Kurvenverlauf ab. Der Vergleich mit der Industrialisierungsphase macht deutlich, dass sich die Zeiten ändern und mit ihnen vermutlich die optimale Politik. Heute sind aufgrund des technologischen Standards die Möglichkeiten, Transparenz herzustellen und Risiken an Finanzmärkten abzusichern, besser als früher, so dass in dieser Hinsicht das Marktideal leichter realisiert werden kann. Dies impliziert, dass deshalb auch eine weniger starre Regulierung nötig ist, um ein vergleichbares Maß an Stabilität zu erreichen. Die zunehmende Marktorientierung der Bankenregulierung (vgl. Kapitel 11) liefert hierfür geeignetes Anschauungsmaterial. Im Schaubild bedeutet dies, dass der Nutzen geringer Regulierungsmaßnahmen höher ist als bei einer älteren Technologie, so dass der optimale Punkt B durch weniger Regulierung als Punkt A gekennzeichnet ist. In die umgekehrte Richtung wirkt sehr ausgeprägte Risikoscheu: Messen die Beteiligten der Vermeidung von Finanzkrisen höhere Bedeutung bei als in der Ausgangssituation unterstellt, so sinkt der Grenznutzen eines steigenden Regulierungsgrades langsamer, woraus sich der optimale Punkt C im Schaubild ergibt.

Nach diesen allgemeinen Überlegungen der drei ersten Abschnitte (10.1 bis 10.3), folgen in diesem Kapitel nun Instrumente der eher makroökonomisch ausgerichteten Regulierung.

10.4 Makroökonomische Stabilisierung des Finanzsystems

Die ganz offensichtlichen Instrumente makroökonomisch ausgerichteter Stabilisierung des Finanzsystems setzen an der Stabilisierung der gesamten Volkswirtschaft an. Wie bereits in der Einleitung zu diesem Kapitel erwähnt, hat sich im Zuge der Liberalisierung der Volkswirtschaften seit den 80er Jahren das Augenmerk der Stabilisierungsbemühungen weg von der makroökonomischen und hin zur mikroökonomischen Ebene verschoben. Damit sollen die einzelnen Wirtschaftseinheiten krisenfester gemacht werden. Allerdings darf man darüber nicht vergessen, dass die Risiken an Finanzmärkten in erheblichem Maße makroökonomischen Charakter haben. Dies wollen wir an den Ursachen für Ausfall- und Marktrisiken verdeutlichen.

Ausfallrisiken reflektieren die Zahlungsfähigkeit der Schuldner. Letztere wiederum hängt mit ihrer geschäftlichen Situation zusammen und die ist umso vorteilhafter, je besser die konjunkturelle Lage ist. Es gibt keinen Zweifel, dass die Wirtschaftskonjunktur ein wesentlicher Bestimmungsfaktor für die Zahlungsfähigkeit der Unternehmen ist. In diesem Sinne hilft eine gesamtwirtschaftlich ausgerichtete Stabilisierungspolitik extreme Ausschläge beim Ausfallrisiko zu vermeiden. Ein ungelöstes Problem der derzeit verfolgten Bankenregulierung besteht gerade darin, dass sie durch ihr Bemühen um jederzeitige marktgerechte Bewertung von Aktiva das gesamtwirtschaftliche Risiko umgehend in eine erhöhte Eigenkapitalanforderung transformiert.

Dies zwingt Banken in schlechten Zeiten risikoscheuer und damit prozyklisch zu agieren (vgl. Hellwig und Blum 1995).

Noch offensichtlicher ist der Zusammenhang beim **Marktrisiko**. Schwankungen der Finanzmarktpreise sollen durch eine auf Stabilisierung ausgerichtete Politik begrenzt werden. Dies bezieht sich in erster Linie auf das Zinsniveau und je nach Umständen auch auf Wechselkurse. Der kurzfristige Zinssatz ist ein von der Geldpolitik maßgeblich bestimmter Preis und Wechselkurse sind durch die gewählte Währungsordnung mitbestimmt, wie es das Regime fester Wechselkurse ganz offensichtlich macht.

Die Stabilisierungsaufgabe kann ein Beispiel verdeutlichen: Wenn kurzfristige Zinssätze (unerwartet und fundamental unbegründet) stark ansteigen, dann wirkt sich dies auf Banken zweifach negativ aus. Zum einen führen Banken in ihrer Gesamtheit Fristentransformation durch, so dass die kürzerfristigen Einlagenzinsen schneller nach oben angepasst werden als die längerfristigen Kreditzinsen. Dies reduziert die Zinserträge. Zum anderen halten Kreditinstitute auf der Passivseite meist Einlagen, deren Wert von Zinssatzänderungen unbeeinflusst bleibt, während auf der Aktivseite manche Wertpapieranlagen gleichzeitig an Wert verlieren. Insofern entsteht Abschreibungsbedarf. Beide Veränderungen belasten die Profitabilität von Banken und damit potentiell ihre Stabilität. Die gesamtwirtschaftliche Verantwortung von Zentralbanken in solchen Situationen ist schon früh in der sogenannten **Bagehot-Regel** formuliert worden, der zufolge eine Zentralbank für geordnete Verhältnisse am Geldmarkt zu sorgen, hier also den Zinsanstieg zu begrenzen habe. Es geht nicht darum, jedes einzelne Kreditinstitut gegenüber makroökonomischen Risiken zu immunisieren, wohl aber zu verhindern, dass das gesamte Finanzsystem durch überzogene Marktpreisänderungen kollabiert.

Allerdings treffen auch auf die Stabilisierungspolitik die bekannten **Zielkonflikte** zu. Um dies am obigen Beispiel der Zinspolitik zu veranschaulichen: So mögen steigende Zinssätze zur Konjunkturstabilisierung und damit zur langfristigen Reduktion der Ausfallrisiken angebracht sein, doch stellen sie kurzfristig einen Schock bei den Geldmarktzinsen dar, was die Profitabilität der Banken eher reduziert. Hier liegen demnach gleich zwei Konflikte vor: Zum einen zwischen begünstigter Konjunkturstabilisierung und gefährdeter Finanzstabilität und zum anderen zwischen kurzfristigen Kosten und langfristigen Nutzen der Stabilisierung.

Es muss aber nicht unbedingt zu Zielkonflikten kommen, wie die Erfahrung lehrt. In der jüngsten Finanz- und Wirtschaftskrise seit 2007 haben die Zentralbanken mit ihrer massiven Niedrigzinspolitik sowohl die Konjunktur als auch das Finanzsystem stabilisiert. Dagegen hat eine falsche Makropolitik zur Schwere der Asienkrise ab 1997 beigetragen, die jede noch so solide Bankenregulierung wirkungslos gemacht hätte (vgl. Box 10.2).

Box 10.2: Grenzen der Bankenregulierung in der Asienkrise

Die Asienkrise der Jahre 1997/98, als erst Thailand und kurz darauf Indonesien, Korea, Malaysia und die Philippinen in eine schwere Finanz- und Wirtschaftskrise gerieten, hat Grenzen der Regulierung in dreifacher Hinsicht deutlich gemacht (vgl. Hartmann-Wendels und Menkhoff, 2001).

- Erstens war die Regulierungsqualität in verschiedener Hinsicht schlicht unzureichend, so dass die Finanzinstitutionen bei widrigen Umfeldbedingungen schnell scheitern mussten.
- Zweitens hat es sich als entscheidend erwiesen, zwischen formalem und tatsächlichem Regulierungsstandard zu unterscheiden. So hatte Thailand zwar zeitgleich mit Deutschland den Basel I-Akkord im Jahr 1993 implementiert, doch die Verwaltungsbestimmungen und die Durchführungspraxis höhlten den Standard aus.
- Drittens hätte aber auch eine striktere Regulierung den Zusammenbruch der Finanzsysteme angesichts der eingetretenen Makroschocks nicht verhindern können. Regulierung hätte die Institutionen stabiler gemacht, doch bei einer BIP-Schrumpfung um 10 v.H. würden auch deutsche Kreditinstitute ins Schlingern geraten.

10.5 Makroprudenzielle Regulierung

Regulierung des Finanzsektors wurde in der Vergangenheit oft mit Bankenregulierung gleichgesetzt und Bankenregulierung wiederum war im Kern die Anforderung einer Mindestausstattung mit Eigenkapital. Diese zielt, wie wir in Kapitel 11 ausführlicher diskutieren werden, darauf ab, die von Banken eingegangenen Risiken mit entsprechendem Eigenkapital im Sinne einer Risikotragfähigkeit zu unterlegen. Diese Denkweise stützt jede einzelne Bank und in der Summe stärkt dies auch die Finanzsystemstabilität. Allerdings ist dies für Finanzsystemstabilität zwar notwendig, aber nicht hinreichend, denn auch viele einzelne stabile Institute können als ganzer Sektor in massive Schieflagen geraten.

Makroprudenzielle Regulierung beschäftigt sich genau mit solchen systemischen Zusammenhängen. Sie schafft insofern eine weitere Perspektive als die tradierte **mikroprudenzielle Regulierung**. Insofern besteht auch kein Gegensatz, sondern eher ein ergänzendes Verhältnis der beiden Regulierungsansätze zueinander. Schaubild 10.4 veranschaulicht die Beziehungen und folgt dabei der Bank für Internationalen Zahlungsausgleich (BIZ).

Schaubild 10.4: Makro- und mikroprudenzielle Regulierung

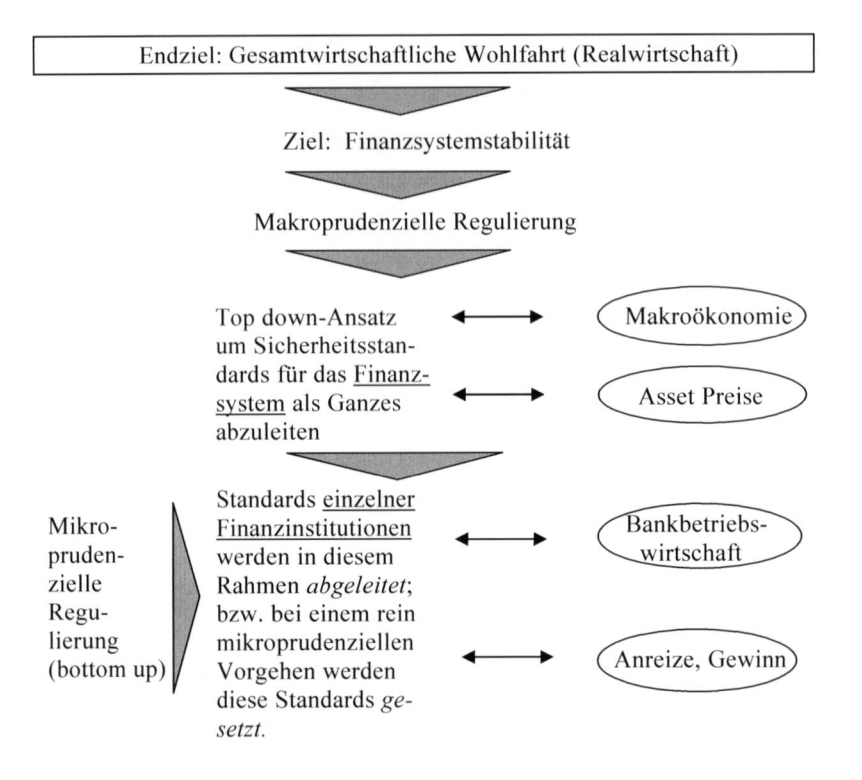

```
        Endziel: Gesamtwirtschaftliche Wohlfahrt (Realwirtschaft)
                                  ▼
                    Ziel: Finanzsystemstabilität
                                  ▼
                    Makroprudenzielle Regulierung
                                  ▼
```

| | Top down-Ansatz um Sicherheitsstandards für das Finanzsystem als Ganzes abzuleiten | ◄──► | Makroökonomie |
| | | ◄──► | Asset Preise |

Mikroprudenzielle Regulierung (bottom up):
Standards einzelner Finanzinstitutionen werden in diesem Rahmen *abgeleitet*; bzw. bei einem rein mikroprudenziellen Vorgehen werden diese Standards *gesetzt*.

◄──► Bankbetriebswirtschaft
◄──► Anreize, Gewinn

Quelle: in Anlehnung an Borio (2010)

In der Diskussion um gute Regulierung ist die makroprudentielle Perspektive noch relativ jung. Auch wenn es gerade bei der BIZ schon eine gewisse Tradition in dieser Richtung gibt, so hat erst die große Krise seit 2007 dazu geführt „that we are all macroprudentialists now" (Borio 2010). Im Konkreten allerdings gibt es dann doch verschiedene Interpretationen. In einem sehr weiten Verständnis ist alle Makropolitik auch für Finanzsystemstabilität relevant, wie wir im Abschnitt 10.4 argumentiert hatten. Damit verliert der Begriff *makroprudenziell* aber seine Aussagekraft, so dass wir Borio (2010) folgen und enger am Regulierungsverständnis bleiben. Konkret gibt er der makroprudenziellen Perspektive zwei Dimensionen, zum einen eine Querschnittsdimension und zum anderen eine zeitliche Dimension (vgl. Schaubild 10.5).

Makroprudenzielle Regulierung 173

Schaubild 10.5: Dimensionen makroprudenzieller Regulierung

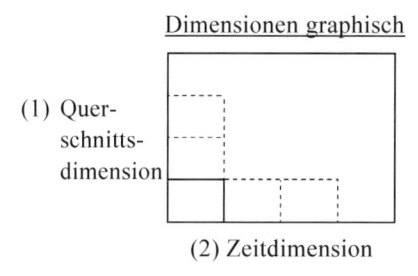

Dimensionen graphisch

(1) Querschnittsdimension

(2) Zeitdimension

Regulierungsaspekt	Risikoquelle	Politikmaßnahmen
(1) Wie verteilt sich das Risiko innerhalb des Finanzsystems zu einem Zeitpunkt?	(1) Gemeinsames Exposure einzelner Institutionen und ihre Verbindungen (Interlinkage) untereinander	(1) Kalibrierung der Regulierung hinsichtlich des Beitrags einzelner Institutionen zum systemischen Risiko
(2) Wie entwickelt sich das aggregierte Risiko im Finanzsystem über die Zeit?	(2) Prozyklizität des Finanzsystems, d.h. der Zusammenhang des Finanzsektors mit Finanz- und Konjunkturzyklen	(2) Auf- und Abbau antizyklischer Puffer

Quelle: in Anlehnung an Borio (2010)

In der **Querschnittsdimension** sind die Zusammenhänge zwischen den einzelnen regulierten Einheiten zu beachten. Zusammenhänge beruhen auf zwei Ursachen, erstens dem gemeinsamen Ausgesetztsein gegenüber Risiken (**exposure**), wie externen Schocks, und zweitens den Verbindungen der Institutionen untereinander (**interlinkage**). Das gemeinsame exposure zeigt die Empfindlichkeit des Finanzsystems gegenüber Änderungen in der ökonomischen Umwelt an und ist wichtig, weil sonst möglicherweise übersehen wird, dass Entwicklungen nicht nur einzelne Finanzinstitutionen, sondern das gesamte Finanzsystem gefährden. Verbindungen zwischen den einzelnen Finanzinstitutionen können Risiken von einem Institut auf andere übertragen und damit in ihrer Gesamtwirkung so verstärken, dass sie wieder systemrelevant werden.

In der **Zeitdimension** kommt es auf Unterschiede über die Zeit hinweg an. Eine Regulierungsnorm wird sich häufig an einem Normalzustand ausrichten, bspw. an dem Umweltzustand, der am häufigsten eintritt. Damit bietet die Regulierung aber in Krisenphasen eventuell keinen hinreichenden Schutz gegen Instabilität. Will man dagegen Regulierung auf den schlechtest möglichen Umweltzustand ausrichten, dann muss sie sehr restriktiv ausfallen und damit teuer werden, wie die Überlegungen zum optimalen Regulierungsgrad zeigen (Abschnitt 10.3).

Eine makroprudenzielle Perspektive muss diese beiden Dimensionen in ihrer Ausgestaltung von Regulierung berücksichtigen. Hinsichtlich der Querschnittsdimension kann dies dazu führen, einzelne Institutionen unterschiedlich zu regulieren, je nachdem welchen Beitrag sie zum systemischen Risiko leisten. In der Zeitdimension geht es primär um einen Auf- und Abbau von Puffern, die beitragen zyklische Effekte zu mildern. Diese Aspekte sind in der im Jahr 2010 gültigen Regulierung praktisch nicht berücksichtigt, sollen aber im laufenden Reformprozess implementiert werden.

Sozusagen einen Vorläufer dieser Debatte gibt es jedoch im Bereich der Regulierung des Zahlungsverkehrs. Hier wirken die Zentralbanken bereits heute Problemen, die aus dem interlinkage entstehen, bewusst entgegen.

10.6 Regulierung des Zahlungsverkehrs

Die größten Zahlen des Finanzsektors finden sich bei der Erfassung des Zahlungsverkehrs, was in einem eigentümlichen Kontrast zur nahezu vollständigen Bedeutungslosigkeit dieses Feldes in der öffentlichen Aufmerksamkeit steht. Unter Zahlungsverkehr verstehen wir hier die Transaktionen in Zahlungsverkehrssystemen, d.h. es ist der **unbare Zahlungsverkehr** im Unterschied zu Bargeldtransaktionen gemeint. Dessen tägliches Volumen liegt in Deutschland bei über 480 Mrd. Euro, verglichen mit einem jährlichen BIP von ca. 2.400 Mrd. Euro.

Die Beschäftigung mit Zahlungsverkehr hat in diesem Lehrbuch zwei Gründe: Zum einen stellt der Zahlungsverkehr die finanzielle Infrastruktur einer arbeitsteiligen Volkswirtschaft bereit und ist insofern bedeutsam für das Verständnis einer modernen Ökonomie (vgl. Kapitel 1, 2). Zum anderen, und deshalb behandeln wir Zahlungsverkehr in diesem Kapitel über Regulierung, zählt die Sicherung eines funktionierenden Zahlungsverkehrs zu den Hauptaufgaben von Zentralbanken (vgl. Kapitel 3). Dabei liegt der Grund für den regulatorischen Anspruch nicht einfach in der hohen Bedeutung des Zahlungsverkehrs, sondern beruht auf zwei Formen des Marktversagens, die wir noch diskutieren werden: Es liegt die Vermutung eines **natürlichen Monopols** vor und es kann zu erheblichen **negativen externen Effekten** kommen.

Um den Zahlungsverkehr leichter erfassen zu können, gehen wir zunächst auf mögliche Ursachen für finanzielle Transaktionen ein. Offensichtlich bietet dabei die **Wertschöpfung** der Volkswirtschaft zwar einen Ausgangspunkt, aber reicht nicht weit, um die erwähnten Volumina zu erklären. Immerhin führt Wertschöpfung insofern zu doppelten Transaktionen, als sie einmal auf Faktormärkten und dann auf Absatzmärkten umgeschlagen wird. Ferner führen nicht nur die letztlichen Wertschöpfungen, sondern auch Vorleistungen zu Zahlungsverkehr. Aber solch realwirtschaftlich verankerten Vorgänge genügen ganz offensichtlich nicht, um die tatsächlichen Zahlungsverkehrsdimensionen zu verstehen, die nicht das drei- bis fünffache der Wertschöpfung ausmachen, sondern größenordnungsmäßig eher das hundertfache.

Dafür sind wiederum zwei weitere Bereiche verantwortlich. Erstens sind die Transaktionen im Finanzsektor in den letzten Jahrzehnten explodiert. Dazu zählen Wertpapiergeschäfte, Geschäfte mit Derivaten an und außerhalb von Börsen. Allein die Umsätze mit Devisen machen in Deutschland täglich an die 100 Mrd. Euro aus, der größte Teil davon sind Interbankentransaktionen, bei denen Positionen zwischen Händlern umverteilt werden, um Risiken auszutarieren. Ähnlich zu diesen Vorgängen sind zweitens die vielfältigen Transaktionen im Rahmen des Zahlungsverkehrs, denn im Allgemeinen findet eine Transaktion nicht direkt zwischen den Endparteien statt, sondern mehrere andere Akteure sind eingeschaltet.

Schaubild 10.6 verdeutlicht einen typischen Zahlungsvorgang zwischen zwei Bankkunden, bspw. wenn eine Leistung per Überweisung bezahlt wird. Der zahlende Kunde nimmt die Überweisung bei seiner Bank vor, die häufig eine Korrespondenzbank einschaltet, da sie mit der Bank des Zahlungsempfängers keinen direkten Kontakt unterhält. Diese Korrespondenzbank wendet sich an eine intermediäre Institution bei der auch die Korrespondenzbank oder auch direkt die Empfängerbank ein Konto unterhält und von dort auch wird die Buchung dem anderen Bankkunden, dem Zahlungsempfänger, gut geschrieben.

Schaubild 10.6: Abwicklung einer Überweisung

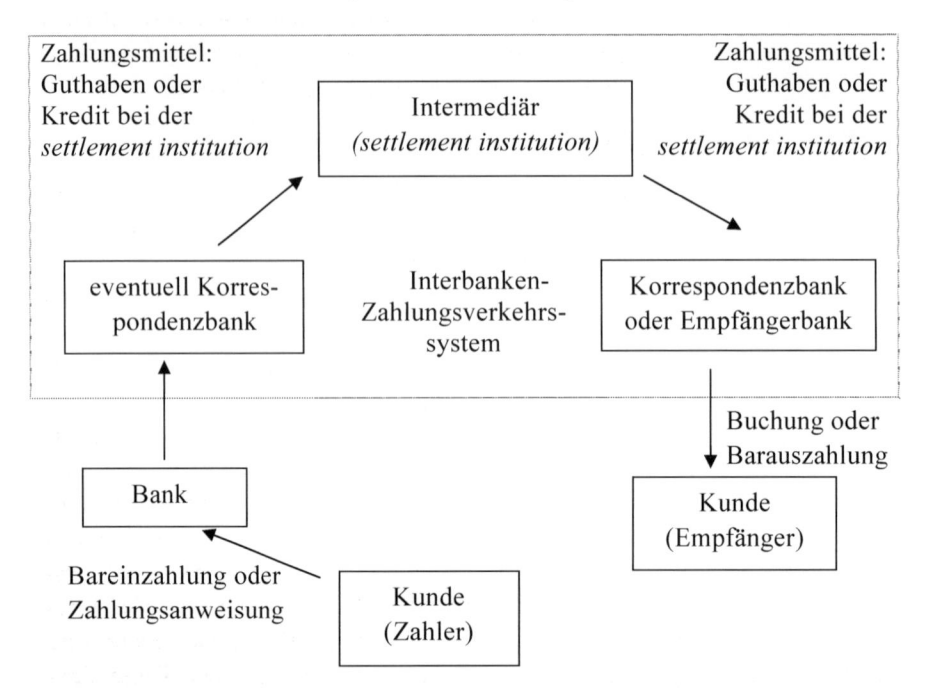

Zahlungsmittel: Guthaben oder Kredit bei der *settlement institution*	Intermediär *(settlement institution)*	Zahlungsmittel: Guthaben oder Kredit bei der *settlement institution*
eventuell Korrespondenzbank	Interbanken-Zahlungsverkehrssystem	Korrespondenzbank oder Empfängerbank

Bank ← Bareinzahlung oder Zahlungsanweisung — Kunde (Zahler)

Korrespondenzbank oder Empfängerbank → Buchung oder Barauszahlung → Kunde (Empfänger)

Von volkswirtschaftlichem Interesse ist insbesondere der Bereich des Interbanken-Zahlungsverkehrs, da hier ein Ausgleich zwischen den Banken erfolgen muss. Dieser Kontoausgleich zufälliger Zahlungen kann nach zwei Verfahren erfolgen: Beim **Bruttoabwicklungssystem** wird jede einzelne Zahlung idealtypisch in Echtzeit abgewickelt. Dies impliziert, dass alle beteiligten Institutionen entsprechende Beträge auf ihren Konten aufweisen müssen, was nicht trivial ist, wenn man sich noch einmal das Volumen täglicher Transaktionen vor Augen hält. Insofern praktizieren Banken beim Zahlungsverkehr untereinander auch gern **Nettoabwicklungssysteme**, bei denen nur zu festgelegten Zeitpunkten Salden zwischen den Banken ausgeglichen werden. Dies impliziert, dass sich Zahlungseingänge und –ausgänge im Zeitablauf gegenseitig aufheben können und das Konto damit nicht zu jedem Zeitpunkt gedeckt sein muss, sondern nur beim Saldenausgleich. Die damit verbundene Idee ist, dass Kontoguthaben nicht auf Spitzen im Zahlungsverkehr abstellen, sondern auf Durchschnitte. Dies spart offensichtlich Kosten im Vergleich zu einem Bruttoabwicklungssystem, wie ein Beispiel demonstriert.

Als Beispiel dient das wichtigste europäische Zahlungsverkehrssystem: **TARGET** steht für Trans-European Automated Real-Time Gross Settlement Express Transfer. Es wurde von den Zentralbanken im Januar 1999 im Eurosystem als ein Echtzeit-Bruttoabwicklungssystem für Eurozahlungen eingeführt. Zu Beginn wurden die nationalen Systeme mittels eines europäischen Moduls miteinander verknüpft. Mit Einführung von TARGET2 im November 2007 gibt es eine einheitliche Gemeinschaftsplattform. Teilnehmer sind über 1.500 Institutionen, meist große Banken, aus EU-Ländern, unter ihnen fast 100 aus Deutschland. Als Brutto-System können nur Zahlungen abgewickelt werden, für die vorher bereits Deckung auf dem jeweiligen Konto besteht. Das verlangsamt den Prozess, da bei einem geräumten Konto immer erst eine Zahlung eingehen muss bevor die nächste geleistet werden kann. Im Extremfall kann es zum **Gridlock**, dem Stillstand, kommen, das heißt einer vollkommenen Blockade der Zahlungsströme, weil zu einem gegebenen Zeitpunkt keine Partei mehr zahlen kann oder will und damit der Kreislauf unterbrochen wird.

Um also die Abwicklung zu erleichtern, gibt es bei TARGET deshalb **Innertageskredite**, so dass dann auch auf Kredit gezahlt werden kann. Die Kreditvergabe profitiert von der Abwicklung über Zentralbanken. Da Kreditinstitute dort Sicherheiten hinterlegen, um sich mit Zentralbankgeld zu versorgen (siehe Kapitel 15), und diese Sicherheiten in der Regel nicht voll ausgenutzt werden, kann der verbleibende Spielraum im Zahlungsverkehr genutzt werden. Dies beschleunigt die Abwicklung bei höchster Sicherheit, denn die Zentralbanken agieren als Kreditgeber. Folglich hat dieses Zahlungsverkehrssystem auch in der jüngsten Finanzkrise reibungslos funktioniert, obwohl teilweise der direkte (also nicht über Zentralbanken vermittelte) Interbankenmarkt fast zum Erliegen kam.

Grundsätzlich deutet sich damit ein Zielkonflikt zwischen Stabilität des Zahlungsverkehrssystems und seiner Effizienz an. Am stabilsten ist eine Zug-um-Zug-Abwicklung, die aber aufwendig und langsam erfolgt und am effizientesten ist eine Verrechnung über Salden, die aber hohe offene Positionen während des Tages entstehen lässt. Anders ausgedrückt ist hohe technische Effizienz mit Risiken behaftet und hohe Stabilität mit Kosten (vgl. Schaubild 10.7).

In diesem Konflikt präferieren Zentralbanken stabilere Lösungen, um negative externe Effekte aus Zusammenbrüchen des Zahlungsverkehrs zu vermeiden. Sie haben deshalb tendenziell darauf gedrungen, dass Bruttoabwicklungssysteme dominieren und haben Standards für privat betriebene Zahlungsverkehrssysteme festgelegt. Schließlich bieten sie mit dem innereuropäischen TARGET2-System sowie den nationalen Zahlungsverkehrssystemen eine robuste Infrastruktur. Diese soll aber private Alternativen nicht verdrängen. So betreiben europäische Großbanken ihr eigenes **Euro1-System** als

Nettoabwicklungssystem und auf nationaler Ebene beträgt bspw. in Deutschland der private Marktanteil etwa 85%.

Die zweite Rechtfertigung staatlichen Eingreifens, neben der Vermeidung negativer externer Effekte, liegt hier in der Gefahr eines natürlichen Monopols. Dies ist durch starke Kostendegression gekennzeichnet, so dass der größte Anbieter die Konkurrenten allein aus Kostengründen aus dem Markt drängen kann. Die Bedeutung der Kostendegression erkennt man schon daran, dass Dienstleistungen im Zahlungsverkehr typischerweise Bankenübergreifend erbracht werden. Hier bietet bspw. die Deutsche Bundesbank eine Alternative zu den wenigen sonstigen Anbietern, die auch tatsächlich genutzt wird.

Schaubild 10.7: Trade-off in Zahlungsverkehrssystemen

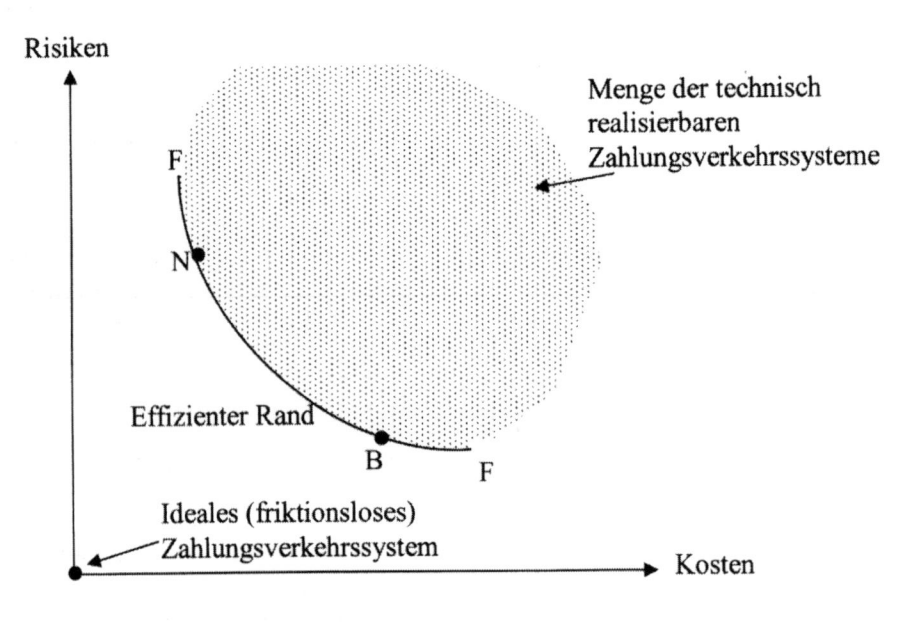

Quelle: Berger/Hancock/Marquardt (1996), p. 700

Literaturhinweise

In den volkswirtschaftlichen Lehrbüchern zu „Geld und Kredit" wird praktisch nicht auf das Thema Regulierung eingegangen. Dafür wird Bankenregulierung in einschlägigen Lehrbüchern gründlich behandelt (s. Kapitel 11), aber kaum die hier thematisierten grundsätzlichen, eher volkswirtschaftlichen Fragen oder der Zahlungsverkehr.

Zur Begründung für Regulierung sind bspw. Crockett (1996) sowie aus einer institutionenökonomischen Perspektive Richter (1991) empfehlenswert.
Auf den Zahlungsverkehr gehen grundsätzlich Berger et al. (1996) ein, auf den aktuellen Stand die Deutsche Bundesbank (2009a).

Zusammenfassung

1. Die staatlichen Eingriffe auf Finanzmärkten sind vergleichsweise stark. Sie umfassen insbesondere Instrumente der präventiven und der protektiven Regulierung.
2. Es ist insbesondere das drohende, dem Finanzsektor immanente Systemrisiko, das die Wirtschaftspolitik fordert.
3. Das Ziel der Regulierung besteht nicht darin, Finanzkrisen unbedingt zu verhindern. Generell gilt, dass jede Form der Regulierung neben den angestrebten Nutzen auch Kosten produziert, so dass ein optimaler Regulierungsgrad angestrebt wird.
4. Auch wenn sie heute nicht im Vordergrund steht, so wirkt makroökonomische Stabilisierungspolitik, wie ein Befolgen der Bagehot-Regel, wie eine präventive Bankenregulierung.
5. Makroprudenzielle Regulierung ist seit der Krise wichtig geworden, d.h. die Beachtung der auf Regulierung bezogenen Zusammenhänge über die verschiedenen Marktteilnehmer und über die Zeit hinweg.
6. Zahlungsverkehr wird reguliert wegen negativer externer Effekte (und der Vermutung eines natürlichen Monopols).
7. Die Zentralbanken stellen selbst Bruttoabwicklungssysteme (wie TARGET 2) zur Verfügung und regulieren die privaten Systeme.

Schlüsselbegriffe

Ansteckungspotential
Ausfallrisiko
Bagehot-Regel
Bruttoabwicklungssystem
Finanzsystemstabilität
Herdenverhalten
Innertageskredit
Katastrophenblindheit
Marktrisiko
natürliches Monopol
Nettoabwicklungssystem

Principal-Agent-Konflikt
Regulierung, makroprudenziell
Regulierung, mikroprudenziell
Regulierung, präventiv
Regulierung, protektiv
Regulierungsgrad
systemisches Risiko
too big to fail-Politik
unbarer Zahlungsverkehr
Vergütungsasymmetrie

Kapitel 11

Bankenregulierung und Einlagensicherung

Zum Inhalt von Kapitel 11

Eine bislang hoch angesehene Bank bricht zusammen, was zu einem erheblichen Vertrauensverlust in den Finanzsektor führt. Es kommen Zweifel an der Solidität anderer Finanzinstitutionen auf, zum einen weil sie möglicherweise eine ähnliche Geschäftspolitik betrieben haben, zum anderen weil sie mit der gescheiterten Bank in Geschäftsbeziehungen standen und deshalb Forderungsausfälle befürchtet werden. Aus Sorge um ihr Geld ziehen viele Menschen Einlagen ab, aber auch professionelle Marktteilnehmer versuchen ihre Außenstände zu reduzieren. Diese Maßnahmen setzen eine Spirale in Gang, weil der Abbau finanzieller Verflechtung von einer Seite – seien es Kredite oder Einlagen – immer auch eine gleichgerichtete Bewegung auf der anderen Seite der Bilanz erzwingt. Kreditschrumpfung limitiert die Geschäftsmöglichkeiten der Realwirtschaft, so dass aus dem Zusammenbruch einer einzigen Bank die Rezession der Gesamtwirtschaft entstehen kann.

Da dieses Szenario schon häufig Wirklichkeit geworden ist, zielt die Bankenregulierung im Kern darauf ab, einen ungeordneten Zusammenbruch von Kreditinstituten zu verhindern. Insofern soll Regulierung **präventiv** wirken, also Krisen vorbeugen und die Einleger schützen. Wenn es zum Krisenfall kommt, soll Regulierung diesen mit möglichst geringen volkswirtschaftlichen Kosten zu managen und dabei schutzwürdige Interessen berücksichtigen, also **protektiv** wirken. Auf die Entwicklung entsprechender Instrumente gehen wir im Folgenden ein.

11.1 Entwicklung der Bankenregulierung

Bankenregulierung ist im Laufe der letzten Jahrzehnte zu einem immer umfangreicheren Feld geworden. Zugenommen hat die Vielzahl der Themen, Gesetze und Vorschriften sowie die Internationalisierung und Komplexität des Bankgeschäfts. Die Bedeutung der Regulierung mag die jüngste Auflage des führenden deutschen Lehrbuchs zur Bankbetriebslehre dokumentieren

(Hartmann-Wendels et al., 2010), in dem die Regulierungskapitel fast 40 v.H. des Umfangs einnehmen.

Treibende Kräfte dieser Entwicklung sind in Deutschland nicht zuletzt Bankenkrisen gewesen, einmal Anfang der 30er Jahre, dann in den 1970ern. Während Krisen manchmal den Anstoß geben, liegen Ursachen oft tiefer in den Wandlungen des zugrunde liegenden Geschäfts begründet. Im Bankgeschäft geht es vor allem um **technischen Fortschritt** und Internationalisierung. Der technische Fortschritt ist hier in einem doppelten gemeint: erstens im Sinne der dem Bankgeschäft zugrunde liegenden physischen Technologie, wie der Computerisierung, und zweitens im abstrakten ökonomischen Sinn einer Fortentwicklung der Produktionstechnologien, nicht zuletzt voran getrieben durch die Entwicklung der modernen Finanzmarkttheorie. Die mit diesen Entwicklungen einhergehenden rapide sinkenden **Transaktionskosten** bei gleichzeitig stark ausgeweiteter Produktpalette haben Umsätze und Komplexität in neue Dimensionen geführt.

Neben dem technischen Fortschritt ist die **Internationalisierung** der Geschäfte eine zweite wichtige treibende Kraft. Auf der einen Seite ist die Internationalisierung durch politische Liberalisierungsmaßnahmen gezielt erleichtert worden, zum anderen haben die sinkenden Transaktionskosten eine in der Nachkriegszeit noch unvorstellbare Internationalisierung ermöglicht. Da Liberalisierung und sinkende Transaktionskosten zugleich den internationalen Waren- und Dienstleistungsverkehr erleichtert haben, sind daraus Geschäftserfordernisse für den Finanzsektor erwachsen, die die finanzielle Internationalisierung weiter begünstigt haben.

Die damit aufgezeigten Veränderungskräfte lassen sich in einer kurzen Chronik der deutschen Bankenregulierung gut wiedererkennen (vgl. Tabelle 11.1). Insbesondere sieht man, wie seit den 70er Jahren Regulierung auch durch internationale Einflüsse gestaltet worden ist. Neue Akteure sind damals zum einen die bei der in Basel ansässigen Bank für Internationalen Zahlungsausgleich tagenden Gouverneure der großen Zentralbanken sowie zum anderen die damalige Europäische Gemeinschaft (EG). Seit Ende der 80er Jahre kann man sagen, dass Bankenregulierung nur noch auf diesem Weg entwickelt wird: Zuerst wird in den verschiedenen Baseler Gremien ein international verbindlicher Rahmen definiert, der dann im Rahmen der Europäischen Union (EU) und schließlich im deutschen Recht des KWG umgesetzt wird.

Tabelle 11.1: Entwicklung der deutschen Bankenregulierung

Jahr	Vorgang	Inhalt	Hintergrund
bis 1930	Teilgesetze	bspw. zur Beaufsichtigung von Hypothekenbanken	Allgemeine Gewerbefreiheit überwiegt Bedenken wegen Bankenzusammenbrüchen
1931-34	1. Bankengesetz	Notverordnung (1931), 1934 Reichsgesetz über Kreditwesen	Zusammenbruch der Großbank „Danatbank" 1931
1961	Kreditwesengesetz (KWG)	modernisiert Gesetz der 30er Jahre	„Grundsätze" I-III zum notwendigen Eigenkapital und zur Liquiditätssicherung
1974 f.	KWG-Erweiterung	Grundsatz Ia zur Begrenzung offener Devisen- und Edelmetallpositionen	Pleite der Herstatt Bank durch Devisenspekulation
1975	„Baseler Konkordat"	Internationale Zusammenarbeit bei der Überwachung von Auslandsniederlassungen	Internationale Überwachung von Banken sichern
1977	1. EG-Bankrechtskoordinierungsrichtlinie	Basis für institutionalisierte Zusammenarbeit der nationalen Bankaufseher	Überwachung innerhalb der Europäischen Gemeinschaft sichern
1988	Basel I	Eigenkapitalausstattung international tätiger Banken	Verbesserung der Eigenkapitalausstattung; Abbau von Wettbewerbsverzerrungen
1993	4. KWG-Novelle	Umsetzung Basel I	Gültigkeit 1.1.1994
1998	6. KWG-Novelle	Einführung von Eigenmitteln, Marktpreisrisiken in EK-Norm erfasst	Ergänzung
2004	Basel II	s. Kapitel 11.2	s. Kapitel 11.2
2006	Anpassung KWG	Umsetzung Basel II	Gültigkeit ab 2007
2010	Ergänzung KWG	Präzisierung	Erste Krisenreaktion

Den Prototyp dieses Prozesses bildet die erste international abgestimmte Form der Bankenregulierung: Es dauerte bis zum Jahr 1988, dass ein bei der **Bank für Internationalen Zahlungsausgleich (BIZ)** in Basel koordiniertes Gremium von Bankaufsichtsbehörden der großen Industrieländer (mehr dazu in Kapitel 22) – das nach seinem Vorsitzenden benannte **Cooke-Komitee** –

erstmals eine Rahmenvereinbarung hinsichtlich einer weltweit einheitlichen Eigenkapitalnorm traf. Dieses erste Übereinkommen bezeichnet man als den **Basler Akkord** oder kurz als **Basel I**. Konkret wurde der Basler Akkord des Jahres 1988 fünf Jahre später in eine EU-Richtlinie umgesetzt und noch 1993 in der 4. KWG-Novelle deutsches Recht. Diese drei Normsetzungen waren noch nicht ganz identisch, sondern wurden immer spezifischer; dabei ist die deutsche Umsetzung tendenziell ein klein wenig restriktiver als die BIZ-Rahmengebung. Dementsprechend wiesen große Kreditinstitute auch Eigenkapitalquoten *nach KWG* und *nach BIZ* aus. Der Zeitpunkt für das Zustandekommen dieser Vereinbarung ist nicht ganz zufällig, sondern drückt eine sich zuspitzende Problemlage aus.

Die 80er Jahre sind durch zunehmende internationale Liberalisierung gekennzeichnet, wie größere Kapitalverkehrsfreiheit und ansatzweise leichtere Niederlassungsfreiheit für Finanzinstitutionen in anderen Ländern. In Europa kommt noch die feststehende Einführung des EU-Binnenmarktes ab 1992 hinzu, der mit Niederlassungsfreiheit einhergeht. Damit internationalisieren sich auch die Kreditinstitute. In diesem Prozess führt ökonomisches Denken automatisch zu der Frage nach den besten Standorten für die jeweiligen Geschäfte. Ein Standortfaktor ist die Regulierungssituation. Aus einzelwirtschaftlicher Sicht der Marktteilnehmer stellen Regulierungen Beschränkungen des "eigentlich" wünschbaren Geschäfts dar. Da diese Beschränkungen Geschäfte verteuern, kann man sie einzelwirtschaftlich auch als Kosten – im Vergleich zu einem nicht-regulierten Zustand – auffassen. **Regulierungskosten** sind aus Sicht der Finanzinstitutionen eine zu minimierende Größe, wobei eben die Wahl des Standorts bei national divergierenden Regulierungssituationen eine Möglichkeit der Kostenreduktion darstellt.

Was aus einzelwirtschaftlicher Sicht eine rationale Ausweichreaktion ist, bedeutet auf volkswirtschaftlicher Ebene eine Aushöhlung der als notwendig erachteten Regulierung. Will ein Staat vermeiden, dass die regulierten Bereiche in kostengünstigere Regionen abwandern, so muss er sein Regulierungsniveau dem der erfolgreicheren Wettbewerber anpassen, so dass ein **internationaler Regulierungswettlauf** entsteht. Dieser Wettlauf ständigen Regulierungsabbaus kann volkswirtschaftlich kontraproduktiv sein. Deshalb sind die internationalen Harmonisierungsbemühungen wichtig.

Neben dem internationalen Regulierungswettlauf zwischen Staaten gibt es außerdem – derselben Logik folgend – eine rein **nationale Regulierungsarbitrage** der Banken und daraus resultierend einen Wettlauf zwischen Banken und Regulierern. Denn was auf internationaler Ebene abläuft gilt ganz allgemein: Die einzelnen Finanzinstitutionen versuchen dem Zugriff der Regulierung auszuweichen und die Regulierungsinstitutionen ihrerseits unternehmen

Schritte, die Ausweichmaßnahmen wieder einzubinden. Generell gilt, dass die Regulierungsnotwendigkeit stark durch asymmetrische Informationsverteilung innerhalb des Finanzsystems bedingt ist. Insofern zielt Regulierung darauf ab, entweder diese Asymmetrie zu verkleinern oder ihre Folgen zu mildern. Tendenziell werden Finanzbeziehungen damit dem Marktideal näher gebracht. Diese Schritte wollen wir anhand der **Erfassung von Ausfallrisiken** in Deutschland exemplarisch nachvollziehen.

Mit Einführung der Bankenregulierung in den 30er Jahren sind Kreditinstitute angehalten in Relation zu ihren mit einem Ausfallrisiko behafteten Aktivpositionen (vor allem Krediten) Eigenkapital zu halten. Mit der Umsetzung des Basel I-Akkords waren Ausfallrisiken in vier Risikoklassen gegliedert, die jeweils eigene Eigenkapitalerfordernisse haben. In den 90er Jahren wurden zunehmend Ausfallrisiken bei nicht-bilanziellen Geschäften einbezogen. Aufgrund des **Basel II-Akkords**, der 2007 in Kraft getreten ist, ist eine weitere Verfeinerung der Bonitätsklassifikation durch interne oder externe Ratingeinstufungen vorgeschrieben. Ferner können Kreditinstitute ihre Risiken in Portfolios erfassen und mit standardisierten oder eigenen Risikomodellen managen. Da solche Risikomodelle nicht mehr einfach vorgegeben sind, sondern von der Aufsicht bewertet werden müssen, und zudem ihre Handhabung zu überprüfen ist, spricht man zunehmend von einer **qualitativen Regulierung**, d.h. der Qualitätsprüfung der in den jeweiligen Instituten verwendeten Verfahren. Die oben angesprochenen Überlegungen zu den Themen der Regulierungsarbitrage und Regulierungswettläufe gelten analog.

11.2 Bankenregulierung gemäß Basel II

Was kennzeichnet heute konkret die Bankenregulierung? Aufgrund der Vielzahl an Bestimmungen können wir nur einen begrenzten Überblick liefern. So unterliegen Banken allgemeinen rechtlichen Bestimmungen wie bspw. dem Wettbewerbsrecht. Ferner hat der Gesetzgeber zahlreiche spezifische Bestimmungen erlassen; so gibt es neben dem KWG weitere Gesetze (bspw. ein Pfandbrief- oder eine Investmentgesetz) sowie zahlreiche Verordnungen. Innerhalb des KWG werden wiederum mehrere Felder geregelt, auf die wir nicht eingehen, wie den Bereich der Informationsrisiken oder der Liquiditätsrisiken.

Vielmehr konzentrieren wir uns auf die Eigenkapitalanforderungen, die seit Beginn der Bankenregulierung ein angemessenes Verhältnis zwischen eingegangenen Risiken und Risikotragfähigkeit definieren. Aus volkswirtschaftlicher Sicht stellt diese Eigenkapitalnorm den wichtigsten Baustein dar.

Die aktuelle, international einheitliche Festlegung erfolgte 2004 im Basel II-Akkord und beruht auf drei Säulen:
- Säule 1: Vorschriften zur Eigenmittelunterlegung des Geschäfts
- Säule 2: Qualitative Anforderungen an den Aufsichtsprozess
- Säule 3: Offenlegungspflichten

Bevor wir näher auf die erste Säule eingehen, wollen wir noch die anderen Bestandteile skizzieren. Bei *Säule 3* ist auch ohne konkrete Benennung klar, dass wirtschaftliche Beziehungen einen Mindestgrad an Information der Beteiligten erfordern, der hier im Hinblick auf relevante Offenlegungspflichten formuliert wird.

Säule 2 hat mit dem zunehmenden Gewicht qualitativer Regulierung stark an Bedeutung gewonnen (bzw. diese Säule ist so erstmals im Basel II-Akkord formuliert worden). Eine Kodifizierung der entsprechenden Anforderungen an das Bankmanagement erfolgt in den **Mindestanforderungen für das Risikomanagment (MaRisk)**. Diese decken zahlreiche Themen ab wie bspw. die Aufbau- und Ablauforganisation im Kreditgeschäft oder im Handelsbereich, die Erfassung und Beurteilung von Risiken, die Verwendung von Stresstests zur Einschätzung extremer Risiken oder die Ausgestaltung von Vergütungssystemen.

Im Vordergrund von Basel II steht die *Säule 1*, also die quantitative Vorschrift zur Eigenmittelunterlegung des risikobehafteten Geschäfts. Manchmal wird dies auch als "Grundgesetz" der Bankenregulierung bezeichnet. Hinter diesem Eigenmittelzwang steht die Erkenntnis, dass Kreditinstitute in bestimmten Situationen zu einem **moral hazard-Verhalten** neigen können und damit aus volkswirtschaftlicher Sicht unverantwortliche Risiken eingehen. Diesem Verhalten kann am leichtesten begegnet werden, indem das Kreditinstitut zu angemessener Risikovorsorge und zu einer Risikobeteiligung gezwungen wird. Eigenkapitalnormen wirken deshalb dreifach: sie reduzieren das Insolvenzrisiko, sie reduzieren den Anreiz zu moral hazard-Verhalten und sie ermöglichen der Finanzaufsicht einen Eingriff bei einer gefährdeten Bank vor ihrem endgültigen Scheitern.

Aus deutscher Sicht hat die Säule 1 eine Tradition seit Einführung des KWG, weil dort auch schon vor dem Basel I-Akkord eine Beziehung zwischen Eigenmitteln und Aktivpositionen festgelegt wurde. Konkret forderte der alte Grundsatz I im Prinzip eine Beschränkung der Kredite auf das 12,5-fache des Eigenkapitals. Seit Basel I wurde die Perspektive umgedreht und es wird eine Quote der Eigenmittel in Relation zu (risikogewichteten) Aktiva von 8% verlangt. Dieses Prinzip gilt auch bei Basel II, wenngleich die Festlegung von Eigenmitteln und die Form in der Risiken berücksichtigt werden immer komplizierter geworden sind. Wir können dies deshalb hier auch nur im Ansatz skizzieren und verweisen für Details bspw. auf die Lehrbuchdarstellung bei Hartmann-Wendels et al. (2010).

Die konkrete Festlegung der Eigenmittelunterlegung ist in Deutschland in der **Solvabilitätsverordnung** geregelt. Hiernach werden Risiken des Kreditinstituts über Anrechnungsbeträge erfasst und die Summe dieser Anrechnungsbeträge muss täglich durch Eigenmittel mindestens gedeckt sein. Anrechnungsbeträge werden für drei Arten von Risiken angesetzt, die dann im **Building Block-Ansatz** addiert werden (vgl. Schaubild 11.1):

- **Adressenausfallrisiken**, d.h. die Gefahr, dass die Gegenseite ihrer vertraglichen Verpflichtung nicht nachkommen kann und die Zahlungen im Extrem komplett ausfallen. Ein Beispiel ist die drohende Insolvenz eines Schuldners, so dass der ausstehende Kredit möglicherweise nicht mehr bedient oder gar zurückgezahlt werden kann.
- **Marktrisiken**, d.h. Wertschwankungen der gehaltenen Finanzinstrumente aufgrund von Marktveränderungen, wie bspw. ein genereller Zinsanstieg, der den Kurs gehaltener festverzinslicher Wertpapiere reduziert.
- **Operationelle Risiken** folgen aus dem Betreiben des Bankgeschäfts, bspw. aufgrund von Problemen bei der Informationstechnologie.

Schaubild 11.1: Ansatz der Eigenmittelunterlegung

Summe der Anrechnungsbeträge			Eigenmittel (verschiedene Bestandteile)
	Nicht-Handelsbuch	Handelsbuch	<
Adressenausfallrisiken			Abstufung der Eigenmittel von „hartem" zu „weichem" Kapital
Marktrisiken		Zinsänderung Aktienkurs Fremdwährung Rohwaren	
operationelle Risiken			

Schwerpunkt

Als erstes fällt die Einteilung in **Handelsbuch** bzw. Nicht-Handelsbuch (Anlagebuch) auf, denen alle Bankgeschäfte zugeordnet werden müssen. Der

Name verdeutlich bereits worum es geht: Zum Handel werden alle Finanzinstrumente gerechnet, die mit der Absicht des Wiederverkaufs gehalten werden, um von Preisänderungen zu profitieren. Entsprechend wird beim Anlagebuch von der Absicht des Haltens ausgegangen. Da also auf einen ex ante nicht objektiv feststellbaren Zweck des Bankgeschäfts abgestellt wird, gibt es hier offensichtlich Gestaltungsspielraum für die Kreditinstitute, zumal die Möglichkeit besteht Finanzinstrumente vom Handelsbuch in das Nichthandelsbuch zu verlagern (allerdings nicht umgekehrt).

Der Hintergrund für diese nicht ganz selbstverständliche Differenzierung in einer Regulierungsnorm sind die unterschiedlichen Banktypen in verschiedenen Ländern. Während in Deutschland zumindest rechtlich alle Kreditinstitute Universalbanken sind, gibt es in anderen Ländern auch spezialisierte Wertpapier- oder Investmentbanken. Um alle Arten von Banken trotz ihrer recht unterschiedlichen Geschäfte in einem einheitlichen Regulierungsansatz zu erfassen gibt es also das Handelsbuch und das Nicht-Handelsbuch. Finanzinstrumente werden je nach Zuordnung unterschiedlich behandelt.

Im Kern und stark vereinfachend kann man feststellen, dass im Handelsbuch vor allem Marktrisiken berücksichtigt werden und im Anlagebuch vor allem Ausfallrisiken. Diese Zuordnung folgt logisch aus dem jeweiligen Zweck zu dem das Finanzinstrument gehalten wird: Wer auf Preisänderungen spekuliert unterliegt zuerst einmal Marktrisiken und wer Finanzinstrumente und Kredite auf Endfälligkeit hält unterliegt vor allem einem Ausfallrisiko.

Die konkrete Berechnung der **Anrechnungsbeträge** ist im Laufe der Jahre recht kompliziert geworden, da immer weiter zwischen Risikoarten, Risikokomponenten und Berechnungsmethoden differenziert wird. Wir beschränken uns hier deshalb zum einen auf die mit Abstand wichtigste Risikoklasse: auf Ausfallrisiken entfallen meist mehr als 80 v.H. der Anrechnungsbeträge, dagegen nur unter 10 v.H. auf Marktrisiken und grob vielleicht 10 v.H. auf operationelle Risiken. **Ausfallrisiken** werden im Prinzip folgendermaßen ermittelt:

(11.1) $EL = EAD \cdot LGD \cdot PD$

Dabei setzt sich der erwartete Verlust EL (expected loss) zusammen aus dem Produkt der erwarteten Höhe der Forderung zum Zeitpunkt des Ausfalls EAD (exposure at default) mal der Verlustquote bei Ausfall LGD (loss given default) mal der Ausfallwahrscheinlichkeit PD (probability of default). Diese Elemente bestimmen also das Ausfallrisiko und damit die notwendigen Eigenmittel zur Abdeckung. Weitere Hinweise zur Ermittlung der Eigenmittel gibt Tabelle 11.2:

Tabelle 11.2: Ermittlung von Anrechnungsbeträgen beim Ausfallrisiko

Anrechnungs-betrag =	Positionswert (EAD)	x Risikogewicht	x Solva-bilitäts-koeffizient
Kreditrisiko-standardansatz (KSA)	bei Bilanz-aktiva: Buchwert nach Wertbe-richtigung	Nichtbanken: 20% (AA, AAA) 50% (A) 100% (BB, BBB) 150% (B und weniger) 100% (ohne Rating) ohne Rating: 75% Retail Portfolio 35% Wohnimmobilien 50% gewerbliche Im-mobilien 100% andere Aktiva	8%
IRB-Ansatz (auf internen Ratings basie-rend)	bei Bilanzak-tiva: Brutto-forderung vor Wertberichti-gung	LGD-PD-Laufzeit; Basisvariante macht hier Vorgaben, die fort-geschrittene Variante nicht	Implizit (geht in Er-mittlung des Risiko-gewichts ein)

Die erforderlichen Eigenmittel müssen mindestens die Anrechnungsbeträge decken. Diese wiederum ergeben sich aus dem Positionswert multipliziert mit einem Risikogewicht und schließlich noch dem Solvabilitätskoeffizient von derzeit noch 8 v.H. Im einfachsten Fall eines problemlosen Kredits an eine Nichtbank bedeutet dies – wenn mit Ratings gearbeitet wird, aber konkret keines vorliegt – ein Risikogewicht von 100 v.H. Dieses Standardgewicht gilt auch – wenn nicht mit Ratings gearbeitet wird – für alle nicht näher geregelten Fälle. In einem Beispiel müsste dann ein solcher Kredit in Höhe von 1 Mio. Euro zu 100 v.H. angerechnet werden und mit 8 v.H. Eigenmitteln unterlegt werden, d.h. dann 80.000 Euro. Je nach Bonität des Schuldners verändert sich das Risikogewicht auf Werte zwischen 0 (z.B. Bundesschulden) und 150 v.H., so dass der Eigenmittelbedarf für dasselbe Kreditvolumen zwischen Null und 150.000 Euro liegen kann.

Anrechnungsbeträge fallen auch auf außerbilanzielle Geschäfte und Derivate an, allerdings nicht auf deren Nominalbeträge, sondern auf Abwandlungen davon. So wird bspw. ein Bürgschaftsvolumen um einen Konversionsfaktor von deutlich kleiner als Eins reduziert, bei Derivaten orientiert man sich am Neueindeckungsaufwand. Ferner kann die Methode der Ermittlung des Eigenmittelbedarfs variieren. Wir waren bisher vom einfachsten Fall, dem Kreditrisiko-Standardansatz (KSA) ausgegangen. Die Kreditinstitute können aber auch den Anrechnungsbedarf nach IRB ermitteln und dabei auf vorstrukturierte oder eigene Modelle zurückgreifen. Diese IRB-Modelle werden von der Finanzaufsicht im Rahmen der Säule II (MaRisk) geprüft.

Schaubild 11.2: Bestandteile der Eigenmitteldefinition

Drittrangmittel:	• Nettogewinn des Handelsbuchs • u.U. gekapptes Ergänzungskapital	"Eigenmittel"	
Ergänzungskapital:	• Vorsorgereserven • nicht realisierte Reserven (45 v.H. bei Immobilien, 35 v.H. bei Wertpapieren) • Haftsummenzuschlag bei Kreditgenossenschaften	"haftendes Eigenkapital" (Tier 1)	
	• kumulative Vorzugsaktien	"bilanzielles Eigenkapital"	
Kernkapital:	• Stammaktien • offene Rücklagen • usw.		

Schließlich müssen **Eigenmittel** mindestens in Höhe der gesamten Anrechnungsbeträge vorhanden sein. Zu deren Zusammensetzung vergleiche Schaubild 11.2. Auch dieses Schaubild gibt die Vielfalt der Bestimmungen und Möglichkeiten nur in Grundzügen wieder, obwohl es schon kompliziert genug aussieht. Der Solvabilitätskoeffizient von 8 v.H. bezieht sich auf die gesamten Eigenmittel; ferner gilt ein Koeffizient von 4 v.H. bezogen auf das sogenannte Tier 1-Kapital, d.h. Kern- plus Ergänzungskapital. Schließlich darf das Kernkapital nicht weniger als die Hälfte des Tier 1-Kapitals ausmachen.

11.3 Institutionen der Bankenregulierung

In der Vergangenheit war in Deutschland die Regulierung für Kreditinstitute, für Wertpapiermärkte und für das Versicherungswesen auf drei Behörden aufgeteilt. Seit dem 1. Mai 2002 gibt es dafür nur noch die **Bundesanstalt für Finanzdienstleistungsaufsicht (BaFin)**. Im Zuge eines Zusammenwachsens der einzelnen Finanzmärkte und im Zuge der europäischen Integration stellt sich die Frage eines optimalen institutionellen Arrangements immer wieder neu.

In der Bankenaufsicht arbeitet die BaFin eng mit der Deutschen Bundesbank zusammen. Die Arbeitsteilung zwischen beiden Institutionen ist zwar insofern klar, als die Federführung bei der BaFin liegt und die Bundesbank eher ausführenden Charakter hat. Allerdings sind die Prüfer der Bundesbank weitaus mehr vor Ort, was Informationsvorteile bedingt. Gewisse Reibungsverluste sind insofern nicht überraschend. Folglich wollte die neue Bundesregierung 2009 die Bankenaufsicht bei der Bundesbank zusammenführen. Allerdings untersteht die Finanzaufsicht dem Bundesfinanzministerium, während die Bundesbank unabhängig von Weisungen ist (Kapitel 3): Hier hat sich keine Lösung gefunden, wie die Zusammenarbeit gestaltet sein könnte ohne die Unabhängigkeit zu beeinträchtigen und sei es nur in der Wahrnehmung von außen.

In Europa liegt das größere Problem in der Zersplitterung der Bankenaufsicht auf nationale Institutionen im Kontrast zum einheitlichen Finanzmarkt und zur einheitlichen Geldpolitik (vgl. Europäische Zentralbank, 2000). Im Rahmen der national geführten Aufsichten ist die grenzüberschreitende Kooperation bei international tätigen Banken verstärkt worden. Hier bestehen in der EU (Stand Ende 2009) bereits 36 sogenannte **Aufsichtskollegien**, in denen unter Federführung des Gastlandes (genauer: des konsolidierenden Aufsehers) die nationalen Aufsichtsbehörden kooperieren (Deutsche Bundesbank, 2009c). Dies soll bei der Aufsicht eine sinnvolle breite Perspektive sichern und gleichzeitig zur Vereinheitlichung der Standards beitragen.

Ferner ist zum Januar 2011 die Gründung eines **European System of Financial Supervision (ESFS)** beschlossen worden, das für die Banken-, Versicherungs- und Wertpapieraufsicht jeweils eigene Behörden hat: eine European Banking Authority in London, eine European Insurance Authority in Frankfurt und eine European Securities Authority in Paris. Diese neuen Behörden sollen die Europäische Union zu einem Raum mit homogener Finanzaufsicht machen.

Sehr aufschlussreich sind in diesem Zusammenhang die Probleme bei der Umsetzung einheitlicher Aufsicht zu beobachten (Dullien und Herr, 2010).

Ausgehend von dem ursprünglichen Entwurf einer unabhängigen Kommission an Sachverständigen (De Larosière et al., 2009) über die verschiedenen Entwürfe der Kommission bis zur Version, über die Version des Ministerrats bis zur vom Europaparlament beschlossenen Version: bei fast jedem Schritt ist der zentrale Einfluss und das zentrale Durchgriffsrecht aufgeweicht worden, so dass die zentralen Behörden eher koordinieren als anweisen. Nur in Notfällen dürfen die zentralen Behörden direkt durchgreifen, allerdings müssen die Finanzminister den Notfall feststellen. Dies ist sicherlich immer noch eine Verbesserung, aber eben keine EU-einheitliche Finanzaufsicht. Im Extremfall können die jeweils betroffenen Länder mit Verweis auf ihren Haushalt, der von einer Aufsichtsentscheidung betroffen sein mag, ein Veto einlegen und damit die zentrale Behörde aushebeln. Aus Sicht der nationalen Haushalts-Autonomie ist dies konsequent, aber es demonstriert die aktuellen Schwierigkeiten der EU, die sich generell zwischen Bundesstaat (zentrale Aufsicht) und Staatenbund (nationale Aufsicht) befindet.

Neben das ESFS wird zudem das **European Systemic Risk Board (ESRB)** gestellt, das makroprudenzielle Themen behandeln soll. Die Mitglieder aus dem Erweiterten Rat der EZB, den Vorsitzenden der drei neuen Aufsichtsbehörden und der Europäischen Kommission sollen entsprechende Leitlinien entwickeln.

Im weitesten Sinne zählen auch die in der Finanzkrise geschaffenen staatlichen Auffanginstitutionen für Kreditinstitute zum Bereich der Bankenregulierung. In Deutschland wurde, einen Monat nach der Lehman-Pleite, am 17.10.2008 mit Inkrafttreten des Finanzmarktstabilisierungsfondsgesetzes der **Sonderfonds Finanzmarktstabilisierung (SoFFin)** geschaffen. Dieser Fonds soll problembehaftete Institute retten, stabilisieren und restrukturieren. Dazu kann er insbesondere Garantien geben und Institute rekapitalisieren; diese Leistungen sind mit Auflagen in Form von Preisen für die Leistungen und Auflagen für die Leistungsempfänger (bspw. zu deren Vergütung) verbunden.

11.4 Basel III: Was ist zu erwarten?

Die aktuelle Finanzkrise hat verdeutlicht, dass die gültige Bankenregulierung bei weitem nicht in der Lage ist, den Bankensektor stabil zu halten. Es besteht deshalb großer Konsens, dass die Regulierung verschärft werden muss. Der Prozess internationaler Vereinbarungen geht von den seit der Finanzkrise maßgeblichen G20-Treffen der Staats- und Regierungschefs der wichtigsten Volkswirtschaften aus. Diese haben Aufträge erteilt, eine geeignete Regulierung umzusetzen. Für die Bankenregulierung ist das entscheidende Gremium der sogenannte **Basler Ausschuss für Bankenaufsicht (BCBS)**, den wir ausführlicher in Kapitel 22 behandeln.

Dieser Ausschuss hat bereits Ende 2009 in seinen Veröffentlichungen zu erkennen gegeben, welche Art von Änderungen in der Bankenregulierung er für wichtig hält. Diese qualitativen Vorschläge sind in der interessierten Öffentlichkeit diskutiert worden. Man hat in diesen Diskussionen auch versucht, die Folgen verschiedener Ausgestaltungen quantitativ abzuschätzen. Schließlich hat der Ausschuss in seiner Presseerklärung vom 12.9.2010 seine Vorstellung einer geeigneten quantitativen Eigenkapitalnorm einschließlich Übergangsregelungen formuliert (BCBS, 2010). In seiner Arbeit hat das BCBS ferner Normen zur Bilanzstruktur (i.w.S.) vorgeschlagen sowie weitere Themen angesprochen, zu denen Konkretisierungen folgen sollen. Eine Übersicht bietet Tabelle 11.3.

Wir gehen zuerst auf die zweite und dritte Spalte der Tabelle kurz ein. Zu den **Bilanzstrukturnormen** hat der Basler Ausschuss bereits konkrete Vorschläge für eine Liquidity Coverage Ratio (LCR) und eine Net Stable Funding Ratio (NSFR) unterbreitet, die die Liquiditätssicherung der Kreditinstitute sichern sollen. Ferner hat das BCBS eine **Leverage Ratio**, d.h. eine Obergrenze für die Aktiva in Relation zum Tier 1-Kapital, in Höhe von 33 zur Diskussion gestellt (bzw. 3 v.H. Kapitalunterlegung der nicht risikogewichteten Aktiva). Dies wird als Sicherheitsmaßnahme gesehen, um Umgehungsversuche der Eigenkapitalnorm zu begrenzen.

In der rechten Spalte von Tabelle 11.3 sind drei weitere Themen aufgeführt, die der Basler Ausschuss (BCBS) in Zukunft angehen möchte. Erstens sollen **wichtige Banken**, die für die Stabilität des Finanzsystems von Bedeutung sind, härter behandelt werden als unwichtige Banken. Dahinter steht die Vorstellung, dass diese wichtigen – sprich: großen – Banken faktisch eine implizite Staatsgarantie haben, insofern von den Märkten (bspw. bei der Refinanzierung) bevorzugt werden, und für diesen positiven Effekt sollen sie bezahlen. Zweitens wird ein erleichterter Umgang mit **Problembanken** genannt, also bspw. ihre Übernahme durch den Staat oder die Auflösung ihrer

Geschäfte. Drittens schließlich soll eine weitere **Härtung** der relativ weichen Bestandteile der Eigenmitteldefinition erfolgen, d.h. diese Teile sollen dem gewöhnlichen Eigenkapital qualitativ ähnlicher werden.

Tabelle 11.3: Elemente von Basel III

Eigenkapitalnorm	Bilanzstrukturnormen	weitere Themen
• Erhöhung der Eigenmittelanforderungen	• Liquidity Coverage Ratio (LCR)	• Erhöhte Risikotragfähigkeit („loss absorbing capacity") für wichtige Banken: Eigenkapitalzuschlag, bedingtes Kapital o.ä.
• Verschärfung der Definition von Eigenmitteln	• Net Stable Funding Ratio (NSFR)	• Verbesserte Abwicklung von Problembanken („resolution regime")
• Erhöhte Kapitalunterlegung für Handel, Derivate und Verbriefung	• Leverage Ratio (alle Aktiva zu Tier 1-Kapital) von 3%	• Härtung von Tier 1- und Tier 2- Eigenmitteln im Sinne verbesserter Fähigkeiten Verluste zu absorbieren
• Einführung eines zusätzlichen Kapital-Bewahrungspuffers		
• Einführung eines weiteren antizyklischen Eigenkapitalpuffers		

Quelle: BCBS (2010)

Der Kern der Arbeit des BCBS steht in der linken Spalte von Tabelle 11.3. Mit dem Beschluss vom Herbst 2010 wird eine spürbare Erhöhung der Eigenmittelanforderungen im Bankgeschäft vorgeschlagen. Vor allem das eigentliche Kernkapital der Bank muss im Vergleich zu Basel II erheblich erhöht werden. Während die Untergrenze im Extremfall bisher bei 2 v.H. lag, steigt sie nun auf 4,5 v.H. und aufgrund des zusätzlichen **Kapital-Bewahrungspuffers** im Normalfall sogar auf 7 v.H. Dieser Puffer ist gänzlich neu in der Regulierung und soll in Stresssituationen helfen, das Kreditinstitut funktionsfähig zu halten (weil der Puffer dann temporär abgebaut werden kann). Dies bedeutet aber im Umkehrschluss, dass Institute im Normalfall diesen Puffer an Eigenkapital bereithalten werden, schon allein um nicht als gefährdet zu gelten. Ferner ist bei einer Quote unter 7 v.H. die Geschäftspolitik des Instituts eingeschränkt, bspw. hinsichtlich der Zahlung von Dividenden und Boni. Eine graphische Veranschaulichung der neuen Anforderungen bietet Tabelle 11.4.

Tabelle 11.4: Die neue Eigenkapitalnorm

Eigenmittel				Anforderung in v.H. der definierten Aktiva		
				1.2019	1.2015	-12.2012
Tier 1		Kernkapital (common equity after deductions)	Minimum	4,5	4,5	2
			Puffer	2,5	0	0
		Ergänzungskapital		1,5	1,5	2
Tier 2		Drittrangmittel		2	2	4
Summe				10,5	8,0	8,0
Antizyklischer Puffer an Kernkapital von 0-2,5				10,5-13,0	?	8,0

Quelle: BCBS (2010)

Man erkennt aus Tabelle 11.4 unschwer, dass die Anforderungen an erforderliche Eigenmittel zwar auch in der Summe, aber vor allem in der Qualität steigen. Am einfachsten sichtbar wird dies beim Kernkapital, dessen Erfordernis auf 7 v.H. steigt und bei dem zudem eine härtere Berechnungsgrundlage angewendet werden soll, weil noch Abzüge vorgenommen werden und auch nicht mehr alle bisherigen Bestandteile anerkannt werden. Diese Quote kann ferner noch um bis zu 2,5 Prozentpunkte steigen, wenn die nationale Finanzaufsicht das Maximum des antizyklischen Puffers verlangen sollte.

In der Vorbereitung des Beschlusses hat die **Definition des Kernkapitals** für Auseinandersetzungen gesorgt bei denen – nach Presseberichten – ausgerechnet die deutschen Vertreter im Sommer 2010 isoliert gegen alle anderen

Mitglieder des BCBS standen. Dies ist insofern interessant, weil Deutschland nicht im Verdacht steht, eine strengere Regulierung hintertreiben zu wollen. Es zeigt aber die praktischen Probleme. Ausgangspunkt ist die Orientierung des BCBS an einer möglichst einfachen und transparenten Definition des Kernkapitals. Dies ist aus regulatorischer Sicht sinnvoll und passt in der konkreten Ausgestaltung auch problemlos zu Bankensystemen, die Eigenkapital über Aktienemissionen erhöhen können. In Deutschland jedoch sind auch andere Formen der Eigenkapitalbildung seit langem üblich, wie stille Einlagen gerade bei öffentlichen Banken, die Einbehaltung von Gewinnen (was keine schnellen Eigenkapitalerhöhungen erlaubt) oder Haftsummenzuschläge im Genossenschaftsbereich. Diese tradierten Formen können jedoch die neuen Erfordernisse im Bereich des Kernkapitals nicht mehr befriedigen. Als Kompromiss ist letztlich eine Übergangsfrist von zehn Jahren vereinbart worden: da die ersten Veränderungen Anfang 2013 greifen sollen, hält der Übergang bis Ende 2022 an.

Es bleibt abzuwarten, was im Zuge der Umsetzung dieses Beschlusses des Basler Ausschusses tatsächlich in die Praxis umgesetzt wird. Denkbar sind Verwässerungen durch Lobbyarbeit, das Ausscheren bestimmter Segmente (bei Basel II bspw. der national operierenden US-Banken) oder stockende Arbeiten an den weiteren Elementen. Schließlich gibt es auch teilweise massive Kritik an der bisherigen Art der Bankenregulierung, also am gesamten Basel-Prozess.

11.5 Kritische Stimmen zur geltenden Bankenregulierung

Die Kritik an der geltenden Form der Bankenregulierung kommt aus ganz verschiedenen und im Extrem geradezu gegensätzlichen Lagern. Eine Richtung der Kritik ist eher grundsätzlicher Art und richtet sich gegen den Versuch, mittels staatlicher Regulierung die volkswirtschaftliche Leistung des privaten Finanzsystems verbessern zu wollen. Eine andere Richtung der Kritik ist eher gradueller Natur und kritisiert einzelne Elemente der bestehenden Bankenregulierung. Einen Überblick vermittelt Schaubild 11.3.

Bei der grundsätzlichen Kritik finden sich extreme Marktbefürworter und entsprechende extreme Marktskeptiker. Im ersten Fall setzt man auf mehr **Marktdisziplin**, die die staatliche Regulierung tendenziell ausschaltet. Generell kann man argumentieren, dass Regulierung die Eigentümer in Sicherheit wiegt und ihren Kontrollaufwand reduziert. Gleichzeitig haben Banken aufgrund der angleichenden Wirkung einer Mindestregulierung weniger Anreize ihre möglicherweise höhere Solidität an Marktteilnehmer zu signalisieren.

Am Ende wird sozusagen der marktliche Wettbewerb um angemessene Solidität der Kreditinstitute nahezu ausgeschaltet.

Die genau umgekehrte Kritik ergibt sich, wenn man von hoher immanenter **Finanzmarktinstabilität** ausgeht und damit implizit unterstellt, dass es keinen funktionierenden Wettbewerb um mehr Solidität gibt. In dieser Sichtweise zeigen die zahlreichen Finanzkrisen das aussichtslose Unterfangen einer Stabilisierung privater Finanzmärkte. Daraus folgt dann, dass Finanzmärkte einer ungleich restriktiveren Regulierung bedürfen, im Extrem einer weitgehenden Verstaatlichung und eines Verbots zahlreicher Geschäfte, die als destabilisierend angesehen werden.

Schaubild 11.3: Kritik der Bankenregulierung

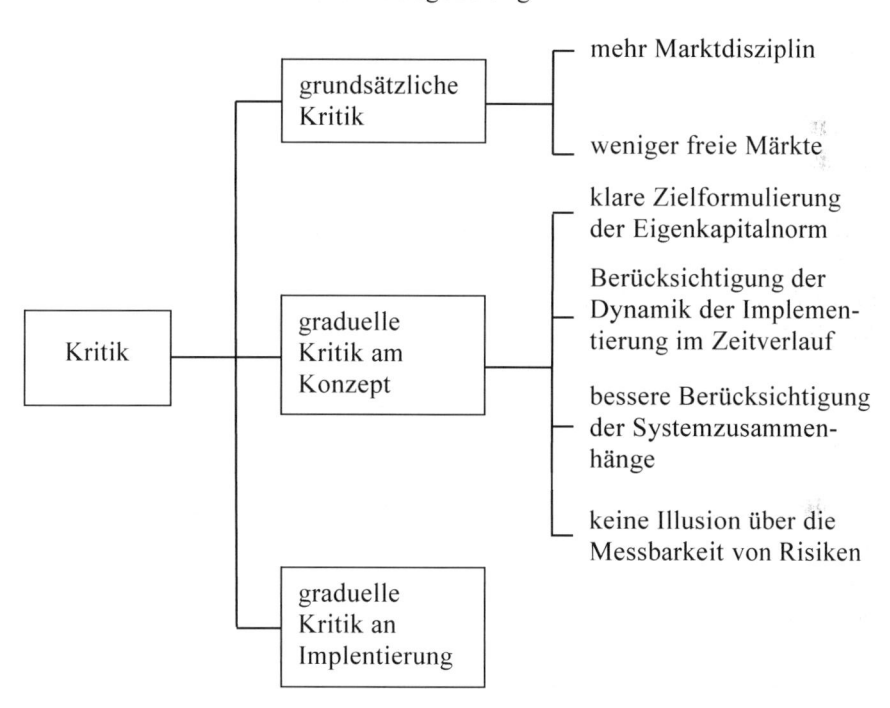

```
                    ┌─ grundsätzliche ──┬─ mehr Marktdisziplin
                    │  Kritik           └─ weniger freie Märkte
                    │
                    │                   ┌─ klare Zielformulierung
                    │                   │  der Eigenkapitalnorm
                    │                   │
                    │                   ├─ Berücksichtigung der
Kritik ─────────────┤  graduelle        │  Dynamik der Implemen-
                    │  Kritik am        │  tierung im Zeitverlauf
                    │  Konzept          │
                    │                   ├─ bessere Berücksichtigung
                    │                   │  der Systemzusammen-
                    │                   │  hänge
                    │                   │
                    │                   └─ keine Illusion über die
                    │                      Messbarkeit von Risiken
                    │
                    └─ graduelle
                       Kritik an
                       Implentierung
```

Zwischen diesen Extremen liegen Vorstellungen einer graduellen Reform der geltenden Form der Bankenregulierung, die sich entweder auf deren Konzept oder weniger schwerwiegend auf deren Implementierung beziehen. Bei der konzeptionellen Kritik sind wiederum wenigstens vier Argumente vorgebracht worden (vgl. Hellwig et al., 2010):

- Erstens gehen mit einer Eigenkapitalnorm verschiedene Ziele einher (vgl. Abschnitt 11.2), die je nach Gewichtung zu unterschiedlichen Ausgestaltungen einer entsprechenden Norm führen können. Hier sollten klare Zielbeziehungen formuliert werden.
- Zweitens kann eine Eigenkapitalnorm dynamische Effekte haben, indem sie bspw. Anreize setzt, Risiken heute einzugehen, um vor Gültigkeit verschärfter Regulierung die erhofften Risikoprämien zu verdienen.
- Drittens werden Systemzusammenhänge vernachlässigt, indem Risiken zu sehr isoliert gemessen und bewertet werden. Tatsächlich können aber Risiken in einem Segment andere Segmente beeinflussen, bspw. vom Marktrisiko zum Ausfallrisiko oder von einer Adresse zur anderen.
- Viertens ist ex ante nicht völlig klar, ob und inwieweit Risiken wirklich gut erfasst werden können, da Finanzkrisen immer wieder in neuer Form auftreten und damit naturgemäß von einem ex ante erstellten Risikomodell nicht gut erfasst werden.

Neben dieser Kritik an konzeptionellen Grundlagen der geltenden Regulierung gibt es lange Diskussionen über die Ausgestaltung einzelner Elemente der oben skizzierten Bankenregulierung. Diese gehen fließend in eine konzeptionelle Kritik über, bspw. wenn man sich kritisch mit dem Building Block-Ansatz beschäftigt oder mit der Trennung in Anlage- und Handelsbuch.

11.6 Einlagen, Bankenruns und Einlagenversicherung

Neben der präventiven bildet die protektive Regulierung ein zweites wichtiges Standbein staatlicher Eingriffe, deren Hauptinstrument – die Einlagenversicherung – näher analysiert werden soll. In Kapitel 8 hatten wir gesehen, dass die Existenz von Kreditinstituten auch damit erklärt werden kann, dass sie über ihr Produkt der Einlagen eine **Versicherungsleistung gegen Liquiditätsrisiken** erbringen. Dieses Produkt rechnet sich auch deshalb für alle Beteiligten, weil aufgrund dieser Leistung die Anleger ihr Kapital trotz Unsicherheit über ihren möglichen Konsumzeitpunkt grundsätzlich längerfristig anbieten können – das Kreditinstitut nimmt den Einlegern das Risiko ab und stellt den Kreditnachfragern Kapital langfristig zur Verfügung.

Diese Fristentransformation von potentiell kurzfristigen Einlagen in langfristige Kredite macht die Institute allerdings abhängig von ausreichendem Einlagenvolumen. Müssen sie nämlich unerwartet viele Einlagen auszahlen, dann sind sie gezwungen Kredite zurückzuziehen, was tendenziell zu einer Liquidation der Investitionsprojekte führen muss. Zwar könnten die Kreditinstitute so ihre Liquidität sicherstellen, doch müsste dies zu Lasten der Solvenz gehen: Investitionen rentieren sich erst nach einiger Zeit und wenn sie abgebrochen werden, können die betroffenen Unternehmen möglicherweise ihren Zahlungsverpflichtungen nicht nachkommen. Dies wiederum wirkt auf die Solvenz der Kreditinstitute, die ihre Verbindlichkeiten dann nicht voll bedienen können. Sofern die Einleger dies antizipieren oder auch nur befürchten, werden sie ihre Einlagen abziehen, wobei die ersten Einleger noch bedient werden können, während aber das Kreditinstitut nach einem gewissen Einlagenabfluss illiquide wird. Deshalb ist es für die Einleger wichtig, ihre Einlagen gegebenenfalls schnell abzuheben – es kommt zum **Bankenrun**.

Der Bankenrun hat drei problematische Aspekte: Erstens gibt es neben **informationsbasierten Runs**, bei denen Wissen über tatsächliche Probleme des Kreditinstituts vorliegt, auch **zufällige Runs**, wenn irrationale Ängste oder falsche Gerüchte den Einlagenabzug auslösen. Zweitens treibt der Run die betroffene Bank tiefer in die Liquiditätskrise als es vielleicht nötig gewesen wäre, was über die Liquidation der Investitionsprojekte realwirtschaftliche Schäden herbei führt. Drittens war es häufig der Fall, dass die Zahlungsprobleme eines Kreditinstituts Befürchtungen auslösen, dass auch andere Institute ähnliche Probleme haben oder ihre Forderungen gegenüber dem auslösenden Instituts nicht realisieren können: Der Run auf eine Bank wird zu einem Run auf viele Banken und bekommt damit den Charakter einer systemischen Krise.

Das Ziel staatlichen Handelns besteht also nicht darin, den Zusammenbruch eines betriebswirtschaftlich gescheiterten Kreditinstituts zu verhindern, sondern die davon ausgehenden kumulierenden negativen Wirkungen: Über den Konkurs hinaus ergeben sich negative externe Effekte. Deshalb hat es sich als zweckmäßig erwiesen, ein dreistufiges Auffangnetz einzurichten:

- Als erste Stufe sorgt eine Liquiditätsversorgung im Interbankenbereich dafür, dass kleinere Liquiditätsprobleme *geräuschlos* beseitigt werden können. In Deutschland erfüllt diese Aufgabe bisher die **Liko-Bank** (Liquiditäts-Konsortialbank).
- Auf der zweiten Stufe bewirkt eine **Einlagenversicherung**, die im Krisenfall die Rückzahlung der Einlagen garantiert, dass eine eventuelle Zahlungsunfähigkeit ohne Panik der Einleger abgewickelt werden kann. In Deutschland haben die drei großen Institutsgruppen, private Banken, öffentliche Banken und Kreditgenossenschaften solche Versicherungen eingerichtet.
- Wenn dies ebenfalls noch nicht helfen sollte, steht auf der dritten Stufe die Zentralbank als **lender of last resort** bereit, d.h. als letzter Kreditgeber, um eine systemische Krise durch ausreichende Liquiditätszufuhr zu ver-

hindern. Im Euro-Raum erfüllt diese Aufgabe für alle Länder die Europäische Zentralbank.

Nicht ganz unproblematisch sind die Anreizwirkungen dieser Auffangnetze, da sie geradezu zu übermäßig riskantem Verhalten – zu moral hazard – einladen können (vgl. Box 11.1). Schließlich bleiben im Erfolgsfall die Erträge privat, während im Misserfolgsfall andere die Zeche zahlen. Am Beispiel der Einlagenversicherung soll dies verdeutlicht werden, wobei wir einen vereinfachten Fall konstruieren. Insbesondere unterstellen wir Risikoneutralität der Beteiligten sowie eine unbedingte, vollständige Versicherung der Einlagen und vernachlässigen Kosten. Auf dieser Grundlage bildet die Kurve AB im Schaubild 11.4 den erwarteten Gesamtertrag der Bank ab, je nachdem für welche Kombination von Ertrag und Risiko eines zu wählenden Kreditportfolios sich die Bank entscheidet. Welchen Punkt auf der Kurve wird die Bank aus Ertragsüberlegungen realisieren und welchen Punkt sollte sie aus volkswirtschaftlicher Perspektive realisieren?

Für die Wahl des Kreditportfolios spielen die Erträge anderer Beteiligter, die aus dem Gesamtertrag bedient werden eine zentrale Rolle: Die Einleger erhalten unabhängig von der Entscheidung der Bank immer einen festen Ertrag, hier gekennzeichnet durch die Parallele zur Abszisse CD. Die Einlagenversicherung erhält eine Versicherungsprämie von der ihr – je nach Risikogehalt der Geschäftspolitik und damit einher gehender Insolvenzgefahr des Instituts – der durch die Linie EFG gekennzeichnete erwartete Ertrag bleibt. Damit ergibt sich folgende Anreizwirkung auf die Beteiligten:

- Die Einleger werden keine Mühe aufwenden, sich um die Solvenz ihrer Bank zu kümmern, da ihre Einlagen niemals gefährdet sind.
- Die Einlagenversicherung präferiert eine Portfoliowahl bis zum Risikoparameter σ_f und wird insbesondere eine Politik ablehnen, die den Ertrag zu stark reduziert oder gar in die Verlustzone bringt. Allerdings kann die Versicherung im hier konstruierten Fall nicht mitbestimmen.
- Die Bank braucht sich nicht um die Interessen der anderen zu kümmern, sondern maximiert ihren erwarteten Ertrag, d.h. den Abstand der Kurven AB und EFG. Das optimale Portfolio ist durch das relativ hohe Risiko σ_m gekennzeichnet.
- Aus volkswirtschaftlicher Sicht wünschenswert wäre eine Politik, bei der die gewählten Projekte möglichst rentabel sind, also der erwartete Ertrag größtmöglich. Dies wäre hier bei σ^* der Fall.

Schaubild 11.4: Fehlanreize einer Bank bei vollständiger Einlagenversicherung

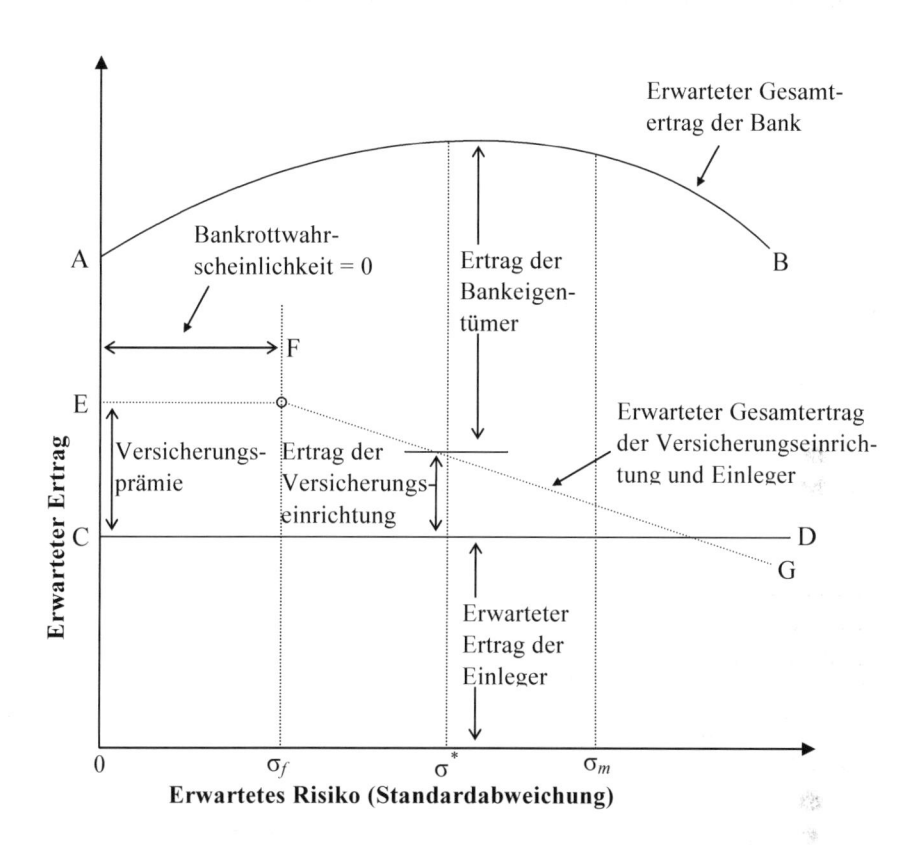

Quelle: Greenbaum und Thakor 1995

Im Ergebnis wählt die Bank eine zu riskante Geschäftspolitik. Dieses Ergebnis bleibt auch erhalten, wenn die Annahmen realitätsnäher gewählt würden. Die Versicherung nimmt immer Risiken ab und verändert damit das Verhalten der Bank. Dies lässt sich nicht vermeiden, aber durch verschiedene Maßnahmen abschwächen: Wenn keine Volldeckung, sondern nur noch eine Deckung der Einlagen bis zu einem individuellen Höchstbetrag vereinbart wird, haben Großkunden einen Anreiz, auf die Geschäftspolitik zu achten. Ein weiteres Element kann darin bestehen, die Versicherungsprämie auch vom Risikogehalt der Geschäftspolitik abhängig zu machen, ähnlich wie dies bei der Eigenkapitalnorm geschieht.

Box 11.1: Unerwünschte Nebeneffekte der Lender-of-last-resort-Funktion

Es besteht kein Zweifel, dass in modernen Finanzsystemen die Zentralbank auch die Aufgabe übernehmen soll, in Grenzsituationen das System durch ausreichende Kreditbereitstellung zu stabilisieren. Dies geschieht in der Praxis immer wieder, nicht zuletzt auch mittels demonstrativer Erklärungen bei heftigen Börsenabschwüngen, wie nach den Terrorakten vom 11. September 2001 und der daraufhin drohenden Panik an den Finanzmärkten. Generell führen solche Stabilisierungsbeiträge zu einer Reduktion der Risiken, die die Privaten zu tragen haben. Antizipieren Private dieses Verhalten korrekt und hat sich an ihrer Risikobereitschaft nichts geändert, so tendieren sie ex post – unter Berücksichtigung der lender of last resort-Funktion – zur Übernahme höherer Risiken als ex ante. In diesem Sinne verstärkt die Zentralbank ein moral hazard-Problem.

Exemplarisch ist dies im Fall der US-amerikanischen Zentralbank deutlich geworden. Beim Zusammenbruch einer großen Bank, der Continental Illinois, im Jahr 1984, garantierte die Zentralbank mehr Ansprüche als vertraglich vereinbart und formulierte ausdrücklich ihre **too big to fail-Politik**. Finanzinstitutionen, deren Zusammenbruch systemische Wirkungen hätte, sind zu groß, um fallengelassen zu werden – faktisch besitzen sie damit eine staatliche Existenzgarantie (wenngleich dies weder für das Management noch für die Eigentümer gilt). Große Banken unterliegen damit einem verzerrten Entscheidungskalkül, was mit dem empirischen Befund vereinbar ist, dass sie tatsächlich größere Risiken als kleinere Institute übernehmen und damit ihre Zahlungsunfähigkeit eher herbeiführen (vgl. Boyd und Gertler 1993).

Literaturhinweise

In den volkswirtschaftlichen Lehrbüchern zu „Geld und Kredit" wird kaum auf das Thema Regulierung eingegangen. Dafür bietet bspw. Hartmann-Wendels et al. (2010) einen sehr umfassenden und Neuberger (1998) einen knapp gehaltenen Überblick. Ein führender US-amerikanischer Text ist Greenbaum und Thakor (1995).

Grundlegende Klassiker auf diesem Gebiet sind bspw. Bagehot (1873) sowie Diamond und Dybvig (1983) zum Thema Bankenrun.

Über den aktuellen Stand der Regulierung informieren bspw. die Deutsche Bundesbank und die Europäische Zentralbank in ihren Monatsberichten.

Zusammenfassung

1. Die zunehmend internationalisierten Finanzmärkte erfordern eine internationale Harmonisierung der Aufsicht, um bei zu erwartender Regulierungsarbitrage der Finanzinstitutionen einen schädlichen Regulierungswettlauf zwischen Staaten zu vermeiden.
2. Eine zentrale Rolle hierbei hat der Basler Ausschuss gespielt, der 1988 den Baseler Akkord vereinbarte. Seit 2004 ist Basel II das geltende Rahmenwerk.
3. Die Eigenkapitalnorm ist das Kernstück der Bankenregulierung. Sie erfasst und bewertet die Risikoquellen Ausfall-, Markt- und operationelles Risiko.
4. Die Umsetzung der Regulierung erfolgt national, in Deutschland durch die BaFin, unterstützt u.a. durch die Deutsche Bundesbank.
5. 2010 sind in der EU mehrere EU-weit operierende Institutionen gegründet worden, die eine homogene Finanzaufsicht sichern sollen.
6. Die Finanzkrise hat den Reformprozess hin einer Basel III-Vereinbarung sehr erleichtert. Danach wird ab 2013 vor allem die Eigenmittelanforderung an das Bankgeschäft spürbar steigen.
7. Trotz der anstehenden Reform steht die praktizierte Form der Bankenregulierung von verschiedenen Seiten in der Kritik.
8. Bankenruns können systemgefährdenden Charakter annehmen. Ihnen wird durch drei Auffangnetze begegnet: organisierte Interbankenliquidität, Einlagenversicherung und die Zentralbank als Lender of Last Resort.
9. Einlagenversicherung ist heute ein nahezu selbstverständlicher Bestandteil der Regulierung, doch erzeugt sie auch Nachteile.

Schlüsselbegriffe

(Adressen)Ausfallrisiko
Anrechnungsbetrag
Bankenrun
Basler Akkord
Basel I bis III
Building Block Ansatz
Einlagenversicherung
Eigenkapitalnorm
Eigenmittel
European System of Financial Supervision (ESFS)
Handelsbuch
Kapital-Bewahrungspuffer

Lender of Last Resort
MaRisk
Markt(preis)risiko
operationelles Risiko
präventive Regulierung
protektive Regulierung
regulatorische Unterlassung
Regulierungskosten
Regulierungswettlauf
Solvabilitätskoeffizient
systemisches Risiko
too big to fail-Politik

Kapitel 12

Makroökonomisches Grundmodell II und Systematik der Übertragungswege

Zum Inhalt von Kapitel 12

Nachdem wir in den vorangegangenen Kapiteln die grundlegende Organisation von Finanzsektoren analysiert haben, wenden wir uns nunmehr der Frage zu, auf welchem Wege eine monetäre Maßnahme der Zentralbank, z.B. die Veränderung des Basiszinssatzes, den realwirtschaftlichen Sektor erreicht. Die Kenntnis des relevanten Transmissionskanals ist für die Wirksamkeit der Geldpolitik von entscheidender Bedeutung. Allerdings sind sowohl theoretisch als auch empirisch konkurrierende Erklärungsansätze in bezug auf den geldpolitischen Übertragungsweg begründbar, die nachfolgend skizziert, systematisiert und im Kapitel 13 ausführlicher diskutiert werden.

Am Anfang der Analyse steht jedoch ein kursorischer Blick auf ein weiteres makroökonomisches Grundmodell, das regelmäßig in Ergänzung oder als Alternative zum IS-LM-Konzept (vgl. Kapitel 5) als Erklärungsbasis herangezogen wird. Das **AS-AD-Modell** stellt das gesamtwirtschaftliche Preisniveau, also die implizite Bezugsgröße geldpolitischer Eingriffe, in den Vordergrund. Die theoretische Betrachtung soll jedoch nicht unabhängig von empirischen Beobachtungen und Erkenntnissen erfolgen, wir werden also immer wieder auf die realwirtschaftlichen Erfahrungen in Deutschland Bezug nehmen.

Auf der Suche nach „dem" *Transmissionsweg* der Geldpolitik können theoretische Analysen zwar hilfreich sein, sie verstellen aber bisweilen den Blick auf politisch-ökonomische Phänomene, die in der (mehr oder weniger) abstrakten Welt der Modelle von eher nachrangiger Bedeutung sind. Die seit 1999 existierende Europäische Währungsunion wirft Fragen und Schwierigkeiten auf, deren Bewältigung abseits von allgemeingültigen Erklärungsmustern erfolgt. Es ist daher bereits an dieser Stelle herauszustellen, dass die Diskussion über den maßgeblichen Transmissionsweg im Euro-Währungsraum nicht zuletzt aufgrund der sehr heterogenen Zusammensetzung der Teilnehmerländer wahrscheinlich noch weniger leicht abgeschlossen werden kann als für ein „historisch gewachsenes" Gebilde wie die Bundesrepublik Deutschland.

Man beachte in diesem Zusammenhang zudem, dass die Beurteilung der komparativen Wirksamkeit der prinzipiellen Steuerungssektoren, d.h. Geldpolitik auf der einen, bzw. Fiskalpolitik auf der anderen Seite, auch davon abhängt, welche (potentiellen) Widerstände in der privatwirtschaftlichen Sphäre einer Ökonomie zu überwinden sind. So führen etwa steuerpolitische Maßnahmen, die überdies nicht selten Verteilungskonsequenzen haben, häufig zu unerwünschten Ausweichreaktionen im nicht-staatlichen Sektor, zudem können mögliche (negative) Auswirkungen auf spätere Wahlchancen nicht eindeutig ausgeschlossen werden. Diesem polit-ökonomischen Kalkül unterliegt die Geldpolitik in der Regel nicht, sie wird von den Marktteilnehmern vielmehr als gleichsam exogen vorgegeben angesehen. Freilich entstehen aus dieser spezifischen Rolle der monetären Instanz beinahe regelmäßig Erwartungseffekte (z.B. Zinsphantasien) an den Finanzmärkten, denen sich die Zentralbank nicht immer dauerhaft verweigern kann.

12.1 Makroökonomisches Grundmodell II: AS-AD-Konzept

Dem Zeitaspekt kommt in der makroökonomischen Theorie eine wesentliche Bedeutung zu. Während in den Standardmodellen der Mikrotheorie häufig von unmittelbaren Reaktionen auf Änderungen der Einflussgrößen ausgegangen wird, beanspruchen Anpassungsprozesse im gesamtwirtschaftlichen Kontext in aller Regel einen mehr oder weniger langen Zeitraum. Ein Beispiel mag diesen Sachverhalt verdeutlichen: Ein einzelner Autofahrer macht seine eigenen Fahrgewohnheiten möglicherweise auch von den jeweiligen Benzinpreisen abhängig, je niedriger die Kraftstoffpreise, desto größer seine Bereitschaft, das Auto zu benutzen. Steigt nun der Preis für Benzin, dann geht (annahmegemäß) die Nachfrage nach Kraftstoff beinahe unmittelbar zurück. Gilt ein ähnliches Verhalten für eine größere Zahl von Autobesitzern in einer abgrenzbaren Region, dann werden die Tankstellenbesitzer in dieser Gegend die Veränderungen der Nachfrage in Abhängigkeit des Benzinpreises mehr oder weniger stark spüren. Mikrotheoretisch betrachtet tritt die Mengenreaktion mithin vergleichsweise schnell ein. Verallgemeinert man das Beispiel über alle regionalen Kraftstoffmärkte einer Ökonomie, so wird man feststellen, dass es eine Reihe von Akteuren geben wird, deren individuelles Anpassungsverhalten weit weniger flexibel ist, bei Berufspendlern etwa oder im gewerblichen Gütertransport. Die direkte Reaktion des Gesamtmarktes wird daher voraussichtlich weit weniger umfangreich ausfallen als die des anfangs betrachteten Teilmarktes. Freilich können indirekte Folgen erwartet werden, z.B. bei der Nachfrage nach verbrauchsgünstigeren Kraftfahrzeugen. Dieser nachgelagerte Substitutionseffekt wird aber ebenfalls nicht unmittelbar eintreten, sondern sich allenfalls mittelfristig bemerkbar machen. Der makroökonomisch erforderliche Zeitbedarf für Anpassungsprozesse ist demnach meistenteils deutlich größer als in der mikrotheoretischen Analyse.

Allerdings lassen sich aus diesen – zunächst sehr grundsätzlichen – Erkenntnissen keine präzisen Zeiterfordernisse ableiten. Die Frage nach der konkreten Dauer einer makroökonomisch relevanten Anpassung an Datenänderungen ist in der Realität kaum zu beantworten. Die Theorie macht demgemäß auch keine präzisen Angaben, sondern begnügt sich mit der (pragmatischen) Unterscheidung zwischen einer kurz- und einer langfristigen Perspektive. Als grobe Orientierungsmaße dürfen ein Zeithorizont von etwa 12 bis 18 Monaten für die kurze und rund 3 bis 5 Jahre für die lange Frist angesehen werden. Für Fragestellungen aus der Wachstumstheorie werden nicht selten sogar deutlich längere Zeiträume unterstellt. Besonders relevant ist die skizzierte Unterscheidung des unterstellten Zeithorizontes für die Charakterisierung von makroökonomischen Gleichgewichtszuständen.

Wie in der Mikrotheorie können auch gesamtwirtschaftlich abgegrenzte Märkte auf Gleichgewichtseigenschaften untersucht werden. Der Arbeitsmarkt etwa ist ein besonders augenfälliges Beispiel für derartige Analysen. Wir sprechen beispielsweise von Vollbeschäftigung, wenn der Arbeitsmarkt – um in der mikroökonomischen Terminologie zu bleiben – (preis-) geräumt ist, d.h. gesamtwirtschaftliches Arbeitsangebot und gesamtwirtschaftliche Arbeitsnachfrage übereinstimmen. Allerdings sind zahlreiche Ökonomien in der Gegenwart von diesem Gleichgewichtszustand erheblich entfernt, wie man an den hohen Arbeitslosenquoten unmittelbar ablesen kann. Gleichwohl besteht die begründete Aussicht, dass dieser kurzfristig beklagbare Zustand mittel- bis langfristig beseitigt werden kann.

Unter Berücksichtigung des jeweiligen Zeithorizontes lässt sich die mikrotheoretische Analogie auch für makroökonomische Untersuchungen anwenden. Wie in der Einzelmarktbetrachtung werden Angebots- und Nachfragefunktionen abgeleitet. Allerdings sind für die Verwendung derart hoch aggregierter Größen eine Reihe von Annahmen und Vereinfachungen erforderlich, die im Folgenden beschrieben werden sollen. Ausgangspunkt ist eine – zugegeben hypothetische – gesamtwirtschaftliche Produktionsfunktion in einer allgemeinen Darstellung

(12.1) $\quad Y = f(B, A, K) \quad$ mit $\quad$ B = Boden, A = Arbeit und K = Kapital.

Beziehung (12.1) spiegelt damit eine nicht näher spezifizierte gesamtwirtschaftliche Technologie wider, mit der die betrachtete Ökonomie ihr Sozialprodukt Y herstellt. Mit Boden wird dabei die insgesamt verfügbare Fläche bezeichnet, die für Produktionszwecke verwendet wird. Hierzu zählen nicht nur landwirtschaftlich genutzte Regionen, sondern auch die Grundstücke, auf denen Produktionsanlagen oder Kauf- und Lagerhäuser errichtet sind. Unter dem Etikett „Arbeit" werden alle Formen des Einsatzes menschlicher Leistung subsumiert, die primär körperliche Arbeit im engeren Sinne ebenso wie die vornehmlich geistige Arbeit, die etwa an Bildungs- und Forschungseinrichtungen geleistet wird. Kapital wiederum bezeichnet alle möglichen Varianten technischer Produktionsmittel, z.B. Maschinen, Werkzeuge, Betriebsmittel in Form von Vorprodukten, Transportmittel u.v.m.

Häufig findet sich in gesamtwirtschaftlichen Produktionsfunktionen ein weiterer Einsatzfaktor, der als Technologieindikator bezeichnet werden kann. Er soll die Entwicklungsmöglichkeiten einer Volkswirtschaft charakterisieren, die Fähigkeit also, sich auf veränderte Rahmenbedingungen einzustellen. Dies ist u.a. erforderlich, wenn bisher in Produktionsverfahren verwendete Rohstoffe nicht länger oder nur zu erheblich gestiegenen Kosten zur Verfügung stehen. Hier sei zu Illustrationszwecken an die sog. „Ölkrisen" der siebziger Jahre erinnert, die erhebliche Konsequenzen für die Produktionstechnologie in der chemischen Industrie gehabt haben. Man denke aber auch an die sich permanent ändernden Arbeitsbedingungen in der Massenfertigung, wo zunehmend menschliche Arbeit durch computer- und robotergestützte Herstellungsverfahren ersetzt wird. Letztendlich entsteht technischer Fortschritt aber seinerseits wieder durch den zielgerichteten Einsatz aller in (12.1) genannten Produktionsfaktoren, wäre in diesem Sinne also eine abgeleitete Größe. Zur Vereinfachung der Darstellung wollen wir zunächst daher auf die explizite Erwähnung des technischen Fortschritts in der gesamtwirtschaftlichen Produktionsfunktion verzichten. In der Makrotheorie gehen wir zudem grundsätzlich davon aus, dass in einer gesamtwirtschaftlichen Produktionsfunktion alle Faktoren (begrenzt) substituierbar sind.

Nachdem wir uns der Charakterisierung der gesamtwirtschaftlichen Produktionstechnologie gewidmet haben, bleibt im nächsten Schritt der Begriff des „Produktionspotentials" zu klären. Hierbei handelt es sich streng genommen wiederum eine hypothetische Größe, die in der Realität nur selten tatsächlich ermittelt werden kann bzw. faktisch erreicht wird. Das Produktionspotential umfasst den Einsatz aller einer Ökonomie grundsätzlich zur Verfügung stehen Einsatzfaktoren zur Herstellung von Gütern und Dienstleistungen. Das damit zusammenhängende Sozialprodukt Y^* ist gleichsam die maximal in einer Volkswirtschaft herstellbare Produktmenge. Man spricht auch von der gesamtwirtschaftlichen Vollauslastung der Kapazitäten. Es ist offenkundig, dass in einer derartigen Situation keine Arbeitslosigkeit existieren kann. Bei der Analyse der langfristigen realökonomischen Entwicklung wird die Vollauslastung der Produktionskapazitäten (zumeist) implizit vorausgesetzt.

Wenngleich wir in den vorangegangenen Erörterungen wiederholt die Analogie der makroökonomischen Argumentation zur Mikrotheorie betont haben, so fehlt uns doch noch ein entscheidendes Versatzstück, um die Marktterminologie zu vervollständigen: „der" Preis. Es unmittelbar ersichtlich, dass die Integration einer Preisgröße auf Schwierigkeiten stößt. In einem mikroökonomischen Gütermarkt existiert üblicherweise ein entsprechender Güterpreis, auf den Anbieter und Nachfrager in ihrem Verhalten reagieren. Betrachten wir die Volkswirtschaft hingegen als Ganzes, dann haben wir es mit einer unüberschaubaren Anzahl an unterschiedlichen Gütern und Dienstleistungen mit ebenso vielen verschiedenen Preisen zu tun. Welcher Preis sollte nun gewählt werden? Es wird sehr schnell klar, dass ein einzelner Preis, für welches exemplarische Gut auch immer, den Erfordernissen unserer Analyse nicht gerecht werden kann. Es besteht aber die Möglichkeit, alle in einer Ökonomie beobachtbaren Preise in einer Art „Sammelgröße", dem Preisniveau oder dem Preisindex, zusammen zu fassen. Hierbei werden alle existierenden Marktpreise mit ihrem Umsatzvolumen gewichtet und addiert. Das Ausgangsergebnis wird normiert, z.B. mit der Indexzahl 100 versehen, und als Basis für zeitliche Vergleiche verwendet. Werden nun die Güter und Dienstleistungen einer Ökonomie im Durchschnitt teurer, z.B. weil es zu Angebotsengpässen auf einer Reihe von wichtigen Märkten gekommen ist, so steig auch das durchschnittliche Preisniveau und mit ihm der Preisindex. Die prozentuale Veränderung des Preisindex gegenüber dem Vorjahr wird regelmäßig als Inflationsrate bezeichnet. Stellen wir nunmehr das so ermittelte Preisniveau P dem gesamtwirtschaftlichen Output Y gegenüber, so erhalten wir die gesamtwirtschaftliche Angebotsfunktion einer Ökonomie. Ihr Verlauf variiert mit der Fristigkeit der Betrachtung bzw. mit der Auslastung der gesamtwirtschaftlichen Produktionskapazitäten. Schaubild 12.1 illustriert die grundsätzlichen Zusammenhänge.

Man erkennt eine stilisierte Dreiteilung der makroökonomischen Angebotsfunktion. Bei im Vergleich zum Vollbeschäftigungsoutput Y^* relativ niedriger gesamtwirtschaftlicher Produktion sind die Kapazitäten breitflächig unterausgelastet. Es besteht mithin die Möglichkeit, das Angebot zu erhöhen, ohne die Güterpreise anheben zu müssen, da die erforderlichen Produktionsmittel zur Verfügung stehen. Die gesamtwirtschaftliche Angebotsfunktion Y^A verläuft in diesem Bereich horizontal. Je näher die Produktion an die Vollbeschäftigungsgrenze rückt, desto größer sind die Schwierigkeiten, weitere Kapazitäten zu nutzen bzw. zusätzliche Einsatzfaktoren ohne Preisreaktionen zu aktivieren. Man kann sich eine derartige Situation vorstellen, wenn man berücksichtigt, dass ein weiterer Arbeitseinsatz Überstunden erfordert, die wiederum höher vergütet werden als die normale Arbeitszeit. Ein Anstieg der gesamtwirtschaftlichen Produktion geht mit einer simultanen Zunahme des Preisniveaus einher. Schließlich erreicht die Ökonomie ihre Kapazitätsgrenze, alle verfügbaren Produktionsfaktoren werden eingesetzt, egal welche Preise für knappe Güter geboten werden, eine weitere Steigerung des Angebots ist technisch (und praktisch) unmöglich. Die Angebotskurve ist vollkommen preisunelastisch, sie verläuft folglich senkrecht über dem Vollbeschäftigungsoutput.

Schaubild 12.1: Gesamtwirtschaftliche Angebotsfunktion (AS-Funktion)

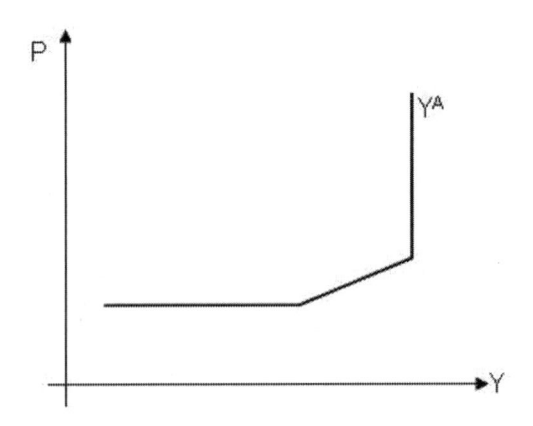

Die **gesamtwirtschaftliche Güternachfrage** Y^N entspricht faktisch der **Verwendungsseite des Bruttoinlandsprodukts**. Sie setzt sich in einer offenen Volkswirtschaft zusammen aus der privaten **Konsumnachfrage** (C), der **Investitionsnachfrage** der Unternehmen (I), dem **Staatsverbrauch** (G) sowie der **Netto-Exportnachfrage** (NX):

(12.2) $\quad Y^N = C+I+G+NX.$

Für die Ableitung einer gesamtwirtschaftlichen Nachfragefunktion bieten sich (mindestens) zwei Vorgehensweisen an. Pragmatisch argumentiert unterstellen wir, dass die gesamtwirtschaftliche Nachfrage in ihren wesentlichen Komponenten im typischen Sinne preiselastisch reagiert. Mithin dürfte dann davon ausgegangen werden, dass die Nachfrage steigt, wenn das Preisniveau (breitflächig) sinkt und umgekehrt. Wenngleich dieser Ansatz für einfachere Fragestellungen ausreichend erscheinen mag, überzeugt er für eine fundierte

Analyse nicht. Der zweite, etwas aufwendigere, Weg verdeutlicht dagegen die Wechselwirkungen mit der monetären Sphäre einer Ökonomie.

Für die Marktmodelle benötigen wir explizit Preisgrößen, diese wiederum setzen – streng genommen – ein mehr oder weniger eindeutig bestimmtes Tauschmedium voraus: Geld. Betrachten wird das (reale) Sozialprodukt als ein Bündel aus sehr vielen unterschiedlichen Gütern und Dienstleistungen in höchst variablen Mengen, dann erzielen alle diese Produkte Marktpreise, die wir über den bereits beschriebenen Preisindex abbilden können. Der nominale (Geld-)Wert aller Güter und Dienstleistungen ist näherungsweise also das (rechnerische) Produkt aus Mengenbündel und Preisindex. Dem so charakterisierten Gütersektor steht nun die gesamtwirtschaftliche Geldausstattung, die zunächst nicht näher definierte Geldmenge, gegenüber. Da eine einzelne Geldeinheit innerhalb einer Betrachtungsperiode zumeist mehrfach ihren Besitzer wechselt, vornehmlich durch Käufe bzw. Verkäufe, kann die nominale Geldmenge geringer ausfallen als der (rechnerische) Gesamtwert der Güter- und Dienstleistungen. Es besteht folglich eine makroökonomische Beziehung zwischen Geld- und Gütersektor, die aufgrund ihrer Definition ex post stets gültig ist:

(12.3) $\quad M \cdot v = P \cdot Y$.

Beziehung (12.3) wird allgemein als **Quantitätsgleichung** bezeichnet, M steht für die Geldmenge, v für die Umschlagshäufigkeit des Geldes innerhalb einer Periode, P für den Preisindex (bzw. das Preisniveau) und Y kennzeichnet das reale Sozialprodukt. Anstelle von Umschlagshäufigkeit findet man in der Literatur für v sehr häufig den weniger korrekten Ausdruck „Umlaufgeschwindigkeit". Für unseren Analysezweck, der Ableitung der gesamtwirtschaftlichen Nachfragefunktion, wollen wir unterstellen, dass der Geldsektor gleichsam vorgegeben ist, wir betrachten M und v als (kurzfristig) konstant. Eine einfache Umformung führt dann zu

(12.4) $\quad P = \dfrac{\overline{M} \cdot \overline{v}}{Y}$.

Wir verfügen via Gleichung (12.4) nunmehr über die gewünschte Beziehung zwischen P und Y. Interpretieren wir Y als Verwendungsseite des Sozialprodukts, dann repräsentiert Y implizit die gesamtwirtschaftliche Nachfrage, (12.4) kann daher als gesamtwirtschaftliche Nachfragefunktion aufgefasst werden. Überprüfen wir durch einfache Überlegungen den Verlauf der Funktion. Annahmegemäß ist der Zähler des Bruches konstant, veränderbar sind damit nur P und Y. Wenn nun Y steigt, so nimmt der Wert des Bruches insgesamt ab, d.h. P muss (allein rein rechnerisch) sinken, umgekehrt steigt P bei rückläufigem Y. Die gesamtwirtschaftliche Nachfragefunktion verläuft mithin – wie vermutet – fallend im Preisniveau. Man beachte, dass über die Kausalität zwischen P und Y noch nichts ausgesagt wird, uns interessiert zunächst ausschließlich der Verlauf der Nachfragefunktion.

Betrachtet man (12.4) noch etwas genauer, dann stellt man fest, dass es sich bei dieser Beziehung zwischen P und Y um eine nicht-lineare Funktion handelt, die gesamtwirtschaftliche Nachfragefunktion stellt vielmehr eine Hyperbel dar. Häufig findet man in Lehrbüchern jedoch aus Vereinfachungsgründen eine im Preisniveau fallende Nachfragegerade, das ist zwar formal nicht vollkommen korrekt, für die qualitative Argumentation hingegen von nachrangiger Bedeutung.

Schaubild 12.2: Gesamtwirtschaftliche Nachfragefunktion (AD-Funktion)

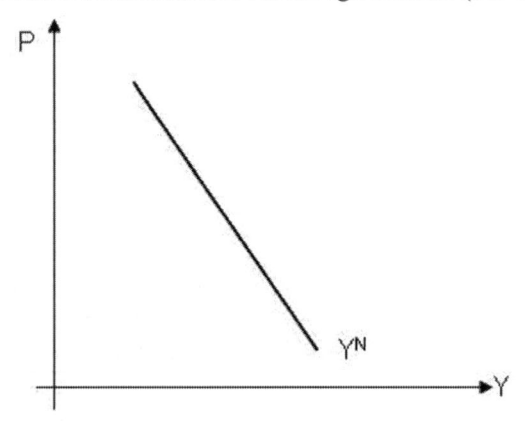

Das in Schaubild 12.3 wiedergegebene Gleichgewicht Y_0 schöpft die Produktionsmöglichkeiten der betrachteten Ökonomie offensichtlich nicht aus, (technologische) Vollbeschäftigung Y^v ist vielmehr erst erreicht, wenn sich die Nachfrage auf Y^N_1 erhöht hat. Ein weiterer Anstieg der Nachfrage würde indes zu keiner zusätzlichen Mengenreaktion führen, die Konsequenz wären allein steigende Preise.

Wirtschaftspolitisch bedeutsam ist vor allem der positiv geneigte Übergangsbereich der Y^A-Kurve. Hier geht Wachstum des Outputs mit Preissteigerungen einher, wobei in der Praxis keineswegs davon ausgegangen werden darf, dass die (stilisierten) Unstetigkeitsstellen der Angebotskurve a priori bekannt sind. Es bedarf mithin eines feinfühligen Einsatzes wirtschaftspolitischer Instrumente, um zwar einerseits das **Produktionspotential** der Ökonomie auszuschöpfen, andererseits jedoch unerwünschte Inflation zu verhindern. Für die Geldpolitik sind daher neben den Übertragungswegen des Impulses auch die Zeitspannen von höchster Bedeutung, die der jeweilige Impuls benötigt, um den realwirtschaftlichen Sektor zu erreichen.

Schaubild 12.3: Gesamtwirtschaftliche Gleichgewichte

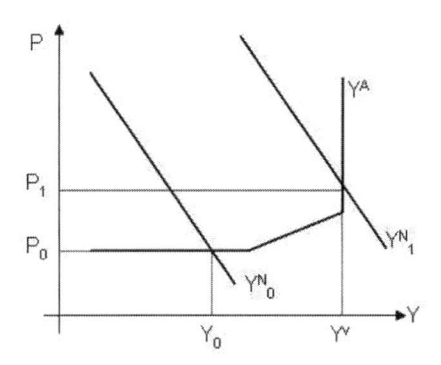

Man beachte, dass zwischen Bewegungen *auf* der Nachfragekurve und Bewegungen *der* Nachfragefunktion unterschieden werden muss. Betrachten wir exemplarisch Y_0^N, so ist diese Nachfragefunktion determiniert durch die (unterstellt) vorgegebene Geldmenge M_0 und die ebenfalls als konstant angenommene Umschlagshäufigkeit des Geldes v. Unterschiedliche Punkte auf dieser Nachfragefunktion spiegeln verschiedene Kombinationen von Preisniveau und Gesamtnachfrage wieder, die bei der gegebenen Geldausstattung „finanzierbar" sind. Darunter ist auch die Kombination $\{P_0, Y_0\}$, die bei der vorgegebenen Angebotskurve Y^A das einzige realisierbare Gleichgewicht der betrachteten Ökonomie darstellt. Eine Verlagerung der Nachfrage von Y_0^N nach Y_1^N erfordert, bei konstantem v, eine Erhöhung der Geldmenge, da bei jedem beliebigen Preisniveau die Gesamtnachfrage für Y_1^N größer ist als für Y_0^N. Für die Erhöhung des gesamtwirtschaftlichen Gleichgewichtsoutputs bedarf mithin einer begleitenden Erweiterung der Geldausstattung.

Anhand von Schaubild 12.3 lässt sich aber auch noch einmal der Fristigkeitsaspekt der makrotheoretischen Analyse verdeutlichen. Der horizontale Abschnitt der Angebotsfunktion verdeutlicht, dass kurzfristig eine Ausdehnung des Angebots möglich ist, ohne dass die Preise auf breiter Front steigen müssen. Wenn also die Gesamtnachfrage im horizontalen Bereich von Y^A steigt, dann nimmt die gesamtwirtschaftliche Produktion zu, die gestiegenen Nachfragewünsche können befriedigt werden und das Preisniveau bleibt dennoch konstant. In der modelltheoretischen Argumentation geht deshalb sehr häufig bei der Diskussion kurzfristiger makroökonomischer Fragestellungen davon aus, dass die gesamtwirtschaftliche Angebotsfunktion vollkommen preiselastisch ist oder – anders ausgedrückt – sich das Preisniveau kurzfristig nicht ändert. Der vertikale Abschnitt der Angebotsfunktion hingegen steht für die langfristige Betrachtung. Hier ist der Output nicht mehr veränderbar, jede Variation der gesamtwirtschaftlichen Nachfrage berührt allein das Preisniveau. Der positiv steigende Abschnitt von Y^A schließlich kann als mittelfristige Situation interpretiert werden. Hier führen Veränderungen der Nachfrage zu gleichgerichteten Output- und Preisniveaueffekten, von denen freilich empirisch im höchsten Maße unklar ist, wie hoch sie ausfallen und wie lange eine weitere Erhöhung der Gesamtnachfrage zu zusätzlichen Angebotszuwächsen führt. Solange das Preisniveau konstant ist, befindet man sich mit großer Wahrscheinlichkeit auf dem horizontalen Abschnitt der gesamtwirtschaftlichen Angebotsfunktion, steigen die Preise indes, so kann nicht mit letzter Sicherheit festgestellt werden, ob die gesamtwirtschaftliche Angebotsfunktion (nur) positiv geneigt oder (schon) senkrecht verläuft.

Bei begrenzten (bzw. ausgelasteten) Kapazitäten führt eine geldmengeninduzierte Ausdehnung der Nachfrage allein zu steigenden Preisen. Zwar kann auf (sehr) kurze Sicht, etwa durch Anwerbung ausländischer Arbeitskräfte oder zusätzliche Überstunden und Sonderschichten, die Gesamtproduktion erhöht werden, der mit der Überauslastung des Produktivkapitals aber regelmäßig einhergehende, das Normalmaß übersteigende Verschleiß lässt den Output über kurz oder lang auf sein Vollauslastungsniveau zurückfallen. Allein die Preise verharren erfahrungsgemäß auf dem zwischenzeitlich erreichten Stand. Den stilisierten Verlauf der makroökonomischen Größen illustriert Schaubild 12.4.

Schaubild 12.4: Geldmengenausweitung bei Vollbeschäftigung

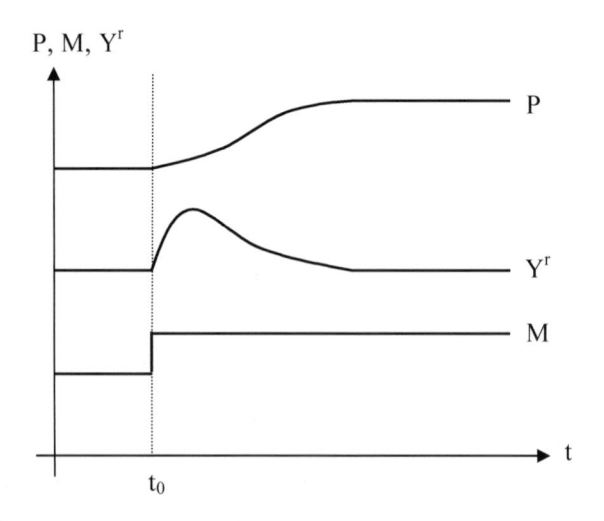

Die im Zeitpunkt t_0 durchgeführte Erhöhung der Geldmenge M führt unmittelbar zu einem Anstieg der gesamtwirtschaftlichen Nachfrage. Dieser wird von der Produktionsseite zunächst von Anstrengungen zur Ausweitung des Angebots begleitet. Gleichzeitig kommt es aber zu ersten Preissteigerungen in Sektoren, die ihre Kapazitätsgrenze nicht überschreiten können. Letztendlich kann die temporäre Überproduktion nicht mehr aufrechterhalten werden, so dass der (reale) Output schließlich wieder auf das ursprüngliche Niveau bei allerdings dauerhaft gestiegenem Preisindex zurückfällt.

Box 12.1: Zur Bedeutung der Umlaufgeschwindigkeit

Die in Gleichung (12.3) wiedergegebene Variante der Quantitätsgleichung wird häufig zur kurzfristigen Inflationserklärung herangezogen. Wenn die Variation der Geldmenge allein in der Hand einer autonomen Zentralbank liegt und die gesamtwirtschaftliche Produktion ebenfalls in der kurzen Frist begrenzt ist, dann sind bei konstanter Umlaufgeschwindigkeit Geldmengenänderungen gleichbedeutend mit entsprechenden Anpassungen des Preisniveaus. Man kann zeigen, dass sich hinter der Variablen v die Geldhaltungsgewohnheiten der privaten Akteure verbergen. Daraus folgt unmittelbar, dass eine stabile Umlaufgeschwindigkeit ein unverändertes Kassenhaltungsverhalten der Wirtschaftssubjekte postuliert. Die nachfolgende Abbildung demonstriert die empirischen Probleme dieser Annahme.

Entwicklung der Umlaufgeschwindigkeit

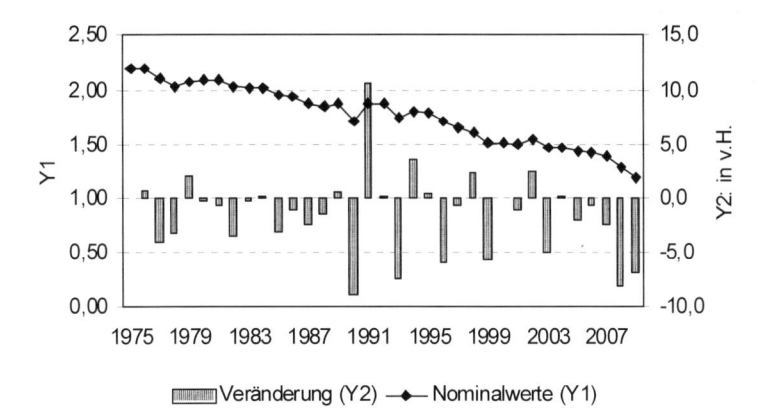

▨▨▨ Veränderung (Y2) ◆ Nominalwerte (Y1)

Im Betrachtungszeitraum ist die Umlaufgeschwindigkeit der Geldmenge M3 um mehr als 45 v.H. gesunken. Dies allein ist aber unter prognostischen Gesichtspunkten weniger relevant als vielmehr die heftigen Schwankungen der Veränderungsrate seit Beginn der 90er Jahre. Für die empirische Forschung ist daher die Analyse der Bestimmungsgründe dieser Verhaltensänderungen der Wirtschaftssubjekte eine vornehmliche Aufgabe. Eine mögliche Erklärung könnte etwa in der bevorzugten Verwendung von Geldsurrogaten (z.B. Kredit- oder Kundenkarten) liegen.

12.2 Ansatzpunkte monetärer Eingriffe

Bei der theoretischen Analyse der möglichen Transmissionsmechanismen ist es hilfreich, sich die Akteure des gewünschten Prozesses vor Augen zu führen. Initiator eines monetären Impulses ist die Zentralbank. Am Beispiel der Europäischen Zentralbank (EZB) haben wir in den Kapiteln 8 bis 10 sowohl ihre Struktur als auch ihre Stellung innerhalb der Träger wirtschaftspolitischer Entscheidungen beleuchtet, mit dem Ergebnis, dass moderne Zentralbanken zunächst dem Ziel der Erhaltung der Preisniveaustabilität verpflichtet sind. Erst in zweiter Linie steht die Unterstützung der allgemeinen Ziele der Wirtschaftspolitik zur Diskussion, sofern die eigentlichen Aufgaben der Notenbank hierdurch nicht behindert werden.

Folglich dient der Instrumenteneinsatz der Zentralbank der Erhaltung oder der Wiederherstellung eines inflationsfreien Wirtschaftsraumes, in dem die dezentral organisierten, privaten Akteure unbehelligt von unerwarteten monetären Störungen ihre individuellen Pläne formulieren und realisieren können. Was hier – bewusst abstrakt formuliert – aus der Sicht des (reinen) Theoretikers als präzise Handlungsanweisung erscheint, erweist sich in der Notenbankpraxis als außerordentlich anspruchsvolle Aufgabe. Dies wird unmittelbar ersichtlich, wenn die Banken, oder in der Sprachregelung der EZB: die monetären Finanzinstitute, als weitere Entscheidungsträger ins Spiel kommen. Da die Instrumente (auch) der EZB nicht direkt in den realwirtschaftlichen Sektor reichen, sind die privaten Kreditinstitute die wesentlichen Transaktionspartner einer Zentralbank. Diese wiederum verfolgen, wie in den Kapiteln 8 und 9 skizziert, eigene Ziele und Kalküle, die den Intentionen der Notenbank durchaus zuwider laufen können. Mithin kann der Bankensektor bereits einen ersten Störfaktor bei der Übertragung eines geldpolitischen Impulses darstellen.

Unterstellt, die Kreditinstitute verhalten sich gleichsam im Sinne der Zentralbank, dann ist damit keineswegs gesichert, dass die letztendlich ausschlaggebenden Akteure den Wünschen der Währungsbehörde folgen. Wenn wir davon ausgehen, das gesamtwirtschaftliche Preisniveau bilde sich als geeignet ermittelter Durchschnittswert der Preise auf allen Gütermärkten, dann sind Änderungen dieses gesamtwirtschaftlichen Preisniveaus gleichbedeutend mit Angebots- bzw. Nachfragevariationen auf Märkten für Güter und Dienstleistungen. Eine erfolgreiche Bekämpfung vorhandener Inflation erfordert mithin eine (relative) Verringerung der gesamtwirtschaftlichen Nachfrage und setzt demzufolge an den verschiedenen Komponenten der Verwendung des Sozialproduktes an.

Damit sind die weiteren Entscheidungsträger im monetären Übertragungsprozess identifiziert. Es handelt sich hierbei zunächst um die privaten Haushalte, die das gesamtwirtschaftliche Konsumniveau bestimmen. Weiterhin beanspruchen die privaten Unternehmen über ihre Investitionsnachfrage Anteile des zur Verfügung stehenden Sozialprodukts, dem darüber hinaus die Importnachfrage des Auslandes gegenübersteht. Wenn es gelingt, diese Aggregate geeignet zu beeinflussen, kann die gewünschte Anpassung des Preisniveaus erreicht werden. Verweigern sich indes die privaten Wirtschaftssubjekte dem Kalkül der Zentralbank, wird der geldpolitische Erfolg ausbleiben. Die Analyse möglicher und in der Praxis schließlich relevanter Übertragungsmechanismen setzt also ausreichende Kenntnisse (oder tragfähige Theorien) in bezug auf die Verhaltensmuster und -determinanten der privaten Akteure voraus. In Schaubild 11.6 ist die prinzipiell dreistufige Struktur des Transmissionsprozesses noch einmal überblicksartig wiedergegeben.

Schaubild 12.5: Ablaufschema des Transmissionsprozesses

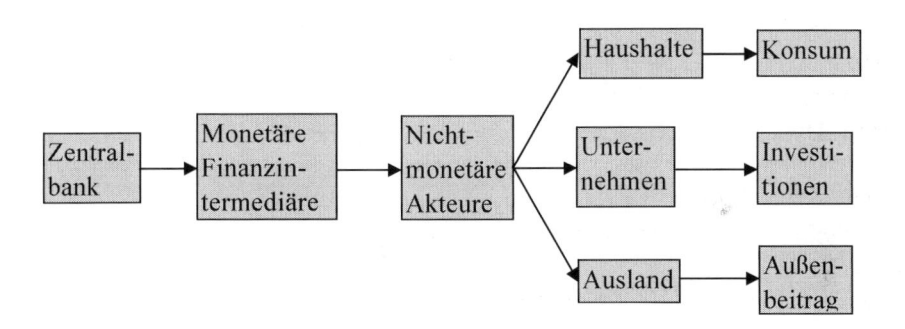

An dieser Stelle wollen wir uns kurz dem Aggregat der gesamtwirtschaftlichen Nachfrage zuwenden, das bislang (absichtlich) ausgeklammert wurde. Selbstverständlich ist die Verwendungsseite des Bruttoinlandsprodukts erst vollständig, wenn auch der staatliche Sektor berücksichtigt wird. Insbesondere in Zeiten weniger knapper öffentlicher Kassen bzw. größerer Bereitschaft zur staatlichen (Netto-)Kreditaufnahme waren Zentralbanken auch darauf angewiesen, dass die wirtschaftspolitischen Aktivitäten des Staates dem (monetären) Stabilitätspostulat gehorchten und die möglicherweise nachfragedämpfend eingesetzten Instrumente der Notenbank nicht durch stimulierende, und damit die Inflationsbekämpfung behindernde, fiskalische Eingriffe konterkariert wurden. In jüngerer Zeit besteht unter Währungshütern und staatlichen Regierungen jedoch – auch international – weitgehend Einigkeit, steuer- und ausgabenpolitische Maßnahmen den von der (autonomen) Zentralbank vorgegebenen **monetären Rahmenbedingungen** unterzuordnen. Wir wollen uns daher im Folgenden auf die Übertragungsmechanismen beschränken, die im nicht-staatlichen Bereich stattfinden.

Mit der Benennung der (mutmaßlich) relevanten Entscheidungsträger im Transmissionsprozess haben wir simultan die realwirtschaftlich ausschlaggebenden Aggregate spezifiziert, so dass im nächsten Schritt die Bestimmungsgründe zu analysieren sind, denen die Verwendungskomponenten Konsum, Investitionen und Außenbeitrag unterliegen. Angesichts der zahlreichen, mitunter konkurrierenden, Modelle erweist sich dieses Unterfangen indes als nicht unproblematisch, sofern eine vollständige Darstellung angestrebt wird. Notwendigerweise greifen wir deshalb im Weiteren lediglich die (auch empirisch) bewährtesten Ansätze auf.

Im Rahmen der (makroökonomischen) Konsumtheorie gilt *das* verfügbare Einkommen als die wesentliche Bestimmungsgröße der privaten Haushaltsnachfrage. Umstritten ist freilich, ob hier das laufende, das (auch) an der Vergangenheit orientierte, relative oder gar das zukunftsbezogene, permanente Einkommen berücksichtigt werden sollte. Letzteres ist insofern von besonderer Bedeutung, weil es u.a. aus wiederkehrenden Vermögenserträgen gespeist werden kann. Dementsprechend kann das private Vermögen eines Haushaltes, und hierzu zählt neben dem Geld- bzw. Kapitalvermögen im engeren Sinne auch das Humankapital, als weitere Determinante der Konsumnachfrage angesehen werden.

Gemeinhin wird unter die Konsumtätigkeit vornehmlich die Nachfrage für die regelmäßige Lebenshaltung subsumiert, repräsentiert durch Verbrauchsgüter im engeren Sinne. Daneben verwenden Haushalte aber ihr Einkommen auch für langlebige Wirtschaftsgüter, etwa für Kraftfahrzeuge, Wohnraumeigentum o.ä. Für die Finanzierung derartiger Anschaffungen werden nicht selten Kredite herangezogen, die mithin ebenfalls den Bestimmungsgründen der Konsumnachfrage zugerechnet werden müssen. Gleiches gilt für *den* Zinssatz, der mittelbar den Konsum beeinflusst, wenn – wie in der neoklassischen Makroökonomie nicht ungebräuchlich – die private Spartätigkeit positiv zinsreagibel ist. Diese Argumentation kann analog auf eine zinselastische Kreditnachfrage zur Finanzierung langlebiger Konsumgüter angewendet werden.

Das Spektrum der (möglichen) Determinanten der unternehmerischen Investitionstätigkeit ist nur schwer überschaubar, die empirischen Befunde sind ebenso zahlreich wie widersprüchlich. Als prominenteste, weil im theoretischen Kontext ungemein nützliche, Bestimmungsgröße kann „der" Zinssatz ausgemacht werden, auch wir haben den (mutmaßlichen) Zusammenhang zwischen Zinsniveau und Investitionsnachfrage z.B. im Kapitel 6 bereits aufgegriffen. Unterstellt man unter Zuhilfenahme institutioneller Nebenbedingungen, dass die Finanzierbarkeit geplanter Investitionen in der Praxis jedoch nicht allein von der (erwarteten) Rendite der Objekte abhängt, sondern – wie in Kapitel 9 ausführlich dargelegt – auch von der Kooperationsbereitschaft der Banken, dann tritt neben den Zinssatz die Kreditversorgung als weiterer Bestimmungsgrund des gesamtwirtschaftlichen Investitionsvolumens.

Eine spezielle Rolle innerhalb der Erklärungsansätze der privaten Investitionsnachfrage nimmt die **Tobin-q Theorie** ein. Hierbei wird eine grundsätzliche Substitutionsbeziehung zwischen bereits vorhandenem, d.h. in der Vergangenheit hergestelltem, Sachkapital und neu zu produzierenden Kapitalgütern ausgegangen. Als Beispiel für diese Prämisse kann angeführt werden, dass ein bereits bestehendes Gebäude ebenso als Fertigungshalle dienen mag wie ein (noch zu erstellender) Neubau. Ausschlaggebend für die Bauentscheidung, sprich: Investition im engeren Sinne, ist letztlich das Verhältnis (q) zwischen dem Preis des bereits existierenden Gebäudes, in der Terminologie Tobins: dem **Marktwert bestehender Aktiva (MW)**, und den Kosten für den Neubau, d.h. den **Erstellungskosten neuer Vermögensgegenstände (EV)**. Die Netto-Investition ist dann lukrativ, wenn $q > 1$ und umgekehrt.

Wendet man den Tobin-Kalkül auf börsenfähige Vermögensgegenstände an, im Spezialfall mithin auf ganze Aktiengesellschaften, dann spiegeln sich die Marktwerte in den Börsenkursen der Anteilswerte dieser Unternehmen wider. In unseren Katalog der relevanten Einflussgrößen für die gesamtwirtschaftliche Nachfrage sollten daher die Preise für handelbare Aktiva aufgenommen werden.

Schaubild 12.6: Determinanten der gesamtwirtschaftlichen Nachfrage

Konsum	• verfügbares Einkommen • Vermögen • Zinssatz • Kreditaufnahme
Investitionen	• Zinssatz • Kreditaufnahme • Preise für Aktiva
Außenbeitrag	• Wechselkurse

Die periodischen Volumina des Außenbeitrags hängen im Wesentlichen von den Wechselkursen für die heimische Währung ab. Wenngleich die den Außenbeitrag letztlich generierenden einzelwirtschaftlichen Transaktionen von den (relativen) Preisen auf den Märkten für die im einzelnen gehandelten Güter bestimmt werden, so darf bei weitgehend unbeschränktem internationalen Waren- und Kapitalverkehr durchaus davon ausgegangen werden, dass der Wettbewerbsprozess zumindest tendenziell Wechselkurse realisiert, die dem jeweiligen (bilateralen) Gefälle der realen Leistungsfähigkeit der betroffenen Ökonomien entspricht. Sinkt der Preis für die heimische Währung auf den Devisenmärkten, so werden die Exporte aus dem Inland für ausländische Abnehmer relativ günstiger, wertet die inländische Währung auf, nimmt der Importdruck zu. Beide Varianten haben unmittelbar Einfluss auf die Höhe des Außenbeitrages.

Damit haben wir die möglichen realwirtschaftlichen Ansatzpunkte monetärer Maßnahmen identifiziert, die Übersicht 12.6 fasst die Ergebnisse noch einmal zusammen.

12.3 Systematik der Transmissionsmechanismen

Die abschließende Aufgabe dieses Kapitels liegt in der Systematisierung der aus den vorangegangenen Überlegungen folgenden möglichen Übertragungswege des monetären Impulses. Bei der detaillierteren Analyse der verschiedenen Konzepte gehen wir (mit der EZB konform) davon aus, dass die Inflationsbekämpfung (resp. -verhinderung) das primäre Ziel der Zentralbank darstellt. Diese Annahme versetzt uns in die (angenehme) Lage, lediglich restriktive, d.h. die gesamtwirtschaftliche Nachfrage tendenziell begrenzende Eingriffe der Notenbank zu beschreiben. Das bedeutet freilich nicht, dass Zentralbanken in der Realität nicht doch versuchen, konjunkturell schwache Phasen durch stimulierende Maßnahmen zu verkürzen. Gleichwohl sind auch derartige Strategien nur dann erfolgreich, wenn der (oder die) unterstellte(n) Übertragungsweg(e) ohne Hindernisse nutzbar ist (sind).

Wenn wir uns die Determinanten der gesamtwirtschaftlichen Güternachfrage noch einmal etwas genauer ansehen, so können wir feststellen, dass die Zentralbank keine erkennbare Möglichkeit hat, mit Hilfe ihrer Instrumente das verfügbare (laufende und relative) Einkommen zu beeinflussen. Anders verhält es sich mit dem zukünftigen (permanenten) Einkommen, das wiederum vom Vermögensstatus des Haushaltes abhängt und damit auf Änderungen der relativen Preise (bzw. Renditen) der im Portfolio gehaltenen Aktivpositionen reagiert. Der analoge Effekt stellt sich im Unternehmenssektor ein, wenn durch monetäre Maßnahmen z.B. die Börsenwerte von Unternehmen im Rahmen der Tobin-q Theorie variieren.

In ähnlicher Weise können auch Anpassungen bei den Wechselkursen oder beim durchschnittlichen gesamtwirtschaftlichen Zinsniveau interpretiert werden. Die hier im Schlaglicht stehenden Variablen sind gleichfalls Preisgrößen, zum einen für ausländische Währungen, zum anderen für Geldvermögensgegenstände unterschiedlicher Laufzeit und Volumina. Wir können also die erste Gruppe der Transmissionsmechanismen unter dem Rubrum **Zins- und Vermögenspreiseffekte** zusammenfassen.

Der verbliebene Faktor aus Schaubild 12.6 ist mit Kreditaufnahme zunächst noch eher nebulös bezeichnet, denn bei näherem Hinsehen können mit der Notwendigkeit zur Fremdfinanzierung durchaus unterschiedliche Transmissionsmechanismen verbunden sein. Ihre Gemeinsamkeit liegt aber in der Betonung der Rolle der privaten Banken bei der Übertragung monetärer Impulse, der in jüngerer Zeit in der theoretischen und empirischen Analyse eine spürbar größere Bedeutung zukommt. Vor allem unter Berücksichtigung einer grundsätzlich asymmetrischen Informationsverteilung zwischen Gläubigern und Schuldnern im Kreditvergabeprozess müssen die Möglichkeiten der Zentralbank zum rechtzeitigen und unbehinderten Durchgriff auf das gesamtwirtschaftliche Preisniveau u.U. skeptischer beurteilt werden. Ähnliches gilt für die Erfolgsaussichten expansiver Maßnahmen, wenn das Preisniveauziel ungefährdet erscheint und die allgemeine (staatliche) Wirtschaftspolitik unterstützt werden soll. Wir fassen diese Gruppe der Transmissionsmechanismen unter der Überschrift **Kreditkanal** zusammen. Schaubild 12.7 vermittelt einen ersten Überblick, welche Varianten im Kapitel 13 umfassender behandelt werden.

Schaubild 12.7: Transmissionsmechanismen

Zins- und Vermögenspreiseffekte	• traditioneller Zinseffekt • Tobin-q Effekt • Vermögenseffekt • Wechselkurseffekt
Kreditkanal	• Kreditvergabeeffekt • Bilanzeffekt • Liquiditätseffekt

Literaturhinweise

Die in diesem Kapitel vorgenommene Systematisierung der Transmissionswege findet sich in ähnlicher Form bei Mishkin (2009), hiervon z.T. deutlich abweichende Übersichten bieten Bofinger u.a. (1996), Duwendag u.a. (1999), oder Jarchow (2010) an. Die in diesem Abschnitt skizzierten makrotheoretischen Grundlagen arbeiten z.B. Dornbusch u.a. (2008) oder Felderer/Homburg (2005) auf, die jährlich vorgelegten Gutachten des Sachverständigenrates zur Begutachtung der gesamtwirtschaftlichen Entwicklung sind eine hervorragende Quelle für die Beurteilung der faktischen Auswirkungen der Geldpolitik auf die Realwirtschaft.

Zusammenfassung

1. Die Analyse der Übertragungswege der Geldpolitik bedient sich einer vorwiegend makrotheoretischen Argumentation, in der die gesamtwirtschaftlichen Aggregate der Güternachfrage im Mittelpunkt stehen.

2. Die makrotheoretische Argumentation bedient sich grundsätzlich zweier unterschiedlicher Modellansätze. Im Rahmen der gesamtwirtschaftlichen Angebots-Nachfrage-Analyse steht der Zusammenhang zwischen Preisniveau und gesamtwirtschaftlichem Output im Mittelpunkt. Die auf Keynes zurückgehende IS-LM-Analyse bezieht vor allem den Geldmarkt und die Bedeutung des Zinssatzes in die makroökonomische Diskussion ein.

3. Grundsätzlich durchläuft der Übertragungsprozess drei Stufen: Beginnend mit einer monetären Maßnahme der Zentralbank werden zunächst die monetären Finanzintermediäre erreicht, die im Idealfall Verhaltensänderungen bei den nicht-monetären Akteuren induzieren.

4. Die letztlich relevanten güterwirtschaftlichen Größen sind der private Konsum, die Investitionsnachfrage der Unternehmen sowie die Nettoexporte bzw. der Außenbeitrag.

5. Als Bestimmungsgründe für die private Konsumtätigkeit können das verfügbare Einkommen, das Vermögen, das Zinsniveau sowie die Möglichkeiten zur Kreditaufnahme angesehen werden.

6. Ausschlaggebend für die Höhe der (Netto-)Investitionen sind unter theoretischen Gesichtspunkten vor allem das Zinsniveau, die Kreditverfügbarkeit sowie die Preise für Aktiva, die als Substitute für neu zu erstellende Kapitalgüter aufgefasst werden können.

7. Als maßgebliche Determinante für den Außenbeitrag kann der Wechselkurs angesehen werden.

8. Als grundlegende Varianten von Transmissionskonzepten können Zins- und Vermögenspreiseffekte einerseits und der Kreditkanal andererseits unterschieden werden.

Schlüsselbegriffe

Erstellungskosten neuer Vermögensgegenstände (EV)
Geldangebot
Geldnachfrage
Gesamtwirtschaftliche Güterangebotsfunktion
Gesamtwirtschaftliche Güternachfrage
Investitionsnachfrage
IS-Kurve
IS-LM-Modell
Konsumnachfrage
Kreditkanal
LM-Kurve
Marktwert bestehender Aktiva (MW)
Monetäre Rahmenbedingungen
Netto-Exportnachfrage
Produktionspotential
Staatsverbrauch
Tobin-q Theorie
Transmissionsweg
Umlaufgeschwindigkeit des Geldes
Verwendungsseite des Bruttoinlandsprodukts
Zins- und Vermögenspreiseffekte

Kapitel 13

Übertragungswege der Geldpolitik

Zum Inhalt von Kapitel 13

Die weitere Vorgehensweise orientiert sich unmittelbar an der Übersicht 12.7. Wir diskutieren im Folgenden, welche spezifischen Annahmen und Voraussetzungen erfüllt sein müssen, damit der geldpolitische Impuls über Zins- und Vermögenspreiseffekte in den realwirtschaftlichen Sektor gelangt. An dieser Stelle begegnet uns damit erneut die Frage nach der ökonomischen Bedeutung des Zinses (hier sei an die Ausführungen in Kapitel 6 erinnert). Obgleich im vorherigen Abschnitt die bedeutsame Rolle des Bankensektors herausgestellt wurde, soll in diesem Kapitel zunächst davon ausgegangen werden, dass die Angebots- und Nachfragepläne der Finanzintermediäre im klassischen Sinne zinselastisch sind. Diese Prämisse ist gleichbedeutend mit im Zinssatz steigenden Kreditangebots- und im Zinssatz fallenden Depositennachfragefunktionen. Folgerichtig werden die monetären Eingriffe der Zentralbank von den Kreditinstituten ungehindert an die privaten Nichtbanken weitergeleitet. Die Intensität der realwirtschaftlichen Reaktion ist damit allein von den Anpassungen bei den Haushalten, den Unternehmen bzw. dem Ausland abhängig.

Das Spektrum der Annahmen ändert sich im zweiten Teil des vorliegenden Kapitels, wenn wir den sog. Kreditkanal in den Fokus der Betrachtung stellen. Hier dominieren institutionelle Aspekte des Bankenverhaltens sowie Erklärungsmuster, die nicht zwingend vollkommene – und damit preisgeräumte – Märkte unterstellen. Die modelltheoretische Analyse ist aber gleichwohl auf der Basis der uns bereits bekannten makroökonomischen Grundkonzepte möglich.

13.1 Zins- und Vermögenspreiseffekte

Wir diskutieren im Folgenden, welche spezifischen Annahmen und Voraussetzungen erfüllt sein müssen, damit der geldpolitische Impuls über Zins- und Vermögenspreiseffekte in den realwirtschaftlichen Sektor gelangt. An dieser Stelle begegnet uns damit erneut die Frage nach der ökonomischen Bedeutung *des* Zinses (hier sei an die Ausführungen in Kapitel 6 erinnert). Obgleich im vorherigen Abschnitt die bedeutsame Rolle des Bankensektors herausgestellt wurde, soll in diesem Kapitel davon ausgegangen werden, dass die Angebots- und Nachfragepläne der Finanzintermediäre im *klassischen* Sinne zinselastisch sind. Diese Prämisse ist gleichbedeutend mit im Zinssatz steigenden Kreditangebots- und im Zinssatz fallenden Depositennachfragefunktionen. Folgerichtig werden die monetären Eingriffe der Zentralbank von den Kreditinstituten ungehindert an die privaten Nichtbanken weitergeleitet. Die Intensität der realwirtschaftlichen Reaktion ist damit allein von den Anpassungen bei den Haushalten, den Unternehmen bzw. dem Ausland abhängig.

a) Traditioneller Zinseffekt

In der klassischen Wirtschaftstheorie stehen bekanntlich monetäre und reale Sphäre einer Ökonomie unverbunden nebeneinander. Das Geld liegt wie ein Schleier über den (relativen) Güterpreisen, ohne auf die effektiven Tauschrelationen – und damit auf die wirtschaftspolitisch relevanten Variablen – Einfluss nehmen zu können. Auch der Zins ist in einem derartigen Kontext (wie gesehen) ein reales Phänomen.

Anders liegen indes die Dinge, wenn man – wie etwa im Kapitel 5 eingeführten **IS-LM-Modell** – die Höhe des Zinssatzes auch von den Verhältnissen im Geldsektor abhängig macht. Bei gegebener privater Nachfrage nach Liquidität bestimmt letztlich die von der Zentralbank exogen und autonom festgelegte Geldmenge über das (monetäre) Zinsniveau. Bei Gefährdung des Stabilitätszieles könnte durch eine angemessene Reduktion der Geldausstattung der Wirtschaft die realwirtschaftliche Nachfrage gesenkt werden.

Der Übertragungsmechanismus würde also durch eine Verringerung der **Geldbasis** ausgelöst, z.B. indem die Zentralbank auslaufende Repo-Geschäfte nicht in vollem Umfang neu auflegt. Hierdurch käme es zu einer Verknappung der Liquidität im Bankensektor, die – bei zunächst unveränderter Nachfrage nach kurzfristigen Interbankenkrediten – zu einem Anstieg der Geldmarktzinsen führen würde. Bei hinreichend engen Substitutionsbeziehungen zwischen den Finanzmärkten verschiedener Fristigkeiten käme es zu einer allmählichen Anhebung auch der langfristigen Zinsen.

Die weitere Argumentation steht und fällt mit den Verhaltensannahmen für die privaten Haushalte bzw. Unternehmen. Eine denkbare und zumindest nicht unplausible Hypothese geht von (teilweise) **kreditfinanzierten Investitionen** aus. Bei gestiegenen Zinsen werden auch Investitionsdarlehen teurer, so dass nur noch entsprechend höhere Renditen versprechende Projekte realisiert werden. Wird darüber hinaus unterstellt, dass mit der geforderten Mindestverzinsung das Volumen durchführbarer Investitionsvorhaben zurückgeht, wäre das monetäre Ziel erreicht. Bei gestiegenem Zinsniveau nähme folglich die gesamtwirtschaftliche Investitionsnachfrage ab, womit bei bis dato unverändertem Sozialprodukt (sprich: Güterangebot) Druck auf das Preisniveau ausgeübt würde.

Dieser Effekt könnte verstärkt werden, wenn auch die private Konsumtätigkeit zinsreagibel wäre. In Abschnitt 13.2 haben wir in diesem Zusammenhang auf **langlebige Konsumgüter** verwiesen, die zumindest zu einem gewissen Umfang fremdfinanziert werden. Es ist offensichtlich, dass bei gestiegenen Zinsen für Konsumentenkredite die periodische Belastung der Haushalte zunimmt, bei gegebenem Einkommen folglich die Verschuldung relativ unattraktiver würde. Damit könnte folglich die gesamtwirtschaftliche Konsumnachfrage gedämpft und der drohende Preisauftrieb behindert werden.

Mit dem Hinweis auf die Voraussetzungen für die Wirksamkeit des Zinseffektes sind aber simultan die möglichen Schwächen des Konzeptes ermittelt. Ohne hinreichend zinselastische Investitions- bzw. Konsumnachfrage könnte der geldpolitische Impuls unter Umständen allein im Finanzsektor versickern, ohne auf den Gütermärkten nennenswerte Veränderungen zu induzieren. Die empirischen Befunde freilich sind (zumindest) nicht eindeutig, vielmehr können durchaus Indizien dafür gefunden werden, dass die Investitionstätigkeit privater Unternehmen in Deutschland über längere Zeiträume auf Zinsänderungen bestenfalls träge reagiert hat (vgl. Gischer, 1997). Ein Grund hierfür mag in der durchschnittlich geringen effektiven Zinsbelastung der Unternehmen liegen, die im Vergleich zu den Personal- oder Materialaufwendungen ein eher bescheidenes Gewicht hat, obwohl in Deutschland private Investitionen in nicht unerheblichem Umfang fremdfinanziert werden (vgl. Gischer, 2000). Jüngere Untersuchungen scheinen zwar einen signifikanten Zinseffekt zu diagnostizieren, gleichwohl kann auch hier nur eine relativ geringe Zinselastizität der Investitionsnachfrage konstatiert werden (vgl. Deutsche Bundesbank, 2002).

Auch die empirischen Belege für eine zinselastische Nachfrage nach langlebigen Konsumgütern sind nicht wirklich überzeugend. Dies gilt selbst für den Bereich des privaten Wohnungsbaus, der ebenfalls großenteils über Bankkredite finanziert wird. Dennoch wird die Entscheidung über den Bau oder Kauf eines Hauses in der Praxis jedenfalls nicht vom Zinsniveau dominiert, da das dauerhafte verfügbare Einkommen oder die mittelfristig erwarteten Immobilien- bzw. Baupreise eine mindestens ebenso wichtige Rolle spielen können. Folglich ist *der* Zins zwar zweifellos eine relevante, aber keinesfalls die stets ausschlaggebende Determinante der privaten Ausgabentätigkeit.

b) Tobin-q Effekt

Die Argumentation im Rahmen des Tobin-q Effektes läuft über einen aus der Mikrotheorie bekannten **Vorteilhaftigkeitskalkül**. Dabei sind grundsätzlich unterschiedliche Transmissionswege denkbar, sie münden jedoch letztendlich alle bei den Investitionen im privaten Unternehmenssektor. Ein denkbarer Ausgangspunkt, den wir im folgenden unterstellen wollen, ist die Portfoliostruktur der privaten Akteure. Wir nehmen an, dass alle Wirtschaftssubjekte zunächst ein nach Ertrags- und Risikogesichtspunkten **optimiertes Portefeuille** besitzen, in dem unterschiedliche Aktiva enthalten sind. Neben kurz- und langfristigen festverzinslichen Wertpapieren können hierzu auch Anteilswerte an Unternehmen, also etwa Aktien, und liquide Mittel gehören.

Ein geldpolitischer Impuls, beispielsweise in Form einer Verringerung der Geldmenge durch restriktive Offenmarktgeschäfte, stört das ursprüngliche Vermögensgleichgewicht. Mit der anfänglichen Einschränkung der Liquiditätsspielräume der Finanzintermediäre, die ja die Aktionspartner der Zentralbank bei Offenmarktoperationen sind, verringern sich auch die Rückgriffsmöglichkeiten der Unternehmen auf kurzfristige Kredite Folglich erhält die unternehmerische Liquiditätsvorsorge ein (relativ) höheres Gewicht.

Im Vermögensbestand der Unternehmen befindliche finanzielle Aktiva werden daher teilweise veräußert, um den geänderten Rahmenbedingungen Rechnung zu tragen. Diese Wertpapierverkäufe bedeuten (c.p.) eine Ausweitung des bisherigen Angebots an Finanztiteln und haben bei weiterhin unveränderter Nachfrage zur Folge, dass die Kurse der Papiere sinken. Bei gegebener Nominalverzinsung ist ein Kursrückgang wiederum gleichbedeutend mit einem Anstieg der Effektivverzinsung (vgl. hierzu Box 6.1). Man kann sich nunmehr vorstellen, dass der hier grob skizzierte Prozess über zahlreiche Fristigkeitsstufen abläuft, d.h. in den jeweiligen Marktsegmenten, die gegenseitig als enge Substitute aufgefasst werden können. Am Ende der induzierten Anpassungsvorgänge stellt sich eine neue, auf insgesamt höherem Niveau verlaufende Renditestruktur für Rentenpapiere ein.

Allerdings hat eine Reaktion auf den monetären Eingriff der Zentralbank bisher nur im Finanzsektor stattgefunden, ein Übergriff auf den güterwirtschaftlichen Bereich steht also noch aus. Wie bereits angedeutet, beruht die reibungslose Weiterleitung des Notenbankimpulses im wesentlichen auf renditeorientierten Substitutionsprozessen: In die Märkte, die im Vergleich zum Ausgangszeitpunkt relativ Ertrag versprechender geworden sind, z.B. durch einen Anstieg der (erwarteten) Effektivverzinsung, wird gleichsam *investiert*, während (relativ) weniger lukrative Segmente aufgegeben bzw. verlassen werden. Im Idealfall stellt sich eine Art *Dominoeffekt* ein, der schließlich alle Marktbereiche erfasst.

Dieser, auf den ersten Blick etwas fremdartig anmutende, Mechanismus lässt sich auf die analoge Anwendung des einfachen Nutzenmaximierungskalküls zurückführen, der den Basismodellen der mikroökonomischen Theorie zugrunde liegt. Ein **Portfoliogleichgewicht** ist danach immer dann erreicht, wenn der Akteur durch eine weitere Verlagerung seiner Vermögenspositionen keine zusätzlichen Renditezuwächse mehr realisieren kann. Dies ist gleichbedeutend mit einem Zustand, in dem die (marginalen) Ertragsraten in allen Anlagesegmenten, also auf allen vom Akteur berücksichtigten Teilmärkten, identisch sind. Da sich diese Ertragsraten nunmehr aus der Gegenüberstellung von (erwarteter) Nominalverzinsung eines Aktivums und seinem Marktpreis ergeben, und die Preisänderungen wiederum die Anpassungsvorgänge begleiten, spricht man in der Literatur auch vom **Mechanismus der relativen Preise**.

Damit nun schlussendlich auch der realwirtschaftliche Bereich erfasst wird, ist eine Substitutionsbeziehung zwischen (mindestens) einem Finanzmarktsegment und dem Gütermarkt erforderlich. Ein denkbares Bindeglied stellt z.B. die Aktienanlage dar. Mit dem Kauf einer Aktie erwirbt der Anleger Mitwirkungs- und Ertragsansprüche an ein Unternehmen. Die realwirtschaftliche *Performance* der Aktiengesellschaft schlägt sich folglich sowohl im Kurs der Aktie als auch in der Dividende nieder. Obgleich also Aktien auf Finanzmärkten, den Aktienbörsen, gehandelt werden, symbolisieren sie doch im Wesentlichen das Spektrum der verschiedenen Gütermärkte einer Ökonomie.

Endlich ist damit die Verbindung zum realwirtschaftlichen Bereich hergestellt. Nachdem im (fiktiv) letzten Segment der Rentenmärkte die beschriebenen Anpassungsreaktionen stattgefunden haben, besteht ein Renditegefälle zwischen der Anlage in ein (langfristiges) festverzinsliches Wertpapier und der erwarteten Ertragsrate auf Aktien. Ein (Teil-)Verkauf von Aktien ist die Folge, der – bei unveränderter Nachfrage – zu einem Kursrückgang führt. Die sinkenden Aktienkurse münden – uno actu – in einer Reduzierung der Marktwerte börsennotierter Unternehmen.

Wie beschreibt das Tobin-q die Relation zwischen dem **Marktwert bestehender Aktiva (MW)** und den **Erstellungskosten neuer Vermögensgegenstände (EV)**. Um die Analogie zu den bisher verwendeten Ertragsraten zu bleiben, sei angenommen, dass die Produktion eines bestimmten Outputs, z.B. eines Flugzeuges, sowohl über den Kauf eines bereits existierenden Hersteller-Unternehmens zum Marktwert, als auch über die vollständige Neugründung eines Konstruktionsbetriebes möglich ist. Da in beiden Alternativen identische Fabrikate mit – zweckmäßigerweise – ebenfalls identischen erwarteten (Netto-)Einnahmen E produziert würden, wäre die Ertragsrate für das bestehende Unternehmen

$$(13.1) \qquad r_{MW} = \frac{E}{MW},$$

während bei Neugründung eines Unternehmens, d.h. bei Durchführung realwirtschaftlicher Nettoinvestitionen, mit gegebenen Erstellungskosten eine Ertragsrate von

$$(13.2) \qquad r_{EV} = \frac{E}{EV}$$

realisierbar wäre. Annahmegemäß waren im Ausgangszustand r_{MW} und r_{EV} identisch, erst durch die von der Zentralbank ausgelösten Anpassungsvorgänge ist der Marktwert bestehender Unternehmen zurückgegangen, d.h. die erwartete Ertragsrate r_{MW} gestiegen. Damit werden aber Investitionen in neues Realkapital weniger lukrativ, was mit einer Dämpfung der gesamtwirtschaftlichen Güternachfrage einhergeht. Der restriktive Zentralbankimpuls hat letztendlich den realwirtschaftlichen Sektor der Ökonomie mit dem erwünschten Resultat erreicht.

Aus den Beziehungen (13.1) und (13.2) lässt sich damit eine alternative Interpretation des Tobin-q ableiten, es gilt dann

$$(13.3) \qquad q = \frac{MW}{EV} = \frac{E/r_{MW}}{E/r_{EV}} = \frac{r_{EV}}{r_{MW}}.$$

Die für positive Nettoinvestitionen erforderliche Voraussetzung $q > 1$ ist gemäß (13.3) dann gleichbedeutend mit einem (relativen) Anstieg von r_{EV} im Vergleich zu r_{MW}.

Wie steht es nunmehr um die praktische Bedeutung dieses – ohne Zweifel analytisch recht *aufwendigen* – Übertragungsweges? Auf den ersten Blick unterscheidet ihn wenig vom traditionellen Zinsmechanismus, solange nur die Nettoinvestitionen der Unternehmen betrachtet werden. Hier wie dort werden (erwartete) interne Verzinsungen von Anlageinvestitionen den Marktpreisen alternativer Vermögensgegenstände gegenübergestellt. Die fundamentalen Unterschiede beider Ansätze werden erst durch eine intensivere Betrachtung erkennbar.

Während im traditionellen Zinsmechanismus ein – wie auch immer abgegrenzter – **repräsentativer Zinssatz** verwendet wird, der sich überdies im monetären Sektor durch ein weitgehend stabiles Verhalten der privaten Akteure und eine autonome Zentralbank bildet, kann in der Tobin-q Theorie zumindest auf einen differenzierteren **mikroökonomischen Kalkül** zurückgegriffen werden. Darüber hinaus basiert der Übertragungsmechanismus auf der plausiblen Annahme, dass Zentralbankinterventionen Anpassungsvorgänge auf den nachgelagerten Finanzmärkten hervorrufen, die im wesentlichen durch (relative) Preisveränderungen ausgelöst werden. Da zudem von einem breiten Spektrum unterschiedlicher finanzieller Vermögensgegenstände ausgegangen wird, sind auch in der Praxis **Substitutionsbeziehungen** zwischen den einzelnen Marktsegmenten durchaus zu erwarten.

Die Preisbildung selbst folgt marktwirtschaftlichen Grundprinzipien, insofern sind die Ertragsraten, mit denen im Tobin-q Konzept operiert wird, grundsätzlich allesamt empirisch beobachtbar. Damit tritt ein weiterer Vorteil gegenüber dem traditionellen Zinsmechanismus zutage, der darin liegt, dass Marktpreise und -renditen in der Regel die **Risikoeinstellungen** und **Erwartungen** der Akteure widerspiegeln. Dies kann freilich zur Folge haben, dass der Transmissionsweg nicht vollständig bis in den realwirtschaftlichen Sektor zurückgelegt wird.

Die Barriere, die es zu überspringen gilt, wird durch die unterschiedlichen Risiken finanz- und realwirtschaftlicher Vermögensanlagen aufgebaut. Innerhalb des monetären Sektors unterscheiden sich die Anlagen – wie in Kapitel 3 ausführlich beschrieben – im Wesentlichen durch ihre Laufzeit, wenn man sich auf bonitätsmäßig einwandfreie Emittenten, z.B. staatliche Institutionen, beschränkt. Folglich generieren Umschichtungsvorgänge innerhalb des Spektrums der Rentenpapiere vornehmlich unterschiedliche Liquiditätsrisiken, im weitaus überwiegenden Fall aber keine Ausfallrisiken.

Realwirtschaftlich orientierte Anlagen, insbesondere Aktien, bergen jedoch nicht unerhebliche Kurs- und damit Ausfallrisiken, da sie, im Gegensatz zu festverzinslichen Wertpapieren, keine vorgegebenen Laufzeiten aufweisen, mithin nicht zu einem beim Erwerb bereits bekannten Zeitpunkt zumindest nominal *pari* zurückgezahlt werden. Die Bereitstellung von Eigen- bzw. Risikokapital erfolgt grundsätzlich unbefristet, die Position eines Eigenkapitalgebers kann demgemäß bei einer Aktiengesellschaft nur verlassen werden, wenn ein anderer Investor in die freiwerdende Lücke nachrückt. Das Risiko, diesen *Nachfolger* möglicherweise nicht zu finden, lässt sich ein Anleger nicht selten durch einen entsprechenden Aufschlag in der geforderten Rendite des Wertpapiers honorieren: Wenn eine Aktie *fundamental* billig ist, dann ist sie aus der Sicht des Käufers attraktiv, denn bei gegebenen Ertragserwartungen sorgt der (mutmaßlich) niedrige Marktwert für eine lukrative Rendite (vgl. 13.1).

Es bedarf folglich unter Umständen eines beträchtlichen zusätzlichen Ertragsversprechens, um einen Anleger zum Übergang vom Renten- in den Aktienmarkt zu bewegen. Spätestens an dieser Stelle wäre die notwendige enge Substitutionsbeziehung zweier *benachbarter* Aktiva möglicherweise nicht mehr gegeben, der beschriebene Übertragungsmechanismus könnte versagen. Dies ist gleichbedeutend mit der Erkenntnis, dass monetäre Eingriffe der

Zentralbank keineswegs immer den gewünschten Erfolg zeitigen, aus einem unterstellten *Mechanismus* mithin nicht notwendigerweise ein *Automatismus* wird.

c) Vermögenseffekt

Der Vermögenseffekt enthält Argumentationsmuster, die bereits in den beiden vorangegangenen Abschnitten verwendet worden sind. Zum einen rekurriert diese Erklärung des Übertragungsweges auf den privaten Konsum als relevanten Bestandteil der gesamtwirtschaftlichen Güternachfrage, zum anderen werden Änderungen der Vermögenspreise als wesentliche Ursache für Verhaltensänderungen angesehen. Darüber hinaus ist es allerdings erforderlich, den Vermögensbegriff etwas näher zu präzisieren.

Haben wir bisher primär auf mehr oder weniger objektiv bewertbares Finanz- oder Sachanlagevermögen zurückgegriffen, kann als ökonomisches Vermögen im weiteren Sinne selbstverständlich auch der (grundsätzlich veränderbare) Bestand an **Humankapital** aufgefasst werden. Hierbei handelt es sich vor allem um die individuelle Ausbildung sowie um die genetisch-biologische Ausstattung bzw. durch Weiter- und Fortbildung insgesamt vorhandene Menge an ökonomisch nutzbaren Fertigkeiten. Der Humankapitalstock kann durch Investition in Ausbildung gesteigert, durch *Vergessen* oder sonstige exogene Einflüsse (z.B. Krankheiten oder Unfälle) aber auch verringert werden.

Von besonderer Bedeutung ist in diesem Zusammenhang die Eigenschaft der **ökonomischen Nutzbarkeit** des Humankapitals. Einmal erworbene Fertigkeiten mögen zwar durchaus dauerhaft erhalten bleiben, es ist indes fraglich, ob sie ebenso dauerhaft *wertvoll* sind. Die Dienste eines Bergmanns etwa mögen noch vor drei oder vier Jahrzehnten begehrt gewesen sein, obwohl derselbe Bergmann noch heute über seine ursprüngliche Leistungsfähigkeit verfügen mag, nährt sein Beruf aber nur noch wenigen Fällen den Mann. Die Ausbildung in einer zunehmenden Zahl von Berufen entwertet sich durch technischen Fortschritt oder den beschleunigten Strukturwandel in den Industriestaaten.

Immer dann, wenn Humankapital ökonomisch verwertbar ist, fließen dem Akteur aus dieser Verwertung (*Arbeit*) Einkommensströme zu. Betrachtet man den Bestand an Humankapital über einen hinreichend langen Zeitraum als (mehr oder weniger) konstant gegeben, so können die zukünftigen (erwarteten) Einzahlungen aus der selbständigen oder nicht-selbständigen Arbeit ermittelt und als Grundlage für die **intertemporalen Konsumentscheidungen** herangezogen werden. Was hier – einmal mehr – in der Terminologie der

Theoretiker abstrakt und weltfremd erscheint, erweist sich als tagtäglich wiederkehrende Praxis: Der heutige Kauf eines Wohnhauses auf Kredit ist nichts anderes als eine besondere Variante der Finanzierung von Gegenwartskonsum, in diesem Falle das Wohnen in den eigenen vier Wänden, auf Kosten zukünftigen Einkommens, da der Kredit ja über einen längeren Zeitraum verzinst und getilgt werden muss. Man kann sich leicht verdeutlichen, dass das ebenfalls mögliche *Ansparen* und der dann spätere Kauf des Hauses ohne Darlehensaufnahme die genau gegenteilige Variante darstellt.

Wenn also die Berücksichtigung zukünftiger Einkommensströme für die heutige Konsumtätigkeit in Bezug auf Humankapital durchaus üblich ist, mithin nicht nur das gegenwärtige sondern das für die Zukunft (durchschnittlich) erwartete Einkommen die private Konsumnachfrage bestimmen kann, warum soll die Analogie nicht auch für sonstige ökonomisch werttragende Vermögensgegenstände gelten? In der Tat ist es ja plausibel und nachvollziehbar, dass die Notwendigkeit zum **Vorsorgesparen** mit dem bereits vorhandenen Vermögensbestand abnimmt, folglich steht aus dem laufenden Einkommen ein größerer Anteil für die Konsumnachfrage zur Verfügung. Gelänge es also der Zentralbank, durch ihren monetären Impuls eine Veränderung der Vermögenspreise – und damit der Vermögensbestandswerte – herbeizuführen, bliebe dies nicht ohne Wirkung auf die private Konsumtätigkeit.

Durch den erneuten Rückgriff auf den relativen Preismechanismus kann die Lücke zwischen monetärem Impuls der Zentralbank und Vermögensbestandswerten geschlossen werden. Ein restriktiver Instrumenteneinsatz, z.B. in Form einer Erhöhung der Leitzinsen, führt zunächst zu einer gleichgerichteten Anpassung des Zinsniveaus im Interbankenmarkt und anschließend durch die bereits beschriebenen Substitutionsvorgänge auch zu einem tendenziellen Anstieg der Ertragssätze in den übrigen kurzfristigen Finanzmarktsegmenten. Für bereits am Markt platzierte Rententitel sind die Nominalzinsen notwendigerweise bereits festgelegt, ein Anstieg des durchschnittlichen Zinsniveaus kann folglich nur durch einen entsprechenden Kursrückgang kompensiert werden. Damit hätte die Notenbank ihr Ziel erreicht, denn durch die gesunkenen Wertpapierkurse haben die Vermögenswerte im privaten Besitz abgenommen. Bei annahmegemäß vermögensabhängiger Konsumnachfrage hätte der dämpfende Impuls damit den güterwirtschaftlichen Sektor erreicht.

Aus der Abbildung 13.1 wird deutlich, dass allein die **Geldvermögen** in Deutschland eine Größenordnung erreicht haben, von der durchaus ein Einfluss auf die Konsumaktivitäten der privaten Haushalte zu erwarten ist. So summierten sich die primär zinstragenden Aktiva in 2003 auf knapp 1.850 Mrd. €, bei einer durchschnittlichen Verzinsung von (angenommen) 2,5 v.H.

pro Jahr entfielen auf diese Bestände Zinseinkünfte von rd. 45 Mrd. €. Die entsprechenden Vermögensbestände in 2009 betrugen sogar mehr als 2.350 Mrd. €, was bei einem – im Vergleich zu 2003 etwas niedrigerem – Zinsniveau (angenommen 2 v.H.) Zinszahlungen von rd. 47 Mrd. € ausgelöst hätte. In jedem Falle kann für Deutschland durchaus plausibel angenommen werden, dass aus laufenden Vermögenserträgen regelmäßig Konsumnachfrage in erheblichem Umfang finanzierbar wäre.

Schaubild 13.1: Geldvermögen der privaten Haushalte

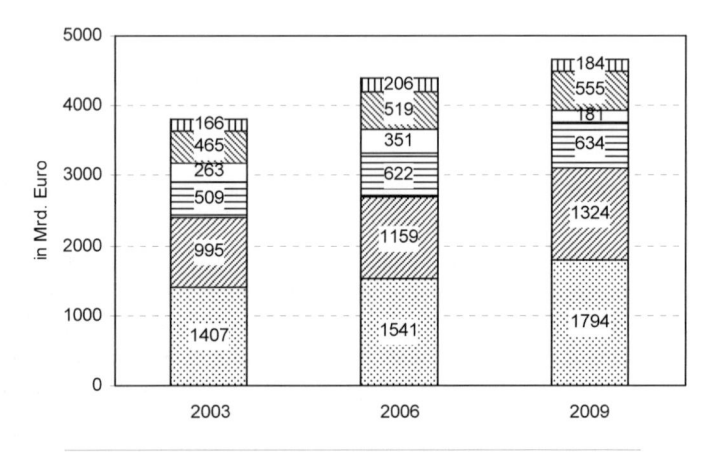

Quelle: Deutsche Bundesbank

Empirisch sind die Zusammenhänge zwischen Vermögensbeständen und Konsumtätigkeit nur sehr mühsam überprüfbar, u.a. weil die tatsächlich verfügbaren Zinseinkommen nicht hinreichend präzise ermittelt werden können (und dies vor allem zum Ärger der Steuerbehörden). Insbesondere dort aber, wo die Geldvermögen vornehmlich der Altervorsorge dienen, z.B. in den USA, beobachtet man sehr wohl signifikante Parallelen zwischen der Entwicklung wichtiger Börsenindizes und der gesamtwirtschaftlichen Konsumnachfrage. Gleichwohl ist die Kausalitätsrichtung keineswegs eindeutig.

d) Wechselkurseffekt

In Analogie zu den bisher betrachteten Preiseffekten kann von einem geldpolitischen Eingriff der Zentralbank auch *der* Wechselkurs verändert werden. Selbstverständlich sind in einer international integrierten Volkswirtschaft alle

Wechselkurse von Bedeutung, die als Basis für den grenzüberschreitenden Waren- und Dienstleistungsverkehr dienen. Insofern beschreibt die folgende Darstellung lediglich das Grundmuster des Übertragungskanals.

Damit der Wechselkurseffekt überhaupt wirksam werden kann, ist eine **internationale Währungsordnung** Voraussetzung, die nicht auf fest vereinbarten Paritäten zwischen den verschiedenen Devisen beruht. Vielmehr ist es unbedingt erforderlich, dass die Devisenkurse vor allem auf Preis- bzw. Zinsunterschiede in den betroffenen Ländern reagieren können (**Kaufkraft- bzw. Zinsparität**). Erst dadurch können Reaktionen auf den Gütermärkten ausgelöst werden, die letztendlich den Außenbeitrag, d.h. die Nettoexporte, verändern.

Im Falle der gefährdeten Preisniveaustabilität hat ein restriktiver Eingriff der Zentralbank zur Folge, dass sich – wie bereits mehrfach skizziert – das inländische Zinsniveau erhöht. Bei unveränderten Bedingungen im Ausland wird hierdurch die Finanzanlage im Inland für ausländische Investoren c.p. attraktiver. In der Folge kommt es zu einer erhöhten Nachfrage nach inländischer Währung, m.a.W. der Wechselkurs für die heimische Währung steigt aus der Sicht des Auslandes. Die Konsequenz für den inländischen Gütermarkt besteht in einem tendenziellen Rückgang der ausländischen Exportnachfrage, da durch den jetzt ungünstigeren Wechselkurs die heimischen Produkte (relativ) teurer geworden sind. Gleichzeitig können inländische Importeure für eine Einheit heimischer Währung mehr im Ausland kaufen als vor der Notenbankintervention, d.h. die Importnachfrage steigt. Per Saldo kommt es also zu einem (deutlichen) Rückgang der Nettoexporte und folglich zu einer Dämpfung der Nachfrage nach inländischen Gütern und Dienstleistungen.

In einer zunehmend verflochtenen Weltwirtschaft spielen relative Preisunterschiede auf internationalen Märkten eine herausragende Rolle für die Geld- und Warenströme. Wirksame **Arbitrage** auf den globalisierten Finanzmärkten sorgt für eine starke gegenseitige Reaktionsverbundenheit der unterschiedlichen regionalen Finanzzentren. Ein Blick auf die nicht selten simultanen Auf- und Abwärtsbewegungen der großen internationalen Aktienbörsen mag als empirischer Beleg genügen. Vor allem die amerikanische Vorreiterrolle, unter der beinahe uneingeschränkten Führung der dortigen Notenbank, führt zu einer zeitweisen *Trägheit* der europäischen oder asiatischen Finanzmarktakteure, deren eigenständige Urteilskraft bisweilen abhanden zu kommen droht. Insbesondere nach der Einführung der europäischen Gemeinschaftswährung im Januar 1999 wurde dessen Wertentwicklung an den Devisenbörsen beinahe ausschließlich von der wirtschaftlichen Stärke der USA bestimmt, allerdings ohne dass die erhebliche Abwertung des Euro in 1999 (und teilweise auch noch im Jahr 2000) realwirtschaftlich berechtigt gewesen wäre.

Schaubild 13.2: Aus- und Einfuhranteile der Bundesrepublik Deutschland

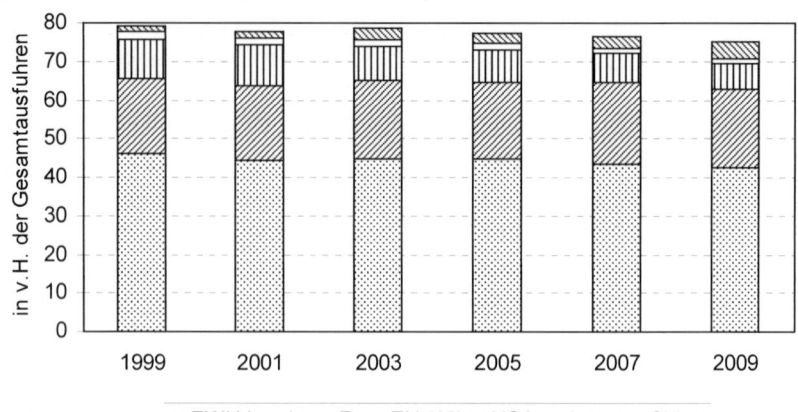

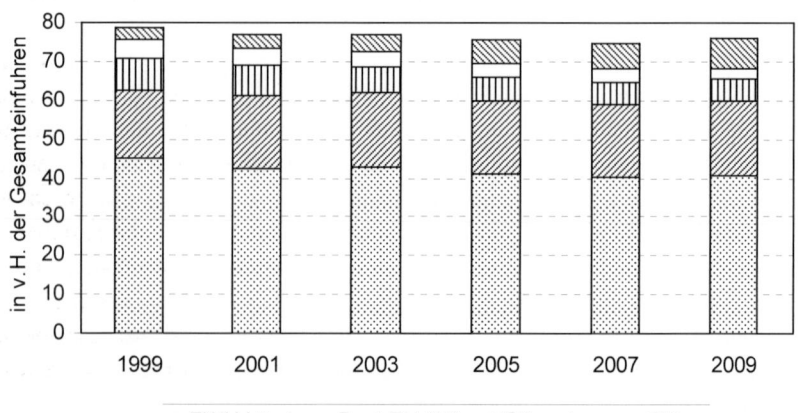

Quelle. Deutsche Bundesbank

Die Folge waren aber in der Tat sehr volatile Devisenmärkte, die per Saldo für Deutschland (und andere in der Währungsunion befindlichen europäischen Länder) zunächst einen spürbaren Exportschub in die USA mit sich brachten. Auf der anderen Seite jedoch verliert der Wechselkurseffekt an Bedeutung, je größer der heimische Währungsraum im Vergleich zum (gesamten) Ausland ist, da – und dies gilt insbesondere für Deutschland – das Gros der internationalen Handelsbeziehungen mit Ländern innerhalb der Europäischen Währungsunion, und damit zu (definitionsgemäß) festen Wechselkursen (Euro), abgewickelt wird. Das Schaubild 13.2 verdeutlicht die (gegenwärtigen) Zusammenhänge.

Betrachtet man die Abnehmerstruktur bei den deutschen Ausfuhren, so erkennt man zunächst, dass die ohnehin große Bedeutung der EU-Länder von 1999 bis 2009 erhalten geblieben ist. Etwa 65 v.H. aller deutschen Exporte finden innerhalb der (seit 1999 erweiterten) EU statt, rund zwei Drittel davon im Rahmen der EWU seit 1999 also zu *Inlandspreisen*. Die doch erheblichen Schwankungen des Euro gegenüber dem US-$ spiegeln sich in der Entwicklung des Ausfuhranteils in die USA nach 1999 kaum wider, die deutschen Ausfuhren in die Vereinigten Staaten sind erst in der jüngeren Vergangenheit von Wechselkursänderungen erkennbar beeinflusst worden. Die Exportquote nach Nordamerika liegt inzwischen nur noch bei rd. 7 v.H. Die übrigen aufgeführten Länder sollen lediglich die relative Bedeutung der EU und der USA unterstreichen, zu beobachten ist ein stetiger Exportzuwachs nach China.

Die zweite Übersicht in Schaubild 13.2 ist gleichsam die Kehrseite der Ausfuhrmedaille. Es werden dieselben Länder angeführt, jetzt aber mit ihren jeweiligen Anteilen an den Gesamteinfuhren nach Deutschland. Hier sind die Gewichte zwar ähnlich, aber doch unter den ausgewählten Ländern verschoben. Auffällig ist vor allem, dass die kumulierten Einfuhranteile der betrachteten Volkswirtschaften im Betrachtungszeitraum zunächst abnehmen und erst in 2009 wieder ansteigen, während der Verlauf der Ausfuhranteile eher entgegen gerichtet ist. Dies bedeutet, dass die deutschen Nettoexporte in diese Länder im Durchschnitt spürbar zugenommen haben. Freilich ist der letztlich auszumachende Wechselkurseffekt eher gering, da die weitaus überwiegenden grenzüberschreitenden Handelsvolumina innerhalb der EU abgewickelt wurden.

Insofern ist der Wechselkurskanal als Übertragungsweg des geldpolitischen Impulses zwar durchaus ökonomisch plausibel und z.T. auch empirisch belegbar, seine Bedeutung steht aber fraglos hinter anderen (konkurrierenden) Ansätzen zurück.

13.2 Kreditkanal

Die bisherigen Ausführungen haben uns mit Transmissionsmechanismen vertraut gemacht, die – mehr oder weniger – auf die uneingeschränkte Funktionsfähigkeit vollkommener Märkte vertrauen. Enge Substitutionsbeziehungen, Arbitrage und mikrotheoretisch abgesicherte Nutzenkalküle sorgten für eine reibungslose Übertragung des geldpolitischen Impulses in den güterwirtschaftlichen Sektor, wobei über die verschiedenen Varianten alle Aggregate angesprochen werden, die gemeinsam die private Gesamtnachfrage einer Volkswirtschaft ausmachen.

Nun haben wir hingegen an anderer Stelle herausgearbeitet, dass insbesondere im Finanzsektor einer Ökonomie Situationen auftreten können, die einer ungehinderten Wirksamkeit des marktwirtschaftlichen Preismechanismus entgegenstehen. In (Teil-)Märkten mit asymmetrischer Informationsausstattung zwischen den beteiligten Akteuren sind Zustände und Verhaltensweisen plausibel (oder rational), bei denen die Allokationsfunktion des Preises systematisch außer Kraft gesetzt wird. Stattdessen kommt es vielmehr zu persistenten Rationierungsgleichgewichten, die von den privaten Wirtschaftssubjekten allein nicht beseitigt werden können.

Im Folgenden sollen nunmehr die geldtheoretischen Weiterungen derartiger Phänomene etwas ausführlicher beleuchtet werden. Damit verbunden ist die Suche nach einer Antwort auf die Frage, welche Rolle private Finanzintermediäre bei der Übertragung geldpolitischer Impulse spielen (können). Haben wir in Abschnitt 13.1 die nicht-monetären Akteure in den Mittelpunkt gerückt, widmen wir uns also nunmehr ihren institutionellen Gegenspielern. Dass eine solche exponierte Betrachtung angemessen ist, lässt sich unter anderem damit belegen, dass in Deutschland die Wachstumsdynamik der Bankkredite in den neunziger Jahren erkennbar größer gewesen ist als die der (zentralbankgesteuerten) Geldmenge.

Bevor wir uns der inhaltlichen Analyse zuwenden, sollen jedoch zunächst einige begriffliche Klärungen erfolgen. Die in Kapitel 12 vorgenommene Systematisierung orientiert sich an der jüngeren Vorgehensweise insbesondere in der englischsprachigen Literatur. Die dort verwendeten Bezeichnungen sind nur sehr unvollkommen in den deutschen Sprachraum zu übertragen. Der im Angelsächsischen als „Credit View" bekannte Transmissionsansatz wird hierzulande allgemein als „Kreditkanal" bezeichnet. Die weitere Aufspaltung der einzelnen „Effekte" trägt im Englischen hingegen den Zusatz „Kanal". Um eine Übertragung ohne Schwierigkeiten zu ermöglichen, werden im Folgenden bei der erstmaligen Beschreibung neben den deutschen auch die englischen Begriffe aufgeführt.

a) Kreditvergabeeffekt

In den (eher) traditionellen Erklärungsansätzen zur Übertragung geldpolitischer Impulse in den güterwirtschaftlichen Sektor wird beinahe regelmäßig von einer privaten Investitionsnachfrage ausgegangen, die auf Zinsänderungen (grundsätzlich) elastisch reagiert. Wenn ein Teil der Investitionstätigkeit kreditfinanziert wird, dann lässt sich in Analogie eine zinsreagible Kreditnachfragefunktion ableiten. Mithin wäre unser *Problem* schnell gelöst, wenn bei einer expansiven Notenbankpolitik der (repräsentative) Kreditzinssatz sinken und damit die Darlehensnachfrage zunehmen würden, et vice versa. Unglücklicherweise kann von einem derartigen Automatismus in der Praxis nicht ausgegangen werden.

Betrachtet man die Motive der Investitionstätigkeit etwas genauer, so wird unmittelbar offensichtlich, dass insbesondere in (international) umkämpften Märkten die Verteidigung der eigenen Position des Unternehmens eine notwendige Voraussetzung für den dauerhaften Absatzerfolg ist. Noch wichtiger ist die Beobachtung des **Konkurrenzverhaltens** für Unternehmen, die neue Märkte erobern wollen, d.h. neue Absatzkanäle suchen. Insbesondere in technologisch sensiblen oder innovativen Marktsegmenten gibt die **Wettbewerbssituation** gleichsam das Investitionstempo vor. Die (monetären) Finanzierungskosten sind zwar nicht gänzlich zu vernachlässigen, spielen aber in einer mittelfristig-strategischen Investitionsplanung unter Umständen eine nachgeordnete Rolle: Der Verzicht auf den technologischen Gleichschritt könnte vielmehr das Aus bedeuten.

Schaubild 13.3: Gleichgewichte bei alternativer Kreditnachfrage

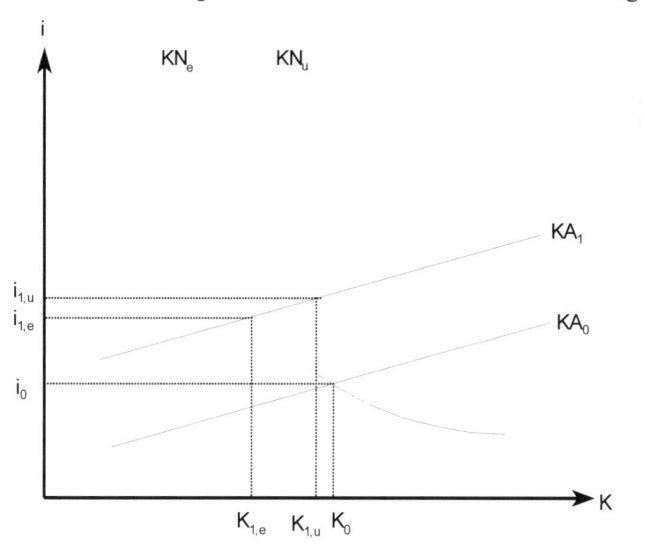

Aus den geschilderten Rahmenbedingungen der unternehmerischen Tätigkeit erwachsen freilich Konsequenzen für die Beschreibung realitätsnaher

Kreditmarktbedingungen. Bei gegebenen Wettbewerbsverhältnissen auf den Beschaffungs- und Absatzmärkten, und damit bei gleichsam exogenen Investitionserfordernissen, verläuft die Kreditnachfragefunktion eines Unternehmens möglicherweise nicht mehr fallend im Zinssatz, sondern ist innerhalb eines Zinsintervalls mehr oder weniger starr. Dies wiederum könnte bedeuten, dass zinspolitische Maßnahmen der Zentralbank zwar im Sektor der monetären Finanzintermediäre aufgegriffen werden, aber dennoch *verpuffen*, da die Kreditnachfrage die Zinsänderung ohne (nennenswerte) Mengenreaktion absorbiert.

Schaubild 13.3 veranschaulicht die beschriebenen Auswirkungen. Im Ausgangszustand, repräsentiert durch die Kombination aus Zinssatz i_0 und Kreditvolumen K_0, ist der genaue Verlauf der Kreditnachfragefunktion noch unbekannt. Durch einen restriktiven Instrumenteneinsatz der Zentralbank verschiebt sich die Kreditangebotsfunktion von KA_0 nach KA_1. Je nach tatsächlicher Lage der Kreditnachfrage sind die neuen Gleichgewichtsallokationen zu charakterisieren. Bei (relativ) elastischer Kreditnachfrage KN_e ergibt sich ein deutlich niedrigeres realisiertes Kreditvolumen $K_{1,e}$ bei gestiegenem Zinssatz $i_{1,e}$. Reagiert die Kreditnachfrage hingegen nur (relativ) unelastisch auf Angebotsverschiebungen (KN_u), dann ist zwar der neue Gleichgewichtszinssatz $i_{1,u}$ stärker gestiegen als im elastischen Fall, das realisierte Kreditvolumen $K_{1,u}$ hat sich aber gegenüber der Ausgangssituation nur mäßig verringert.

Mit der Modifikation der Investitionshypothese werden die Einflussmöglichkeiten der Zentralbank in Bezug auf die gesamtwirtschaftliche Güternachfrage also unter Umständen deutlich eingeschränkt, es sei denn, es gelingt der Notenbank einen Mechanismus zu realisieren, der stärker an der mengenmäßigen Limitierung der Kreditvergabe (**Bank Lending Channel**) ansetzt.

Nicht zuletzt aufgrund unserer Analyse des **Bankenverhaltens** in Kapitel 9 erscheint eine derartige Strategie durchaus Erfolg versprechend. Zwar verlaufen die Kreditangebotsfunktionen im Schaubild 13.6 im Zinssatz steigend, doch es ist ja in der Praxis keineswegs sichergestellt, dass Banken ihre Kreditvergabe im Wesentlichen am Kreditpreis orientieren. Insbesondere **Bonitätsaspekte** spielen bei der Zusage von Unternehmensdarlehen eine herausragende Rolle. Insofern ist zunächst zu prüfen, ob die jeweilige konjunkturelle Situation, hier verkürzt auf die Folgen für die Preisniveaustabilität angewendet, ihren Niederschlag in der durchschnittlichen **Kreditwürdigkeit** der Bankkunden findet. In einem weiteren Schritt müssen die Einflussmöglichkeiten der Zentralbank auf die Entscheidungsvariablen der monetären Finanzintermediäre analysiert werden.

Wenn die Bonität letzten Endes die ausschlaggebende Größe für die Kreditvergabe ist, dann können Situationen eintreten, in denen Unternehmen der

Zugang zum Fremdkapital (dauerhaft) versperrt sein kann. Vor allem in Deutschland ist eine Vielzahl vor allem klein- und mittelständischer Betriebe auf Bankkredite angewiesen, da eine Fremdmittelbeschaffung über institutionelle Märkte aus Kosten- und Größenerwägungen nicht in Frage kommt.

Bekanntlich können monetäre Finanzintermediäre nur dann Kredite vergeben, wenn es ihnen in ausreichendem Maße gelingt, ihrerseits Fremdmittel, sprich: Einlagen, zu attrahieren. Diese wiederum stehen aus der Sicht der privaten Depositenkunden in einer mehr oder weniger engen Substitutionsbeziehung zu festverzinslichen Wertpapieren, zumal letztere inzwischen in hinreichend differenzierter Stückelung und Fristigkeit erhältlich sind. Im Idealfall reagieren also die Zinssätze für Einlagen in gleicher Weise auf Zentralbankmaßnahmen wie die Ertragsraten auf institutionellen Finanzmärkten.

Dies hätte zur Folge, dass eine restriktive, die Inflationsgefahren senkende Geldmengenveränderung die Liquidität der privaten Wirtschaftssubjekte c.p. einengt. In der Folge werden Depositen aufgelöst und der Liquiditätshaltung zugeführt. Die verringerte Einlagenbasis schränkt die **Kreditvergabemöglichkeiten** der Banken ein und verringert im nächsten Schritt die unternehmerische Investitionstätigkeit sowie die gesamtwirtschaftliche Güternachfrage. Die realwirtschaftliche Wirkung ist umso stärker (und schneller), je größer der Anteil der über Bankkredite finanzierten (Netto-)Investitionen an der gesamten Investitionsnachfrage ist.

Schaubild 13.4: Entwicklung von Zinsgrößen und Geschäftsvolumen (ab 1999 Bilanzsumme)

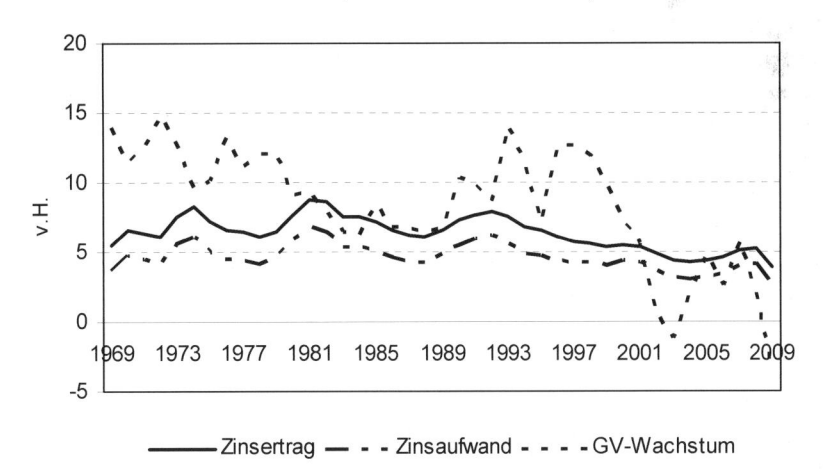

Quelle: Deutsche Bundesbank; eig. Berechnungen

Die entscheidende Frage ist allerdings, ob der beschriebene Mechanismus auch in der Praxis ohne Behinderungen funktioniert. Da in unseren Übertragungsschritten stets von gegenläufigen Preis- und Mengenreaktionen ausgegangen wurde, d.h. eine restriktive Mengenpolitik der Zentralbank zu steigenden Zinsen führte (und umgekehrt), bleibt zu prüfen, ob ein derartiger Zusammenhang empirisch belegbar ist. Betrachtet man beispielsweise die Entwicklung der durchschnittlichen Depositenkosten deutscher Banken im Zeitablauf mit der Entwicklung ihrer Geschäftstätigkeit, so können hieraus erste Hinweise auf die Gültigkeit des Kreditvergabekanals abgeleitet werden. Schaubild 13.4 gibt die Verhältnisse für (West-)Deutschland wieder.

Die beiden unteren Datenreihen repräsentieren zum einen die durchschnittlichen Zinserträge bzw. analog die durchschnittlichen Zinsaufwendungen jeweils pro Einheit Geschäftsvolumen (resp. Bilanzsumme) über alle Bankengruppen. Man erkennt durchaus zyklische Schwankungen, auffällig ist aber ein sehr enger zeitlicher Gleichlauf der Größen. Die dritte Variable stellt die prozentuale Veränderung des **Geschäftsvolumens (Bilanzsumme)** gegenüber dem Vorjahr dar. Hier sind die Schwankungen sowohl in ihrer Ausprägung als auch ihrer Häufigkeit wesentlich ausgeprägter als bei den beiden erstgenannten Variablen. Unsere Ausgangshypothese würde nun erfordern, dass mit einem Anstieg der durchschnittlichen Depositenkosten ein (tendenzieller) Rückgang des Geschäftsvolumens einhergehen sollte, oder anders ausgedrückt: bei zunehmendem Zinsniveau sollte die Wachstumsrate des Geschäftsvolumens bzw. der Bilanzsumme sinken. Das Schaubild 13.4 nährt begründete Zweifel an dieser Annahme.

Die Vermutung liegt also nahe, dass zumindest kein augenfälliger systematischer Zusammenhang zwischen Depositenverzinsung und Einlagenwachstum besteht, wobei selbstverständlich darauf hingewiesen werden muss, dass der alleinige Beleg in Form einer zeitlichen Gegenüberstellung für sich genommen allenfalls illustrierenden Charakter haben kann. Gleichwohl lassen sich – hier nicht gesondert vorgetragene – weitere Indizien dafür finden, dass eine Übertragung des geldpolitischen Impulses über den Kreditvergabekanal zwar möglich ist, jedoch keine hinreichend enge (und vor allem stabile) Verknüpfung zwischen geldpolitischem Instrumenteneinsatz und Bankenverhalten besteht.

b) Bilanzeffekt

Im Rahmen des Bilanzeffektes (**Balance Sheet Channel**) kommt den Folgen der asymmetrischen Informationsverteilung ein spezielles Gewicht zu. Bekanntlich kann ein Verzicht der Bank, bei Übernachfrage nach Krediten die

Zinsen zu erhöhen, damit begründet werden, dass sie sich vor **adverser Selektion** oder **Moral Hazard** schützen möchte. Folglich können Marktkonstellationen existieren, in denen die Markträumungsfunktion des Zinses gestört ist. Die Nachfrager werden dann möglicherweise **mengenrationiert**.

Ebenfalls dargelegt wurde, dass die Wahrscheinlichkeit, von adverser Selektion oder Moral Hazard negativ getroffen zu werden, durch geeignete Zusatzabreden bei der Kreditvergabe verringert werden kann. Hierzu gehört etwa die Verpflichtung des Schuldners zu Stellung von Sicherheiten. Über den Bilanzeffekt kann vor diesem Hintergrund ein Einfluss auf die Höhe der **Sicherheitenpotentiale** ausgeübt werden (vgl. Schaubild 13.5).

Schaubild 13.5: Bilanzeffekt bei Kreditrationierung

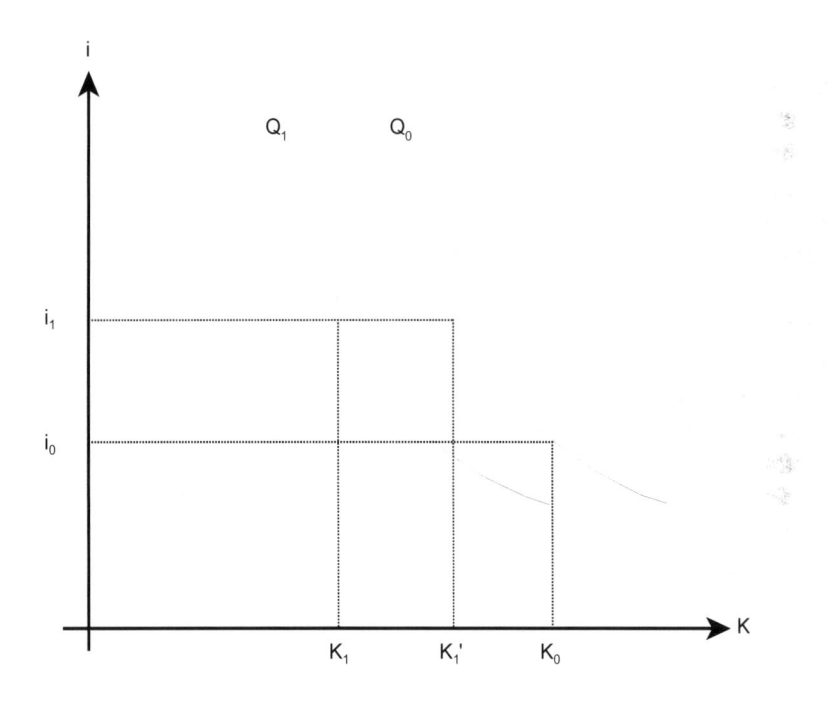

In Anlehnung an Schaubild 9.2 wird unterstellt, dass ein Kreditnehmer nach sorgfältiger Bonitätsprüfung in eine Kategorie eingeordnet werden kann, die einer regelmäßigen Rückzahlungsfähigkeit von Q_0 entspricht. Bei relativen hohen Zinssätzen i können aufgrund der begrenzten frei verfügbaren Mittel nur relativ geringere Kreditvolumina K ordnungsgemäß bedient werden als bei niedrigeren Darlehenskosten. Ein über den alleinigen Kreditvergabekanal laufender restriktiver Zentralbankimpuls erhöht – wie ausführlich beschrieben– den Kreditzinssatz von i_0 auf i_1. Bei gegebener Rückzahlungsfähigkeit sinkt demzufolge das risikoadäquate Darlehensvolumen von K_0 auf K_1'. Grundsätzlich wäre die Transmission in den güterwirtschaftlichen Sektor bereits erfolgreich, wenn dem Rückgang der Verschuldungsfähigkeit entsprechend die Investitionsnachfrage des betrachteten Unternehmens eingeschränkt würde.

Der bereits induzierte Effekt wird jedoch verstärkt, wenn man berücksichtigt, dass mit steigenden Zinsen am kurzen Ende des Marktes über den Mechanismus der relativen Preise die Kurse für festverzinsliche Wertpapiere oder auch Aktien sinken. Aus der **Tobin-*q* Theorie** haben wir zudem eine analoge Anpassung, in diesem Falle einen Rückgang, der Marktwerte für bestehendes Realkapital abgeleitet. Insgesamt führen diese Preisreaktionen zu einem tendenziellen Wertverlust der in den Unternehmensbilanzen verbuchten Positionen des Umlauf-, insbesondere aber des Anlagevermögens.

Berücksichtigt man darüber hinaus, dass die Vermögenswerte einer Unternehmung im Rahmen der **Bonitätsprüfung** eine nicht unerhebliche Rolle spielen, kann – alles in allem – der Zugang zum Bankkredit weiter erschwert werden. Im Schaubild 13.5 resultiert aus den bilanziellen Abschreibungen der Vermögenswerte die Rückstufung des Unternehmens in die Kreditwürdigkeits-Kategorie Q_1, was bei einem (inzwischen gestiegenen) Zinssatz i_1 zu einem erreichbaren Kreditvolumen von K_1 führt. Man erkennt leicht, dass der isolierte Zinseffekt durch den Bilanzeffekt noch einmal kräftig verstärkt wird.

Selbstverständlich dürfen die Bilanzeffekte im Rahmen des Kreditkanals nicht isoliert von anderen Anpassungsreaktionen auf monetäre Maßnahmen betrachtet werden. Die hier skizzierten Wirkungsketten können daher in der Praxis mehr oder weniger deutlich identifiziert werden, gleichwohl sollte die Rolle des Bankensektors bzw. die Bedeutung der Fremdkapitalbeschaffung bei der Weitergabe monetärer Impulse in den realwirtschaftlichen Sektor zumindest im Unternehmenssektor keinesfalls unterschätzt werden.

c) Liquiditätseffekt

Bisher haben wir ausschließlich die Wirkungsweise des Kreditkanals bei der Unternehmensfinanzierung analysiert. Zum Abschluss dieses Kapitels soll nunmehr demonstriert werden, dass auch bei den privaten Haushalten Anpassungsreaktionen in Bezug auf veränderte Kreditbeschaffungsmöglichkeiten abgeleitet werden können.

Den Ansatzpunkt bilden wiederum langlebige Gebrauchsgüter, die auch im privaten Sektor nicht selten (zum Teil) fremdfinanziert werden. Im Rahmen der vermögensabhängigen Konsumtätigkeit wurde auf diese Tatsache bereits

Box 13.1: Mark-up-Pricing im Bankensektor?

Von entscheidender Bedeutung bei der Beurteilung der Wirksamkeit des Kreditkanals ist das Preissetzungsverhalten der institutionellen Gläubiger. In der theoretischen Diskussion wird regelmäßig von einer wettbewerbsintensiven Marktstruktur ausgegangen, mit identischen (exogenen) Kosten der Mittelbeschaffung. Zumindest für Deutschland entbehrt diese Annahme allerdings beinahe jeder empirischen Grundlage. In regelmäßigen Erhebungen ermittelt die Deutsche Bundesbank die Ertragsverhältnisse der in Deutschland tätigen Kreditinstitute und kommt u.a. zu dem Ergebnis, dass die durchschnittlichen Zinsaufwendungen (in Relation zum Geschäftsvolumen bzw. zur Bilanzsumme) unter den Bankengruppen durchaus erheblich abweichen. Im Mittel der Jahre 1968 bis 2009 betrug der Zinsaufwand für alle Banken 4,67 v.H., wobei die Sparkassen mit 3,87 v.H. die niedrigsten und die regional tätigen Banken sowie die Filialen der Auslandsbanken mit 4,77 v.H. die höchsten Zinskosten zu tragen hatten (Realkreditinstitute und Institute mit Sonderaufgaben ausgenommen). Auch die Genossenschaftsbanken konnten sich im Betrachtungszeitraum relativ günstig mit Einlagen eindecken (3,89 v.H. Zinsaufwand), diese Kosten lagen bei den Großbanken mit 4,18 v.H. schon deutlich höher. Nachgerade verblüffend ist allerdings die äußerst stabile Beziehung zwischen Zinsaufwand und Zinsertrag:

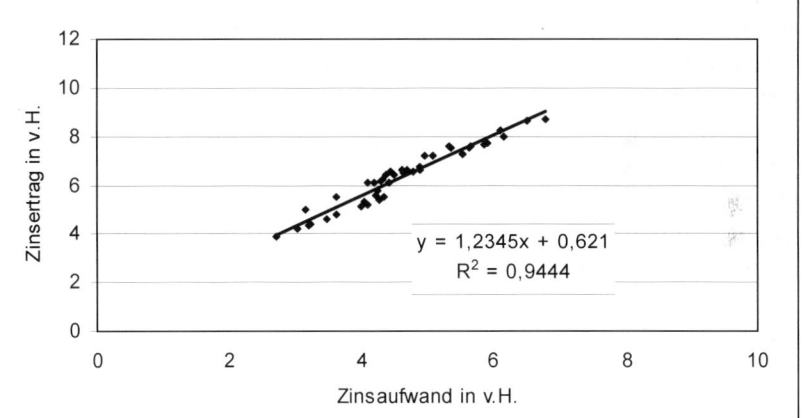

$$y = 1{,}2345x + 0{,}621$$
$$R^2 = 0{,}9444$$

Quelle: Deutsche Bundesbank; eig. Berechnungen

Im Durchschnitt der betrachteten Jahre haben die Banken offenbar einen beinahe konstanten Aufschlag (sprich: das knapp 1,25-fache plus 0,62 Prozentpunkte) auf die Zinskosten berechnet, eine Vorgehensweise, die auch als **Mark-up pricing** bezeichnet wird und gemeinhin als Indiz für wenig kompetitive Märkte gilt.

hingewiesen. Mit dem Volumen des – mehr oder weniger – verfügbaren Vermögens sind neben den direkten Konsum- auch weitere (indirekte) Effekte verbunden. Immer dann, wenn die eigene Vermögenssituation als zufriedenstellend angesehen wird, kann die Wahrscheinlichkeit, in **finanzielle Notsituationen** zu geraten, weitgehend vernachlässigt werden. Die Planungshorizonte werden länger, weil die ökonomische Grundversorgung als gesichert vorausgesetzt werden kann. In dieser Ausgangssituation stellt die private Verschuldung ein tragbares Risiko dar, dem sich private Haushalte mit auszahlungsintensiven Anschaffungen (z.B. beim Hausbau) regelmäßig stellen. Die Kreditaufnahme ersetzt das fehlende laufende Einkommen, das akkumulierte Vermögen dient – nicht nur gegenüber der finanzierenden Bank – als beruhigende Sicherheit.

Freilich wirkt der beschriebene Mechanismus auch in die entgegen gesetzte Richtung, mitunter sogar deutlich stärker, wenn etwa privates Vermögen in volatilen Aktiva gehalten wird. Ein anhaltender Aufschwung an den Aktienmärkten z.B. kann die Vermögensposition des Anlegers (auf dem Papier!) beträchtlich steigern. Von der Veräußerung der Papiere zur Finanzierung langlebiger Gebrauchsgüter wird häufig abgesehen, um eine weitere Wertsteigerung der Aktien realisieren zu können. Tritt jetzt allerdings, ausgelöst durch eine restriktive Notenbankpolitik, eine Trendumkehr am Aktienmarkt ein, weil durch die ausgelösten Anpassungsvorgänge (**Mechanismus der relativen Preise**) die Aktienkurse auf breiter Basis nachgeben, verliert das ehedem ansehnliche Vermögen womöglich börsentäglich an Wert.

Solange die (Buch-)Verluste überschaubar bleiben, können drastische Anpassungsreaktionen vermieden werden. Dient aber das Aktienportfolio als Banksicherheit für den aufgenommenen Kredit, dann kann der Zeitpunkt kommen, an dem der Gläubiger die Veräußerung der Wertpapiere verlangt, um den Besicherungswert nicht zu unterschreiten. Aus den bis dato kalkulatorischen Verlusten werden nunmehr faktische Vermögenseinbußen, die im ungünstigen Fall sogar die Aufgabe des ursprünglich darlehensfinanzierten Projektes zur Folge haben können.

Mit der Vermögensausstattung nimmt also die Verschuldungsbereitschaft der privaten Haushalte zu (und umgekehrt), wenn die Vermögenswerte darüber hinaus gleichzeitig als Kreditsicherheiten dienen, können Liquiditätseffekte über den Kreditkanal ausgelöst werden, die zu einer Veränderung der gesamtwirtschaftlichen Güternachfrage führen. Mit der Bereitschaft zur Kreditaufnahme und -vergabe existiert somit ein zusätzlicher Übertragungsweg des geldpolitischen Impulses in den realwirtschaftlichen Sektor.

13.3 Modelltheoretische Konsequenzen

Alle beschriebenen Einzeleffekte innerhalb des Kreditkanals können sowohl isoliert als auch in unterschiedlichen Kombinationen auftreten. Sie haben letztendlich Auswirkungen auf die Ausgestaltung der makroökonomischen Standardmodelle. In Kapitel 5 haben wir ausführlich gezeigt, wie sich eine exogene Veränderung der Geldmenge auf die Zinshöhe sowie das Gleichgewichtseinkommen auswirkt. Wir konnten zeigen, dass die jeweiligen Reaktionen durch eine Verschiebung der LM-Kurve ausgelöst wurden. Die Kurve der Gütermarktgleichgewichte hingegen blieb unberührt (vgl. Schaubild 5.2).

Die Sichtweise kann unter Berücksichtigung der in diesem Kapitel vorgetragenen Argumentation nicht mehr uneingeschränkt aufrechterhalten werden. Bei grundsätzlicher Wirksamkeit des Kreditkanals wird die private Investitionsnachfrage zusätzlich zum reinen Zinseffekt beeinflusst. Nicht nur die (direkte) Zinselastizität der Investitionstätigkeit ist bedeutsam, sondern auch noch zusätzliche Verfügbarkeits-, Qualitäts- oder Rationierungseffekte. Da diese bei steigenden Zinsen – wie gesehen – in der Regel negativ auf die Finanzierbarkeit von Investitionen wirken, kann dies durch eine Linksverschiebung der IS-Kurve zum Ausdruck gebracht werden. Schaubild 13.6 illustriert die Konsequenzen.

Schaubild 13.6: Kreditkanal und makroökonomisches Gleichgewicht

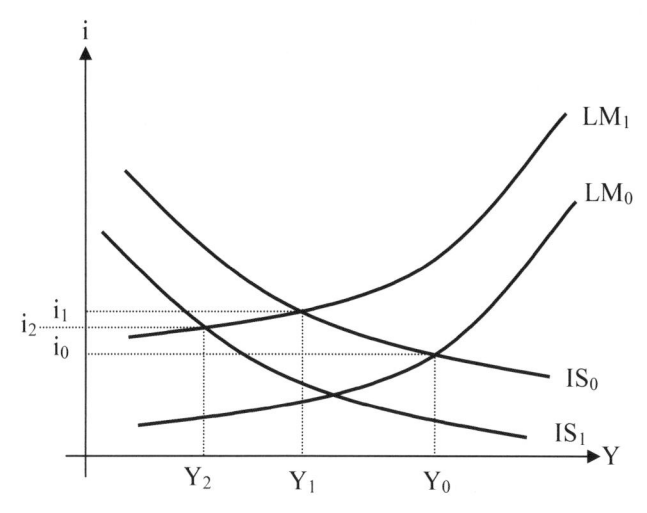

Durch die Verschiebung der IS-Kurve von IS_0 nach IS_1 hat sich das Gleichgewichtseinkommen noch über das ursprüngliche Ausmaß hinaus auf Y_2 verringert. Gleichzeitig wird durch die insgesamt gedämpfte Güternachfrage eine niedrigere Nachfrage nach Liquidität für Transaktionszwecke wirksam, im Vergleich zur isolierten Verlagerung der Geldmarktkurve in Kapitel 12 wird der nicht für Gütermarkt-Transaktionen verwendetet Teil der exogenen Geldmenge jetzt nur bei (relativ) niedrigeren Zinsen von den privaten Akteuren absorbiert. Es sind theoretische Konstellationen denkbar, wo bei reduzierter exogener Geldmenge und rückläufigem Einkommen gleichzeitig die Zinsen sinken, man denke sich in Schaubild 13.6 nur die entsprechende LM-Kurve, die IS_1 bei Y_1 schneidet: Im Vergleich zur Ausgangssituation wäre der resultierende Zinssatz trotz restriktiver Geldpolitik niedriger als i_0. Es ist leicht nachvollziehbar, dass derartige Konstellationen die wirtschaftspolitische Diagnose – und nachgelagert: die zweckmäßige Therapie – erheblich behindern können.

Literaturhinweise

Grundsätzlich finden sich in jedem seriösen Lehrbuch zur Geldtheorie mehr oder weniger umfangreiche Darstellungen von Transmissionswegen über Zins- und Vermögenspreiseffekte. Ein knapper, aber aktueller Überblick wird von Taylor (1995) angeboten, wer sich den Wurzeln zuwenden möchte, findet etwa bei Wicksell (1898, 1922) oder Tobin (1969) profunde Darlegungen zum Zinseffekt bzw. zur Tobin-q Theorie. Der Mechanismus der relativen Preise wird ausführlich bei Brunner (1970) und Brunner/Meltzer (1971, 1972) diskutiert, darüber hinaus wird einmal mehr auf einschlägige Monographien zur makroökonomischen Theorie verwiesen, exemplarisch seien hier Dornbusch et.al. (2008) oder Mankiw (2010) genannt.

Die Diskussion über die Bedeutung des Kreditkanals bei der Übertragung geldpolitischer Impulse hat in jüngerer Zeit an Konturen gewonnen, nicht zuletzt eingeleitet durch den befruchtenden Beitrag von Bernanke/Gertler (1995) sowie die daran anschließenden relativierenden Ausführungen von Meltzer (1995). Die Bedeutung der Debatte wird belegt durch eine Reihe empirisch-ökonometrischer Studien, hier sei exemplarisch auf die instruktiven Monographien von Küppers (2000) und Vathje (1998) verwiesen. Eine Analyse der Deutschen Bundesbank (2002) gibt Einblick in die Sichtweise der Zentralbank.

Zusammenfassung

1. Der traditionelle Zinseffekt beruht auf der Annahme, dass die Investitions- bzw. Konsumnachfrage sowie die gesamtwirtschaftliche Nachfrage nach Liquidität zinselastisch sind. Die exogene Geldmenge bestimmt dann das gleichgewichtige Einkommen.

2. Empirisch lassen sich Zinswirkungen auf die Investitionsnachfrage allerdings nicht hinreichend eindeutig nachweisen, auch im Bereich der langlebigen Konsumgüter können Zinseffekte durch andere Einflussgrößen überlagert werden.

3. Die Tobin-q Theorie greift auf den Mechanismus der relativen Preise zurück und argumentiert mit einer engen Substitutionsbeziehung zwischen bestehendem Realkapital und noch zu produzierendem Anlagevermögen.

4. Der monetäre Impuls wird wirksam, wenn durch Anpassungsvorgänge eine Situation eintritt, in welcher der Marktwert bestehender Aktiva und die Erstellungskosten neuer Vermögensgegenstände voneinander abweichen.

5. Der Tobin-q Ansatz erlaubt die Erklärung unwirksamer geldpolitischer Eingriffe, da implizit Risikoaspekte berücksichtigt werden und auch benachbarte Aktiva nicht notwendigerweise vollkommene Substitute sind.

6. Der Vermögenseffekt geht von einer intertemporalen Konsumentscheidung aus und betrachtet u.a. Humankapital als einen Vermögensbestandteil, der regelmäßig konsumierbare Erträge abwirft.

7. Gelingt es der Geldpolitik, durch die Induzierung von Anpassungsvorgängen über den Mechanismus der relativen Preise den (subjektiven) Vermögenswert zu beeinflussen, dann verändern sich analog die Konsum- und damit die gesamtwirtschaftliche Güternachfrage.

8. Der Wechselkurseffekt beruht auf der Annahme, dass monetäre Eingriffe Auswirkungen auf prinzipiell frei flexible Devisenkurse haben. Eine so herbeigeführte Aufwertung (Abwertung) dämpft die im Inland wirksame Export-(Import-) Nachfrage.

9. Unter Berücksichtigung der unternehmerischen Wettbewerbsposition ist es durchaus nahe liegend, dass die Investitionsnachfrage im Wesentlichen der Konkurrenzsituation auf Beschaffungs- und Absatzmärkten folgt und demzufolge das Zinsniveau eine nachgeordnete Rolle spielt.

10. Gelingt es der Notenbank, durch einen geldpolitischen Eingriff die Depositenbeschaffung der monetären Finanzintermediäre zu beeinflussen, so sind über daraus folgenden Anpassungen bei der Kreditvergabe Auswirkungen auf die gesamtwirtschaftliche Investitionstätigkeit zu erwarten, sofern die Bonitätsvoraussetzungen der Schuldner erfüllt sind.

11. Der Bilanzeffekt innerhalb des Kreditkanals setzt an der Wertänderung von Unternehmensaktiva infolge geldpolitischer Eingriffe an. Unter Verwendung des Mechanismus der relativen Preise und der Tobin-q Theorie wird die Möglichkeit der Unternehmen zur Sicherheitenstellung bei der Fremdfinanzierung beeinflusst.

12. Durch den Verzicht der Kreditinstitute auf Abgeltung u.U. gestiegener Darlehensrisiken wird insbesondere der restriktive Effekt verstärkt.

13. In analoger Weise wirkt der Liquiditätseffekt des Kreditkanal-Ansatzes, da mit der Höhe des individuellen Haushaltsvermögens die Gefahr der finanziellen Notlage abnimmt und damit die Bereitschaft zur Aufnahme von Krediten zur Finanzierung langlebiger Konsumgüter steigt.

Schlüsselbegriffe
Abwertung
Adverse Selektion
Arbitrage
Bankenverhalten
Bonitätsaspekte
Bonitätsprüfung
Erstellungskosten neuer Vermögens-
  gegenstände (EV)
Erwartungen
Finanzielle Notsituation
Geldbasis
Geldvermögen
Geschäftsvolumen
Humankapital
Intertemporale Konsumentscheidung
Investitionsnachfrage
IS-LM-Modell
Konkurrenzverhalten
Konsumnachfrage
Kreditkanal
Kreditvergabemöglichkeit
Kreditwürdigkeit

Marktwert bestehender Aktiva (MW)
Mark-up-Pricing
Mechanismus der relativen Preise
Mengenrationierung
Monetäre Rahmenbedingungen
Moral Hazard
Netto-Exportnachfrage
Optimiertes Portefeuille
Portfoliogleichgewicht
Repräsentativer Zinssatz
Risikoeinstellungen
Sicherheitenpotential
Spekulationsmotiv
Substitutionsbeziehung
Tobin-q Theorie
Transmissionsweg
Vermögensposition
Vorsorgesparen
Vorteilhaftigkeitskalkül
Wettbewerbssituation
Zins- und Vermögenspreiseffekte

Kapitel 14

Geldwertstabilität als Ziel der Geldpolitik

Zum Inhalt von Kapitel 14

Glaubt man den Verlautbarungen der Notenbanken, so ist die Sicherung der Geldwertstabilität das primäre Ziel der Geldpolitik. Dennoch beobachten wir in allen Industrieländern Inflation, also dauerhaft steigende Preisniveaus. Warum lassen Notenbanken wie die amerikanische Fed oder die Europäische Zentralbank diesen Verlust an Geldwertstabilität zu?

Die Beziehungen zwischen wirtschaftspolitischen Zielen sind häufig durch Zielkonflikte gekennzeichnet. Verfolgt eine Notenbank ein bestimmtes Ziel, so können dadurch andere Ziele beeinträchtigt werden. Eine rationale Notenbank wird daher die Vorteile der Geldwertstabilität gegen mögliche Nachteile einer solchen Politik abwägen. Lassen Notenbanken also Inflation zu, weil eine konsequent an der Geldwertstabilität orientierte Politik negative Nebeneffekte hat?

Im Folgenden soll zunächst das Ziel der Geldwertstabilität präzisiert werden. Im Mittelpunkt stehen dabei die für die geldpolitische Praxis wichtigen Fragen. Wie genau kann das Preisniveau in einer dynamischen Wirtschaft gemessen werden, wenn sich die Konsummuster der privaten Haushalte laufend ändern? Sind auch schon kurzfristige Erhöhungen der Energiepreise Inflation und soll die Notenbank darauf reagieren?

Anschließend analysieren wir, warum Geldwertstabilität das primäre Ziel der Geldpolitik sein sollte. Geld spielt in einer arbeitsteiligen Wirtschaft eine wichtige Rolle als Zahlungsmittel, Wertaufbewahrungsmittel und als Recheneinheit. Nur wenn sein Wert stabil ist, kann es diese Funktionen angemessen erfüllen. Die Rolle als Wertmaßstab ist vergleichbar mit der Funktion anderer wichtiger Maßgrößen, etwa dem Meter oder dem Kilogramm. Die Vorteile einer stabilen Maßgröße liegen darin, dass die Kosten einer laufenden Anpassung an den sich ändernden Maßstab vermieden werden. Die Vorteile der Geldwertstabilität sind demnach die vermiedenen Kosten von Inflation und Deflation.

Was sind die möglichen Nachteile einer am Ziel der Geldwertstabilität orientierten Politik? In der wirtschaftspolitischen Debatte steht immer wieder ein Zielkonflikt im Vordergrund, wonach die Sicherung des Geldwertes zu Lasten des Ziels einer hohen Beschäftigung gehen könnte. Die theoretische Grundlage für diese Diskussion ist die sogenannte **Phillips-Kurve,** die im Folgenden näher untersucht werden soll. Abschließend beleuchten wir den langfristigen Zusammenhang zwischen Inflation und Wirtschaftswachstum.

14.1 Das Konzept der Geldwertstabilität

Geld erfüllt in einer modernen arbeitsteiligen Volkswirtschaft wichtige Aufgaben als Zahlungsmittel, Wertaufbewahrungsmittel und als Recheneinheit. Diese Funktionen kann das Geld nur dann optimal erfüllen, wenn sein Wert stabil ist. **Geldwertstabilität** ist gegeben, wenn sich das **Preisniveau** nicht ändert, also die Güterpreise im Durchschnitt stabil sind. In dieser Situation bleibt die Kaufkraft des Geldes erhalten, da für eine Geldeinheit immer die gleiche Menge an Gütern gekauft werden kann. Geldwertstabilität ist somit gleichbedeutend mit **Preisniveaustabilität.**

Schaubild 14.1: Verbraucherpreise ausgewählter Länder (1960=100)

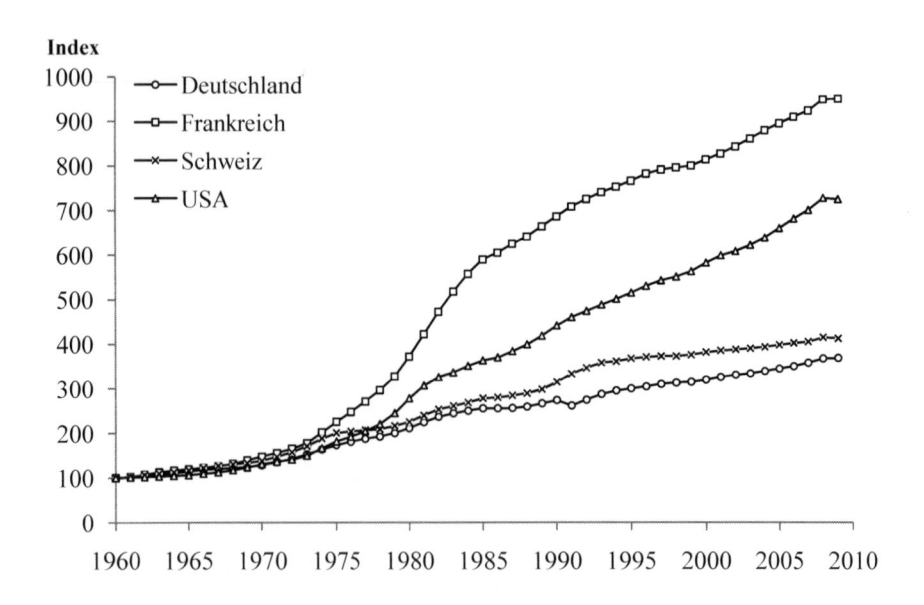

Quelle: International Monetary Fund, International Financial Statistics

Das Konzept der Geldwertstabilität

Preisniveau und Geldwert entwickeln sich immer gegenläufig. Bei steigendem Preisniveau können die Wirtschaftssubjekte für einen gegebenen Geldbetrag nur noch weniger Güter und Dienstleistungen kaufen. Je höher das Preisniveau ist, desto geringer ist also der Wert des Geldes.

Preisniveaustabilität bedeutet nicht, dass alle Preise in einer Volkswirtschaft konstant bleiben (sollen). Es ist im Gegenteil für das Funktionieren einer Marktwirtschaft von zentraler Bedeutung, dass sich die einzelnen Güterpreise entsprechend der relativen Knappheiten ändern können. Bei einem stabilen Preisniveau gleichen sich solche Änderungen der **relativen Preise** aber im Durchschnitt aus.

Ob das Ziel der Geldwertstabilität erreicht ist, lässt sich an der Entwicklung des Preisniveaus ablesen. Das Preisniveau wird mit einem **Preisindex** gemessen. Ein Anstieg des Preisindex, also ein abnehmender Geldwert, wird als **Inflation** bezeichnet, entsprechend heißt die Zuwachsrate des Preisindex **Inflationsrate**. Eine verlangsamte Zunahme des Preisindex, also ein Rückgang der Inflationsrate, wird **Disinflation** genannt. Schließlich wird ein Rückgang des Preisniveaus als **Deflation** bezeichnet.

Schaubild 14.2: Preisentwicklung Deutschland

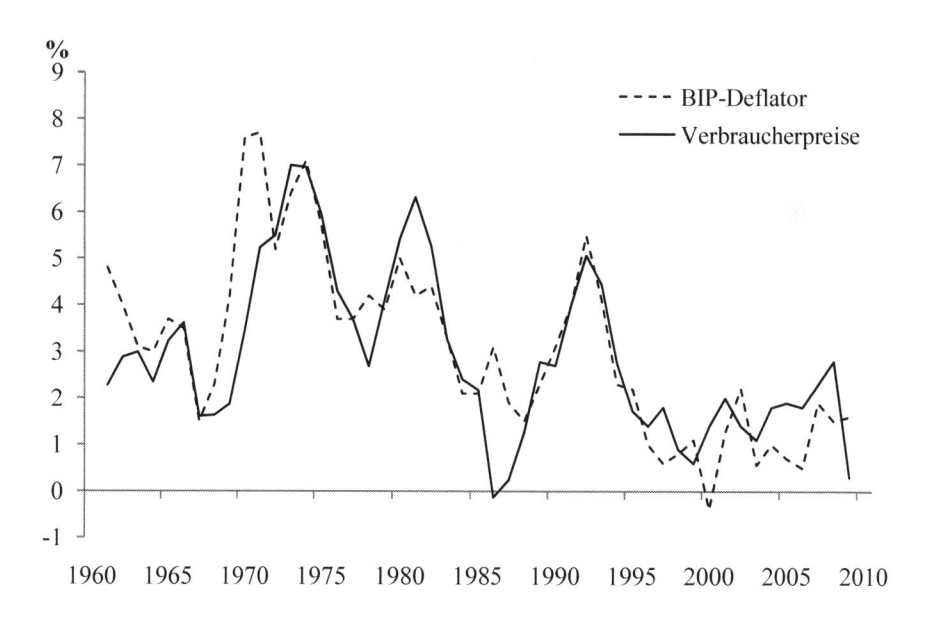

Quelle: Deutsche Bundesbank, Monatsberichte

Die Situation in Deutschland war demnach seit 1960 von einem nachhaltigen Anstieg des Preisniveaus und damit Inflation gekennzeichnet (vgl. Schaubilder 14.1 und 14.2). Die Inflationsraten schwankten im Zeitablauf erheblich. Zeiten steigender Inflationsraten wurden immer wieder abgelöst durch Phasen der Disinflation, also rückläufiger Inflationsraten wie in der ersten Hälfte der 80er Jahre und während der 90er Jahre.

Für die wirtschaftlichen Entscheidungen der privaten Haushalte und der Unternehmen sind in der Regel nicht alle Güterpreise in einer Volkswirtschaft von Bedeutung. Daher werden unterschiedliche Preisindizes benutzt, um die Situation der verschiedenen wirtschaftlichen Gruppen zu erfassen. Der sogenannte **harmonisierte Verbraucherpreisindex (HVPI)** etwa wurde gebildet, um die Entwicklung der Lebenshaltungskosten der privaten Haushalte beurteilen zu können. Diesem Preisindex liegt ein repräsentativer Warenkorb zugrunde, der die durchschnittlichen Konsumgewohnheiten der privaten Haushalte abbilden soll.

Ein weiterer wichtiger Indikator für die Geldwertentwicklung ist der **Preisdeflator des Bruttoinlandsprodukts (BIP)**, der die Preisentwicklung auf der Produktionsstufe beschreibt. Dieser sogenannte BIP-Deflator erfasst die Preise aller in einer Volkswirtschaft hergestellten und in das Bruttoinlandsprodukt eingehenden Waren und Dienstleistungen. Er ist einerseits umfassender als der Verbraucherpreisindex, da er auch Investitionsgüter berücksichtigt. Andererseits erfasst er nicht die Preisentwicklung von Importgütern. Der BIP-Deflator ist als sogenannter Paasche-Index konstruiert, bei dem als Gewichtungsschema jeweils die Güterstruktur des aktuellen Jahres zu Grunde gelegt wird. Aufgrund der sich laufend ändernden Produktgewichtung kann die Vergleichbarkeit dieser Inflationsraten im Zeitablauf eingeschränkt sein.

Ganz allgemein kann es nicht den richtigen Preisindex geben. Je nach Fragestellung ist der jeweils angemessene Preisindex auszuwählen. Langfristig verhalten sich die verschiedenen Preisindizes sehr ähnlich. In der für das geldpolitische Tagesgeschäft wichtigen kurzen Frist können aber durchaus Abweichungen von einigen Prozentpunkten auftreten (vgl. Schaubild 14.2). So schlugen sich etwa die steigenden Ölpreise seit Mitte 2004 aufgrund ihres relativ hohen Anteils bei den Ausgaben der privaten Haushalte deutlich stärker im Verbraucherpreisindex nieder als im BIP-Deflator. Entsprechend dämpften die rückläufigen Ölpreise seit Ende 2008 die „Verbraucher"-inflation stärker als den Preisanstieg auf der Produzentenebene.

Notenbanken orientieren sich in ihre Geldpolitik vor allem an der Entwicklung der Verbraucherpreise. In der Europäischen Währungsunion wird der Preisindex für die Lebenshaltung monatlich durch Eurostat, dem Statistischen Amt der Europäischen Union, ermittelt und veröffentlicht.

Das Konzept der Geldwertstabilität 255

Box 14.1: Die Messung der Verbraucherpreise in Deutschland

Die Entwicklung der Verbraucherpreise wird in Deutschland mit Hilfe des Verbraucherpreisindex erfasst. Die in einem repräsentativen Warenkorb festgelegten Gütermengen liefern die Gewichtung für die Preise der verschiedenen Konsumgüter (sogenanntes Laspeyres-Prinzip). Von den Statistischen Ämtern werden dann laufend die Preise für die im Warenkorb enthaltenen Güter erfasst und der Wert des Warenkorbs berechnet. Der Verbraucherpreisindex beschreibt somit die Preisentwicklung des repräsentativen Warenkorbs.

In diesem Verbraucherpreisindex sind rund 700 Güter des täglichen Bedarfs erfasst, von der Wohnung über Nahrung bis zu solchen Dingen wie Batteriewechsel bei einer Armbanduhr, Friedhofsgebühren (Jahresgebühr) und Multivitaminsaft. Die wichtigsten Ausgabenbereiche sind dabei das Wohnen mit rund 36 v.H. und Nahrung mit 14 v.H. (vgl. Schaubild 14.3).

Schaubild 14.3: Wägungsschema Verbraucherpreisindex

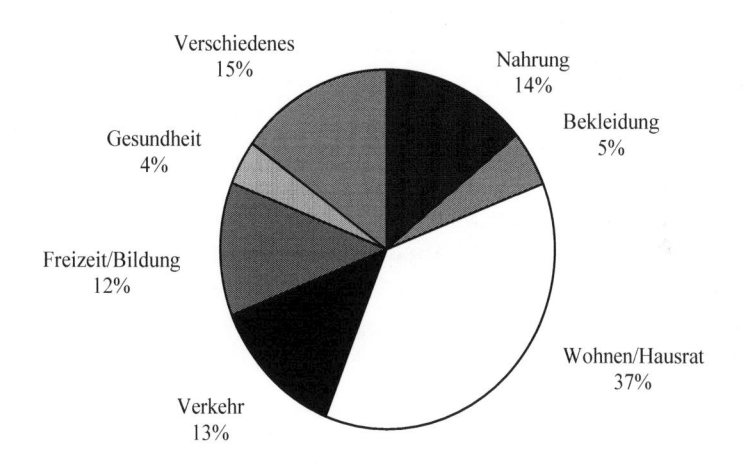

- Verschiedenes 15%
- Nahrung 14%
- Bekleidung 5%
- Gesundheit 4%
- Freizeit/Bildung 12%
- Wohnen/Hausrat 37%
- Verkehr 13%

Quelle: Statistisches Bundesamt (2008)

Da sich die Konsumgewohnheiten im Zeitablauf ändern, muss der Warenkorb den veränderten Verbrauchsmustern angepasst werden. Neben dem allgemeinen Verbraucherpreisindex werden zusätzliche Preisindizes für die unterschiedlichen Typen von privaten Haushalten, etwa Alleinstehende oder Familien, berechnet.

Mit der Verwendung von Verbraucherpreisindizes sind vor allem zwei Probleme verbunden. Erstens können auf lange Frist Verzerrungen bei der Gewichtung einzelner Güter im Preisindex und bei der Messung von Güterpreisen auftreten. In der Folge würde der langfristige Preistrend nicht korrekt gemessen. Zweitens kann auf kurze und mittlere Frist für die Notenbank das Problem entstehen, dass die monatlichen Änderungen des Verbraucherpreisindex nicht genau den langfristigen Preistrend widerspiegeln. Die gemessenen Änderungen des Preisindex werden häufig von kurzfristigen, nur vorübergehend wirksamen Einflüssen bestimmt, welche nicht dauerhafte Inflation darstellen, etwa temporäre Änderungen von Energiepreisen. Die Geldpolitik kann fehlgeleitet werden, wenn sie nicht korrekt zwischen dauerhaften Preistrends, der sogenannten **Kerninflation,** und nur vorübergehend wirkenden Einflüssen unterscheiden kann. Beide Aspekte sollen im Folgenden genauer untersucht werden.

Gibt es erstens langfristig Verzerrungen bei der Messung des Geldwertes? Es sind vor allem folgende vier Faktoren, die in der statistischen Praxis zu Fehlern bei der Inflationsmessung führen.

- Qualitätsverbesserung: Verteuert sich ein Produkt aufgrund von Qualitätsverbesserungen, so ist dieser Preisanstieg nicht als inflationär einzustufen.
- Substitutionseffekte: Verteuert sich ein Produkt, so fragen die Konsumenten weniger von diesem Gut nach. Ein Preisindex auf Basis eines festen Warenkorbs überzeichnet infolgedessen die „wahre" Teuerungsrate.
- Neue Produkte: Neue Güter werden nicht sofort, sondern erst dann im Preisindex erfasst, wenn sie sich auf dem Markt durchgesetzt haben. Wegen dieser Verzögerung wird ein Teil der Preisrückgänge, die vor allem in der Einführungsphase von neuen Produkten anfallen, nicht berücksichtigt. Entsprechend wird der Anstieg des Preisniveaus überzeichnet
- Händlerstruktur: Erfolgreiche neue Geschäfts- und Vertriebsformen zeichnen sich durch ein besseres Preis-Leistungs-Verhältnis aus, etwa der Kauf von Büchern im Internet. Wie im Fall neuer Produkte werden diese Änderungen im Käuferverhalten in der statistischen Praxis nur verzögert erfasst, so dass die „wahre" Inflationsrate überschätzt werden kann.

Die statistischen Ämter versuchen, diese Fehler bei der Inflationsmessung auf verschiedene Weise zu korrigieren. So wird etwa im Falle von Qualitätsverbesserungen angestrebt, den Geldwert der Qualitätsänderung direkt abzuschätzen, etwa im Rahmen sogenannter hedonistische Schätzverfahren. Dazu wird ein Produkt in elementare, qualitätsrelevante Eigenschaften zerlegt und der Preis des Gutes als eine Kombination dieser Merkmale bestimmt. So wird der Preis eines PC durch Eigenschaften wie die Leistungsfähigkeit des Prozessors und die Größe der Festplatte bestimmt. Mit Hilfe von Regressionsverfahren werden die Preise der einzelnen Qualitätsmerkmale geschätzt. Damit lässt sich wiederum veranschlagen, wie hoch der Geldwert einer Qualitätsänderung ist oder wie sich der Preis eines Produkts ohne Qualitätsänderung entwickelt hätte. Fallstudien zeigen allerdings auch, dass es den Statistikern nur eingeschränkt gelingt, diese Effekte zu berücksichtigen. Insgesamt deuten eine Reihe empirischer Studien für Industrieländer darauf hin, dass die von den Statistikern gemessene Inflationsrate die „wahre" Teuerungsrate um etwa einen Prozentpunkt überzeichnet.

In der geldpolitischen Praxis können Fehler bei der Inflationsmessung, auch wenn diese zunächst nicht groß erscheinen mögen, erhebliche Politikfehlern provozieren. Dies gilt vor allem mittel- und langfristig, wenn sich die Messfehler im Zeitablauf kumulieren. Berücksichtigt die Notenbank die Überzeichnung der Teuerungsrate nicht, so verfolgt sie offensichtlich eine zu restriktive Geldpolitik. So bedeutet streng genommen das Ziel Geldwertstabilität, dass ein völlig stabiles Preisniveau und damit eine Inflationsrate von null angestrebt wird. Bei einer überzeichneten Inflationsrate hat dies zur Folge, dass bei einer gemessenen Inflationsrate von null faktisch schon Deflation herrscht. Entsprechend werden in der geldpolitischen Praxis auch gemessene Inflationsraten von bis zu 2 v.H. als mit dem Ziel Geldwertstabilität vereinbar angesehen.

Neben diesem Problem der präzisen Messung langfristiger Preistrends ist für die praktische Geldpolitik zweitens von besonderer Bedeutung, wie die kurzfristigen Änderungen der Inflationsrate zu bewerten sind. Was bedeutet es für die Notenbank, wenn die Inflationsrate von einem auf den anderen Monat von 2 auf 3 v.H. ansteigt? Steht hinter dem Inflationsanstieg nur ein vorübergehender Angebotsschock, etwa ein temporärer Anstieg der Energiepreise, oder signalisiert das Ansteigen den Beginn einer dauerhaften Inflationsphase? Wie kann die Notenbank aus dem Inflationssignal den nachhaltigen Inflationstrend, die Kerninflation, herausfiltern? Unter der Kerninflationsrate wird eine zuverlässige Maßgröße für den grundlegenden Inflationstrend verstanden, indem die gemessene Inflationsrate um zufällige, nur vorübergehende Einflüsse (noise) korrigiert wird, etwa wetterabhängige Agrarpreise oder volatile Rohstoff- und Energiepreise. Weil diese Preisänderungen nur vorübergehend wirken, wollen Notenbanken ihre langfristig orientierten Entscheidungen nicht von solchen Einflüssen abhängig machen. Die Kerninflationsrate soll somit als Indikator für den tatsächlichen grundlegenden Preistrend und die weitere Inflationsentwicklung dienen.

In der geldpolitischen Praxis werden verschiedene Verfahren angewandt, um die Kerninflation zu messen. Im Rahmen der deskriptiven Methoden wird die Kerninflationsrate so berechnet, dass besonders volatile Preise, etwa für Energie und Nahrungsmittel, nicht oder nur mit einem geringen Gewicht berücksichtigt werden. Eine andere Gruppe von Methoden ist stärker theoriegestützt und berücksichtigt die langfristigen Beziehungen zwischen makroökonomischen Größen. Dazu werden auf der Basis ökonometrischer Modelle gleichgewichtige Preistrends berechnet, an denen sich die Notenbank orientieren soll. Abweichungen des tatsächlichen Preisniveaus vom Preistrend werden dann als vorübergehend und damit als geldpolitisch nicht bedeutsam eingestuft. Beispiele für dieses Vorgehen sind sogenannte strukturelle vektorautoregressive Modelle (SVAR) oder das P*-Modell auf Basis der Quantitätstheorie.

14.2 Volkswirtschaftliche Kosten der Inflation

Geld kann seine wichtige Aufgabe als Recheneinheit, Zahlungs- und Wertaufbewahrungsmittel nur dann optimal erfüllen, wenn sein Wert stabil ist. In seiner Eigenschaft als Recheneinheit dient Geld als Maßstab zur Messung wirtschaftlicher Transaktionen. Es ist damit vergleichbar mit anderen Maßeinheiten wie dem Meter zur Längen- oder dem Kilogramm zur Gewichtsmessung. Der Vorteil solcher allgemein gebräuchlicher Maßeinheiten liegt offensichtlich in ihrer Verlässlichkeit. Die Folgen von Inflation und die damit einher gehende Änderung des Geldwertes haben damit gewisse Ähnlichkeiten mit den Wirkungen, die sich aus einer veränderten Definition des Meters oder anderer Maßeinheiten ergeben würden. Auch seine Funktion als Zahlungs- und Wertaufbewahrungsmittel kann Geld nicht optimal erfüllen, wenn sein Wert durch Preissteigerungen gemindert wird. Änderungen des Preisniveaus verursachen Ausweichreaktionen von privaten Haushalten und Unternehmen, die gesamtwirtschaftlich schädlich sind. Die Vorteile der Geldwertstabilität liegen darin, dass die Kosten, die durch die Änderung des Preisniveaus entstehen, vermieden werden. Diese **Kosten der Inflation** lassen sich danach unterscheiden, ob die Inflation für die Wirtschaftssubjekte vorhersehbar oder unerwartet ist. Diese Überlegungen gelten für den Fall der Deflation, also allgemein sinkender Preise, analog.

Erwartete Inflation

Von einer korrekt antizipierten Inflation wird gesprochen, wenn alle Wirtschaftssubjekte in der Lage sind, die Inflationsrate richtig vorauszusagen. Sie sind dann prinzipiell in der Lage, sich in ihren wirtschaftlichen Entscheidungen auf die Veränderung der Preise einzustellen. Eine Form, eine solche korrekte Antizipation zu erreichen, wäre die vollständige **Indexierung** aller Preise. Dazu müssten alle in Verträgen vereinbarten Geldbeträge an einen Preisindex gebunden werden. Steigt das Preisniveau, würden Kreditbeträge, Mieten und Arbeitslöhne automatisch nach Maßgabe der Inflationsrate erhöht. Auch in einer solchen Welt verursacht Inflation Kosten, da die Preise laufend angepasst werden müssen. Die Kosten der Inflation erhöhen sich noch in dem Maße, wie die Wirtschaftssubjekte die Inflationsentwicklung falsch einschätzen und die Indexierung nicht vollständig umgesetzt werden kann. Von besonderer praktischer Bedeutung sind dabei die Belastung der Bargeldhaltung, die sogenannte Inflationssteuer, und Verzerrungen, welche durch ein **nichtindexiertes Steuersystem** verursacht werden.

Welche Kosten verursacht Inflation nun im Einzelnen? Ganz offensichtlich fallen bei Inflation immer Kosten für die Anpassung der einzelnen Güterpreise an. Bei steigendem Preisniveau werden Unternehmen und Haushalte alle nominal in Geldbeträgen fixierten Größen laufend anpassen, um den realen Wert dieser Größen zu erhalten. Diese sogenannten **Speisekarten-Kosten (Menu Costs)** fallen etwa an für neue Speisekarten (engl. menu), Kataloge und Preislisten, für Preisauszeichnungen im Einzelhandel, für die Umstellung von Münzautomaten und für Lohn- und Preisverhandlungen.

In Volkswirtschaften mit niedrigen Inflationsraten müssen Preise nur selten angepasst werden. Mit steigenden Inflationsraten werden die Unternehmen ihre Preise häufiger ändern, mit entsprechend hohen Kosten. In Ländern mit Hyperinflationen, in denen Unternehmen ihre Preise täglich oder noch öfter ändern, können Menu costs einen erheblichen Umfang annehmen. Das kann dazu führen, dass die Wirtschaftssubjekte auf das heimische Geld verzichten und statt dessen auf eine stabile ausländische Währung oder eine Warenwährung, etwa Zigaretten, ausweichen.

Mit Preis- und Zinserhöhungen können Unternehmen und Haushalte versuchen, sich gegen inflationsbedingte Wertminderungen zu schützen. Eine Ausnahme bildet Bargeld, das unverzinslich ist und entsprechend der Inflationsrate an Wert verliert. Gleiches gilt auch für Sichteinlagen und andere verzinsliche Finanzaktiva, soweit ihre Nominalverzinsung nicht direkt mit der Inflationsrate ansteigt (**Fisher-Effekt**, vgl. Kapitel 6).

Inflation wirkt wie eine Steuer auf Bargeld. In diesem Zusammenhang wird auch von der **Inflationssteuer** gesprochen. Demnach kann der Staat seine Ausgaben entweder direkt über Steuern oder indirekt mit neu gedrucktem Geld, also über Geldschöpfung, finanzieren. Dieses zusätzliche Geld führt letztlich zu steigenden Preisen (vgl. Kapitel 12). Dadurch verlieren Bargeld und andere Finanzaktiva, deren Verzinsung nicht unmittelbar mit der Inflationsrate steigt, real an Wert. Bei beiden Formen der Finanzierung kommt es letztlich zu einer Besteuerung mit einem Ressourcentransfer von den Privaten zum Staat.

Box 14.2: Wie schnell steigen die Preise in einer Hyperinflation?
Der Anstieg des Preisniveaus wird meist dann als Hyperinflation bezeichnet, wenn die Inflationsrate pro Monat über 50 v.H. beträgt. Bei einer monatlichen Inflationsrate von τ Prozent erhöht sich das Preisniveau innerhalb eines Jahres um den Faktor $(1+\tau/100)^{12}$. Das bedeutet, dass sich das Preisniveau bei einer monatlichen Inflationsrate von 50 v.H. innerhalb eines Jahres mehr als verhundertfacht, nämlich um den Faktor $(1+50/100)^{12} = 130$ steigt. Bei einer monatlichen Inflationsrate von 100 v.H. beträgt dieser Faktor schon $(1+100/100)^{12} = 4096$.

Beispiele für solche Hyperinflationen sind Deutschland Anfang der 1920er Jahre (Schaubild 14.4) und die lateinamerikanischen Länder in den 1980er Jahre (vgl. Schaubilder 14.5).

Schaubild 14.4: Preisniveau und Geldmenge in Deutschland (1921-1924)

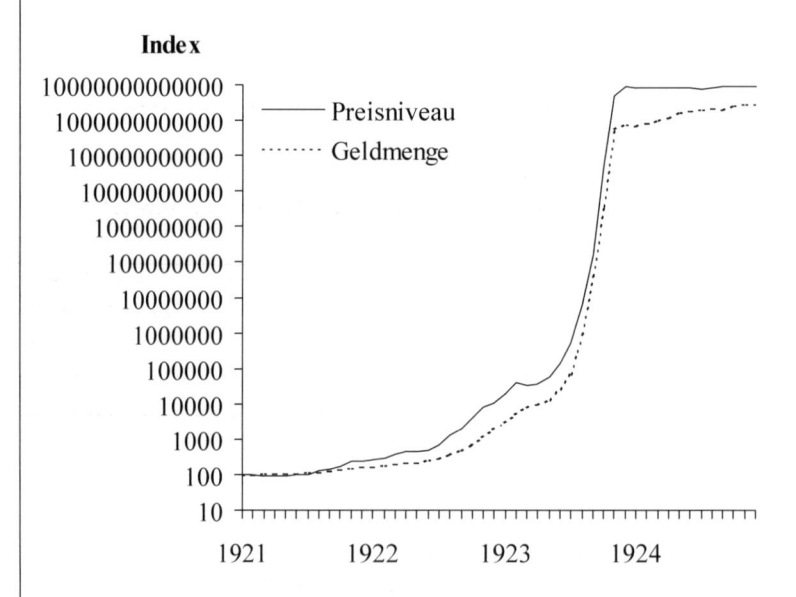

Quelle: T. Sargent (1989)

Die monatliche (Hyper)Inflationsrate betrug in Deutschland durchschnittlich 950%. Somit sind die Preise damals innerhalb von rund sieben Tagen um 190 v.H. gestiegen und damit um den gleichen Prozentsatz wie in den 50 Jahren des Bestehens der D-Mark.

Schaubild 14.5: Preisniveau und Geldmenge in Argentinien

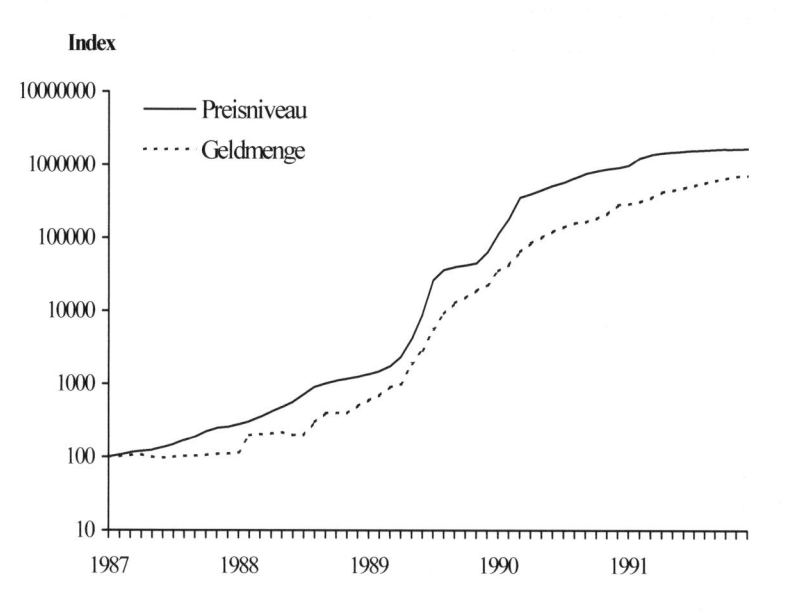

Quelle: International Monetary Fund, International Financial Statistics

In einer Hyperinflation erhöhen die Unternehmen häufig täglich ihre Preise, teilweise sogar mehrfach innerhalb eines Tages. Um Menu-Kosten zu sparen, gehen Supermärkte dann teilweise zu elektronischen Preistafeln über. Private Haushalte versuchen sich gegen schnell steigende Preise u.a. dadurch zu schützen, dass sie ihre Einnahmen möglichst noch am gleichen Tag zu Warenkäufen nutzen

Die Inflationssteuer trifft nicht alle Wirtschaftssubjekte gleich und hat damit wie andere Steuern auch Verteilungswirkungen. Es gibt eine Reihe von Hinweisen dafür, dass Inflation regressiv wirkt, also vor allem die niedrigen Einkommensgruppen belastet. So halten Menschen mit geringem Einkommen bzw. Vermögen einen überproportional hohen Anteil ihres Vermögens in Bargeld und niedrig verzinslichen Finanzaktiva, die besonders inflationsanfällig sind.

Gesamtwirtschaftlich stellt die Inflationssteuer vordergründig keine Kosten für die Volkswirtschaft dar, da es sich letztlich nur um einen Transfer von den privaten Haushalten zum Staat handelt. Allerdings schafft dieser Effekt wie andere Steuern auch Anreize zu Verhaltensänderungen, um die Steuer zu vermeiden. In der Folge werden auch aus volkswirtschaftlicher Sicht Kosten verursacht, wenn Menschen knappe Ressourcen bei dem Versuch verschwenden, die Steuer zu umgehen.

Wie reagieren die Besitzer von Bargeld auf Inflation? Steigende Preise verringern den realen Wert des Bargeldes und erhöhen die Kosten der Bargeldhaltung. Die Wirtschaftssubjekte werden weniger Bargeld halten und ihr Vermögen vermehrt in zinsbringenden Anlageformen anlegen. Um ihre Zahlungen abzuwickeln, müssen sie dann mehr Transaktionen unternehmen. In diesem Zusammenhang wird auch von den sogenannten **Schuhsohlen-Kosten** der Inflation gesprochen, die durch die bildlich gesprochen häufigeren Bankbesuche anfallen. Die wesentlichen Kosten begründen sich dadurch, dass Menschen einen Teil ihrer Zeit ineffizient einsetzen, um weniger Bargeld zu halten als dies bei stabilem Geldwert der Fall wäre. Schuhsohlen-Kosten sind in Ländern mit niedriger Inflation nur von untergeordneter Bedeutung, können aber in Ländern mit Hyperinflation erheblich sein.

Während die Schuhsohlen- und Speisekarten-Kosten erst bei hohen Inflationsraten praktisch bedeutsam werden, sind **inflationsbedingte Steuerverzerrungen** auch schon bei niedrigen Inflationsraten relevant. In den meisten Ländern ist das Steuersystem nicht indexiert, d. h. die Steuerbemessungsgrundlage wird nicht laufend an die Entwicklung des Preisniveaus angepasst. Damit nimmt der Wert von Freibeträgen und Höchstgrenzen real ständig ab und die Steuerbelastung steigt (kalte Progression). Weitere verzerrende Effekte entstehen dadurch, dass die Steuerbemessungsgrundlage an nominalen Größen anknüpft und nicht die reale Wertentwicklung berücksichtigt. In der Folge ergeben sich eine Reihe negativer Effekte auf das Spar- und Investitionsverhalten.

Ein Beispiel sind die steuerlichen Regelungen im Falle von Zinseinkünften. Bei der Einkommensteuer werden etwa in Deutschland die nominalen Zinseinkünfte als Einkommen erfasst, obwohl ein Teil des Nominalzinssatzes nur für die Wertverluste durch Inflation kompensiert (**Fisher-Effekt**). In Schaubild 14.6 werden zwei Situationen verglichen, eine Volkswirtschaft mit Geldwertstabilität und eine Volkswirtschaft mit einer Inflationsrate von 6 v.H. In beiden Volkswirtschaften betrage der Realzins 4 v.H und der Steuersatz auf Zinseinkünfte 25 v.H. Bei Geldwertstabilität entspricht der Realzins dem Nominalzins. Nach Besteuerung ergibt sich ein Nominal- und damit ein Realzins von 3 v.H. Bei Inflation beträgt der Nominalzins in Folge des Fisher-Effekts 10 v.H. Durch die Besteuerung verringert sich der Nominalzins auf 7,5 v.H. und der Realzins nach Abzug der Inflationsrate auf 1,5 v.H. Die Wechselwirkung zwischen Inflation und der Besteuerung der Nominalzinsen hat zu einer Halbierung des realen Zinssatzes geführt. Die reale Verzinsung verringert sich um so mehr, je höher der Steuersatz und die Inflationsrate sind. Wenn das Sparen von der Realverzinsung nach Steuern abhängt, haben die privaten Haushalte bei Inflation weniger Anreiz zu sparen als bei Geldwertstabilität.

Weitere Beispiele für inflationsbedingte Steuerverzerrungen sind die Behandlung von Kapitalgewinnen und von Abschreibungen. Dürfen Abschreibungen nur auf Anschaffungskosten und nicht auf Wiederbeschaffungskosten vorgenommen werden, so spiegeln die Abschreibungsbeträge bei Inflation nicht den realen Werteverzehr wider. Die ausgewiesenen Gewinne der Unternehmungen sind zu groß und aufgrund dieser Scheingewinne ist die Steuerschuld zu hoch.

Schaubild 14.6: Erhöhung der Steuerbelastung durch Inflation

	Geldwertstabilität	Inflation
Realzins vor Steuern	4	4
Inflationsrate	0	6
Nominalzins (= Realzins + Inflationsrate)	4	10
Nominalzinssatz nach Steuern bei Steuersatz von 25 v.H. ([1 – Steuersatz] x Nominalzins)	3	7,5
Realzins nach Steuern (Nominalzinssatz – Inflationsrate)	3	1,5

Diese belastenden Wirkungen werden dadurch abgemildert, dass bei Inflation durch die Verzögerungen zwischen dem Zeitpunkt der Entstehung von Einkommen und der endgültigen Steuerzahlung eine reale Entwertung der Steuerzahlungen eintritt. Außerdem können Unternehmen ihr zu versteuerndes Einkommen in Höhe der Fremdkapitalkosten vermindern. Insgesamt werden Kapitalerträge und Kapitalkosten durch das Zusammenwirken von Inflation und Steuersystem verzerrt, was sich negativ auf das Spar- und Investitionsverhalten auswirken kann.

Unerwartete Inflation

Die bisher besprochenen Kosten der Geldentwertung entstehen schon bei vorhersehbarer Inflation. Inflation verursacht aber noch zusätzliche Kosten, wenn sie überraschend auftritt. Unerwartete Inflation erhöht die Unsicherheit bei wirtschaftlichen Entscheidungen und führt zur willkürlichen Umverteilung von Einkommen und Vermögen. Haushalte und Unternehmen orientieren sich bei ihren Entscheidungen an Inflationserwartungen. Zudem sind sie nicht gegen die Folgen von Erwartungsfehlern abgesichert, etwa durch eine perfekte Indexierung der Preise. Die Prognosefehler werden in der Regel um so größer sein, je stärker die Inflationsrate schwankt. Empirisch besteht zwischen dem **Niveau und der Variabilität von Inflationsraten** ein positiver Zusammenhang. Die Inflation ist also bei hohen Inflationsraten besonders unsicher und volatil. Deshalb entstehen in Ländern mit hohen Inflationsraten neben den Kosten erwarteter Inflation auch noch erhebliche Kosten der nicht erwarteten Inflation.

Die wichtigsten Kosten einer unerwarteten Inflation bestehen darin, dass die zentrale **Informations- und Lenkungsfunktion der Preise** beeinträchtigt wird. Ändert sich mit dem Preis eines Gutes auch dessen relativer Preis im Vergleich zu anderen Gütern, so signalisiert das den Marktteilnehmern veränderte Angebots- und Nachfragebedingungen. Davon ist ein allgemeiner Anstieg der Güterpreise zu unterscheiden, der die relativen Preise unverändert lässt und damit keinen Einfluss auf Nachfrage- und Angebotsentscheidungen haben sollte. Beobachten die Wirtschaftssubjekte, dass für sie wichtige Preise steigen, können sie bei unvollkommenen Informationen nicht sofort erkennen, ob sich die relativen Preise ändern oder ob sich alle Preise im Gleichschritt (Inflation) erhöhen. Die damit verbundene Unsicherheit kann zu einer Verzerrung von Konsum- und Produktionsentscheidungen und damit zu einer suboptimalen Ressourcenallokation führen.

Die mit unerwarteter Inflation einhergehende Unsicherheit macht sich vor allem bei längerfristigen Verträgen negativ bemerkbar. So werden auf dem Arbeitsmarkt Tarifverträge in der Regel für eine Laufzeit von einem Jahr und länger abgeschlossen. Die zukünftig zu erwartende Inflationsrate ist eine wichtige Komponente bei den Verhandlungen über den Tariflohn. Stellt sich während der Laufzeit des Tarifvertrags eine unerwartet hohe Inflationsrate ein, so ergibt sich ein geringerer Reallohn als beim Tarifabschluss beabsichtigt worden war. Es kann dann kurzfristig zu einer höheren Beschäftigung kommen und/oder zu einer Umverteilung von den Lohn- zu den Gewinneinkommen. Umgekehrt ist bei einer unerwartet niedrigen Inflationsrate mit einer geringeren Beschäftigung und/oder einer Umverteilung zugunsten der Lohnbezieher zu rechnen. Mit zunehmender Unsicherheit über die erwartete Inflation wird daher auch die Bereitschaft zu längerfristigen Tarifverträgen abnehmen, was die Planungs- und Entscheidungssicherheit von Unternehmen und Arbeitnehmern weiter verringert.

Eine erhöhte Unsicherheit bezüglich der erwarteten Inflation macht sich auch auf den Kapitalmärkten, vor allem bei langfristigen Kreditverträgen, negativ bemerkbar. Der in Kreditverträgen vereinbarte Nominalzins wird wesentlich von der Höhe der erwarteten Inflationsrate bestimmt (Fisher-Effekt). Ist die tatsächliche Inflationsrate höher als erwartet und damit der reale Kreditzins überraschend niedrig, so erleidet der Gläubiger einen Verlust. Der Realwert der Schuld wird vermindert und es kommt zu einem Vermögenstransfer vom Gläubiger zum Schuldner. Entsprechend verursacht eine unerwartet niedrige Inflationsrate eine Vermögensumverteilung vom Schuldner hin zum Gläubiger. Unerwartete Inflation verursacht somit eine **willkürliche Vermögensumverteilung** zwischen Gläubigern und Schuldnern. Für diese Verteilungseffekte ist dabei nicht die Höhe der Inflation, sondern das Verhältnis von erwarteter und tatsächlicher Inflationsrate entscheidend.

Als Folge dieser Unsicherheit werden die Kapitalgeber eine **Risikoprämie** verlangen, um für das Risiko eines unerwarteten Inflationsanstiegs und Kapitalverlusts kompensiert zu werden. Die Fishersche Zinsgleichung (vgl. Kapitel 3) ändert sich damit zu

(14.1) $\quad i_n = i_r + \pi^e + \rho(\pi^e)$.

Danach wird bei höheren Inflationserwartungen π^e der Anstieg der Nominalzinsen i_n noch durch die zunehmende Risikoprämie ρ verstärkt.

14.3 Geldwertstabilität und andere wirtschaftspolitische Ziele

Angesichts der vielfältigen negativen Wirkungen von Inflation und Deflation kann es nicht überraschen, dass heute in der Wirtschaftspolitik große Übereinstimmung über die Vorteile des Ziels der Geldwertstabilität besteht. Überraschend ist dann aber, dass in keinem Land das Ziel der Geldwertstabilität tatsächlich dauerhaft erreicht wurde und in manchen Ländern sogar Hyperinflationen zu beobachten waren (vgl. Box 14.2). Selbst die anscheinend so stabilitätsbewusste Deutsche Bundesbank hat über fünfzig Jahre hinweg eine durchschnittliche Inflationsrate von rund 3 v.H. toleriert. Entsprechend verlor die D-Mark in der Zeit von ihrer Einführung im Jahr 1948 bis zu ihrer Ablösung durch den Euro zum Jahresende 1998 rund zwei Drittel ihrer realen Kaufkraft. Von einer D-Mark waren nach dieser Zeit real nur noch rund 30 Pfennige übrig geblieben.

Während die Vorteile der Geldwertstabilität an sich unbestritten sind, besteht in Wissenschaft und Wirtschaftspolitik Uneinigkeit darüber, ob das Anstreben von Geldwertstabilität nicht andere wirtschaftspolitische Ziele gefährde. Gibt es also Konflikte zwischen Preisniveaustabilität und anderen makroökonomischen Zielen? Von besonderem Interesse ist dabei ein möglicher **Zielkonflikt** zwischen Preisniveau und Beschäftigung. Nach dieser Sicht tolerieren Notenbanken Inflation, weil sie im Falle einer stabilitätsorientierten

Geldpolitik negative Beschäftigungseffekte befürchten. Nicht das Ziel der Geldwertstabilität ist umstritten. Strittig ist, inwieweit es durch die Verfolgung des Ziels Geldwertstabilität zu negativen Nebeneffekten kommen kann. Um eine bekannte Warnung aufzunehmen: Kann Geldwertstabilität schädlich für die Gesundheit (einer Volkswirtschaft) sein?

14.4 Geldwertstabilität und Beschäftigung

Ursprünge der Phillips-Kurve

Bis Anfang der 70er Jahre wurde die Wirtschaftspolitik von der sogenannten Phillips-Kurven-Diskussion geprägt, wonach zwischen Geldwertstabilität und Beschäftigung ein negativer Zusammenhang besteht. Danach führt eine Politik rückläufiger Inflationsraten zu sinkender Beschäftigung und damit steigender Arbeitslosigkeit. Umgekehrt geht mit höherer Inflation eine geringere Arbeitslosigkeit einher. Nach dieser Sichtweise ist Arbeitslosigkeit der Preis, den eine Gesellschaft für einen stabilen Geldwert zahlen muss.

Der vermutete negative Zusammenhang zwischen Inflation und Arbeitslosigkeit geht auf eine Analyse des englischen Ökonomen A. W. Phillips (1958) zurück. In einer empirischen Untersuchung fand er für Großbritannien eine negative Beziehung zwischen der Arbeitslosigkeit U und der Veränderung des Nominallohns w, die sogenannte ursprüngliche **Phillips-Kurve**.

(14.2) $\quad U_t = \gamma \Delta w_t$.

Aufbauend auf diesem Zusammenhang entwickelten Solow und Samuelson (1960) das Konzept der **modifizierten Phillips-Kurve**. Danach besteht nicht nur zwischen Arbeitslosenquote und Nominallohnveränderungen eine negative Beziehung, sondern auch zwischen Arbeitslosigkeit und Inflation.

(14.3) $\quad U_t = \alpha(P_t - P_{t-1}) = \alpha \pi_t$.

Die negative Korrelation zwischen Inflationsrate und Arbeitslosenquote lässt sich mit einer Reihe unterschiedlicher Wirkungsmechanismen erklären. Solow und Samuelson führten diesen Zusammenhang darauf zurück, dass niedrige Arbeitslosigkeit mit einer hohen Güternachfrage einhergehe. Diese hohe Güternachfrage führe unmittelbar auf dem Gütermarkt zu steigenden Preisen. Über eine Zunahme der Arbeitsnachfrage kommt es auch zu höheren Löhnen und über die damit einhergehenden Kostensteigerungen zu steigenden Preisen (mark-up pricing). Nach einer anderen Interpretation verringert ein Anstieg des Preisniveaus die Reallöhne, wenn die Nominallöhne durch Tarifverträge festgeschrieben sind. Aufgrund der gesunkenen Reallöhne haben die Arbeitgeber einen Anreiz, die Produktion und die Beschäftigung zu erhöhen.

Schaubild 14.7: Modifizierte Phillips-Kurve

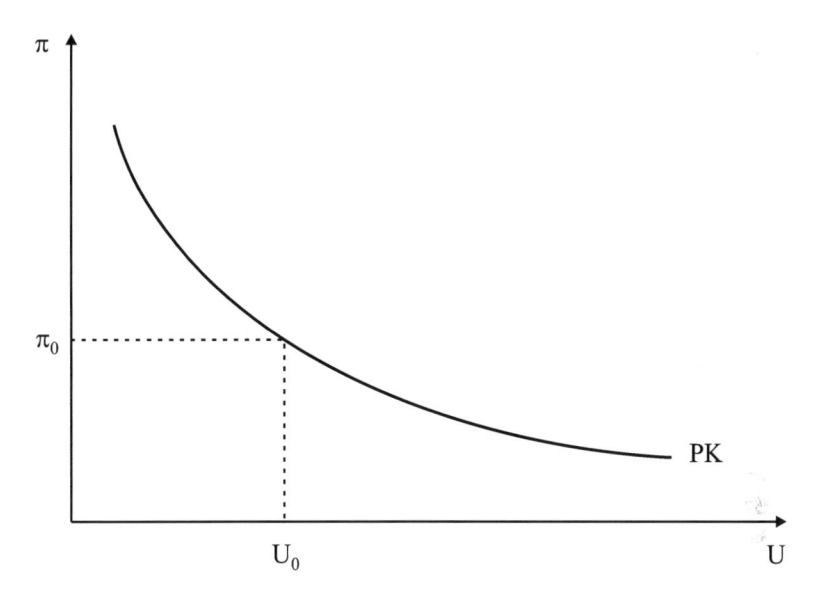

Nach dieser Sicht kann (und muss) Geldpolitik zwischen verschiedenen Kombinationen von Inflation und Arbeitslosigkeit wählen. Bevorzugt die Notenbank eine niedrigere Inflationsrate muss sie als Nebeneffekt eine höhere Arbeitslosigkeit tolerieren. Ist sie dagegen an einer niedrigen Arbeitslosigkeit interessiert, geht das nur um den Preis höherer Inflation. Gute Geldpolitik besteht dann darin, die optimale Kombination aus den zwei Übeln Inflation und Arbeitslosigkeit zu wählen. Geldwertstabilität ist nach dieser Sicht nicht mehr ein wirtschaftspolitisches Ziel per se, sondern soll nur in dem Maße angestrebt werden, wie die Vorteile geringerer Inflation nicht durch die Nachteile höherer Arbeitslosigkeit kompensiert werden.

Kurzfristige und langfristige Phillips-Kurve

In den 70er Jahren setzte ein Umdenken in der wirtschaftspolitischen Debatte ein. Als Folge der Ölpreisschocks von 1973/74 und 1979/80 war in den Industrieländern kein Trade-off mehr zwischen Inflation und Arbeitslosigkeit zu beobachten. Typisch war jetzt die Situation, dass gleichzeitig hohe Inflationsraten und hohe Arbeitslosigkeit bei stagnierender Wirtschaftstätigkeit auftraten, die sogenannte **Stagflation**.

Aus theoretischer Sicht wurde der Prozess des Umdenkens zum einen wesentlich von der Kritik Milton Friedmans (1968) und seinem Konzept der natürlichen Arbeitslosigkeit mit einer langfristig senkrechten Phillips-Kurve geprägt. Zum anderen wurde die Rolle der Erwartungen für die Wirkungen der Geldpolitik herausgestellt (Phelps, 1967, Friedman, 1968, Lucas, 1972). Dies führte schließlich zur **modernen Form der Phillips-Kurve**. Dieser Ansatz verbindet Elemente der **rationalen Erwartungsbildung** mit keynesianisch geprägten Modellen, welche die Bedeutung kurzfristig rigider Preise betonen (vgl. Kapitel 12). Bei den Wirkungen der Geldpolitik wird dabei unterschieden zwischen der kurzen und mittleren Frist, die geprägt ist durch rigide Preise, sowie der langen Frist mit flexiblen Preisen. In der kurzen Frist wirkt eine expansive Geldpolitik positiv auf die wirtschaftliche Entwicklung und damit auf die Beschäftigung. Übertragen auf den Phillips-Kurven-Zusammenhang führt eine expansive Geldpolitik zunächst zu einem Rückgang der Arbeitslosigkeit von U_0 auf U_1, während gleichzeitig die Inflationsrate von π_0 auf π_1 steigt (PK_0 in Schaubild 14.8).

Dieser Zusammenhang gilt jedoch nur in der kurzen bis mittleren Frist bei gegebenen Inflationserwartungen. Auf lange Sicht werden Unternehmen und private Haushalte aufgrund der steigenden Preise ihre Inflationserwartungen anpassen. Entsprechend werden dann etwa die Tariflöhne an die höhere erwartete Inflationsrate angepasst. Es gilt nun die neue Phillips-Kurve PK_1, welche im Ausmaß der gestiegenen Inflationserwartungen über der alten Phillips-Kurve PK_0 liegt. Bei der neuen Inflationsrate, die der erwarteten Inflationsrate π^e entspricht, steigt die Arbeitslosigkeit wieder auf das Ausgangsniveau U_0. Die expansive Geldpolitik verursacht langfristig nur einen Anstieg der Inflationsrate, während sich die Arbeitslosigkeit nicht dauerhaft von ihrem Gleichgewichtsniveau, der **natürlichen Arbeitslosigkeit** $U_0 = U_N$, entfernt. Auf lange Frist ist die Phillips-Kurve somit senkrecht, d. h. die Geldpolitik kann nur die Inflationsrate, nicht aber die Arbeitslosigkeit beeinflussen. Eine expansive Geldpolitik ist mit steigenden Inflationserwartungen verbunden, die sich in einer Verschiebung der kurzfristigen Phillips-Kurve nach oben niederschlagen (Friedman, 1968).

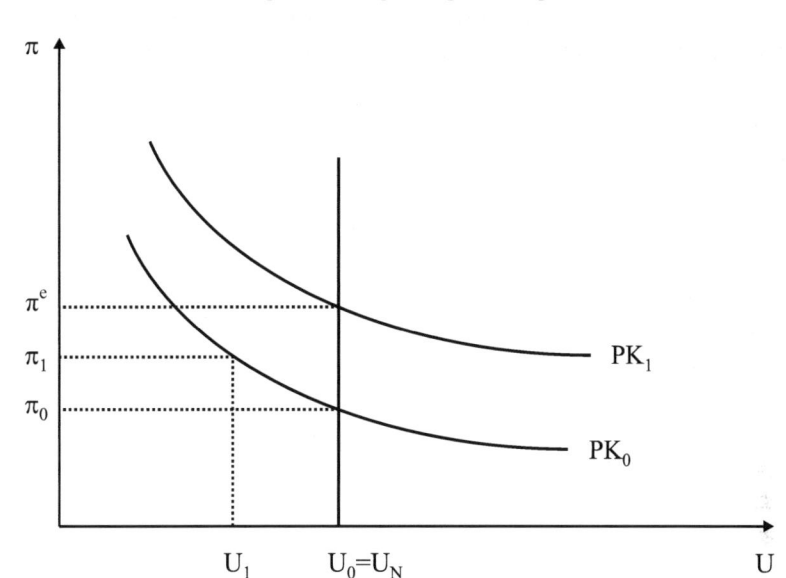

Schaubild 14.8: Kurzfristige und langfristige Phillips-Kurve

Formal lässt sich der Phillips-Kurven-Zusammenhang durch die folgende Gleichung beschreiben:

(14.4) $U_t = U_N + a(\pi_t^e - \pi_t)$.

U bezeichnet die aktuelle Arbeitslosenrate, U_N die natürliche Arbeitslosenrate, π die tatsächliche Inflationsrate und π^e die erwartete Inflationsrate. Der Parameter *a* misst die Steigung der Phillips-Kurve. Gleichung (14.4.) beschreibt den kurzfristigen Phillips-Kurven-Zusammenhang. In der stochastischen Version der Phillips-Kurve wird noch berücksichtigt, dass dieser Zusammenhang durch zufällige Schocks überlagert werden kann.

Gemäß Gleichung (14.4) gilt, dass immer dann die natürliche Arbeitslosenrate $U_0 = U_N$ erreicht wird, wenn die aktuelle Inflationsrate π gleich der erwarteten Inflationsrate π^e ist. Kommt es überraschend zu Inflation, sinkt die Arbeitslosigkeit um den Betrag $a(\pi^e - \pi)$ unter das natürliche Niveau. Die Erwartung einer höherer Inflationsrate π^e bewirkt eine Verschiebung der Phillips-Kurve nach oben (vgl. Schaubild 14.8).

In der langen Frist sind aktuelle und erwartete Inflationsrate gleich. Somit vereinfacht sich Gleichung (14.4) zu

(14.5) $U_t = U_N$.

Box 14.3: Keynesianer und Monetaristen

In den 50er und 60er Jahre erlebten die Industrieländer einen außerordentlichen wirtschaftlichen Aufschwung. Gleichzeitig erzielten Wirtschaftswissenschaftler wichtige Fortschritte etwa in den Bereichen der Konsum-, Investitions- und Geldtheorie. In diesem Umfeld glaubte die Mehrheit der Makroökonomen und Wirtschaftspolitiker, dass die Ursachen für Konjunkturschwankungen im Wesentlichen verstanden wären, und dass es möglich sei, die wirtschaftliche Entwicklung präzise zu steuern (konjunkturelle Feinsteuerung). Eine kleine, zunehmend einflussreiche Gruppe von Wirtschaftswissenschaftler um **Milton Friedman** teilte diesen Optimismus dagegen nicht. Die daraus entstehende Debatte zwischen **Keynesianern** und **Monetaristen** beherrschte die wissenschaftliche Diskussion in den 60er Jahren. Im Mittelpunkte der Diskussion standen vor allem drei Fragen.

(1) Die **Effektivität der Geld- versus der Fiskalpolitik**: Schon Keynes hatte die Rolle der Fiskalpolitik als Instrument der Nachfragesteuerung betont. Die Fiskalpolitik beeinflusst die Güternachfrage direkt und ist damit ein prinzipiell verlässlicheres Instrument der Konjunktursteuerung. Die Monetaristen um Friedman betonten dagegen die Bedeutung der Geldpolitik. Heute besteht weitgehend Konsens darüber, dass sowohl Geld- wie auch Fiskalpolitik bei rigiden Preise, also in der kurzen Frist, reale Effekte haben..

(2) Die **Phillips-Kurve**: Sie ist ursprünglich nicht Teil des Modells von Keynes. Da sie aber eine zur damaligen Zeit passende Erklärung für die Ursachen von Preis- und Lohnänderungen lieferte, wurde sie ein wichtiges Element Keynesianischer Modelle. Entsprechend des bis in die 60er Jahre gültigen empirischen Befunds unterstellten die Keynesianer eine stabile Phillips-Kurve. M. Friedman und E. Phelps widersprachen dieser Vorstellung. Sie zeigten, dass der Trade-off zwischen Arbeitslosigkeit und Inflation verschwindet, sobald die Wirtschaftspolitik diesen auszunutzen versucht – etwa, wenn eine expansive Politik die Arbeitslosigkeit über mehr Inflation zu senken versucht. Diese Sicht gilt heute als theoretisch und empirisch belegt.

(3) Die **Rolle der Politik**: Während Keynesianer die Möglichkeiten einer konjunkturpolitischen Feinsteuerung optimistisch einschätzten, betonten die Monetaristen die Begrenztheit des Wissens über die wirtschaftlichen Wirkungszusammenhänge. Entsprechend warnten sie vor einer Überforderung der Politik und plädierten für einfache Politikregeln, etwa eine konstante Rate des Geldmengenwachstums. Die Möglichkeiten einer konjunkturpolitischen Feinsteuerung werden heute eher kritisch gesehen. In wirtschaftlichen Ausnahmesituationen wie der im Jahr 2008 einsetzenden weltweiten Finanz- und Wirtschaftskrise gilt eine antizylische Konjunkturpolitik dagegen als angemessen. Die Untersuchung adäquater Politikregeln gehört zu den aktivsten Forschungsgebieten.

Diesen Zusammenhang beschreibt die langfristige Phillips-Kurve (vgl. Schaubild 14.8). Die Geldpolitik wirkt also nur in dem Umfang expansiv und beschäftigungssteigernd, wie sie eine Überraschungsinflation π^e-π hervorrufen kann. Dies ist am ehesten kurz- und mittelfristig zu erwarten. Langfristig beeinflusst die Geldpolitik dagegen nur das Preisniveau (Neutralität des Geldes). In dem Maße, wie Änderungen der Geldpolitik von den Wirtschaftssubjekten erwartet und in ihren Wirkungen antizipiert werden (rationale Erwartungen), kann die Geldpolitik auch kurzfristig keine realen Effekte mehr hervorrufen. Kündigt dann die Notenbank eine expansivere Geldpolitik an, so nehmen Unternehmen und Haushalte die zu erwartenden Preissteigerungen sofort vorweg. So werden die Inflationserwartungen in die Tarifverhandlungen eingehen und zu höheren Nominallöhnen führen. Die kurzfristige Phillips-Kurve verschiebt sich sofort nach oben, so dass in der Folge nur die Preise steigen, ohne dass es zu einem Rückgang der Arbeitslosigkeit kommt.

Die theoretischen Überlegungen deuten somit daraufhin, dass allenfalls kurzfristig ein Trade-off zwischen Inflation und Beschäftigung besteht. Empirische Untersuchungen für Industrieländer weisen daraufhin, dass dieser Zusammenhang zudem nicht sehr ausgeprägt und vor allem nicht stabil ist. Die Abbildung des empirischen Phillips-Kurven-Zusammenhangs für Deutschland illustriert diesen Befund (Schaubild 14.9). Dabei wurde der Zeitraum von 1965 bis 1991 für Westdeutschland in etwa drei gleich lange Intervalle aufgeteilt, die durch jeweils ähnliche wirtschaftliche Bedingungen gekennzeichnet waren, und als viertes Intervall Daten für die Zeit von 1992 bis 2009 für das vereinigte Deutschland hinzugefügt. So war etwa die Zeit bis 1972 noch durch das Bretton Woods System stabiler Wechselkurse geprägt und die Phase nach 1990 durch den Prozess der Deutschen Einheit. Die Inflationsraten und Arbeitslosenquoten innerhalb dieser Perioden sind vereinbar mit dem Befund auch mittelfristig relativ steiler Phillips-Kurven. So war etwa die Phase von 1965 bis 1972 durch sehr niedrige Arbeitslosenquoten in einer geringen Bandbreite zwischen 0,5 und 1,5 v. H. und einer natürlichen Arbeitslosenquote von unter 1 v. H. gekennzeichnet. Diese geringe Arbeitslosigkeit trat bei sehr unterschiedlichen Inflationsraten in einer Spanne von 1 bis knapp 6 v. H. auf. Im Zeitablauf hat sich die Phillips-Kurve nach rechts verschoben. Die natürliche Arbeitslosigkeit stieg in dieser Zeit dauerhaft an.

Für die Notenbanken bedeutet dies letztlich, dass eine am Ziel der Geldwertstabilität ausgerichtete Geldpolitik langfristig nicht negativ auf die Beschäftigung wirkt. Die Geldpolitik kann allenfalls kurzfristig Beschäftigungseffekte hervorrufen. Dabei sind diese Wirkungen um so kurzlebiger, je schneller die Wirtschaftssubjekte ihre Inflationserwartungen anpassen und in Verträgen berücksichtigen können.

Schaubild 14.9: Phillips-Kurven-Zusammenhang Deutschland (1965-2008)

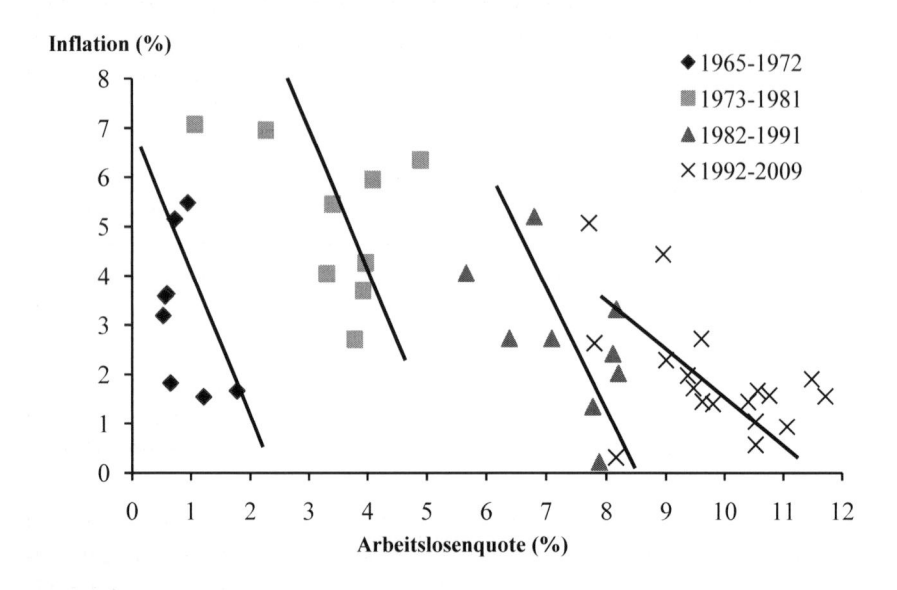

Quelle: Deutsche Bundesbank, Monatsberichte

Die Empfehlungen für die Geldpolitik hängen letztlich davon ab, welcher Zeithorizont gewählt wird und wie hoch die Geschwindigkeit der Preisanpassung ist. Ökonomen, welche die Nachfrageaspekte hervorheben, betonen in der Regel die kurze Frist und damit auch **Preisrigiditäten**. Sie raten daher, die Geldpolitik kurz- und mittelfristig zur Konjunkturstabilisierung einzusetzen. Dagegen betonen Ökonomen, welche die Angebotsseite in den Vordergrund stellen, eher die lange Frist und damit die Flexibilität der Preise. Sie verweisen auf die Ineffektivität der Geldpolitik als Beschäftigungspolitik und die Gefahren der Inflation. Entsprechend empfehlen sie, die Geldpolitik am Ziel der Geldwertstabilität zu orientieren. Welchen Empfehlungen sollte die Geldpolitik, insbesondere auch die Europäische Zentralbank, folgen? Beide Sichtweisen sind als Grenzfälle der Möglichkeiten der Geldpolitik zu verstehen, die reale wirtschaftliche Entwicklung zu beeinflussen. Sie bilden das Spannungsfeld, in dem alle Notenbanken ihre Geldpolitik verfolgen und in dem sie ihre Politik in der Öffentlichkeit vertreten müssen. Danach sollte die Geldpolitik langfristig am Ziel der Geldwertstabilität ausgerichtet sein. Dies schließt nicht aus, dass kurz- und mittelfristig ein gewisser geldpolitische Handlungsspielraum zur konjunkturellen Stabilisierung besteht.

14.5 Geldwertstabilität und Wachstum

Die Leistungsfähigkeit einer Wirtschaft wird wesentlich von realen Faktoren bestimmen, etwa dem Bestand an Arbeitskräften, an Sachkapital und dem technologischen Wissen. Welchen Einfluss hat (fehlende) Geldwertstabilität auf die Entwicklung der Produktionsfaktoren und damit auf das wirtschaftliche Wachstum einer Volkswirtschaft?

Die wissenschaftliche und politische Diskussion betont heute vor allem die zentrale Rolle angemessener makroökonomischer Rahmenbedingungen für den wirtschaftlichen Entwicklungsprozess. Eine an Geldwertstabilität orientierte Geldpolitik kann dazu beitragen, ein stabiles gesamtwirtschaftliches Umfeld zu sichern. Umgekehrt verursacht Inflation makroökonomische Unsicherheit und kann so das wirtschaftliche Wachstum bremsen.

Inflation beeinflusst die Wirtschaftsentwicklung vor allem über zwei Wirkungskanäle. Erstens erhöht Inflation die Unsicherheit bei wirtschaftlichen Entscheidungen (vgl. Abschnitt 14.2). Dadurch werden vor allem langfristig wirksame Entscheidungen wie Investitionen in Sachkapital sowie in Forschung und Entwicklung negativ betroffen. Auch die inflationsbedingten Steuerverzerrungen dürften tendenziell die Investitionstätigkeit benachteiligen. Das Wirtschaftswachstum fällt aufgrund der geringeren Sachkapitalbildung und einer niedrigeren Rate des technischen Fortschritts schwächer aus. Die bei hohen Inflationsraten teilweise zu beobachtende Flucht in die Sachwerte führt zwar zu hohen Sachinvestitionen, die allerdings durch eine geringe Effizienz gekennzeichnet sind (Fehlallokation von Ressourcen). Insgesamt fällt dadurch das wirtschaftliche Wachstum schwächer aus als im Falle von Geldwertstabilität.

Diese Effekte werden noch verstärkt, wenn Investoren Inflation als ein Signal für die allgemein fehlende Stabilitätsorientierung der Wirtschaftspolitik interpretieren. So könnte Inflation nicht nur ein Indiz für eine problematische Geldpolitik, sondern auch ein Indikator für zukünftige Probleme in der Fiskalpolitik sein.

Inflation kann aber nicht nur dazu führen, dass der Wachstumspfad einer Volkswirtschaft flacher, sondern auch auf einem niedrigeren Niveau verläuft als im Falle von Geldwertstabilität. Inflation verursacht unmittelbar Kosten etwa für Preisänderungen (Menu costs) und mittelbar bei der Umgehung der negativen Inflationswirkungen, etwa der Inflationssteuer auf Bargeld (vgl. Abschnitt 14.2). So werden inflationsbedingt Ressourcen gebunden, die nicht für den Produktionsprozess zur Verfügung stehen. Dadurch sind in einer inflationären Wirtschaft weniger Produkte für Konsum und Investitionen verfügbar als im Falle von Geldwertstabilität. Insgesamt dürfte Inflation die wirtschaftliche Entwicklung dadurch behindern, dass sowohl die Investitionen niedriger als auch die Effizienz des Faktoreinsatzes niedriger ist als im Falle von Geldwertstabilität. Die negativen Wirkungen von Inflation sind vor allem in Phasen hoher Inflationsraten, insbesondere bei Hyperinflationen, offenkundig und können massive Kosten verursachen.

Empirische Untersuchungen belegen eindeutig, dass sich hohe Inflationsraten (π > 10 v.H.) negativ auf das wirtschaftliche Wachstum auswirken. So kommt etwa Robert Barro in einer umfassenden Länderstudie für den Zeitraum von 1960-1990 für über 100 Länder zu dem Ergebnis, dass ein statistisch signifikanter negativer Zusammenhang zwischen der durchschnittlichen Inflationsrate eines Landes und dem durchschnittlichen realen Pro-Kopf-Wachstum besteht. Ein typisches Ergebnis dieser Untersuchungen ist, dass mit einem Anstieg der Inflationsrate um 10 Prozentpunkte ein Rückgang der Wachstumsrate um 0,2 bis 0,3 Prozentpunkte einhergeht. Diese Wachstumseinbußen mögen zunächst nicht sehr groß erscheinen, sie können aber im Zeitablauf durch kumulierende Effekte erhebliche reale Wirkungen verursachen. Der negative Einfluss hoher Inflationsraten auf das Wirtschaftswachstum ist somit eindeutig belegt, wobei sich die genauen quantitativen Wirkungen nur mit einer gewissen Unsicherheit abschätzen lassen.

Für niedrige Inflationsraten liefern die Regressionsanalysen meist keine eindeutigen Ergebnisse. In makroökonomischen Studien sind die geschätzten Beziehungen häufig nicht signifikant. Möglicherweise sind allerdings die angewandten Untersuchungsansätze nicht differenziert genug, um den Einfluss der Inflation auf das Wirtschaftswachstum von der Wirkung anderer Faktoren zu unterscheiden.

In einem partial-analytischen Ansatz untersucht Feldstein (1997) empirisch die Wirkungen eines nicht-indexierten Steuersystems. Dabei findet er für die USA Hinweise, dass auch niedrige Inflationsraten negative Wachstumseffekte haben. Eine Reihe anderer Autoren wenden diesen Ansatz auf andere Länder an und finden ähnliche Ergebnisse.

Insgesamt besteht die Kunst der Geldpolitik letztlich darin, das langfristige Ziel der Geldwertstabilität mit kurzfristigen Politikzielen, wie der konjunkturellen Stabilisierung, zu vereinbaren. Grundsätzlich sollten Notenbanken ihre Politik am Ziel der Geldwertstabilität orientieren und keine aktive Beschäftigungspolitik anstreben. Dies muss aber nicht ausschließen, dass die Geldpolitik konjunkturelle Schocks zu dämpfen versucht. Prinzipiell kann die Notenbank im Falle vorübergehender Nachfrageschocks ihre kurz- und mittelfristigen Konjunkturziele erreichen, ohne das Primärziel der Geldwertstabilität zu gefährden. Allerdings wird sie bei der praktischen Umsetzung ihrer Politik mit vielen Schwierigkeiten konfrontiert. So kann sich die Geldpolitik insbesondere nicht auf einen stabilen Zusammenhang zwischen Inflation und Arbeitslosigkeit stützen.

Langfristig besteht kein Trade-off zwischen dem Ziel der Geldwertstabilität und anderen wirtschaftspolitischen Zielen, etwa Wachstum und Beschäftigung. Bei Geldwertstabilität stabilisieren sich die langfristigen Inflationserwartungen auf niedrigen Niveau, so dass die Signalfunktion der relativen Preise unverzerrt bleibt und eine effiziente Ressourcenallokation begünstigt wird. Vertrauen dann die Sparer auf den langfristigen Erhalt der Kaufkraft, sind Wachstumseffekte über verminderte Risikoprämien und damit niedrigere Realzinsen erreichbar.

Literaturhinweise

Eine interessante Übersicht „Warum Preisstabilität" liefert Richter (2002). Issing (2004) diskutiert Preisniveaustabilität als primäres Ziel. Die aktuellen Preisindizes für Deutschland und die Europäische Union finden sich beim Statistischen Bundesamt (www.destatis.de) und beim Statistischen Amt der Europäischen Union (ec.europa.eu/eurostat). Die Deutsche Bundesbank (1998) untersucht die Verzerrung bei der Inflationsmessung in Deutschland. Landau (2000) vergleicht verschiedene Konzepte von Kerninflationsraten, Herz/Röger (1997) analysieren gleichgewichtige Inflationsraten nach dem P*-Konzept. Die Verteilungswirkungen von Inflation werden von Fischer und Easterly (2001) untersucht. Zur Kritik der Phillips-Kurve sind Phelps (1967) und Friedman (1968) die grundlegenden Beiträge. Kugler und Hanusch (1994) liefern einen knappen Überblick über die Phillips-Kurven-Diskussion. Feldstein (1997) sowie Tödter und Ziebarth (1997) untersuchen im Rahmen einer Gleichgewichtsanalyse die Wirkungen von Niedrig-Inflation. Barro (1998) liefert einen Einstieg in die Wachstumseffekte der Geldpolitik. Orphanides (2006) beschreibt den Weg der USA hin zu Preisstabilität.

Zusammenfassung

1. Geld kann seine zentrale Aufgabe als Zahlungsmittel, Wertaufbewahrungsmittel und Recheneinheit nur dann optimal erfüllen, wenn das Preisniveau und damit der Geldwert stabil ist.

2. Die Kosten der Inflation lassen sich danach unterscheiden, ob Inflation erwartet oder unerwartet auftritt.

3. Zu den Kosten der erwarteten Inflation gehören die mit der Änderung von Preisen verbundenen Speisekartenkosten, die Inflationssteuer auf Bargeld, die mit einer verringerten Bargeldhaltung verbundenen Schuhsohlenkosten und die durch die unvollkommene Anpassung des Steuersystems verursachten Verzerrungen.

4. Zu den Kosten einer unerwarteten Inflation gehören die suboptimale

Ressourcenallokation aufgrund größerer Unsicherheit über die relativen Preise und die willkürlichen Vermögensumverteilungen zwischen Gläubigern und Schuldnern.

5. Die Phillips-Kurve beschreibt den negativen Zusammenhang zwischen Inflation und Arbeitslosigkeit in der kurzen Frist. Danach kann eine expansive Geldpolitik zwar die Arbeitslosigkeit vorübergehend verringern, allerdings nur um den Preis höherer Inflation.

6. Langfristig besteht kein Zusammenhang zwischen Inflation und Arbeitslosigkeit. Die Inflationserwartungen passen sich der tatsächlichen Inflation an und führen zu einer Verlagerung der kurzfristigen Phillips-Kurve. Die langfristige Phillips-Kurve verläuft senkrecht bei der natürlichen Arbeitslosenquote.

7. Empirische Studien zeigen einen signifikant negativen Einfluss hoher Inflation auf das Wirtschaftswachstum. Dieser Zusammenhang ist für niedrige Inflationsraten nicht eindeutig belegt.

8. Notenbanken sollten ihre Politik langfristig am Ziel der Geldwertstabilität orientieren. Sie vermeiden dadurch die dauerhaften Kosten der Inflation und die negativen Effekte auf das Wirtschaftswachstum. Dies lässt einen gewissen Spielraum für die Stabilisierung vorübergehender konjunktureller Schwankungen.

Schlüsselbegriffe

Deflation
Disinflation
Fisher-Effekt
Geldwertstabilität
Harmonisierter Verbraucherpreisindex
Indexierung
Inflation
--, erwartete
--, unerwartete
Inflationsrate
Inflationssteuer
Informations- und Lenkungsfunktion von Preisen
Kerninflation

natürliche Arbeitslosigkeit
Schuhsohlen-Kosten
Speisekarten-Kosten
Phillips-Kurve
Preisdeflator des Bruttoinlandsprodukts
Preisindex
Preisniveaustabilität
Preisrigiditäten
Rationale Erwartungen
Risikoprämie
Stagflation
Steuerverzerrungen, inflationsbedingte
Zielkonflikt

Kapitel 15

Geldpolitische Instrumente

Zum Inhalt von Kapitel 15

Geldpolitische Instrumente scheinen zunächst ein wenig aufregendes Randgebiet der Geldpolitik zu sein. Tatsächlich jedoch unterliegt das Instrumentarium mindestens so starken Änderungen wie die geldpolitische Strategie. Das aktuelle Instrumentarium hat in seiner konkreten Ausgestaltung mit dem der 1980er Jahre wenig und mit dem der 1950er Jahre fast nichts zu tun.

Der Grund für die starken Wandlungen im geldpolitischen Instrumentarium liegt an dessen unmittelbarer Verbindung zu den Finanzmärkten. Die Zentralbank muss auf die jeweiligen institutionellen Gegebenheiten der Finanzmärkte eingehen, um mit ihren Maßnahmen das gewünschte Ergebnis zu erreichen. Hierbei dominieren vor allem zwei Entwicklungslinien: Zum einen sind die Finanzmärkte viel stärker gewachsen als das Bilanzvolumen der Zentralbanken, so dass der rein quantitative Einfluss der Zentralbank zurückgeht; zum anderen sind die Finanzmärkte seit den 1970er Jahren stark liberalisiert worden, so dass der Staat generell weniger direkten Einfluss auf deren Entwicklung hat. Zusammenfassend musste die Zentralbank von einer direkten Steuerung der Märkte zu einer indirekten Steuerung übergehen.

Wir entwickeln das Verständnis für die heute praktizierte Geldmarktsteuerung und die dafür eingesetzten Instrumente von den Aufgaben der Geldpolitik her. Nach einem Überblick zu den Instrumenten konzentrieren wir uns auf das Hauptinstrument, die Offenmarktpolitik. Etwas ausführlicher gehen wir zudem auf die heutige Ausgestaltung der Mindestreserve ein.

15.1 Die Rolle der Instrumente in der Geldpolitik

Der Begriff der Instrumente besagt bereits, dass die Auswahl und Ausgestaltung dieser Instrumente sich funktional aus den Aufgaben (vgl. Kapitel 3) und der Konzeption der Geldpolitik ergibt (vgl. Kapitel 16 ff.). Instrumente entstehen also keinesfalls zufällig, sind im Zeitablauf nicht konstant und ihre Modifikation erfolgt bewusst. Diese Gestaltbarkeit wird dann besonders deutlich, wenn – wie im Fall der EZB – eine neue Zentralbank etabliert wird, die ihr Instrumentarium ohne historische Bindung neu gestalten kann. Diese Ausgangslage stellte zugleich eine große Chance dar, aus den Erfahrungen der Zentralbanken im ESZB zu lernen, denn die nationalen Praktiken waren recht unterschiedlich.

Im Ergebnis arbeitet das Eurosystem – denn nur die dort vertretenen Zentralbanken haben sich auf ein einheitliches Instrumentarium geeinigt – mit vier Instrumentengruppen. Dieses Instrumentarium ist so gestaltet, dass es in bester Weise zur Aufgabenerreichung der Zentralbank beiträgt. Von den in Kapitel 3 behandelten Aufgaben geht es hierbei vor allem um die Durchführung einer einheitlichen Geldpolitik. Diese Kernaufgabe wird heute anhand der Steuerung des Geldmarktzinssatzes durchgeführt. Daneben lassen sich auch drei weitere Aspekte bei der Geldmarktsteuerung unterscheiden, die wiederum in Verbindung mit den übrigen Aufgaben der Zentralbank stehen:

- Wie gesagt, steht die Steuerung des kurzfristigen Zinssatzes heute im Vordergrund beim Instrumenteneinsatz. Die Geldmarktsteuerung ist dabei natürlich kein Selbstzweck, sondern wiederum ein Mittel, um letztlich zu den gesetzlich festgelegten Aufgaben des Eurosystems beizutragen. Je nach Ausgestaltung kann damit – wie wir in den späteren Kapiteln zur Geldpolitik sehen werden – auch die allgemeine Wirtschaftspolitik unterstützt werden.
- Ein Nebenaspekt der Geldmarktsteuerung ist die Grundversorgung der Wirtschaft mit Zentralbankgeld (als Basis des Kreditschöpfungsprozesses, vgl. Kapitel 4), so dass sich die Realwirtschaft langfristig spannungsfrei entwickeln kann.
- Manchmal erwähnt wird im Zusammenhang mit Finanzinnovationen die Sicherung der Nachfrage nach Zentralbankgeld.
- Schließlich sind auch eventuelle Interventionen an Devisenmärkten als nachgeordneter Aspekt aufzuführen, da die Zentralbank hierfür zuständig ist. Ferner ergeben sich aus Interventionen unmittelbare Rückwirkungen auf die Geldpolitik. Würde man neben der Geldpolitik allerdings eine außenwirtschaftlich orientierte Währungspolitik unterscheiden, dann müssten Interventionen eher zu letzterem Politikbereich gerechnet werden. Die Zuordnung der Instrumentengruppen zu den genannten vier Aspekten kann man aus Schaubild 15.1 ersehen. Dunkel hervorgehoben sind dort die besonders wichtigen Bereiche, woraus die überragende Stellung der **Offenmarktpolitik** ersichtlich wird. Bei diesem Instrument wird die Zentralbank am „offenen Markt" durch Transaktionen tätig – idealtypisch kauft oder verkauft sie Geldmarktpapiere – und beeinflusst somit über ihre Transaktionen die Marktkonditionen. Dieses Instrument entspricht stärker

Die Rolle der Instrumente in der Geldpolitik 279

als alle Alternativen dem Idealtypus einer marktorientierten, indirekten Steuerung der Finanzmärkte. Allerdings ist die Zentralbank nur ein Marktteilnehmer unter anderen, und ihre quantitativen Möglichkeiten, die marginalen Marktbedingungen zu ändern, sind begrenzt. Der „Marktanteil" des Eurosystems an allen MFIs beträgt weniger als 7 v.H. (vgl. Kapitel 4), wobei in dieser Sichtweise die Kapitalmärkte – soweit nicht MFIs involviert sind – unberücksichtigt bleiben.

Schaubild 15.1: Die Instrumente müssen bei der Aufgabenerfüllung des Eurosystems zweckdienlich sein

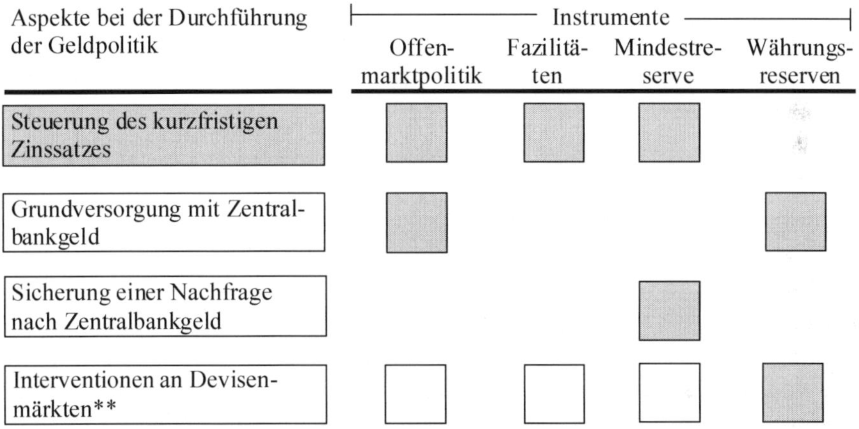

Aspekte bei der Durchführung der Geldpolitik	Instrumente			
	Offenmarktpolitik	Fazilitäten	Mindestreserve	Währungsreserven
Steuerung des kurzfristigen Zinssatzes	■	■	■	
Grundversorgung mit Zentralbankgeld	■			■
Sicherung einer Nachfrage nach Zentralbankgeld			■	
Interventionen an Devisenmärkten**	□	□	□	■

* dunkel hervorgehoben sind zentrale Einsatzfelder
** wird häufig nicht zu den geldpolitischen Instrumenten gezählt

Im Kontrast zur Offenmarktpolitik geht bei den **Fazilitäten** die Initiative nicht von der Zentralbank, sondern von deren Kontrahenten am Markt aus, die stehende Angebote der Zentralbank zur Liquiditätsänderung nutzen können. Damit die Zentralbank nicht handlungsunfähig wird, indem die Märkte über diesen Weg den Kurs der Geldpolitik bestimmen, müssen die Konditionen entsprechend gestaltet sein. Im Fall des Eurosystems geschieht dies über die Zinssätze, die für Einlagen unterhalb des normalen Marktniveaus liegen und für Kredite entsprechend oberhalb. Durch diese Spreizung erreicht die Zentralbank, dass die Fazilitäten marktweit nur in dem Grenzfall beansprucht werden, in dem der Geldmarktzins an die vorgegebenen Zinsgrenzen stößt. Darüber hinaus nutzen einzelne Kreditinstitute die Fazilitäten bei überraschenden Salden ihres Zahlungsverkehrs am Tagesende, wenn sich am Interbankenmarkt keine günstigeren Möglichkeiten mehr bieten.

Für den „normalen Ablauf" der Geldpolitik ist die **Mindestreserve**, die Kreditinstitute verpflichtet, für bestimmte Verbindlichkeiten Guthaben bei der Zentralbank zu halten, ein wichtiges ergänzendes Instrument – ähnlich wie die Fazilitäten. In einem rein technischen Sinne sollen durch geschickte Ausgestaltung der Mindestreserve stärkere Geldmarktzinsschwankungen vermieden werden. Insofern hilft die Mindestreserve bei der Steuerung des Geldmarktzinses. Ferner erzeugt die Mindestreserve eine Nachfrage nach Zentralbankgeld, die auch dann noch besteht, wenn möglicherweise einmal die Bargeldnachfrage ausfallen sollte (vgl. Kapitel 4).

Als vierte Instrumentengruppe bieten **Währungsreserven** die Grundlage, um an Devisenmärkten zugunsten der eigenen Währung durch Verkauf von Fremdwährung intervenieren zu können. Darüber hinaus stellen Währungsreserven den größten Aktivposten in der Bilanz des Eurosystems dar und damit einen Gegenposten zum Zentralbankgeld.

Nach dieser Einführung in die vier Gruppen vom Eurosystem genutzter geldpolitischer Instrumente geht der folgende Abschnitt auf die jeweilige institutionelle Ausgestaltung ein, wobei wir uns auf die drei für die Geldmarktsteuerung bedeutsamen Instrumentengruppen beschränken.

15.2 Überblick zu den Hauptinstrumenten des Eurosystems

Die drei vom Eurosystem verwendeten Instrumente der Offenmarktpolitik, Fazilitäten und Mindestreserve haben eine spezifische europäische Ausgestaltung erfahren. Die starke Betonung der Offenmarktpolitik kommt dabei auch darin zum Ausdruck, dass innerhalb dieser Instrumentengruppe wieder vier Formen vorgesehen sind (vgl. Schaubild 15.2):

- Das sogenannte **Hauptrefinanzierungsinstrument** stellen befristete Transaktionen dar, die wöchentlich für jeweils 7 Tage abgeschlossen werden. Der Name gibt die Bedeutung dieser Art von Offenmarktgeschäften wieder: Sie machen in den ersten Jahren des Eurosystems etwa zwei Drittel der Refinanzierung der Kreditinstitute aus. Der weit gefasste Begriff der befristeten Transaktionen deutet darauf hin, dass hier verschiedene technische Varianten denkbar und in den Mitgliedsländern gebräuchlich sind. Darunter fallen **Pensionsgeschäfte**, bei denen das Eigentum an Sicherheiten an die kreditgewährende Zentralbank übertragen wird, oder **Pfandkredite**, bei denen zwar das Eigentum an den Sicherheiten bei den Schuldnern bleibt, aber der Gläubiger eine gegebenenfalls durchsetzbare

Forderung hat. Die Deutsche Bundesbank ist – wie das Eurosystem – 1999 zum zweiten Verfahren übergegangen, weil hierbei die Sicherheiten nicht einem speziellen Geschäft zugeordnet werden, sondern das Pfandkonto insgesamt hinreichende Deckung aufweisen muss.
- Im Volumen weniger umfangreich fallen **längerfristige Refinanzierungsgeschäfte** aus. Hier führt das Eurosystem monatlich befristete Transaktionen mit einer Laufzeit von jeweils drei Monaten durch, in der Finanzkrise auch mit einer Laufzeit von sechs Monaten.
- Keine quantitative Bedeutung haben in normalen Zeiten die **Feinsteuerungsoperationen**, die aber in der Finanzkrise 2007ff. mehrfach genutzt wurden. Der Sinn dieser Maßnahmen liegt gegebenenfalls in der schnellen Beeinflussung des Geldmarktes, weshalb die Zentralbank nicht alle potentiellen Kontrahenten ansprechen kann. Insofern sind hier befristete Transaktionen vorgesehen, die entweder wenige große Marktteilnehmer ansprechen – wie ein erstmals im Januar 2000 durchgeführter Schnelltender – oder gar nur einen einzigen – ein bilaterales Geschäft. Ferner kann das Eurosystem Transaktionen nicht nur befristet durchführen, sondern definitiv, d.h. Papiere kaufen oder verkaufen, wenngleich nicht mit der Absicht, solche Positionen dauerhaft zu halten. Weitere Optionen zielen auf eine Liquiditätsabschöpfung, wie die Hereinnahme von Termineinlagen oder die Emission eigener Schuldverschreibungen durch die EZB. Schließlich sind auch Devisenswapgeschäfte zugelassen, die neben dem Geldmarkt offensichtlich auch die Devisenmärkte berühren.
- Schließlich hat das Eurosystem noch die Möglichkeit zu **strukturellen Operationen**. Zur Beeinflussung der grundlegenden Liquiditätsposition der Kreditinstitute gegenüber dem Eurosystem können geeignete Instrumente mit einer längeren Laufzeit genutzt werden.

Neben der Offenmarktpolitik bietet das Eurosystem auch ständige Fazilitäten an. Hier hat man sich für eine **Spitzenrefinanzierungsfazilität** und eine Einlagenfazilität entschieden. Erstere erlaubt den Kreditinstituten eventuell auftretenden Liquiditätsbedarf sofort, für einen Tag und im Volumen unlimitiert bei der Zentralbank decken zu können. Der Preis dafür ist ein „Strafzinssatz", der deutlich über dem entsprechenden Marktzinssatz, dem Tagesgeldsatz, liegt. Für eine entsprechend umgekehrte Situation gibt es die **Einlagenfazilität**. Hier können die Kreditinstitute unerwartete Liquidität für einen Tag zu einem „Strafzinssatz" bei der Zentralbank anlegen, der jetzt deutlich unterhalb des Tagesgeldsatzes liegt. Beide Fazilitäten zusammen genommen begrenzen ein Zinsband für den Tagesgeldsatz, das dieser nicht verlassen wird.

Schaubild 15.2: Die drei geldpolitischen Hauptinstrumente des Eurosystems

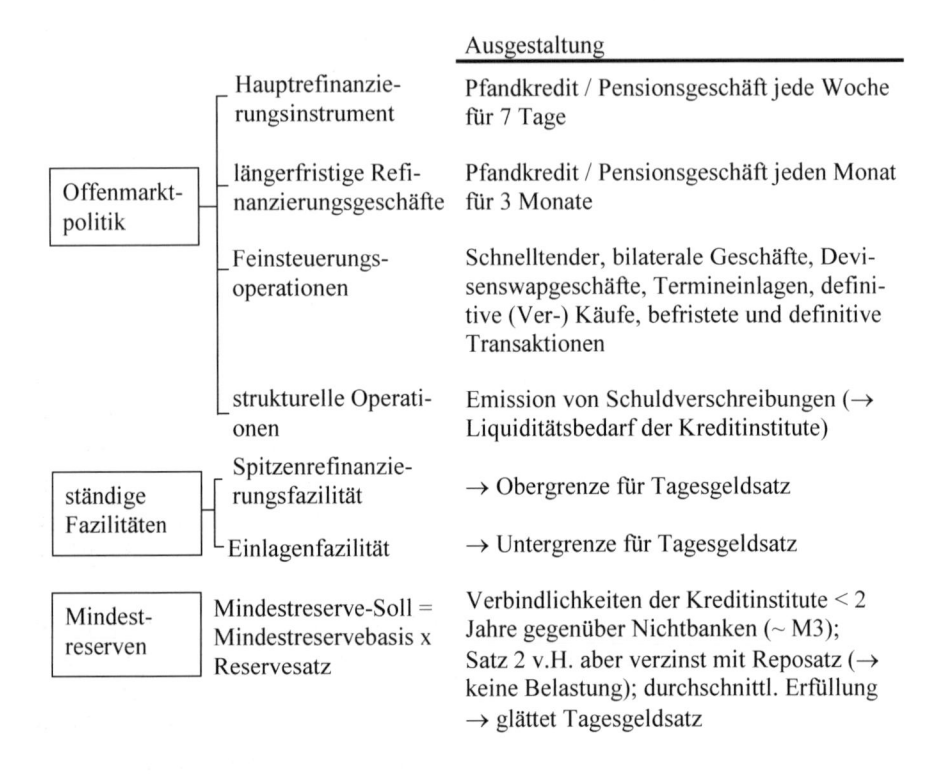

		Ausgestaltung
Offenmarkt-politik	Hauptrefinanzierungsinstrument	Pfandkredit / Pensionsgeschäft jede Woche für 7 Tage
	längerfristige Refinanzierungsgeschäfte	Pfandkredit / Pensionsgeschäft jeden Monat für 3 Monate
	Feinsteuerungsoperationen	Schnelltender, bilaterale Geschäfte, Devisenswapgeschäfte, Termineinlagen, definitive (Ver-) Käufe, befristete und definitive Transaktionen
	strukturelle Operationen	Emission von Schuldverschreibungen ($\to$ Liquiditätsbedarf der Kreditinstitute)
ständige Fazilitäten	Spitzenrefinanzierungsfazilität	$\to$ Obergrenze für Tagesgeldsatz
	Einlagenfazilität	$\to$ Untergrenze für Tagesgeldsatz
Mindestreserven	Mindestreserve-Soll = Mindestreservebasis x Reservesatz	Verbindlichkeiten der Kreditinstitute < 2 Jahre gegenüber Nichtbanken ($\sim$ M3); Satz 2 v.H. aber verzinst mit Reposatz ($\to$ keine Belastung); durchschnittl. Erfüllung $\to$ glättet Tagesgeldsatz

Das dritte Hauptinstrument der europäischen Geldpolitik ist schließlich die Mindestreserve. Das Mindestreservesoll der Kreditinstitute im Euroraum errechnet sich aus der Mindestreservebasis multipliziert mit dem Reservesatz. Die **Mindestreservebasis** besteht im Grunde aus den Verbindlichkeiten der Kreditinstitute gegenüber Nichtbanken, während Verbindlichkeiten gegenüber anderen Kreditinstituten, die mindestreservepflichtig sind, und gegenüber dem Eurosystem unberücksichtigt bleiben. Bei der Mindestreservebasis wiederum sind Positionen mit einem positiven **Reservesatz** und solche mit einem Reservesatz von Null zu unterscheiden. Ein Reservesatz von 2 v.H. gilt seit dem Start des Eurosystems für genau festgelegte Verbindlichkeiten der Kreditinstitute, die sich in weiten Teilen mit der Abgrenzung für M3 decken (vgl. Kapitel 4), während die übrigen – vor allem länger laufenden – Verbindlichkeiten mit einem Reservesatz von Null belegt sind. Hervorzuheben ist schließlich, dass das Mindestreservesoll mit dem Zinssatz für Hauptrefinanzierungsgeschäfte verzinst wird, während über das Soll hinausgehende **Überschussreserven** unverzinst bleiben. Dadurch werden Verzerrungen zwischen Geldvermögensformen aufgrund einer nur teilweisen Belastung mit Mindestreserve vermieden.

Bevor wir auf die genauere Durchführung der Offenmarktpolitik und der Mindestreservepolitik eingehen, wirft der folgende Abschnitt einen Blick auf die Gesamtheit geldpolitischer Instrumente.

15.3 Weitere geldpolitische Instrumente

Das Instrumentarium des Eurosystems ist ganz neu gestaltet und auf die Verhältnisse in hoch entwickelten Ländern abgestellt – es weist damit andere Charakteristika als Instrumente in anderen Ländern oder zu anderen Zeiten auf. Es wurde bereits darauf hingewiesen, dass die sich entwickelnden Finanzmärkte eine indirekte Geldmarktsteuerung sowohl notwendig als auch möglich machen. Dementsprechend gibt es eine Vielzahl von Instrumenten für andere institutionelle Umstände, deren gemeinsamer Nenner darin liegt, dass sie direkter steuern und fast immer auch einen strukturellen Einfluss nehmen wollen. Wir skizzieren diese Instrumente mit abnehmender Eingriffsintensität:

- Am stärksten greift die **selektive Geldpolitik** in die Märkte ein, da sie gerade darauf abzielt, die Allokationsentscheidung zu lenken. Kennzeichen dieses Instruments ist die Spaltung der Geldpolitik im Hinblick auf die Verwendung der Kredite. So kann nach Industriezweigen, Regionen oder bis auf die Ebene einzelner Großprojekte differenziert werden, wodurch die selektive Geldpolitik im Grenzfall zur Investitionslenkung wird. Als Steuerungsmittel können sowohl mengenmäßige Vorgaben gemacht als auch preisliche Anreize gegeben werden.
- Vergleichsweise schwächer greifen **Zinsfestlegungen** ein, die entweder als feste Zinssätze oder als Grenzwerte ausgestaltet sind. Die Festlegungen können sich auf die Laufzeit, Einlageart oder Marktteilnehmergruppe erstrecken und gehen damit im Grenzfall in eine selektive Geldpolitik über.
- Weniger spezifisch wirksam ist die **Kreditplafondierung**, also die Volumenbegrenzung von Krediten, sofern die Obergrenze für die Kreditvergabe an Nichtbanken generell gilt. Im Einzelnen lassen sich Gestaltungsdetails vorstellen (wie eine Brutto- oder Nettokreditplafondierung, Kreditstopp oder Zuwachsbegrenzung), die im Grenzfall wiederum in eine Variante der selektiven Geldpolitik münden.

- Eindeutig zurückhaltender operiert die Geldpolitik beim Instrument der **Moral Suasion**, also der Verhaltensappelle an Marktteilnehmer. Damit der Appell allerdings etwas bewirkt, muss die Zentralbank etwas *bieten*: Dies kann eine Einsicht in gesamtwirtschaftliche Wirkungen des Handelns sein, es kann in der durch Moral Suasion erst erreichten Publikumswirksamkeit und damit sich ergebender Anreize des Handelns liegen oder – am deutlichsten – in kompensierendem "Wohlverhalten", sofern die Adressaten auf die Zentralbank an anderer Stelle angewiesen sind, wie bspw. Kreditinstitute bei der Bankenaufsicht.
- Im Unterschied zur Moral Suasion bleibt das **Gentleman's Agreement** weitgehend der Öffentlichkeit verborgen. Bei solchen freiwilligen Vereinbarungen muss es allerdings Anreize zur Verhaltensänderung geben. Diese ähneln denen bei der Moral Suasion, wobei hier ein Anreiz darin liegen müsste, die Vereinbarung nicht publik zu machen.
- Ein letztes, häufiger praktiziertes Instrument ist die **Einlagenpolitik**. Hier kann die Zentralbank entscheiden, ob Guthaben der öffentlichen Haushalte bei Kreditinstituten oder bei der Zentralbank gehalten werden. Die Verlagerung weg von der Zentralbank hin zu Kreditinstituten ermöglicht den Kreditinstituten zusätzliche Zentralbankeinlagen zu halten und damit – unter ansonsten unveränderten Umständen – ihren Kreditschöpfungsspielraum auszuweiten.

Die unterschiedliche Nutzung dieser geldpolitischen Instrumente im Zeitablauf ist kein Zufall, sondern hängt vom Entwicklungsstand der Finanzmärkte ab. Deshalb stellt Schaubild 15.3 die schwerpunktmäßige Nutzung der drei Instrumente des Eurosystems sowie der in diesem Abschnitt angesprochenen zusätzlichen Instrumente dar. Dabei werden vier vereinfachte, exemplarische Entwicklungsstadien unterschieden: eine typische Situation in Entwicklungsländern, die deutsche Situation im Jahr 1960 und im Jahr 1998, dem letzten Jahr der geldpolitischen Entscheidungshoheit der Deutschen Bundesbank, sowie schließlich die aktuelle Situation.

Man erkennt im Schaubild unschwer eine Schwerpunktverlagerung von links unten nach rechts oben. D.h. im Zeitablauf wurden und werden immer noch – im Einklang mit der Entwicklung der Finanzmärkte und der sonstigen Rahmenbedingungen – Instrumente der direkten Steuerung durch Instrumente der indirekten Steuerung ersetzt.

Weitere geldpolitische Instrumente 285

Schaubild 15.3: Entwicklungstendenzen in der Nutzung verschiedener Instrumente

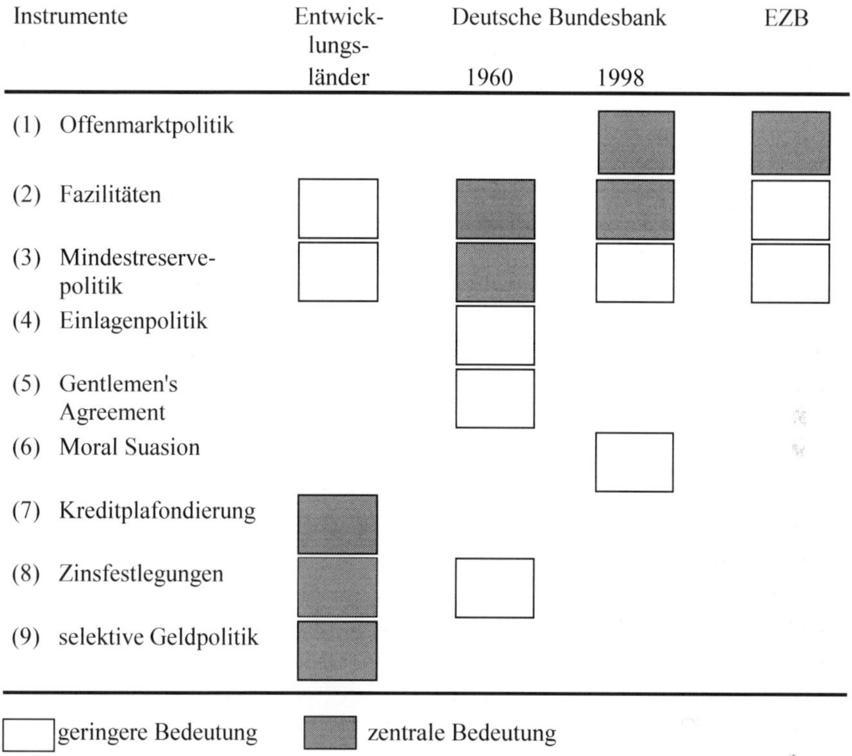

Instrumente	Entwicklungsländer	Deutsche Bundesbank 1960	Deutsche Bundesbank 1998	EZB
(1) Offenmarktpolitik			■	■
(2) Fazilitäten	□	■	■	□
(3) Mindestreservepolitik	□	■	□	□
(4) Einlagenpolitik		□		
(5) Gentlemen's Agreement		□		
(6) Moral Suasion			□	
(7) Kreditplafondierung	■			
(8) Zinsfestlegungen	■	□		
(9) selektive Geldpolitik	■			

□ geringere Bedeutung ■ zentrale Bedeutung

Einige Anmerkungen sollen dabei die deutsche Entwicklung akzentuieren: Eine selektive Geldpolitik ist in Deutschland auf volkswirtschaftlicher Ebene niemals betrieben worden. Dagegen wurde die Zinsbindung letztlich erst 1967, aber damit immer noch früher als in vielen Nachbarländern abgeschafft. Das Instrument der Kreditplafondierung kam in den 70er Jahren in die Diskussion, als es von den einen als Instrument der Investitionslenkung gedacht war und von anderen als zusätzliches Mittel, um die phasenweise sehr dynamische monetäre Expansion zu begrenzen. Während Kreditplafondierung nicht praktiziert wurde, war Moral Suasion ein permanentes Mittel der Bundesbankpolitik, die sich traditionell mit ihrer Autorität in viele Bereiche der wirtschaftspolitischen Diskussion eingeschaltet hat. Während die Bundesbank immer versucht hat, als Anwalt wirtschaftlicher Vernunft öffentlichkeitswirksam zu agieren, ist die Zeit der freiwilligen Vereinbarungen mit zunehmender Liberalisierung der Finanzmärkte zu Ende gegangen. Formal gilt dies für die Einlagenpolitik seit dem Jahr 1994, als in Vorbereitung der Europäischen Währungsunion die Grenze zwischen Staat und Zentralbank möglichst scharf gezogen werden sollte. Dagegen wird Mindestreservepolitik scheinbar immer noch praktiziert; trotz der Konstanz des Instruments gilt dies aber nicht in einem inhaltlichen Sinne wie in Abschnitt 15.5 herausgearbeitet wird. Auch Fazilitäten gibt es immer noch, doch haben sie bei weitem nicht mehr die quantitative Bedeutung wie bis Mitte der 80er Jahre. Konsequenterweise fokussiert sich das Instrumentarium deshalb auf das letzte verbleibende Instrument, die Offenmarktpolitik, deren Technik im nächsten Abschnitt erläutert wird.

15.4 Zur technischen Abwicklung der Offenmarktpolitik

Die technische Ausgestaltung von Offenmarktgeschäften soll verschiedenen Anforderungen genügen: In erster Linie muss die Geldpolitik die Bedingungen am Geldmarkt in ihrem Sinne steuern können, um damit eine weiter reichende Wirkung zu erzielen. Daneben sollte die Offenmarktpolitik aber auch administrativ effizient und wettbewerbspolitisch neutral ausgestaltet sein. Diese Anforderungen der Wirksamkeit, Kosteneffizienz und Wettbewerbsneutralität lassen sich nicht immer gleichzeitig voll erreichen, wie wir später sehen werden.

Unproblematisch ist in dieser Hinsicht der potentielle Teilnehmerkreis: Sowohl die Zentralbank als auch die Kreditinstitute haben ein Interesse daran, dass niemand aus dem Kreis der Institute im Euro-Währungsgebiet grundsätzlich ausgeschlossen wird. Die Teilnehmer an der Offenmarktpolitik – hier dargestellt für das Hauptrefinanzierungsinstrument – erhalten letztlich Verfügungsmöglichkeit über Zentralbankgeld. Beim Pfandkredit stellt die Zentralbank das Geld über einen Kredit bereit, den sie durch ihren Zugriff auf ein ausreichend ausgestattetes Pfandkonto absichert. Bei diesem Vorgang kommt es deshalb bei den Beteiligten zu einer Bilanzverlängerung: Auf der Aktivseite ihrer Bilanz baut die Zentralbank eine zeitlich begrenzte Forderung auf (Kreditgewährung), auf der Passivseite stellt sie den Kreditinstituten Einlagen zur Verfügung. Bei den Kreditinstituten bilden die Zentralbankguthaben eine Aktivposition, der die Verbindlichkeit gegenüber der Zentralbank auf der Passivseite gegenüber steht.

Zur technischen Abwicklung der Offenmarktpolitik 287

Schaubild 15.4: Verfahrensschritte bei Tenderverfahren der EZB

Schritt 1	Tenderankündigung a. Ankündigung durch die EZB über Wirtschaftsinformationsdienste b. Ankündigung durch die nationalen Zentralbanken über nationale Wirtschaftsinformationsdienste und direkt gegenüber einzelnen Geschäftspartnern (wenn dies notwendig erscheint)
Schritt 2	Vorbereitung und Abgabe von Geboten durch die Geschäftspartner
Schritt 3	Zusammenstellung der Gebote durch das ESZB
Schritt 4	Tenderzuteilung und Bekanntmachung der Tenderergebnisse a. Zuteilungsentscheidung der EZB b. Bekanntmachung des Zuteilungsergebnisses
Schritt 5	Bestätigung der einzelnen Zuteilungsergebnisse
Schritt 6	Abwicklung der Transaktionen

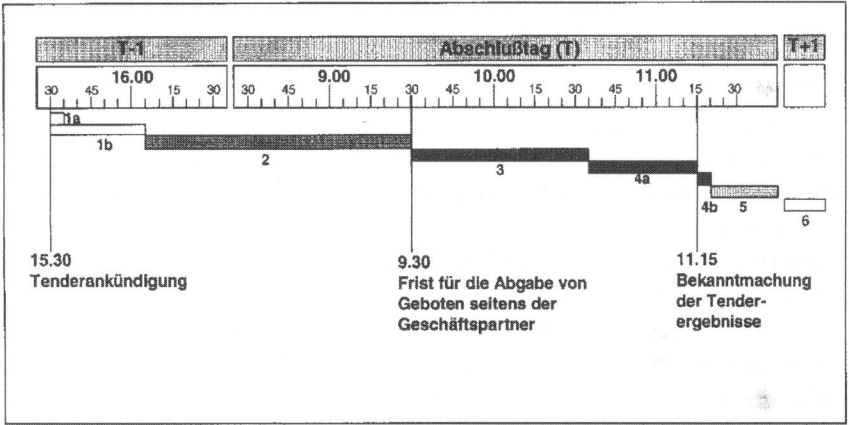

Quelle: EZB - *Die einheitliche Geldpolitik in Stufe 3*, Frankfurt a.M., September 1998

In welchem Umfang können sich die Kreditinstitute bei der Zentralbank refinanzieren? Eine erste Obergrenze des Kreditvolumens ergibt sich aus dem Bestand an Schuldtiteln, die ein Kreditinstitut der Zentralbank als akzeptables Pfand anbieten kann. Zur Klärung der Akzeptanz sind einige Voraussetzungen festgelegt worden:

- Die Pfänder müssen Schuldtitel sein,
- hohen Bonitätsanforderungen genügen,
- im Euroraum hinterlegt werden,
- auf Euro lauten,
- von Rechtssubjekten mit Sitz im Euroraum begeben werden

- und an einem geregelten Markt eingeführt bzw. notiert sein oder gehandelt werden.

In der Praxis ist allerdings meist nicht diese technisch bedingte Obergrenze relevant, sondern es sind die Konditionen, die sich in einem Auktionsverfahren – dem Tender – ergeben. Beim **Tenderverfahren** gibt das Eurosystem allgemein bekannt, unter welchen Bedingungen sich die berechtigten Geschäftspartner an der Auktion für Zentralbankguthaben beteiligen können. Die einzelnen Verfahrensschritte sind in Schaubild 15.4 dokumentiert. Im oberen Teil des Schaubilds werden die sechs Schritte dieses Verfahrens genannt und im unteren Teil sind genau diese Schritte auf einer Zeitachse abgetragen.

Diese Verfahrensschritte gelten unabhängig vom Versteigerungsverfahren, das das Eurosystem wählt. Dabei lassen sich drei Formen unterscheiden: Grundsätzlich gibt es sowohl **Mengentender**, bei denen die Zentralbank den Zinssatz vorgibt, als auch **Zinstender**, bei denen die Kreditinstitute in ihren Geboten sowohl Mengen- als auch Zinsangaben machen müssen. Grundsätzlich teilt die Zentralbank bei einem Zinstender nach der Höhe der gebotenen Zinssätze zu, doch im Detail kann dies auf zwei Weisen geschehen: Entweder bezahlt jedes Institut den niedrigsten noch zugeteilten Zinssatz, dann spricht man vom **holländischen Verfahren** oder jedes Institut bezahlt den individuell gebotenen Zinssatz, dann spricht man vom **amerikanischen Verfahren**. Sofern sich die Gebote nicht in der Höhe des Zinssatzes unterscheiden – wie generell beim Mengentender oder möglicherweise an der Zuteilungsgrenze beim Zinstender – **repartiert** die Zentralbank, d.h. sie teilt proportional zum beim jeweiligen Zinssatz gebotenen Volumen zu (vgl. die Übersicht in Schaubild 15.5).

Die jeweiligen Versteigerungsverfahren weisen spezifische Vor- und Nachteile auf. Den Mengentender charakterisiert die Zinsvorgabe durch die Zentralbank, so dass diese ihre Intentionen klar an die Marktteilnehmer signalisieren kann. Dadurch ergibt sich als wesentlicher Vorzug Erwartungssicherheit. Der "Preis", der dafür gezahlt wird, liegt zum einen im Informationsverlust für die Zentralbank, wenn die Marktteilnehmer keine Gebote abgeben, die ihre Nachfrage hinsichtlich des Preises offen legen. Zum anderen hat sich verschiedentlich gezeigt, dass es bei Mengentendern, gerade wenn sie über längere Zeit genutzt werden, zu einem unerwünschten Aufblähen der Gebote kommen kann, indem die Institute in Antizipation einer Übernachfrage – und dadurch bedingter Repartierung – ihrerseits wiederum ihre Gebote erhöhen. Dadurch entstehen völlig überhöhte Angebote, die keinen Rückschluss auf einen tatsächlichen Bedarf zulassen.

Schaubild 15.5: Alternative Versteigerungsverfahren bei Offenmarktgeschäften

Versteigerungsverfahren	Vorgabe der Zentralbank	Gebote der Kreditinstitute (= Nachfrage NE)	Zuteilung durch Zentralbank (= Angebot AT)	
Mengentender	Zinssatz	nur Mengen	Mengenzuteilung proportional zu Geboten	
Zinstender, holländisches Verfahren	-- (Mindestzins möglich)	Zinsen (in Basispunkten) und Mengen; Staffelgebote sind zulässig, d.h. kumulierende Gebote eines Kreditinstituts	zum marginalen Zins der Nachfrage-Kurve; Grenzgebote repartiert	
Zinstender, amerikanisches Verfahren	-- (Mindestzins möglich)		zum jeweiligen gebotenen Zins; Grenzgebote repartiert	

Dieses Problem besteht beim Zinstender nicht, da die Kreditinstitute ihre Nachfrage und bei Geboten in Staffelform sogar ihre individuelle preisabhängige Nachfragefunktion offenbaren. Dabei weist das holländische Verfahren zwei Eigenschaften auf, die sich aus der Zuteilung zum marginalen Gebotspreis ergeben: Vorteilhaft ist, dass sich der Informationsnachteil kleiner Institute, die am Geldmarkt nicht intensiv tätig sind, nicht gravierend auswirkt, da eventuelle vorsichtige Gebote zu einem vergleichsweise hohen Zinssatz nicht bestraft werden, sondern zum markträumenden Preis zugeteilt werden. Dies mag die Konsequenz haben, dass sich manche Bieter vollkommen auf diesen Mechanismus verlassen und Gebote abgeben, die nur noch über die gewünschte Menge, aber nicht mehr über entsprechende Preise informieren. Insofern erhält die Zentralbank partiell "Mondgebote".

Allein das amerikanische Verfahren stellt sicher, dass die Gebote wirklich informativ sind und eine echte Marktnachfrage darstellen (soweit man bei der Nachfrage nach Zentralbankgeld von einem Markt sprechen kann). Allerdings weist auch dieses Verfahren einen Nachteil auf, indem sich schlechter informierte Institute relativ zurück halten – in diesem Sinne ist die Nachfragekurve für die Zentralbank unvollständig. Falls sich die betroffenen Kreditinstitute doch beteiligen, müssen sie damit rechnen, häufiger und stärker neben dem Markt zu liegen als die besser informierten Mitbewerber.

Letztlich ist also kein Verfahren perfekt, sondern die Zentralbank offenbart durch die Wahl des Tenders ihre Präferenzen in der jeweiligen Situation. In diesem Sinne beinhaltet die Geldmarktsteuerung mehr als eine rein technische Versorgung der Wirtschaft mit Zentralbankgeld.

15.5 Der Funktionswandel der Mindestreserve

Neben der Offenmarktpolitik ist die Mindestreserve das zweite wichtige verbliebene Instrument in der heutigen Geldpolitik des Eurosystems. Manchmal wird dieses Instrument missverstanden, wobei der Begriff der *Reserve* einem Missverständnis Vorschub leistet. Man könnte meinen, hier gehe es darum, Reserven für einen Notfall anzulegen. Tatsächlich war dies die Funktion der Mindestreserve zum Zeitpunkt ihrer Einführung in den USA (nicht jedoch in Deutschland, wo sie erst mit der Währungsreform eingeführt wurde). Die Kreditinstitute wurden gezwungen, bei der staatlichen Zentralbank eine Reserve für den Fall unerwartet großer Einlagenabzüge zu unterhalten. Heute jedoch wird diese Funktion in erster Linie von der Einlagenversicherung übernommen (vgl. Kapitel 11), und die Mindestreserve hat neue Aufgaben übernommen.

Im Vordergrund steht dabei die Glättung der Tagesgeldschwankungen, die **Glättungsfunktion**, was nicht unmittelbar einsichtig ist. Der Markt für **Tagesgeld** stellt im Grunde nur einen Teil der Geldmärkte dar, wobei hier Geld bis zu einer Fristigkeit von 30 Tagen einbezogen wird. D.h. die eine Marktseite nimmt Kredit für einen Zeitraum bis zu 30 Tagen, während die Gegenseite Geld entsprechend anlegt. Mit der Einordnung des Tagesgeldes unter die **Geldmärkte** wird deutlich, dass die Preisbildung den entsprechenden Einflüssen unterliegt, weil für viele Zwecke das Tagesgeld auch durch länger laufende Gelder substituiert werden kann. Was das Tagesgeld so besonders macht, ist die hohe Liquidität und Sensitivität dieses Marktes, der sich vom Volumen her vor allem auf „Gelder b.a.w." (bis auf weiteres), d.h. von Tag zu Tag konzentriert. Aktionen der Zentralbank – selbst wenn sie eigentlich meist ein 7-Tagegeld darstellen – wirken sich auf das kurzfristige *Ende* des Geldmarktes aus. In diesem Sinne stellen Kredit der Zentralbank sowie die Anlagemöglichkeit bei der Zentralbank jeweils Alternativen zu entsprechenden Transaktionen im Markt dar. Anders allerdings als bei sonstigen Geldmarktgeschäften gibt es hier keine unbegrenzten Substitutionsmöglichkeiten: Kreditinstitute benötigen eine Mindestmenge an Zentralbankgeld. Durch diese erzwungene Geldnachfrage und die freie Wahl des verfügbaren Geldangebots kontrolliert die Zentralbank letztlich immer die Zinshöhe.

Auf der anderen Seite zwingt die Erfüllung der Mindestreserve, d.h. das Halten von Einlagen bei der Zentralbank, die Kreditinstitute, im Grenzfall nahezu jeden Preis zu bezahlen, um über die notwendigen Einlagen zu verfügen (dies gilt auch ohne Mindestreserve, solange der Zahlungsverkehr über Zentralbankkonten attraktiv und keine Überziehung möglich ist). Dieser Zwang kann grundsätzlich starke Schwankungen des Geldmarktzinses erzeugen, die unabhängig von sonstigen Markteinflüssen sind. So gesehen erhöht u.U. eine Mindestreserve die Volatilität der Geldmarktzinsen. Aus geldpolitischer Sicht hingegen wäre genau das Gegenteil erwünscht: Um die Signale der Zentralbank an die Finanzmärkte möglichst zweifelsfrei zu kommunizieren, sollten geldpolitische **Preissignale** – die sich auf den Tagesgeldsatz beziehen – klar von zufallsbedingten Markteinflüssen unterscheidbar sein. Die beste Voraussetzung dafür ist gegeben, wenn Zufallseinflüsse möglichst ohne Auswirkung auf den Preis bleiben. Dies impliziert, dass der Markt über einen **Mengenpuffer**, ein elastisches Geldangebot, verfügt. Genau diesen stellt die Zentralbank temporär bereit, indem sie die Mindestreserve für die Marktteilnehmer gut planbar macht. Zur genauen Ausgestaltung siehe Schaubild 15.6 (vgl. Europäische Zentralbank 2003b).

Die Planbarkeit entsteht durch zwei Komponenten. Erstens liegt eine etwa einwöchige Periode zwischen der Feststellung des Mindestreserve-Solls und der Erfüllung des Mindestreserve-Ist. Zweitens ist die Mindestreserve über einen Zeitraum von einem Monat im Durchschnitt der gehaltenen Guthaben zu erbringen. Der Stichtag für diesen Zeitraum ist festgelegt auf den Tag, der auf die monatliche Sitzung des EZB-Rats folgt, auf welcher über Zinsänderungen beraten wird (der erste oder zweite Donnerstag eines Monats). Aufgrund dieser beiden Bedingungen wissen die Kreditinstitute also im voraus, wie viel Einlagen sie zu welchen Konditionen bei der Zentralbank zu halten haben, so dass Zufallsschocks am Geldmarkt absorbiert werden können. Mit dieser Glättung des Tagesgeldsatzes werden die Aktionen der Zentralbank umso sichtbarer.

Die zweite Funktion der Mindestreserve liegt darin, eine Nachfrage nach Zentralbankgeld zu sichern, die **Anbindungsfunktion**. Die EZB spricht von einer „strukturellen Liquiditätsknappheit". Wir hatten bereits in Kapitel 4 gesehen, dass Zentralbankgeld überwiegend in Form von Bargeld gehalten wird und diese Komponente der Nachfrage nach Zentralbankgeld sogar weiter steigt. Allerdings könnte sich dies in Zukunft auch ändern, worauf die Nachfragesicherung durch die Mindestreserve zielt.

Schaubild 15.6: Die Ausgestaltung der Mindestreserve (MR) im Eurosystem

MR-Soll und MR-Ist	Situation der Kreditinstitute
Aktiva ZENTRALBANK Passiva — MR — MR-Soll: Vormonatsendbestände der entsprechenden Bilanzposition (Stichtagsprinzip) MR-Ist: Addition der tgl. Zentralbank-Guthaben zwischen dem Stichtag des Erfüllungsmonats und dem Stichtag des Folgemonats (Durchschnittsbildung) Monat 1 | Monat 2 | Monat 3 MR-Soll MR-Ist Zinsgutschrift ($t+1$)	• Zbk-Guthaben > MR-Soll, d.h. Überschussreserven, werden nicht verzinst • MR-Ist < MR-Soll führt zu teurem Strafzins ⇒ Anreiz, das MR-Soll genau zu erfüllen • da das MR-Soll ca. 1 Woche vor Beginn der Erfüllungsperiode bekannt ist (s. links), ergeben sich gute Planungsmöglichkeiten für Kreditinstitute ⇒ Auffangen von Tagesgeldungleichgewichten • eine relevante finanzielle Bedingung für Kreditinstitute ergibt sich nicht: viele Kreditinstitute brauchen gewisse Zentralbank-Guthaben für den Zahlungsverkehr; ferner wird das MR-Ist marktnah verzinst

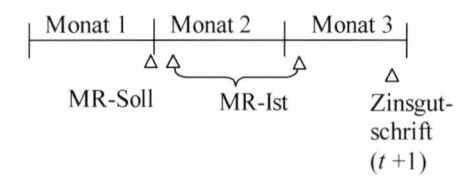

Im Unterschied zu diesen beiden heute noch gültigen Funktionen haben sich viele Begründungen für die Mindestreserve im Zeitablauf erledigt (vgl. Schaubild 15.7). Die Funktion, Vertrauenskrisen zu entgegnen, wurde bereits oben erwähnt. Weiterhin ist argumentiert worden, das Halten von Mindestreserven könnte einen Beitrag zu einem vorsichtigeren Bankmanagement leisten, eine Aufgabe, die heute den Instrumenten der Aufsicht zugedacht wird. Eine dritte, früher vorgebrachte Begründung geht davon aus, dass Bargeld anders als Sichtguthaben nicht verzinst wird, jedoch beide gleichermaßen nützlich sind. Um unter diesen Umständen den relativen Preis zwischen beiden Substituten nicht zu verzerren, kann eine unverzinste Mindestreserve für Sichtguthaben hilfreich sein. Allerdings bringt gerade eine unverzinste Mindestreserve eine neue Verzerrung zwischen Einlagen mit und ohne Reservepflicht mit sich. Schließlich haben vor allem Monetaristen hervorgehoben, dass realwirtschaftlich wirksame Schocks der Geldmenge dann am ehesten verhindert werden können, wenn der Geldangebotsprozess keine endogenen Elemente mehr enthält, sondern perfekt von der Zentralbank gesteuert wird, wozu idealtypisch eine 100%ige Mindestreservepflicht beiträgt. Der Nachteil besteht hier in einer fehlenden Elastizität im Hinblick auf kleinere Schocks und der hohen Verantwortung der Zentralbank, bei größeren Schocks „perfekt" zu reagieren.

Schaubild 15.7: Mindestreserve mit starkem Funktionswandel

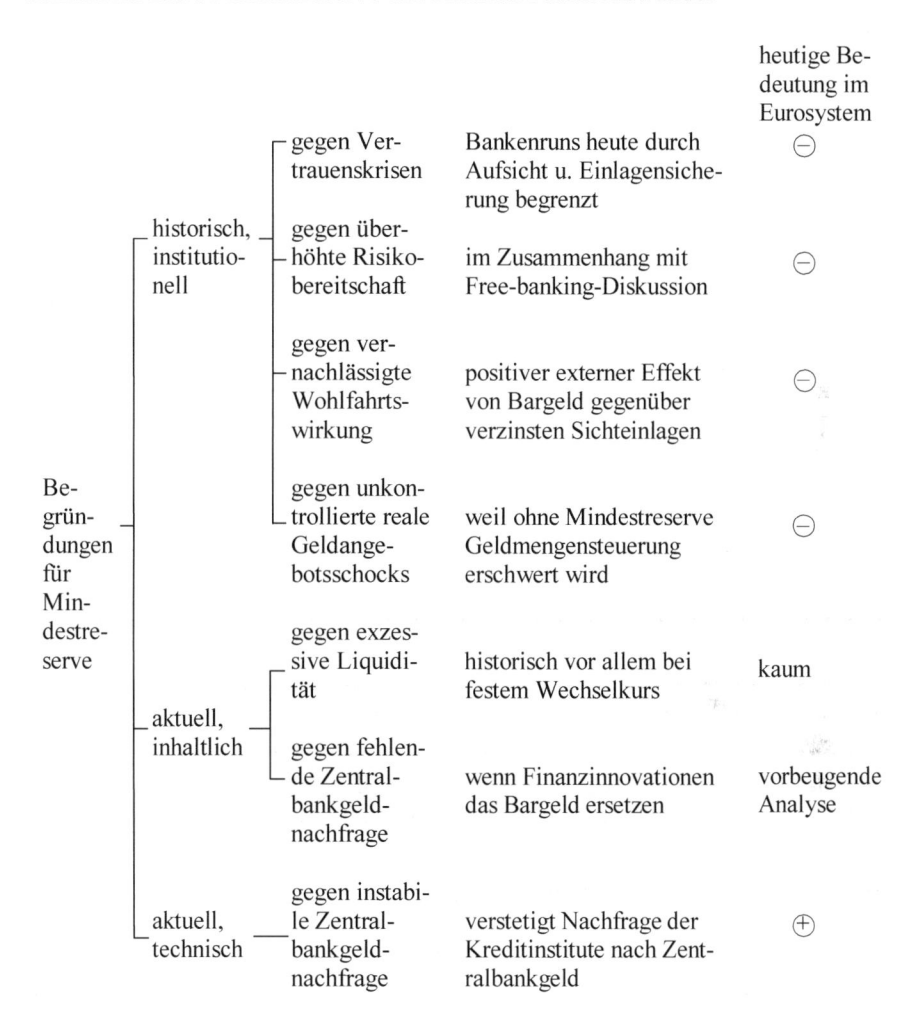

Begründungen für Mindestreserve				heutige Bedeutung im Eurosystem
	historisch, institutionell	gegen Vertrauenskrisen	Bankenruns heute durch Aufsicht u. Einlagensicherung begrenzt	⊖
		gegen überhöhte Risikobereitschaft	im Zusammenhang mit Free-banking-Diskussion	⊖
		gegen vernachlässigte Wohlfahrtswirkung	positiver externer Effekt von Bargeld gegenüber verzinsten Sichteinlagen	⊖
	aktuell, inhaltlich	gegen unkontrollierte reale Geldangebotsschocks	weil ohne Mindestreserve Geldmengensteuerung erschwert wird	⊖
		gegen exzessive Liquidität	historisch vor allem bei festem Wechselkurs	kaum
		gegen fehlende Zentralbankgeldnachfrage	wenn Finanzinnovationen das Bargeld ersetzen	vorbeugende Analyse
	aktuell, technisch	gegen instabile Zentralbankgeldnachfrage	verstetigt Nachfrage der Kreditinstitute nach Zentralbankgeld	⊕

Traditionell wurde die Mindestreserve unmittelbar für geldpolitische Steuerungszwecke eingesetzt, indem die Mindestreservesätze variiert wurden – von daher der Begriff der **Mindestreservepolitik**, den wir hier ansonsten vermeiden. Ein Restbestandteil dieser Funktion bleibt insofern erhalten, als in besonderen Fällen – wie vor allem bei starken Liquiditätszuflüssen in einem System fester Wechselkurse – auch die im Eurosystem praktizierte Mindestreserve reaktiviert werden könnte. Zu diesem Zweck müsste man den Reservesatz kräftig anheben. Allerdings ist heute nicht nur das Währungssystem ein anderes, sondern auch das Instrumentarium der Offenmarktpolitik ist erheblich wirksamer als in der Vergangenheit und insofern der Bedarf eines zusätzlichen Instruments gegen exzessive Liquiditätszufuhr geringer.

15.6 Das Zusammenwirken der Instrumente in der Geldmarktsteuerung

Sieht man einmal von der Sicherung gegenüber extremen Fällen, wie dem möglichen Verschwinden von Bargeld, ab, so konzentriert sich der Einsatz geldpolitischer Instrumente auf die Geldmarktsteuerung. Die Zentralbank, hier das Eurosystem, will die Geldmarktkonditionen, also Preise und Mengen, bestimmen. Allerdings steht die Zentralbank dabei immer vor einem Problem: Ein Marktteilnehmer, und sei er noch so machtvoll, kann immer nur entweder Preis oder Menge festlegen. Selbst ein Monopolist kann die gewinnmaximale Ausbringungsmenge nur unter der Nebenbedingung einer von den Nachfragern bestimmten Preis-Absatzfunktion wählen. Will die Zentralbank die Geldmarktkonditionen jedoch perfekt, d.h. sowohl Preise als auch Mengen, kontrollieren, so lässt sich das nicht mit Marktbedingungen vereinbaren.

In der Entwicklungsgeschichte der Geldpolitik war dieser Konflikt zwischen **Steuerungseffizienz** und **Marktkonformität** kein schwerwiegendes Problem, weil bspw. im 19. Jahrhundert der Steuerungsehrgeiz gering war und nach dem Zweiten Weltkrieg die Markteffizienz im Vergleich zur staatlichen Steuerung weniger hoch geschätzt wurde. Mit dem starken Wachstum und der Internationalisierung der Finanzmärkte haben sich jedoch die Rahmenbedingungen sehr verändert. Die Zentralbank kann nicht über die Geldmarktbedingungen verfügen, sondern muss ihre Vorstellungen am Markt durchsetzen. Dabei sind zwei Voraussetzungen zu erfüllen: Erstens muss die Zentralbank jederzeit die Menge des Basisgeldes kontrollieren können, und zweitens muss sie die Erwartungen der Marktteilnehmer kanalisieren.

Die Basisgeldkontrolle wird in erster Linie durch den zeitlich befristeten Charakter der Offenmarktgeschäfte sichergestellt. Damit kann sie auf unerwartete Entwicklungen reagieren. So gesehen wäre die Bereitstellung von „wirklichem" Tagesgeld, anstelle von 7-Tagesgeld beim Hauptrefinanzierungsinstrument, unter dem Blickwinkel einer maximalen Reaktionsmöglichkeit optimal. Dem ist aber dreierlei entgegen zu halten: Erstens steigen die administrativen Kosten, wenn man die Transaktionen um ein Vielfaches erhöht. Zweitens verfügen die meisten Kreditinstitute nicht über ein so aktives

Management ihrer Geldmarktgeschäfte, dass sie sich sinnvoll an solchen täglichen Verfahren beteiligen könnten. Drittens sorgt die extreme Flexibilität als Kehrseite für erhöhte Unsicherheit. Von daher hat sich das Eurosystem auch darauf verständigt, neben den kurzfristigen 7-Tagesgeschäften außerdem dreimonatige längerfristige Refinanzierungsgeschäfte durchzuführen, auf die die drei genannten Kritikpunkte in besonders geringem Maße zutreffen.

Schaubild 15.8: Das Zusammenwirken von Fazilitäten und Offenmarkt-Politik

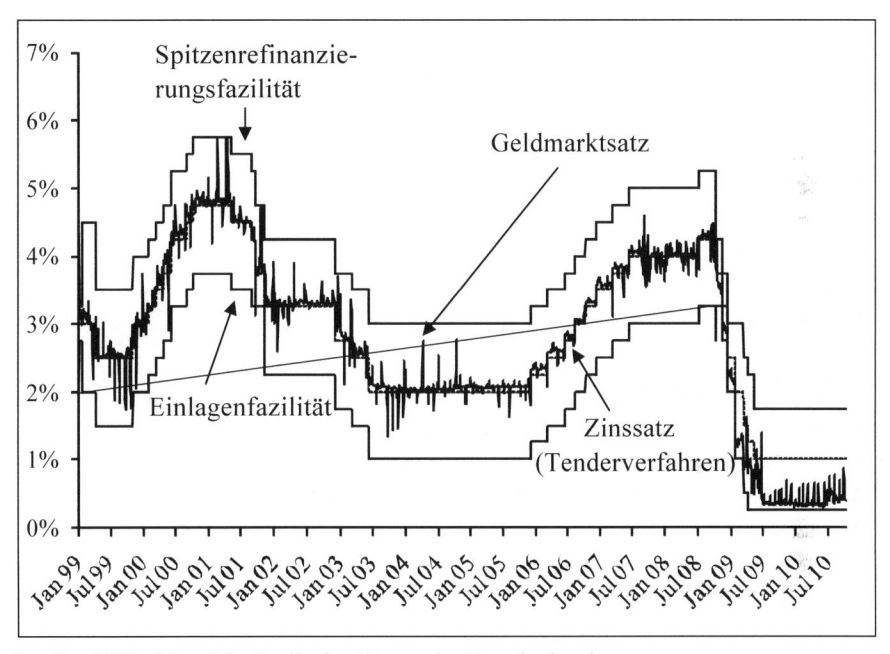

Quelle: ECB Monthly Bulletin, Deutsche Bundesbank

Der letzte Punkt leitet bereits zur Erwartungskanalisierung über. Letztendlich soll das Eurosystem Preisniveaustabilität sicherstellen, was eine kontrollierte monetäre Expansion erfordert, wie die folgenden Kapitel verdeutlichen. Das monetäre Wachstum wiederum hängt auch von dessen Bedingungen ab, insbesondere den Zinssätzen. In diesem Sinne ist die kurzfristige Verfolgung von Zinszielen am Geldmarkt ein Beitrag zur Zielerreichung der Geldpolitik (vgl. Kapitel 16 für die Zielhierarchie). Für die gewünschte Zinsbildung am Geldmarkt gibt die Zentralbank mit den Zinsen für die Fazilitäten einen Zinskorridor vor. Innerhalb dieses Korridors liegt der Zinssatz für das Hauptrefinanzierungsinstrument, der wiederum ganz nahe beim Marktzins für Tagesgeld liegt, dem **EONIA** (euro overnight index average), wie Schaubild 15.8 zeigt.

Wie bereits oben angesprochen impliziert die kurzfristige Zinssteuerung, die durch die Glättungsfunktion der Mindestreserve noch gestützt wird, logischerweise eine kurzfristige Endogenität der Geldmenge: Um "ihren" Zinssatz durchzusetzen, muss die Zentralbank die entsprechende Menge bereitstellen. Sollte diese Menge nicht in das verfolgte Gesamtkonzept passen, so kann die Zentralbank durch Variation des Preises die mengenmäßige Nachfrage entsprechend beeinflussen. In diesem Sinne wird der Zins auch vom Markt gemacht. Allerdings ist der Geldmarktzins schon deshalb kein Marktzins, weil die Zentralbank dort als autonomer Akteur mit einem Steuerungsinteresse agiert. Diese Interdependenz kann man im derzeitigen Steuerungskonzept deshalb wie folgt zuspitzen: Kurzfristig setzt die Zentralbank den Zins und die Geldmenge ist endogen, langfristig ist die Geldmenge exogen und der Zins marktbestimmt.

Literaturhinweise

Das derzeitige geldpolitische Instrumentarium im Eurosystem wird umfassend dargestellt in EZB (1998a, 2003b) sowie in verschiedenen Ausführungsbestimmungen, die im Internet unter der EZB-Homepage www.ecb.int verfügbar sind. Lehrbuchdarstellungen ohne die Reform von 2004 bieten bspw. Duwendag et al. (2010), Frenkel und Stadtmann (1999) oder Görgens et al. (2008).

Über die aktuelle Situation hinaus gehende Informationen zu geldpolitischen Instrumenten finden sich in Issing (2006) oder Menkhoff (1996).

Spezieller auf die Wirkungen verschiedener Tenderverfahren bezogen ist Nautz (1995, 1997). Aspekte einer modernen Geldmarktsteuerung diskutieren Rohde (1995) oder Bindseil und Seitz (2001).

Zusammenfassung

1. Die Geldmarktsteuerung ist das operative Kernstück der Geldpolitik.
2. Daneben soll das geldpolitische Instrumentarium drei weitere Detailaufgaben erfüllen helfen: die Versorgung mit Zentralbankgeld, eine Sicherung der Zentralbankgeldnachfrage und u.U. Devisenmarktoperationen.
3. Es gibt vier Instrumentengruppen: Offenmarktpolitik, Fazilitäten, Mindestreserve und Währungsreserven.
4. Die Hauptinstrumente des Eurosystems konzentrieren sich in erster Linie auf die Offenmarktpolitik und hierbei wiederum auf das sogenannte Hauptrefinanzierungsinstrument.
5. Weitere einzelne Instrumente des Eurosystems sind längerfristige Refi-

nanzierungsgeschäfte, Feinsteuerungsoperationen, strukturelle Operationen, die Spitzenrefinanzierungs- und die Einlagenfazilität.

6. Darüber hinaus gibt es geldpolitische Instrumente, die aber in der Regel einen stärker interventionistischen Charakter aufweisen und wohl auch deshalb im Eurosystem nicht genutzt werden.

7. Die Abwicklung der Offenmarktpolitik geschieht über Versteigerungsverfahren. Im Einsatz sind Mengentender sowie Zinstender, wobei bei letzterem das holländische und das amerikanische Verfahren unterschieden werden.

8. Die Mindestreserve im Eurosystem erfüllt zwei Aufgaben: Die Glättungsfunktion bezieht sich auf die weitgehende Glättung der Tagesgeldschwankungen und die Anbindungsfunktion auf die Sicherung einer Nachfrage nach Zentralbankgeld auch bei eventuellem Wegfall von Bargeld.

9. Damit gibt es keine Mindestreservepolitik im alten Stil mehr, bei der eine Variation der Mindestreservesätze die Liquiditätsausstattung der Kreditinstitute steuern sollte.

10. Um einen Einfluss auf die Struktur der Geldvermögen zu vermeiden wird die Mindestreserve verzinst.

11. Die Gesamtheit der geldpolitischen Instrumente ist so ausgestaltet, dass das Eurosystem möglichst marktkonform operiert und dennoch Steuerungsimpulse geben kann.

Schlüsselbegriffe
Amerikanisches Verfahren
Anbindungsfunktion
Einlagenfazilität
EONIA
Fazilitäten
Glättungsfunktion
Hauptrefinanzierungsinstrument
Holländisches Verfahren
Kreditplafondierung
Mengentender
Mindestreserve
Offenmarktpolitik
Pensionsgeschäft
Pfandkredit
Repartieren
Selektive Geldpolitik
Spitzenrefinanzierungsfazilität
Währungsreserven
Zinstender

Kapitel 16

Regelbindung in der Geldpolitik

Zum Inhalt von Kapitel 16

Im letzten Kapitel haben wir abgeleitet, warum die Geldwertstabilität das primäre Ziel der Notenbankpolitik sein sollte. Es stellt sich jetzt die Frage, wie die Geldpolitik zu gestalten ist, damit Preisniveaustabilität erreicht werden kann. Von besonderer Bedeutung für die geldpolitische Praxis ist dabei, wie groß der **Entscheidungsspielraum einer Notenbank** sein sollte. Soll einer Notenbank viel Eigenständigkeit für ihre Entscheidungen eingeräumt werden, so dass sie in jeder Situation jeweils ungebunden und diskretionär entscheiden kann? Oder soll der Entscheidungsspielraum der Notenbanker und Notenbankerinnen durch geldpolitische Regeln begrenzt werden? Dieser Gegensatz von **regelgebundenen versus diskretionären Entscheidungen** hat in der geldtheoretischen und -politischen Debatte unter dem Stichwort **rules versus discretion** eine lange Tradition.

Diese Diskussion mag vordergründig überraschend sein. Zunächst wäre zu erwarten, dass eine Notenbank (wie jedes andere Wirtschaftssubjekt auch) ihre Ziele umso besser erreichen kann je mehr Handlungsoptionen ihr zur Verfügung stehen. Warum sollte es für eine Notenbank vorteilhaft sein, diesen Entscheidungsspielraum freiwillig und vorab zu beschränken? Im weiteren Verlauf werden wir solche Situationen untersuchen. Danach kann eine geldpolitische Regelbindung vorteilhaft sein, wenn

- die Notenbank nicht in der Lage ist, ihren diskretionären Entscheidungsspielraum angemessen zu nutzen, da ihre Maßnahmen mit langen und variablen Verzögerungen wirken (**Lag-Problematik**, Abschnitt 16.2),
- die Notenbank kein Interesse hat, ihren Handlungsspielraum wohlfahrtssteigernd zu nutzen (**Principal-Agent-Problem**, Abschnitt 16.3),
- die Notenbank sich sonst nicht glaubwürdig verpflichten kann, das angekündigte Inflationsziel auch einzuhalten (**Problem der Zeitinkonsistenz**, Abschnitt 16.4).

Im Folgenden soll zunächst der Gegensatz zwischen geldpolitischer Regelbindung und fallweise Entscheidungen charakterisiert werden. Dann werden wir untersuchen, unter welchen Bedingungen es für eine Notenbank von Vor teil sein kann, ihren diskretionären Entscheidungsspielraum zu begrenzen, und wie solche Regeln aussehen sollten.

16.1 Regelgebundene und diskretionäre Entscheidungen

Der Entscheidungsspielraum einer Notenbank kann durch zwei Grenzfälle charakterisiert werden: Sie kann sich entweder im Rahmen geldpolitischer Regeln glaubwürdig selbst binden, oder sie kann jeweils frei und diskretionär entscheiden.

Die Geldpolitik ist **regelgebunden**, wenn die Notenbank glaubwürdig zunächst in einer Grundsatzentscheidung ihre geldpolitische Handlungsregel festlegt und danach nur noch diese Norm anwendet. Diese Politikregel kann **starr** sein, wie im Falle der sogenannten **Friedmansche k%-Regel**. Danach soll die Geldmenge jedes Jahr um k% zunehmen, unabhängig von der spezifischen wirtschaftlichen Entwicklung. Die Politikregel kann aber auch **flexibel** im Sinne einer Feedback-Regel sein, wie im Falle der sogenannten **Taylor-Regel** (vgl. Kapitel 17). Danach werden die Zinsen immer dann geändert, wenn Zielgrößen wie die Inflationsrate oder das reale Sozialprodukt vom vorgegebenen Zielwert abweichen. Eine regelgebundene Politik kann also durchaus eine aktivistische Politik sein, bei welcher die Notenbank mit ihrer Geldpolitik auf die jeweilige Wirtschaftslage reagiert.

Die Geldpolitik ist **diskretionär**, wenn die Notenbank ihre Politik ohne Beschränkungen verfolgen kann. Sie kann jederzeit frei entscheiden, ohne etwa durch frühere Beschlüsse gebunden zu sein. Der wesentliche Vorteil eines großen geldpolitischen Entscheidungsspielraumes besteht darin, dass die Notenbank flexibel auf die jeweilige wirtschaftliche Entwicklung reagieren kann. Dagegen schränkt jede Art von Regelbindung die Geldpolitik ein und kann eine angemessene Reaktion auf wirtschaftliche Veränderungen verhindern.

In der geldpolitischen Praxis kann nicht immer eindeutig zwischen diskretionärer und regelgebundener Geldpolitik getrennt werden. Notenbanken wie die Europäische Zentralbank verfolgen ihre Politik nicht mechanisch auf Basis einer klar formulierten monetären Regel. Schon die Einigung auf eine solche Regel ist nicht zu erwarten, da die einzelnen Mitglieder der Notenbankführung unterschiedliche geldpolitischen Konzeptionen vertreten werden. Das bedeutet aber nicht automatisch, dass sich die Notenbanken damit diskretionär verhalten. Möglich ist auch ein **regel-analoges** Verhalten.

Danach reagiert die Notenbank
1. systematisch und nicht zufällig auf die wirtschaftliche Entwicklung, ohne sich dabei unmittelbar an einer ausformulierten Regel zu orientieren, und
2. sie berücksichtigt insbesondere die Erwartungsbildung und damit die längerfristigen Entscheidungen der Privaten. Die Notenbank legt zunächst einen grundlegenden Handlungsrahmen fest und entscheidet dann nicht mehr fallweise sowie unabhängig von früheren Entscheidungen.

In der wissenschaftlichen Analyse der Geldpolitik wird in aller Regel eine regelgebundene Politik favorisiert, eine Empfehlung, die auch zunehmend in die praktische Geldpolitik einfließt. Unter welchen Bedingungen kann es für die Geldpolitik vorteilhaft sein, die eigenen Handlungsmöglichkeiten in Form einer geldpolitischen Regel zu begrenzen und damit bestimmte geldpolitische Entscheidungen vorab auszuschließen?

16.2 Das Problem geldpolitischer Wirkungsverzögerungen

Das Idealbild einer diskretionären Geldpolitik beruht auf der Vorstellung, dass eine Notenbank wirtschaftliche Fehlentwicklungen sofort erkennt, unverzüglich im Sinne des gesamtwirtschaftlichen Interesses reagiert und die Störungen neutralisiert. Diese Voraussetzungen sind in der Regel nicht gegeben. Wie in anderen Politikbereichen auch, ist zwischen dem Auftreten einer Störung und ihrer geldpolitischen Korrektur mit verschiedenen **Wirkungsverzögerungen (Lags)** zu rechnen. Erschwerend wirkt, dass die Auswirkungen einer geldpolitischen Maßnahme auf die wirtschaftliche Entwicklung im Zeitablauf nicht stabil sind, sondern schwanken können. (vgl. Schaubild 16.1).

Grundsätzlich lassen sich drei Gruppen von Wirkungsverzögerungen unterscheiden, abhängig von den Bereichen, in welchen sie auftreten.

Eine Notenbank wird (kann) nicht sofort auf eine wirtschaftliche Fehlentwicklung (Schock) reagieren (**inside lag**):
- Daten sind teilweise nur verzögert verfügbar. Während etwa Zinsen und Wechselkurse zeitgleich am Markt beobachtet werden können, sind schon die Daten zur Geldmengenentwicklung nur mit einer Verzögerung von einigen Tagen verfügbar. Daten zur Konjunkturlage sind noch später vorhanden, etwa nach ungefähr einem Monat bei der Preisentwicklung oder nach mehr als einem Vierteljahr beim realen Sozialprodukt.
- Die verfügbaren Daten müssen ausgewertet und bewertet werden. So muss ein Anstieg der aktuellen Inflationsrate nicht eine dauerhafte Inflationsphase ankündigen. Die Erhöhung kann auch durch vorübergehend höhere

Agrar- oder Energiepreise verursacht sein (vgl. Abschnitt 14.1). Preis- und Konjunkturdaten werden auch häufig revidiert, so dass die endgültigen Werte oft erst Monate nach der ersten Veröffentlichung zur Verfügung stehen.
- Auf Basis der bewerteten Information kann die Notenbank ihre geldpolitischen Entscheidungen treffen. Prinzipiell kann sie schnell entscheiden. So trifft sich der Zentralbankrat der Europäischen Zentralbank regelmäßig im Rhythmus von zwei Wochen. Dringende Entscheidungen können auch noch schneller getroffen werden.

Schaubild 16.1: Wirkungsverzögerungen der Geldpolitik

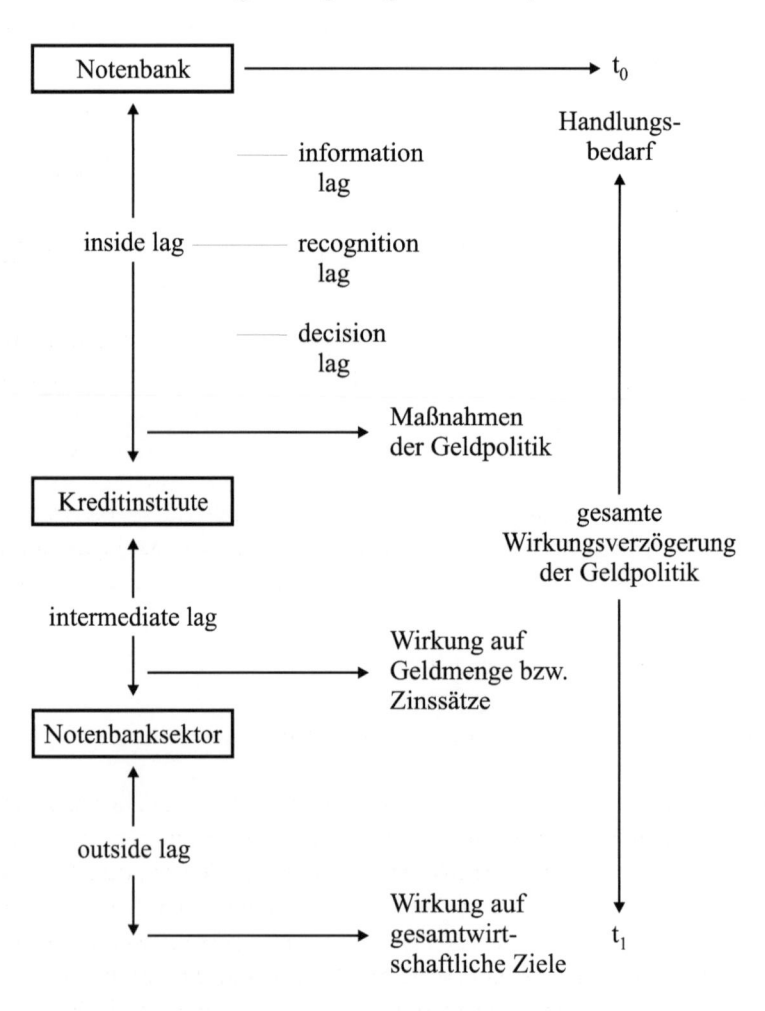

Der inside lag der Geldpolitik ist damit im Vergleich zu anderen Politikbereichen mit einem Zeitraum von wenigen Monaten relativ kurz. Dagegen werden die Möglichkeiten der Geldpolitik, die wirtschaftliche Entwicklung genau zu steuern, vor allem durch die langen und variablen Wirkungsverzögerungen im monetären Sektor (**intermediate lag**) und im realen Sektor (**outside lag**) begrenzt. Typischerweise wird davon ausgegangen, dass sich eine geldpolitische Maßnahme erst nach etwa zwei Jahren voll auswirkt, wobei sich erhebliche, nicht prognostizierbare Schwankungen im Transmissionsmechanismus ergeben können. So wird sich eine Zinserhöhung nicht immer direkt auf die Kreditvergabe von Banken und Sparkassen auswirken (vgl. zu den Transmissionsmechanismen die Kapitel 12 und 13). Entsprechend können auch die Reaktionen von Unternehmen und Konsumenten auf ein verändertes Kreditangebot der Kreditinstitute abhängig von den sonstigen Rahmenbedingungen sehr unterschiedlich ausfallen (vgl. auch die Diskussion eines instabilen Phillips-Kurve-Zusammenhangs in Abschnitt 14.4).

Die Notenbank kann somit nicht genau bestimmen, wann und in welchem Ausmaß sich ihre geldpolitische Entscheidung auf die wirtschaftliche Entwicklung, insbesondere das Preisniveau, auswirkt. Damit besteht die Gefahr, dass eine diskretionäre, antizyklisch angelegte Geldpolitik zum falschen Zeitpunkt und damit prozyklisch wirkt.

Grundsätzlich kann auch im Falle einer Regelbindung nicht ausgeschlossen werden, dass die Notenbank prozyklisch handelt. Geldpolitische Regeln müssen vor dem Hintergrund gesamtwirtschaftlicher Modelle konzipiert werden. Die dabei unterstellten Wirkungszusammenhänge sind aber in der geldpolitischen Praxis nicht immer stabil. Vor allem Feedback-Regeln, bei denen der Instrumenteneinsatz von der jeweiligen aktuellen Wirtschaftslage abhängt, können dann wie diskretionäres Handeln prozyklisch wirken. Starre Regeln, wie der Friedmansche Vorschlag eines konstanten Geldmengenwachstums, können in solchen Situationen möglicherweise die Geldpolitik verstetigen.

16.3 Das Principal-Agent-Problem der Geldpolitik

Eine geldpolitische Regelbindung kann selbst dann vorteilhaft sein, wenn die Notenbank die wirtschaftliche Entwicklung zielgenau steuern könnte – nämlich dann, wenn die Notenbank eigene und nicht die gesellschaftlich vorgegebenen Ziele verfolgt. Verursacht wird das geldpolitische Kontrollproblem dadurch, dass die Gesellschaft als Auftraggeber (Principal) die geldpolitischen Kompetenzen an einen Vertreter (Agent), die Notenbank, delegiert. Aufgrund von asymmetrischen Informationen kann sie aber die Politik der Notenbank nicht genau kontrollieren, so dass diese in gewissen Grenzen eigene Ziele verfolgen kann. So ist eine Situation denkbar, in der die Gesellschaft am Ziel der Geldwertstabilität interessiert ist. Dagegen versucht die Notenbank, durch eine expansive Geldpolitik die Wiederwahlchancen der Regierung zu verbessern, und riskiert dabei das Ziel der Geldwertstabilität.

Die Entscheidungsspielräume der Notenbank durch eine geldpolitische Regel einzuschränken, kann aber nur eine suboptimale Lösung sein. Letztlich wird das Principal-Agent-Problem durch die unterschiedlichen Ziele von Gesellschaft und Notenbank verursacht. Eine problemorientierte Lösung besteht darin, die institutionellen Rahmenbedingungen für die Notenbank so zu gestalten, dass es im eigenen Interesse der Notenbankführung ist, die Interessen der Gesellschaft zu verfolgen. Ein Beispiel wäre ein leistungsabhängiger Arbeitsvertrag (Performance-Contract), bei dem das Gehalt der Notenbankleitung bei Verfehlungen des Ziels der Geldwertstabilität gekürzt wird. Das Statut der neuseeländischen Zentralbank sieht sogar vor, dass die Leitung der Notenbank bei Zielverfehlungen entlassen werden kann.

16.4 Das Problem der Zeitinkonsistenz

Die wirtschaftliche Entwicklung einer Volkswirtschaft hängt nicht nur von den aktuellen Entscheidungen von Notenbank und Privaten ab, sondern maßgeblich auch von deren zukünftig erwarteten Entscheidungen. So werden die Tarifpartner schon heute höhere Löhne vereinbaren, wenn sie während der Laufzeit des Tarifvertrags eine expansivere Geldpolitik und damit Inflation erwarten (vgl. Diskussion der Phillips-Kurve in Abschnitt 14.4). Umgekehrt wird eine Notenbank in ihrer Geldpolitik die erwartete Entwicklung der Tariflöhne berücksichtigen. Notenbank und Private befinden sich in einer interdependenten Entscheidungssituation. Die Handlungen der Notenbank werden bestimmt vom erwarteten Verhalten der Privaten, und umgekehrt werden die Entscheidungen der Privaten vom erwarteten Verhalten der Notenbank beeinflusst.

Die neuere Diskussion rules vs. discretion betont diesen interaktiven Charakter des Zusammenwirkens von Notenbank und privatem Sektor. Sie baut auf den zentralen Arbeiten von Kydland und Prescott (1977) sowie Barro und Gordon (1983) auf. Dabei rückt die Frage der **Zeitinkonsistenz** in den Vordergrund. Eine Politik ist **zeitkonsistent**, wenn eine Maßnahme, die im Zeitpunkt t für den zukünftigen Zeitpunkt t+j geplant wird, immer noch optimal ist, wenn dieser Zeitpunkt t+j tatsächlich eintritt. Dabei kann diese Entscheidung schon genau festgelegt sein, sie kann aber auch in Form einer flexiblen Regel bestimmt sein. Im Falle der flexiblen Regel wird heute schon bestimmt, wie die Geldpolitik bei alternativen Situationen im Zeitpunkt t+j zu reagieren hat. Eine Politik ist **zeitinkonsistent**, wenn es im Zeitpunkt t+j nicht optimal ist, die ursprünglich geplante und angekündigte Politik tatsächlich umzusetzen.

> **Box 16.1: Zeitinkonsistenz – ein praktisches Beispiel aus dem Studium**
>
> Ein einfaches Beispiel für eine zeitinkonsistente Strategie aus dem Universitätsalltag ist die Ausgestaltung von Prüfungen (vgl. Blinder (1987)). Beteiligt sind Professoren und die Studierenden. Für einen Professor stellt sich zu Beginn der Vorlesung folgendes Entscheidungsproblem. Er verfolgt die Ziele, einerseits die Studierenden zu intensivem Lernen zu bewegen und andererseits den Korrekturaufwand am Ende des Semesters gering zu halten. Seine optimale Strategie besteht nun darin, für das Ende des Semesters eine Klausur anzukündigen. Die Studierenden werden (selbstverständlich) intensiv lernen und sich auf diese Klausur vorbereiten, um den Schein zu erwerben. Zum Semesterende wird die Klausur unmittelbar vor dem angekündigten Termin abgesagt. Alle Studierenden erhalten den Schein ohne Klausur. Der Professor hat damit beide Ziele erreicht: Die Studierenden haben den geforderten Stoff gelernt und es müssen keine Klausuren korrigiert werden.
>
> Diese Strategie kann als zeitinkonsistent charakterisiert werden, weil es für den Professor nicht optimal ist, eine einmal angekündigte Strategie im Zeitablauf beizubehalten. Zu Beginn des Semesters, bevor die Studierenden den Stoff gelernt haben, ist es am besten, die Klausur anzukündigen. Gegen Ende des Semesters, nachdem sich die Studierenden den Stoff erarbeitet haben und damit das Ziel Wissensvermittlung erreicht ist, ist es für ihn optimal, auf die Klausur zu verzichten und damit das zweite Ziel geringer Korrekturaufwand zu erreichen.
>
> Verursacht wird die Zeitinkonsistenz dadurch, dass Professor und Studierende sich in einer asymmetrischen Situation befinden und die Strategie der Ankündigung von Klausuren (noch) glaubwürdig ist. Professor und Studierende sind in einer ungleichen Situation, da der Hochschullehrer in seinen Entscheidungen während des ganzen Semesters frei ist. Dagegen müssen sich die Studierenden binden, indem sie für die Klausur lernen. Offensichtlich kann der Professor seine Strategie auch nicht oft wiederholen. Sobald die Ankündigung des Klausurenschreibens nicht mehr glaubwürdig ist, werden die Studierenden nicht mehr für eine Klausur lernen, die nach aller Erwartung abgesagt werden wird. Damit kann der Hochschullehrer sein erstes Ziel Wissensvermittlung nicht erreichen.
>
> Vor diesem Hintergrund sind Prüfungsordnungen als ein Instrument zur Durchsetzung zeitkonsistenter Prüfungsverfahren anzusehen. Durch den Zwang, am Ende der Vorlesung eine Klausur schreiben zu müssen, wird der Handlungsspielraum des Professors begrenzt. Es wird glaubhaft, dass die angekündigte Klausur am Ende des Semesters auch tatsächlich geschrieben wird und damit das Lernen sinnvoll ist.

Im Mittelpunkt der Zeitinkonsistenz-Debatte steht die Frage, ob die Notenbank sich glaubwürdig auf eine bestimmte Politik verpflichten kann (commitment). Gelingt es der Notenbank nicht, sich auf die Umsetzung der angekündigten geldpolitischen Strategie zu verpflichten, kann es für die Notenbank vorteilhaft sein, von der angekündigten Politik abzuweichen (vgl. auch Box 16.1). Erkennen die Privaten diese Anreize, werden sie sich in ihren Entscheidungen darauf einstellen. Obwohl Notenbank und Private die gleichen Ziele verfolgen, resultiert aus der Anreizstruktur und ihren Interaktionen eine für beide Gruppen unerwünschte wirtschaftliche Entwicklung. Die gesamtwirtschaftliche Situation verschlechtert sich, es kommt insbesondere zu einer höheren Inflation. Glaubwürdige geldpolitische Regeln können helfen, diesen **Inflationsanreiz** abzubauen und die wirtschaftliche Entwicklung zu verbessern.

16.5 Das Barro-Gordon-Modell

Im Folgenden untersuchen wir die wohlfahrtsteigernde Rolle (glaubwürdiger) geldpolitischer Regeln im Rahmen des bekannten Barro-Gordon-Modells. Im Mittelpunkt der spieltheoretischen Analyse stehen die Notenbank und der private Sektor. Annahmegemäß kann die Notenbank ihre Politik ohne Verzögerungen direkt und genau umsetzen. Sie orientiert sich dabei an der gesamtwirtschaftlichen Wohlfahrtsfunktion der Privaten. Das Problem der Zeitinkonsistenz entsteht durch die asymmetrische Entscheidungssituation von Notenbank und privatem Sektor. Zunächst bilden die Privaten ihre Inflationserwartungen, an die sie im weiteren Verlauf gebunden sind. So werden Tarifverträge mit ein- und mehrjährigen Laufzeiten geschlossen, in welche die Inflationserwartungen eingehen. Damit werden die Inflationserwartungen faktisch fest geschrieben, und die Privaten können nicht auf neue Informationen über die Geldpolitik reagieren. Dagegen ist die Notenbank zu jedem Zeitpunkt frei, diskretionär neu zu entscheiden.

Die Wirtschaftsstruktur sei durch eine modifizierte Phillips-Kurve beschrieben, welche den Einfluss von Inflationserwartungen berücksichtigt

(16.1) $\quad U = U_N + a(\pi^e - \pi)$.

Dabei bezeichnet U die Arbeitslosenquote, U_N die natürliche Arbeitslosenquote, π^e die erwartete und π die tatsächlich beobachtete Inflationsrate. Die Arbeitslosigkeit kann nach Gleichung (16.1) nur dann unter die natürliche Arbeitslosenquote U_N gesenkt werden, wenn die tatsächliche Inflation höher als die erwartete ist. Es werden rationale Erwartungen unterstellt, wonach die

Wirtschaftssubjekte alle relevanten Informationen verwenden und keine systematischen Fehler bei der Inflationsprognose begehen. Die tatsächliche Inflationsrate ist demnach im Durchschnitt gleich der erwarteten, $\pi = \pi^e$, und entsprechend gilt $U = U_N$. Schaubild 16.2 zeigt den Verlauf der kurzfristigen Phillips-Kurven für alternative Inflationserwartungen $\pi^e = \pi_i$ und die langfristige senkrechte Phillips-Kurve unter der Bedingung $\pi^e = \pi$. In der langen Frist, wenn tatsächliche und erwartete Inflationsrate übereinstimmen, haben Änderungen der Geldmenge keine realen Effekte, sondern wirken nur auf das Preisniveau (vgl. Abschnitt 14.4).

Schaubild 16.2: Kurz- und langfristige Phillips-Kurve

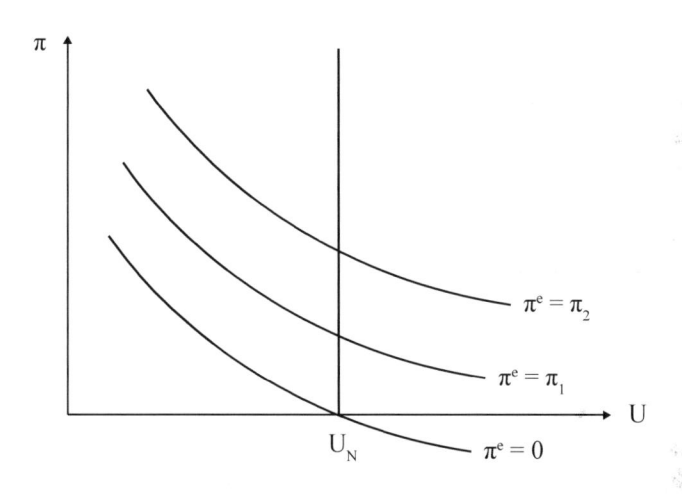

Die Notenbank orientiert sich in ihrer Politik an den Präferenzen der Privaten, die von der sozialen Wohlfahrts- bzw. Verlustfunktion (16.2) beschrieben werden:

(16.2) $\quad V = \gamma \pi^2 + U^2$.

Inflation und Deflation sowie Arbeitslosigkeit werden negativ bewertet, wobei γ das relative Gewicht des Ziels der Geldwertstabilität im Vergleich zur Arbeitslosigkeit beschreibt. In Schaubild 16.3 sind die Präferenzen der Notenbank in Form von Indifferenzkurven I_i abgebildet. Je näher die Präferenzkurven am Ursprung liegen, desto höher ist die gesamtwirtschaftliche Wohlfahrt.

Die Präferenzen der Notenbank und die durch die Phillips-Kurve beschriebene Wirtschaftsstruktur bestimmen zusammen das wirtschaftliche Gleichgewicht (vgl. Schaubild 16.3). Die zeitliche Abfolge der Entscheidungen ist dabei wie folgt. Zunächst kündigt die Notenbank an, dass sie eine Politik der

Geldwertstabilität anstrebt. Angenommen die Privaten vertrauen dieser Ankündigung, es gilt also $\pi^e = 0$, und die Notenbank setzt ihre Politik um, so ergibt sich Situation A. Erwartete und tatsächliche Inflationsrate sind gleich $\pi = \pi^e = 0$ und die Arbeitslosigkeit entspricht der natürlichen Arbeitslosenquote $U = U_N$.

Schaubild 16.3: Die gleichgewichtige Inflationsrate

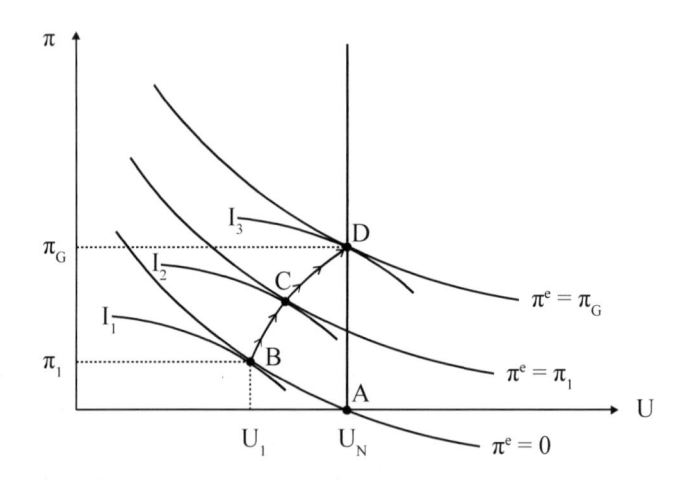

In dieser Situation hat die Notenbank aber den Anreiz, die soziale Wohlfahrt durch eine überraschende expansive Geldpolitik zu verbessern (vgl. Schaubild 16.3). Mit der Ausweitung der Geldmenge erhöhen sich die Güternachfrage und damit die Güterproduktion sowie die Beschäftigung. Bei (noch) unveränderten Inflationserwartungen könnte die Situation B erreicht werden. Die Wohlfahrt wäre größer, da der Nutzenverlust aufgrund der (etwas) höheren Inflationsrate durch den Nutzenzuwachs infolge der geringeren Arbeitslosigkeit überkompensiert würde. Gibt die Notenbank dieser Versuchung nach, geht die Arbeitslosigkeit auf U_1 zurück und die Inflationsrate steigt auf π_1. Die Privaten werden ihre Inflationserwartungen aber an die neue Situation anpassen. Sie werden langfristig einen Anstieg der Inflationsrate entsprechend der expansiveren Geldpolitik auf π_1 erwarten (vgl. die Transmissionsmechanismen der Geldpolitik in Kapitel 12 und 13). Im Zuge des Anpassungsprozesses wird die erwartete und die realisierte Inflation auf π_1 und die Arbeitslosigkeit auf das Ausgangsniveau U_N ansteigen. In dieser Situation gilt die neue Phillips-Kurve $\pi^e = \pi_1$. Wieder hat die Notenbank den Anreiz, mit einer überraschenden expansiven Geldpolitik ein höheres Wohlfahrtsniveau zu erreichen, in diesem Fall Punkt C. Diese Anreiz-Struktur bleibt bestehen, bis die **gleichgewichtige Inflationsrate** bei diskretionärer Geldpolitik (Punkt D) auf der langfristigen Phillips-Kurve erreicht ist. Für diesen Punkt gelten zwei Besonderheiten. Erstens entspricht die erwartete Inflationsrate der tatsächlichen ($\pi = \pi_G$), so dass die Privaten keinen Grund haben, ihre Inflationserwartungen zu korrigieren. Zweitens kann die Notenbank die gesamtwirtschaftliche Wohlfahrt nicht durch eine Überraschungsinflation vergrößern. Die jetzt geltende kurzfristige Phillips-Kurve wird in Punkt D von der Indifferenzkurve mit dem höchsten Wohlfahrtsniveau tangiert. Alle anderen Kombinationen von Inflationsrate und Arbeitslosenquote auf dieser Phillips-Kurve sind vom Ursprung weiter entfernt und damit durch ein niedrigeres Wohlfahrtsniveau gekennzeichnet. In D sind daher die Verluste einer höheren Inflation größer als die möglichen Wohlfahrtsgewinne einer höheren Beschäftigung.

Punkt D charakterisiert somit die wirtschaftliche Situation, die sich unter rationalen Erwartungen bei einer diskretionären Geldpolitik ergibt. Für diese Politik ist kennzeichnend, dass die Notenbank Periode für Periode ihre Geldpolitik so festlegt, dass sie für gegebene Erwartungen der Privaten optimal ist. Das resultierende Gleichgewicht ist offensichtlich wenig attraktiv, da die gleiche Arbeitslosigkeit wie im Ausgangspunkt A gilt, allerdings bei einer höheren Inflationsrate. Dennoch ist es das einzige stabile Gleichgewicht, wenn die Notenbank im Rahmen einer diskretionären Politik die soziale Wohlfahrt zu steigern versucht und die Privaten die Anreizstruktur der Notenbank erkennen.

Wird die Notenbank der Versuchung einer Überraschungsinflation nachgeben? Nicht notwendigerweise. Wie bereits erläutert, muss die Notenbank damit rechnen, dass die Privaten ihre Inflationserwartungen anpassen und sich dadurch die Phillips-Kurve nach oben verschiebt. Es gilt für die Notenbank, den kurzfristigen Vorteil einer Überraschungsinflation und den langfristigen Nachteil eines zukünftig schlechteren Trade-off's zwischen Inflation und Arbeitslosigkeit abzuwägen.

Wie kann verhindert werden, dass eine Notenbank dem Anreiz zu einer überraschenden inflationären Geldpolitik nachgibt? Verursacht wird diese Konfliktsituation offensichtlich dadurch, dass

- die Notenbank in ihren Entscheidungen nicht beschränkt ist und
- die Notenbank eine Politik verfolgt, bei der die marginalen Kosten der Inflation (bei gegebenen Inflationserwartungen) und die marginalen Vorteile der Inflation gleich sind.

Entsprechend setzen die Politikvorschläge daran an, entweder den Handlungsspielraum der Notenbank etwa durch gesetzliche Vorgaben einzuschränken oder die Kosten der Inflation aus Sicht der Notenbank zu erhöhen.

16.6 Verringerung des Inflationsanreizes durch geldpolitische Regelbindung

Die durchschnittliche Inflationsrate kann gesenkt werden, indem der Entscheidungsspielraum der Notenbank durch eine geldpolitische Regelbindung begrenzt wird. Verpflichtet sich die Notenbank glaubwürdig, eine stabilitätsorientierte Geldregel zu befolgen, so müssen die Privaten nicht mehr mit einer **Überraschungsinflation** rechnen. Es gilt dann die langfristige Phillips-Kurve, bei welcher die erwartete gleich der tatsächlichen Inflationsrate ist, $\pi = \pi^e$. Dadurch kann eine niedrigere durchschnittliche Inflationsrate (ein Punkt unterhalb von D) und damit ein höheres Wohlfahrtsniveau als im Fall einer diskretionären Politik erreicht werden (vgl. Schaubild 16.3). Gelingt es der Notenbank, sich glaubwürdig auf das Ziel der Geldwertstabilität $\pi_Z = 0$ zu verpflichten, kann die Situation mit dem höchsten Wohlfahrtsniveau auf der langfristigen Phillips-Kurve, Punkt A, erreicht werden.

Der Verzicht auf eine diskretionäre Geldpolitik hat allerdings den Nachteil, dass die Geldpolitik an Flexibilität verliert. Sie kann eventuell nicht auf außergewöhnliche Schocks reagieren und verzichtet damit auf die Stabilisierung der Konjunktur. Tritt beispielsweise ein negativer Angebotsschock auf, etwa ein überraschender Anstieg der Energiepreise, so steigen Preisniveau und Arbeitslosigkeit an. Im Fall einer strikten Regelbindung an das Ziel der Geldwertstabilität muss die Notenbank auf den schockbedingten Inflationsanstieg mit einer restriktiven Geldpolitik reagieren. Im Falle einer diskretionären Politik kann sie dagegen flexibler handeln und die Kosten der höheren Inflation gegen die Nachteile der höheren Arbeitslosigkeit abwägen. Dies ist vor allem dann von Bedeutung, wenn die Notenbank nur mit einem vorübergehenden Anstieg der Energiepreise rechnet.

Die Politik der Regelbindung ist offensichtlich um so vorteilhafter, je stärker der Inflationsanreiz der Notenbank ist, also je größer die realen Effekte einer Überraschungsinflation sind (Faktor a in Gleichung 16.1) und je weniger wichtig das Ziel der Geldwertstabilität für die Notenbank ist (Faktor γ in der Verlustfunktion der Notenbank 16.2). Dagegen nimmt der Nachteil der Regelbindung mit der Stärke der Angebotsschocks zu, weil dann der Verzicht auf eine stabilisierende Geldpolitik besonders ungünstig ist.

Angesichts der Ungewissheit über zukünftige Entwicklungen kann die Bindung der Notenbank an eine Regel nicht absolut sein, wie das Konzept des relationalen Vertrags deutlich macht (vgl. Williamson (1990) und Richter (1994)). In dieser Situation ist im Spektrum möglicher Entscheidungsregeln auch einer der folgenden Mittelwege möglich. So kann der Notenbank im Rahmen einer regelgebundenen Strategie mehr Entscheidungsspielraum dadurch gewährt werden, dass für die Zielgröße π_Z nicht ein spezifischer Zielwert, sondern eine Bandbreite vorgegeben wird. So hält die Bank of England das Ziel der Geldwertstabilität für erreicht, wenn die Inflationsrate zwischen 1 und 3 v.H. liegt. Auch Geldmengenziele, etwa der Deutschen Bundesbank, wurden typischerweise nicht als Punktziele, sondern in Form von Bandbreiten formuliert.

Die Notenbank kann auch eine **Regelbindung mit Ausnahmevorbehalt** verfolgen. Danach ist sie prinzipiell an eine geldpolitische Regel gebunden, außer im Falle ungewöhnlicher Umstände wie der Finanz- und Wirtschaftskrise seit 2007. Die Notenbank soll im Normalfall einer geldpolitischen Regel folgen und ist damit in ihrer Politik berechenbar, ohne dabei in Ausnahmesituationen ihre Flexibilität zu verlieren. Diese Form der Regelbindung stellt besonders hohe Anforderungen an die Glaubwürdigkeit der Geldpolitik. Nur wenn es gelingt, klare Kriterien für das Vorliegen von Ausnahmesituationen zu entwickeln, kann die Notenbank das Zeitinkonsistenz-Problem und damit den Inflationsbias verhindern.

Feedback-Regeln können ebenfalls helfen, das Problem mangelnder Flexibilität bei Regelbindung zu mindern. Flexible Regeln wie die Taylor-Regel (vgl. Abschnitt 17.2) verpflichten die Notenbank, nach einem vorgegebenen Muster auf die wirtschaftliche Entwicklung zu reagieren. Als Feedback-Regel implizieren sie dabei je nach wirtschaftlicher Situation eine unterschiedliche Politik. Wenn etwa aufgrund eines negativen Angebotsschocks höhere Inflation mit rückläufigem Wirtschaftswachstum einhergeht, wird eine weniger restriktive Politik verfolgt, als im Falle eines positiven Nachfrageschocks, der zu mehr Inflation bei höherem Wirtschaftswachstum führt.

Die Geldpolitik sollte die Regelbindung umso stärker betonen, je höher der Inflationsanreiz und je geringer die Bedeutung von Schocks ist. Dabei existiert ein breites Spektrum der Ausgestaltung von geldpolitischen Regeln zwischen den beiden Polen diskretionärer Politik und strikter Regelbindung. Das wesentliche Problem besteht darin, die Glaubwürdigkeit der gewählten geldpolitischen Regel zu sichern.

Welche Faktoren bestimmen die **Glaubwürdigkeit** einer geldpolitischen Regel? Eine solche Regel sollte gut überprüfbar sein, und die Notenbank muss sich auf die Einhaltung der Regel verpflichten können. Dazu sollte die geldpolitische Regel möglichst einfach formuliert sein. Sie kann dann leichter von der Öffentlichkeit verstanden und die Geldpolitik so besser überprüft werden, wodurch sich insgesamt die Transparenz geldpolitischen Handelns erhöht. Die Regel sollte stabil sein und selten verändert werden, um einen längerfristig geltenden Maßstab für die Beurteilung der Geldpolitik zu liefern. Dagegen wird eine konsistente Überprüfung der Geldpolitik durch häufige

Regeländerungen erschwert. Beispiele für einfache Regeln sind eine Geldmengenregel, ein Inflationsziel (Inflation Targeting) oder ein Wechselkursziel, also die Bindung der heimischen Währung an eine Fremdwährung (vgl. Box 16.2 sowie Kapitel 20). Wichtig ist in jedem Fall die eindeutige Formulierung eines klaren Ziels. So können die Privaten die Einhaltung der Regelbindung vergleichsweise einfach überwachen und schnell auf Veränderungen in der Geldpolitik reagieren. Entsprechend gering ist der Vorteil einer Überraschungsinflation.

Box 16.2: Geldpolitische Glaubwürdigkeit durch den Verzicht auf eine eigenständige Geldpolitik: Das bulgarische Currency Board

In Bulgarien war der Transformationsprozess zu einer Marktwirtschaft während der 1990er Jahre mit hohen und stark schwankenden Inflationsraten verbunden. Um die inflationäre Phase zu beenden, ging Bulgarien im Juli 1997 zu einer besonders strikten Form der geldpolitischen Regelbindung über, zu einem sogenannten Currency Board (Gesetz über die bulgarische Notenbank, vgl. www.bnb.bg). Im Rahmen des bulgarischen Currency Boards wurde der Wechselkurs des Lei im Verhältnis von 1:1 zur Deutschen Mark festgesetzt - entsprechend heute 1,95583:1 zum Euro (Artikel 29). Gleichzeitig wurde die bulgarische Zentralbank verpflichtet, jederzeit zum offiziellen Wechselkurs Lei gegen Deutsche Mark (Euro) in unbeschränkter Menge zu kaufen und zu verkaufen (Artikel 30). Die umlaufende Lei-Geldmenge ist auf die Höhe der Devisenreserven der bulgarischen Notenbank begrenzt (Artikel 28).

Mit dem Currency Board verzichtet Bulgarien auf eine eigenständige Geldpolitik und kopiert heute faktisch über die einseitige Stabilisierung des Lei-Euro-Wechselkurses die Geldpolitik der Europäischen Zentralbank. Wertet der Lei gegen den Euro auf, wird eine expansive Geldpolitik ausgelöst: Die bulgarische Zentralbank verkauft Lei gegen Euro und erhöht damit die Lei-Geldmenge. Entsprechend führt eine Abwertung des Lei zu einer restriktiven Geldpolitik.

Das Currency Board erfüllt eine Reihe von Bedingungen, die an eine glaubwürdige geldpolitische Regel zu stellen sind. Die Regel ist sehr einfach formuliert – die Notenbank wird auf einen stabilen Wechselkurs verpflichtet. Ihre Einhaltung – Stabilität des Lei-Euro-Wechselkurses - kann jederzeit überprüft werden. Schließlich kann die Regelbindung nicht einfach geändert werden, sondern nur im Rahmen einer Änderung des Notenbankgesetzes und damit im Rahmen eines parlamentarischen Verfahrens.

Neben Bulgarien praktizieren eine Reihe von Schwellen- und Transformationsländern ein Currency Board, etwa Estland, Litauen und Hongkong. Currency Boards sind allerdings kein geldpolitisches Allheilmittel wie die argentinische Schuldenkrise zeigt, in deren Verlauf Argentinien im Jahr 2001 nach zehn Jahren sein Currency Board mit einer Dollar-Bindung aufgab.

Eine geldpolitische Regel gewinnt an Glaubwürdigkeit, wenn die Notenbank auf ihre Einhaltung verpflichtet werden kann, entweder durch Dritte oder durch **Selbstbindung** (commitment technology). In der politischen Praxis ist eine solche strikte Selbstverpflichtung auf eine spezifische Regel kaum möglich. So kann sich streng genommen eine unabhängige Notenbank überhaupt nicht auf die Einhaltung einer geldpolitischen Regel verpflichten. Notenbanken wird gerade deshalb weitgehende Unabhängigkeit gewährt, um sie von politischem Druck und damit vor Verpflichtungen zu schützen. Auch angesichts der Unsicherheiten über den geldpolitischen Transmissionsmechanismus ist schwer vorstellbar, wie etwa Friedmans Regel eines konstanten Geldmengenwachstums gesetzlich festgeschrieben und eine Notenbank auf ihre Einhaltung verpflichtet werden könnte. In dieser Situation gewinnt eine Regel dann an Glaubwürdigkeit, wenn es für die Notenbank vorteilhaft ist, sich an dieser Regel zu orientieren.

16.7 Alternativen zu einer geldpolitischen Regelbindung

Das Barro-Gordon-Modell verdeutlicht die Ursache für das Zeitinkonsistenz-Problem. Die Notenbank reagiert auf falsch gesetzte Anreize. Sie kann mit einer überraschend expansiven Geldpolitik die Arbeitslosigkeit bei kurzfristig relativ niedrigen Inflationskosten senken. Anstatt die Notenbank im Rahmen einer Selbstbeschränkung an dieser Politik zu hindern, sieht ein zweiter Lösungsansatz vor, das Kalkül der Notenbank zu ändern. Wenn es gelingt, die Kosten der Inflation aus Sicht der Notenbank zu erhöhen, verringert sich der Anreiz für eine Überraschungsinflation. Verschiedene Ansätze sind dabei möglich:
- Berücksichtigung der langfristigen Wirkungen einer Überraschungsinflation, die sogenannten **Reputationseffekte**.
- Wahl eines **konservativen Notenbankers**, der das Ziel der Geldwertstabilität höher bewertet als die Gesellschaft.
- **Leistungsorientierte Arbeitsverträge** für die Notenbankleitung, welche die Entlohnung und Arbeitsplatzsicherheit von einer im Sinne der Gesellschaft erfolgreichen Geldpolitik abhängig machen.

Einen ersten Ansatzpunkt zur Lösung des Zeitinkonsistenz-Problems liefert die Berücksichtigung dynamischer Aspekte. Wenn es gelingt, die Perspektive der Notenbank auf die langfristigen Wirkungen ihrer Politik zu richten, nimmt der Anreiz zu Überraschungsinflation ab. Das Politikproblem stellt dann kein Ein-Perioden-Spiel mehr dar, sondern ein Mehr-Perioden-

Spiel (Barro und Gordon (1983)). Betrachten wir dazu eine Notenbank, die in der Vergangenheit eine Politik der Geldwertstabilität verfolgt hat, trotz des mutmaßlichen Anreizes zur Überraschungsinflation. Wechselt die Notenbank doch zu einer überraschend expansiven Geldpolitik, verliert sie an **Reputation**. Die Öffentlichkeit wird die Inflationserwartungen nach oben anpassen und der Trade-off zwischen Inflation und Arbeitslosigkeit verschlechtert sich. Die Notenbank wird nicht so handeln, wenn sie diese zukünftigen Wirkungen des Verlusts an Glaubwürdigkeit mit in ihr Kalkül einbeziht. Die Notenbank versucht also nicht, die Verlustfunktion für die laufende Periode zu minimieren (vgl. Gleichung 16.2), sondern die Summe der diskontierten zukünftigen Verluste

(16.3) $$\sum_{i=0}^{\infty} \beta^i E_t [V_{t+i}] = \sum_{i=0}^{\infty} \beta^i E_t \left[\gamma \pi_i^2 + U_i^2 \right].$$

Wenn die Notenbank die zukünftigen Wirkungen ihrer Politik in angemessener Weise berücksichtigt, der Diskontierungsfaktor β also ausreichend hoch ist, wird sie auch ohne Regelbindung auf eine Überraschungsinflation verzichten und eine Strategie der Geldwertstabilität verfolgen.

Ein zweiter Ansatz, den Inflationsanreiz zu verringern, orientiert sich an den Präferenzen der Notenbank. Rogoff (1985) schlägt vor, einen „konservativen" Notenbanker zum Präsidenten der Zentralbank zu bestellen. Dieser Notenbanker ist in dem Sinne konservativ, dass er das Ziel der Geldwertstabilität höher bewertet als die Gesellschaft. Für die Verlustfunktion der Gesellschaft gilt dann

(16.4) $V = \gamma \pi^2 + U^2$

und für den Notenbank-Präsidenten

(16.5) $V = \gamma_{kN} \pi^2 + U^2$.

Der konservative Notenbanker ist „inflationsaverser" als die Gesellschaft. Es gilt also $\gamma_{kN} > \gamma$.

Die größere Stabilitätsorientierung der Notenbank schlägt sich in zweifacher Weise nieder. Erstens schätzt die Notenbank die Inflationskosten einer überraschend expansiven Geldpolitik höher ein als die Gesellschaft und hat einen geringeren Anreiz für eine expansive Politik. Entsprechend werden die Privaten ihre Inflationserwartungen nach unten revidieren. Zweitens hat die Notenbank auch einen geringeren Anreiz, im Falle von Angebotsschocks stabilisierend einzugreifen. Aus Sicht der Gesellschaft, die der Stabilisierung der Beschäftigung ein höheres Gewicht beimisst als die Notenbank, reagiert die Geldpolitik zu schwach auf Angebotsschocks. Damit wirkt die Ernennung eines konservativen Notenbank-Präsidenten ähnlich wie eine geldpolitische Regelbindung: Die durchschnittliche Inflationsrate wird gesenkt und die Flexibilität der Notenbank bei Angebotsschocks nimmt ab.

Die Wahl eines konservativen Notenbankers wirft eine Reihe von Fragen auf. So ist zu klären, wie der optimale Grad an Konservativität in der Praxis bestimmt werden kann, und wie die wahren Präferenzen von Notenbankern festgestellt werden können. Schließlich stellt sich auch das Problem, wie die Notenbank glaubwürdig auf eine Politik entsprechend ihrer Präferenzen verpflichten werden kann.

Ein dritter Ansatz, den Inflationsanreiz zu vermindern, hat die Anreizstruktur und das Nutzenkalkül der Notenbank zum Ausgangspunkt. Die Notenbanker werden dann auf eine überraschend expansive Geldpolitik verzichten, wenn dies zu ihrem eigenen Vorteil ist. Was sind aber die Interessen des Zentralbankrats einer Notenbank? Im einfachen Barro-Gordon-Fall wurde angenommen, dass die Notenbanker nur an den gesellschaftlichen Zielen Stabilität von Geldwert und Beschäftigung interessiert sind (Gleichung 16.2). Realistischer dürfte die Annahme sein, dass die Notenbanker – wie andere Arbeitnehmer – auch persönliche Interessen verfolgen, etwa hohe Gehälter und umfangreiche Budgets. Welche Anreize müssen nun für die Notenbank geschaffen werden, damit diese eine aus Sicht der Gesellschaft optimale Politik verfolgt?

In einer grundlegenden Arbeit schlägt Walsh (1995) vor, mit Notenbankern leistungsorientierte Arbeitsverträge abzuschließen. Danach sollen die Entlohnung der Notenbanker und ihre Budgets an die Entwicklung der Inflationsrate gekoppelt werden. Walsh zeigt, wie im Rahmen eines Barro-Gordon-Ansatzes ein einfacher Vertrag den Inflationsanreiz beseitigt. Die direkten und indirekten Einkommen der Notenbanker müssen linear an die Inflationsrate gebunden werden. Verursacht wird der Inflationsanreiz von Strukturmerkmalen der Volkswirtschaft, etwa der Neigung der Phillips-Kurve, a, oder dem Gewicht der Geldwertstabilität, γ, in der Verlustfunktion. Diese Faktoren sind annahmegemäß konstant und nicht von Schocks und der aktuellen Konjunktur abhängig. Daher genügt es, die marginalen Kosten der Inflation aus Sicht der Notenbanken um einen konstanten Betrag zu erhöhen. Da der Inflationsanreiz unabhängig vom Auftreten von Schocks ist, muss die Gesellschaft insbesondere nicht die genaue wirtschaftliche Lage kennen, um den optimalen Arbeitsvertrag für die Notenbank umzusetzen. Walsh (1994) zeigt zudem, wie die gleichen Wirkungen auch dadurch erzielt werden können, dass die Notenbankleitung entlassen wird, wenn die Inflationsrate einen vorgegebenen kritischen Wert überschreitet. Eine entsprechende Regel sieht etwa das Statut der neuseeländischen Notenbank vor.

Literaturhinweise

Fudenberg und Tirole (1995) liefern eine gute Einführung in die Spieltheorie, Richter und Furubotn (1999) für die Institutionenökonomik. McCallum (1999) identifiziert die wesentlichen Probleme und Lösungsansätze bei der Gestaltung regelgebundener Geldpolitik.

Die wegweisenden Arbeiten von Kydland und Prescott (1977) sowie von Barro und Gordon (1983) stießen eine überaus produktive Forschung zum Thema Zeitinkonsistenz in der Geldpolitik an. Walsh (1998) liefert eine fundierte zusammenfassende Diskussion der Zeitinkonsistenz-Problematik und ihrer wirtschaftspolitischen Implikationen.

McCallum (2004) diskutiert „Missverständnisse" hinsichtlich der Diskussion rules vs. descretion. Taylor (2008) beschreibt, weshalb es für eine Notenbank vorteilhaft ist, „berechenbar" zu sein.

Zusammenfassung

1. Die Wirkungen einer geldpolitischen Maßnahme hängen davon ab, ob diese im Rahmen einer regelgebundenen oder einer diskretionärer Geldpolitik (rules vs. discretion) umgesetzt wird. Es kann für eine Notenbank vorteilhaft sein, ihren Entscheidungsspielraum im Rahmen einer geldpolitischen Regel freiwillig zu beschränken.

2. Eine geldpolitische Regelbindung kann vorteilhaft sein, wenn die Notenbank aufgrund langer und variabler Wirkungsverzögerungen nicht in der Lage ist, ihren diskretionären Entscheidungsspielraum optimal zu nutzen.

3. Eine Regelbindung kann wohlfahrtssteigernd wirken, wenn die Gesellschaft (Principal) die Geldpolitik an die Notenbank (Agent) delegiert und nicht ausgeschlossen werden kann, dass die Notenbank andere Ziele verfolgt als die Gesellschaft. Die Kontrollprobleme werden durch unvollkommene Informationen über die Präferenzen der Notenbank und deren geldpolitischen Kurs verursacht.

4. Eine geldpolitische Regelbindung kann auch vorteilhaft sein, um das für eine diskretionäre Politik typische Problem der Zeitinkonsistenz zu vermeiden. Eine geldpolitische Strategie ist zeitinkonsistent, wenn eine für einen zukünftigen Termin angekündigte Politik nicht mehr optimal ist, wenn dieser Zeitpunkt eintritt. Eine glaubwürdige Regelbindung verhindert, dass die Notenbank von ihren angekündigten Maßnahmen abrückt und damit unerwünschte Erwartungseffekte verursacht.

5. Das Barro-Gordon-Modell verdeutlicht die Nachteile einer diskretionären, zeitinkonsistenten Geldpolitik auf der Basis eines Phillips-Kurven-Zusammenhangs. Die Notenbank erklärt, sie strebe eine stabilitätsorientierte Geldpolitik an. Die Tarifparteien glauben dieser Ankündigung und schließen lang laufende Tarifverträge mit niedrigen Lohnsteigerungen ab. Die Notenbank hat dann einen Anreiz, mit einer überraschend expansiven Geldpolitik die Arbeitslosigkeit zu senken. Die Tarifparteien erkennen diesen Anreiz und passen ihre Inflationserwartungen entsprechend an. Die wirtschaftliche Entwicklung verschlechtert sich.

6. Eine glaubwürdige Regelbindung kann helfen, unerwünschte Erwartungseffekte zu vermeiden. Dazu sollte die geldpolitische Regel einfach und über einen längeren Zeitraum stabil sein. Die Regelbindung gewinnt an Glaubwürdigkeit, wenn sich die Notenbank auf ihre Einhaltung verpflichten kann.

7. Das Zeitinkonsistenz-Problem der Geldpolitik wird auch dann abgemildert, wenn die Notenbank die Kosten einer Überraschungsinflation höher einschätzt. Dies ist der Fall, wenn

- die Notenbank die langfristig wirksamen Reputationsverluste aus einer überraschend expansiven Geldpolitik berücksichtigt,
- ein konservativer Notenbankpräsident berufen wird,
- die Entlohnung der Notenbanker im Rahmen leistungsorientierter Arbeitsverträge an die Entwicklung der Geldwertstabilität gekoppelt wird.

Schlüsselbegriffe

Barro-Gordon-Modell
Feedback-Regel
Glaubwürdigkeit
Inflationsrate, gleichgewichtige
Inflationsanreiz
Lag
--, inside
--, intermediate
--, outside
leistungsorientierte Arbeitskontrakte
konservativer Notenbanker
Principal-Agent-Problem

Regel
--, diskretionär
--, flexibel
--, starr
Regelbindung
--, mit Ausnahmevorbehalt
Reputation
rules vs. discretion
Selbstbindung
Überraschungsinflation
Wirkungsverzögerungen
Zeitinkonsistenz

Kapitel 17

Zwischenziele und operative Ziele der Geldpolitik: Taylor-Regel und Inflation Targeting

Zum Inhalt von Kapitel 17

Notenbanken sollen ihre Politik regelgebunden verfolgen, damit ihre Entscheidungen transparent, vorhersehbar und überprüfbar sind. Allerdings können Notenbanken die wirtschaftliche Entwicklung nicht direkt steuern. Zwischen dem Einsatz ihrer Instrumente und den Wirkungen auf Preisniveau, Sozialprodukt und Beschäftigung liegen die bekannten langen und variablen Wirkungsverzögerungen. Wie aber können sich Notenbanken regelgebunden verhalten, wenn ihre Maßnahmen nicht direkt, sondern nur mit erheblichen, schwankenden Zeitverzögerung wirken? Und an welchen Indikatoren sollen sie sich orientieren, wenn sie ihre Entscheidungen treffen?

Im Folgenden untersuchen wir zwei Ansätze, mit deren Hilfe Notenbanken die Kluft zwischen dem Einsatz ihrer Instrumente und den Endzielen ihrer Politik mit Hilfe dazwischen liegender Indikatoren zu überbrücken suchen. Exemplarisch werden wir den Einsatz eines operativen Ziels wie der Taylor-Regel und den heute weit verbreiteten Ansatz des Inflation Targeting, der als allgemeiner Politikrahmen für eine stabilitätsorientierte Geldpolitik dient, analysieren.

17.1 Warum geldpolitische Zwischenziele?

In den letzten Jahren haben sich weltweit immer mehr Notenbanken dazu entschieden, ihre Politik vorrangig am Ziel der Geldwertstabilität auszurichten. Damit gehört die Sicherung der Geldwertstabilität heute zu den dominierenden **Endzielen (goals)** der Geldpolitik. Daneben verfolgt die Geldpolitik aber auch noch andere Ziele. Viele Notenbanken haben ausdrücklich den Auftrag, zu einer stetigen Wirtschaftsentwicklung beizutragen. So soll etwa die

US-amerikanische Fed für „maximum employment" und „moderate long-term interest rates" sorgen. Wie in der Finanz- und Wirtschaftskrise seit 2007 deutlich geworden ist, spielen die Notenbanken darüber hinaus als „Kreditgeber letzter Hand" (**lender of last resort**) eine zentrale Rolle bei der Stabilisierung des Finanzsystems (vgl. Kapitel 10).

Notenbanken können die Entwicklung solcher Endzielvariablen nicht direkt steuern, da geldpolitische Maßnahmen erst mit den bekannten langen und variablen Verzögerungen wirken. Aufgrund dieser Lags und der unvollkommenen Informationen über die monetären Transmissionsmechanismen sind Notenbanken zu einer **indirekten Steuerung** ihrer Ziele gezwungen. Sie orientieren sich bei ihren Entscheidungen an **operativen Zielen (operative targets)** und an **Zwischenzielen (intermediate targets)**. Diese nehmen im Transmissionsprozess eine Mittelstellung zwischen den direkt kontrollierbaren geldpolitischen Instrumenten und den nur indirekt beeinflussbaren Endzielen der Geldpolitik ein (vgl. Schaubild 17.1).

Schaubild 17.1: Zwischenziele und operative Ziele der Geldpolitik

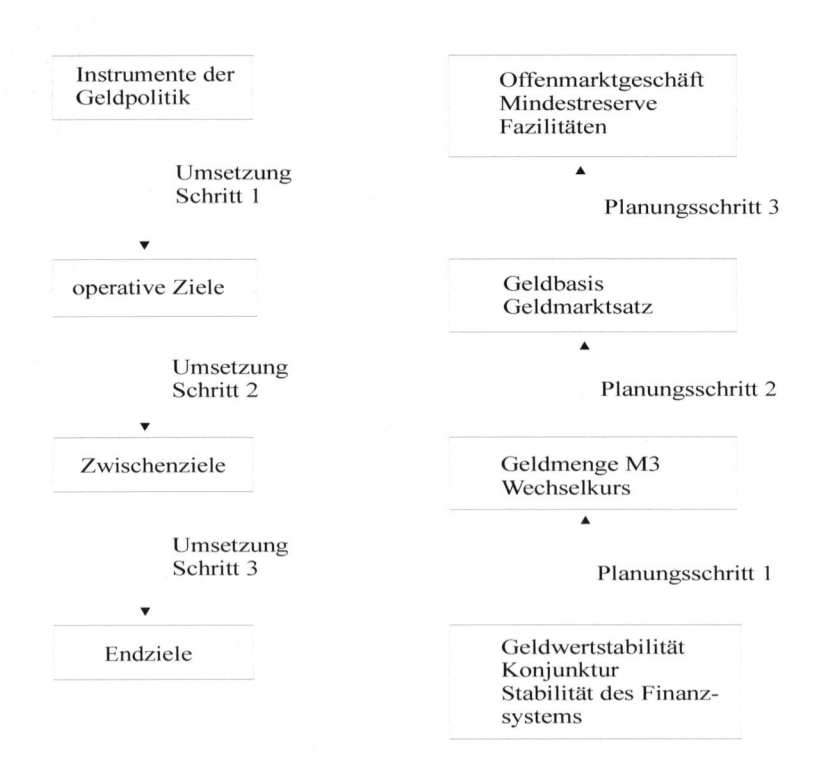

Instrumente der Geldpolitik		Offenmarktgeschäft Mindestreserve Fazilitäten
↓ Umsetzung Schritt 1		↑ Planungsschritt 3
operative Ziele		Geldbasis Geldmarktsatz
↓ Umsetzung Schritt 2		↑ Planungsschritt 2
Zwischenziele		Geldmenge M3 Wechselkurs
↓ Umsetzung Schritt 3		↑ Planungsschritt 1
Endziele		Geldwertstabilität Konjunktur Stabilität des Finanzsystems

Als operative Ziele eignen sich Variablen, welche die Notenbank vergleichsweise gut mit ihren Instrumenten kontrollieren kann, etwa der Geldmarktzins und die Geldbasis. Operative Ziele helfen so, den Instrumenteneinsatz der Notenbank zu steuern und zu bewerten. Als Zwischenziele sind solche Variablen zweckmäßig, die eng mit den Endzielen der Notenbank verbunden sind, etwa die Geldmenge, der Wechselkurs oder das nominale Sozialprodukt. Sie dienen als Frühindikatoren und helfen, die Wirkungen der Geldpolitik auf die Endziele der Notenbank abzuschätzen. So kann etwa ein Anstieg der Geldmenge einen zukünftigen Preisanstieg signalisieren.

Am Anfang der geldpolitischen Wirkungskette steht der Einsatz der geldpolitischen Instrumente, etwa Offenmarktgeschäfte. Mit diesen Instrumenten greift die Notenbank unmittelbar in den Geldmarkt ein und setzt eine Kette von Folgeeffekten in Gang, den Transmissionsprozess. Der Einsatz des geldpolitischen Instruments verändert die operativen Zielvariablen, diese beeinflussen dann die Zwischenzielgrößen, welche ihrerseits die Entwicklung der geldpolitischen Endzielvariablen bestimmen. Dieser Ursache-Wirkungs-Mechanismus wird in Schaubild 17.1 in der Bewegung von oben nach unten beschrieben.

Wenn die Notenbank ihre Politik plant, geht sie gedanklich in der umgekehrten Richtung vor (vgl. die Bewegung von unten nach oben in Schaubild 17.1). Sie nutzt den **Ursache-Wirkungs-Zusammenhang** von einem gegebenen Instrumenteinsatz hin zum Endziel als eine **Ziel-Mittel-Beziehung**, indem sie aus vorgegebenen Zielen den notwendigen Instrumenteneinsatz ableitet. Die Notenbank bestimmt zunächst ihre Endziele und leitet dann ab, welche geldpolitischen Maßnahmen für die Zielerreichung notwendig sind. Im ersten Schritt legt sie fest, wie sich das Zwischenziel entwickeln muss, um das Endziel zu erreichen. Wenn der Wert des Zwischenziels festgelegt ist, kann im nächsten Schritt das operative Ziel bestimmt werden und schließlich der Einsatz der geldpolitischen Instrumente festgesetzt werden.

Operative Ziele und Zwischenziele können die Qualität geldpolitischer Entscheidungen schon im Falle einer diskretionären Politik verbessern helfen, indem sie der Notenbank schon frühzeitig Informationen über die Wirkungen ihrer Geldpolitik liefern. Eine besondere Rolle kommt diesen Zielen aber im Falle einer regelgebundenen Strategie zu. Die Vorteile einer geldpolitischen Regelbindung liegen vor allem darin, dass sie die Politik der Notenbank transparent und überprüfbar machen kann. Damit können Principal-Agent-Konflikte und das Problem zeitinkonsistenter Politiken gemindert werden (vgl. Kapitel 16). Geldpolitische Regeln lassen sich danach unterscheiden, ob sich die Geldpolitik an einem operativen Ziel oder einem Zwischenziel orientiert. Zwischenziele stehen in relativ enger Beziehung zum Endziel, sind gleichzeitig aber nicht direkt zu kontrollieren. **Zwischenziel-Regeln (target**

rules) geben daher einen Referenzwert für das Zwischenziel vor. Wird dieser Zielwert realisiert, so sollte auch das Endziel der Notenbank erreicht werden. Wird der Zielwert über- oder unterschritten, so hat die Notenbank korrigierend einzugreifen. Wird etwa ein **Geldmengenziel** überschritten, so hat die Notenbank im Rahmen einer restriktiven Politik das Wachstum der Geldmenge so lange zu bremsen, bis das Geldmengenziel wieder erreicht ist. Dabei bleibt es in der Regel der Notenbank überlassen, mit welchen Maßnahmen sie den Zielwert zu erreichen versucht.

Anderes gilt im Fall von geldpolitischen Regeln auf Basis von operativen Zielen. Operative Ziele können relativ präzise mit Hilfe der geldpolitischen Instrumente kontrolliert werden, sind aber gleichzeitig durch einen vergleichsweise losen Zusammenhang zum Endziel gekennzeichnet. Diese Regeln beschreiben ziemlich genau, wie das operative Ziel verändert werden soll, wenn bestimmte Ereignisse eintreten. So legt die Taylor-Regel (vgl. Abschnitt 17.1) fest, um wie viele Basispunkte der Geldmarktzins angehoben werden soll, wenn die aktuelle Inflationsrate ihren Zielwert überschreitet. Operative Ziele werden aufgrund ihrer Nähe zu den geldpolitischen Instrumenten häufig auch als Instrumentenvariablen bezeichnet, Regeln auf Basis von operativen Zielen entsprechend als **Instrumenten-Regeln (instrument rules)**.

Um als Zwischenziel oder operatives Ziel geeignet zu sein, muss eine Variable eine Reihe von Anforderungen erfüllen. Wichtige Kriterien sind in diesem Zusammenhang

- der relativ enge und stabile Zusammenhang mit den Endzielen der Geldpolitik,
- die präzise Kontrollierbarkeit durch die geldpolitischen Instrumente,
- die zeitnahe Verfügbarkeit der relevanten Daten,
- die Stabilisierungsfunktion in Zusammenhang mit einer geldpolitischen Regel
- die politökonomische Eignung, insbesondere einfache Vermittelbarkeit in der Öffentlichkeit und geringe politische Sensitivität der Zielwerte (Schutzschildfunktion).

Im Folgenden sollen die Taylor-Zins-Regel und das Konzept des Inflation Targeting vorgestellt und anhand dieser Kriterien bewertet werden. Die Besonderheiten der Geldmengensteuerung werden im Zusammenhang mit dem geldpolitischen Konzept der Europäischen Zentralbank (Kapitel 18) diskutiert.

17.2 Die Taylor-(Zins)-Regel

Operative Ziele (operative targets) wie der **Geldmarktzins** und die **Geldbasis** haben den Vorteil, dass sie vergleichsweise genau gesteuert werden können. Sie eignen sich damit in besondere Weise für konkrete geldpolitische Handlungsregeln. Zwei Ansatzpunkte sind dabei möglich: Operative Ziele als

- Elemente einer Zwischenzielstrategie oder als
- Basis für eine geldpolitische Regel.

Im ersten Fall nutzt die Notenbank operative Ziele, um ihre Zwischenziel-Variablen zu steuern. Dazu werden in der Planungsphase aus dem Zwischenziel Vorgaben für die operativen Ziele abgeleitet (vgl. Schaubild 17.1, Planungsschritt 2). In der Umsetzungsphase werden die geldpolitischen Instrumente so eingesetzt, dass direkt die operativen Ziele und mittelbar die Zwischenziele erreicht werden (vgl. Schaubild 17.1, Umsetzungsschritt 2). Im zweiten Fall verzichtet die Notenbank ganz auf Zwischenziele und versucht, ihre Endziele direkt über operative Ziele zu steuern.

In beiden Fällen formuliert die Notenbank eine Regel, wie etwa der Geldmarktzins oder die Geldbasis bei Veränderungen der wirtschaftlichen Entwicklung angepasst werden soll. In der einfachsten Form lässt sich eine solche Regel wie folgt beschreiben:

(17.1) $\quad z_t = \lambda(x_{t-1} - \overline{x}_{t-1})$.

Danach wird das operative Ziel z in dem Maße angepasst, wie die Referenzgröße x vom Zielwert $\overline{x}$ abweicht. Der Parameter λ beschreibt, wie stark die Geldpolitik auf Zielabweichungen reagiert.

Da Geldmarktzins und Geldbasis direkt durch die geldpolitischen Instrumente kontrolliert werden können, werden diese Größen häufig auch mit den geldpolitischen Instrumenten gleichgesetzt und als **Instrumenten-Variablen** bezeichnet. Entsprechend werden geldpolitische Regeln auf Basis von operativen Zielen auch **Instrumenten-Regeln** genannt.

John B. Taylor (1993) hat eine einfache Instrumenten-Regel auf Basis des Geldmarktzinses vorgeschlagen. Diese **geldpolitische Reaktionsfunktion** wurde sehr schnell sowohl in der theoretischen wie auch der geldpolitischen Diskussion populär. Die sogenannte **Taylor-Regel** schreibt vor, dass der **Tagesgeldsatz** auf zentrale Zielvariablen der Notenbank reagieren soll – Abweichungen der aktuellen Inflationsrate vom Inflationsziel (**Inflationslücke**) und Abweichungen des realen Sozialprodukts vom langfristigen Produktionspotential (**Output-Lücke**):

(17.2) $\quad i_t = r^f + \pi_t + h(\pi_t - \pi^*) + g(y_t - y_t^p)$.

Dabei bezeichnet i den (nominalen) Geldmarktsatz, r^f den gleichgewichtigen Realzins, π die aktuelle Inflationsrate, π^* die langfristige **Ziel-Inflationsrate**, y das reale Sozialprodukt und y^p das langfristige Produktionspotential. Die Notenbank erhöht demnach den Geldmarktzins bei zunehmender Inflation um den Faktor 1+h, und bei höherem Wirtschaftswachstum um den Faktor g. Entsprechend senkt sie die Zinsen, wenn Inflation und Wirtschaftswachstum nachlassen.

Taylor hat für die USA gezeigt, dass folgende Zinsregel die Geldpolitik der Fed vergleichsweise gut beschreibt:

(17.3) $\quad r_t = 2 + \pi_t + 0{,}5(\pi_t - 2) + 0{,}5(y_t - y_t^p)$.

Für den gleichgewichtigen Realzins nimmt er 2 v.H. an und für die Zielinflationsrate ebenfalls 2 v.H. Bei einem Anstieg der Inflationsrate um 1 Prozentpunkt soll die Fed den nominalen Tagesgeldsatz, die **Federal Funds Rate**, um 1,5 Prozentpunkte oder 150 Basispunkte, erhöhen. Bei einer Beschleunigung des realen Wachstums um einen Prozentpunkt, wird die Federal Funds Rate um 50 Basispunkte angehoben. Diese Taylor-Regel liefert eine vergleichsweise gute Anpassung für die tatsächliche Politik der Fed für den Zeitraum von 1987 bis 1992.

Eine Reihe von Vorteilen hat zur großen Popularität der Taylor-Regel beigetragen. Aus Sicht der Notenbankpraktiker ist besonders vorteilhaft, dass die Taylor-Regel direkt am operativen Ziel der Notenbank, dem Geldmarktsatz, ansetzt und „brillant einfach" ist (McCallum, 1999). Die beiden Determinanten der Taylor-Regel, die Inflations- und die Output-Lücke, entsprechen den Endzielen vieler Notenbanken, nämlich langfristig die Preisniveaustabilität zu sichern und kurzfristig die konjunkturelle Entwicklung zu verstetigen. Obwohl Notenbanken in ihrer Politik noch zahlreiche weitere monetäre und reale Indikatoren beachten, erfassen die Inflations- und die Output-Lücke doch wesentliche kurz- und langfristige Determinanten der Geldpolitik. Unter stabilisierungspolitischen Gesichtspunkten impliziert die Taylor-Regel eine antizyklische Politik, die auf höhere Inflation und eine stärkere Auslastung des Produktionspotentials mit steigenden Realzinsen reagiert. Güternachfrageschocks werden auf diese Weise gedämpft. Dagegen wirkt die Taylor-Regel bei temporären Güterangebotsschocks akkommodierend. Im Fall etwa eines positiven Angebotsschocks sinkt die Output-Lücke aufgrund des höheren Produktionspotentials und induziert damit expansiv wirkende Zinssenkungen. Ein besonderer Vorteil der Taylor-Regel ist angesichts der Unsicherheit über das „richtige" ökonomische Modell auch, dass sie mit sehr unterschiedlichen makroökonomischen Modellen vereinbar ist und im Rahmen von Modellsimulationen trotz (oder wegen) ihrer Einfachheit bei einer großen Bandbreite von Modellen „gute" Politiken generiert.

17.3 Praktische Umsetzung der Taylor-Regel

Trotz des einfachen Grundprinzips sind auch bei der Anwendung der Taylor-Regel eine Reihe praktischer und konzeptioneller Fragen zu klären. Eine Geldpolitik à la Taylor wird ganz offensichtlich von der Gewichtung der Inflations- und Output-Lücke bestimmt. Damit die Taylor-Regel antizyklisch wirkt, muss der Reaktionsparameter h ausreichend groß gewählt werden. Der Parameter h beschreibt, wie stark die Geldpolitik den Realzins r = i-π bei einem Anstieg der Inflationsrate verändert. Für Veränderungen des Realzins gilt ex post wegen Gleichung (17.2)

(17.4) $\quad \Delta r = \Delta i - \Delta \pi = (1+h)\Delta \pi - \Delta \pi = h\Delta \pi$.

Nur wenn für den Parameter h > 0 gilt (so genanntes „Taylor-Prinzip"), hebt die Notenbank bei einem Anstieg der Inflationsrate den Nominalzins so stark an, dass die Realzinsen steigen. Die Taylor-Regel kann somit auch als Regel für die Steuerung des (ex post)-Realzinses interpretiert werden, wie eine Umformung von Gleichung (17.2) zeigt:

(17.5) $\quad r_t^r = i_t - \pi_t = r^f + h(\pi_t - \pi^*) + g(y_t - y_t^p)$.

Für Parameterwerte h > 0 vermeidet die Taylor-Regel so die Schwäche vieler Zinspolitiken, die bei steigenden Inflationsraten zwar die Nominalzinsen anheben, dies aber nicht in ausreichendem Maße tun. In der Folge können Situationen entstehen, in denen die Nominalzinsen ansteigen, die Realzinsen aber gleichzeitig zurückgehen. Es entsteht unter Umständen ein niedriger Realzins, der inflationstreibend wirkt.

Die Gewichtung der Inflations- und Output-Lücke hängt von der Struktur der Wirtschaft und den Zielen der Notenbank ab. Auch bei der Wahl des Preisindex bestehen Wahlmöglichkeiten. Grundsätzlich liegt die Verwendung eines breit angelegten Index nahe, etwa des Harmonisierten Index der Verbraucherpreise (HVPI) oder des BIP-Deflator (vgl. Kapitel 14). Während sich diese Indizes langfristig sehr ähnlich entwickeln, können kurzfristig erhebliche Unterschiede auftreten. Auch bei der Schätzung der Output-Lücke können sich je nach verwendeter Methode Differenzen ergeben. Insgesamt können somit aus der Taylor-Regel je nach gewählter Datenreihe und Schätzmethode unterschiedliche Zinspolitiken resultieren. Dies gilt vor allem in der geldpolitisch relevanten kurzen Frist.

Nicht unproblematisch ist auch die Festlegung des gleichgewichtigen Realzinses r^f. In der praktischen Anwendung wird als Schätzwert für r^f meist die durchschnittliche Differenz von Nominalzins und Inflationsrate verwendet. Der gewählte Wert hängt somit wesentlich vom Schätzzeitraum ab. Auch die Annahme eines langfristig konstanten realen Gleichgewichtszinses kann zu Problemen führen. So ist nicht auszuschließen, dass der Gleichgewichtszins im Zeitablauf variiert, etwa aufgrund von Veränderungen bei den erwarteten Ertragsraten auf Sachinvestitionen. Eine solche Entwicklung wurde Ende der 1990er Jahre im Zusammenhang mit der sogenannten neuen Ökonomie der Informations- und Kommunikationstechnologie diskutiert. Werden diese Aspekte nicht berücksichtigt, resultieren offensichtlich falsche Zinsentscheidungen.

In der Literatur wird auch kritisiert, dass in die Taylor-Regel nur die aktuelle Inflations- und Output-Lücke einfließen. Angesichts der langen Wirkungslags besteht die Gefahr, dass die Notenbank systematisch zu spät reagiert. Die Taylor-Regel sollte die zukünftig erwartete Entwicklung von Inflation und wirtschaftlichem Wachstum berücksichtigen. Empirische Schätzungen deuten allerdings daraufhin, dass Taylor-Regeln auf Basis realisierter und erwarteter Inflationsraten sehr ähnliche Politik-Empfehlungen liefern. Dies ist darauf zurückzuführen, dass aufgrund der relativ großen Trägheit (Persistenz) der Inflationsrate die aktuelle Inflationsrate eine gute Prognosequalität für die erwartete Preisentwicklung besitzt. Außerdem ist auch in der Output-Lücke Information über die zukünftige Preisentwicklung enthalten (vgl. etwa die Diskussion der Phillips-Kurve in Kapitel 14).

In der geldpolitischen Praxis ist zu beobachten, dass Notenbanken versuchen, erratische Zinsschwankungen zu vermeiden (**Zinsglättung (interest rate smoothing)**). Wenn eine Notenbank gemäß der Taylor-Regel aufgrund gestiegener Inflation den Geldmarktsatz anheben müsste, so erhöht sie die Zinsen meist nicht in einem, sondern in mehreren Schritten. Die Taylor-Regel setzt sich dann aus zwei Elementen zusammen:

- dem **Zielzinssatz** $i_t^* = r^f + \pi_t + h(\pi_t - \pi^*) + g(y_t - y^p)$, der sich aus der Taylor-Regel (17.2) ergibt, und
- dem **Grad der Zinsglättung** λ. Im einfachsten Fall bestimmt die Notenbank ihren Tagesgeldsatz als Mittel aus aktuellem Zinssatz und Zielzins. Es gilt dann $i_t = \lambda i_t^* + (1-\lambda) i_{t-1}$. Je wichtiger das Ziel der Zinsglättung ist, je kleiner also λ ist, desto langsamer wird der Geldmarktsatz an den Zielwert angenähert.

Werden diese beiden Bestimmungsfaktoren kombiniert, so ergibt sich für die Taylor-Regel folgende empirische Form, wie sie in empirischen Schätzfunktionen verwendet wird:

(17.6) $\quad i_t = \lambda(r^f + \pi_t) + \lambda h(\pi_t - \pi^*) + \lambda g(y_t - y^p) + (1-\lambda)i_{t-1} + u_t.$

Der Geldmarktsatz hängt also nicht nur von Inflations- und Output-Lücke, sondern auch vom Ausmaß der Zinsglättung ab.

So benutzen bspw. Erler und Križanac (2009) eine modifizierte Taylor-Regel (Gleichung 17.7), um das Zinssetzungsverhalten der US-amerikanischen

Notenbank im Vorfeld der Finanz- und Wirtschaftskrise von 2007 bis 2009 zu analysieren. Als abhängige Größe dient die effektive Federal Funds Rate. Der gleichgewichtige Realzins wird durch das Potenzialwachstum Δy_t^* approximiert. Zudem wird berücksichtigt, dass Notenbanken grundsätzlich vorausschauend handeln. In der Schätzgleichung wird dies durch die erwartete Abweichung der Inflation in einem Jahr vom Inflationsziel abgebildet. Der Störterm wird durch u_t dargestellt.

(17.7) $\quad i_t = \lambda i_{t-1} + (1-\lambda)[\gamma \Delta y_t^* + \pi_t^* + \delta(E_t \pi_{t+4} - \pi^*) + \beta(y_t - y_t^*)] + u_t$.

Schaubild 17.1: Geldmarktzins und Taylor-Zins in den USA

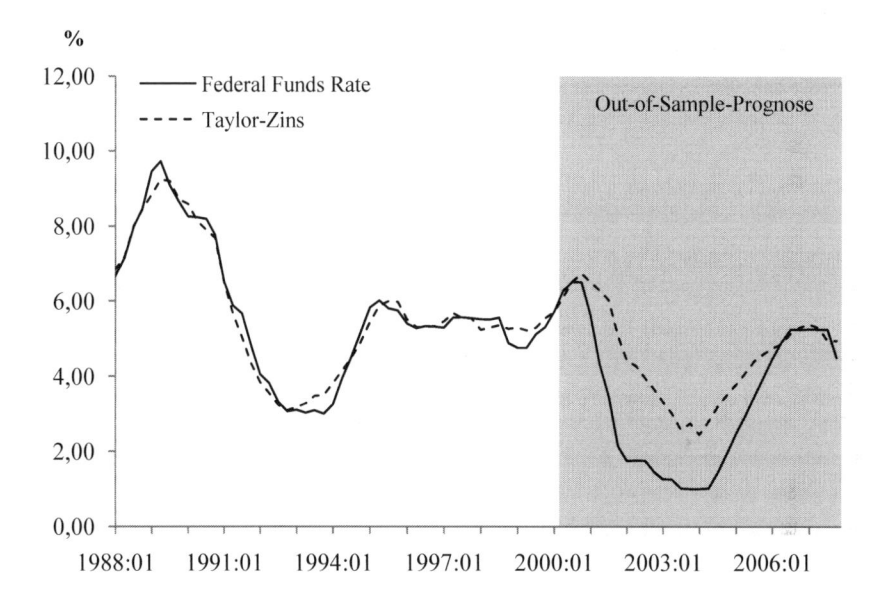

Quelle: Erler und Križanac (2009)

17.4 Anwendungsbereiche der Taylor-Regel

Bezüglich der Relevanz der Taylor-Regel für die geldpolitische Praxis scheint ein gewisser Widerspruch zu bestehen. Einerseits hat (noch) keine Notenbank die Taylor-Regel offiziell als Strategie übernommen. Andererseits ist diese Regel in der geldtheoretischen und geldpolitischen Diskussion sehr verbreitet und viele Notenbanken scheinen sich so zu verhalten, als würden sie die Taylor-Regel anwenden.

Worauf beruht das große Interesse an **geldpolitischen Reaktionsfunktion** im Allgemeinen und der Taylor-Regel im Speziellen? Reaktionsfunktionen von Notenbanken spielen eine wichtige Rolle bei der Analyse ganz unterschiedlicher Fragestellungen und bilden einen wichtigen Baustein für die positive und normative Analyse der Geldpolitik.

Im Rahmen der positiven Analyse beschreibt die Taylor-Regel, wie sich eine Notenbank in Abhängigkeit etwa der Output- und der Inflationslücke verhalten hat (vgl. Gleichung 17.7 bzw. die Schätzwerte für den Taylor-Zins von 1. Quartal 1988 bis 1. Quartal 2000). Dabei zeigt sich, dass Schätzungen der Taylor-Regel für die Geldpolitik der großen Notenbanken generell eine sehr gute Anpassung zeigen.

Im Rahmen der normativen Analyse liefert die Taylor-Regel einen Rahmen, um alternative geldpolitische Strategien zu evaluieren. So zeigt in Schaubild 17.1 die so genannte Out-of-sample Prognose, welche Zinsentscheidungen die US-amerikanische Notenbank getroffen hätte, wenn sie sich ab dem 2.Quartal 2000 nach dem gleichen Muster verhalten hätte wie in der Zeit von 1988 bis 2000. Dieser Taylor-Zins liegt in der Zeit zwischen 2001 und 2006 deutlich über dem von der Fed tatsächlich gewählten Geldmarktzins, was ein deutliches Indiz für die sehr expansive Geldpolitik der Fed in dieser Zeit ist (Taylor, 2007; OECD, 2008).

Generell wird im Rahmen der normativen Analyse die Frage untersucht, welche wirtschaftlichen Entwicklungen sich ergeben, wenn im Rahmen einer gegebenen Modellwirtschaft und für eine gegebene Struktur von Schocks alternative geldpolitische Strategien verfolgt werden. Die Vorteilhaftigkeit einer geldpolitischen Strategie wird gewöhnlich daran gemessen, wie groß die Schwankungen von Preisniveau und Sozialprodukt sind. Angesichts der Unsicherheit über das richtige Modell sind dabei robuste Regeln gesucht. Aus geldpolitischer Sicht sind demnach solche Reaktionsfunktionen von Vorteil, die in einem möglichst breiten Spektrum von makroökonomischen Modellen die konjunkturelle Entwicklung verstetigen. Zahlreiche empirische Untersuchungen deuten darauf hin, dass die Taylor-Regel diese Anforderungen weitgehend erfüllt. Sie liefert trotz ihrer einfachen Struktur im Vergleich zu sehr viel komplexeren, höhere Informationenanforderungen stellende Reaktionsfunktionen verhältnismäßig gute Resultate, ein Ergebnis, das für ganz unterschiedliche makroökonomische Modelle gilt (Monetary Policy Rules, 1999; Taylor, 2007).

Im Rahmen einer rein deskriptiven Analyse kann die Taylor-Regel auch als einheitlicher Untersuchungsrahmen genutzt werden, um die praktische Geldpolitik von Notenbanken zu charakterisieren. Die gute Anpassung der Taylor-

Regel für ganz unterschiedliche historisch zu beobachtende Geldpolitiken ist darin begründet, dass eine Reihe sehr unterschiedlicher geldpolitischer Strategien ein ganz ähnliches Verhaltensmuster wie die Taylor-Regel hervorrufen. Damit können diese Politiken im Rahmen von Reaktionsfunktionen des Taylor-Typs dargestellt werden (Taylor, 1999).

Die Taylor-Regel liefert einen Analyserahmen, um die Maßnahmen von Notenbanken, die offiziell ganz unterschiedliche Strategien verfolgen, empirisch zu untersuchen und zu vergleichen. Sowohl die Zinspolitik der Fed für die USA als auch die Politik der EZB kann vergleichsweise gut mit der einfachen Taylor-Regel (Gleichung 17.6) beschrieben werden. Die Zinsregel bildete damit auch eine wichtige Grundlage für die Prognose der Geldpolitik. So wird die Taylor-Regel als Analysebaustein von **Fed-Watchers** und **EZB-Beobachtern** benutzt, um die zukünftige Zinspolitik zu prognostizieren.

Eignet sich die Taylor-Regel also zur Formulierung einer geldpolitischen Strategie? Vor dem Hintergrund des Kriteriums Bezug zum Endziel ist die Taylor-Regel positiv zu bewerten. Sowohl die Geldwertstabilität als das langfristige Ziel der Geldpolitik als auch die Verstetigung der konjunkturellen Entwicklung gehen unmittelbar in die Regel ein. Im Gegensatz zu konventionellen Zwischenziel-Strategien gibt die Taylor-Regel als Instrumenten-Regel klare Handlungsanweisungen, wie die Notenbank ihre Instrumente einzusetzen hat. Bezüglich der Datenverfügbarkeit können vor allem bei der Output-Lücke Probleme auftreten, da Daten zum Sozialprodukt nur mit einer Verzögerung von mehreren Monaten verfügbar sind. Unter dem Aspekt der Stabilisierungsfunktion wirkt die Taylor-Regel antizyklisch verstetigend bei Nachfrageschocks. Güterangebotsschocks werden akkommodiert, da die Geldpolitik auf ein größeres Produktionspotential mit Zinssenkungen reagiert. Unter politökonomischen Aspekten positiv zu bewerten ist vor allem die einfache Formulierung der Taylor-Regel, wodurch die Geldpolitik transparenter und damit leichter überprüfbar wird.

Warum ist angesichts dieser Vorteile bisher noch keine Notenbank offiziell zu einer Taylor-Zinssteuerung übergegangen? Zwei Gründe scheinen dafür vor allem verantwortlich zu sein. Die Taylor-Regel stellt einen direkten Zusammenhang zwischen den Endzielen der Geldpolitik und dem Einsatz des Instruments Geldmarktsatz her. Die Wirkungen der Taylor-Regel können dabei aufgrund der langen und variablen Wirkungslags der Geldpolitik sehr unterschiedlich ausfallen. Dies gilt vor allem dann, wenn sich die Transmissionsmechanismen der Geldpolitik im Strukturwandel ändern. Für eine Region wie den Euroraum, wo mit dem Zusammenwachsen der Finanzmärkte wesentliche Strukturänderungen einhergehen, kann die Taylor-Regel wohl nur als grobe Richtschnur dienen. Dagegen ist nicht zu erwarten, dass sie als eindeutige und verbindliche Handlungsanweisung dienen kann. Zweitens sind Notenbanken zwar grundsätzlich an mehr Transparenz interessiert, um die Probleme zeitinkonsistenter Politiken zu vermeiden. Allerdings haben sie kein Interesse an „zu viel" Transparenz. Die Taylor-Regel bindet die Geldpolitik extrem, indem sie den geldpolitischen Instrumenteneinsatz eindeutig vorgibt. Damit hat die Notenbank wenig Spielraum, auf unerwartete Entwicklungen zu reagieren, etwa der Finanz- und Wirtschaftskrise von 2007 bis 2009, und eigene (inoffizielle) Ziele, etwa hohe Beschäftigung oder ein stabiler Wechselkurs, zu verwirklichen.

17.5 Direkte Inflationsziele – Inflation Targeting

Im Laufe der 1990er Jahre führte eine Reihe von Ländern mit hohen Inflationsraten eine neue geldpolitische Strategie, das sogenannte **Inflation Targeting**, ein und orientierte ihre Geldpolitik direkt an der Inflationsentwicklung. Neuseeland (1989), Israel (1991), Kanada (1991), Australien (1993) und Spanien (1995) wechselten zum Inflation Targeting, um einen Politikwechsel hin zu einer stabilitätsorientierteren Geldpolitik zu vollziehen und öffentlich zu dokumentieren. Großbritannien (1992), Schweden (1992) und Finnland (1992) gingen zum Inflation Targeting über, da sie mit der zuvor praktizierten Wechselkursbindung schlechte Erfahrungen gemacht hatten. Ihre Festkurssysteme hatten nicht zu niedrigen Inflationsraten geführt und waren zudem das Ziel spekulativer Attacken gewesen.

Das Konzept des Inflation Targeting betont die Rolle der Geldwertstabilität als Ziel der Geldpolitik und lässt sich durch folgende Merkmale kennzeichnen:
- öffentliche Verpflichtung der Notenbank auf das Ziel der Geldwertstabilität,
- Vorgabe von Zielbandbreiten für die Inflationsrate,
- Transparenz bezüglich der Ziele und Entscheidungen der Notenbank,
- Verantwortung und Rechenschaftspflicht der Notenbank für die Einhaltung der Inflationsziele.

Dabei werden der Notenbank keine Vorgaben gemacht, mit welchen Maßnahmen sie das Inflationsziel erreichen soll.

Wie kann Inflation Targeting das zentrale Problem von Notenbanken lösen, dass diese keine direkte und präzise Kontrolle über die Inflation haben? Eine Notenbank, die sich nur an der Entwicklung der aktuellen Inflationsrate als ihrem Endziel orientieren würde, liefe Gefahr, zu spät und prozyklisch zu reagieren. Außerdem wird die Preisentwicklung neben der Geldpolitik auch von anderen Faktoren bestimmt. Aufgrund der Wirkungsverzögerungen und des begrenzten direkten Einflusses muss die Notenbank versuchen, mit ihren heutigen Maßnahmen die erwartete Inflationsentwicklung in ein bis zwei Jahren zu beeinflussen. Damit kommt der Inflationsprognose eine maßgebliche Rolle zu. Das Inflation Targeting könnte auch als **Inflationsprognose-Steuerung** charakterisiert werden: Die Geldpolitik wird so ausgerichtet, dass die Inflationsprognose mit dem Inflationsziel übereinstimmt.

Dazu entwickelt die Notenbank Inflationsprognosen auf Basis ihres aktuellen Informationsstands und eines vorgegebenen Zeitpfades für ihren Instrumenteneinsatz. Diese bedingten Inflationserwartungen nehmen dann eine Rolle ein, die derjenigen konventioneller Zwischenziele ähnelt. Die Notenbank reagiert mit ihren Instrumenten auf Abweichungen der Inflationsprognose vom Inflationsziel. Liegt die Inflationsprognose über dem Inflationsziel, wird die Geldpolitik restriktiver. Ist die erwartete Inflationsrate dagegen niedriger als das Inflationsziel, wird der geldpolitische Kurs expansiver.

Das Verhalten einer Notenbank unter Inflation Targeting lässt sich mit der folgenden einfachen geldpolitischen Reaktionsfunktion beschreiben

(17.8) $\quad \Delta X_t = \lambda (E_t \pi_{t+j} - \bar{\pi})$,

wobei ΔX die Veränderung des Instrumenteneinsatzes, λ den Reaktionskoeffizienten der Notenbank, E_t den Erwartungsoperator auf Basis der Informationen in der Periode t, $\bar{\pi}$ das Inflationsziel und j das Prognoseintervall bezeichnen.

Neue Informationen über die wirtschaftliche Entwicklung sind für die Geldpolitik nur in dem Maße relevant, wie sie Inflationserwartungen ändern. Signalisieren etwa die neuen Informationen eine höhere erwartete Inflationsrate, so muss die Geldpolitik restriktiver werden, um den Anstieg zu dämpfen oder ganz zu neutralisieren. Muss die Inflationsprognose aufgrund der neuen Informationen dagegen nicht angepasst werden, so braucht die Notenbank nicht zu reagieren.

17.6 Praktische Umsetzung des Inflation Targeting

Zentrale Grundlage für das Inflation Targeting ist die Ausrichtung der Geldpolitik auf das Ziel der Geldwertstabilität. Dieses Ziel kann gesetzlich in der Notenbankverfassung fixiert sein wie im Fall von Neuseeland oder durch Veröffentlichungen und Stellungnahmen der Notenbank vorgegeben werden wie in Großbritannien. Die Verpflichtung auf die Geldwertstabilität gilt vor allem für die **mittlere und lange Frist**, weil Inflation auf längere Frist ausschließlich ein **monetäres Phänomen** ist. Dagegen hat sich noch keine Notenbank verpflichtet, auch für die kurze Frist ausschließlich das Ziel der Geldwertstabilität zu verfolgen und damit vollständig auf die konjunkturelle Steuerung zu verzichten.

Kennzeichen des Inflation Targeting ist die Ankündigung eines **Zielwertes für die Inflationsrate**. Die Zielvorgabe gilt mindestens für ein Jahr, in vielen Ländern auch länger.

Geldwertstabilität kann dabei **Stabilität des Preisniveaus oder der Inflationsrate** bedeuten. Im Falle eines Preisniveauziels muss die Notenbank jeden Anstieg oder Rückgang des Preisniveaus in der Folgezeit durch eine gegenläufige Politik korrigieren. Dadurch wird zwar die Prognose der langfristigen Preisentwicklung sicherer, gleichzeitig nimmt die kurzfristige Volatilität der Geldpolitik zu. In der geldpolitischen Praxis kompensieren Notenbanken daher Zielabweichungen nur teilweise und tolerieren damit den base drift im Preisniveau. Dabei wird Geldwertstabilität nicht wörtlich als eine Inflationsrate von null angesehen. Schon aufgrund von Messfehlern liegt der Zielwert für die Inflationsrate meist in der Nähe von 2 Prozentpunkten (vgl. Abschnitt 14.1).

Das Inflation Targeting kann unterschiedlich streng gehandhabt werden. Im Grenzfall des **strikten Inflation Targeting** orientiert sich die Notenbank allein an der Inflationsprognose. Für den Reaktionskoeffizient gilt dann $\lambda \to \infty$ (vgl. Gleichung 17.8). Der Erwartungswert der Inflationsrate ist gleich dem Inflationsziel, die erwartete Abweichung der Inflationsrate vom Inflationsziel damit gleich null. Bei Abweichungen vom Zielwert versucht die Notenbank, die erwartete Inflationsrate schnell zum Zielwert zurückzuführen. Das kann erhebliche Änderungen im Instrumenteneinsatz verlangen und zu beträchtlichen Schwankungen von Sozialprodukt und Wechselkurs führen.

In der geldpolitischen Praxis wird eine **flexible Inflationssteuerung** praktiziert, d.h. für den Reaktionsparameter gilt $\lambda < \infty$. Die Notenbank reagiert auf Abweichungen der Inflationsprognose vom Inflationsziel über einen längeren Zeitraum hinweg. Damit gewinnt die Notenbank **Spielraum für konjunkturstabilisierende Maßnahmen,** vor allem um die Entwicklung des Sozialprodukts und des Wechselkurses zu verstetigen. Auch wenn Notenbanken unsicher über die zugrundeliegende Wirtschaftsstruktur sind oder starke Zinsschwankungen vermeiden wollen, werden sie das Inflation Targeting flexibel anwenden.

In der geldpolitischen Praxis wird der **diskretionäre Entscheidungsspielraum** der Notenbank noch durch zusätzliche Elemente erweitert. So wird als Zielgröße für die Inflationsrate meist die Kerninflationsrate gewählt. Dieser Preisindex berücksichtigt die Wirkungen von Angebotsfaktoren wie den

Energie- und Agrarpreisen nicht oder nur mit einem geringen Gewicht. Auch werden die Zielvorgaben typischerweise als Bandbreiten vorgegeben, um nicht nur die Unsicherheit über die Wirkungsmechanismen der Geldpolitik zu berücksichtigen, sondern der Notenbank Spielraum im Falle von Schocks zu geben. Schließlich wird den Notenbanken ein Ausnahmevorbehalt zugestanden, so dass im Falle ungewöhnlicher Entwicklungen Zielüberschreitungen zugelassen werden.

Wie prognostizieren Notenbanken die zukünftige Preisentwicklung? In der Praxis nutzen sie dazu eine Vielzahl von Methoden. Prognosen werden erstellt auf Basis von **strukturellen Modellen** und von **zeitreihenanalytischen Prognosemodellen**. Außerdem werden Inflationserwartungen durch Umfragen gewonnen und aus Finanzmarktpreisen geschätzt, etwa aus der Zinsstruktur-Kurve. Inflation Targeting greift somit umfassend auf die verfügbaren Informationen zurück.

Damit wird sich die Notenbank unter Inflation Targeting anders verhalten als im Falle einer Zwischenzielstrategie. Im Falle etwa einer strikten Geldmengensteuerung reagiert die Geldpolitik nur auf Veränderungen einer Größe, der Geldmenge, und nutzt daher nur die in der Entwicklung dieser Variablen enthaltenden Informationen. Nur in dem Extremfall, dass die Geldmengenentwicklung schon alle verfügbaren Informationen über das zukünftige Preisniveau beinhaltet, führen Geldmengensteuerung und Inflation Targeting zur gleichen Politik. Entsprechendes gilt offensichtlich auch für Instrumenten-Regeln wie die Taylor-Regel.

Das Inflation Targeting betont die Rolle der **Transparenz** und **Vorhersehbarkeit** geldpolitischer Entscheidungen. Die meisten Notenbanken veröffentlichen dazu regelmäßig **Inflationsberichte**. Darin beurteilen sie ausführlich die aktuelle sowie die zukünftig zu erwartende Preisentwicklung und liefern explizite Inflationsprognosen. Die Öffentlichkeit soll verstehen und nachvollziehen können, wie die Notenbank die aktuelle Lage einschätzt und was die Gründe für ihr (Nicht-)Handeln sind. Auf diese Weise soll die Politik berechenbar und glaubwürdig werden. Damit erfüllen Inflationsprognosen und -berichte eine ähnliche Funktion wie konventionelle Zwischenziele. Folgt die Notenbank einer strikten geldpolitischen Regel, so hat die Öffentlichkeit Anhaltspunkte für das Verhalten der Notenbank. Sie gewinnt über die Entwicklung des Zwischenziels als einem Frühindikator Informationen darüber, inwieweit die Notenbank ihre Endziele erreichen kann und ob sie bei drohenden Zielverfehlungen korrigierend eingreift. Damit erhält die Öffentlichkeit wie im Falle der Inflationsprognose Hinweise, um die Entscheidungen der Notenbank überprüfen und beurteilen zu können. Die Ankündigungen der Notenbank werden glaubwürdiger, Zeitinkonsistenz-Probleme gemildert. Die

Glaubwürdigkeit der Geldpolitik kann auch dadurch verbessert werden, dass die Verantwortung der Notenbank für die Geldwertstabilität gestärkt wird. So wurde etwa in Neuseeland die Verbindlichkeit des Inflationsziels noch dadurch erhöht, dass der Notenbankpräsident bei Zielverfehlungen entlassen werden kann.

In der geldtheoretischen und -politischen Diskussion wird das Inflation Targeting häufig mit geldpolitischen Regeln auf Basis konventioneller Zwischenziele und operativer Ziele verglichen. Dabei könnte der Eindruck entstehen, dass es sich beim Inflation Targeting um eine strikte geldpolitische Regel handelt (vgl. Kapitel 15). Dies wäre aber eine irreführende Charakterisierung des Inflation Targeting, zumindest was die von Notenbanken tatsächlich praktizierten Vorgehensweise angeht.

Danach kann das Inflation Targeting eher als eine **regel-ähnliche Strategie** gekennzeichnet werden. Inflation Targeting enthält Elemente der Regelbindung, da es konkrete, verbindliche Ziele vorgibt und die Erwartungsbildung der Privaten in die Notenbankentscheidungen mit einbezieht. Auf diese Weise sollen vor allem in der langen Frist unerwünschte Entwicklungen vermieden werden. Inflation Targeting weist aber auch diskretionäre Elemente auf. Die Notenbank kann bei unerwarteten Entwicklungen fallweise entscheiden und ist in ihren tagespolitischen Entscheidungen nicht durch eine strikte Instrumenten-Regel gebunden. Inflation Targeting kann daher als eine Strategie **begrenzt diskretionären Handelns** charakterisiert werden. Dieses Konzept liefert keine strikte, mechanistische Handlungsanweisung für die Notenbank, sondern einen **Politikrahmen** für die Formulierung und Durchführung der Geldpolitik. In der geldpolitischen Praxis verschwimmen die Grenzen zwischen den verschiedenen geldpolitischen Strategien zunehmend. Eine Reihe von Ländern, etwa Neuseeland, Kanada und Großbritannien, geben offiziell Zielinflationsraten vor und betonen die Rolle der Inflationserwartungen für die konkreten geldpolitischen Entscheidungen (**explizites Inflation Targeting**). Aber auch die frühere Geldpolitik der Deutschen Bundesbank kann letztlich als **implizites Inflation Targeting** charakterisiert werden. So legte die Bundesbank ihrer Geldmengensteuerung Zielinflationsraten von zuletzt 2 Prozentpunkten zugrunde und betonte die mittel- und langfristige Ausrichtung ihrer Politik. Sie nutzte ihren Entscheidungsspielraum für diskretionäre Maßnahmen und tolerierte Abweichungen von den Zielwerten für Geldmenge und Inflation, wenn nach ihrer Meinung Sondereinflüsse wirksam waren (vgl. auch Kapitel 18 für eine Diskussion des geldpolitischen Konzepts der Europäischen Zentralbank).

Box 17.2: Inflationsberichte der Bank of England (BoE)
Die britische Notenbank veröffentlicht in jedem Quartal einen Inflationsbericht (**Inflation Report**). Dieser Bericht liefert einen umfassenden, zukunftsgerichteten Rahmen für die Diskussionen und Entscheidungen des Zentralbankrates. Mit der Publikation des Berichts werden der Öffentlichkeit die Gründe für die geldpolitischen Entscheidungen erläutert.

Im Mittelpunkt des Berichts stehen Prognosen der Inflationsrate und des Wirtschaftswachstums für die nächsten zwei Jahre. Bei dieser Status quo -Prognose unterstellt die BoE, dass ihre bisherige Politik unverändert fortgesetzt wird. Um auch über das Ausmaß der Unsicherheit ihrer Prognosen zu informieren, veröffentlicht die britische Notenbank die Wahrscheinlichkeitsverteilung ihrer Inflationsprognose in Form eines sogenannten Inflationsfächers (vgl. Schaubild 17.2). Der dunkel gefärbte Kernbereich gibt die Inflationsentwicklung an, welche die BoE für am wahrscheinlichsten hält (mit einer Wahrscheinlichkeit von 10 v.H.). Entsprechend umfassen die heller gefärbten, symmetrischen Bereiche jeweils eine Inflationsentwicklung, die mit einer Wahrscheinlichkeit von 10 v.H. erwartet wird. Insgesamt deckt der gesamte Fächer mögliche Inflationsentwicklungen, denen eine Wahrscheinlichkeit von 90 v.H. zugerechnet wird.

Schaubild 17.2: Inflationsprognose der Bank of England

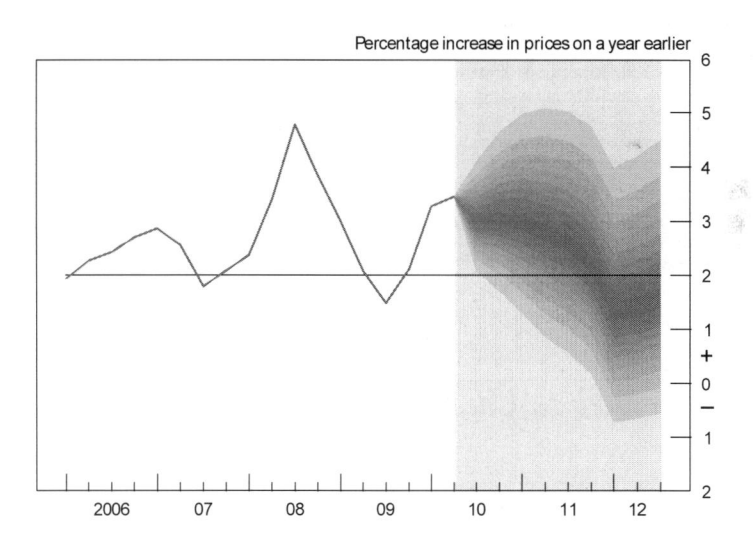

Quelle: Bank of England, Inflation Report August 2010

17.7 Praktische Erfahrungen mit der Inflationssteuerung: Wie erfolgreich ist Inflation Targeting?

Bei der Beurteilung des Inflation Targeting stellen sich eine Reihe von Fragen. Ändern sich mit dem Übergang zur Inflationssteuerung die Inflationserwartungen und die Inflationsentwicklung in einem Land? Welchen Einfluss hat das Inflation Targeting auf den reale Sektor einer Volkswirtschaft? Sind die realen Kosten einer sinkenden Inflationsrate niedriger, wenn die Disinflationspolitik im Rahmen des Inflation Targeting umgesetzt wird?

Noch ist es für eine fundierte Bewertung des Inflation Targeting zu früh, da die Datenbasis noch sehr begrenzt ist. Die meisten Länder praktizieren diese Strategie seit weniger als zehn Jahren, so dass insbesondere Erfahrungen über mehrere Konjunkturzyklen fehlen. Die folgende vorläufige Einschätzung stützt sich vor allem auf die Praxis in Neuseeland, Kanada, Großbritannien und Schweden. Spanien und Finnland haben das Inflation Targeting schon nach wenigen Jahren mit dem Beitritt zur Europäischen Währungsunion wieder aufgegeben.

Gemessen an den eigenen Vorgaben war die Inflationssteuerung ein Erfolg. Die Länder haben eine deutlich höhere Geldwertstabilität erreicht als in den 70er und 80er Jahren. In Großbritannien konnte sogar die Preisstabilität über einen kompletten Konjunkturzyklus hinweg beobachtet werden. Allerdings ist unklar, inwieweit das Inflation Targeting für diesen Erfolg verantwortlich ist. Schließlich haben auch Länder mit anderen geldpolitischen Konzeptionen in den 90er Jahren deutlich niedrigere Inflationsraten erreicht als in der Zeit davor.

Ein Maß für die stabilitätsfördernde Wirkung des Inflation Targeting könnte sein, inwiefern der Übergang zur Inflationssteuerung die Inflationserwartungen verringert. Umfragen zu Inflationserwartungen und internationale Zinsdifferenzen können Anhaltspunkte über die Inflationserwartungen der Marktteilnehmer geben. Untersuchungen von Bernanke u.a. (1999) deuten darauf hin, dass der Übergang zum Inflation Targeting allein noch nicht die Glaubwürdigkeit der Geldpolitik verbessert und zu niedrigeren Inflationserwartungen führt. Der Disinflationsprozess führt zu vergleichbar hohen realen Kosten wie im Falle eines Verzichts auf Inflation Targeting. Allein die Ankündigung einer zukünftig stabilitätskonformen Politik reicht offensichtlich nicht aus. Glaubwürdigkeit muss durch die Umsetzung einer stabilitätskonformen Politik erarbeitet werden.

Die empirischen Ergebnisse zeigen aber auch, dass Glaubwürdigkeit zu besseren Ergebnissen führt. Hat eine Notenbank ihre Inflationsziele über einen längeren Zeitraum erreicht, so bleiben die Inflationserwartungen auch in einem Konjunkturaufschwung niedrig. Erfolgreiches Inflation Targeting hilft so, Inflationserwartungen zu stabilisieren, was die Inflationsentwicklung dauerhaft beeinflusst. Durch die stabileren Inflationserwartungen sinkt die Gefahr, dass temporäre Schocks zu dauerhaften Preiseffekten führen. Obwohl Notenbanken unter Inflation Targeting in rund 40 v.H. der Fälle ihr Inflationsziel verfehlten (Roger/Stone, 2005), scheinen die hohen Anforderungen des Inflation Targetings bezüglich Transparenz und Verantwortung dennoch eine gute Möglichkeit zu sein, Glaubwürdigkeit und Reputation aufzubauen.

Wie ist das Inflation Targeting insgesamt zu bewerten? Im Inflation Targeting übernehmen Inflationsprognosen die Rolle von Zwischenzielen. Inflationsprognosen basieren auf dem (den) ökonomischen Modell(en) der Notenbank und geben für den jeweiligen Informationsstand die wahrscheinlichste Inflationsentwicklung an. Sie haben damit einen unmittelbaren Bezug zum Endziel der Geldwertstabilität. Inflationsprognosen sind indirekt dadurch zu kontrollieren, dass geldpolitische Maßnahmen die Inflationserwartungen ändern. Inflationsprognosen sind dabei auf verschiedene Weisen verfügbar, entweder durch eigene Schätzungen der Notenbank auf Basis ihrer Modelle, durch laufende Umfragen oder durch Schätzung von Inflationserwartungen mit Hilfe von Finanzmarktpreisen, etwa der Zinsstruktur. Ziel des Inflation Targeting ist es, die Inflationsentwicklung zu verstetigen. Durch eine größere Transparenz und eine bessere Vorhersehbarkeit der Geldpolitik können insbesondere politikbedingte Schocks vermieden werden. Allerdings kann mit dem Inflation Targeting im Falle von Güterangebotsschocks eine größere Volatilität der Einkommensentwicklung einhergehen. Polit-ökonomisch problematisch könnte sein, dass das Inflation Targeting den Eindruck erweckt, allein die Notenbank „steuere" die Inflation. Gerade kurzfristig können aber eine Reihe von Faktoren inflationswirksam sein, die außerhalb des Verantwortungsbereiches der Notenbank liegen. Polit-ökonomisch positiv ist am Inflation Targeting zu beurteilen, dass es für die Geldpolitik ein verbindliches Ziel formuliert. Probleme können bei der öffentlichen Vermittlung geldpolitischer Entscheidung auf Basis von Inflationsprognosen entstehen. Prognostiziert die Notenbank etwa höhere Inflationsraten, so könnte dies die Gewerkschaften dazu veranlassen, höhere Löhne bei Verhandlungen zu fordern und durchzusetzen, womit zusätzlicher Inflationsdruck erzeugt würde. Schließlich behalten die Notenbanken bei den derzeit praktizierte Formen des Inflation Targeting einen gewissen Entscheidungsspielraum. Damit lassen sich Glaubwürdigkeits- und Zeitinkonsistenzprobleme nicht ausschließen.

Literaturhinweise
Taylor (1993) ist die klassische Referenz für die nach ihm benannte Regel. Taylor (2007) diskutiert die Wirkungen der Taylor-Regel bzw. geldpolitischer Regeln im Allgemeinen. Die EZB (2001) beschreibt die Praxisrelevanz geldpolitischer Regeln. Orphanides (2001) weist in diesem Zusammen auf die so genannten Real-Time-Daten Problematik hin, die Schwierigkeit also, dass der Notenbank die entscheidungsrelevanten Daten vor allem zum Bruttoinlandsprodukt nur mit Verzögerung zur Verfügung stehen. Die Federal Reserve Bank of St. Louis nutzt die Taylor-Regel zur Beschreibung der aktuellen US-Geldpolitik (www.stls.frb.org). Einen sehr umfassenden Überblick über das Inflation Targeting liefert der Sammeldband des NBER (2005) „The Inflation Targeting Debate" Bernanke/Woodford (Hrsg). Roger/Stone (2005) beleuchten die Erfolge und Misserfolge des Inflation Targeting in jüngerer Vergangenheit.

Zusammenfassung

1. Operative Ziele wie der Geldmarktsatz und die Geldbasis lassen sich vergleichsweise gut durch die geldpolitischen Instrumente kontrollieren, haben aber nur eine lose Beziehung zu den Endzielen der Geldpolitik.
2. Die Taylor-Regel beschreibt als Instrumentenregel wie der Geldmarktsatz bei Änderungen der Inflationsrate und der Output-Lücke verändert werden soll. Sie wirkt dabei antizyklisch und verstetigend auf die Preis- und Einkommensentwicklung.
3. Die Taylor-Regel generiert trotz ihrer Einfachheit in einer großen Bandbreite makroökonomischer Modelle wünschenswerte verstetigende Politiken.
4. Das Inflation Targeting kann als Inflationsprognose-Steuerung charakterisiert werden. Die Geldpolitik wird so ausgerichtet, dass das Zwischenziel erwartete Inflationsrate dem langfristigen Inflationsziel entspricht.
5. In der geldpolitischen Praxis wird das Inflation Targeting als Politikrahmen für eine stabilitätsorientierte Geldpolitik eingesetzt. Im Vordergrund stehen die verbindliche Ausrichtung der Geldpolitik am Ziel der Geldwertstabilität und die Transparenz bei geldpolitischen Entscheidungen.
6. Notenbanken nutzen geldpolitische Strategien meist als Richtschnur für ihre tagespolitischen Entscheidungen. In diesen Strategien spielen Zwischenziele und operative Ziele eine wesentliche Rolle, um konsistente Entscheidungen treffen zu können und die Geldpolitik transparenter zu machen. Die Strategien begrenzen die Handlungsmöglichkeiten der Notenbanken, lassen aber dennoch Spielraum für diskretionäre Entscheidungen.

Schlüsselbegriffe

Endziel
EZB-Beobachter
Federal Funds Rate
Fed-Watcher
Geldbasis
Geldmarktzins
Inflation
Inflation Report
Inflationsbericht
Inflationssteuerung
--, strikte
--, flexible
Inflation Targeting
--, explizites
--, implizites

Inflationslücke
Inflationsprognose
Inflationsprognose-Steuerung
Instrumenten-Regel
Instrumenten-Variable
leaning against the wind
Output-Lücke
Reaktionsfunktion, geldpolitische
Tagesgeldsatz
Taylor-Regel
Transparenz und Vorhersehbarkeit
Ziel, operatives
Ziel-Inflationsrate
Zwischenziel
Zwischenziel-Regel

Kapitel 18

Die geldpolitische Konzeption der Europäischen Zentralbank

Zum Inhalt von Kapitel 18

Im Maastrichter Vertrag von 1993 wurde die Verfassung der Europäischen Geldpolitik verankert. Die Europäische Zentralbank (EZB) hat auf dieser Grundlage im Oktober 1998 das Konzept der **stabilitätsorientierten geldpolitischen Strategie** entwickelt und nach vier Jahren praktischer Erfahrungen im Mai 2003 überprüft und angepasst. Das Strategiegebäude der EZB setzt sich dabei aus vier Elementen zusammen. Ziel der geldpolitischen Strategie ist die Sicherung der Geldwertstabilität. Seine Entscheidungen trifft der EZB-Rat im Rahmen seines sogenannten Zwei-Säulen-Konzepts auf Basis einer umfassenden Analyse möglicher Preisrisiken. Dies beinhaltet eine wirtschaftliche und eine monetäre Analyse (vgl. Schaubild 18.1).

Im Folgenden sollen die verschiedenen Bausteine der stabilitätsorientierten geldpolitischen Strategie der EZB untersucht werden. Zunächst gehen wir der Frage nach, wie das Ziel der Geldwertstabilität präzisiert wird. Anschließend untersuchen wir, wie die EZB im Rahmen des Zwei-Säulen-Ansatzes ihre Sicht der wirtschaftlichen Lage und insbesondere der künftigen Preisentwicklung herleitet. Abschließend soll die Frage diskutiert werden, inwieweit das Eurosystem der Forderung nach Transparenz nachkommt.

18.1 Das Ziel: Sicherung der Preisniveaustabilität

Der Vertrag von Maastricht bildet die rechtliche Grundlage für die europäische Geldpolitik. Danach ist es „das vorrangige Ziel des ESZB ..., die Preisstabilität zu gewährleisten" (Artikel 105 Abs. 1 EGV). Die Europäische Zentralbank hat im Rahmen ihrer stabilitätsorientierten geldpolitischen Strategie diese Vorgabe konkretisiert. Sie hält Preisniveaustabilität dann für erreicht, wenn der **Anstieg des Harmonisierten Verbraucherpreisindex (HVPI) im Vergleich zum Vorjahr nahe, aber unter 2 Prozent** liegt. Die EZB betont, dass sich an der mittelfristigen Preisentwicklung orientiert, nicht an kurzfristigen Preisbewegungen.

Bei der Festlegung des Zielwertes wägt die EZB ab zwischen den Kosten der Inflation und Gründen für die Tolerierung niedriger Inflationsraten. Die Inflationsobergrenze von 2 Prozent ist nach Einschätzung des EZB-Rates so niedrig gewählt, dass die Risiken einer Deflation, die Möglichkeit von Messfehlern und das Vorhandensein nominaler Rigiditäten bei Preisen und Löhnen in ausreichendem Maße berücksichtigt sind. Gleichzeitig seien die damit verbundenen Inflationskosten noch vertretbar (vgl. Kapitel 14).

Die Vorgabe eines Zielwertes soll die Transparenz der Geldpolitik verbessern und vor allem zwei Zielen dienen. Die Marktteilnehmer erhalten erstens eine Orientierung bezüglich der künftig zu erwartenden Preisentwicklung. Unternehmen und Haushalte sollen mittelfristig mit einer Inflationsrate von unter zwei Prozent planen können. Das Inflationsziel soll zweitens der Öffentlichkeit einen Maßstab für die Bewertung der EZB-Politik geben.

Schaubild 18.1: Das Strategiegebäude der Europäischen Zentralbank

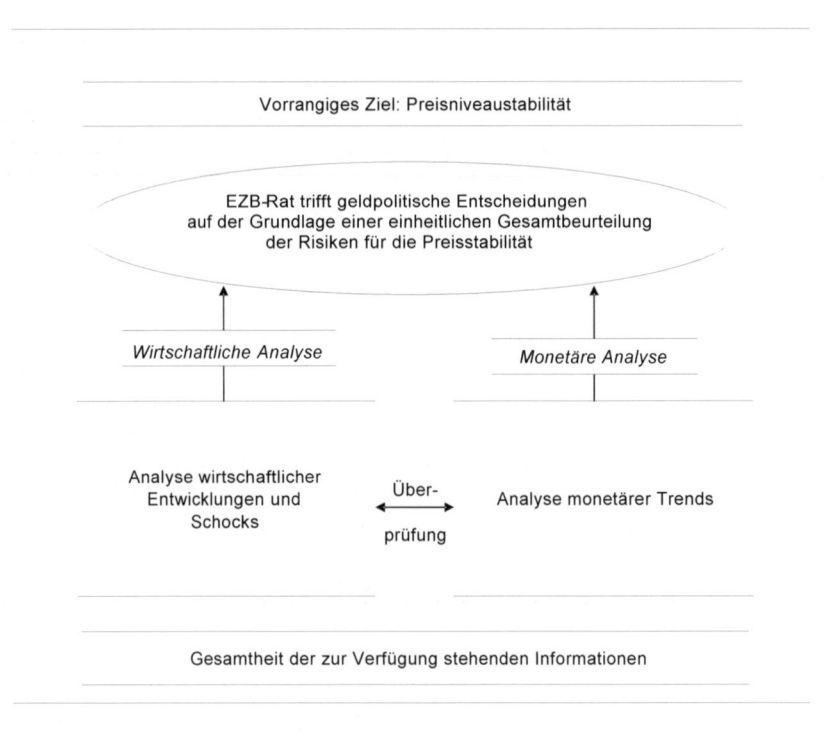

Vorrangiges Ziel: Preisniveaustabilität

EZB-Rat trifft geldpolitische Entscheidungen auf der Grundlage einer einheitlichen Gesamtbeurteilung der Risiken für die Preisstabilität

Wirtschaftliche Analyse | Monetäre Analyse

Analyse wirtschaftlicher Entwicklungen und Schocks ← Überprüfung → Analyse monetärer Trends

Gesamtheit der zur Verfügung stehenden Informationen

Quelle: Europäische Zentralbank (2003)

Bei der Auswahl des Preisindex ist eine Reihe technischer Besonderheiten zu beachten. Die EZB definiert ihr Ziel der Preisstabilität auf Basis des Harmonisierten Verbraucherpreisindex im Euro-Raum. Damit orientiert sich die EZB an der **durchschnittlichen Preisentwicklung im Euroraum**, nicht an einzelnen regionalen oder nationalen Preisen. Der HVPI misst nach einem EU-weit abgestimmten Verfahren die Entwicklung der verbrauchernahen Preise und ist damit für die Öffentlichkeit leicht nachvollziehbar. Mit der Verwendung des breiten HVPI-Preisindex, des sogenannten Headline-Index, grenzt sich der EZB-Rat auch gegen das Konzept der Kerninflationsraten ab.

Box 18.1: Inflationsziel und Osterweiterung der Eurozone

Im Gefolge der EU-Osterweiterung werden Länder mit deutlich niedrigerem Pro-Kopf-Einkommen dem Euroraum beitreten. Damit werden auch die Inflationsunterschiede in der Eurozone zunehmen. Länder im wirtschaftlichen Aufholprozess haben typischerweise höhere Inflationsraten, der sogenannte Balassa-Samuelson-Effekt.

Wir unterscheiden zwei Volkswirtschaften, Land 1 mit hohem Pro-Kopf-Einkommen und Land 2 mit niedrigem Pro-Kopf-Einkommen. Beide Länder haben zwei Sektoren, die handelbare Güter H bzw. nicht-handelbare Güter N herstellen. Unter dem Gesetz des einheitlichen Preises gilt für handelbare Güter in den beiden Ländern

(18.1) $\quad p_1^H = p_2^H = p^H$

Der Preis für nicht-handelbare Güter p^N kann dagegen in den beiden Ländern unterschiedlich sein. y^H und y^N beschreiben die Arbeitsproduktivität in den beiden Sektoren. Wenn die Arbeitskräfte innerhalb eines Landes zwischen den beiden Sektoren wandern können, gilt in den beiden Branchen eines Landes der gleiche Lohn w

(18.2) $\quad y_1^H p_1^H = w_1 = y_1^N p_1^N \quad$ und $\quad y_2^H p_2^H = w_2 = y_2^N p_2^N$

Werden die Gleichungen 18.1a und 18.2a zusammengefasst, so gilt

(18.3) $\quad p_2^N = p^H * y_2^H / y_2^N$

Gleichung 18.3 beschreibt den grundlegenden Balassa-Samuelson-Zusammenhang. Der Preis für nicht-handelbare Güter in Land 2 steigt mit dem Preis für handelbare Güter und dem Produktivitätsunterschied zwischen den beiden Sektoren.

Es ist zu erwarten, dass Euro-Beitrittsländer mit niedrigem Einkommen (Land 2) im wirtschaftlichen Aufholprozess relativ hohe Produktivitätsfortschritte vor allem im Sektor für handelbare Güter erzielen werden. Nach Gleichung 18.3 hat das zur Folge, dass die Preissteigerungen im Sektor für nicht-handelbare Güter und damit insgesamt die Inflationsraten in den Beitrittsländern relativ hoch ausfallen werden.

Mit der Obergrenze von 2 Prozent für die gemessene Preissteigerungsrate folgt die EZB dem Modell der Deutschen Bundesbank und ist damit etwas restriktiver als andere Notenbanken. So zielt etwa die Bank of Canada auf einen Zielwert von 2 v.H. innerhalb eines Bandes von 1 bis 3 v.H. ab und Ziel der australischen Notenbank ist es, die Inflationsrate über den Konjunkturzyklus hinweg in Bereich von 2 bis 3 v.H. zu halten.

Bei der Begründung des Zielwertes von knapp unter 2 Prozent betont die EZB die Risiken, die aufgrund der Untergrenze von null bei den nominalen Zinssätzen in einer Deflation auftreten können. Die Geldpolitik ist dann in ihrer Möglichkeit eingeschränkt, über die Senkung der Realzinsen die Güternachfrage anzuregen und dem deflationären Druck entgegenzuwirken. Die Geldpolitik bleibt zwar auch bei sehr niedrigen nominalen Zinssätzen handlungsfähig, wie es die massive Geldmengenausweitung im Rahmen des sogenannten „quantitative easing" der Fed in der Finanz- und Währungskrise seit 2008 deutlich macht. Dennoch hält die EZB es für angemessen, „eine Sicherheitsmarge zum Schutz gegen Deflation zu wahren, indem sie statt Null-Inflation eine geringfügig positive Inflationsrate anstrebt" (EZB 2003). Dagegen spielen die Gefahr von Messfehlern und die Möglichkeit nominaler Rigiditäten nach unten bei Preisen und Löhnen für die EZB bei der Festlegung des Zielwertes nur eine untergeordnete Rolle.

Aufgrund des niedrigen Inflationsziels kann bei regional unterschiedlicher Wirtschaftsentwicklung gleichzeitig **in einigen Regionen Inflation, in anderen Deflation** auftreten. Diese Unterschiede sind vor allem aufgrund der Einkommensunterschiede im Euro-Raum zu erwarten. Für Regionen mit vergleichsweise niedrigen Pro-Kopf-Einkommen sind im wirtschaftlichen Aufholprozess überdurchschnittliche Preissteigerungsraten zu erwarten (**Balassa-Samuelson-Effekt**).

In dem Maße, wie das Ziel der Preisstabilität erreicht ist, „unterstützt das ESZB die allgemeine Wirtschaftspolitik der Gemeinschaft" (Art 105, Abs. 1, S. 2 EGV). Die Europäische Verfassung gibt damit eine **klare Zielhierarchie** vor. Das Eurosystem kann andere Ziele als die Preisstabilität nur dann verfolgen, wenn ihr vorrangiges Ziel nicht verletzt ist. Damit hat die EZB insbesondere auch **kein eigenständiges Wechselkursziel** zu verfolgen. Dies schließt allerdings nicht aus, dass die EZB auf ungünstige Wechselkursentwicklung reagiert, wenn sie dadurch das übergeordnete Ziel der Preisstabilität gefährdet sieht, etwa aufgrund **importierter Inflation**.

Es ist allerdings in der praktischen Wechselkurspolitik nicht auszuschließen, dass es zu Konflikten mit dem Rat der Finanz- und Wirtschaftsminister, ECOFIN, kommen kann. Dieser hat nach Art. 111 EGV die Befugnis, Vereinbarungen über ein formales Wechselkurssystem und entsprechende Leitkurse zu treffen oder allgemeine Orientierungen zur Wechselkurspolitik aufzustellen. Allerdings kann eine solche Entscheidung nur auf Empfehlung der EZB oder, falls die Empfehlung von der Europäischen Kommission kam, nach Anhörung der EZB getroffen werden.

18.2 Die Zwei-Säulen-Strategie

Die EZB kann wie andere Notenbanken auch die Preisentwicklung nicht unmittelbar, sondern nur mit langen und variablen Lags beeinflussen. Sie benötigt daher Orientierungsgrößen, die ihr möglichst frühzeitig signalisieren, ob die weitere Preisentwicklung zielkonform verlaufen wird oder ob Inflation bzw. Deflation droht. Eine Reihe von Notenbanken hat sich in dieser Situation für eine explizite Zwischenziel-Strategie entschieden. So hatte die Deutsche Bundesbank eine Geldmengen-Strategie verfolgt, während in neuerer Zeit eine Reihe von Notenbanken zum Inflation Targeting gewechselt ist (vgl. Kapitel 17).

Die Europäische Zentralbank hat dagegen eine **Zwei-Säulen-Strategie** entwickelt bestehend aus

- wirtschaftlicher Analyse, die auf Basis der aktuellen wirtschaftlichen und finanziellen Entwicklung die kurz- und mittelfristigen Risiken für die Preisstabilität untersucht, und
- monetärer Analyse, die vor allem auf die Entwicklung der Geldmenge abhebt und die mittel- bis langfristige Preisentwicklung betont.

Als **erste Säule** der geldpolitischen Strategie dient der Europäischen Zentralbank „eine breit fundierte Beurteilung der Aussichten für die Preisentwicklung und die Risiken für die Preisstabilität im Euro-Währungsgebiet" (vgl. EZB Monatsbericht Januar 1999). Dabei orientiert sich die EZB an einer breiten **Palette von Konjunkturindikatoren**, etwa Kostenindizes, Wechselkurse, Anleihenkurse, Zinsstrukturkurven oder auch Branchen- und Verbraucherumfragen. Offensichtlich gehören dazu auch explizite Inflationsprognosen, die etwa von einer Reihe von Forschungsinstitutionen erstellt werden (vgl. EZB Monatsbericht August 2000). Die erste Säule basiert also auf Inflationsprognosen, die das Zusammenspiel von Angebot und Nachfrage auf den güter-, Dienstleistungs- und Faktormärkten in der kurzen und mittleren Frist in den Vordergrund stellen. Die EZB betont die Schwierigkeiten und Unsicherheiten bei der Vorhersage der Inflationsentwicklung und möchte deshalb ihren „**Preisausblick**" nicht als eine punktgenaue Inflationsprognose verstanden wissen. Letztlich ist aber unklar, was ihre „breit ausgerichtete Beurteilung der Preisentwicklung und der Preisrisiken" genau von einer Inflationsprognose unterscheidet.

Box 18.2: Makroökonomische Projektionen des Eurosystems für die Jahre 2010 und 2011

Die makroökonomischen Projektionen beschreiben für den EZB-Rat in einem Referenzszenario (Benchmark), mit welcher wirtschaftlichen Entwicklung bei unveränderter Politik zu rechnen ist.

Diese Projektionen werden halbjährlich im Monetary Policy Committee in Zusammenarbeit von EZB und den anderen Notenbanken des Euro-Systems erarbeitet. Aufgrund der Unsicherheit über das „richtige" Modell der Euro-Wirtschaft und um robuste Ergebnisse zu erhalten, werden zunächst Projektionen auf Basis eines breiten Spektrums ökonometrischer Modelle erstellt. Diese werden dann durch nicht modellgestütztes Expertenwissen ergänzt.

Projektionen:	2009	2010	2011
HVPI	0,3	1,4 – 1,6	1,0 – 2,2
Reales BIP	-4,1	0,7 – 1,3	0,2 – 2,2

In der **zweiten Säule** betont die Europäische Zentralbank die mittel- bis langfristig wirksame Beziehung zwischen der Entwicklung der Geldmenge und des Preisniveaus – Inflation ist danach letztlich ein monetäres Phänomen. Entsprechend wird der Geldmenge eine besondere Rolle in der geldpolitischen Strategie des Eurosystems eingeräumt. Mit der Geldmenge verfügt die EZB über einen „festen und verlässlichen nominalen Anker", mit dessen Hilfe die langfristig wirksamen Risiken für die Preisstabilität beurteilt werden können (EZB Monatsbericht Juni 2003).

Nachdem die EZB zunächst jeweils am Jahresende einen sogenannten **Referenzwert für das Geldmengenwachstum** des folgenden Jahres (zur Ableitung des Referenzwertes vgl. Box 18.3) veröffentlicht hatte, bleibt dieser Referenzwert jetzt unverändert bei 4,5%. Wächst die Geldmenge M3 entsprechend des Referenzwertes, sollte mittelfristig Geldwertstabilität gewährleistet sein und somit kein geldpolitischer Handlungsbedarf bestehen. Wächst die Geldmenge dagegen schneller, existieren auf mittlere Frist Inflationsgefahren. Entsprechend deutet ein geringeres monetäres Wachstum auf Deflationsrisiken hin. Die zweite Säule könnte so als eine Inflationsprognose auf Grundlage **quantitätstheoretischer Zusammenhänge** interpretiert werden. Die EZB betont aber, dass die monetäre Analyse über die Untersuchung des M3-Wachstums relativ zum Referenzwert hinausgeht und insbesondere die Entwicklung der Liquidität einschließt. In diese Analyse gehen die Kreditvergabe an den privaten Sektor als Gegenposten zu M3 sowie die verschiedenen Komponenten von M3 ein, insbesondere die liquiden, transaktionsmotivierten M1-Assets (vgl. auch Kapitel 1).

Die EZB weist auf die **Gefahr einer instabilen Euro-Geldnachfrage** aufgrund von Finanzinnovationen oder Steueränderungen hin, welche die Opportunitätskosten der Geldhaltung verändern. Gerade auf mittlere und lange Sicht habe „sich jedoch keiner dieser Faktoren so stark geändert, dass die Erwartung einer anhaltenden Instabilität der Geldnachfrage im Euroraum gerechtfertigt wäre" (EZB Monatsbericht Juni 2003).

Schaubild 18.2: M3, Inflationsprognosen und Hauptrefinanzierungssatz

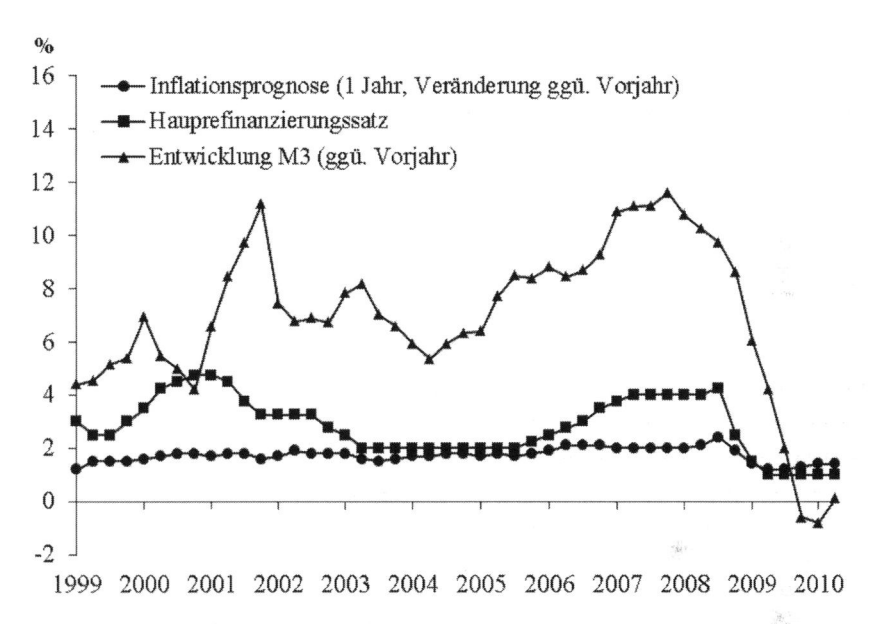

Quelle: Europäische Zentralbank

Welches Verhältnis besteht zwischen der ersten und der zweiten Säule der EZB-Strategie? Ausgehend vom Endziel der EZB, Sicherung der Preisstabilität, gibt es nur eine, alles überragende Determinante für die EZB-Politik, nämlich die Beurteilung der mittelfristigen Aussichten für die Preisentwicklung. Die wirtschaftliche und die monetäre Analyse sind somit komplementäre Methoden, um die zukünftige **Inflationsentwicklung** beurteilen zu können.

Wie aber reagiert die EZB reagiert, wenn von den beiden Säulen unterschiedliche Signale bezüglich der weiteren Preisentwicklung ausgehen? So waren die Jahre 2001 – 2008 geprägt von einer Situation, in der einerseits die Projektionen der EZB aber auch Umfragen unter Experten auf eine moderate Inflationsentwicklung deuteten, während das schnelle M3-Wachstum erhebliche Inflationsgefahren signalisierte (vgl. Schaubild 18.2). Die Reaktionen der

EZB lassen darauf schließen, dass die geldpolitischen Entscheidungen vor allem auf den Informationen aus der eher kurz- bis mittelfristigen wirtschaftlichen Analyse basieren. Die längerfristig ausgerichtete monetäre Analyse und dem M3-Referenzwert soll dagegen sicherstellen, „dass die Geldpolitik eine klare mittelfristige Ausrichtung beibehält, die über den üblichen Projektionszeitraum hinausgeht, und trägt dazu bei, übertriebenen geldpolitischen Aktivismus und allzu ehrgeizige Versuche der Feinsteuerung der wirtschaftlichen Entwicklung zu vermeiden" (EZB, Monatsbericht Juni 2003).

Box 18.3: Ableitung des Referenzwertes für das Geldmengenwachstum

Nach der **Quantitätstheorie** lässt sich aus der Veränderungsrate des Preisniveaus Δp, der Wachstumsrate des realen Sozialprodukts Δy und der Veränderungsrate der Umlaufsgeschwindigkeit des Geldes Δv die notwendige Wachstumsrate der Geldmenge Δm ableiten. Die Wirtschaftssubjekte benötigen in dem Maße mehr Geld, wie die Preise steigen, das Sozialprodukt wächst und die Umlaufsgeschwindigkeit abnimmt.

(18.4) $\qquad \Delta m = \Delta p + \Delta y - \Delta v$

Seit dem Jahr 2003 gilt ein Referenzwert für das Wachstum der Geldmenge M3 von 4½ v.H. Dieser Referenzwert ist mit folgenden mittelfristigen Annahmen über die wirtschaftliche Entwicklung des Euroraums kompatibel:

- Δp: Zielinflationsrate von knapp unter 2 .v.H.

- Δy: trendmäßiges Wachstum des Produktionspotentials von 2 v.H.

- Δv: mittelfristiger Rückgang der Umlaufsgeschwindigkeit von M3 Δv um -½ v.H.

18.3 Die EZB-Strategie – eine Quasi-Zwischenziel-Strategie?

Die EZB hebt den Unterschied zwischen ihrer Zwei-Säulen-Strategie und konventionellen Zwischenzielstrategien hervor. Dennoch stellt sich vor allem angesichts der bisherigen geldpolitischen Praxis die Frage, inwieweit sich die EZB-Strategie von einer Politik der **Geldmengensteuerung** und des **Inflation Targeting** unterscheidet.

Aus Sicht der Geldmengensteuerung kann die EZB-Strategie – in Anlehnung an das Konzept der Bundesbank – durchaus als eine Politik der Geldmengensteuerung mit Ausnahmevorbehalt charakterisiert werden. Die monetäre Analyse legt danach die grundlegende Ausrichtung der Geldpolitik durch die Vorgabe eines monetären Wachstumspfades fest. Die wirtschaftliche Analyse bestimmt, in welchem Maße besondere Umstände vorliegen, die ein Abweichen vom Referenzwert des Geldmengenwachstums ratsam erscheinen lassen. So betont auch die EZB die Gemeinsamkeiten mit dem früheren Konzept der Deutschen Bundesbank, etwa die Bedeutung der Geldmengenentwicklung und die mittelfristige Politikorientierung. So können auch die früheren Geldmengenziele der Deutschen Bundesbank als Referenzwerte im Sinne der EZB eingestuft werden. Abweichungen der tatsächlichen Geldmengenentwicklung von den Vorgaben interpretierte die Deutsche Bundesbank im Sinne einer Inflationsprognose als Hinweise für Preisrisiken.

Die EZB betont auch die Unterschiede zwischen der ersten Säule ihrer geldpolitischen Strategie, dem Preisausblick auf Basis unterschiedlicher Wirtschafts- und Finanzindikatoren, und dem Konzept des Inflation Targeting. Dennoch bestehen eine Reihe von Gemeinsamkeiten zwischen diesen beiden Ansätzen. Wie beim Inflation Targeting

- formuliert die EZB ein explizites Inflationsziel in Form einer Bandbreite für die Inflationsrate.

- orientiert sich die EZB bei ihren geldpolitischen Entscheidungen an der erwarteten Preisentwicklung.

Im Gegensatz zu Notenbanken, welche das Inflation Targeting explizit vertreten, wie die Bank of England, sieht die EZB aber erhebliche Probleme bei der Verwendung der erwarteten Inflationsrate als geldpolitischem Zwischenziel. Dabei betont sie die Schwierigkeiten von Inflationsprognosen etwa „angesichts der Verhaltensunsicherheiten, der institutionellen und strukturellen Unsicherheiten" (EZB Monatsbericht Januar 1999). Es könnte auch die Gefahr entstehen, dass die Inflationsprognosen in die Lohnabschlüsse eingehen. Einmalige Erhöhungen von Steuern oder Rohstoffpreisen würden sich dann nicht nur unmittelbar im Preisniveau niederschlagen, sondern über erhöhte Lohnabschlüsse weitere, sogenannte Zweitrunden-Effekte verursachen.

Im Gegensatz zum Inflation Targeting im engeren Sinn veröffentlicht die EZB auch nicht eine einzelne quantitative Inflationsprognose, wie es etwa die Bank of England mit ihren „Inflationsfächern" tut (vgl. Abschnitt 17.5). Darin werden der Öffentlichkeit Inflationsprognosen unter Berücksichtigung der Eintrittswahrscheinlichkeit präsentiert. Stattdessen liefert die EZB Informationen über die Grundlagen ihrer Inflationsprognose, zum einen über das monetäre Wachstum im Vergleich zum Referenzwert und zum anderen über die Entwicklung der anderen Wirtschafts- und Finanzindikatoren. Der Unterschied zu einer Inflationsprognose im Sinne des Inflation Targeting scheint trotzdem nur gradueller Natur zu sein.

In ihrer geldpolitischen Strategie macht die EZB keine direkten Angaben zu möglichen **operativen Zielen** ihrer Geldpolitik. Damit bleibt unklar, wie die EZB in dem mehrstufigen geldpolitischen Umsetzungsprozess die „Lücke" zwischen ihren geldpolitischen Instrumenten und der Entwicklung ihrer Quasi-Zwischenziele Geldmenge und Preisausblick schließt. Insbesondere macht die EZB keine Angaben, ob sie ihre Zinspolitik an einer geldpolitischen Regel wie der Taylor-Regel orientiert.

Der letztlich grundlegende Nachteil der Zwei-Säulen-Strategie ist das unklare Verhältnis der beiden Säulen zueinander. Wie verhält sich die Europäische Zentralbank, wenn etwa die erste Säule aufgrund eines zu expansiven monetären Wachstums inflationäre Tendenzen anzeigt, während die Finanz- und Wirtschaftsindikatoren der zweite Säule keine Inflationsgefahren signalisieren. Die EZB deutet zwar an, dass die erste Säule eher langfristige, die zweite Säule eher kurzfristige Aspekte der Preisentwicklung erfassen soll. Letztlich lässt sie aber offen wie diese beiden Elemente zu einem stimmigen und transparenten Analyseansatz kombiniert werden können.

18.4 Kommunikation

Die Europäische Zentralbank betont als weiteren Baustein ihrer stabilitätsorientierten geldpolitischen Strategie die Rolle der Information und der Kommunikation ihrer Politik (vgl. Europäische Zentralbank, Monatsbericht Februar 2001). Diese **Transparenz** bezüglich der geldpolitischen Entscheidung ist vor allem aus zwei Gründen wesentlich. Erstens unterliegen staatliche Instanzen in demokratischen Gesellschaften einer umfassenden **Rechenschaftspflicht (accountability)**. Dies gilt in besonderer Weise auch für eine unabhängige Notenbank. Notenbanken müssen ihre Ziele und ihre geldpolitischen Entscheidungen der Öffentlichkeit klarmachen. Zweitens kann eine größere Transparenz auch die Effizienz der Geldpolitik verbessern. Transparenz verringert die Unsicherheit über die Geldpolitik, vor allem bezüglich der Zins- und Inflationsentwicklung, und erleichtert so die Entscheidungen der Privaten. Mit der Darstellung ihrer Politik kann die Notenbank der Öffentlichkeit erläutern, was die Geldpolitik erreichen kann – nämlich Preisstabilität und damit langfristig bessere Wachstumsbedingungen – und was sie nicht kann – etwa eine präzise Steuerung der Geldmenge oder eine dauerhafte Anhebung von Beschäftigung und Produktion im Rahmen einer expansiven Politik. Indem die Notenbank ihre Ziele öffentlich macht, werden auch Zielabweichungen deutlicher. Damit sinkt der Anreiz zu einer überraschend expansiven Politik, das bekannte **Zeitinkonsistenzproblem** (vgl. Abschnitt 15.4). Für die Öffentlichkeit ist dabei eine Fülle von Fragen von Interesse. Können etwa die

Gewerkschaften in ihren Lohnverhandlungen darauf vertrauen, dass die EZB das angekündigte Ziel einhalten wird, die Inflationsrate mittelfristig unter 2 v.H. zu halten? Wie stark kann die Inflationsrate kurzfristig über diese Marke ansteigen, wenn das Ziel nur mittelfristig erreicht werden soll? Und wie lang ist die mittlere Frist?

Die EZB kommt der Forderung nach mehr Transparenz mit einer Reihe von Maßnahmen nach. Der Präsident der EZB hält unmittelbar nach der ersten EZB-Ratssitzung eines jeden Monats eine Pressekonferenz ab. Dabei erläutert er, wie der EZB-Rat die wirtschaftliche Entwicklung und die Preisentwicklung einschätzt. Ergänzend analysiert die EZB in ihren Monatsberichten eingehend die wirtschaftliche Lage und vertieft in Aufsätzen aktuelle Fragen der Geld- und Wirtschaftspolitik. Dabei liefert insbesondere das Editorial eine politikorientierte Beurteilung der wirtschaftlichen Lage. Die Veröffentlichung der makroökonomischen Projektionen wird von der EZB ebenfalls als ein Schritt in Richtung mehr Transparenz verstanden, da sie über die Grundlagen der geldpolitischen Entscheidungen informieren.

Neben dem Jahresbericht erstellt die EZB vierteljährliche Berichte über die Arbeit des Eurosystems, die dem Europäischen Parlament, dem Ministerrat und der Kommission vorgelegt werden. Das Europäische Parlament hält allgemeine Beratungen über diese Berichte ab. Vor allem gegenüber dem Europäischen Parlament besteht eine ausführliche Berichtspflicht. So müssen die Mitglieder des Direktoriums der EZB auf Fragen von Ausschüssen des Europäischen Parlaments antworten. Der EZB-Präsident erscheint außerdem fünfmal vor dem Parlamentarischen Ausschuss, um die Quartals- sowie den Jahresbericht zu diskutieren. Neben diesen formalisierten Informationsverfahren erläutern die Mitglieder des EZB-Rates in einer Vielzahl von Vorträgen die Politik der EZB.

Trotz dieser Öffentlichkeitsarbeit sieht sich die EZB vor allem mit zwei Forderungen konfrontiert. Sie solle erstens auch die Protokolle von Sitzungen des EZB-Rates veröffentlichen. So publiziert die Fed ihre **Sitzungsprotokolle** (minutes) mit einer gewissen zeitlichen Verzögerung. Die EZB betont, dass ihre Pressekonferenzen unmittelbar nach den EZB-Ratssitzungen diese Informationsfunktion sehr viel besser erfüllen, vor allem da diese Information zeitnah erfolgt. Die zweite Forderung, eine Inflationsprognose nach dem Vorbild des **Inflation Report** der Bank of England zu veröffentlichen, lehnt die EZB mit Verweis auf ihre Zwei-Säulen-Strategie und die Probleme der Inflationsprognose ab (vgl. oben).

Insgesamt ist für die Europäische Zentralbank ein ähnliches Verhaltensmuster erkennbar wie bei der Deutschen Bundesbank oder bei anderen Notenbanken mit einer expliziten Zwischenzielstrategie. Die EZB hat einen Strategierahmen formuliert, der wesentliche Elemente des geldpolitischen Entscheidungsprozesses beschreibt. Das vorrangige Ziel ihrer Politik, mittelfristige Sicherung der Geldwertstabilität, ist vergleichsweise klar beschrieben. Interpretationsbedürftig bleibt die Rolle der beiden **Quasi-Zwischenziele**, dem Preisausblick auf Basis der Geldmenge sowie der anderen Wirtschafts- und Finanzindikatoren. Offen ist die Frage möglicher operativer Ziele oder einer Instrumenten-Regel.

Ist die Politik der EZB damit intransparent und diskretionär? Nicht notwendigerweise. Wie die Deutsche Bundesbank gibt die EZB mit ihrer stabilitätsorientierten geldpolitischen Strategie einen Politikrahmen vor, der eine gewisse Überprüfbarkeit ihrer Politik ermöglicht. Letztlich handelt die EZB aber nicht strikt regelgebunden, sondern pragmatisch im Sinne einer Regelbindung mit Ausnahmevorbehalt.

Dieser Ansatz wurde auch in der Finanzkrise ab 2007 wieder deutlich. So betonte die EZB während der ganzen Krise immer das Primat der Preisniveaustabilität. Gleichzeitig stellte sie im Rahmen der so genannten „unkonventionellen Maßnahmen", etwa den Kauf von staatlichen Anleihen und die unbeschränkte Zuteilung bei Offenmarktgeschäften, deutlich mehr Zentralbankgeld als sonst üblich zur Verfügung. Begründet wurde diese Politik damit, dass nur so die geldpolitischen Transmissionsmechanismen funktionsfähig zu halten waren und das Preisniveau dauerhaft zu sichern war.

Exkurs: Die Geldmengensteuerung der Deutschen Bundesbank

Die Geldmengenstrategie war vor allem ein Markenzeichen der Deutschen Bundesbank. Die deutsche Notenbank wechselte Ende 1974 als erste Zentralbank zu einer Geldmengensteuerung und hielt an dieser Politik offiziell bis zur Einführung des Euro Anfang 1999 fest.

Nach der Quantitätstheorie benötigen die Wirtschaftssubjekte in dem Maße mehr Geld Δm, wie die Preise steigen Δp, das Sozialprodukt wächst Δy und die Umlaufsgeschwindigkeit Δv abnimmt (vgl. Box 18.3):

(18.5) $\qquad \Delta m = \Delta p + \Delta y - \Delta v$

Um das konkrete Geldmengenziel abzuleiten, muss die Notenbank festlegen, welche Inflationsrate sie im Folgejahr tolerieren will, und sie muss abschätzen, wie sich das reale Sozialprodukt und die Umlaufsgeschwindigkeit entwickeln werden. Die Deutsche Bundesbank hat wie in der geldpolitischen Praxis üblich ihr Geldmengenziel für das **breites Geldmengenaggregat** M3 formuliert. Die Nachfrage nach umfassenden Geldmengengrößen ist schon aus statistischen Gründen relativ stabil, da sich Portfolioumschichtungen zwischen den Komponenten der Geldmenge neutralisieren. Die Geldmengenziele wurden ab dem Jahr 1979 als Verlaufsziele vorgegeben, also als Vorgabe eines Wachstumsprozesses im Jahresverlauf. Ebenfalls ab dem Jahr 1979 wurde das Geldmengenziel nicht mehr als Punktziel, sondern als Zielkorridor formuliert. Es wurde eine zulässige Schwankungsbreite von ± 1 Prozentpunkten um den abgeleiteten Zielwert zugelassen, um den Ungenauigkeiten und dem Einfluss exogener Schocks bei der Geldmengensteuerung Rechnung zu tragen.

Als Preisvariable wurde – auch das gängige internationale Praxis – der Index für die Lebenshaltungskosten verwendet. Für die Einkommensvariable kann das reale Bruttoinlandsprodukt oder das **reale Produktionspotential** benutzt werden. Die Deutsche Bundesbank hat sich für das Produktionspotential entschieden mit dem Verweis darauf, dass die **antizyklische Wirkung der Geldmengensteuerung** verstärkt wird. In einer wirtschaftlichen Schwächephase wächst das Sozialprodukt langsamer als das Produktionspotential, so dass ein **potentialorientiertes Geldmengenziel** im Abschwung höher ist als ein Zielwert auf Basis des tatsächlichen Inlandsprodukts. Damit wirkt die potentialorientierte Geldmengenstrategie in der Schwächephase relativ expansiv und unterstützt das Wirtschaftswachstum. Umgekehrt wächst das Inlandsprodukt im Aufschwung schneller als das Produktionspotential, so dass ein potentialorientiertes Geldmengenziel niedriger liegt und die Geldpolitik relativ restriktiv wirkt. Die Orientierung der Geldpolitik an einem potentialorientierten Geldmengenziel wirkt damit als **automatischer Stabilisator** verstetigend auf die konjunkturelle Entwicklung.

Schaubild 18.3: Geldmengenziele der Deutschen Bundesbank - Soll und Ist

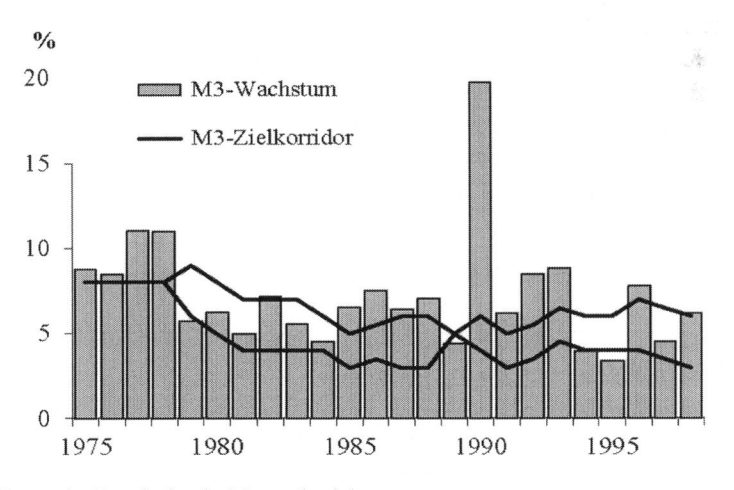

Quelle: Deutsche Bundesbank, Monatsberichte

Bewertet man die Geldmengenstrategie vordergründig danach, ob die Bundesbank ihre jeweiligen Geldmengenziele erreicht hat, so fällt das Urteil ernüchternd aus. Die Bundesbank hat nur in der Hälfte der Fälle ihre selbst gewählten Zielwerte erreicht, in einzelnen Jahren hat sie erhebliche Zielabweichungen zugelassen (vgl. Schaubild 18.3). Im Durchschnitt wuchs die Geldmenge pro Jahr um etwa ein Prozentpunkt schneller als die offiziellen Geldmengenziele. Diese Differenz mag zunächst nicht groß erscheinen, durch die kumulierende Wirkung ergibt sich aber eine erhebliche Abweichung vom ursprünglichen Zielpfad. Das Geldmengenwachstum war etwa ein Fünftel höher als es von der Bundesbank selbst als stabilitätskonform angekündigt wurde.

Schaubild 18.4: Inflationsziele der Deutschen Bundesbank - Soll und Ist

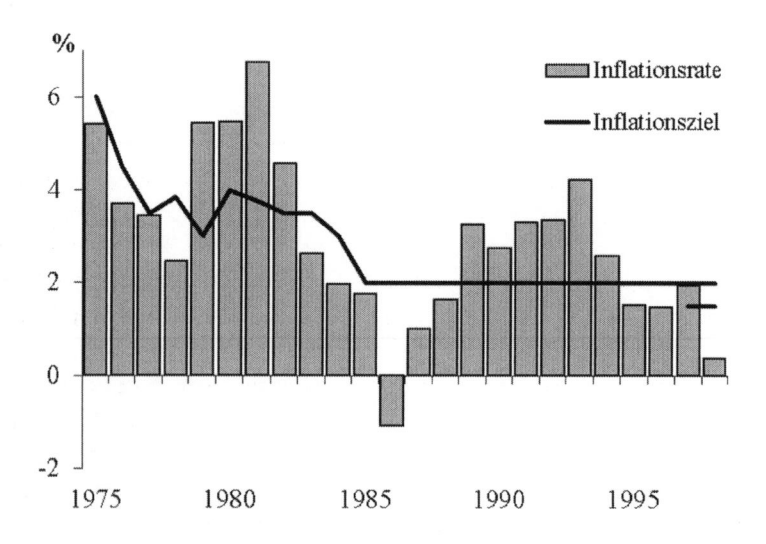

Quelle: Deutsche Bundesbank, Monatsberichte

Bewertet man die Bundesbank-Politik dagegen am Endziel der Geldwertstabilität, so fällt das Urteil deutlich günstiger aus (vgl. Schaubild 18.4). Die Inflationsrate betrug in Deutschland zwischen 1974 und 1998 durchschnittlich 2,6 v.H., der niedrigste Wert von allen Industrieländern. Die tatsächliche Inflationsrate lag damit im Durchschnitt um weniger als einen halben Prozentpunkt über den Inflationszielen, die den Geldmengenzielen zu Grunde lagen. Die Umlaufsgeschwindigkeit des Geldes ist in dieser Zeit offensichtlich etwas schneller als erwartet zurückgegangen, so dass sich das stärkere Geldmengenwachstum nicht vollständig in höheren Inflationsraten niederschlug.

Warum ließ die Bundesbank immer wieder Abweichungen vom Geldmengenziel zu? Es fällt auf, dass die Geldmengenziele meist in Aufwertungsphasen der D-Mark überschritten wurden. Dagegen lag das monetäre Wachstum in Zeiten der D-Mark-Schwäche meist unter den Zielwerten. Dies deutet darauf hin, dass für die Politik der Bundesbank der **Außenwert der D-Mark** von großer Bedeutung war. Offen ist dabei aber, warum dies der Fall war. Der Außenwert könnte die Rolle eines zweiten inoffiziellen Zwischenziels gespielt haben. In einer Abwertungsphase droht das heimische Preisniveau schneller zu steigen, wenn sich die Importe verteuern (**importierte Inflation**). Die Stabilisierung des Außenwertes ist dann ein Mittel, die Geldwertstabilität zu sichern. Die Bundesbank könnte aber auch an einem stabilen Außenwert der D-Mark interessiert gewesen sein, um negative Konjunktureffekte aus dem Ausland zu neutralisieren. Der Wechselkurs hätte dann die Rolle eines Zwischenziels eingenommen, um das Endziel stetiges Wachstum von Sozialprodukt und Beschäftigung zu erreichen.

Ein wesentlicher Grund für den Wechsel zur Geldmengenstrategie war für die Bundesbank, die **Transparenz und Glaubwürdigkeit** ihrer Politik zu verbessern. Indem die Bundesbank offiziell Geldmengenziele verkündete, lieferte sie der Öffentlichkeit einen Maßstab, ihre Politik zu überprüfen und zu bewerten. Die hinter den Geldmengenvorgaben stehenden Inflationsziele sollten glaubwürdiger werden, wenn die Privaten eine Politik der Überraschungsinflation einfacher und schneller erkennen konnten. Entsprechend den Überlegungen zur Zeitinkonsistenz können offiziell verkündete Geldmengenziele als Form der **Selbstbindung (commitment technology)** interpretiert werden.

Warum konnte die Bundesbank von ihrer Geldmengenregel abweichen, ohne letztlich an Glaubwürdigkeit zu verlieren? Offensichtlich orientierte sich die Öffentlichkeit bei der Beurteilung der Geldpolitik in erster Linie am Endziel der Geldwertstabilität. Aufgrund der in der Vergangenheit erworbenen hohen **Reputation** konnte die Bundesbank die privaten Haushalte und Unternehmen davon überzeugen, dass eine Überschreitung des Geldmengenziels nur vorübergehender Natur war und kein Indiz für eine unerwartet expansive Geldpolitik. Indem die Bundesbank eine langfristig stabilitätskonforme Politik signalisierte und auch umsetzte, gewann sie im kurzfristigen Bereich einen gewissen Handlungsspielraum für konjunkturstabilisierende Maßnahmen.

Literaturhinweise

Die Europäische Zentralbank erläutert ihre Geldpolitik laufend in den Monatsberichten. Grundsätzliche Darstellungen zu ihrer geldpolitischen Strategie gibt sie in den Monatsberichten 1-3/1999, 11/2000 und 6/2003 sowie in dem Monatsbereicht „10 Jahre EZB" (2008). Eine Reihe von Studien (vgl. etwa Brüggemann/Lütkepohl (2006), von Landesberger (2007) und Greiber/Setzer (2007)) deuten darauf hin, dass die für die Monetäre Säule der EZB-Strategie wichtige Stabilität der Euro-Geldnachfrage grundsätzlich gegeben ist. Trichet (2010) erläutert die EZB-Strategie in der Finanzkrise. Aktuelle Informationen zur Geldpolitik finden sich auf der Homepage der EZB, www.ecb.int, und der Deutschen Bundesbank, www.bundesbank.de. Zur kritischen Analyse haben sich eine Reihe von Beobachter-Gruppen (ecb-watchers) gebildet, etwa der EMU Monitor (www.zei.de) und das CEPR (www.cepr.org).

Zusammenfassung

1. Die Europäische Zentralbank trifft ihre geldpolitischen Entscheidungen im Rahmen der sogenannten stabilitätsorientierten geldpolitischen Strategie.
2. Grundlage ihrer Geldpolitik ist die Sicherung der Preisstabilität, die bei einer Inflationsrate von knapp unter 2 v.H. als erreicht gilt.
3. Bei der Ausrichtung ihrer Politik orientiert sich die EZB nicht an einem konventionellen Zwischenziel, sondern verwendet die zwei Säulen „wirtschaftliche" und „monetäre Analyse ".
4. Im Rahmen der wirtschaftlichen Analyse entwickelt die EZB auf Basis von verschiedenen ökonometrischen Modellen und von nicht-modellgestütztem Expertenwissen eine Einschätzung der zukünftigen Inflationsentwicklung, also eine Inflationsprognose. Halbjährlich werden auch sogenannte makroökonomische Projektionen veröffentlicht.
5. Im Rahmen der monetären Analyse hat die EZB einen Referenzwert für das Wachstum der Geldmenge M3 festgelegt.
6. Die EZB betont die Rolle einer umfassenden Information der Öffentlichkeit, um die Transparenz ihrer Politik zu verbessern und ihrer Rechenschaftspflicht nachzukommen.
7. Die EZB betont die konzeptionellen Unterschiede zwischen ihrer Zwei-Säulen-Strategie und einer Geldmengenstrategie einerseits und dem Inflation Targeting andererseits. Insbesondere sieht sie keine Rolle für die Geldmenge und Inflationsprognosen als explizite Zwischenziele.
8. In der praktischen Umsetzung dürften allerdings die Unterschiede zwischen der Zwei-Säulen-Strategie der EZB und etwa der Geldmengensteuerung der Bundesbank nicht sehr groß sein. Auch die Bundesbank hat ihr Geldmengenziel eher als ein Referenzwert im Sinne der EZB verstanden. Entsprechend haben Überschreitungen des Geldmengenziels nicht im Sinne einer strikten Regel automatisch eine restriktive Geldpolitik nach sich gezogen. Auch die tatsächlich von Notenbanken praktizierte Form des Inflation Targeting dürfte sich nur wenig von der zweiten Säule der EZB-Politik unterscheiden.
9. Die Geldmengenstrategie war vor allem ein Markenzeichen der Deutschen Bundesbank. Aufbauend auf quantitätstheoretischen Zusammenhängen wird aus einem Inflationsziel und der erwarteten Entwicklung von Umlaufsgeschwindigkeit und Produktionspotential ein Geldmengenziel abgeleitet. Wesentliche Voraussetzung für eine Geldmengenstrategie ist die Stabilität der Geldnachfrage.

Schlüsselbegriffe

Außenwert
Balassa-Samuelson-Effekt
Europäische Zentralbank
Geldmengenaggregat
Geldmengensteuerung
--, antizyklische Wirkung der
Geldmengenziel, potentialorientiertes
Geldnachfrage
--, Gefahr einer instabilen
Inflation, importierte
Konjunkturindikatoren
makroökonomische Projektionen
Preisausblick
Produktionspotential, real
Projektionen

Quantitätstheorie
Quasi-Zwischenziel-Stragie
Rechenschaftspflicht
Referenzwert für das monetäre
    Wachstum
Reputation
Selbstbindung
Stabilisator, automatischer
Strategie, stabilitätsorientierte
    geldpolitische
Transparenz und Glaubwürdigkeit
Ziele, operative
Zwei-Säulen-Strategie
Zwischenziel-Strategie

Kapitel 19

Währungstheoretische Grundlagen

Zum Inhalt von Kapitel 19

Bisher haben wir angenommen, dass die Volkswirtschaft geschlossen ist – also keine Wirtschaftsbeziehungen mit dem Ausland unterhält. Wir sind so vorgegangen, um die Dinge einfach zu halten und eine Intuition für die wesentlichen Wirkungsmechanismen zu entwickeln. In diesem Kapitel werden wir die Volkswirtschaft „öffnen" und den Rahmen entwickeln, um die Folgen der Globalisierung für die Geldpolitik analysieren zu können. Die Globalisierung hat dabei drei wichtige Dimensionen:

- Globale Gütermärkte: Sie ermöglichen Haushalten und Unternehmen, zwischen in- und ausländischen Gütern zu wählen. Dabei ist ein weltweiter Trend zum Abbau von Handelsbeschränkungen zu erkennen, obwohl kein Land vollkommen auf Beschränkungen des Außenhandels verzichtet.
- Globale Finanzmärkte: Sie ermöglichen Haushalten und Unternehmen, zwischen in- und ausländischen Finanzprodukten zu wählen. Der zügige Abbau von Kapitalverkehrskontrollen vor allem zwischen Industrieländern lässt die Finanzmärkte enger zusammenwachsen.
- Globale Faktormärkte: Sie ermöglichen Unternehmen und Arbeitskräften, ihre Standorte international zu wählen. Die Entscheidung von Unternehmen, Produktionsstandorte in andere Länder zu verlegen, und die Frage der Immigration von Arbeitskräften gehören zu den politisch besonders brisanten Themen.

In einer globalisierten Welt wird die wirtschaftliche Entwicklung eines Landes offensichtlich nicht nur von inländischen, sondern auch ausländischen Schocks beeinflusst. Diese ausländischen Einflüsse können sich im Inland abhängig von der jeweiligen wirtschaftlichen Lage positiv oder negativ auswirken. So erhöht etwa ein Konjunkturaufschwung in den USA die Exportchancen europäischer Unternehmen. Diese Entwicklung kann für Europa nützlich sein, wenn die europäische Konjunktur schwächelt; sie kann aber auch negativ wirken, wenn sich die europäische Wirtschaft in einer Phase der konjunkturellen Überhitzung befindet. Die Finanzkrise hat verdeutlicht, wie sich über die Finanzmärkte Übertreibungen im US-amerikanischen Häusermarkt zu einer weltweiten Banken- und Wirtschaftskrise entwickeln konnten.

Heute sind die nationalen Volkswirtschaften über die internationalen Güter-, Kapital- und Faktormärkten eng miteinander verflochten. Der Wechselkurs ist dabei ein wichtiges Bindeglied. Jede internationale Transaktion, etwa der Export von Maschinen oder der Kauf ausländischer Aktien, verändert das Angebot und die Nachfrage nach ausländischer Währung und damit den Preis dieser Währung, also den Wechselkurs. Jede Bewegung des Wechselkurses verändert ihrerseits den Preis der ausländischen Güter und Finanzprodukte und hat so Folgeeffekte. Damit gehört der Wechselkurs zu den wichtigsten Preisen in einer Volkswirtschaft.

Im Folgenden diskutieren wir zunächst das Konzept des nominalen und realen Wechselkurses. Anschließend untersuchen wir, wie sich die Funktionsweise und das Zusammenspiel von Geld-, Devisen- und Gütermärkten in der Globalisierung ändert.

19.1 Wechselkurse

Der nominale Wechselkurs ist der relative Preis zweier Währungen. Er kann ausgedrückt werden als
- der Preis einer Einheit ausländischer Währung ausgedrückt in Einheiten der heimischen Währung (Preisnotierung) oder umgekehrt als
- der Preis einer Einheit heimischer Währung ausgedrückt in Einheiten der ausländischen Devise (Mengennotierung).

Der Euro-Dollar-Wechselkurs wird üblicherweise in Mengennotierung angegeben und beziffert, wie viele Dollar für einen Euro gezahlt werden müssen, etwa 1,30 $ = 1 €. Umgekehrt gibt der Euro-Dollar-Wechselkurs in der Preisnotierung an, wie viele Euro für einen Dollar zu zahlen sind. In unserem Beispiel demnach 0,77 € = 1$, also der Kehrwert der Mengennotierung. Entsprechend der Konvention in der Literatur benutzen wir im weiteren Verlauf für den Wechselkurs die Preisnotierung

$$(19.1) \qquad E = \frac{y \, Euro}{1 \, Dollar}.$$

Verteuert sich eine Währung, sprechen wir von einer (nominalen) Aufwertung. Wertet also der Dollar gegenüber dem Euro auf, so müssen mehr Euro für einen Dollar bezahlt werden, der Wechselkurs E steigt. Verbilligt sich der Dollar, sprechen wir von einer Dollar-Abwertung, der Wechselkurs E sinkt.

Schaubild 19.1 zeigt den Euro-Dollar-Wechselkurs seit Anfang der 1980er Jahre. Für die Zeit vor 1999 wurde die D-Mark an Stelle des Euro verwendet, da sie die Rolle einer europäischen Ankerwährung einnahm. Das Schaubild verdeutlicht, dass der Euro-Dollar-Wechselkurs auf lange Frist einen relativ stabilen Trend hat, kurzfristig aber sehr volatil sein kann. So kam es insbesondere Anfang der 1980er Jahre zu einer starken Dollar-Aufwertung (so genannter „Reagan-Dollar"), die ab 1985 innerhalb von nur zwei Jahren in einer ausgeprägten Abwertungsphase wieder korrigiert wurde.

Schaubild 19.1: Euro(D-Mark)-Dollar-Wechselkurs

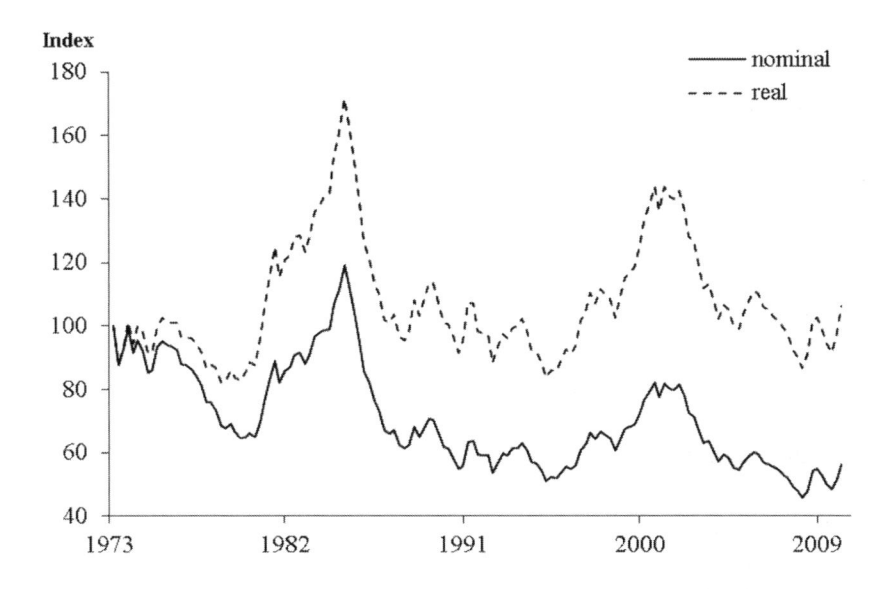

Quelle: World Market Monitor, eigene Berechnungen

Der nominale Wechselkurs ist der relative Preis von in- und ausländischem Geld. Für Exporteure und Importeure von Waren ist dagegen der relative Preis in- und ausländischer Güter von Bedeutung, der reale Wechselkurs. Die Idee des realen Wechselkurses lässt sich am einfachsten für den Fall eines einzelnen Gutes ableiten. Angenommen in den USA koste dieses Produkt, etwa ein PC, 800 \$, in Euroland dagegen 900 €. Der nominale Wechselkurs betrage 0,80 \$ je 1 € oder 1,25 € je 1 \$. Wie lassen sich die beiden Preise vergleichen? Wie hoch ist also der reale Euro-Dollar-Wechselkurs? Wir gehen dazu in drei Schritten vor:
- Der US-Computer kostet in Euro gerechnet 800 \$ x 1,25 € / 1 \$ = 1000 €.
- Der Euro-Computer kostet 900 €.
- Der reale Euro-Dollar-Wechselkurs ist der relative Preis des amerikanischen Gutes ausgedrückt in Einheiten des europäischen Produkts, also 900 € /1000 € = 0,9.

Nun wird in einer Volkswirtschaft nicht nur ein einzelnes Produkt, sondern sehr viele verschiedene Güter hergestellt. Die Idee des realen Wechselkurses lässt sich offensichtlich einfach auf den Fall einer breiten Palette von Produkten verallgemeinern. P* sei der Dollar-Preis eines US-Warenkorbs, P der Euro-Preis eines entsprechenden Warenkorbes in Euroland und E der nominale Euro-Dollar-Wechselkurs. Dann gilt für den realen Euro-Dollar-Wechselkurs (ε):

$$(19.2) \quad \varepsilon = \frac{\frac{y\ Euro}{1\ \$} \cdot \frac{Dollarpreis}{1\ US\text{-}Warenkorb}}{\frac{Europreis}{1\ Euro\text{-}Warenkorb}} = \frac{EP^*}{P} = \frac{Euro\text{-}Warenkorb}{US\text{-}Warenkorb}$$

Der Dollar wertet real auf, der reale Wechselkurs ε steigt, wenn der Dollar nominal aufwertet und/oder das Preisniveau in USA schneller steigt als in Euroland. Umgekehrt kommt es zu einer realen Dollar-Abwertung, wenn der Dollar nominal abwertet und/oder die amerikanischen Preise langsamer steigen als die europäischen. Eine reale Dollar-Aufwertung bedeutet, dass amerikanische Produkte ausgedrückt teurer geworden sind. Umgekehrt verbilligen sich amerikanische Produkte bei einer realen Dollar-Abwertung.

19.2 Offenheit von Finanzmärkten und Zinsparität

Wenn Finanzmärkte offen sind, können Investoren zwischen in- und ausländischen Finanzprodukten wählen. Sie können ihre Portfolios diversifizieren, auf ausländische Zinsänderungen und Wechselkursbewegungen spekulieren oder sich gegen solche Risiken absichern. Die internationalen Finanzmärkte sind vergleichsweise gut organisiert und integriert, so dass sie dem Ideal effizienter Märkte relativ nahe kommen. Auf dem Devisenmarkt können Währungen nicht nur auf der Stelle (on the spot), dem sogenannten Spot-Markt, gekauft werden. Es gibt darüber hinaus eine Fülle von Finanzprodukten, um heute Devisentransaktionen auf Basis zukünftiger Wechselkurse zu tätigen, insbesondere im Rahmen sogenannter Swap-, Termin- und Optionsgeschäfte.

Die Umsätze auf den Devisenmärkten geben einen ersten Hinweis auf die Bedeutung internationaler Finanztransaktionen. Im April 2010 betrugen die durchschnittlichen Tagesumsätze auf den internationalen Devisenmärkten etwa 3,9 Billionen $. Schätzungen gehen davon aus, dass weniger als 1 v.H. dieser Umsätze im Zusammenhang mit Warenexporten und -importen stand.

Offenheit von Finanzmärkten und Zinsparität

Die ganz überwiegende Zahl von Devisentransaktionen ist demnach Finanzmarkt getrieben.

Die Nachfrage nach ausländischen Finanzprodukten wird grundsätzlich von den gleichen Überlegungen bestimmt wie die Nachfrage nach inländischen Vermögensobjekten. Private Haushalte und Unternehmen kaufen diese Assets, um ihre Kaufkraft zu steigern und sicher in die Zukunft zu übertragen. Der wesentliche Bestimmungsfaktor für die Nachfrage nach Finanzanlagen ist deren erwarteter zukünftiger Wert.

Was müssen die Investoren berücksichtigen, wenn sie die Wertentwicklung einer in- und einer ausländischen Anlage vergleichen? Um unsere Überlegungen einfach zu halten, nehmen wir an, die Anleger haben die Wahl zwischen einer Euro- und einer Dollar-Anleihe, jeweils mit einer Laufzeit von 1 Jahr. Der inländische Zinssatz sei i_t, der ausländische i_t^*. Der aktuelle Euro-Dollar-Wechselkurs sei E_t, während E_{t+1}^e die aktuelle Erwartung für den Wechselkurs in einem Jahr beschreibe. Um die Rendite beider Anlageformen zu vergleichen, stellen die Anleger folgende Berechnung an:

- Anlage in Euro: Für jeden Euro, den der Anleger in eine Euro-Anleihe investiert, erhält er nach einem Jahr $(1+i_t)$ Euro (vgl. Schaubild 19.2).
- Anlage in Dollar: Um die Dollar-Anleihe kaufen zu können, muss der Anleger zunächst Euro zum aktuellen Wechselkurs in Dollar umtauschen. Er erhält für jeden Euro $(1/E_t)$ Dollar. Die US-Anlage bringt nach einem Jahr $(1/E_t)(1+i_t^*)$ Dollar. Nach dem Rücktausch der Dollar in Euro zum **erwarteten Wechselkurs** E_{t+1}^e sind das $(1/E_t)(1+i_t^*)E_{t+1}^e$ Euro.

Schaubild 19.2: Rendite-Vergleich von Euro- und Dollar-Anlagen

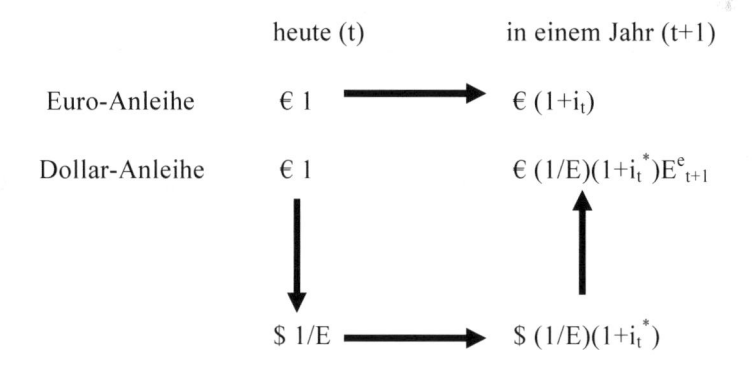

	heute (t)	in einem Jahr (t+1)
Euro-Anleihe	€ 1	€ $(1+i_t)$
Dollar-Anleihe	€ 1	€ $(1/E)(1+i_t^*)E_{t+1}^e$
	$ 1/E	$ $(1/E)(1+i_t^*)$

Die Attraktivität internationaler Anlagen wird neben der Zinsdifferenz offensichtlich maßgeblich von der erwarteten Auf- bzw. Abwertung der Anlagewährung bestimmt.

Aus dem Kalkül der internationalen Anleger können wir in einem nächsten Schritt eine Gleichgewichtsbedingung für die internationalen Kapitalmärkte ableiten. Dazu nehmen wir vereinfachend an, dass sich die Investoren in ihrer Anlageentscheidung nur an der Rendite der Anleihen orientieren. In diesem Fall werden nur dann die umlaufenden Euro- und US-Anleihen gehalten, wenn sie den gleichen erwarteten Ertrag bringen. Die Rendite der Euro-Anleihen von $(1+i_t)$ muss genauso groß sein, wie die Rendite der Dollar-Anleihen in Euro gerechnet, also $(1/E_t)(1+i_t^*)E_{t+1}^e$.

Im Gleichgewicht muss demnach folgende Arbitragebedingung gelten:

(19.3) $\qquad 1+i_t = (1+i_t^*)\dfrac{E_{t+1}^e}{E_t}$.

Gleichung 19.3 wird als ungedeckte Zinsparitäts-Bedingung – oder kurz Zinsparität – bezeichnet.

Wie reagieren die Anleger, wenn die Zinsparität nicht erfüllt ist? Sollten etwa Euro-Anleihen höher rentieren,

(19.4) $\qquad 1+i_t > (1+i_t^*)\dfrac{E_{t+1}^e}{E_t}$,

haben die Anleger einen Anreiz, ihr Portfolio umzuschichten. Sie verkaufen die weniger attraktiven US-Wertpapiere und tauschen die Dollarerlöse in Euro, um Euro-Anleihen zu kaufen. Im Zuge dieser Transaktionen wertet der Dollar ab, E sinkt. Damit vergrößert sich bei gegebenen Wechselkurserwartungen das zukünftige Aufwertungspotential des Dollars E_{t+1}^e / E_t. Die größere erwartete Aufwertung erhöht die erwartete Rendite einer Dollar-Anlage und macht US-Anleihen wieder attraktiver. Die Portfolio-Anpassungen und die damit einhergehende Abwertung der Auslandswährung halten offensichtlich so lange an, bis Zinsparität 19.3 gilt.

Die Zinsparität lässt sich ökonomisch besser interpretieren, wenn wir Gleichung (19.3) wie folgt erweitern und umschreiben

(19.5)
$$1+i_t = (1+i_t^*)(\dfrac{E_{t+1}^e}{E_t}+1-\dfrac{E_t}{E_t})$$
$$= (1+i_t^*)(1+\dfrac{E_{t+1}^e - E_t}{E_t})$$

Die Arbitragebedingung beschreibt dann den Zusammenhang zwischen inländischem Zinssatz, ausländischem Zinssatz und der erwarteten Änderung des Wechselkurses. Erwarten etwa die Investoren, dass die heimische Währung aufwertet, so gilt $(E^e_{t+1} - E_t)/E_t < 0$. Der ausländische Zinssatz muss dann über dem Inlandszins liegen, um den Renditenachteil einer Auslandsanlage aufgrund der erwarteten Abwertung zu kompensieren.

Solange die Zinssätze und die erwartete Wechselkursänderung nicht zu groß sind, lässt sich Gleichung (19.5) annäherungsweise wie folgt schreiben:

$$(19.6) \quad i_t \approx i_t^* + \frac{E^e_{t+1} - E_t}{E_t}.$$

Die Arbitrage auf den internationalen Kapitalmärkten führt also dazu, dass der inländische Zinssatz näherungsweise der Summe aus ausländischem Zinssatz und erwarteter Abwertung der heimischen Währung entspricht. Die Zinsdifferenz zwischen In- und Ausland gibt damit auch ein Maß dafür, welche Wechselkursänderung die Marktteilnehmer erwarten:

$$(19.7) \quad i_t - i_t^* \approx \frac{E^e_{t+1} - E_t}{E_t}.$$

Wir haben die Zinsparität unter einer Reihe vereinfachender Annahmen abgeleitet. So wurden etwa Transaktionskosten, die beim Umtausch von Devisen anfallen, vernachlässigt. Auch das Wechselkursrisiko, das mit einer Auslandsanlage verbunden ist, wurde nicht berücksichtigt. Dennoch lassen sich die Kapitalbewegungen zwischen den offenen Finanzmärkten der Industrieländer recht gut mit Hilfe der Zinsparität charakterisieren. So können schon kleine Zinsbewegungen oder leicht veränderte Wechselkurserwartungen massive Kapitalbewegungen auslösen.

19.3 Geldmenge, Zinssatz und Wechselkurs

Bei offenen Kapitalmärkten bestimmt die Zinsarbitrage den Zusammenhang zwischen Inlandszins i_t, Auslandszins i_t^*, aktuellem Wechselkurs E_t und zukünftig erwartetem Wechselkurs E^e_{t+1}. Wenn die Notenbank zu geldpolitischen Maßnahmen greift, verändert sie nicht nur den Inlandszins, sondern über die Arbitragebewegungen auch den Wechselkurs. Wir wollen nun diesen Zusammenhang zwischen Geldpolitik, Zins und Wechselkurs ableiten.

Ausgangspunkt bildet die IS-LM-Analyse für eine geschlossene Volkswirtschaft. Danach wird der inländische Zinssatz durch das Zusammenspiel von realem Geldangebot und realer Geldnachfrage bestimmt:

(19.8) $\dfrac{M}{P} = L(Y,i)$

Das Geldangebot M wird von der Notenbank im Rahmen ihrer Geldpolitik festgelegt, das Preisniveau P sei kurzfristig gegeben. Die Nachfrage nach inländischem Geld hängt zum ersten ab vom Bedarf an Zahlungsmitteln und damit von der Entwicklung des realen Sozialprodukts Y. Sie wird zweitens bestimmt von den Opportunitätskosten der Geldhaltung, also dem Anleihezins i.

Dieser Zusammenhang gilt im Wesentlichen auch für eine offene Volkswirtschaft. Geld wird in erster Linie für Zahlungszwecke genutzt. Da inländisches Geld nur zu Zahlungen im Inland verwendet werden kann, wird es im Wesentlichen nur von Inländern nachgefragt. Entsprechend nehmen wir an, dass ausländisches Geld nur von Ausländern gehalten wird, um im Ausland ihre Zahlungen zu tätigen. Gleichung 19.8 beschreibt daher auch für den Fall einer offenen Volkswirtschaft die Bestimmungsfaktoren der inländischen Geldnachfrage. Eine größere Geldnachfrage, etwa aufgrund eines höheren Sozialprodukts, führt also zu Zinssteigerungen, während eine expansivere Geldpolitik mit einem höheren Geldangebot Zinssenkungen verursacht (vgl. Schaubild 19.3: Geldmarkt).

Schaubild 19.3: Geld- und Devisenmarkt

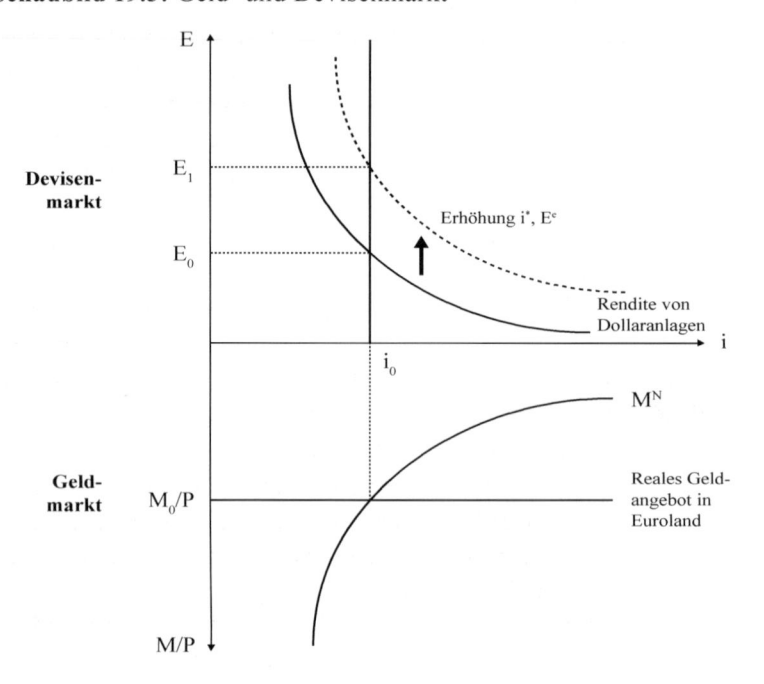

Die Öffnung der Finanzmärkte lässt die Entscheidung der Anleger auf dem Geldmarkt, also die Aufteilung zwischen inländischem Geld und inländischen Anleihen, weitgehend unberührt. Sie erweitert aber maßgeblich den Entscheidungsspielraum der Anleger, die jetzt nicht nur in inländische, sondern auch ausländische Anleihen investieren können. Im nächsten Schritt leiten wir daher aus der Zinsparität den Zusammenhang zwischen Inlandszins und Wechselkurs ab. Wir unterstellen wie in Abschnitt 19.2, dass sich die Investoren bei ihren internationalen Anlageentscheidungen an der höchsten erwarteten Rendite orientieren. Das bedeutet, im Gleichgewicht sind die erwarteten Renditen von in- und ausländischen Wertpapieren gleich – es gilt die Zinsparitätsbedingung

(19.9) $\quad i_t = i_t^* + \dfrac{E_{t+1}^e - E_t}{E_t}$.

Zur Vereinfachung nehmen wir den zukünftig erwarteten Wechselkurs als gegeben an, also $E_{t+1}^e = \overline{E}^e$. Wenn wir die Zinsparitätsbedingung nach dem Wechselkurs E auflösen und auf die Zeitindizes verzichten, erhalten wir

(19.10) $\quad E = \dfrac{\overline{E}^e}{1 + i - i^*}$.

Danach besteht ein negativer Zusammenhang zwischen inländischem Zins und Wechselkurs. Für gegebenen Auslandszins und Wechselkurserwartung führen steigende Inlandszinsen zu einem Rückgang der Wechselkurses, also einer Abwertung der Auslandswährung und entsprechend einer Aufwertung der Inlandswährung. Umgekehrt verursachen sinkende Inlandszinsen eine Abwertung der heimischen Währung. Die Darstellung der Zinsparitätsbedingung in Schaubild 19.3 (Devisenmarkt) zeigt diesen negativen Zusammenhang zwischen Wechselkurs und Zinssatz.

Wie wirken sich Änderungen des Auslandszinses und der Wechselkurserwartung aus? Erhöht sich das Zinsniveau im Ausland, werden ausländische Anleihen attraktiver. Die Anleger verkaufen inländische Anleihen und tauschen die Verkaufserlöse in Auslandswährung, um ausländische Wertpapiere zu kaufen. In der Folge wertet die Auslandwährung auf. Entsprechend verschiebt sich die Zinsparitäts-Kurve nach oben. Analoges gilt, wenn die Anleger eine zukünftig stärkere Auslandswährung, also einen höheren Wechselkurs E_{t+1}^e erwarten. Auch in diesem Fall kommt es zu Portfolio-Umschichtungen zugunsten der attraktiver gewordenen Auslandsanleihen und zu einem Anstieg des aktuellen Wechselkurses. Wieder verschiebt sich die Zinsparitäts-Kurve nach oben (vgl. Schaubild 19.3: Devisenmarkt).

Wie wirkt nun eine Änderung der Geldpolitik, wenn die Notenbank auf offenen Finanzmärkten agiert und die Anleger auch in ausländische Wertpapiere investieren können? Welche Zins- und Wechselkurseffekte ergeben sich etwa im Falle einer restriktiven Geldpolitik? Und mit welchen Auswirkungen ist für die reale Wirtschaft zu rechnen? Eine restriktive Geldpolitik verknappt die Geldmenge von M_0/P nach M_1/P und verursacht einen Zinsanstieg von i_0 auf i_1 (vgl. Schaubild 19.4). Dieser Zinsanstieg macht eine Anlage im Inland im Vergleich zum Ausland attraktiver. Die Anleger schichten ihre Portfolios zugunsten inländischer Anleihen um und fragen dazu mehr inländische Währung nach. Die Inlandswährung wertet auf, der Wechselkurs geht von E_0 auf E_1 zurück.

Schaubild 19.4: Zins- und Wechselkurskurseffekte der Geldpolitik

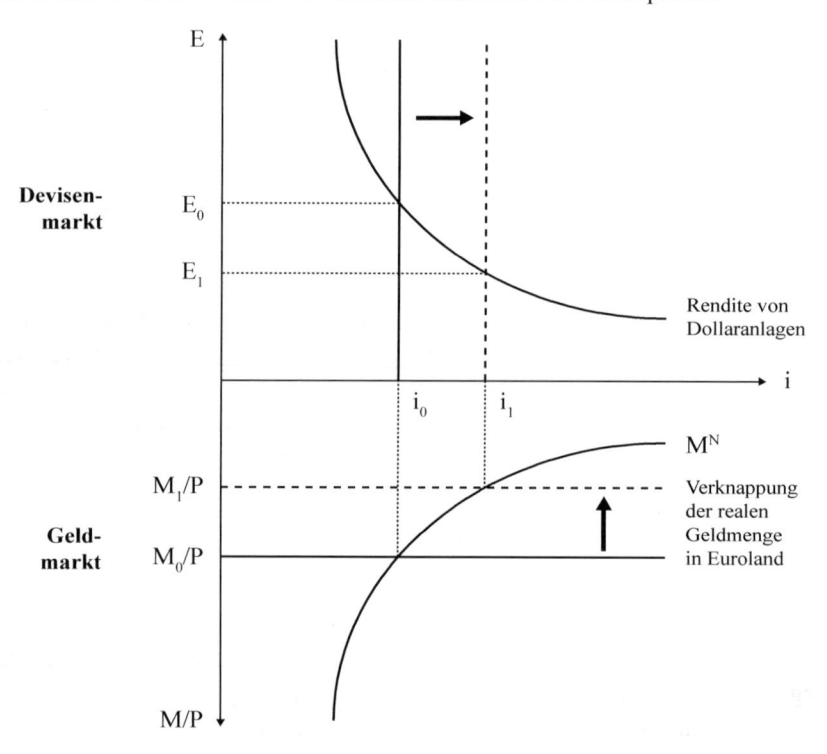

Im Vergleich zum Fall einer geschlossenen Volkswirtschaft wirkt die Geldpolitik in einer offenen Volkswirtschaft nicht nur über den Zinseffekt auf die inländische Wirtschaftsentwicklung, sondern beeinflusst die wirtschaftliche Entwicklung auch über den Wechselkurseffekt. Die Wirkungen dieses Wechselkurskanals auf die Gütermärkte werden im folgenden Abschnitt untersucht.

19.4 Produktion und Wechselkurs in der kurzen Frist

Während wir uns bisher auf die Analyse offener Finanzmärkte konzentriert haben und das Sozialprodukt als gegebenen angenommen haben, werden wir im nächsten Schritt das Bild vervollständigen. Wir „öffnen" auch die Gütermärkte und untersuchen die Wechselwirkungen zwischen globalen Güter- und Finanzmärkten.

In Kapitel 12 haben wir für die Gütermärkte in geschlossenen Volkswirtschaften abgeleitet, wie sich die Güternachfrage aus den Konsum der privaten Haushalte C, den Investitionen der Unternehmen I und der Nachfrage des Staates G zusammensetzen. In einer offenen Volkswirtschaft müssen wir zusätzlich noch die in der Leistungsbilanz erfasste Nettonachfrage des Auslandes NX, also die Differenz zwischen der Nachfrage des Auslands nach inländischen Gütern (Exportnachfrage EX) und die Nachfrage des Inlands nach ausländischen Gütern (Importnachfrage IM) berücksichtigen.

(19.11) $NX = EX - IM$.

Die Nettoexporte, also der Saldo der Leistungsbilanz, werden vor allem von zwei Faktoren bestimmt: dem realen Wechselkurs ε, also dem relativen Preis in- und ausländischer Güter (vgl. Abschnitt 19.1), und dem inländischen verfügbaren Einkommen Y^d. Andere wichtige Faktoren, etwa das ausländische Einkommen setzen wir im Folgenden konstant. Es gilt demnach

(19.12) $NX = NX\left(EP^* / P, Y^N\right)$.

Wir fassen nun die vier Komponenten der gesamtwirtschaftliche Güternachfrage D in einer offenen Volkswirtschaft zusammen zu

(19.13) $D = C(Y-T) + I + G + NX(EP^*/P, Y-T)$.

Zusammenfassend zeigt sich, dass die gesamtwirtschaftliche Güternachfrage bestimmt wird von realem Wechselkurs, verfügbarem Einkommen, Investitionen und Ausgaben der öffentlichen Haushalte

(19.14) $D = D(EP^*/P, Y-T, I, G)$.

Im nächsten Schritt bestimmen wir das kurzfristige Gleichgewicht auf dem Gütermarkt und leiten so die reale Produktionsmenge Y ab. Wie bei der Analyse der kurzen Frist üblich, gehen wir von zeitweilig fixen Preise für Güter und Dienstleistungen aus. Der Gütermarkt befindet sich im Gleichgewicht, wenn die reale Produktion, das gesamtwirtschaftliche Güterangebot, gleich der gesamtwirtschaftlichen Nachfrage ist

(19.15) $Y = D(EP^* / P, Y - T, I, G)$.

Der obere Teil des Schaubildes 19.5 zeigt die gesamtwirtschaftliche Nachfrage D, die mit steigender Produktion bzw. Realeinkommen zunimmt, sowie die Gleichgewichtsbedingungen für den Gütermarkt Y=D, die als 45°-Linie eingezeichnet ist. Der Schnittpunkt von gesamtwirtschaftlichem Angebot und Nachfrage (Punkt 1) beschreibt das Gütermarktgleichgewicht mit der Produktionsmenge Y_1. Wird weniger als Y_1 produziert, der Bereich links von Y_1, so übersteigt die Güternachfrage das Güterangebot. Aufgrund abnehmenden Lagerbestände produzieren die Unternehmen dann mehr, d.h. die Produktion steigt und tendiert zu Y_1. Liegt das Güterangebot dagegen höher als Y_1, so liegt gesamtwirtschaftlich ein Überangebot vor und die Unternehmen schränken die Produktion wegen zunehmender Lagerbestände ein, die Produktion sinkt.

Die DD-Kurve zeigt sämtliche Kombinationen von Wechselkurs E und Produktion Y, bei denen sich der Gütermarkt im kurzfristigen Gleichgewicht befindet. Sie ist also die Darstellung der Gütermarktgleichgewichts – Gleichung 19.15 – in einem Wechselkurs-Einkommens-Diagramm. Schaubild 19.5 zeigt die Ableitung der DD-Kurve. In Situation 1 resultiert bei Wechselkurs E1 die gesamtwirtschaftliche Nachfrage D_1, die zu einer gleichgewichtigen Produktion Y_1 führt. Im unteren Teil von Schaubild 19.6 ist diese Situation in einem Wechselkurs-Einkommens-Diagramm als Punkt (E_1/Y_1) übertragen. Wertet die heimische Währung ab und steigt der Wechselkurs entsprechend auf E_2, so verschiebt sich die gesamtwirtschaftliche Güternachfrage nach oben, das gleichgewichtige Einkommen steigt auf Y_2. Diese Situation ist im unteren Teil des Schaubilds mit dem Punkt (E_2/Y_2) beschrieben. Diese Zusammenhänge gelten offensichtlich für andere Werte des Wechselkurses E analog, so dass die DD-Kurve beschreibt, welche Werte von Produktionsniveau und Wechselkurs mit einem Gleichgewicht auf dem Gütermarkt vereinbar sind.

Eine Abwertung der heimischen Währung und damit ein steigender Wechselkurs führen dazu, dass heimische Güter für das Ausland billiger und ausländische Produkte für das Inland teurer werden. Aufgrund beider Effekte erhöht sich die Nachfrage nach inländischen Produkten - die Güternachfrage wird in Schaubild 19.5 nach oben verschoben – und die Produktion nimmt zu. Entsprechendes gilt, wenn das ausländische Preisniveau P* steigt oder das inländische Preisniveau P sinkt. In allen drei Fällen wertet die heimische Währung real ab, der reale Wechselkurs EP*/P sinkt. Ausländische Güter verteuern sich relativ zu inländischen Produkten, und die Nachfrage nach heimischen Produkten nimmt zu.

Schaubild 19.5: Gütermarkt, Produktion und realer Wechselkurs

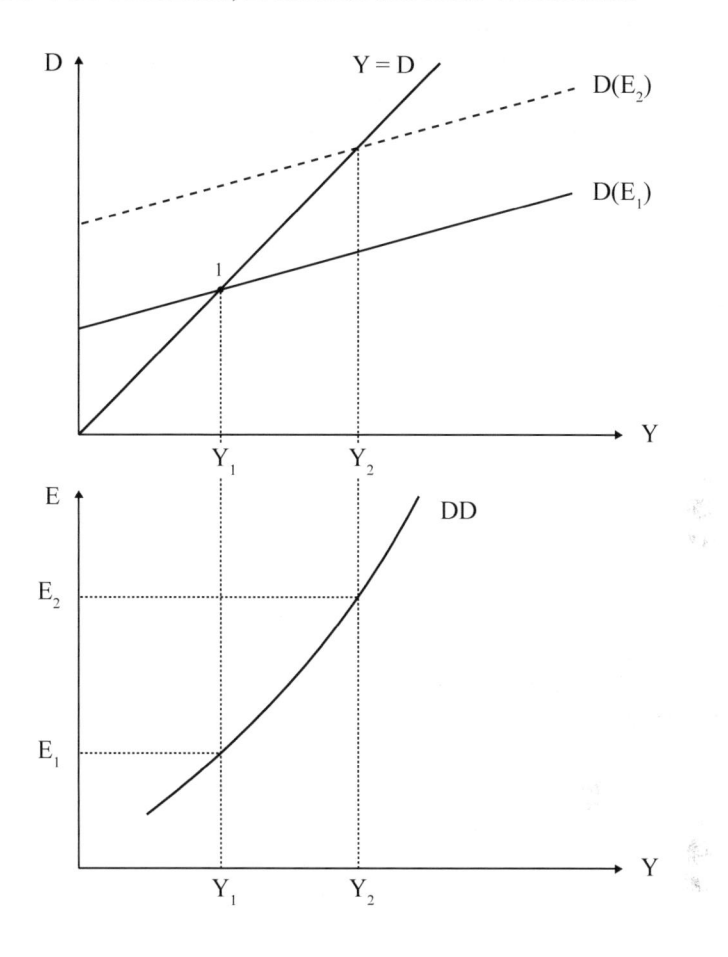

Wir haben abgeleitet, dass ein steigender Wechselkurs E über die höhere Nachfrage nach heimischen Gütern mit einem Anstieg der heimischen Produktion einhergeht. Dieser Zusammenhang, die so genannte DD-Kurve bzw. Gütermarktkurve, liefert uns einen von zwei Bausteinen für die Beschreibung des makroökonomischen Gleichgewichts offener Volkswirtschaften. Gleichung 19.15 erfasst auch die Faktoren, welche die Lage der DD-Kurve beeinflussen: die Nachfrage der öffentlichen Haushalte, die Investitionen, das in- und das ausländische Preisniveau, die Steuern. Allgemein gilt, dass jeder Schock, welcher die gesamtwirtschaftliche Nachfrage erhöht, zu einer Rechtsverschiebung der DD-Kurve führt (vgl. Schaubild 19.6).

Schaubild 19.6: Erhöhung der gesamtwirtschaftlichen Nachfrage

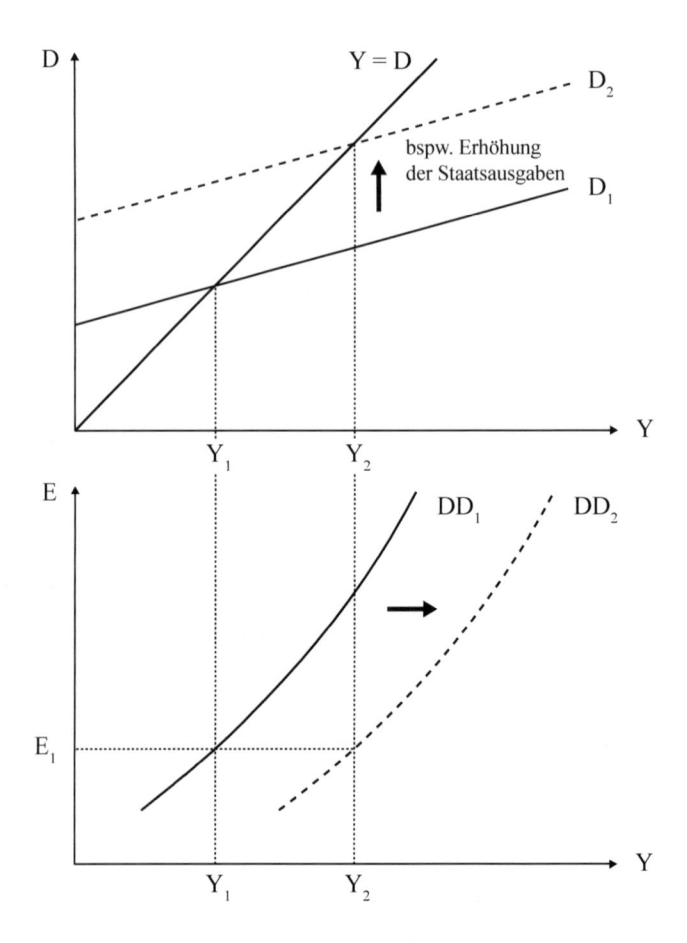

Der Wechselkurs wird nicht nur von den Entwicklungen auf dem Gütermarkt bestimmt, wie sie von der DD-Kurve erfasst werden, sondern auch von den Veränderungen auf den Vermögensmärkten, wie wir sie in Abschnitt 19.3 untersucht haben. Um unsere Darstellung des kurzfristigen Gleichgewichts zu vervollständigen, leiten wir im Folgenden analog zum Gütermarkt eine Vermögensmarktkurve, so sogenannte AA-Kurve, ab. Sie zeigt diejenigen Wechselkurs-Einkommens-Kombinationen, bei denen sich der inländische Geldmarkt und der Devisenmarkt im Gleichgewicht befinden.

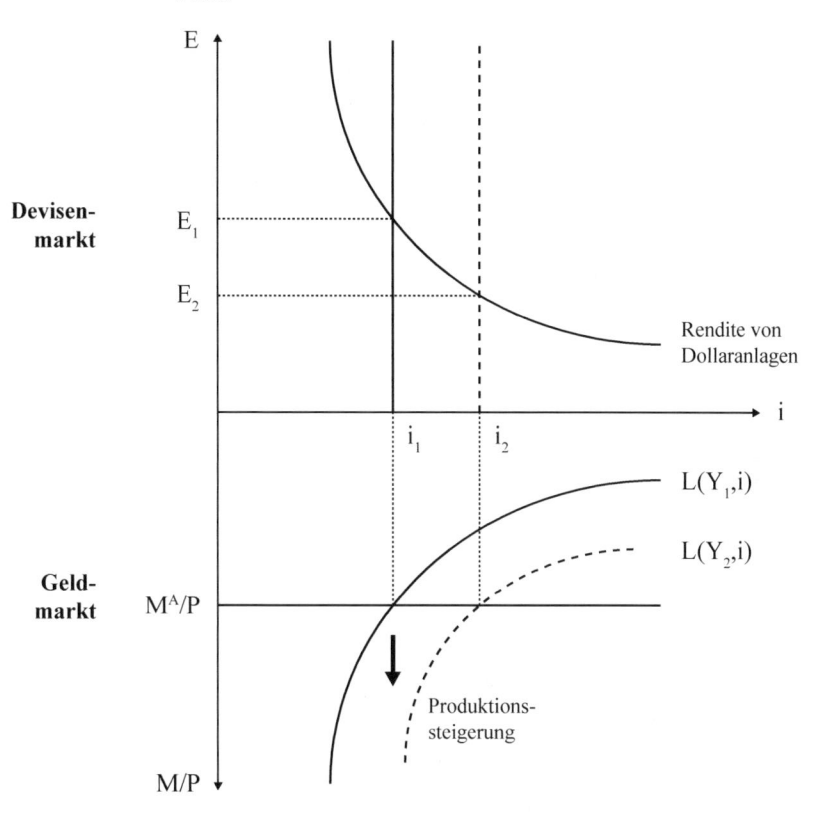

Schaubild 19.7: Produktion und Wechselkurs im Vermögensmarktgleichgewicht

Aufbauend auf den Vorarbeiten von Abschnitt 19.3 zeigt die Ausgangssituation in Schaubild 19.7 ein Gleichgewicht sowohl auf dem heimischen Geldmarkt als auch dem Devisenmarkt. Für gegebenen Auslandszins i^* und Wechselkurserwartung E^e sowie dem durch die heimische Geldpolitik bestimmten inländischen Zins i_1 stellt sich unter der Zinsparität der Wechselkurs E_1 so ein, dass sich in- und ausländische Kapitalanlagen in gleicher Währung gerechnet identisch rentieren. Wie verhält sich nun der Wechselkurs, wenn sich das Einkommen ändert? Steigt etwa das Einkommen von Y_1 auf Y_2, so erhöht sich die reale Geldnachfrage (die Kurve der realen Geldnachfrage verschiebt sich nach rechts) und der gleichgewichtige Inlandszins steigt auf i_2. Aufgrund der gestiegenen Verzinsung ist eine Kapitalanlage im Inland attraktiver geworden und die internationalen Kapitalanleger wollen vermehrt im Inland anlegen. Dazu fragen sie vermehrt die inländische Währung nach, diese wertet auf, der Wechselkurs sinkt auf E_2. Übertragen wir diese Situation in ein Wechselkurs-Einkommensdiagramm, so ergibt sich die AA-Kurve, die beschreibt, welche Kombinationen des Wechselkurses und des Einkommens mit Gleichgewicht auf den Vermögensmärkten vereinbar sind (vgl. Schaubild 19.8). Unsere Ableitungen zeigen, dass die AA-Kurve im Gegensatz zur DD-Kurve negativ geneigt ist, dass also im Gleichgewicht aus Sicht der Vermögensmärkte steigende Einkommen mit sinkenden Wechselkursen, also mit einer Aufwertung der heimischen Währung, einhergehen.

Schaubild 19.8: Die AA-Kurve

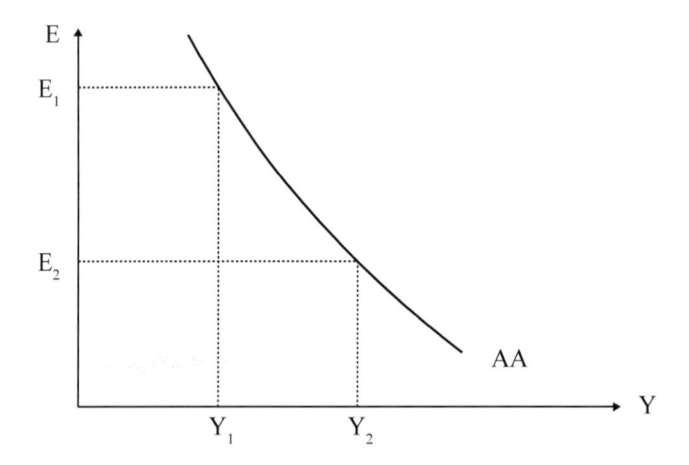

Die Gleichung 19.8 und 19.9 beschreiben die Faktoren, welche die Lage der AA-Kurve beeinflussen, u.a. das ausländische Zinsniveau i^*, die Wechselkurserwartung E^e, das Geldangebot und das Preisniveau. Allgemein gilt, dass Faktoren, welche die Kapitalanlage im Inland relativ attraktiver machen, zu einer Linksverschiebung der AA-Kurve führen. Dazu gehören direkt ein Rückgang des nominalen Geldangebots und ein Anstieg des Preisniveaus, die über eine Verknappung des realen Geldangebots zu höheren Zinsen im Inland führen. Dazu gehören aber auch indirekt ein niedrigerer Auslandszins i^* sowie ein Anstieg des erwarteten Wechselkurses E^e und damit der Aufwertungsprämie E^e-E, welche die Anlage im Ausland weniger attraktiv erscheinen lassen.

Schaubild 19.9: Kurzfristiges Gleichgewicht: der Schnittpunkt von AA- und DD-Kurve

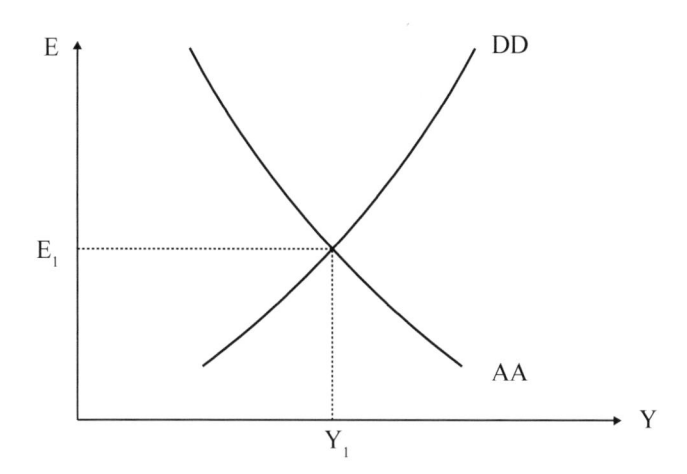

Schaubild 19.9 führt die AA- und die DD-Kurve zusammen. Im Schnittpunkt der beiden Kurven liegt mit E_1 und Y_1 die einzige Kombination von Wechselkurs und Einkommen vor, bei dem sowohl der Gütermarkt als auch Vermögensmarkt im Gleichgewicht sind.

Literaturhinweise

Aktuelle Informationen zu Außenwirtschaft und Wechselkurs finden sich auf der Homepage von Europäischer Zentralbank www.ecb.int und Deutscher Bundesbank www.Deutsche-Bundesbank.de. Die wesentlichen Besonderheiten einer offenen Volkswirtschaft werden in den gängigen makroökonomischen Lehrbüchern erläutert, etwa Mankiw/Taylor (2008) oder Blanchard/Illing (2009). Vertiefend sind Lehrbücher über Außenwirtschaft und Internationale Wirtschaftsbeziehungen zu empfehlen, etwa Krugman/Obstfeld (2009).

Zusammenfassung

1. Der nominale Wechselkurs ist der relative Preis zweier Währungen. Verteuert sich eine Währung, wertet sie auf. Entsprechend verbilligt sich eine Währung im Rahmen einer Abwertung.

2. Der reale Wechselkurs ist der relative Preis ausländischer Güter ausgedrückt in Einheiten inländischer Güter. Er wird bestimmt vom nominalen Wechselkurs, dem Preis der inländischen und dem Preis der ausländischen Güter.

3. Globale Finanzmärkte eröffnen den

Anlegern die Wahl zwischen in- und ausländischen Finanzprodukten. Damit beeinflussen Schocks im Ausland über veränderte Anlageentscheidungen auch die Wirtschaftsentwicklung im Inland.

4. Die ungedeckte Zinsparitäts-Bedingung – kurz Zinsparität – ist eine Arbitragebedingung auf internationalen Finanzmärkten. Danach muss die Rendite einer Auslandsanlage in heimischer Währung gleich groß sein wie die Rendite einer Inlandsanlage. Sie impliziert, dass der Inlandszins näherungsweise der Summe von Auslandszins und erwarteter Aufwertung der ausländischen Währung ist.

5. Globale Gütermärkte eröffnen Konsumenten, Unternehmen und dem Staat die Wahl zwischen in- und ausländischen Gütern. Die inländischen Produzenten können ihrerseits ihre Produkte nicht nur an heimische Nachfrager, sondern auch im Ausland absetzen. Schocks im Ausland beeinflussen damit über veränderte Nachfrageentscheidungen auch die Wirtschaftsentwicklung im Inland.

6. Der Wechselkurs wird bestimmt von den Entwicklungen auf den Güter- und Assetmärkten.

7. In der kurzen Frist besteht im Gütermarktgleichgewicht ein positiver Zusammenhang zwischen Wechselkurs und Produktion. Eine Aufwertung der Auslandswährung, also ein Anstieg des Wechselkurses, geht c.p. mit höhen Nettoexporten des Auslands und damit einer höheren gesamtwirtschaftlichen Nachfrage und Produktion einher.

8. In der kurzen Frist besteht im Assetmarktgleichgewicht ein negativer Zusammenhang zwischen Wechselkurs und Produktion. Ein Anstieg der Produktion geht c.p. mit höheren Zinsen und damit einer höheren Rendite der Inlandsanlage einher. Die damit angestoßene Zinsarbitrage geht mit einer Aufwertung der heimischen Währung, also einem Rückgang des Wechselkurses einher.

Schlüsselbegriffe

AA-Kurve
Abwertung
Arbitragebedingung
Aufwertung
DD-Kurve
Devisenmarkt
Güternachfrage, gesamtwirtschaftliche
Gütermarktkurve
Leistungsbilanz
Nettonachfrage des Auslandes
Spot-Markt
ungedeckte Zinsparitäts-Bedingung
Vermögensmarktkurve
Wechselkurs
--, erwarteter
--, nominaler
--, realer
Zinsarbitrage
Zinsparität

Kapitel 20

Geldpolitik bei globalen Finanzmärkten

Zum Inhalt von Kapitel 20

In einer globalisierten Wirtschaft verändern sich die Anforderungen an die Geldpolitik auf vielfältige Weise. Die wirtschaftliche Entwicklung des Inlands wird auch von Ereignissen im Ausland beeinflusst, etwa über veränderte Waren- und Kapitalströme. Gleichzeitig können wirtschaftliche Ereignisse in einer großen Volkswirtschaft, wie Deutschland im Euro-Raum oder die USA weltweit, die Wirtschaftsentwicklung in Nachbarländern verändern – mit möglichen Rückwirkungen ins Inland. Notenbanken werden daher Entwicklungen im Ausland in ihr geldpolitisches Kalkül einbeziehen. Zusätzlich ändert sich die Wirkung ihrer geldpolitischen Instrumente, da die Geldpolitik nicht nur über die bekannten Transmissionsmechanismen wirkt, sondern auch über Veränderungen der Wechselkurse.

Wechselkurse gehören zu den wichtigsten Preisen in einer Volkswirtschaft, da Schwankungen die wirtschaftliche Entwicklung erheblich stören können. Notenbanken vor allem kleiner offener Volkswirtschaften versuchen daher häufig, die Wechselkurse zu stabilisieren und so die heimische Wirtschaftsentwicklung zu verstetigen. Solche Regime fester Wechselkurse verändern die Ausrichtung der Geldpolitik und haben damit erhebliche Folgeeffekte, die weit über die eigentliche Stabilisierung der Wechselkurse hinausgehen. Letztlich impliziert ein System fester Wechselkurse immer eine ganz spezifische geldpolitische Strategie, nämlich die Ausrichtung der Geldpolitik an der Wechselkursentwicklung.

In Europa waren feste Wechselkurse schon immer von besonderem Interesse. Die europäischen Länder waren in der Nachkriegszeit zunächst in ein weltweites Festkurssystem eingebunden, das System von Bretton Woods. Nach dessen Zusammenbruch Anfang der 70er Jahre haben eine Reihe von Ländern versucht, eine Währungszone fester Wechselkurse zu etablieren, erst die so genannte Währungsschlange und dann ab 1979 das Europäische Währungssystem (EWS). Diese Entwicklung kulminierte in der Einrichtung der Europäischen Währungsunion im Jahr 1999, als die Wechselkurse der beteiligten Währungen unwiderruflich fixiert wurden und die Währungen zum Jahresbeginn 2002 auch physisch durch den Euro ersetzt wurden.

Im Folgenden untersuchen wir zunächst die Wirkungen der Geldpolitik in der kurzen Frist bei flexiblen Wechselkursen. Wir diskutieren dann die verschiedenen Formen von Systemen fester Wechselkurse und analysieren, wie sich die Wirkungen der Geldpolitik in einem Festkurssystem ändern. Abschließend wenden wir uns dem so genannten magischen Dreieck der Geld- und Währungspolitik zu, wonach ein Land von den drei Zielen Offenheit der Märkte, Stabilität des Wechselkurses und Autonomie der Geldpolitik immer nur zwei Ziele gleichzeitig erreichen kann.

20.1 Wirkungen der Geldpolitik bei flexiblen Wechselkursen

Auf Basis des AA-DD-Modell (vgl. Abschnitt 19.4) untersuchen wir nun, wie sich Veränderungen der makroökonomischen Politik auf die wirtschaftliche Entwicklung, vor allem auch Wechselkurs und Produktion, auswirken. Von besonderem Interesse ist dabei, wie sich die Effekte der Geldpolitik in der Globalisierung ändern und wie die Geldpolitik bei globalisierten Güter- und Finanzmärkten zur Stabilisierung der wirtschaftlichen Entwicklung beitragen kann. Wir konzentrieren uns in unserer Analyse auf eine kleine offene Volkswirtschaft in der kurze Frist, d.h. wir gehen davon aus, dass der Auslandszins i*, das ausländische Preisniveau P* und das heimische Preisniveau P fix sind. Zusätzlich nehmen wir an, dass die Geldpolitik nur vorübergehend geändert wird, etwa um einen gesamtwirtschaftlichen Schock zu neutralisieren, d.h. wir unterstellen, dass sich der erwartete Wechselkurs E^e nicht ändert.

Schaubild 20.1 zeigt die kurzfristigen Wirkungen einer expansiven Geldpolitik in Form einer vorübergehenden Erhöhung der inländischen Geldmenge. Der Anstieg der Geldmenge führt zu einem Angebotsüberschuss auf dem heimischen Geldmarkt und schlägt sich daher in einer Rechtsverschiebung der AA-Kurve nieder. Da der Politikschock nicht unmittelbar am Gütermarkt ansetzt, bleibt die DD-Kurve unverändert. Insgesamt erhöht sich die Produktion als Folge der expansiven Geldpolitik von Y_1 auf Y_2 und die heimische Währung wertet ab, der Wechselkurs steigt von E_1 auf E_2.

Folgende Anpassungsprozesse werden durch den expansiven monetären Schock angestoßen. Mit dem Anstieg der Geldmenge entsteht ein Angebotsüberschuss auf dem heimischen Geldmarkt, der Zinssatz sinkt. Aufgrund der geringeren Rendite fragen die Kapitalanleger vermehrt die Auslandswährung nach, um ausländische Wertpapiere kaufen zu können. Die Auslandswährung wertet nominal und wegen der unveränderten Preisniveaus im In- und Ausland auch real auf. In der Folge werden heimische Produkte im Vergleich zu ausländischen Produkten billiger, die Nettoexporte ins Ausland und damit die gesamtwirtschaftliche Nachfrage nehmen zu, die Produktion steigt. In einer offenen Volkswirtschaft wirkt die Geldpolitik somit nicht nur über den Zinskanal, sondern auch den gleich gerichteten Wechselkurskanal, was die Wirkung der Geldpolitik verstärkt. Die für die Geldpolitik abgeleiteten Effekte gelten für andere Schocks auf den Geldmarkt, etwa Veränderungen der Geldnachfrage, analog.

Schaubild 20.1: Wirkungen einer vorübergehenden Erhöhung der Geldmenge

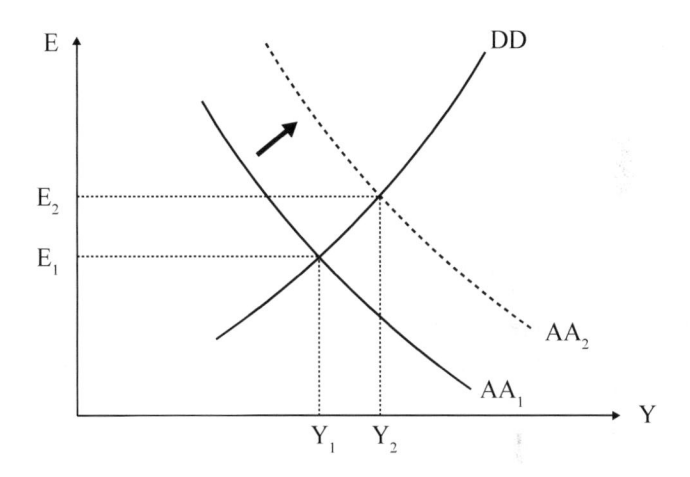

Wie wirken sich Gütermarktschocks und dabei insbesondere Änderungen der Fiskalpolitik bei flexiblen Wechselkursen aus? Die Fiskalpolitik setzt über Änderungen der Steuereinnahmen und/oder Staatsausgaben unmittelbar an der gesamtwirtschaftlichen Güternachfrage an. Eine expansive Fiskalpolitik, etwa über höhere Staatsausgaben, führt zu einer Rechtsverschiebung der DD-Kurve und damit zu einem Anstieg der Produktion, allerdings im Gegensatz zum Fall einer expansiven Geldpolitik verbunden mit einer **Abwertung** der Auslandswährung (vgl. Schaubild 20.2). Die höhere Gesamtnachfrage wird über eine höhere Produktion bedient, die eine höhere Geldnachfrage und damit bei unveränderter Geldpolitik steigende Zinsen nach sich zieht. Die für Kapitalanleger attraktiver gewordene Inlandswährung wird vermehrt nachgefragt und wertet auf, die Auslandswährung wertet entsprechend ab. Die **Aufwertung** der heimischen Währung verteuert die heimischen Produkte, so dass sich die Nettoexporte ins Ausland verringern. Damit wird der ursprüngliche expansive Fiskalimpuls durch den gegenläufigen Wechselkurseffekt abgeschwächt. Die nationale Fiskalpolitik verliert damit – im Gegensatz zur Geldpolitik – in einer offenen Volkswirtschaft an Wirkung. Die für die Fiskalpolitik abgeleiteten Effekte gelten für andere Schocks auf den Gütermarkt, etwa Veränderungen der Auslandsnachfrage, analog.

Schaubild 20.2: Wirkungen einer vorübergehenden expansiven Fiskalpolitik

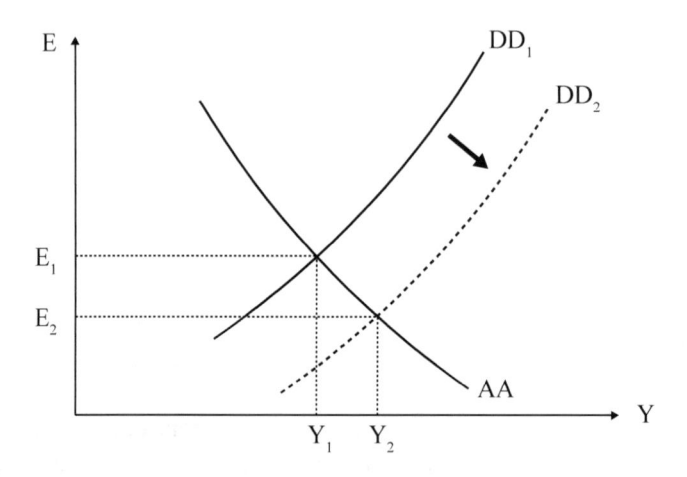

20.2 Feste Wechselkurse

Wechselkurse gehören zu den wichtigsten Preisen in einer Volkswirtschaft. Sie bestimmen nicht nur die Konkurrenzfähigkeit heimischer Produkte auf dem Weltmarkt, sondern beeinflussen auch die internationalen Kapitalströme. Politiker haben damit, wie bei allen politisch sensiblen Preisen, einen Anreiz, auf die Wechselkursentwicklung Einfluss zu nehmen. So könnte mit einer Abwertung der heimischen Währung die Nachfrage nach inländischen Gütern erhöht werden, indem die Exporte verteuert und die Importe verbilligt werden. Umgekehrt könnte eine Aufwertung, etwa eine Politik des starken Euro, helfen, die heimische Inflationsrate niedrig zu halten. Wenn die Inlandswährung höher bewertet ist, sind ausländische Importprodukte billiger, wodurch die inländische Preisentwicklung gedämpft wird (vgl. auch Abschnitt 19.1).

Wir beobachten daher in vielen Ländern, dass die Notenbank entweder direkt ein **Wechselkursziel** verfolgt oder indirekt auf den Wechselkurs Einfluss nimmt, um andere Ziele zu erreichen. Die Geldpolitik ist dann nicht mehr (allein) auf binnenwirtschaftliche Ziele, etwa Sicherung der Geldwertstabilität, ausgerichtet, sondern versucht auch Wechselkursziele zu erreichen. Die Geldpolitik steht damit unter einem **währungspolitischen Vorbehalt**.

In der wirtschaftspolitischen Praxis beobachten wir eine große Vielfalt von Wechselkursregimen. Wichtige Merkmale sind dabei:
- Verbindlichkeit des Wechselkursziels: Teilnahme an einem offiziellen Währungssystem vs. unverbindliche Wechselkursorientierung.
- Bandbreite des Wechselkursziels: Punktziel vs. Wechselkurszone.
- Symmetrie der Interventionsverpflichtung: Ist nur eine Notenbank zur Stabilisierung des Wechselkurses verpflichtet oder sind es beide?

Auf der einen Seite des Spektrums finden sich Länder, die keine Wechselkursziele verfolgen (**System flexibler Wechselkurse, Flexkurs-System**). Die Notenbanken berücksichtigen zwar die Folgen von Wechselkursveränderungen in ihrer Politik, sie tolerieren aber erhebliche Schwankungen des Wechselkurses. Dazu gehören vor allem die großen internationalen Anlage- und Reservewährungen wie Dollar, Euro und Yen.

Auf der anderen Seite des Spektrums sind Länder, die Wechselkursziele verfolgen und damit ein **System fester Wechselkurse (Fixkurs-System)** bilden. Eine Form den Wechselkurs zu stabilisieren, ist die einseitige Bindung an eine andere Währung oder an einen **Währungskorb**. Dieses sogenannte **Pegging** wird meist von kleineren Ländern betrieben, die den Wechselkurs mit ihren Haupthandelspartnern stabilisieren. Die Wechselkursanbindung kann relativ locker sein, so dass der Wechselkurs innerhalb einer gewissen Bandbreite schwanken kann. Darüber hinaus kann die Wechselkurszielzone auch von Zeit zu Zeit angepasst werden. Die Anbindung kann aber auch sehr eng sein, wie das etwa Hongkong und Estland im Rahmen so genannter **Currency Boards** praktizieren.

Eine andere Klasse von Arrangements sind offizielle Währungsabkommen zwischen mehreren Ländern. So waren in der Nachkriegszeit bis 1973 die Währungen der Industrieländer im Rahmen des **Systems von Bretton Woods** miteinander verbunden. Das **Europäische Währungssystem (EWS)** bestimmte von 1979 bis 1998 die Wechselkursentwicklung innerhalb der Europäischen Union. Die EWS-Mitgliedsländer vereinbarten enge bilaterale Wechselkursbandbreiten. Umfassende Interventionspflichten und ein System von Währungskrediten sollten die Wechselkurse stabilisieren helfen. Im Laufe der 90er Jahre konnten die Wechselkurse im Vorfeld der **Europäischen Währungsunion (EWU)** immer mehr stabilisiert werden. Eine Währungsunion schließlich lässt sich als das ultimative Festkurssystem interpretieren. Die Währungen zwischen den beteiligten Ländern werden unwiderruflich fixiert und sind damit beliebig austauschbar. Da sich die Wechselkurse nicht mehr ändern können, herrschen in allen beteiligten Ländern die gleichen monetären Verhältnisse, insbesondere das gleiche Zinsniveau.

20.3 Devisenmarktinterventionen und Geldmenge

Wie können Notenbanken den Wechselkurs stabilisieren? Ausgangspunkt unserer Überlegungen ist die Notenbankbilanz. Die Notenbank hält zwei Arten von Aktiva, einerseits inländische Wertpapiere und andererseits ausländische Aktiva, die **Währungsreserven**. Auf der Passivseite steht die Geldbasis, die sich aus Einlagen der Banken und den umlaufenden Banknoten zusammensetzt.

Schaubild 20.3: Notenbankbilanz

Notenbank	
Aktiva	Passiva
Inlandsaktiva	Geldbasis
Auslandsaktiva	- Bankeinlagen
	- Banknotenumlauf

Grundsätzlich schafft die Notenbank immer dann Geld, wenn sie Aktiva erwirbt, also entweder inländische Wertpapiere oder am **Devisenmarkt** ausländische Währung kauft. Diese Assetkäufe können prinzipiell mit einer Gutschrift auf Bankeinlagen oder mit Bargeld bezahlt werden. Bilanztechnisch kommt es zu einer Verlängerung der Notenbankbilanz. Umgekehrt kann sie die Geldmenge verringern, indem sie Aktiva verkauft und den Verkaufserlös in Form von Bankeinlagen oder Bargeld „einsammelt". Es kommt zu einer Verkürzung der Notenbankbilanz.

In einem System fester Wechselkurs ist die Notenbank für die Stabilisierung des Wechselkurses verantwortlich. Wenn die heimische Währung stärker aufwertet als politisch erwünscht, wenn also der Wechselkurs unter den angestrebten Zielwert sinkt, tritt die Notenbank am Devisenmarkt als Käuferin ausländischer Währung auf. Sie erwirbt so lange Devisen, die sie mit heimischer Währung bezahlt, bis der Wechselkurs wieder das gewünschte Niveau erreicht hat. Als Folge dieser **Devisenmarktintervention** steigen die Währungsreserven und die heimische Geldbasis im Ausmaß der Devisenkäufe. Da die Notenbank den Devisenkauf mit eigener Währung bezahlt, die sie selbst schafft, kann sie im Prinzip in unbegrenzter Höhe gegen eine Aufwertung der heimischen Währung intervenieren. So versucht die chinesische Notenbank seit 2000 über Stützungskäufe des US-Dollars eine Aufwertung des Renminbi zu verhindern und hat in diesem Zusammenhang die weltweit größten Währungsreserven angesammelt. Diese wuchsen zwischen Anfang 2000 und Mitte 2010 auf das rund 15fache.

Schaubild 20.4: Renminbi–US-Dollar-Wechselkurs und Devisenreserven Chinas

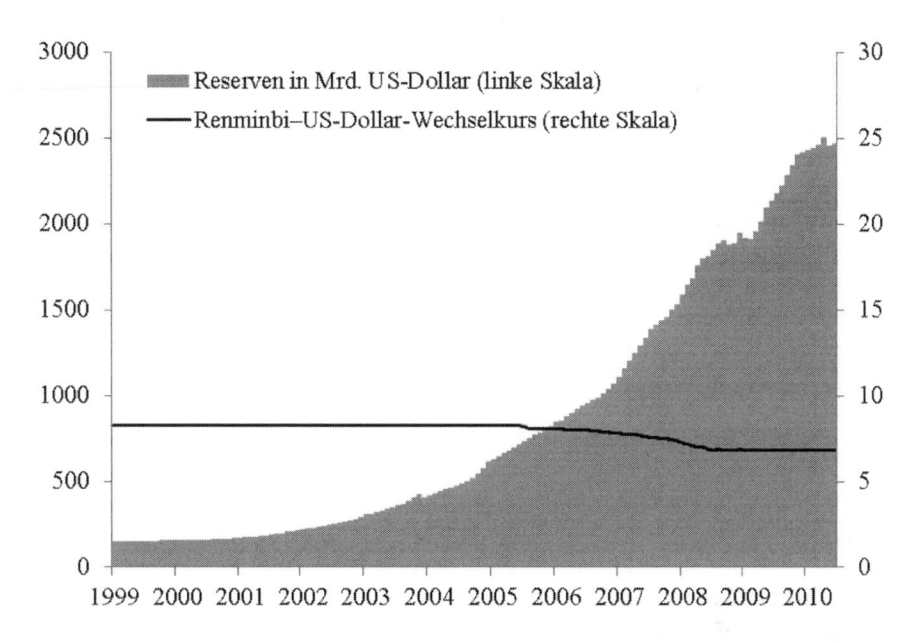

Quelle: World Market Monitor

Im umgekehrten Fall einer unerwünschten Abwertung der heimischen Währung kauft die Notenbank heimische Währung aus dem Markt und gibt im Gegenzug Devisen ab. Als Folge dieser **Stützungskäufe** nehmen die Währungsreserven und die heimische Geldmenge ab. Da die Notenbank den Kauf der heimischen Währung mit Devisen bezahlt, kann sie die heimische Währung nur nach Maßgabe der Devisenreserven stützen. Notenbanken müssen daher immer wieder, die Stützungskäufe für ihre Währung einstellen und ein Abwertung ihrer Währung hinnehmen. Beispiele für solche besonders ausgeprägten Währungskrisen sind die Krise der Europäischen Währungssystems 1992/93, die asiatische Währungskrise 1997/98 und die isländische Finanz- und Währungskrise 2008/09.

Schaubild 20.5: Lira–D-Mark-Wechselkurs und Währungsreserven Italiens

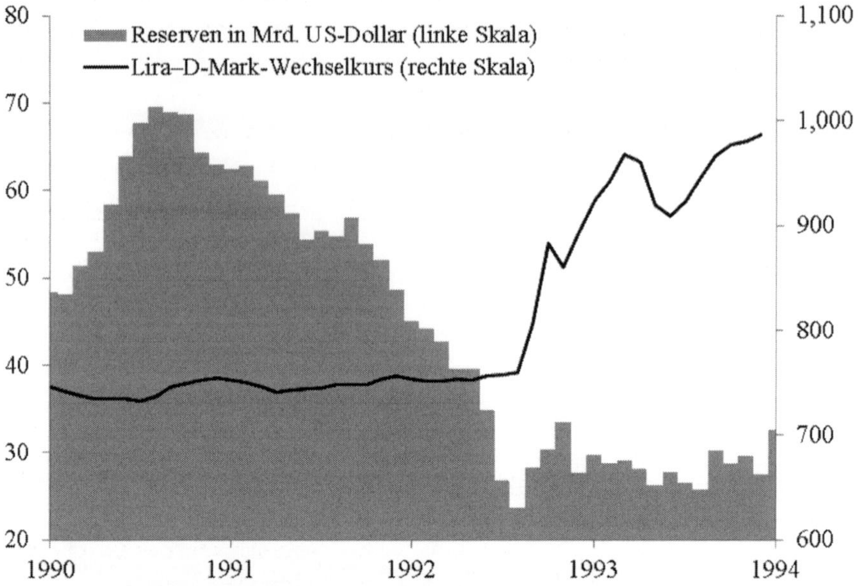

Quelle: World Market Monitor

In Schaubild 20.5 spiegelt der Rückgang der Devisenreserven die massiven Interventionen der italienischen Notenbank wider, mit deren Hilfe sie den Wechselkurs der Lira gegenüber der Deutschen Mark im Vorfeld der EWS-Krise zu verteidigen versuchte. Nach dem fast vollständigen Verkauf der Devisenbestände tritt Italien im September 1993 aus dem EWS aus, die italienische Währung wertet stark ab.

Die Möglichkeiten der Notenbank, den Wechselkurs ihrer Währung zu stabilisieren, sind demnach asymmetrisch ausgestaltet. Einer Aufwertung der eigenen Währung kann sie sich prinzipiell im unbegrenzten Ausmaß entgegenstemmen, da sie in diesem Fall Devisen mit eigener Währung kauft, welche sie selbst schaffen kann. Im Falle einer unerwünschten Abwertung werden die Stützungskäufe zugunsten der heimischen Währung mit Devisen bezahlt und sind damit durch die Höhe der Devisenreserven beschränkt.

Die mit Devisenmarktinterventionen einhergehenden Geldmengenänderungen können aus Sicht der Notenbank unerwünscht sein, etwa weil eine expansive Geldpolitik in der herrschenden konjunkturellen Situation nicht angemessen ist. Die Notenbank kann dann versuchen, diese Geldmengeneffekte zu neutralisieren. Hat etwa die Notenbank Devisen aufgekauft, um die Aufwertung der heimischen Währung zu mindern, so kann sie die damit einhergegangene Geldmengenausweitung über den Verkauf inländischer Wertpapiere wieder rückgängig machen. Bilanztechnisch bedeutet eine solche **Sterilisierung** offensichtlich einen Aktivtausch. In der Folge muss die Notenbank allerdings damit rechnen, dass die ursprünglichen Probleme wiederkehren werden. Durch die Sterilisierung wird die Geldmenge wieder verknappt, was zu Zinssteigerungen und weiterem Aufwertungsdruck führt. Während sich also die Geldmengeneffekte von Devisenmarktinterventionen rein technisch problemlos sterilisieren lassen, werden dadurch nicht die grundlegenden Ursachen von Auf- und Abwertungen beseitigt.

20.4 Geldpolitik bei festen Wechselkursen

Ein System fester Wechselkurse zielt vordergründig auf die Stabilisierung von Wechselkursen ab, faktisch ist damit aber ein weitreichender geldpolitischer Strategiewechsel verbunden. Die Geldpolitik orientiert sich nicht mehr an Zielen wie der Geldwertstabilität, sondern ist dem Wechselkursziel untergeordnet – mit weitreichenden Folgen für die Wirksamkeit der Geldpolitik und ihrer Fähigkeit, die wirtschaftliche Entwicklung zu verstetigen.

Wie wirkt die Geldpolitik in einem System fester Wechselkurse? Kann die Notenbank noch eine eigenständige Politik betreiben? Schaubild 20.6 zeigt das kurzfristige Gleichgewicht der Volkswirtschaft in Punkt 1 bei einem Zielwechselkurs E_1 und Einkommen Y_1. Die Notenbank beschließt, über eine Erhöhung der Geldmenge eine Ausweitung der Produktion anzustoßen. Entsprechend der Ableitung in Abschnitt 20.1 verschiebt sich durch die expansive Geldpolitik die AA-Kurve nach rechts, das Einkommen steigt auf Y_2, der Wechselkurs auf E_2. Dieser Anstieg des Wechselkurses ist aber in einem System fester Wechselkurs unerwünscht. Entsprechend ist die Notenbank aufgrund der Spielregeln des Festkurssystems gezwungen, die Abwertung der eigenen Währung durch den Verkauf von Devisen gegen heimische Währung rückgängig zu machen. Mit dieser Devisenmarktintervention geht offensichtlich eine Verknappung der heimischen Geldmenge einher, die ursprüngliche Geldmengenausweitung wird durch die Stützungskäufe zugunsten der heimischen Währung wieder rückgängig gemacht. Erst wenn die Geldmenge wieder auf ihr ursprüngliches Niveau zurückgekehrt ist, die Vermögensmarktkurve also wieder auf AA_1 zurückgekehrt ist, steht der Wechselkurs nicht mehr unter Abwertungsdruck. Insgesamt ist eine Notenbank unter einem System fester Wechselkurs und vollkommener **Kapitalmobilität** nicht mehr in der Lage, mit ihren geldpolitischen Instrumenten die Geldmenge und die Produktion zu steuern.

Die Schwächung der Geldpolitik in einem Festkurssystem könnte allenfalls durch Beschränkungen des internationalen **Kapitalverkehrs** korrigiert werden. Der mit der Geldmengenexpansion und den sinkenden Zinsen einhergehende Kapitalexport und die Abwertung der heimischen Währung würden dann schwächer ausfallen. Generell hat die Notenbank einen umso größeren Handlungsspielraum, je strikter die **Kapitalverkehrskontrollen**, je teurer Portfolio-Umschichtungen und je größer die Bestände an Devisenreserven sind. Offensichtlich sind die Vorteile eines dadurch größeren geldpolitischen Handlungsspielraums gegen die negativen Allokationswirkungen von Kapitalverkehrskontrollen abzuwägen.

Schaubild 20.6: Geldpolitik bei festen Wechselkursen

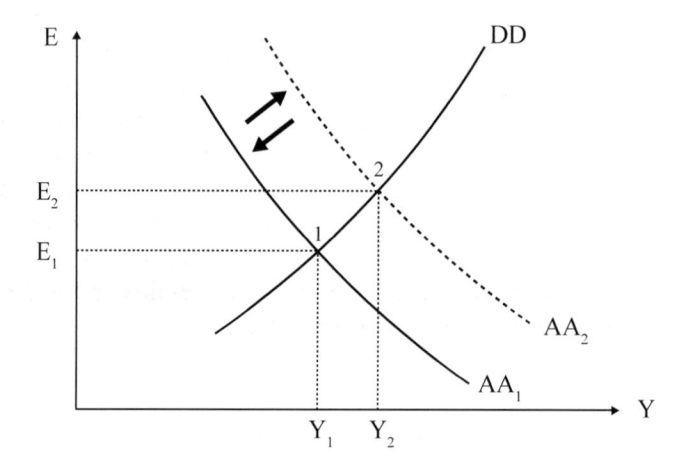

Aus Sicht einer unabhängigen Notenbank haben feste Wechselkurse darüber hinaus noch einen zweiten gravierenden Nachteil. Nicht nur wird dadurch eine eigenständige Geldpolitik unmöglich, sondern die Geldpolitik muss regelbedingt auf die verschiedenen Schocks reagieren. Sie kann damit insbesondere in den „Schlepptau" der Fiskalpolitik geraten. Eine Ausrichtung der Geldpolitik an eigenständigen Zielen, etwa der Geldwertstabilität, ist nicht mehr möglich.

In Kapitel 19 haben wir die Gleichgewichtsbedingungen auf Geld-, Devisen- und Gütermarkt abgeleitet und untersucht, wie die verschiedene Schocks Ungleichgewichte auf den einzelnen Märkte verursachen und welche Anpassungsreaktionen dadurch auf dem jeweils betroffenen Markt und den verbundenen anderen Märkten hervorrufen. Diese Schocks können politisch gewollt sein, etwa eine expansive Geldpolitik, sie können aber auch zufällig eintreten, etwa ein Nachfrageeinbruch im Ausland. Grafisch kommen diese Schocks in Verschiebungen der Vermögens- bzw. Gütermarktkurve zum Ausdruck. Die Analyse hat gezeigt, dass diese Schocks neben Produktions- immer auch Wechselkurseffekte haben.

In einem System fester Wechselkurse ist es aber Aufgabe der Notenbank genau solche Wechselkursänderungen über eine entsprechende Geldpolitik zu verhindern. Versucht etwa die Regierung im Rahmen ihrer Fiskalpolitik die gesamtwirtschaftliche Nachfrage über höhere Ausgaben zu steigern, so kommt es zu einer Erhöhung der Einkommen und einer Aufwertung der heimischen Währung (vgl. Rechtsverschiebung der DD-Kurve in Schaubild 20.7). Aufgrund der Vorgabe fester Wechselkurse muss die Notenbank diese Aufwertung verhindern, indem sie heimische Währung auf den Devisenmarkt gegen ausländische Währung verkauft und die damit einhergehende Geldmengenausweitung toleriert. Die expansive Fiskalpolitik induziert über die Festkursverpflichtung der Notenbank eine expansive Geldpolitik, die Geldpolitik befindet sich im „Schlepptau der Fiskalpolitik". Dadurch dass die Fiskalpolitik über das System fester Wechselkurse eine gleichgerichtete Geldpolitik induziert, nimmt offensichtlich ihre Wirkung zu. Die fiskalpolitisch verursachte Erhöhung des Einkommens von Y_1 auf Y_2 wird durch die wechselkurspolitisch induzierte Geldpolitik auf Y_3 gesteigert. Es kann daher nicht überraschen, dass traditionell Regierungen zu den Befürwortern, Notenbanken zu den Gegnern von Festkurssystemen gehören.

Schaubild 20.7: Fiskalpolitik bei festen Wechselkursen

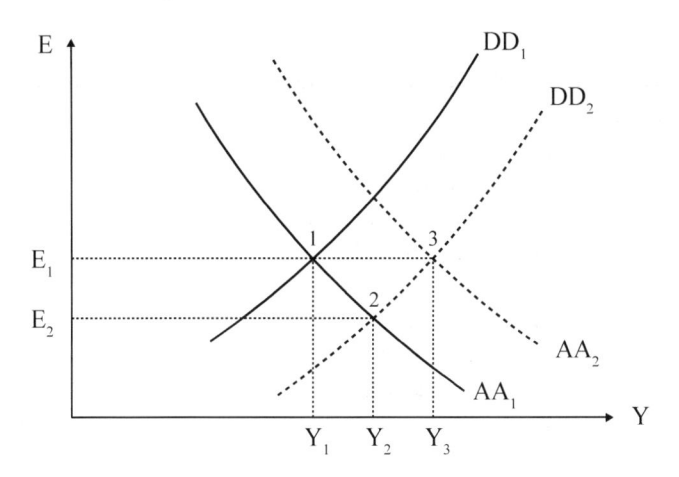

Diese Zusammenhänge gelten für andere Schocks analog. So impliziert etwa ein Rückgang der ausländischen Güternachfrage – Linksverschiebung der DD-Kurve – neben einem Produktionsrückgang auch eine Abwertung der heimischen Währung. Die Notenbank wird die heimische Währung über Stützungskäufe stabilisieren, was mit einer Geldmengenverknappung (Linksverschiebung der AA-Kurve) einhergeht und den Produktionsrückgang verschärft. Generell gilt, dass die Einkommenseffekte von Gütermarktschocks aufgrund der induzierten Änderung der Geldpolitik stärker ausfallen. Dagegen werden die Wirkungen von Schocks auf den Vermögensmärkten neutralisiert. Eine Zunahme der Geldnachfrage (Linksverschiebung der AA-Kurve) verursacht eine Überschussnachfrage auf dem Geldmarkt und damit einen Zinsanstieg, die heimische Währung wertet auf, die Produktion geht zurück. Die Notenbank wird in einem Festkurssystem solange mit expansiv wirkenden Devisenkäufen reagieren, bis der ursprüngliche Wechselkurs wieder gilt, bis die AA-Kurve wieder auf ihrem Ausgangsniveau ist.

Insgesamt werden die Handlungsmöglichkeiten einer Notenbank erheblich eingeschränkt, wenn sie den Wechselkurs stabilisiert. Die Notenbank verliert in einem Festkurssystem bei vollkommener Kapitalmobilität ihre geldpolitische Autonomie. Sie kann keine eigenständige Geldpolitik mehr verfolgen, sondern muss sich an die wirtschaftlichen Veränderungen im In- und Ausland anpassen. Jede Entwicklung, die etwa über eine Änderung der Geldnachfrage, der Wechselkurserwartung oder des Auslandszinses zu Wechselkursbewegungen führt, zwingt die Notenbank zu Interventionen und damit zu einer Änderung ihres geldpolitischen Kurses. Jeder Schock ist damit geldpolitisch relevant.

20.5 Das magische Dreieck der Geld- und Währungspolitik: Offene Märkte, stabile Wechselkurse und geldpolitische Autonomie

Wie wir abgeleitet haben, werden die Handlungsmöglichkeiten einer Notenbank erheblich eingeschränkt, wenn sie bei vollkommener Kapitalmobilität den Wechselkurs stabilisiert. Dieser Trade-off zwischen der Stabilität des Wechselkurses und der Wirksamkeit der Geldpolitik ist ein Aspekt eines größeren Zielkonflikts, der auch als **„magisches Dreieck der Geld- und Währungspolitik"** bekannt ist.

Die im magischen Dreieck erfassten Ziele sind die

- Offenheit der Kapitalmärkte,
- Stabilität des Wechselkurses und
- geldpolitische Autonomie.

Von diesen drei Zielen können immer nur zwei gleichzeitig erreicht werden. Damit ergeben sich folgende drei Grenzfälle:
- Die Notenbank stellt ihre geldpolitische Auonomie und die Stabilität des Wechselkurses in den Vordergrund. Sie muss dann aber mit Kapitalverkehrskontrollen den internationalen Kapitalverkehr unterbinden (Situation A).
- Die Notenbank ist an ihrer geldpolitischen Entscheidungsfreiheit und an offenen Kapitalmärkten interessiert. Sie kann dann aber nicht an einem Festkurssystem teilnehmen (Situation B).
- Wenn die Notenbank an offenen Kapitalmärkten und einem stabilen Wechselkurs interessiert ist, muss sie auf ihren geldpolitischen Entscheidungsspielraum verzichten (Situation C, vgl. auch Abschnitt 20.4).

Schaubild 20.8: Magisches Dreieck der Geld- und Währungspolitik

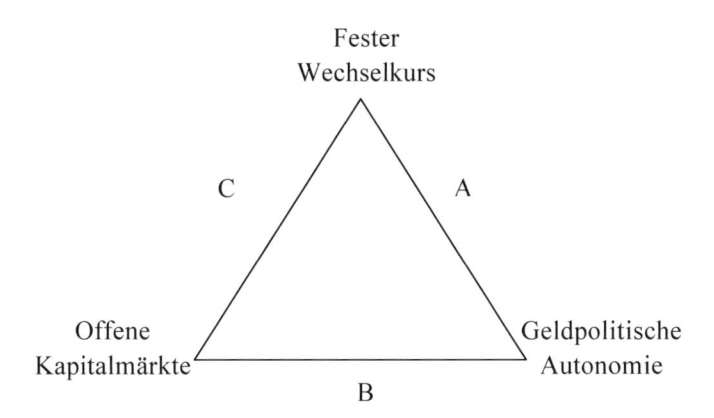

Neben diesen Grenzfällen sind offensichtlich eine Vielzahl anderer Konstellationen innerhalb des magischen Dreiecks denkbar, also etwa freier Kapitalverkehr bei begrenzt flexiblen Wechselkursen und damit eingeschränkter geldpolitischen Autonomie.

Für welche Konstellation sich ein Land letztendlich entscheidet, hängt von den Zielen der Politik und der Struktur der Wirtschaft ab. Große, eher geschlossene Länder wie die USA, für die stabile Wechselkurse aufgrund der geringen Handelsverflechtungen vergleichsweise unwichtig sind, werden eher auf Wechselkursstabilität verzichten und die Vorteile offener Märkte und geldpolitischer Autonomie betonen (Situation B). Dagegen werden kleine offene Länder, etwa Estland, eher auf geldpolitische Autonomie zugunsten stabiler Wechselkurse verzichten, um dadurch die inländische Wirtschaftsentwicklung zu verstetigen (Situation C).

Auch im Zeitablauf lassen sich Veränderungen zwischen diesen Konstellationen beobachten. Die Europäischen Länder nahmen in der Nachkriegszeit zunächst am System von Bretton Woods teil. Dabei hatten stabile Wechselkurse oberste Priorität. In Konfliktsituationen war es den Mitgliedsländer erlaubt, den Kapitalverkehr vorübergehend zu beschränken, um einen gewissen geldpolitischen Handlungsspielraum zu behalten (Situation A). Nach dem Zusammenbruch des Bretton Woods Systems Anfang der 70er Jahre schlossen sich eine Reihe europäischer Länder zur sogenannten Währungsschlange zusammen. In diesem Festkurssystem wurde der Kapitalverkehr schrittweise liberalisiert. Als es dann zu Währungskrisen kam, waren einigen Ländern, wie Frankreich, die geldpolitische Autonomie wichtiger als die Stabilität der Wechselkurse und sie verließen den Festkursverbund wieder (Situation B). Im März 1979 unternahmen die Länder der Europäischen Gemeinschaft einen weiteren Anlauf, die Wechselkurse im Rahmen des Europäischen Währungssystems (EWS) zu stabilisieren. Nachdem zu Beginn des EWS die vereinbarten Wechselkurse immer wieder geändert wurden, setzte ab Mitte der 80er Jahre ein Prozess ein, in dem zunehmend mehr Länder auf ihren geldpolitischen Handlungsspielraum verzichteten und gleichzeitig den Kapitalverkehr weiter liberalisierten (Situation C).

Dieser Entwicklung kumulierte in der Europäischen Währungsunion. In der Währungsunion sind die Finanzmärkte völlig offen (Binnenmarkt), die Teilnehmerländer fixieren unwiderruflich ihre Wechselkurse und verzichten vollständig zugunsten der Europäischen Zentralbank auf ihre geldpolitische Autonomie (Situation C). Entsprechend müssen Länder, die der Euro-Zone beitreten wollen, über zwei Jahre dem so genannten Wechselkursmechanismus (WKM II) angehören, in dessen Rahmen sie ihre Währung an den Euro binden und den Euro-Wechselkurs ihrer Währung stabilisieren müssen.

Insgesamt bringt die Globalisierung der Finanzmärkte wichtige Veränderungen für private Haushalte, Unternehmen und Notenbank. Offene Kapitalmärkte vergrößern den Handlungsspielraum von Anlegern, die nicht nur inländische, sondern auch ausländische Finanzprodukte kaufen können. Damit wird die wirtschaftliche Entwicklung im Inland auch von Veränderungen im Ausland mitbestimmt. Die Maßnahmen der Notenbank wirken auf freien Kapitalmärkten stärker als in einer geschlossenen Volkswirtschaft, da die Geldpolitik nicht nur über den Zins-, sondern auch über gleichgerichtete Wechselkurseffekte wirkt. Eine Reihe von Ländern versprechen sich von einer Stabilisierung des Wechselkurses eine stetigere Wirtschaftsentwicklung. In einem Festkurssystem verliert die Notenbank bei offenen Märkten ihren geldpolitischen Entscheidungsspielraum. Anstatt sich an binnenwirtschaftlichen Zielen zu orientieren, muss sie ihre Politik immer so ausrichten, dass sie mit dem vorgegebenen Wechselkurs vereinbar ist.

Literaturhinweise

Aktuelle Informationen zur internationalen Geld- und Währungspolitik finden sich auf der Homepage von Europäischer Zentralbank www.ecb.int, Europäischen Kommission www.ec.europa.eu/economy_finance/index_de.htm und dem Internationalen Währungsfonds www.imf.org. Eine vertiefende Analyse der Geldpolitik in einer offenen Volkswirtschaft liefert etwa das Lehrbuch Krugman/Obstfeld (2009) untersucht.

Zusammenfassung

1. Bei offenen Kapitalmärkten und flexiblen Wechselkursen wird die Wirkung der Geldpolitik durch den Wechselkurskanal verstärkt. So nimmt etwa bei einer expansiven Geldpolitik die Güternachfrage nicht nur wegen der sinkenden Zinsen zu, sondern auch aufgrund der damit einhergehenden Abwertung der heimischen Währung.
2. Die Wirkung der Fiskalpolitik wird dagegen in einer offenen Volkswirtschaft dadurch abgeschwächt, dass neben dem direkten Güternachfrageeffekt ein gegenläufiger Wechselkurseffekt wirksam ist.
3. Da der Wechselkurs ein volkswirtschaftlich sehr wichtiger Preis ist, besteht für Politiker ein starker Anreiz, die Wechselkursentwicklung politisch zu steuern.
4. In der währungspolitischen Praxis ist eine große Vielfalt ganz unterschiedlicher Systeme fester Wechselkurse zu beobachten. Diese Festkursregime unterscheiden sich insbesondere bezüglich der Verbindlichkeit des Wechselkursziels, die Zahl der beteiligten Währungen und die Ausgestaltung der Interventionspflicht.
5. Vordergründig sind Festkurssysteme währungspolitische Vereinbarungen, um die Wechselkursentwicklung politisch zu steuern. Faktisch geht mit Festkurssystemen eine Veränderung der geldpolitischen Strategie einher.
6. Devisenmarktinterventionen zur Stabilisierung der heimischen Währung gehen mit entsprechenden Geldmengenveränderungen einher. Stützt die Notenbank die unter Abwertungsdruck stehende heimische Währung, so verkauft sie Devisen und kauft Inlandswährung, d.h. sie vollzieht eine restriktive Geldpolitik. Entsprechend implizieren Devisenmarktinterventionen, die eine Aufwertung der heimischen Währung verhindern sol-

len, eine expansive Geldpolitik.

7. Eine aktive Geldpolitik ist unter festen Wechselkursen und vollkommener Kapitalmobilität wirkungslos. Die zinssenkende Wirkung einer expansiven Geldpolitik wird dadurch rückgängig gemacht, dass die Notenbank aufgrund der damit einhergehenden Abwertung der heimischen Währung am Devisenmarkt intervenieren muss. Dieser Zusammenhang gilt für eine restriktive Geldpolitik analog.

8. Ein Land kann immer nur zwei der folgenden drei Ziele erreichen: Offene Märkte, stabile Wechselkurse und geldpolitische Autonomie. Große relativ geschlossene Volkswirtschaften tendieren eher zu flexiblen Wechselkursen und geldpolitischer Autonomie. Für kleine, relativ offene Länder kann eine Stabilisierung des Wechselkurses mit einem wichtigen Handelspartner die Wirtschaftsentwicklung verstetigen.

Schlüsselbegriffe

Abwertung
Aufwertung
Currency Board
Devisenmarkt
Devisenmarktintervention
Europäisches Währungssystem
Europäische Währungsunion
Fixkurs-System
Flexkurs-System
Kapitalmobilität
Kapitalverkehr
Kapitalverkehrskontrollen

magisches Dreieck der Geld- und
 Währungspolitik
Pegging
Sterilisierung
Stützungskäufe
System fester Wechselkurse
System flexibler Wechselkurse
System von Bretton Woods
Vorbehalt, währungspolitischer
Wechselkursziel
Währungskorb
Währungsreserven

Kapitel 21

Europäische Währungsunion

Zum Inhalt von Kapitel 21

Neben der Kaufkraftstabilität in der binnenorientierten Betrachtung ist der Außenwert einer Währung für international verflochtene Volkswirtschaften von gleichfalls großer Bedeutung. Gerade kleinen Ländern fehlt es regelmäßig an Einfluss und Gestaltungspotential, um (starken) Schwankungen des Wechselkurses ihrer jeweiligen Landeswährung entgegenzutreten. Die Verbindung mit geeigneten Partnern zur Errichtung einer Gemeinschaftswährung stellt eine denkbare Handlungsalternative dar.

Die Entstehungsgeschichte der **Europäischen Wirtschaftsgemeinschaft (EWG)** und ihrer Nachfolgeorganisationen lässt schon frühzeitig das später erfolgreiche umgesetzte Konzept einer Währungsunion zur Stabilisierung der außenwirtschaftlichen Flanke erkennen. Bis zur tatsächlichen Umsetzung dieses ambitionierten Planes waren freilich erhebliche politische und ökonomische Vorbehalte zu überwinden, bevor mit Beginn des Jahres 2002 der Euro tatsächlich zum gesetzlichen Zahlungsmittel in elf Ländern der Europäischen Union eingeführt wurde.

Im Folgenden werden wir den Weg vor und nach Abschluss des Vertrages von Maastricht skizzieren, um einen kursorischen Eindruck über die Diskussion in den 1980er und 1990er Jahren zu gewinnen. Wir widmen uns daran anschließend den grundlegenden Ansätzen der wirtschaftstheoretischen Begründung der Vorteilhaftigkeit von Währungsunionen über das Konzept der optimalen Währungsräume. Anschließen zeichnen wir in groben Zügen den Konvergenzprozess sowie die Debatte um den Stabilitäts- und Wachstumspakt nach. Den Abschluss des Kapitels bildet ein knapper Aufriss der offenen ökonomischen Fragen nach mehr als einer Dekade Europäische Währungsunion.

21.1 Entstehung und Folgen des Maastricht-Vertrages

Die Entscheidung der Mitgliedstaaten der damaligen Europäischen Gemeinschaft zur Schaffung einer einheitlichen Währung ist selbst mehr als zehn Jahre nach ihrer endgültigen Einführung sowohl politisch als auch wissenschaftlich umstritten. Nicht zuletzt die Verwerfungen im Gefolge der jüngsten internationalen Finanzkrise haben die (untergründige) Skepsis breiter Teile der europäischen Bevölkerung erkennbar verstärkt, auch die durchaus namhaften Kritiker der **Europäischen Währungsunion (EWU)** finden wieder leichter Gehör.

Insbesondere für die Bundesrepublik Deutschland bedeutete die freiwillige Aufgabe der monetären Souveränität und damit der Deutschen Mark als Symbol erfolgreicher Zentralbankpolitik ein überaus gewichtiges nationales „Opfer". Bereits im Vorfeld des Vertrages von Maastricht, mit dem am 07. Dezember 1992 die völkerrechtlichen Grundlagen der EWU geschaffen wurden, entspann sich eine leidenschaftliche Diskussion über die vermeintlichen Vor- und Nachteile einer einheitlichen Währung in Zentraleuropa. Spannt man indes den Bogen der Betrachtung etwas weiter, so waren die Signale des anhaltenden europäischen Integrationsprozesses bereits lange vor der Vertragsunterzeichnung in Maastricht auf die Einrichtung einer Währungsunion gestellt.

Wesentliche Hinweise auf die Richtung der Entwicklung finden sich bereits im sog. „**Werner-Plan**" aus dem Jahr 1970, der in der Vorphase des endgültigen Scheiterns des Systems von Bretton Woods die Bildung einer aus sechs Staaten bestehenden Währungsgemeinschaft vorsah. Zur Umsetzung dieser Vorstellungen kam es indes nicht, stattdessen bestand die Reaktion auf die 1973 begonnene Abkehr vom weltweiten Modell der festen Wechselkurse in der Errichtung eines **Europäischen Währungssystems (EWS)** im Jahr 1979. Die Idee, zwischen den Teilnehmerländern stabile Wechselkurse in (möglichst) engen Bandbreiten sicherzustellen, ließ sich freilich nur unvollkommen sowie mit außerordentlich hohem „technischem" und politischem Aufwand umsetzen. Die Erfahrungen mit dem EWS lieferten wertvolle Erkenntnisse für die Vorbereitung und inhaltliche Umsetzung der späteren Währungsunion.

Als wichtiger Zwischenschritt auf dem Weg zur EWU muss die „**Einheitliche Europäische Akte**" **(EEA)** des Jahres 1987 angesehen werden. Sie legt den Grundstein zur Europäischen Union (EU) und setzt entscheidende Impulse bei der Einführung und Vollendung eines europäischen Binnenmarktes zum 01. Januar 1993. Die weitgehende Beseitigung tarifärer und nichttarifärer Handelshemmnisse zwischen den Mitgliedsländern der Europäischen Gemeinschaft (EG) stellt letztlich die notwendige Voraussetzung für die Einführung einer einheitlichen Währung dar. Mit dem Inkrafttreten des „**Vertrages über die Europäische Union**" **(EU-Vertrag)** am 01. November 1993 liegt auch der Zeitplan für die Umsetzung der erforderlichen Maßnahmen zur Errichtung einer „**Europäischen Wirtschafts- und Währungsunion**" **(EWWU)** fest. Frühestens zum 01. Januar 1997, aber spätestens mit dem 01. Januar 1999 sollte die geldpolitische Verantwortung in den Teilnehmerländern auf eine noch zu schaffende „Europäische Zentralbank" (EZB) übergehen (sog. 2. Stufe der Währungsunion).

Folgerichtig enthalten die umfangreichen Ausführungen des Maastricht-Vertrages nicht nur die umfassend überarbeiteten Bestimmungen über die zukünftige politischen Organisation der EU, sondern auch ein Statut für die Kompetenzen der EZB sowie deren Einbindung in die gemeinsame Wirtschaftspolitik. Vor allem die autonome Stellung einer EZB ist im Vorfeld des Maastricht-Vertrages kontroverser Gegenstand der politischen Diskussion gewesen. Nach Auffassung vieler Beobachter hat sich letztlich die Bundesrepublik Deutschland (und damit auch die Deutsche Bundesbank) im Ringen um das Ausmaß der Unabhängigkeit der EZB durchgesetzt. Die Nähe des Statuts der Europäischen Zentralbank zu den bis 1999 gültigen Regelungen des „Gesetzes über die Deutsche Bundesbank" (BBankG) ist unverkennbar, die beinahe ausschließliche Festlegung der Aufgabe der EZB auf die Sicherung der Preis(niveau)stabilität im zukünftigen Euroraum korrespondiert ebenfalls eng mit dem BBankG.

Die 3. Stufe, d.h. die Vollendung, der Währungsunion trat schließlich mit der faktischen Einführung eines einheitlichen gesetzlichen Zahlungsmittels in den Teilnehmerländern zum 01. Januar 2002 in Kraft. Nachdem sich die privaten Haushalte und Unternehmen durch breitflächige Parallelauszeichnung der Marktpreise in bis dato gültiger Landeswährung und Euro an das neue Zahlungsmittel hatten gewöhnen können, gelang der vollständige Übergang auf Euro und Cent als alleinige Medien der wirtschaftlichen Transaktion weitgehend problemlos. Die gefürchteten Irritationen und Umsetzungsprobleme blieben aus, die neue Gemeinschaftswährung fand schnell allgemeine Akzeptanz. Die eingangs erwähnte gegenwärtige Distanzierung vom Euro ist daher auch weniger auf seine unbefriedigende „Performance" als Tauschmedium in der vergangenen Dekade zurückzuführen, sondern vielmehr am grotesk vertragswidrigen Verhalten der Regierungen der EWU-Teilnehmerländer auszumachen. Damit stellt sich einmal mehr – wie auch im Vorfeld der Umsetzung des Maastricht-Vertrages – die Frage nach den ökonomischen Grundlagen und Voraussetzungen der EWU.

21.2 Theorie des optimalen Währungsraumes

Die Einführung eines allgemeinen Tauschmediums, sprich: Geld, kann als fundamentaler Schritt auf dem Weg zur modernen arbeitsteiligen Industriegesellschaft angesehen werden. Freilich bezieht sich das Attribut „allgemein" regelmäßig auf die „territoriale" Abgrenzung der jeweils betrachteten Ökonomie, d.h. auf eine Nation bzw. einen Staat im völkerrechtlichen Sinne. In diesem Zusammenhang bezeichnet man das gültige Tauschmedium auch als gesetzliches Zahlungsmittel. Das (vielzahlige) Nebeneinander von Staaten und Zahlungsmitteln erschwert allerdings den grenzüberschreitenden Austausch von Waren und Dienstleistungen, sofern nicht parallel ein funktionierender Markt für unterschiedliche Tauschmedien (**Devisenmarkt**) existiert.

Wie wir in den vorangegangenen Kapiteln gesehen haben, werfen die unterschiedlichen Konzepte von Wechselkurssystemen ihrerseits neue Probleme auf. Vor diesem Hintergrund stellt sich die übergeordnete Frage, ob durch geeignete Kombination von vormals unabhängigen und mit eigenen Währungen ausgestatteten Ökonomien das Nebeneinander verschiedener regionaler Zahlungsmittel über die Einführung eines gemeinsamen Tauschmittels beseitigt werden kann. Man spricht in diesem Zusammenhang von der Abgrenzung eines **optimalen Währungsraumes**. Grundlage der Beurteilung ist der (hypothetische) Vergleich der volkswirtschaftlichen Vor- und Nachteile, die aus der Einführung einer Gemeinschaftswährung entstehen können.

Betrachten wir zwei Länder, zwischen denen grundsätzlich unbehinderte Handelsbeziehungen auf Güter- und Faktormärkten bestehen, dann können konjunkturelle Schwankungen in einem der Länder zu Änderungen des Wechselkurses zwischen den Länderwährungen führen. Diese wiederum induzieren weitere Anpassungen auf den realen Märkten, die (zumindest) mit Transaktionskosten verbunden sind. Folgerichtig argumentiert Mundell (1961) mit den Vorteilen einer Einheitswährung zwischen den beiden betrachteten Ländern, wenn eine hinreichend hohe **Mobilität der Produktionsfaktoren** zwischen den Regionen unterstellt werden kann. Beschäftigungslose Arbeitskräfte im Land I können ohne Preis- bzw. Wechselkursrisiken in Land II ihre Dienste anbieten, bei erfolgreicher Integration in den dortigen Arbeitsmarkt steigt die Wohlfahrt im gesamten Währungsraum. Ein analoges Argument gilt bei mobilem Kapital, wenn regionale Renditeunterschiede durch flexible Investitionspläne ausgenutzt werden.

McKinnon (1963) erweitert die Analyse optimaler Währungsräume, indem er auf den **Grad der Offenheit** von Ländern hinweist. Insbesondere kleine Ökonomien mit hoher internationaler Verflechtung sind von flexiblen Preisen auf globalen Märkten besonders betroffen. Ihre Wechselkurse gegenüber anderen Ländern reagieren sensitiv auf Änderungen der realen Weltmarktpreise, entsprechend stark sind die Auswirkungen auf die Binnenmärkte. Eine Währungsunion mit (größeren) Ländern, deren Offenheitsgrad tendenziell geringer ist, (teil-)immunisiert die kleine Region gegen Schwankungen der Güter- und Devisenmarktpreise. Die Anpassungserfordernisse werden geringer, das kleine Land kann Wohlfahrtsgewinne realisieren.

Mit dem Fokus auf die **Produktdiversifikation** erweitert Kenen (1969) die Diskussion um optimale Währungsräume. Länder mit einer geringen, international marktfähigen Produktvielfalt sind in hohem Maße anfällig gegen Schwankungen von Weltmarktpreisen und Devisenkursen. Die gilt vornehmlich für kleine Volkswirtschaften oder Ökonomien im Anpassungsprozess an das Niveau der hoch entwickelten (westlichen) Industrieländer. Der Zusammenschluss von Nationen mit unterschiedlichem Grad der Produktdiversifikation zu einer Währungsunion könnte die Intensität außenwirtschaftlich induzierter Störungen zum Wohle aller beteiligten Länder reduzieren.

Vaubel (1976) unterstützt die Schaffung einer Währungsunion für Länder, deren **reale Wechselkurse** untereinander über einen längeren Zeitraum stabil geblieben sind. Eine derartige Situation spricht dafür, dass sich die betrachteten Volkswirtschaften innerhalb der zugrunde liegenden Periode parallel entwickelt haben und darüber hinaus die nominalen Wechselkursänderungen vornehmlich die unterschiedlichen Inflationsraten kompensiert haben. Eine einheitliche Währung mit daraus folgender gemeinsamer Geldpolitik könnte zu einer Angleichung der regionalen Preisnivauänderungen führen und damit den grenzüberschreitenden Handel auf Güter- und Faktormärkten intensivieren.

Die Beurteilung der Europäischen Gemeinschaft bzw. der späteren Europäischen Union in Bezug auf die hier nur knapp skizzierten Determinanten eines optimalen Währungsraumes fällt ausgesprochen zwiespältig aus. Man beachte, dass der Rückblick von heute nicht die Ausgangssituation vor Abschluss des Maastricht-Vertrages verstellen darf. Die Einführung eines einheitlichen europäischen Binnenmarktes sollte gerade die Faktormobilität (insbesondere bei den Arbeitnehmern) ermöglichen, die Bereitschaft zum regionalen Wechsel des Beschäftigungsortes war (und ist) in der EG bzw. EU nicht sonderlich stark ausgeprägt. Auch hinsichtlich der Offenheit der späteren EWU-Teilnehmer kann das Urteil für eine Währungsunion keinesfalls eindeutig getroffen werden. Im globalen Vergleich handelt es sich bei allen EWU-Ländern um kleine offene Volkswirtschaften, die gleichwohl auch in den 1970er und 1980er Jahren in höchst unterschiedlichem Ausmaß von Wechselkursanpassungen beeinflusst wurden. Fraglos stellt der neu geschaffene Euroraum ein gleichwertiges Gegengewicht zur Volkswirtschaft der USA dar, die frühere bzw. jetzige Zusammensetzung der EWU war und ist indes keineswegs ökonomisch zwingend (gewesen).

Im Kern haben sich durch die Vereinbarungen von Maastricht Ökonomien zusammengeschlossen, die einen durchaus vergleichbaren Grad an Produktvielfalt vorweisen konnten. Bis auf die südeuropäischen Staaten Portugal und Spanien und – mit Abstrichen – Irlands waren die übrigen EWU-Länder auch vor der Währungsunion breitflächig auf den Weltmärkten vertreten. Vor dem Hintergrund der tatsächlichen ökonomischen Entwicklungen der vergangenen zwei Dekaden haben in der Tat die drei genannten Volkswirtschaften (sowie das mit kurzer Verzögerung hinzu gekommene Griechenland) von der Einführung des Euro als Gemeinschaftswährung besonders profitiert. Ob indes eine Währungsunion überhaupt entstanden wäre, wenn man das Kriterium stabiler realer Wechselkurse herangezogen hätte, darf wohl bezweifelt werden. Selbst unter den „Großen" der späteren EWU vollzog sich die realwirtschaftliche Entwicklung in der Zeit vor Maastricht keineswegs parallel. Die wiederholten

Probleme bei der Anpassung der Wechselkurse im EWS in den 1980er Jahren waren geradezu Ausfluss der ökonomischen Disparitäten zwischen den einzelnen EG-Ländern. Beinahe folgerichtig warnten die zahlreichen Kritiker einer Währungsunion vor der freiwilligen Aufgabe des Wechselkursinstrumentes zur Beseitigung regionaler makroökonomischer Ungleichgewichte.

Letztendlich war das Zustandekommen des Maastricht-Vertrages eine primär europapolitische Entscheidung und weniger eine ökonomisch nahe liegende oder gar zwangsläufige Entwicklung. Zweifellos hat auch die (zu diesem Zeitpunkt überraschende) Wiedervereinigung Deutschlands zur Beschleunigung des europäischen Integrationsprozesses beigetragen. Die Einbindung in eine gemeinsame Wirtschaftspolitik versprach den bis dato ähnlich großen Ländern der EG die Möglichkeit, das „neue Schwergewicht" in Europa von befürchteten Alleingängen zu Lasten der Nachbarländer abzuhalten. Gleichwohl sprachen auch durchaus nachvollziehbare ökonomische Argumente für die Schaffung eines europäischen Währungsraumes.

An erster Stelle werden hier die Vorteile für private Haushalte und Unternehmen durch den Wegfall der Transaktionskosten im Zusammenhang mit Währungstausch und Wechselkursrisiken genannt. Preise auf unterschiedlichen regionalen Märkten werden leichter vergleichbar, Planungs- und Kalkulationssicherheit nehmen zu, neue Absatz- und Beschaffungsmärkte können leichter erschlossen werden. Zudem sinken durch eine gemeinsame Zentralbank die Opportunitätskosten der Reservehaltung in fremden Währungen. Zweifellos verbanden die „Mütter und Väter" der EWU mit der Einführung der Gemeinschaftswährung auch den stärkeren Druck zur Harmonisierung der Wirtschaftspolitik außerhalb der monetären Sphäre. Im Gegensatz zu den Vertretern der sog. **Krönungstheorie** sahen sie in der gemeinsamen Währung nicht die Vollendung sondern vielmehr die notwendige Voraussetzung zur Intensivierung der europäischen Integration.

21.3 Konvergenzkriterien und Stabilitäts- und Wachstumspakt

Ungeachtet der allenfalls vagen Begründung eines optimalen Währungsraumes sind im Vertrag von Maastricht Vorkehrungen getroffen, um die makroökonomische Heterogenität der Mitgliedsländer der Währungsunion zu begrenzen. Gefordert wird ein **Konvergenzprozess** der Kandidaten, dem die folgenden Bedingungen zugrunde liegen (Issing (2008), S. 11):

- eine niedrige Inflationsrate,
- geordnete öffentliche Finanzen,
- spannungsfreie Teilnahme am EWS für mindestens zwei Jahre,
- Annäherung der langfristigen Nominalzinsen an das Niveau der (höchstens) drei Währungen mit den niedrigsten Preissteigerungsraten.

Schon bald nach Inkrafttreten des Maastricht-Vertrages wurde klar, dass die Währungsunion erst zum spätest möglichen Zeitpunkt, also am 01. Januar 1999, eingeführt werden würde. Auf Vorschlag der EU-Kommission fiel die Entscheidung über die Gründungsmitglieder schließlich am 02. Mai 1998 durch den Rat der Europäischen Union (vgl. auch Schaubild 21.1).

Schaubild 21.1: Konvergenzstatus vor Beginn der EWU (März 1998)

	HVPI-Preissteigerung (v.H.)	Langfristiger Zinssatz (v.H.)	Haushaltssaldo (v.H. des BIP)	Schuldenstand (v.H. des BIP)
Referenzwert	*2,7*	*7,8*	*≥ -3,0*	*≤ 60,0*
Belgien	1,4	5,7	- 1,7	118,1
Deutschland	1,4	5,6	- 2,5	61,2
Spanien	1,8	6,3	- 2,2	67,4
Frankreich	1,2	5,5	- 2,9	58,1
Irland	1,2	6,2	1,1	59,5
Italien	1,8	6,7	-2,5	118,1
Luxemburg	1,4	5,6	1,0	7,1
Niederlande	1,8	5,5	- 1,6	70,0
Österreich	1,1	5,6	- 2,3	64,7
Portugal	1,8	6,2	- 2,2	60,0
Finnland	1,3	5,9	0,3	53,6

Quelle: Europäisches Währungsinstitut (1998), S. 29

Auf der Basis der aus den Konvergenzkriterien abgeleiteten **Referenzwerte** bestand die Europäische Währungsunion zum Beginn der 3. Stufe aus insgesamt elf Gründungsmitgliedern. Nur fünf von ihnen erfüllten alle kodifizierten Beitrittsbedingungen, sechs Länder, darunter auch Deutschland, wurden zugelassen, obwohl ihr Schuldenstand öffentlicher Haushalte (z.T. beträchtlich) größer war als die geforderten höchstens 60 v.H. des BIP.

Im Vorfeld der Entscheidung über die Gründungsmitglieder der EWU wurde, maßgeblich initiiert von der damaligen Bundesregierung, über die Durchsetzung einer hinreichend glaubwürdigen Stabilitätskultur im zukünftigen Euroraum diskutiert. Wähnte man das Ziel der Preisniveaustabilität bei der neu geschaffenen Europäischen Zentralbank in den besten Händen, so gaben die deutlich divergierenden laufenden bzw. kumulierten öffentlichen Haushaltsdefizite zunehmend Anlass zur Sorge. Mit dem **Vertrag von Amsterdam** vom 17. Juni 1997 wurde ein **Stabilitäts- und Wachstumspakt** verabschiedet, dem alle Mitgliedsländer der EWU unterliegen.

Ansatzpunkte dieser Vereinbarung sind die Konvergenzkriterien in Bezug auf die geordneten öffentlichen Finanzen. Der Stabilitäts- und Wachstumspakt fordert von den Euroländern in wirtschaftlich normalen Zeiten einen annähernd ausgeglichenen Staatshaushalt, damit in Zeiten makroökonomischer Ungleichgewichte hinreichend Spielraum besteht, durch eine Erhöhung der

Staatsausgaben die Wirtschaft zu stabilisieren. Diese Bedingung wird vertraglich erfüllt, wenn die laufende Neuverschuldung der öffentlich Hand nicht höher ist als 3 v.H. des BIP und gleichzeitig die staatliche Gesamtverschuldung 60 v.H. des BIP nicht überschreitet. Zuwiderhandlungen werden mit unterschiedlichen **Sanktionen** belegt, die Aufsicht über die Einhaltung des Stabilitäts- und Wachstumspaktes obliegt der Europäischen Kommission. Eine wesentliche Schwäche des Paktes besteht jedoch in der Tatsache, dass die endgültige Entscheidung über die Verhängung von Vertragsstrafen beim EU-Ministerrat liegt, der zudem mit qualifizierter Mehrheit für die Sanktion votieren muss.

21.4 Probleme der Währungsunion

Mehr als eine Dekade nach der Einführung des Euro als gemeinsame europäische Währung können die Konstruktionsfehler des Maastricht-Vertrages sowie der Folgevereinbarungen (mehr oder weniger) eindeutig identifiziert werden. Umso bemerkenswerter, dass die inzwischen auf 16 Teilnehmer angewachsene Währungsunion ohne Zweifel als beachtlicher Erfolg angesehen werden kann.

Die Schwächen des gegenwärtigen Systems haben sich im Kampf gegen die internationale Finanzkrise vor allem bei der völlig **unzureichenden Koordination** der nationalen Fiskalpolitiken offenbart. Die Hoffnung, nicht zuletzt gestützt durch die Verabschiedung des Stabilitäts- und Wachstumspaktes, die Euroländer würden ihre binnenpolitischen Maßnahmen an den Erfordernissen der harmonischen, d.h. parallelen Wachstumsentwicklung aller EWU-Teilnehmer ausrichten, hat sich nicht erfüllt. Einzelne Länder (z.B. Irland) haben ihre relative Standortposition durch massive **Senkungen der Unternehmensteuern** zu verbessern versucht. Zu Lasten der Steuereinnahmen hat sich die Arbeitslosigkeit deutlich verringert, die staatliche Verschuldung aber z.T. beträchtlich erhöht (im Falle Irlands zwischen 1998 und 2009 um mehr als 15 v.H.).

Überdies hat sich der Stabilitäts- und Wachstumspakt im politischen Tagesgeschäft als überaus stumpfes Schwert erwiesen. Obwohl u.a. Frankreich und Deutschland die Defizitgrenzen der Neuverschuldung in den Jahren 2002 und 2003 verletzt hatten, blieben die vorgesehenen Sanktionen aus. Im EU-Ministerrat fand sich – entgegen den Vorschlägen der EU-Kommission - nicht die erforderliche qualifizierte Mehrheit für Strafmaßnahmen gegen die beiden größten Euroländer. Seine vorgesehene **Funktion als Disziplinierungsinstrument** hatte der Stabilitäts- und Wachstumspakt damit beinahe vollständig eingebüßt.

Wenngleich der Konvergenzprozess auf der monetären Ebene zunächst von durchaus anhaltendem Erfolg geprägt war, liefen die nationalen Preissteigerungsraten Anfang der 2000er Jahre erkennbar auseinander. Im Zeitraum von 2000 bis 2005 differierten die kumulierten Inflationsraten der EWU-Gründungsmitglieder um mehr als zehn Prozentpunkte (vgl. Schaubild 21.2). Durch den Wegfall der bilateralen Wechselkurse schlugen sich diese Preisniveauunterschiede unmittelbar in der relativen **internationalen Wettbewerbsfähigkeit** der jeweiligen Länder nieder. Relativ stärker inflationierende Ökonomien (z.B. Irland, Spanien) verloren an kompetitivem Potential, die stabilitätsorientierten Volkswirtschaften (z.B. Finnland, Deutschland) profitierten hingegen auf den Absatzmärkten des Euroraumes.

Schaubild 21.2: Kumulierte Inflationsraten im Zeitraum 2000 bis 2005

Land	Prozentpunkte
BEL	10,29
DEU	8,23
IRL	18,34
SPA	17,00
FRA	10,55
ITA	12,87
LUX	14,78
NIE	14,86
ÖST	9,70
POR	17,01
FIN	7,05

Quelle: EUROSTAT

Als weitere gravierende Schwachstelle des Maastricht-Vertrages hat sich die „No-Bail-out-Klausel" erwiesen. Im Art. 125 des Vertrages über die Arbeitsweise der Europäischen Union (AEUV) ist explizit festgelegt, dass die Mitglieder der EU nicht für Verbindlichkeiten anderer EU-Mitgliedsstaaten haften und darüber hinaus keine **Stützungsmaßnahmen** für „notleidende" Vertragspartner ergreifen. Insbesondere die außerordentlich engen, grenzüberschreitenden Verflechtungen der Banken der EWU-Länder setzten die Regierungen der Eurostaaten während der internationalen Finanzkrise so stark unter Druck, dass die Einhaltung des Art. 125 AEUV nicht länger gewährleistet werden konnte. Die Gefahr der Insolvenz namhafter internationaler Finanzkonzerne, die umfangreich in Schuldverschreibungen faktisch illiquider EWU-Staaten investiert waren, zwang die Euroländer letztendlich zur Einrichtung eines „**Rettungsschirmes**", mit dessen Hilfe – unter Einbeziehung des Internationalen Währungsfonds (IWF) – die Zahlungsunfähigkeit einzelner Staaten (im Besonderen Griechenland und Irland) verhindert werden sollte. Dass durch diese Aktion wissentlich gegen geltendes europäisches Recht verstoßen wurde, war dem Ansehen der Institution „Europäische Währungsunion" zweifellos nicht zuträglich. Die Zukunft wird zeigen müssen, ob die damit begründete „Transferunion" eine (missliche) Übergangsregelung oder einen inakzeptablen Dauerzustand darstellt.

Schaubild 21.3: Makroökonomische Indikatoren (Stand: Ende 2009)

	HVPI-Preissteigerung (v.H.)	Langfristiger Zinssatz (v.H.)	Haushaltssaldo (v.H. des BIP)	Schuldenstand (v.H. des BIP)
Belgien	0,0	3,90	- 6,1	101,0
Deutschland	0,2	3,22	- 3,3	76,2
Spanien	- 0,3	3,98	- 11,2	62,6
Frankreich	0,1	3,65	- 7,6	86,3
Irland	- 1,7	5,23	- 14,3	70,3
Italien	0,7	4,31	- 5,2	128,8
Luxemburg	0,0	4,23	- 0,7	18,2
Niederlande	1,0	4,23	- 5,3	68,6
Österreich	0,4	3,69	- 3,9	70,3
Portugal	- 0,8	3,94	- 9,4	87,0
Finnland	1,7	3,74	- 2,4	52,6

Quelle: Sachverständigenrat zur Begutachtung der gesamtwirtschaftlichen Entwicklung (2009), (2010); eigene Berechnungen

Schaubild 21.3 demonstriert, dass sich die beschriebenen (aktuellen) Probleme in den makroökonomischen Indikatoren (nicht nur) der Gründungsmitglieder der EWU niedergeschlagen haben. Die auf historisch niedrigem Niveau stark differierenden langfristigen Zinsen reflektieren fraglos die Ausfallrisiken für Verbindlichkeiten der einzelnen Schuldnerländer. Gleichfalls spiegeln sich in den Haushaltssalden und den Schuldenständen der Staaten die massiven Belastungen aus den Konjunkturprogrammen zur Bewältigung der realwirtschaftlichen Folgen der Finanzkrise wider. Es mehren sich die Stimmen, die die Europäische Währungsunion vor einem Scheideweg sehen, allein die Richtung bleibt ungewiss.

Literaturhinweise

Die Monographie von Issing (2008) ist zweifellos die gegenwärtig informativste Darstellung des Entstehungsprozesses des Euro, stammt sie doch aus der Feder eines an der Umsetzung der Währungsunion maßgeblich Beteiligten. Die Beschlusslage vor der Entscheidung über die Gründungsmitglieder der EWU legt konzis der Konvergenzbericht des Europäischen Währungsinstituts (1998) dar. Umfangreiche Darstellungen und Erweiterungen der Theorie des optimalen Währungsraumes finden sich in den einschlägigen Lehrbüchern zur Währungs- oder Außenwirtschaftstheorie, einen knappen Abriss im Vorfeld der Einführung des Euro liefern Duwendag u.a.. (1999). Sowohl die (historische) Entwicklung als auch die kritische Kommentierung der Gegenwart spiegeln die aktuellen Ausführungen der Europäischen Zentralbank in ihren Monatsberichten sowie ihren Analysen auf der Institutshomepage (www.ecb.int) wider.

Zusammenfassung

1. Bereits im Werner-Plan (1970) wird die Idee einer europäischen Gemeinschaftswährung propagiert. Nach der zwischenzeitlichen Gründung des Europäischen Währungssystems (EWS) im Jahr 1987 dauert es schließlich bis zur Verabschiedung des Maastricht-Vertrages (1992), bevor konkrete Schritte zur Schaffung einer Währungsunion eingeleitet werden können.
2. Mit Wirkung vom 01. Januar 1999 übernahm die Europäische Zentralbank die alleinige Verantwortung für die Geldpolitik im Euroraum. Die Einführung des Euro als gesetzliches Zahlungsmittel wurde am 01. Januar 2002 vollzogen.
3. Die wirtschaftstheoretische Grundlage der Europäischen Währungsunion liegt im Wesentlichen in der Theorie optimaler Währungsräume. Kritiker bezweifeln, dass die EWU die Voraussetzungen dieses Konzeptes erfüllen und unterstützen stattdessen die sog. Krönungstheorie, die eine vollzogene politische Union voraussetzt.
4. Zur Unterstützung des wirtschaftspolitischen Harmonisierungsprozesse wird den Maastricht-Vereinbarungen ein Stabilitäts- und Wachstumspakt an die Seite gestellt, der insbesondere fiskalische Bedingungen für die EWU-Länder formuliert.
5. Die Entscheidung über die Gründungsmitglieder des Euroraumes wird auf der Basis von Konvergenzkriterien getroffen. Sechs Länder wurden als Mitglieder der EWU zugelassen, obwohl sie nicht alle Kriterien vollständig erfüllt hatten.
6. Die inzwischen vorliegenden Erfahrungen mit der EWU zeigen, dass der anfängliche Konvergenzprozess in den 2000er Jahren ins Stocken geriet. Durch erheblich abweichende nationale Inflationsraten kam es zu gravierenden realen Auf- bzw. Abwertungseffekten.
7. In Gefolge der internationalen Finanzkrise offenbart sich die „No-Bail-Out-Klausel" als massiver Schwachpunkt des Maastricht-Vertrages. Umfangreiche Stützungsaktion der EWU zugunsten beinahe insolventer Mitgliedsstaaten haben das Vertrauen in den Euro und die Euiropäische Währungsunion erheblich erschüttert.

Schlüsselbegriffe

Devisenmarkt
Einheitliche Europäische Akte (EEA)
Europäisches Währungssystem (EWS)
Europäische Wirtschaftsgemeinschaft (EWG)
Europäische Wirtschafts- und Währungsunion (EWWU)
Europäische Währungsunion (EWU)
Konvergenzkriterien
Internationale Wettbewerbsfähigkeit

Krönungstheorie
Maastricht-Vertrag
No-Bail-out-Klausel
Optimaler Währungsraum
Rettungsschirm
Referenzwerte
Risikoprämie
Stabilitäts- und Wachstumspakt
Vertrag von Amsterdam
Werner-Plan

Kapitel 22

Geldpolitik in der Finanzkrise

Zum Inhalt von Kapitel 22

Die Finanzkrise der Jahre 2008/09 war in ihrem Umfang und ihren Auswirkungen die schwerste Finanz- und Wirtschaftskrise seit der Weltwirtschaftskrise der frühen 1930er Jahre. Deutschland bspw. erlebte den Zusammenbruch mehrerer großer Banken, erlitt 2009 mit 5% BIP-Reduktion einen einmalig schweren Wirtschaftseinbruch und die Wirtschaftspolitik sah sich zu drastischen Rettungsmaßnahmen genötigt.

Ausgangspunkt der Krise war der Zusammenbruch eines hoch riskanten Segments des US-amerikanischen Immobilienmarktes. Dieser Ausgangsimpuls pflanzte sich im Finanzsektor fort, übersprang dabei schnell die US-Landesgrenze u.a. auch nach Deutschland und wurde zu einem sich selbst verstärkendes Moment. Aufgrund seiner Wucht wurde auch die Realwirtschaft massiv in Mitleidenschaft gezogen, was dann wiederum den Finanzsektor weiter schwächte. Am Ende ergab sich daraus eine beinahe katastrophale Lage.

In diesem Kapitel werden wir die Krise und ihre Ursachen beschreiben, um dann auf die Rolle der Geldpolitik und der Regulierungsinstitutionen einzugehen. Dabei können wir auf das bereits vermittelte Wissen vorhergehender Kapitel zurück greifen. Was haben Zentralbanken und Aufsichtsbehörden möglicherweise zur Krise beigetragen und vor allem was haben sie getan, um die Krise zu bändigen? Zum Schluss des Kapitels gehen wir auf Institutionen internationaler Finanzmarktregulierung ein, die Reformmaßnahmen voran treiben, und skizzieren in einem Ausblick Prinzipien einer guten Regulierung.

22.1 Der Verlauf der (Finanz)Krise von 2007-2010

Wir sprechen hier von der Finanzkrise während der Jahre 2007 bis 2010. Ihren Tiefpunkt hatte diese Krise im Herbst 2008 mit dem Zusammenbruch der US-Investmentbank Lehman. Ihren Beginn wird man auf den Sommer 2007 datieren, als erstmals von einer Finanzkrise mit typischen Begleiterscheinungen die Rede war. Das Ende der Krise ist dagegen weniger klar. Auch wenn im Verlauf der Jahre 2008/09 der Finanzsektor stabilisiert wurde und im Jahr 2010 die meisten betroffenen Volkswirtschaften erhebliche Wachstumsraten aufweisen konnten, so muss die Zukunft erweisen, ob man tatsächlich 2010 als Übergangsjahr aus der Krise verstehen wird. In jedem Fall sind die Krisenfolgen noch lange nicht verarbeitet, denn aufgrund der aktiven staatlichen Stabilisierungsmaßnahmen hat sich die Staatsverschuldung in vielen Volkswirtschaften merklich erhöht, so dass eine Rückkehr zum Vorkrisenniveau viele Jahre dauern wird. Auch die Wertschöpfung ist in vielen Fällen noch nicht wieder auf das Ausgangsniveau zurück gekehrt; in Deutschland bspw. steht dem Rückgang um 5 v.H. in 2009 ein Wachstum von über 3 v.H. in 2010 gegenüber. Schließlich haben die Kreditinstitute massive Verluste hinnehmen müssen, so dass die Eigenkapitalpolster nicht innerhalb eines Jahres wieder aufgefüllt sind.

Was passierte nun am Anfang? Eigentlich ist der Beginn der Geschichte zwar besorgniserregend, aber deutet keinesfalls auf eine Katastrophe hin. Seit Jahren war bis in die Publikumspresse hinein immer wieder über den scheinbar ewigen Aufschwung am US-amerikanischen **Immobilienmarkt** berichtet und damit verbunden die Frage gestellt geworden, wie lange dies so weitergehen könne. Die Meinungen waren geteilt, wie dies eigentlich im Vorfeld turbulenter Phasen immer sein muss. Denn wären alle Akteure einer Meinung, bspw. der Meinung der Markt sei überbewertet, dann würde er zusammenbrechen. Folglich findet man für die Jahre vor 2007 sowohl warnende als auch beruhigende Stimmen zum US-Immobilienmarkt. Die Pessimisten verweisen auf die Länge des Aufschwungs und die Höhe der Bewertungen, die Optimisten verweisen dagegen auf die damals recht uneinheitliche Lage der regionalen US-Immobilienmärkte und dass die starken Aufschwünge in manchen Regionen mit deren Attraktivität im weitesten Sinne verbunden seien.

In jedem Fall zeigen Statistiken seit 2006 eine spürbare Beruhigung und teilweise Rückgänge der Immobilienpreise an. Dies ist vor dem Hintergrund steigender Zinsen auch nicht verwunderlich, sondern kann man als normale Reaktion interpretieren. Gefährlich wird die Lage erst durch die bis dahin eingegangenen riskanten Kredite. Anders als man dies typischerweise aus Deutschland kennt, hatte sich in den USA zuletzt ein größeres sogenanntes **Subprime-Segment** des Immobilienkreditmarktes entwickelt. Dies bezeichnet Kredite, die nicht erster Qualität – also von höchster Bonität – sind, was allerdings im konkreten Fall ein Euphemismus für fast ungesicherte Kredite ist. Tatsächlich tummeln sich in diesem Segment eher einkommensschwächere Kreditnehmer ohne Eigenkapital. Solche Haushalte würden unter normalen Umständen keinen Immobilienkredit bekommen, wohl aber unter den damaligen Umständen. Mit nachlassender gesamtwirtschaftlicher Dynamik, steigenden Zinsen und stagnierenden Immobilienpreisen kann diese Klientel ihre Kreditraten nicht mehr bedienen. Es kommt also zu Notverkäufen der als Sicherheit dienenden Immobilien, die in diesem Umfeld nicht mehr den vollen Nominalbetrag der Schulden abdecken. Kurzum, es kommt zu Kreditausfällen. Diese betreffen zwar die dortigen Kreditgeber, aber sollten nicht auf die Weltfinanzmärkte ausstrahlen.

Tatsächlich jedoch halten die ursprünglichen Kreditgeber die Schulden nicht mehr unbedingt im eigenen Bestand, sondern haben sie längst weiter veräußert, u.a. auch an deutsche Banken. Dahinter steht ein durchaus nützlicher Mechanismus, die **Kreditverbriefung**. Damit werden Kredite, die ursprünglich nicht handelbar sind, gebündelt, tranchiert und in handelbare Papiere verpackt. Das Bündeln ist notwendig, um hinreichende Volumina und Diversifizierung zu erreichen, das Tranchieren in Risikoklassen ist notwendig, um die jeweiligen Abnehmer anzusprechen (also Abnehmer mit geringer oder hoher Risikobereitschaft) und das Verpacken ist notwendig, um letztlich handelbare Wertpapiere zu generieren. Am Ende können also riskante Immobilienkredite als Forderungen hinter einem vergleichsweise „sicheren" Wertpapier stehen.

Grundsätzlich kann dies ein volkswirtschaftlich nützliches Instrument der **Risikoverteilung** darstellen. Im konkreten Fall jedoch wurde dieses Instrument der Verbriefung missbraucht, denn im einsetzenden Abschwung auf dem Immobilienmarkt wurde offensichtlich, dass die Bonität der verbrieften Kredite weitaus geringer als angenommen war. Konkret sind also die vorab unterstellten Ausfallwahrscheinlichkeiten weit übertroffen worden, so dass die Abnehmer dieser Papiere häufig ein schlechtes Geschäft gemacht hatten. Schlecht bedeutet hier nicht, dass ein Papier ausfällt, sondern dass die Ausfälle in der Summe weitaus größer als vorab kalkuliert waren. Dies allein würde zwar vermutlich eine Finanzkrise in einem Teilsegment des US-Marktes auslösen, aber keine weltweite Krise.

Tatsächlich war das Ausmaß der Risikounterschätzung groß. Erstens waren die Ausfälle erheblich, zweitens wurden die von Ausfall betroffenen Papiere in erheblichem Maße auf Kredit gekauft und drittens konnte noch mit Hebelwirkung operiert werden. Diese drei Faktoren zusammen führten also bspw. zu einzelnen Bankzusammenbrüchen, was für sich auch noch kein Systemproblem darstellen muss. Der wichtigere Effekt war vielmehr die massive Neubewertung von Risiken. Im Grunde zeigt der **Preis für Risiko** wie in einer Fieberkurve den Zustand des Finanzsektors an. Wenn der Preis ungewöhnlich stark steigt, dann liegt Fieber vor, d.h. das System krankt.

Schaubild 22.1: TED-Spread 2.1.2007 – 15.10.2010

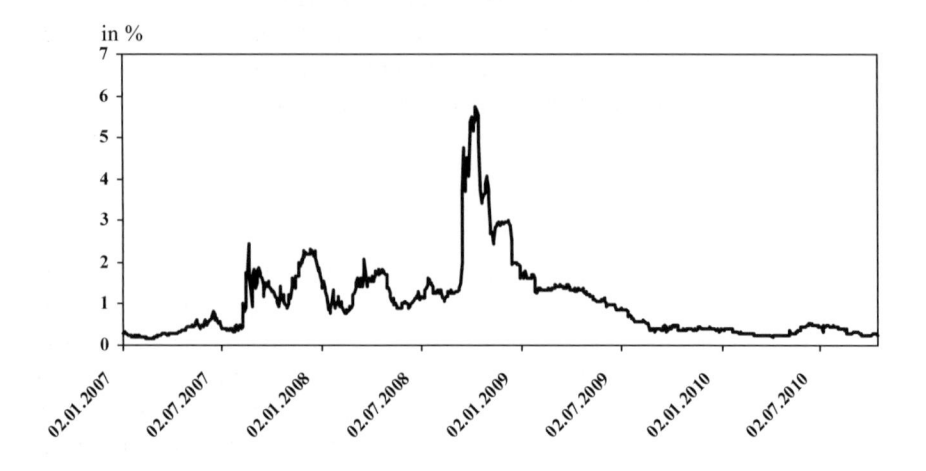

Schaubild 22.1 zeigt solch eine Fieberkurve exemplarisch am **TED-Spread**, der den Zinsaufschlag führender US-Banken gegenüber dem US-Zentralstaat erfasst und damit ein Maß für das Risiko des Bankensektors gibt. Man sieht in der ersten Jahreshälfte 2007, also vor der Krise, wie der Spread immer deutlich weniger als 50 Basispunkte beträgt und damit einen „normalen" Aufschlag für Banken gegenüber dem Staat. Mitte 2007 steigt der Spread dann drastisch an, sinkt mit der Beruhigung der Lage im Laufe des Jahres 2008, bevor er dann im Herbst 2008 explodiert. Mit den Rettungsmaßnahmen geht er dann in Schritten zurück und seit Anfang 2010 liegt er wieder auf dem normalen Niveau. Offensichtlich scheinen die Rettungspakete gefruchtet zu haben.

Man erkennt an dem Schaubild, dass die Krise ausgehend von den ursprünglichen Ausfällen im US-Immobilienmarkt 2007/08 nicht vollends eingedämmt werden konnte. Immer wieder gab es schlechte Nachrichten, mussten Finanzinstitutionen gerettet werden, so dass das Vertrauen in den Finanzsektor und innerhalb dieses Sektors angeschlagen blieb. In dieser Zeit wurde auch Kritik an den Rettungsaktionen größerer Institute laut, weil sie wie eine Staatsgarantie im Sinne eines **too big to fail** wirken würden und damit falsche Anreize setzten. Nachdem die US-Behörden also mehrfach größere Institute aufgefangen hatten, änderten sie ihre Strategie und ließen im September 2008 die zahlungsunfähige US-Bank Lehman Brothers Pleite gehen. Die von dieser Entscheidung ausgehenden Schockwellen hätten das Finanzsystem sicher zum Einsturz gebracht, wenn nicht die Staaten rund um die Welt mit großen Rettungspaketen entschlossen eingeschritten wären.

Im Nachhinein gesehen war der Strategiewechsel wohl falsch und wurde danach auch nicht weiter praktiziert. Man hatte offensichtlich die Labilität des Finanzsystems unterschätzt. Wenn solch eine etablierte, große Bank von einem Tag auf den anderen nicht mehr zahlungsfähig war, welcher Finanzinstitution konnte man dann noch trauen? Der Interbankenmarkt brach massiv ein, die Kunden sorgten sich um ihre Einlagen, Unternehmen hatten Schwierigkeiten Kredit zu bekommen – kurzum, die Funktionalität des Finanzsystems war massiv gestört.

Als Reaktion erhöhten die Zentralbanken die Geldversorgung, um Liquiditätsengpässe zu vermeiden, die Regierungen stellten erhebliche Mittel zur Rekapitalisierung der Banken zur Verfügung und erhöhten die Sicherheiten für Kundengelder. In Deutschland sah sich die Bundesregierung im Herbst 2008 genötigt, alle Bankeinlagen zu garantieren, um eventuelle Bankenruns zu vermeiden und einem weiteren Anstieg des Misstrauens entgegen zu wirken. Ferner wurden gigantische Stützungsmaßnahmen verschiedener Art ergriffen, darunter der „Rettungsfonds" für die Finanzwirtschaft mit einem Gesamtvolumen von bis zu 500 Mrd. Euro. Die Fieberkurve in Schaubild 22.1 zeigt, dass diese Maßnahmen offensichtlich Erfolg hatten und sich die Krise abschwächte.

22.2 Ursachen der Finanz- und Wirtschaftskrise

So klar der Verlauf der Finanzkrise ist, so umstritten sind die Ursachen der Krise. Es steht außer Frage, dass die Krise im US-amerikanischen Immobilienmarkt begann, genauer im Subprime-Segment dieses Marktes. Welche Institutionen haben nun mit ihrem Verhalten besonders dazu beigetragen, dass es eine weltweite Finanzkrise gab?

Im Grunde lassen sich dabei fünf Gruppen von Beteiligten unterscheiden (vgl. Menkhoff, 2010): erstens die Kreditgeber des eigentlichen Subprime-Geschäfts, zweitens die Wirtschafts- und insbesondere Geldpolitik, die diesen Markt in gewisser Weise hat entstehen lassen, drittens die Finanzintermediäre, die Kredite so „verpackt" haben, dass sie besser aussahen als sie waren, viertens die (Finanz-) Institutionen, die sich als Käufer der neu verpackten Kredite haben blenden lassen, und fünftens die Aufsichtsbehörden, die die Katastrophe auch nicht verhindert haben (vgl. Schaubild 22.2).

Schaubild 22.2: Beteiligte der Finanzkrise

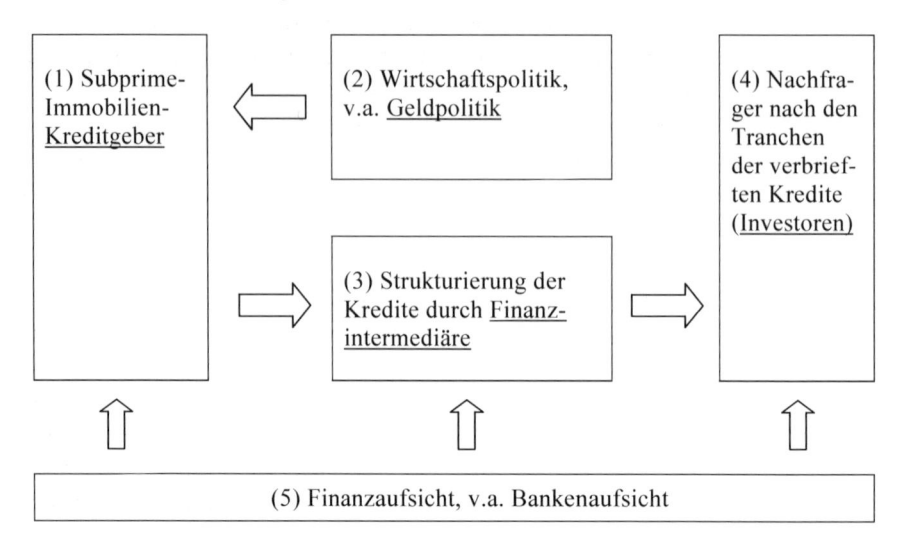

(1) Subprime-Immobilien-Kreditgeber	⇐	(2) Wirtschaftspolitik, v.a. Geldpolitik		(4) Nachfrager nach den Tranchen der verbrieften Kredite (Investoren)
	⇒	(3) Strukturierung der Kredite durch Finanzintermediäre	⇒	
⇑		⇑		⇑
		(5) Finanzaufsicht, v.a. Bankenaufsicht		

Die **Kreditgeber** im US-Subprime-Immobilienmarkt sind insofern Krisenverursacher als es ohne diese Kredite die Finanzkrise in ihrer jetzigen Form nicht gegeben hätte. Ein zentraler Grund dafür, dass so viele Kredite mit so wenigen Sicherheiten vergeben wurden, ist die Möglichkeit diese Kredite wieder zu veräußern. Daneben reduzierte wohl auch der lange Aufschwung am US-Immobilienmarkt – jedenfalls in weiten Segmenten – die Risikowahrnehmung. Ferner unterschätzten die Schuldner Risiken, indem sie die durch steigende Hauspreise frei gewordenen Beleihungsspielräume ihrer Immobilien gerne für zusätzliche Kredite nutzten. Schließlich subventionierte die Politik dieses Marktsegment, um so breiteren Bevölkerungsschichten Zugang zu Eigentum zu verschaffen. Alles in allem waren die sich bietenden Chancen zum Geldverdienen allzu verführerisch und überspielten mögliche Bedenken.

Ähnlich schwierig ist der Kurs der **Geldpolitik** zu beurteilen. Im Nachhinein hätte sie vermutlich einen restriktiveren geldpolitischen Kurs gewählt, aber zum Entscheidungszeitpunkt konnte die US-Wirtschaft nicht als überhitzt gelten und auch der Immobilienmarkt war nicht generell, sondern vor allem in einigen Regionen, überwertet.

Demgegenüber ist das Verhalten der **Finanzintermediäre**, die die Kredite neu „verpackt" hatten, auch ex ante eher verantwortungslos. Dieses Geschäft wird in erster Linie von Investmentbanken betrieben, die große Mengen an einzelnen Kredit aufkaufen und sie dann neu bündeln (vgl. auch Brunnermeier, 2009). Das Bündeln geschieht nach Risikoklassen, so dass man sich am gesamten Kreditportfolio mit mehr oder weniger Risiko beteiligen kann. Am einen Ende stehen Triple-A-Tranchen und am anderen Ende das sogenannte „First Loss Piece", also die Tranche, die die ersten auftretenden Verluste zu tragen hat und dafür mit einer entsprechenden Rendite entschädigt wird. Anreizkompatibel ist diese Tranche vor allem, wenn sie von den ursprünglichen Kreditgebern gehalten wird, da diese weiter am Monitoring der Kreditnehmer interessiert sind und generell nicht allzu leichtsinnig Kredit vergeben. Faktisch jedoch scheinen diese Tranchen häufig verkauft worden zu sein. Ein zweites Problem besteht in der Feststellung des Risikogehalts der jeweiligen Tranchen. Häufig hat man hier **Ratingagenturen** eingeschaltet, die dann das begehrte Triple-A vergeben haben. Leider waren die Ratings systematisch „nach oben" verzerrt, also zu gut, so dass sich die Frage nach den Gründen stellt. Aus heutiger Sicht waren wohl die Anreize „falsch", weil die Ratingagenturen im Grunde für gute Ratings bezahlt wurden und damit einen Anreiz hatten, mögliche Risiken zu gering zu bewerten. Das Ziel bestand also nicht darin, Risiken seriös umzuverteilen, sondern Risiken zu verschleiern. Diese Tätigkeit schädigt die Funktionalität des Finanzsektors.

Allerdings gehören zu einem Geschäft immer zwei Seiten und hätten nicht zahllose **Investoren** die entsprechenden Produkte gekauft, so hätte es nie einen großen Markt für die Neuverpackung schlechter Immobilienkredite und anderer fragwürdiger Kredite gegeben. Erstaunlicherweise handelt es sich bei den Käufern dieser Produkte meistens nicht um ahnungslose Kleinanleger, sondern um professionell geführte Finanzinstitutionen. Insofern gilt auch hier zu fragen, wie es dazu kommen konnte? Offensichtlich sind die Risiken unterschätzt worden, aber warum? Ist es genereller Leichtsinn oder individueller Leichtsinn? Die Häufung der Fehler spricht gegen individuelles Fehlverhalten, aber interessanterweise haben viele Institutionen diesen Fehler auch *nicht* gemacht, was gegen generellen Leichtsinn spricht – die Wahrheit liegt wohl dazwischen. Leider weiß man wenig über die Bestimmungsgründe für Zurückhaltung am Markt in dieser Angelegenheit. Auffällig ist immerhin zweierlei, wenn man auf die besonders, aber eben nicht durchgängig betroffenen Landesbanken in Deutschland sieht. Erstens scheinen Landesbanken umso mehr in die fraglichen Produkte investiert zu haben, desto schlechter ihr originäres Kerngeschäft lief, wie die Beispiele SachsenLB und WestLB andeuten. Zweitens waren jüngere Krisenerfahrungen heilsam, wie sie die Landesbank Berlin in den Jahren davor durchgemacht hatte und von denen auch die NordLB über ihre Beteiligung an der Berliner Landesbank betroffen war.

Als letztes ist auch die **Finanzaufsicht** zu erwähnen, die jedenfalls nicht rechtzeitig und energisch eingeschritten ist, sondern die Problemfälle abgewickelt hat. Die Aufsicht hätte im Nachhinein gesehen sicher besser arbeiten können, denn sie hat die Informationen über eine letztlich zu riskante Geschäftspolitik bspw. deutscher Banken besessen und vermutlich nicht einmal allzu kritische Fragen gestellt. Dennoch ist die Aufsicht nicht der Antreiber gewesen und insofern nicht ursächlich für die Krise. Wohl aber bestanden seit Ende der 90er Jahre beträchtliche Regulierungslücken und Regulierungsdefizite (bspw. Frenkel und Menkhoff, 2000, Kotz, 2008), die die Politik zu verantworten hat.

Zusammenfassend gibt es also nicht *den* Verursacher, sondern mehrere originäre Krisenursachen. Die gegenwärtige Finanzkrise ist allerdings nicht allein aus einem Fehlverhalten der Verursacher entstanden, sondern auch durch die danach einsetzenden Prozesse der Verstärkung. Erst diese haben die Krise zu ihrer bedrohlichen Größe anwachsen lassen (vgl. Brunnermeier, 2009, Hellwig, 2009, Brunnermeier et al., 2010). Die Verstärkermechanismen sind endogene Vorgänge eines Finanzsystems und vollziehen sich auf wenigstens vier Wegen (vgl. Schaubild 22.3).

Schaubild 22.3: Verstärkermechanismen einer Finanzkrise

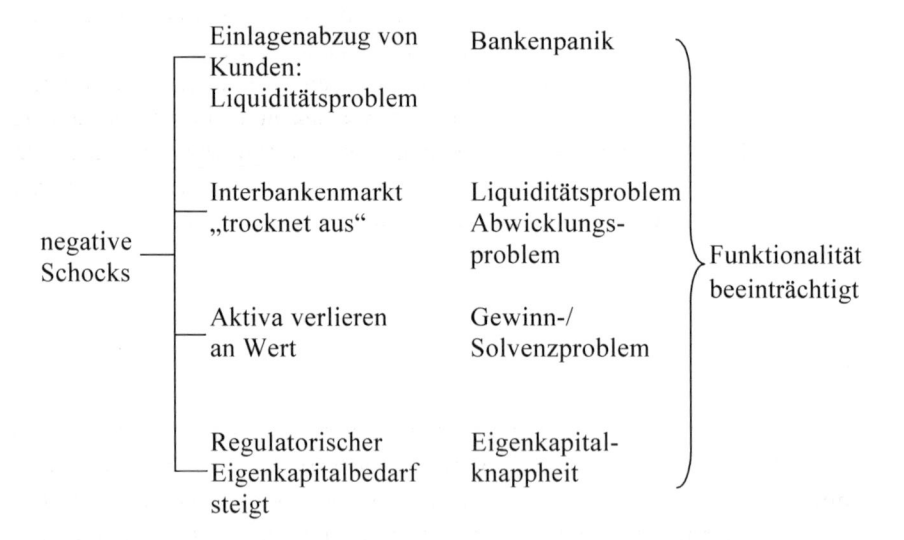

```
                    Einlagenabzug von     Bankenpanik ⎫
                  ┌ Kunden:                            │
                  │ Liquiditätsproblem                 │
                  │                                    │
                  │ Interbankenmarkt     Liquiditätsproblem
                  │ „trocknet aus"       Abwicklungs-  │
     negative ────┤                      problem       ├ Funktionalität
     Schocks      │                                    │ beeinträchtigt
                  │ Aktiva verlieren     Gewinn-/      │
                  │ an Wert              Solvenzproblem│
                  │                                    │
                  │ Regulatorischer      Eigenkapital- │
                  └ Eigenkapitalbedarf   knappheit    ⎭
                    steigt
```

Ein Klassiker ist in diesem Zusammenhang das Entstehen einer **Bankenpanik** (1) durch Abzüge von Kundengeldern bei einer Bank, die sich dann auf andere Banken ausweiten. Der Vertrauensverlust der Anleger – durch welchen Schock auch immer ausgelöst – pflanzt sich schnell durch das Finanzsystem fort und schafft massive Liquiditätsprobleme, die Institute schnell in die Insolvenz führen können. In der aktuellen Krise allerdings konnten solche Bankenruns immer schon im Ansatz erstickt werden.

Dagegen hat der **Vertrauensverlust** der Banken untereinander verheerende Folgen gezeigt, da der Interbankenmarkt (2) in 2008/09 über Monate hinweg nicht mehr funktionierte. Dadurch entstehen Liquiditäts- und sogar technische Abwicklungsprobleme, da auch der Zahlungsverkehr auf Kreditlinien der Banken untereinander beruht.

Ein weiteres schwer wiegendes Problem der aktuellen Krise war der **Wertverlust der Aktiva** (3) durch Rückgang der Aktienkurse und steigende Kreditrisiken. Hierdurch kommt es zu Gewinnreduktionen oder gar Verlusten und tendenziell zu Solvenzproblemen.

Ein letzter Weg besteht in der Verstärkungswirkung der geltenden **Eigenkapitalregulierung** (4), die bei steigenden Risiken erhöhte Anforderungen an das bereits stärker beanspruchte Eigenkapital stellt. Durch diese doppelte Belastung – also Ausfälle (s. Punkt 3) plus zusätzlicher Kapitalbedarf wegen steigender Risiken – kann es im Grenzfall zu einer Kreditklemme kommen.

In der aktuellen Finanzkrise haben alle genannten Verstärkermechanismen eine Rolle gespielt, vor allem die drei zuletzt genannten. In der Kombination der eingangs erwähnten Ursachen mit den wirksamen Verstärkermechanismen kam der Finanzsektor in einem Ausmaß in Turbulenzen, die auch die Realwirtschaft in hohem Maße in Mitleidenschaft gezogen haben. Im Grunde ergeben sich aus den Abläufen bereits die Lehren. Bevor wir darauf zurückkommen, werden zuerst die Geldpolitik und Regulierungspolitik in der Krise etwas genauer untersucht.

22.3 Die Rolle der Geldpolitik

Die Geldpolitik ist bereits als eine der vermutlichen Krisenursachen genannt worden. Diese Zuschreibung bezieht sich in erster Linie auf die Geldpolitik der US-Zentralbank, die in den Jahren 2003/04 an ihrer Niedrigzinspolitik relativ lange festgehalten hatte, um die Konjunktur zu stützen (s. Schaubild 22.4). Hier wird kritisiert, dass dies eine Blasenbildung an den **Vermögensmärkten** erleichtert hätte, während dagegen eine frühere Zinsanhebung die Anstiege der Vermögenspreise gemildert hätte. Höhere Zinsen hätten kreditfinanzierte Anlagen verteuert und damit deren Preise tendenziell reduziert bzw. hätten aufgrund der höheren Rendite auf risikolose Wertpapiere die Preise alternativer Anlagen, wie Aktien oder Immobilien, vermindert.

Schaubild 22.4: US-Zins und Taylor-Zins p.a. 1988-2007

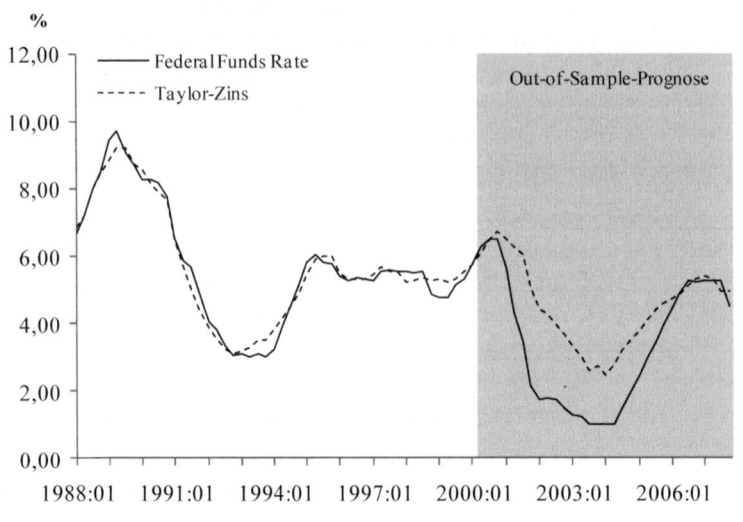

Schätzungen basierend auf Erler und Križanac (2009)

Im Unterschied zur US-Zentralbank steht das Eurosystem weniger in der Kritik. Gleichwohl untersucht bspw. Neumann (2009) die Reaktionsfunktion des Eurosystems und kommt aufgrund seiner Kalibrierung zu dem Schluss, dass die Zinssätze nach dem kleinen Strategiewechsel 2003 geringer waren als sie es unter früheren Strategie gewesen wären. Dies kann man durchaus als Kritik an einer allzu expansiven Geldpolitik verstehen, wenngleich das Ausmaß nicht so dramatisch ist: der kurzfristige Zinssatz hätte 2003 bis 2005 nicht bei 2 v.H., sondern bei ca. 2,75 v.H. gelegen. Immerhin steht außer Frage, dass in den Jahren vor der Krise zwar die Inflationsraten recht niedrig waren, aber die monetäre Expansion vergleichsweise kräftig. Die damit verbundene Intuition geht dahin, dass das geschaffene Geld weniger in die Realwirtschaft als in die Geldvermögensbildung fließt und dort Vermögenspreise anheizt.

In der Krise selbst jedoch spielt dies erst einmal keine Rolle mehr. Die Zentralbanken haben hier entschlossen mit dem Ziel reagiert, die Finanzsystemstabilität zu sichern. Dazu haben sie im Wesentlichen zwei Arten von Maßnahmen ergriffen: Erstens haben sie mit ihrem Wissen Regierungen, internationale Organisationen und andere Behörden beraten bis hin zur Organisation von Rettungsmaßnahmen. Zweitens haben die Zentralbanken im eigenen Handlungsbereich eine extrem großzügige Geldpolitik durchgeführt, die bisher die Preisniveaustabilität nicht gefährdet hat. Die verfolgte Geldpolitik

ist durch drei Merkmale gekennzeichnet, die wir hier für das Eurosystem skizzieren, die aber für andere Zentralbanken in ähnlicher Weise zutreffen:
- Erstens ist die Geldpolitik in dem Sinne expansiv ausgerichtet, dass die zentrale Steuerungsgröße, der kurzfristige **Geldmarktzinssatz**, rasch und deutlich gesenkt wurde, bis auf ein Niveau von nahe bei Null (Schaubild 22.5). Dieser Vorgang ist ungewöhnlich in der jüngeren Wirtschaftsgeschichte. Er zielt sowohl darauf ab die Realwirtschaft zu stimulieren, als eine konventionelle antizyklische Konjunkturstütze, als auch die Finanzwirtschaft zu stabilisieren, weil dies die Refinanzierung verbilligt und über eine normale Zinsstrukturkurve den Kreditinstituten Gewinne ermöglicht.
- Zweitens ist die Geldpolitik in quantitativer Hinsicht extrem expansiv, wie die **Geldmengenausweitung** zeigt (Schaubild 22.5). Die im Herbst 2008 durchgeführte Ausweitung der Zentralbankbilanz und des Basisgeldes ist historisch einmalig. Unter normalen Umständen würde diese Politik große Inflationsgefahren heraufbeschwören, in der aktuellen Lage jedoch ist der Preisniveauanstieg sehr gering und eine deflationäre Entwicklung bei anhaltender Wachstumsschwäche nicht ausgeschlossen. Offensichtlich erfolgt derzeit keine Transmission des geldpolitischen Impulses bis in die Realwirtschaft, sondern der Impuls wird innerhalb des Finanzsektors absorbiert. Eine zentrale Ursache dafür ist die hohe Absorption von Zentralbankgeld innerhalb des Geldmarktes zwischen den Kreditinstituten.

Schaubild 22.5: Geldmarktzins und Bilanzvolumen des Eurosystems (2007-2010)

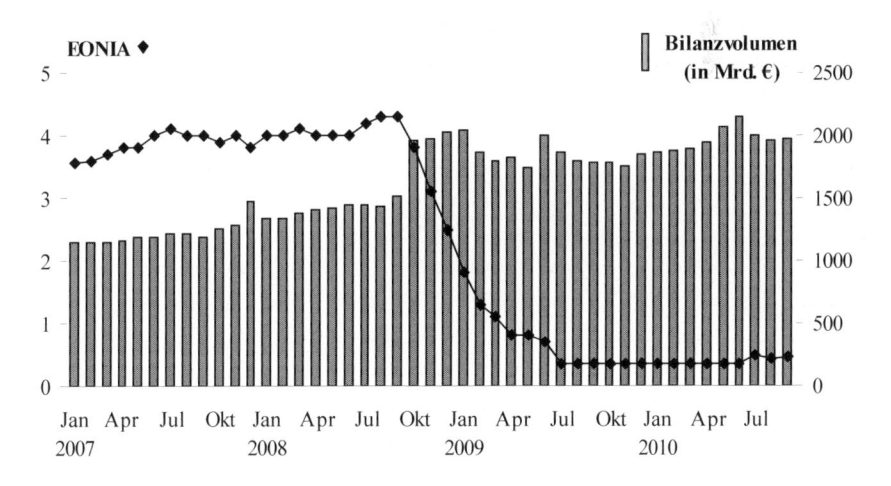

Quelle: ECB. Money market interest rates

- Drittens hat die Geldpolitik **strukturelle Maßnahmen** ergriffen, um den Finanzsektor zu stabilisieren. Dazu zählt erstens in der Geldversorgung der Einsatz von Schnelltendern, um rasch handeln zu können. Zweitens hat das Eurosystem bei seiner äußerst großzügigen Geldversorgung einen erheblichen Teil bewusst über längere Laufzeiten als die ansonsten dominierenden Ein-Wochen-Geschäfte zugeteilt. Dies soll das Vertrauen in eine anhaltende Stabilisierungsbereitschaft stärken. Drittens hat das Eurosystem seine Qualitätsstandards für die den Geldmarktkrediten zu unterlegenden Sicherheiten deutlich reduziert. Vor der Krise waren nur sehr sichere Wertpapiere zulässig, deren Qualität deutlich besser als der **Investmentgrad** ist, also das Niveau, das in der Vermögensverwaltung im Allgemeinen als Untergrenze zulässig ist. Seit der Krise ist diese Untergrenze deutlich aufgeweicht worden, zum einen um zu verhindern, dass die Staatsanleihen von bonitätsschwächeren EWU-Mitgliedsländern, wie Griechenland, nicht mehr als Sicherheit verwendet werden können. Zum anderen hat das Eurosystem den Kreditinstituten bewusst die Möglichkeit belassen wollen, auch weniger sichere Papiere sozusagen in erste Qualität zu tauschen – indem zweitklassige Sicherheiten für einen erstklassigen Kredit der Zentralbank hinterlegt werden. Viertens schließlich hat das Eurosystem im Zuge der griechisch-europäischen Krise Anfang des Jahres 2010 erstmals – und entgegen seinen Richtlinien, mit dem Ankauf von Staatsanleihen einiger (bonitätsschwacher!) Mitgliedsländer im Wert von mehreren Milliarden Euro der Mitgliedsländer indirekt eine **Staatsfinanzierung** betrieben. Hier liegt eine Güterabwägung vor: Auf der einen Seite soll mit diesen Maßnahmen zur Stabilisierung der Eurozone beigetragen werden, indem die Kurse der betreffenden Anleihen gestützt werden und das Signal an die Finanzmärkte geht, die Stabilisierung fast um jeden Preis zu erreichen. Auf der anderen Seite steht der Verlust an Glaubwürdigkeit, denn das Eurosystem ist als unabhängige Institution bewusst so gegründet worden, dass eben keine Staatsfinanzierung vorgenommen wird.

Da die große Finanz- und Wirtschaftskrise im Herbst 2010 noch nicht endgültig bereinigt ist, kann auch schlecht beurteilt werden, wie erfolgreich die Geldpolitik in diesem neuen Krisenumfeld operiert. Immerhin kann sie für sich in Anspruch nehmen, jedenfalls bei der kurzfristigen Bewältigung der tiefen Krise tatkräftig und stabilisierend gehandelt zu haben.

22.4 Die Rolle der Regulierungspolitik

In der öffentlichen Diskussion kommt die Regulierungspolitik meist deutlich besser als die Geldpolitik davon. Das mag zum einen daran liegen, dass dies noch stärker eine Fachdiskussion ist, die sich der öffentlichen Aufmerksamkeit entzieht. Zum anderen gab es aus Kreisen der Aufsichtsbehörden – bspw. von Seiten der Bank für Internationalen Zahlungsausgleich – immer wieder warnende Stimmen, bspw. vor aufgeblähten Vermögensmärkten oder Lücken im Regulierungsnetz.

Da Regulierungspolitik im Kern aus der Gestaltung und Durchsetzung von Regeln besteht, kann sie zur kurzfristigen Krisenbekämpfung kaum etwas beitragen. Immerhin haben die Aufsichtsgremien innerhalb der EWU relativ zügig auf offensichtliche Schwächen der bis zur Krise gültigen Regulierungen reagiert und ein kurzfristiges Reformpaket verabschiedet, das keinerlei weltweiter Absprache bedarf (vgl. Deutsche Bundesbank, 2009b). Dies hat dann den offensichtlichen Preis, dass es nicht an den Strukturen ansetzen kann, sonst wäre eben die Absprache notwendig. Insofern können diese Maßnahmen zur Verbesserung der Bankenregulierung nur an der qualitativen Säule 2 ansetzen und primär in eine präziser gefasste MARisk einfließen.

Über diese kurzfristige Reaktion hinaus allerdings hat die schwere Finanz- und Wirtschaftskrise wieder Bewegung in das Bemühen um angemessene Regulierung der Finanzmärkte gebracht. 2008/09 waren alle Beteiligten so überrascht über die Schwere der Krise, dass auch größere Reformen möglich erschienen, aber mit dem wirtschaftlichen Aufschwung 2010 lässt der Reformdruck wieder erkennbar nach. Mögliche Reformen umfassen vor allem die folgenden Themen:

- Regulierung von **Hedge Fonds** durch ihre Einbeziehung in die Regulierung von Finanzinstitutionen. Die Begründung dafür ist ihre Refinanzierung mit Krediten und ihre manchmal riskanten Anlagestrategien, so dass bei einem Scheitern systemische Risiken entstehen können. Das Beispiel dafür ist der Zusammenbruch des Hedge Fonds LTCM im Jahr 1998.
- Eine schärfere Regulierung von **Ratingagenturen** soll deren Interessenkonflikte verhindern (also dass sie etwa von guten Ratings selbst profitieren).
- Manche fordern eine massive Begrenzung des Handels mit **Derivaten** oder jedenfalls deren Handel an organisierten Börsen oder zentralen Abwicklungshäusern, so dass es gegebenenfalls eine staatliche Zugriffsmöglichkeit gibt.
- Manche wollen **Leerverkäufe** begrenzen, also Verkäufe auf Termin, um damit Kursspiralen nach unten zu vermeiden. Insbesondere sollen dabei

Instrumente mit Hebelwirkung begrenzt werden, so dass nicht etwa Papiere leer verkauft werden, die der Verkäufer nicht besitzt.
- Die Einführung einer **Finanztransaktionssteuer**. Die Motive dafür sind unterschiedlich. Während es manchen vor allem um die Erzielung von Einnahmen geht, oder um die Beteiligung des Finanzsektors an der Finanzierung von Rettungs- und Vorbeugungskosten, geht es anderen vor allem um einen Eingriff in die Funktionsweise der Finanzmärkte. Demnach soll eine Transaktionssteuer kurzfristig orientierte Geschäfte erschweren und damit die langfristige Perspektive des Handelns unterstützen.
- Eine Variante dazu, die nur den Bankensektor betrifft, aber nicht andere Intermediäre, ist eine **Bankenabgabe**. Sie dient vor allem fiskalischen Zwecken.
- Der Schwerpunkt der Diskussion kreist um die **Bankenregulierung**, da dort die letzte Krise vor allem stattfand. Die derzeitigen Vorschläge dazu haben wir in Kapitel 11 skizziert.
- Neben den unter dem Stichwort Basel III unterbreiteten Vorschlägen gibt es weitere Vorschläge, wie die **Zerschlagung von (Groß-)Banken**, um somit das systemische Risiko einzelner Institute zu reduzieren. Diesem Vorteil steht allerdings der Nachteil gegenüber, dass Aufgaben, die einer gewissen Größe der Finanzinstitution bedürfen, wie bspw. bei der Unterhaltung eines Auslandsnetzes, im Research, im Zahlungsverkehr oder generell in spezialisierten Tätigkeiten schwerer zu erfüllen sind. Auch ordnungspolitisch ist nicht klar, ob der Staat Unternehmensgrößen vorgeben soll.
- Ein besonderes Kapitel ist die Reorganisation des Finanzsektors in den USA. Hier hat die Regierung einen Gesetzentwurf durch das Parlament gebracht, der das in den 30er Jahren des letzten Jahrhunderts eingeführte und in den 80er Jahren wieder abgeschaffte **Trennbankensystem** neu aufleben lässt. Die Idee ist, dass der Staat die Einleger und die Realwirtschaft schützen soll, nicht aber reine Finanzakteure, wie sie Investmentbanken darstellen, die vor allem Handel treiben und Intermediationsdienstleistungen für größere Kunden erbringen.

22.5 Institutionen internationaler Finanzmarktregulierung

Die Regulierung des Finanzsektors mag in der Umsetzung am Ende ein nationaler Prozess sein, aber in der Konzeptionierung und normativen Festlegung handelt es sich hier inzwischen um einen Prozess internationaler Absprache. Wenn man also die aktuelle Reformdiskussion nachvollziehen möchte, so kommt man um eine kurze Beschäftigung mit zentralen Institutionen dieses Reformprozesses nicht herum.

Seit der aktuellen Krise hat sich auch die allgemeine Politik stärker eingeschaltet und vor allem auf mehreren **G20-Treffen** konkrete Maßnahmen und Schritte festgelegt. Die G20 haben sich in der jetzigen Krise aus den G7- bzw. G8-Staaten entwickelt und beinhalten nun neben den bisherigen großen Industrieländern (USA, Kanada, Deutschland, Frankreich, Italien, Vereinigtes Königreich, Japan sowie als achtes Land Russland) vor allem große aufstrebende Schwellenländer, wie China, Indien und Brasilien. Unterhalb dieser obersten Ebene der Staats- und Regierungschefs, die nur Richtungen festlegen, bestehen Institutionen mit sachlicher Zuordnung.

- Am ältesten ist in dieser Hinsicht der 1944 gegründete **Internationale Währungsfonds (IWF)**, der im früheren Bretton Woods-System für die Überwachung der internationalen Währungsbeziehungen, der dabei einfließenden nationalen Währungspolitiken und aller damit verbundenen sonstigen Wirtschaftspolitiken zuständig war. Bis heute ist die internationale Makroökonomie seine Zuständigkeit. Ende der 1990er Jahre hat der IWF aufgrund der Auswirkungen von Finanzkrisen auf die Weltwirtschaft auch Kapazitäten in der Analyse internationaler Finanzmärkte aufgebaut.
- Bereits 1930 gegründet wurde die in Basel ansässige **Bank für Internationalen Zahlungsausgleich (BIZ)**. Sie wird von (zuletzt 56) Zentralbanken getragen und organisiert. In das Thema internationale Regulierung ist die BIZ erst seit den 1970er Jahren involviert. Anders als der IWF, in dem fast alle Staaten der Welt über ihre Regierungen nach Kapitaleinzahlungen beteiligt sind, und der damit institutionell wie eine Aktiengesellschaft (allerdings mit starkem Konsensbemühen) operiert, ist die BIZ institutionell ein loser Verein selbständiger Zentralbanken. Folglich gibt es kein Recht auf Teilnahme, keine große eigene Bürokratie und keine verbindlichen Beschlüsse, geschweige denn Sanktionsmöglichkeiten. Dennoch ist das BIZ-Netzwerk mit seinen zahlreichen Ausschüssen und Gremien sehr einflussreich geworden. Auf zwei dieser Institutionen gehen wir kurz ein.
- Das wohl wichtigste Gremium ist das **Basel Committee on Banking Supervision** (Basler Ausschuss für Bankenaufsicht), das wiederum vier Subcommittees unterhält. Dieser Ausschuss wurde Ende 1974 von den damals zehn führenden Zentralbanken gegründet, im Jahr 2010 hat er Mitglieder aus 27 Ländern, einschließlich aller großen Schwellenländer und Finanzplätze. Jedes Land wird repräsentiert durch die Zentralbank sowie die für Bankenaufsicht zuständige Behörde, sofern dies nicht die Zentralbank ist; für Deutschland ist also neben der Deutschen Bundesbank die BaFin vertreten. Der Ausschuss unterhält ein kleines Sekretariat von derzeit etwa 15

entsandten Mitarbeitern in Basel, die wenigstens vier jährliche Treffen des Ausschusses sowie die Unterausschüsse organisieren. Der Baseler Ausschuss hat keine Gesetzgebungskompetenz oder eine andere rechtliche Verbindlichkeit. Vielmehr findet sich auf der BIZ-Homepage folgende Tätigkeitsbeschreibung: „It formulates broad supervisory standards and guidelines and recommends statements of best practice ... In this way, the Committee encourages convergence towards common approaches and common standards without attempting detailed harmonisation of member countries' supervisory techniques". Unbeschadet dieser Unverbindlichkeit, setzt der Ausschuss die Standards der Bankenregulierung (Basel I, II und aktuell III), die dann von den Zentralbankgouverneuren und Chefs der Aufsichtsbehörden verabschiedet und schließlich weiter verarbeitet werden.

- Neben einer Vielzahl weiterer Ausschüsse und Gremien, die kurz in Tabelle 22.1 angesprochen werden, ist das 2009 von der G20 aufgewertete **Financial Stability Board (FSB)** von besonderer Bedeutung. Dessen Vorläufer, das 1999 gegründete Financial Stability Forum, wurde nach der schweren Asienkrise der Jahre 1997/98 eingerichtet. Diese Krise hatte einen Mangel an Information und Absprache der internationalen Entscheidungsträger offenbart, so dass das FSB ein Gremium bieten soll. Wie die anderen BIZ-Institutionen hat es keine Rechte, bringt aber verschiedene Gruppen zusammen. Hier sind es 24 Staaten, die meist über die Finanzministerien vertreten sind sowie über die Zentralbanken (als Träger der BIZ) und weitere Aufsichtsbehörden für Finanzinstitutionen. Deutschland wird durch das Bundesfinanzministerium, die Deutsche Bundesbank und die BaFin vertreten. Hinzu kommen internationale Organisationen (EZB, EU, IWF, OECD und Weltbank) sowie die in Tabelle 22.1 angesprochenen BCBS, CGFS, CPSS, IAIS, IASB und IOSCO. Der Aufgabenbereich wird auf der BIZ-Homepage so formuliert: "The FSB has been established to address vulnerabilities and to develop and implement strong regulatory, supervisory and other policies in the interest of financial stability". Praktisch gesprochen ist es das umfassendste Gremium, das sich mit Regulierung bzw. Finanzstabilität befasst. Aufgrund seiner Zuarbeit für die G20, die kein anderes entsprechendes Gremium unterhält, hat das FSB potentiell großen Gestaltungseinfluss.

Die gute Nachricht aus diesem Abschnitt lautet also, dass es tatsächlich Institutionen gibt, die sich kontinuierlich und mit Autorität mit internationaler Regulierung der Finanzmärkte befassen. Die schlechte Nachricht ist aber auch leicht zu sehen: Das institutionelle Rahmenwerk ist streng genommen ein Flickwerk ohne Macht.

Tabelle 22.1: Institutionen internationaler Regulierung

Institution	Organisation	Berichte an	Aufgabe
EINRICHTUNGEN DER BIZ			
Basel Committee on Banking Supervision (BCBS)	27 Mitglieder, gegründet 1974	Chefs der entsprechenden Zentralbanken und Bankenaufsichtsbehörden	„Provides a forum for regular cooperation on banking supervisory matters."
Committee on the Global Financial System (CGFS)	23 Mitglieder, gegründet 1971	Global Economy Meeting aus 31 Zentralbankchefs	„Monitors developments in global financial markets for central bank governors."
Committee on Payment and Settlement Systems (CPSS)	24 Mitglieder	Global Economy Meeting aus 31 Zentralbankchefs	„Standard setting body", „Forum for central banks to monitor and analyze..."
Irving Fisher Committee on Central Bank Statistics	66 Zentralbanken, 3 weitere Institutionen, Einzelpersonen, gegründet 1995	Ein Exekutivgremium berichtet an die Mitglieder	„Promote the exchange of views among ... discussing statistical issues of interest to central banks"
EINRICHTUNGEN BEI DER BIZ			
Financial Stability Board (FSB)	24 Staaten, EZB, EU, BIZ, IWF, OECD, Weltbank	2009 eingesetzt von G20	
Intern. Association of Insurance Supervisors (IAIS)			
Intern. Association of Deposit Insurers (IADI)			
EINRICHTUNGEN UNABHÄNGIG VON DER BIZ			
Intern. Accounting Standards Board (IASB)			
Intern. Organization of Securities Commission (IOSCO)			

22.6 Ausblick

Die Finanz- und Wirtschaftskrise der Jahre 2007 bis 2010 hat schwere Mängel der Finanzstabilität aufgezeigt. Im Herbst 2010 kann man noch nicht wirklich beurteilen, wie sich das weltweite Finanzsystem und die Weltwirtschaft erholen werden. Insofern sind auch einzelne Reformmaßnahmen aus heutiger Sicht kaum abschließend zu beurteilen.

Bei der Geldpolitik dürfte die wichtigste offene Frage hinsichtlich der geldpolitischen Strategie sein, ob das zur Zeit favorisierte Inflation Targeting – in welcher Version auch immer – mit seiner Fokussierung auf die Verbraucherpreise optimal ist, oder ob nicht doch auch Vermögenspreise systematisch berücksichtigt werden sollten. Hinsichtlich der Implementierung der Geldpolitik drehen sich die Fragen erstens um den richtigen Zeitpunkt für einen Übergang von der sehr expansiven zu einer restriktiveren Geldpolitik (Exit) und zweitens um den richtigen Zeitpunkt für eine partielle Umkehr der strukturellen Maßnahmen, wie der Akzeptanz von Sicherheiten mäßiger Bonität.

Unstrittigeren Anpassungsbedarf als die Geldpolitik hat auf jeden Fall die bis zur Krise gültige Regulierung. Hier muss sich zeigen, inwieweit die Aufseher sich gegen Interessengruppen durchsetzen können und die Regulierungsstandards verschärfen. Vielleicht liegt es auch an diesem Kampf der verschiedenen Interessen, dass die aktuelle Diskussion wie ein Sammelsurium an Vorschlägen anmutet. Vielleicht handelt es sich auch um die einzig realistische Art des Fortschritts. Jedenfalls kann es nicht schaden, wenn in diesen Debatten einige Leitlinien der Regulierung, im Sinne einer langfristigen Orientierung, nicht in Vergessenheit geraten:

- Eine erste Leitlinie erfolgreicher Regulierung besteht darin, den Geltungsbereich der Regulierung und des zu Regulierenden in Übereinstimmung zu bringen, also **Kongruenz** zu erreichen. Gegenwärtig ist demgegenüber das Missverhältnis zwischen internationalisierten Finanzmärkten und national zersplitterter Aufsicht mit Händen zu greifen.
- Eine zweite Leitlinie haben die Aufseher immer wieder betont, indem die Regulierung umfassend sein muss, also eine **Abdeckung** aller relevanter Institutionen und Instrumente gelten muss, weil es ansonsten aufgrund von Regulierungsarbitrage zu Ausweichbewegungen kommt. Ein Beispiel hierfür sind bis vor der Krise die Zweckgesellschaften und im Grunde aktuell die Hedge Fonds.
- Als eine dritte Leitlinie ergibt sich aus der Tatsache des Regulierungswettlaufs zwischen Aufsehern und privaten Instituten, dass **Einfachheit** anzustreben ist. Aufgrund der gegebenen Wettbewerbsverhältnisse ist davon auszugehen, dass die Anreize zur Aufdeckung möglicher Regulierungs-

lücken stark sind und je komplizierter das Vertragswerk, desto eher finden sich solche Lücken oder Interpretationsspielräume.
- Viertens sollte die Vielzahl an Regulierungszielen durch ausreichende **Instrumentenvielfalt** unterstützt werden, was in der allgemeinen Wirtschaftspolitik als Tinbergen-Prinzip bezeichnet wird. Hier kann man bspw. an die Steuerung der Vermögensmärkte denken, die nicht wirklich gut mit der allgemeinen Geldpolitik oder Regulierungspolitik erreicht werden kann.
- Fünftens schließlich muss die Politik den Mut haben, normativ den **Regulierungsgrad** festzulegen, also die Stärke mit der die privaten Akteure in ihren einzelwirtschaftlichen Interessen zugunsten der Volkswirtschaft eingeschränkt werden. Diese Aufgabe sollten in demokratischen Gesellschaften auch nicht Zentralbanken (oder deren Ausschüsse bei der BIZ) übernehmen.

Es ist zu hoffen, dass das Finanzsystem soweit stabilisiert wird, dass die nächste Krise, die sich kaum vermeiden lassen wird, nicht mehr so schwerwiegend negative Folgen wie die letzte Krise (2007-2010) hatte.

Literaturhinweise

Eine sehr gute Beschreibung und klare Analysen der Finanz- und Wirtschaftskrise kann man in den Jahresberichten der Bank für Internationalen Zahlungsausgleich nachlesen, die auf deren Homepage frei verfügbar sind. Auch andere betroffene Institutionen wie der Internationale Währungsfonds, die Europäische Zentralbank oder die Deutsche Bundesbank halten sehr viel gutes Material bereit.

Zahlreiche Analysen finden sich auch in der akademischen Literatur, wie Hellwig (2009). Viele Zeitschriften haben entweder Schwerpunkte oder ganze Hefte zur Finanzkrise publiziert.

Zusammenfassung

1. Die große Finanz- und Wirtschaftskrise nimmt ihren Ausgangspunkt 2007 im Subprime-Segment des US-Immobilienmarktes.

2. Ihren Höhepunkt erreicht sie im September 2008 mit dem Zusammenbruch der US-Investmentbank Lehman Brothers als das weltweite Finanzsystem vor dem Kollaps steht.

3. Diese Krise ist nicht auf das Versagen einer einzelnen Gruppe von Akteuren zurück zu führen. Vielmehr haben sich fünf Gruppen, jedenfalls im Nachhinein gesehen, falsch verhalten.

4. Dazu zählen die Kreditgeber im Immobilienmarkt, die Geldpolitik, Finanzintermediäre wie Ratingagenturen, Investoren und die Finanzaufsicht.

5. Deren Fehler nahmen erst durch mehrere Selbstverstärkungsmechanis-

men systemgefährdende Ausmaße an.
6. Die Geldpolitik hat mit ungewöhnlichen Maßnahmen stabilisierend gewirkt.
7. Die Regulierungspolitik kann nicht direkt reagieren, befindet sich aber in einem Prozess grundlegender Reform.
8. Dieser Prozess wird von verschiedenen internationalen Institutionen voran getrieben, wie bspw. dem Basler Ausschuss für Bankenaufsicht.
9. Aus heutiger Sicht ist nicht klar, wie weit sich die Finanzaufseher durchsetzen können und inwieweit die neue Regulierung grundlegenden Leitlinien guter Regulierung gerecht wird.

Schlüsselbegriffe

Bankenabgabe
Bankenpanik
Bank für Internationalen Zahlungsausgleich (BIZ)
Basler Ausschuss für Bankenaufsicht
Eigenkapitalregulierung
Financial Stability Board
Finanztransaktionssteuer
Hedge Fonds
Investmentgrad
Kreditverbriefung
Leerverkäufe
Preis für Risiko
Ratingagenturen
Regulierungsgrad
Risikoverteilung
Staatsfinanzierung, direkte
Subprime-Segment
TED-Spread
Too big to fail
Trennbankensystem
Vermögensmärkte
Zerschlagung von Banken

Literaturverzeichnis

Akerlof, George A. (1970): The Market for "Lemons": Quality Uncertainty and the Market Mechanism, in: Quarterly Journal of Economics, Vol. 84, S. 488 – 500

Akerlof, George A., William T. Dickens und George L. Perry (1996): The Macroeconomics of Low Inflation, in: Brookings Papers on Economic Activity, No. 1, S. 1 – 59

Alesina, Alberto und Lawrence Summers (1993): Central Bank Independence and Macroeconomic Performance, in: Journal of Money, Credit, and Banking, Vol. 25, No. 2, S. 157 – 162

Alesina, Alberto, Olivier Blanchard, Jordi Galí, Francesco Gavazzo und Harald Uhlig (2001): Defining a Macroeconomic Framework for the Euro Area. Monitoring the European Central Bank 3, CEPR, London

al-Nowaihi, Ali und Paul Levine (1994): Can Reputation Resolve the Monetary Credibility Problem? In: Journal of Monetary Economics, Vol. 33, No. 2, S. 355 – 380

Andrés, Javier und Ignacio Hernando (1999): Does Inflation Harm Economic Growth? Evidence from the OECD, in: Martin Feldstein (Hrsg.): The Costs and Benefits of Price Stability, Chicago, S. 315 – 341

Anker, Peter und Jörn Wasmund (1998): Geldmarktsteuerung und Zinsstruktur. Empirische Ergebnisse für die USA und Deutschland, in: Kredit und Kapital, 31. Jg., S. 1 – 23

Arrow, Kenneth J. (1985): The Economics of Agency, in: John W. Pratt und Richard J. Zeckhauser (Hrsg.): Principals and Agents: The Structure of Business, Boston, S. 37 – 51

Backus, David und John Driffill (1985): Inflation and Reputation, in: American Economic Review, Vol. 75, No. 3, S. 530 – 538

Bagehot, W. (1873, 1962): Lombard Street, A Description of the Money Market, 1962 Homewood/Ill.

Ball, Laurence (1994): What determines the Sacrifice Ratio? In: N. Gregory Mankiw (Hrsg.): Monetary Policy, Chicago, S. 155 – 182

Ball, Laurence, N. Gregory Mankiw und David Romer (1988): The New Keynesian Economics and the Output-Inflation Tradeoff, in: Brookings Papers on Economic Activity, No. 1, S. 1 – 65

Barro, Robert J. (1996): Inflation and Growth, in: Federal Reserve Bank of St. Louis Review, Vol. 78, No. 3, S. 153 – 169

Barro, Robert J. (1998): Study Guide Macroeconomics, Fifth Edition, in: Mark Rush (Hrsg.), MIT Press, Cambridge/Mass

Barro, Robert J. und David B. Gordon (1983a): A Positive Theory of Monetary Policy in a Natural Rate Model, in: Journal of Political Economy, Vol. 91, No. 4, S. 589 – 610

Barro, Robert J. und David B. Gordon (1983b): Rules, Discretion, and Reputation in a Model of Monetary Policy, in: Journal of Monetary Economics, Vol. 17, No. 1, S. 101 – 122

BCBS [Basel Committee on Banking Supervision](2010): Group of Governors and Heads of Supervision Announces Higher Global Minimum Capital Standards, Bank für Internationalen Zahlungsausgleich Press Release, Ref no: 36/2010, 12.9.2010

Beck, Thorsten und Ross Levine (2002): Industry Growth and Capital Allocation: Does Having a Market- or Bank-Based System Matter? In: Journal of Financial Economics, Vol. 64, S. 147 – 180

Berger, Helge und Ulrich Woitek (1997): How Opportunistic Are Partisan German Central Bankers: Evidence on the Vaubel Hypothesis, European Journal of Political Economy, Vol. 13, No. 4, S. 807 – 821

Bernanke, Ben S. und Mark Gertler (1995): Inside the Black Box: The Credit Channel of Monetary Policy Transmission, in: Journal of Economic Perspectives, Vol. 9, No. 4, S. 27 – 48

Bernanke, Ben S. und Frederic S. Mishkin (1997): Inflation Targeting: A new framework for monetary policy, in: Journal of Economic Perspectives, Vol. 11, No. 2, S. 97 – 116

Bernanke, Ben S. und Michael Woodford (1997): Inflation Forecasts and Monetary Policy, in: Journal of Money, Credit, and Banking, Vol. 29, No. 4, S. 653 – 684

Bernanke, Ben S., Thomas Laubach, Frederic S. Mishkin und Adam S. Posen (1999): Inflation targeting: Lessons from the international experience, Princeton

Bindseil, Uwe und Franz Seitz (2001): The Supply and Demand of Eurosystem Deposits, ECB Working Paper No. 44, Frankfurt/M.

Blackburn, Keith und Michael Christensen (1989): Monetary Policy and Policy Credibility: Theory and Evidence, in: Journal of Economic Literature, Vol. 27, No. 1, S. 1 – 45

Blanchard, Oliver und Gerhard Illing (2009): Makroökonomie, 5. Aufl., München

Blinder, Alan S. (1987): The Rules-versus-Discretion Debate in the Light of Recent Experience, in: Weltwirtschaftliches Archiv, Vol. 123, S. 399 – 414

Blinder, Alan S. (1999): Central Bank Credibility: Why Do We Care? How Do We Build It? NBER Working Paper Series, No. 7161

Blinder, Alan S., Charles A. E. Goodhart, Philipp M. Hildebrand, David Lipton und Charles Wyplosz (2001): How Do Central Banks Talk? Geneva Report on the World Economy No. 3.

Blum, Jürg und Martin Hellwig (1995): The Macroeconomic Implications of Capital Adequacy Requirements for Banks, European Economic Review, Vol. 39, S. 739 – 749

Bofinger, Peter, Carsten Hefeker und Kai Pfleger (1998): Stabilitätskultur in Europa - Theoretische Grundlagen, empirische Befunde, Bedeutung für die EWU, Stuttgart

Bofinger, Peter, Julian Reischle und Andrea Schächter (1996): Geldpolitik – Ziele, Institutionen, Strategien und Instrumente, München
Borio, Claudio (2010): Implementing a Macroprudential Framework: Blending Boldness and Realism, Bank for International Settlements, Juni
Boyd, John und Mark Gertler (1993): U.S. Commercial Banking: Trends, Cycles and Policy, NBER Macroeconomics Annual, Vol. 8, 319 – 367
Brand, Klaus und Nuno Cassola (2000): A Money Demand System for Euro Area M3, ECB Working Paper No. 39
Briault, C. (1995): The costs of inflation, in: Bank of England Economic Bulletin, Vol. 35, No. 2, S. 33 – 45
Bronfenbrenner, Martin (1976): Elements of Stagflation Theory, in: Zeitschrift für Nationalökonomie, Bd. 36, S. 1 – 8
Brüggemann, Ralf und Helmut Lütkepohl (2006): A Small Monetary System for the Euro Area Based on German Data, Journal of Applied Econometrics, Vol. 21, S. 683 - 702
Brunner, Karl (1961): A Schema for the Supply Theory of Money, International Economic Review, Vol. 2, S. 79 – 109
Brunner, Karl (1970): Die Neuformulierung der Quantitätstheorie des Geldes, in: Kredit und Kapital, 3. Jg., S. 1 - 20
Brunner, Karl (1984): Monetary Policy and Monetary Order, in: Außenwirtschaft, Vol. 39, No. 3, S. 187 – 206
Brunner, Karl und Allan H. Meltzer (1971): The Uses of Money: Money in the Theory of an Exchange Economy, in: American Economic Review, Vol. 61, S. 784 – 805
Brunner, Karl und Allan H. Meltzer (1972): Money, Debt and Economic Activity, in: Journal of Political Economy, Vol. 80, S. 951 – 977
Brunnermeier, Markus K. (2009): Deciphering the Liquidity and Credit Crunch 2007-2008, in: Journal of Economic Perspectives, Vol. 23, Nr. 1, S. 77 – 100
Brunnermeier, Markus, Andrew Crockett, Charles A. E. Goodhart, Avinash D. Persaud und Hyun Shin (2009): The Fundamental Principles of Financial Regulation, Geneva Reports on the World Economy 11, Geneva und London
Bruno, Michael (1995): Verlangsamt Inflation tatsächlich das Wachstum? in: Finanzierung und Entwicklung, 32. Jg., Nr. 3, S. 35 – 38
Büschgen, Hans E. (1998): Bankbetriebslehre, 5. Aufl., Wiesbaden
Calvo, Guillermo A. (1978): On the Time Consistency of Optimal Policy in a Monetary Economy, in: Econometrica, Vol. 46, No. 6, S. 1411 – 1428
Campbell, John Y. (1995): Some Lessons from the Yield Curve, in: Journal of Economic Perspectives, Vol. 9, No. 3, S. 129 - 152
Card, David und Dean Hyslop (1997): Does Inflation Grease the Wheels of the Labor Market? In: Christina Romer und David Romer (Hrsg.): Reducing Inflation: Motivation and Strategy, Chicago, S. 71 – 121

Cecchetti, Stephen G. und M. Ehrmann (1999): Does Inflation Targeting Increase Output Volatility? An International Comparison of Policymakers' Preferences and Outcomes, NBER Working Paper Series, No. 7426

Clarida, Richard und Mark Gertler (1996): How the Bundesbank Conducts Monetary Policy, NBER Working Paper Series, No. 5581

Clarida, Richard, Jordi Gali und Mark Gertler (1997): Monetary Policy Rules in Practice: Some International Evidence, NBER Working Paper Series, No. 6254

Clarida, Richard, Jordi Gali und Mark Gertler (1999): The Science of Monetary Policy: A New Keynesian Perspective, in: Journal of Economic Literature, Vol. 37, S. 1661 – 1707

Clausen, Volker (2001): Asymmetric monetary transmission in Europe, Heidelberg u.a.

Clausen, Volker und Manfred Willms (1993): Unabhängigkeit der Zentralbank, in: Wirtschaftswissenschaftliches Studium (WiSt), 22. Jg., S. 605 – 610

Clemenz, Gerhard (1986): Credit Markets with Asymmetric Information, Berlin u.a.

Coase, Ronald (1937): The Nature of the Firm, in: Economica, Vol. 4, S. 386 – 405

Coenen, Gunter und Juan-Luis Vega (1999): The Demand for M3 in the Euro Area, ECB Working Paper No. 06

Crockett, Andrew (1996): The Theory and Practice of Financial Stability, in: De Economist, Vol. 144, No. 4, S. 531 – 568

Cukierman, Alex (1986): Central Bank Behavior and Credibility – Some Recent Developments, in: Federal Reserve Bank of St. Louis Review, Vol. 68, No. 5, S. 5 – 17

Davis, Richard G. (1990): Intermediate Targets and Indicators for Monetary Policy: An Introduction to the Issues, in: Federal Reserve Bank of New York Quarterly Review, Vol. 15, No. 1/2, S. 71 – 82

Deutsche Bundesbank (1991): Zinsentwicklung und Zinsstruktur seit Anfang der achtziger Jahre, in: Monatsbericht der Deutschen Bundesbank, 43. Jg., Nr. 1, S. 31 – 42

Deutsche Bundesbank (1997): Vom Wert stabilen Geldes, in: Deutsche Bundesbank, Geschäftsbericht 1996, S. 82 – 92

Deutsche Bundesbank (1998): Probleme der Inflationsmessung, in: Monatsbericht der Deutschen Bundesbank, 50. Jg., Nr. 5, S. 53 – 66

Deutsche Bundesbank (1999): Neuere Entwicklungen beim elektronischen Geld, in: Monatsbericht der Deutschen Bundesbank, 51. Jg., Nr. 6, S. 41 – 58

Deutsche Bundesbank (2000a): Die Beziehung zwischen Bankkrediten und Anleihemarkt in Deutschland, in: Monatsbericht der Deutschen Bundesbank, 52. Jg., Nr. 1, S. 33 – 48

Deutsche Bundesbank (2000b): Kerninflationsraten als Hilfsmittel der Preisanalyse, in: Monatsbericht der Deutschen Bundesbank, 52. Jg., Nr. 4, S. 49 – 63

Deutsche Bundesbank (2001): Der Informationsgehalt von Umfragedaten zur erwarteten Preisentwicklung für die Geldpolitik, in: Monatsbericht der Deutschen Bundesbank, 53. Jg., Nr. 1, S. 35 – 50

Deutsche Bundesbank (2002a): Die Ertragslage der deutschen Kreditinstitute im Jahr 2001, in: Monatsbericht der Deutschen Bundesbank, 54. Jg., Nr. 9, S. 17 – 47

Deutsche Bundesbank (2002b): Die gesamtwirtschaftlichen Finanzierungsströme im Jahr 2001, in: Monatsbericht der Deutschen Bundesbank, 54. Jg., Nr. 6, S. 15 – 39

Deutsche Bundesbank (2009a): Der unbare Zahlungsverkehr in Deutschland und die Rolle der Deutschen Bundesbank, in: Monatsbericht der Deutschen Bundesbank, 61. Jg., Nr. 3, S. 51 – 67

Deutsche Bundesbank (2009b): Änderung der neu gefassten EU-Bankenrichtlinie und der EU-Kapitaladäquanzrichtlinie sowie Anpassung der Mindestanforderungen an das Risikomanagement, in: Monatsbericht der Deutschen Bundesbank, 61. Jg., Nr. 9, S. 67 – 83

Deutsche Bundesbank (2009c): Internationale Zusammenarbeit auf dem Gebiet der laufenden Bankenaufsicht, in: Monatsbericht der Deutschen Bundesbank, 61. Jg., Nr. 12, S. 53 – 64

Deutsche Bundesbank (2010a): Ergebnisse der gesamtwirtschaftlichen Finanzierungsrechnung für Deutschland 1991-2009, Statistische Sonderveröffentlichung 4

Deutsche Bundesbank (Hrsg.)(1999): Fifty Years of the Deutsche Mark, Oxford

Devinney, Thomas M. und Mark J. Flannery (1988): The Bank-Customer Relationship, in: Heilmann, Wolf-Rüdiger (Hrsg.): Geld, Banken und Versicherungen, Band II, Karlsruhe, S. 801 – 812

Diamond, Douglas W. und Peter H. Dybvig (1983): Bank Runs, Deposit Insurance, and Liquidity, Journal of Political Economy, Vol. 91, S. 401 – 419

Dornbusch, Rudiger, Stanley Fischer und Richard Startz (2001): Macroeconomics, 8th ed., Boston u.a.

Driffill, John, Grayham E. Mizon und Alistair Ulph (1990): Costs of Inflation, in: Benjamin M. Friedman und Frank H. Hahn (Hrsg.): Handbook of Monetary Economics, Bd. II, Amsterdam, S. 1013 – 1066.

Dullien, Sebastian und Hansjörg Herr (2010): Die EU-Finanzmarktreform – Stand und Perspektiven im Frühjahr 2010, Friedrich Ebert Stiftung, Berlin

Duwendag, Dieter, Karl-Heinz Ketterer, Wim Kösters, Rüdiger Pohl und Diethart B. Simmert (1999): Geldtheorie und Geldpolitik in Europa, 5. Aufl., Berlin u.a.

Easterly, William und Stanley Fischer (2001): Inflation and the Poor, in: Journal of Money, Credit, and Banking, Vol. 33, S. 160 – 181

Eijffinger, Sylvester C. W. (2000): Monetary Policy of the ECB: Strategy and Instruments, in: Jakob de Haan (Hrsg.): The History of the Bundesbank, London, S. 125 – 142

Eijffinger, Sylvester C.W. und Jakob de Haan (1996): The Political Economy of Central-Bank Independence, Princeton Special Papers in International Economics, No. 19

Eijffinger, Sylvester C. W. und Marco M. Hoeberichts (2000): Central Bank Accountability and Transparency: Theory and Some Evidence, Discussion paper 6/00, Volkswirtschaftliche Forschungsgruppe der Deutschen Bundesbank

Englander, Steven A. (1991): Optimal Monetary Policy Design: Rules vs. Discretion Again, in: Federal Reserve Bank of New York Quarterly Review, Vol. 15, No. 3/4, S. 65 – 79

Erler, Alexander und Damir Križanac (2009): Taylor-Regel und Subprime-Krise - Eine empirische Analyse der US-amerikanischen Geldpolitik, in: Wirtschaftswissenschaftliche Diskussionspapiere der Universität Bayreuth, Nr. 05-10, Universität Bayreuth

Eucken, Walter (1990); Grundsätze der Wirtschaftspolitik, 6. Aufl., Tübingen

Europäische Zentralbank (1998a): Die einheitliche Geldpolitik in Stufe 3: Allgemeine Regelungen für die geldpolitischen Instrumente und Verfahren des ESZB, Frankfurt/M.

Europäische Zentralbank (1998b): Bericht über elektronisches Geld, Frankfurt/M.

Europäische Zentralbank (1999): Die stabilitätsorientierte geldpolitische Strategie des Eurosystems, in: EZB Monatsbericht, Januar, S. 43 – 56

Europäische Zentralbank (1999a): Monetäre Aggregate im Euro-Währungsgebiet und ihre Rolle in der geldpolitischen Strategie des Eurosystems, in: EZB Monatsbericht, Februar, S. 29 – 47

Europäische Zentralbank (1999b): Die Bilanzen der Monetären Finanzinstitute des Euro-Währungsgebiets zu Beginn des Jahres 1999, in: EZB Monatsbericht, August, S. 59 – 75

Europäische Zentralbank (2000): Preis- und Kostenindikatoren für das Euro-Währungsgebiet: ein Überblick, EZB Monatsbericht, August, S. 35 – 53

Europäische Zentralbank (2000): WWU und Bankenaufsicht, in: EZB Monatsbericht, April, 53 – 70

Europäische Zentralbank (2001), Fragen im Zusammenhang mit geldpolitischen Regeln, in: EZB Monatsbericht, Oktober, S. 43 - 58

Europäische Zentralbank (2001): Die externe Kommunikation der Europäischen Zentralbank, in: EZB Monatsbericht, Februar, S. 67 - 74

Europäische Zentralbank (2003): Ergebnis der von der EZB durchgeführten Überprüfung ihrer geldpolitischen Strategie, in EZB Monatsbericht, Juni, S. 87 – 102

Europäische Zentralbank (2005): Beurteilung der Leistungsfähigkeit von Finanzsystemen, in: EZB Monatsbericht, Oktober, S. 79 – 95

Europäische Zentralbank (2008): Monatsbericht „10 Jahre EZB", Frankfurt/M.

Europäisches Währungsinstitut (1998): Konvergenzbericht – Nach Art. 109j des Vertrags zur Gründung der Europäischen Gemeinschaft vorgeschriebener Bericht, Frankfurt/Main

Felderer, Bernhard und Stefan Homburg (2005): Makroökonomik und neue Makroökonomik, 9. Aufl., Berlin u.a.

Feldstein, Martin (1997): The costs and benefits of going from low inflation to price stability, in: Christina Romer und David Romer (Hrsg.): Reducing Inflation: Motivation and strategy, Chicago, S. 123 – 156

Fischer, Stanley (1981): Towards an Understanding of the Costs of Inflation: II, in: Carnegie-Rochester Conference Series on Public Policy, Vol. 15, S. 5 – 41

Fischer, Stanley (1990): Rules versus Discretion in Monetary Policy, in: Benjamin M. Friedman und Frank H. Hahn (Hrsg.): Handbook of Monetary Economics, Bd. II, Amsterdam, S. 1155 – 1184

Fischer, Stanley (1994): The Costs and Benefits of Disinflation, in: J. Onno Wijnholds, Sylvester C. W. Eijffinger und Lex H. Hoogduin (Hrsg.): A Framework for Monetary Stability, Dordrecht, S. 31 – 42

Fischer, Stanley und Franco Modigliani (1978): Towards an Understanding of the Real Effects and Costs of Inflation, in: Weltwirtschaftliches Archiv, Bd. 114, S. 810 – 833

Fisher, Irving (1930): The Theory of Interest, New York

Fratianni, Michele, Jürgen von Hagen und Christopher Waller (1993): Central Banking as a Political Principal-Agent Problem, CEPR Discussion Paper Series, No. 752

Frenkel, Michael und Georg Stadtmann (1999): Die geldpolitischen Instrumente der Europäischen Zentralbank, in: Das Wirtschaftsstudium (WISU), 28.Jg., S. 584 – 596

Frenkel, Michael und Lukas Menkhoff (2000): Stabile Weltfinanzen? Die Debatte um eine neue internationale Finanzarchitektur, Berlin u.a.

Frenkel, Michael und Klaus Dieter John (2011): Volkswirtschaftliche Gesamtrechnung, 7. Aufl., München

Friedman, Benjamin M. (1990): Targets and Instruments of Monetary Policy, in: Benjamin M. Friedman und Frank H. Hahn (Hrsg.): Handbook of Monetary Economics, Bd. II, Amsterdam, S. 1185 – 1230

Friedman, Milton (1968): The Role of Monetary Policy, in: American Economic Review, Vol. 58, S. 1 – 17

Friedman, Milton (1974): Die Rolle der Geldpolitik, in: Karl Brunner, Hans G. Monissen und Manfred J. M. Neumann (Hrsg.): Geldtheorie, Köln, S. 314 – 331

Friedman, Milton (1977): Nobel Lecture: Inflation and Unemployment, in: Journal of Political Economy, Vol. 85, No. 3, S. 451 – 472

Fudenberg, Drew und Jean Tirole (1995): Game Theory, Cambridge/Mass

Fuhrmann, Wilfried (1982): Erwartungen im Rahmen makroökonomischer Modelle, in: Wirtschaftswissenschaftliches Studium, 11. Jg., Heft 12, S. 567 – 572

Funke, Michael (2001): Money Demand in Euroland, in: Journal of International Money and Finance, Vol. 20, S. 701 – 713

Geigant, Friedrich (2002): Die Euro-Flagge über der Festung Europa, Deutschlands Weg zur einheitlichen Währung im gemeinsamen Markt, Berlin

Gersbach, Hans und Volker Hahn (2001): Should the Individual Voting Records of Central Bankers be Published? Discussion paper 2/01, Volkswirtschaftliche Forschungsgruppe der Deutschen Bundesbank

Gischer, Horst (1995): Zinsdifferenzen, Verhandlungsfähigkeit und Bankenwettbewerb auf einem unvollkommenen Kreditmarkt, in: Jahrbücher für Nationalökonomie und Statistik, Bd. 214, S. 532 – 556

Gischer, Horst (1997): The Information Content of Forward Rates - Empirical Evidence from Germany, in: Hipp, Christian u.a. (Hrsg.): Geld, Finanzwirtschaft, Banken und Versicherungen, Karlsruhe 1997, S. 243 – 256

Gischer, Horst (1999a): Finanzmarkt: Ungleichgewichtsmodell, in: Thießen, Friedrich (Hrsg.): Knapps Enzyklopädie für das Geld-, Bank- und Börsenwesen, 4. Auflage, Frankfurt 1999, S. 667 – 672

Gischer, Horst (1999b): Geldordnung, in: Thießen, Friedrich (Hrsg.): Knapps Enzyklopädie für das Geld-, Bank- und Börsenwesen, 4. Auflage, Frankfurt 1999, S. 772 – 774

Gischer, Horst (2000): The Impact of Central Bank Interest Rate Variations: Empirical Evidence from Germany, in: FEMM (Faculty of Economics and Management Magdeburg) Working Paper Series, No. 27/2000

Görgens, Egon und Karlheinz Ruckriegel (1998): Inflationswirkungen, in: Das Wirtschaftsstudium (WiSt), 27. Jg., S. 177 – 181

Görgens, Egon, Karlheinz Ruckriegel und Frank Seitz (2001): Europäische Geldpolitik, 2. Aufl., Düsseldorf

Graff, Michael (2000): Ursachen von Inflation, in: Wirtschaftswissenschaftliches Studium (WiSt), 29. Jg., S. 589 – 592

Greenbaum, Stuart I. and Anjan V. Thakor (1995): Contemporary Financial Intermediation, Fort Worth u.a.

Greiber, Claus und Bernhard Herz (2001): Taylor-Regeln: Erfahrungen der Deutschen Bundesbank, Implikationen für die Europäische Zentralbank, in: Fritz Söllner und Arno Wilfert (Hrsg.): Die Zukunft des Sozial- und Steuerstaates. Festschrift zum 65. Geburtstag von Dieter Fricke, Heidelberg, S. 453 – 469

Greiber, Claus und Ralph Setzer (2007): Money and housing – evidence fort he euro area and the US, Discussion Paper, Series 1, No. 12/2007

Hagen, Jürgen von (1999): Money Growth Targeting by the Bundesbank, in: Journal of Monetary Economics, Vol. 43, S. 681 – 701

Hagen, Jürgen von und Manfred J. M. Neumann (1996): A Framework of Monetary Policy under EMU, in: Deutsche Bundesbank (Hrsg.): Monetary Policy Strategies in Europe – A Symposium at the Deutsche Bundesbank, München, S. 141 – 165

Hagen, Jürgen von, Bernd Hayo und Ingo Fender (2001): Geldtheorie, Geldpolitik und Finanzmärkte, in: Klaus F. Zimmermann (Hrsg.): Neuere Entwicklungen in der Wirtschaftswissenschaft, Heidelberg, S. 1 – 41

Haldane, Andrew G. (1997): Some Issues in Inflation Targeting, in: Bank of England Working Paper Series, No. 74

Hansen, Alvin H. (1953): A Guide to Keynes, New York

Harhoff, Dietmar und Timm Körting (1998): Lending Relationships in Germany – Empirical Evidence from Survey Data, in: Journal of Banking and Finance, Vol. 22, S. 1317 – 1352

Hartmann-Wendels, Thomas und Lukas Menkhoff (2001): Could Tighter Prudential Regulation Have Saved Thailand's Banks? In: Developing Economies, Vol. 39, S. 295 – 326

Hartmann-Wendels, Thomas, Andreas Pfingsten und Martin Weber (2010): Bankbetriebslehre, 5. Aufl., Berlin u.a.

Hayek, Friedrich August von (1977): Entnationalisierung des Geldes. Eine Analyse der Theorie und Praxis konkurrierender Umlaufsmittel, Tübingen

Hayo, Bernd (1998): Inflation Culture, Central Bank Independence and Price Stability, in: European Journal of Political Economy, Vol.14, S. 241 - 263

Hellwig, Martin (1997): Unternehmensfinanzierung, Unternehmenskontrolle und Ressourcenallokation: Was leistet das Finanzsystem? In: Bernhard Gahlen, Helmut Hesse und Hans Jürgen Ramser (Hrsg.): Finanzmärkte, Tübingen, S. 211 – 243

Hellwig, Martin F. (2009): Systemic Risk in the Financial Sector: An Analysis of the Subprime-Mortgage Financial Crisis, in: De Economist, Vol. 157, Nr. 2, S. 129 – 207

Hellwig, Martin, Claudia M. Buch, Hans Gersbach, Roman Inderst und Manfred J.M. Neumann (2010): Reform von Bankenregulierung und Bankenaufsicht nach der Finanzkrise, Gutachten des Wissenschaftlichen Beirats beim Bundesministerium für Wirtschaft und Technologie [Autoren der Vorbereitungsgruppe unter Federführung von Martin Hellwig], Berlin.

Herrendorf, Berthold und Ben Lockwood (1997): Rogoff's "Conservative" Central Banker Restored, in: Journal of Money, Credit, and Banking, Vol. 29, S. 476 – 495

Herz, Bernhard und Werner Röger (1997): Reverse Regressions as a Test for Misspecification in Simultaneous Equation Models, in: Allgemeines Statistisches Archiv, Band: 81, Nr. 2, S. 207 – 213

Hesse, Helmut und Gisela Roth (1992): Die Zinsstruktur als Indikator der Geldpolitik? In: Kredit und Kapital, 25. Jg., S. 1 – 25

Hetzel, Robert L. (2000): The Taylor Rule: Is it a Useful Guide to Understanding Monetary Policy? In: Federal Reserve Bank of Richmond Economic Quarterly, Vol. 86, No. 2, S. 1 – 33

Hicks, John R. (1937): Mr. Keynes and the "Classics". A suggested interpretation, in: Econometrica, Vol. 5, S. 147 – 159

High Level Group on Financial Supervision in the EU (2009), Report of 25 February 2009 ("De Larosière Report"), Brussels

Hoffmann, Johannes (1998): Probleme der Inflationsmessung in Deutschland, Diskussionspapier 1/98, Volkswirtschaftliche Forschungsgruppe der Deutschen Bundesbank

Hoffmann, Johannes (1999): Zur Abschätzung der statistischen Verzerrungen in der deutschen Inflationsrate, in: Zur Diskussion über den Verbraucherpreisindex als Inflationsindikator. Beiträge zu einem Workshop in der Deutschen Bundesbank, Diskussionspapier 3/99, Volkswirtschaftliche Forschungsgruppe der Deutschen Bundesbank, S. 7 – 20

Howitt, Peter (1990): Zero Inflation as a Long-Term Target for Monetary Policy, in: Richard G. Lipsey (Hrsg.): Zero Inflation: The Goal of Price Stability, Toronto, S. 66 – 108

Ingersoll, Jonathan E. (1992): Interest Rates, in: Newman, Peter, Murray Milgate und John Eatwell (Hrsg.): The New Palgrave Dictionary of Money and Finance, Vol. 2, London, S. 442 – 445

Issing, Otmar (1985): Disinflation – Kosten und Nutzen der Inflationsbekämpfung, in: Wirtschaftswissenschaftliches Studium (WiSt), 14. Jg., Heft 1, S. 9 – 14

Issing, Otmar (1996): Einführung in die Geldpolitik, 6. Aufl., München

Issing, Otmar (1997): Geldwertstabilität als ordnungspolitisches Problem, in: Ordo, Bd. 48, S. 167 – 178

Issing, Otmar (2001b): The EURO Area and the single Monetary Policy, Working Paper No. 44 der Österreichischen Nationalbank

Issing, Otmar (2004): Disinflation, Kosten und Nutzen der Inflationsbekämpfung, in: Wirtschaftswissenschaftliches Studium (WiSt), 14. Jg., Heft 1, S. 9 - 14

Issing, Otmar (2008): Der Euro. Geburt – Erfolg – Zukunft, München

Issing, Otmar (2011): Einführung in die Geldtheorie, 15. Aufl., München

Jaffee, Dwight (1992): Credit Rationing, in: Newman, Peter, Murray Milgate und John Eatwell (Hrsg.): The New Palgrave Dictionary of Money and Finance, Vol. 1, London, S. 539 – 541

Jaffee, Dwight und Joseph Stiglitz (1990): Credit Rationing, in: Friedman, Benjamin M. und Frank H. Hahn (Hrsg.): Handbook of Monetary Economics, Vol. II, Amsterdam u.a., S. 837 – 888

Jarchow, Hans-Joachim (2003): Theorie und Politik des Geldes, 11. Aufl., Göttingen

Judd, John P. und Glenn D. Rudebusch (1998): Taylor´s Rule and the Fed: 1970 – 1997, in: Federal Reserve Bank of San Francisco Economic Review, No. 3, S. 3 – 16

Karmann, Alexander (1995): Zinsvolatilität und ihre Auswirkung auf das Bankensystem: eine theoretische und empirische Betrachtung; in: ifo-Studien, Jg. 41, S. 153 – 170

Kath, Dietmar (1972): Die verschiedenen Ansätze der Zinsstrukturtheorie. Versuch einer Systematisierung, in: Kredit und Kapital, 5. Jg., S. 28 – 71

Kenen, Peter H. (1969): The Theory of Optimum Currency Areas: An Eclectic View, in: Mundell, Robert A./Swoboda, Alexander (Hrsg.)(1969): Monetary Problems of the Interna-tional Economy, Chicago, S. 41 – 60

Keynes, John Maynard (1936): The General Theory of Employment, Interest, and Money, London

Klemperer, Paul (1987): Markets with Consumer Switching Costs, in: Quarterly Journal of Economics, 102. Jg., S. 375 – 394

Köhler, Claus (1999): Vertragliche Grundlagen der Europäischen Währungsunion, Berlin

Kotz, Hans-Helmut (2008): Finanzmarktkrise – eine Notenbanksicht, in: Wirtschaftsdienst – Zeitschrift für Wirtschaftspolitik, Vol. 88, Nr. 5, S. 291 – 296

Kozicki, Sharon (1999): How useful are Taylor Rules for Monetary Policy? In: Federal Reserve Bank of Kansas City Economic Review, No. 2, S. 5 – 33

Krugman, Paul und Maurice Obstfeld (2009): Internationale Wirtschaft, 8. Aufl., München

Kugler, Friedrich und Horst Hanusch (1994): Inflation und Arbeitslosigkeit – Der Phillips-Kurvenzusammenhang, in: Das Wirtschaftsstudium (WiSt), 23. Jg., S. 454 – 459

Küppers, Markus (2000): Banken in der geldpolitischen Transmission: eine Untersuchung der Kreditvergabe deutscher Geschäftsbanken, Tübingen

Kydland, Finn E. und Edward C. Prescott (1977): Rules Rather than Discretion: The Inconsistency of Optimal Plans, in: Journal of Political Economy, Vol. 85, No. 3, S. 743 - 791

Landau, Bettina (2000): Kerninflationsraten: Ein Methodenvergleich auf der Basis westdeutscher Daten, Frankfurt/M.

Landesberger, Julian von (2007): Sectoral Money Demand Models for the Euro Area Based on a Common Set of Determinants, ECB Working Paper Nr. 741

Leschke, Martin (1999): Geldmengenpolitik in Deutschland und Europa, Wiesbaden

Levine, Ross (2005): Finance and Growth: Theory and Evidence, in: Philippe Aghion and Steven Durlauf (Hrsg.): Handbook of Economic Growth, Vol. 1, Part 1, The Netherlands, S. 865 – 934

Lohmann, Susanne (1992): Optimal Commitment in Monetary Policy: Credibility versus Flexibility, in: American Economic Review, Vol. 82, No. 1, S. 273 – 286

Lucas, Robert E. (1972): Expectation and the Neutrality of Money, Journal of Economic Theory, Vol. 4, S. 103 - 124

Lucas, Robert E. Jr. (1973): Some International Evidence on Output-Inflation Tradeoffs, in: American Economic Review, Vol. 63, S. 326 – 334

Lucas, Robert E. Jr. (2000): Inflation and Welfare, in: Econometrica, Vol. 68, S. 247 – 274

Lutz, Friedrich A. (1967): Zinstheorie, 2. Aufl., Tübingen

Malkiel, Burton G. (1966): The Term Structure of Interest Rates, Princeton

Mankiw, N. Gregory (2010): Macroeconomics, 7. Aufl., New York
Mankiw, N. Gregory und Mark P. Taylor (2008): Grundzüge der Volkswirtschaftslehre, 4. Aufl., Stuttgart
Mayer, Colin (1990): Financial Systems, Corporate Finance, and Economic Development, in: Ron G. Hubbard (Hrsg.): Asymmetric Information, Corporate Finance, and Investment, Chicago, S. 307 – 332
McCallum, Bennett T. (1996): Crucial Issues concerning Central Bank Independence, NBER Working Paper Series, No. 5597
McCallum, Bennett T. (1999): Issues in the Design of Monetary Policy Rules, in: John B. Taylor und Michael Woodford (Hrsg.): Handbook of Macroeconomics, Vol. 1C, Amsterdam, S. 1483 – 1532
McCallum, Bennett T. (2000): Alternative Monetary Policy Rules: A Comparison with Historical Settings for the United States, the United Kingdom, and Japan, NBER Working Paper Series, No. 7725
McCallum, Bennett T. (2004): Misconceptions Regarding Rules vs. Discretion for Monetary Policy, in: Cato Journal, Vol. 23, No. 3, S. 365 - 372
McKinnon, Ronald (1963): Optimum Currency Areas, in: American Economic Review, Vol. 53, S. 717 – 724
McLaughlin, Kenneth J. (1994): Rigid Wages? In: Journal of Monetary Economics, Vol. 34, S. 383 – 414
Meltzer, Allan H. (1995): Monetary, Credit (and other) Transmission Processes: A Monetarist Perspective, in: Journal of Economic Perspectives, Vol. 9, No. 4, S. 49 – 72
Menger, Carl (1909): Artikel "Geld", in: Conrad, Johannes, Ludwig Elster, Wilhelm Lexis und Edgar Loening (Hrsg.): Handwörterbuch der Staatswissenschaften, Bd.4, 3. Aufl., Jena, S. 730 – 757
Menkhoff, Lukas (1996): Geldpolitische Instrumente der Europäischen Zentralbank, Eine Analyse unter den Aspekten Effizienz, Wettbewerbsneutralität und Dezentralität, 2. Aufl., Stuttgart
Menkhoff, Lukas (1997): Öffentliche Banken: nutzlos und teuer? In: ifo-Studien, 43.Jg., S. 549 – 575
Menkhoff, Lukas und Norbert Tolksdorf (1999): Finanzmärkte in der Krise? Zur Abkoppelung des Finanzsektors von der Realwirtschaft, Stuttgart
Menkhoff, Lukas (2010): Eine "dienende" Rolle für den Finanzsektor? Nicht dienen, sondern funktionieren!, in: Kredit und Kapital, 43. Jg., Nr. 2, S. 165 – 182
Merton, Robert C. und Zvi Bodie (2004): The Design of Financial Systems: Towards a Synthesis of Function and Structure, NBER Working Paper 10620
Mishkin, Frederic S. (1992): Is the Fisher Effect for Real? A Reexamination of the Relationship between Inflation and Interest Rates, in: Journal of Monetary Economics, Vol. 30, S. 195 – 215
Mishkin, Frederic S. (1995): Symposium of the Monetary Transmission Mechanism, in: Journal of Economic Perspectives, Vol. 9, No. 4, S. 3 – 10

Mishkin, Frederic S. (2009): The Economics of Money, Banking and Financial Markets, 9. Aufl., Reading u.a.

Mundell, Robert A. (1961): A Theory of Optimum Currency Areas, in: American Economic Review, Vol. 51, S. 657 – 664

Muth, J. F. (1961): Rational Expectations and the Theory of Price Movements, in: Econometrica, Vol. 29, S. 315 – 335

Nautz, Dieter (1995): Zur Feinsteuerung des Geldmarktes durch die Wertpapierpensionsgeschäfte der Bundesbank, in: Zeitschrift für Wirtschafts- und Sozialwissenschaften, 115. Jg., S. 623 – 644

Nautz, Dieter (1997): How Auctions reveal Information: A Case Study on German Repo Rates, in: Journal of Money, Credit, and Banking, Vol. 29, S. 17 – 25

NBER (2005): The Inflation Targeting Debate, in: Bernanke, Ben S. und Michael Woodfort (Hrsg.), Chicago

Neuberger, Doris (1998): Mikroökonomik der Bank, München

Neuberger, Doris (1999): Finanzsysteme in Europa: Harmonisieren? Anglifizieren? In: Zeitschrift für Wirtschaftspolitik, 48. Jg., S. 11 – 26

Neumann, Manfred J.M. (2009): Internationale Finanzkrise und die Geldpolitik der Europäischen Zentralbank, in: Perspektiven der Wirtschaftspolitik, Vol. 10, Nr. 4, S. 367 – 388

OECD (2008): Monetary Policy, Market Excesses and Financial Turmoil, in: OECD Economics Working Paper No. (2008)5, Paris

Orphanides, Athanasios (2001): Monetary Policy Rules, Macroeconomic Stability and Inflation, ECB Working Paper No. 115

Orphanides, Athanasios (2001): Monetary policy rules based on real-time data, in: American Economic Review, Vol. 91, S. 964 - 985

Orphanides, Alhanasios (2006): The Road to Price Stability, in: American Economic Review, Vol. 96, S. 178 – 181

Persson, Torsten und Guido Tabellini (1993): Designing Institutions for Monetary Stability, in: Carnegie-Rochester Conference Series on Public Policy, Vol. 39, S. 53 – 84

Phelps, Edmund S. (1967): Phillips Curves, Expectations of Inflation and Optimal Unemployment over Time, in: Economica, Vol. 34, No. 3, S. 254 – 281

Phillips, Alban W. (1958): The Relation between Unemployment and the Rate of Change of Money Wage Rates in the United Kingdom, 1861 – 1957, in: Economica, Vol. 25, S. 283 – 299

Poole, William (1970): Optimal Choice of Monetary Policy Instruments in a Simple Stochastic Macro Model, in: Quarterly Journal of Economics, Vol. 84, No. 1, S. 197 – 216

Poole, William und Robert H. Rasche (2000): Perfecting the Market's Knowledge of Monetary Policy, Federal Reserve Bank of St. Louis Working Paper No. 2000-010

Reifschneider, David und John C. Williams (2000): Three Lessons for Monetary Policy in a Low-Inflation Era, in: Journal of Money, Credit and Banking, Vol. 32, No. 4, S. 936 – 966.
Richter, Rudolf (1999): Deutsche Geldpolitik 1948 – 1998, Tübingen
Richter, Rudolf (1990): Geldtheorie. Vorlesung auf der Grundlage der Allgemeinen Gleichgewichtstheorie und der Institutionenökonomik, 2. Aufl., Berlin
Richter, Rudolf (1991): Bankenregulierung aus der Sicht der neuen Institutionenökonomik, in: Jürgen Siebke (Hrsg.): Finanzintermediation, Bankenregulierung und Finanzmarktintegration, Berlin, S. 43 - 64
Richter, Rudolf (1994a): Stabilitätskultur als Problem der Institutionen-Ökonomik, in: Helmut Hesse und Otmar Issing (Hrsg.): Geld und Moral, München, S. 73 – 90
Richter, Rudolf (1994b): Institutionen ökonomisch analysiert, Tübingen
Richter, Rudolf (2002): Warum Preisstabilität? In: Deutsche Bundesbank (Hrsg.): Auszüge aus Presseartikeln, Nr. 4, S. 4 – 11
Richter, Rudolf und Eirik G. Furubotn (2010): Neue Institutionenökonomik. Eine Einführung und kritische Würdigung, 4. Aufl., Tübingen
Roger, Scott und Mark Stone (2005): On Target? The International Experience with Achieving Inflation Targets, IMF Working Paper, Nr. 163
Rogoff, Kenneth (1985): The Optimal Degree of Commitment to an Intermediate Monetary Target, in: Quarterly Journal of Economics, Vol. 100, S. 1169 – 1189
Rogoff, Kenneth (1987): Reputational Constraints on Monetary Policy, in: Carnegie-Rochester Conference Series on Public Policy, Vol. 26, S. 141 – 182
Rohde, Armin (1995): Geldmarkt und Geldmarktsteuerung in der Bundesrepublik Deutschland, in: Kredit und Kapital, Beiheft 13, S. 243 - 266
Rohde, Armin und Tobias Rehbock (2000): Geldpolitische Effekte der Kreditrationierung, in: Wirtschaftswissenschaftliches Studium (WiSt), 29. Jg., S. 82 – 98
Ross, Stephen A., Randolph W. Westerfield und Jeffrey Jaffe (2010): Corporate Finance, 9. Aufl., Boston u.a.
Rudebusch, Glenn D. und Lars E. O. Svensson (1999): Policy Rules for Inflation Targeting, in: John B. Taylor (Hrsg.): Monetary Policy Rules, Chicago, S. 203 – 246
Sachverständigenrat zur Begutachtung der gesamtwirtschaftlichen Entwicklung (SVR) (2000): Chancen auf einen höheren Wachstumspfad, Jahresgutachten 2000/01, Bundestagsdrucksache 14/4792 vom 29.11.2000
Sachverständigenrat zur Begutachtung der gesamtwirtschaftlichen Entwicklung (SVR) (2003): Staatsfinanzen konsolidieren – Steuersystem reformieren, Jahresgutachten 2003/04, Berlin 2003
Sachverständigenrat zur Begutachtung der gesamtwirtschaftlichen Entwicklung (2009): Die Zukunft nicht aufs Spiel setzen, Jahresgutachten 2009/10, Bundestagsdrucksache Nr. 17/44

Sachverständigenrat zur Begutachtung der gesamtwirtschaftlichen Entwicklung (2010): Chancen für einen stabilen Aufschwung, Jahresgutachten 2010/2011, Bundestagsdrucksache Nr. 17/3700

Sargent, Thomas J. (1982): The Ends of Four Big Inflations, in: Robert E. Hall (Hrsg.): Inflation: Causes and Effects, Chicago, S. 41 – 98

Saving, Thomas R. (1967): Monetary-Policy Targets and Indicators, in: Journal of Political Economy, Vol. 75, S. 241 – 254

Schmidt, Reinhard H. und Marcel Tyrell (1997): Financial Systems, Corporate Finance and Corporate Governance, in: European Financial Management, Vol.3, S. 333 – 361

Sinn, Hans-Werner (1986): Risiko als Produktionsfaktor, in: Jahrbücher für Nationalökonomie und Statistik, Bd.201, S. 557 – 571

Sinn, Hans-Werner (1997): Der Staat im Bankwesen. Zur Rolle der Landesbanken in Deutschland, München

Sinn, Hans-Werner und Michael Reutter (2000): The Minimum Inflation Rate for Euroland, CESifo Working Paper No. 377

Söllner, Fritz und Arno Wilfert (1996): Elektronisches Geld und Geldpolitik, in: List-Forum für Wirtschafts- und Finanzpolitik, Bd. 22, S. 389 – 405

Solow, Robert und Paul Samuelson (1960): The Problem of Achieving and Maintaining a Stable Price Level – Analytical Aspects of Anti-Inflation Policy, in: American Economic Review, Papers and Proceedings, Vol. 50, S. 177 – 194

Spahn, Heinz-Peter (1999): Central Bankers, Games and Markets - A Critical Assessment of the Microeconomic Optimization Approach in the Theory of Macroeconomic Stabilization. In: Filc, Wolfgang und Claus Köhler (Hrsg.): Macroeconomic Causes of Unemployment - Diagnosis and Policy Recommendations, Berlin, S. 379 – 403

Spence, A. Michael (1974): Market Signaling: Informational Transfers in Hiring and related Screening Processes, Cambridge/Mass. u.a

Spremann, Klaus (1990): Asymmetrische Information, in: Zeitschrift für Betriebswirtschaftslehre, 60. Jg., S. 561 – 586

Spremann, Klaus (1996): Wirtschaft, Investition und Finanzierung, 5. Aufl., München

Stiglitz, Joseph und Andrew Weiss (1981): Credit Rationing in Markets with Imperfect Information, in: American Economic Review, Vol. 71, S. 393 – 410

Svensson, Lars E. O. (1997): Optimal Inflation Targets, "Conservative" Central Banks, and Linear Inflation Contracts, in: American Economic Review, Vol. 87, S. 98 – 114

Svensson, Lars E. O. (1999a): Inflation Targeting as a Monetary Policy Rule, in: Journal of Monetary Economics, Vol. 43, S. 607 – 654

Svensson, Lars E. O. (1999b): Monetary Policy Issues for the Eurosystem, in: Carnegie-Rochester Conferences Series on Public Policy, Vol. 51, S. 79 – 136

Svensson, Lars E. O. (2000): The First Year of the Eurosystem: Inflation Targeting or Not? In: American Economic Review, Papers and Proceedings, Vol. 90, S. 95 – 99

Svensson, Lars E. O. (2003): What is wrong with Taylor Rules? Using Judgment in Monetary Policy through Targeting Rules, in: Journal of Economic Literature, Vol. 42

Taylor, John B. (1995): The Monetary Transmission Mechanism: An Empirical Framework, in: Journal of Economic Perspectives, Vol. 9, No. 4, S. 11 – 26

Taylor, John B. (1993): Discretion versus Policy Rules in Practice, in: Carnegie-Rochester Conference Series on Public Policy, Vol. 39, S. 195 – 314

Taylor, John B. (1999): A Historical Analysis of Monetary Policy Rules, in: John B. Taylor (Hrsg.): Monetary Policy Rules, Chicago, S. 319 – 341

Taylor, John B. (2007): The Explanatory Power of Monetary Policy Rules, NBER Working Paper 13685, Cambridge/Mass

Taylor, John B. (2007): The Explanatory Power of Monetary Policy Rules, NBER Working Paper 13685, Cambridge/Mass

Taylor, John B. (2008): The Importance of Being Predictable, in: Federal Reserve Bank of St. Louis Review, Vol. 90, S. 405 – 410

Tobin, James (1969): A General Equilibrium Approach to Monetary Theory, in: Journal of Money, Credit and Banking, Vol. 1, S. 15 – 29

Tödter, Karl-Heinz und Gerhard Ziebarth (1997): Preisstabilität oder geringe Inflation für Deutschland? Eine Analyse von Kosten und Nutzen, Diskussionspapier 3/1997, Volkswirtschaftliche Forschungsgruppe der Deutschen Bundesbank

Trichet, Jean-Claude (2009): The ECB's enhanced credit support, Keynote address by Jean-Claude Trichet, President of the ECB at the University of Munich Munich, 13 July 2009

Vathje, Sven-Olaf (1998): Endogene Geldmenge und Bankverhalten: eine theoretische und empirische Studie zur Mikrofundierung des Geldangebots in der Bundesrepublik Deutschland, Berlin

Vaubel, Roland (1976): Real Exchange Rates in the European Community: The Empirical Evidence and its Implications for European Currency Unification, in: Weltwirtschaftliches Archiv , Bd. 112, Heft 3, S. 429 – 470

Waller, Christopher J. (1995): Performance Contracts for Central Bankers, in: Federal Reserve Bank of St. Louis Review, Vol. 77, No. 5, S. 3 – 14

Walsh, Carl E. (1995a): Optimal Contracts for Central Bankers, in: American Economic Review, Vol. 85, S. 150 – 167

Walsh, Carl E. (1995b): Is New Zealand's Reserve Act of 1989 an Optimal Central Bank Contract? In: Journal of Money, Credit, and Banking, Vol. 27, S. 1179 – 1191

Walsh, Carl E. (2002): When Should Central Bankers Be Fired? In: Economics of Governance, Vol. 3, S. 1 – 21

Walsh, Carl E. (2010): Monetary Theory and Policy, 3. Aufl., Cambridge/Mass.

Wicksell, Knut (1898): Geldzins und Güterpreise, Jena
Wicksell, Knut (1922): Vorlesungen über Nationalökonomie, 2. Bd., Jena
Williamson, Oliver E. (1985): The Economic Institutions of Capitalism, New York
Williamson, Oliver E. (2009): Die ökonomischen Institutionen des Kapitalismus, Tübingen
Winkler, Bernhard (2000): Which Kind of Transparency? On the Need for Clarity in Monetary Policy-Making, ECB Working Paper No. 26
Woodford, Michael (2001): The Taylor Rule and Optimal Monetary Policy, in: American Economic Review Vol. 91, S. 232 – 237

Stichwortverzeichnis

AA-Kurve 372, 374
Abkoppelung 28, 38
Abwertung .. 235, 249, 360-362, 364, 365, 367, 370, 375, 379, 380, 383-386, 388, 391, 392
(Adressen)Ausfallrisiko 183, 188, 189, 198
Adverse Selektion 138, 145, 158, 243
Allokation, intertemporale 7, 16
Allokationsfunktion 5, 8, 11, 13, 16
Amerikanisches Verfahren 287, 289, 297
Anbindungsfunktion 291, 297
Anlagenmanagement 128, 130, 131
Anrechnungsbetrag 189
Ansteckungspotential 164, 166
Arbitrage 110, 11, 114, 115, 117, 235, 237
Arbitragebedingung 364, 365, 376
Asymmetrische Informationsverteilung 122, 127
Aufwertung 360, 361, 363, 364, 367, 374, 376, 379, 380, 382-385, 387, 391
Ausfallrisiko 169
Außenfinanzierung 27
Außenwert 355

Bagehot-Regel 170, 179
Balassa-Samuelson-Effekt 343, 344
Bank für Internationalen Zahlungsausgleich (BIZ) 419-421, 423
Banken, öffentliche 37-38
Bankenabgabe 418
Bankenpanik 412
Bankenrun 198, 199, 202, 203
Bankenverhalten 225, 240, 242
Bargeldhaltungsquote 73-75, 79, 81
Barro-Gordon-Modell 306, 313, 316
Basel, I bis III 183-186, 193, 194, 196, 203
Basisgeld 69, 72-79
Basler Akkord 184-186, 203
Basler Ausschuss für Bankenaufsicht 419, 424
Bewertungsquote 156
Bilanz 50-72, 76, 77, 80, 81
Bilanzsumme 66-68, 77
Bonität 95, 105, 146, 149, 154
Bonitätsaspekte 240
Bonitätsprüfung 243, 244
Bruttoabwicklungssystem 176, 177, 179
Budgetrestriktion 139
Building Block Ansatz 187, 198

Cost-Income-Ratio (CIR) 131, 132
Currency Board 381

DD-Kurve 370-372, 374, 375
Deflation 251, 253, 258, 265
Delegated Monitoring 124, 135
Deutsche Bundesbank 45, 47, 51, 53-55
Devisenmarkt 362, 366, 367, 372, 373, 382, 384, 385, 387, 391, 392, 396
Devisenmarktintervention 382, 384, 385, 391
Disinflation 253, 254
Disintermediation 9
Diskontfaktor 94, 105

Economies of Scale 123
Economies of Scope 123
E-Geld (elektronischesGeld) 80, 81
Eigenkapitalmanagement 128
Eigenkapitalnorm 184-186, 193-195, 198, 201, 203
Eigenkapitalregulierung 413
Eigenmittel 186-190, 194, 195, 203
Einheitliche Europäische Akte (EEA) 394
Einkommens(Wicksell)-Effekt 100
Einlagenfazilität 281, 297
Einlagenmanagement 128, 130
Einlagenversicherung 198-200, 203
Endziel 319-324, 329, 330, 333, 337, 338
Enforcement Problem 150
EONIA 296
Erstellungskosten neuer Vermögensgegenstände(EV) 219, 229, 249
Erwartungen 231
Erwartungstheorie 114, 117
EURIBOR 97
Europäische Währungsunion (EWU) 377, 381, 390, 394
Europäische Wirtschaftsgemeinschaft (EWG) 393
Europäische Zentralbank (EZB) ..41, 42, 47, 48, 53, 62, 341, 342, 345, 346, 350, 351, 355, 356
Europäisches System der Zentralbanken (ESZB) 44, 47
Europäisches Währungssystem (EWS) 377, 381, 394, 398, 403
European System of Financial Supervision (ESFS) 191, 192
Eurosystem 44-50, 52, 53, 57, 59, 63
EZB-Beobachter 329
EZB-Rat 45, 47, 51-53, 62, 63

Fazilitäten 279-281, 286, 295, 296
Federal Funds Rate 324, 327
Fed-Watcher 329

Feedback-Regel 300, 303, 311
Festbetragsanspruch 140
Financial Stability Board 420, 421
Finanzielle Notsituation 246
Finanzierungsfunktion 7, 13
Finanzierungsstruktur 20, 29, 30, 32, 35, 37, 38
Finanzkapital 24-25
Finanzmarktdimensionen 32, 34, 35, 38
Finanzsektor 1-7, 11-13, 16
  hoheitlicher 20, 21, 36, 37
  marktmäßiger 20, 21, 37
Finanzsystem 36
Finanzsystemstabilität 163, 171, 172
Finanztransaktionssteuer 418
Fisher-Effekt 259, 262, 265
Fixkurs-System 381
Flexkurs-System 381
Forward Rate 115, 116
Fristentransformation 8, 13
Fristigkeitsstruktur der Zinssätze 109, 112, 117
Future-Geschäft 34

Gegenwartspräferenz 98
Geldangebot 88
Geldangebotsmultiplikator 72-75, 81
Geldbasis 226, 321, 323, 338
Geldfunktionen 4, 16
Geldgrad 14
Geldhaltungssektor 14, 16
Geldkapital 15
Geldmarktzins 321-324, 327, 328
Geldmenge, M1–M3 14-16
Geldmengenaggregat 352
Geldmengensteuerung 348, 352, 353, 356
  antizyklische Wirkung der 353
Geldmengenziel, potentialorientiertes 353
Geldnachfrage 86, 88, 89, 347, 356
geldneutraler Sektor 76
Geldschöpfung 73, 74
Geldschöpfung, multiple 74
Geldvermögen 15, 17, 233, 234
Geldwertstabilität 251-253, 257, 258, 262, 263, 265, 266, 267, 271-276
Geldzins 95
Gesamtkapitalrentabilität(GKR) 131, 132
Gesamtwirtschaftliches Güterangebot 210
Gesamtwirtschaftliche Güternachfrage 210, 220, 222

Geschäftsvolumen 67, 241, 242
Glättungsfunktion 290, 296, 297
Glaubwürdigkeit 311-314, 317
Grenzleistungsfähigkeit des Kapitals 95
Grundprodukte 34, 38
Gütermarktkurve 371
Güternachfrage, gesamtwirtschaftliche 369, 370

Handelsbuch 187, 188, 190, 198
Harmonisierter Verbraucherpreisindex 254
Hauptrefinanzierungsinstrument 280, 286, 294, 296
Hausbankverhältnis 125
HedgeFonds 417, 422
Herdenverhalten 165
Hidden Actions 138
Hidden Characteristics 138
Holländisches Verfahren 288, 289, 297
Humankapital 232, 233, 249

Implizite Anreize 146
Implizite Kontrakte 127, 158
Impliziter Terminzins 115-117
Indexierung 258, 259, 264
Inflation 251-254, 256-276, 319, 322-327, 330
Inflation Report 335
Inflation Targeting 319, 322, 330-334, 336-338
    explizites 334
    implizites 334
Inflation
    erwartete 264, 265
    importierte 344, 355
    unerwartete 265
Inflationsanreiz 306, 310, 311, 314, 315
Inflationsaversion 41, 60-62
Inflationsbericht 333, 335
Inflationslücke 323-326, 328
Inflationsprognose 331-335, 337, 338
Inflationsprognose-Steuerung 331, 338
Inflationsrate 258-260, 262-269, 271, 273, 274, 276
    gleichgewichtige 308, 309
Inflationssensitivität 60-62
Inflationssteuer 259, 261, 273, 275
Inflationssteuerung 332, 336
Informations- und Lenkungsfunktion von Preisen 264
Informationsasymmetrie 97
Informationsfunktion 7, 13

Stichwortverzeichnis 447

Innertageskredit 177
Instrumenten-Regel 322, 323, 329, 333, 334
Instrumenten-Variable 323
Interbankengeschäft 66, 67
Interbankenmarkt 97
Interessenkonflikte 49
Internationale Wettbewerbsfähigkeit 401
Interne Verzinsung 94, 95, 99
Intertemporale Konsumentscheidung 232, 249
Investitionsnachfrage 87, 90, 210, 217, 219, 222, 227, 238, 241, 244, 247-249
Investitionsquote 25
Investitionsrechnung 94, 105
Investmentbanking 121
Investmentgrad 416
IS-Kurve 86-88, 91
IS-LM-Modell 83, 86-88, 91, 92, 226

Kapital-Bewahrungspuffer 194, 195
Kapitalmobilität 385, 388, 392
Kapitalstock 24, 38
Kapitalverkehr 386, 389, 390
Kapitalverkehrskontrollen 386, 389
Karten (Debit-, Geld-, Kredit-) 65, 78-90
Kassenhaltungskoeffizient 84
Katastrophenblindheit 165
Kerninflation 256, 257, 275
Kommissionsgeschäfte 121
Konjunkturindikatoren 345
Konkurrenzverhalten 239
konservativer Notenbanker 313-315, 317
Konsumnachfrage 210, 218, 227, 233, 234, 248
Kontrollfunktion 7, 13, 16
Konvergenzkriterien 398, 399, 403
Kosten-Ertrags-Relation 131
Kreditfinanzierung 30
Kreditinstitut 65-75, 77, 78, 80, 81
Kreditkanal 221, 222, 225, 237, 238, 244, 246-249
Kreditlimit 151
Kreditplafondierung 283, 285
Kreditrisiko 133
Kreditverbriefung 407
Kreditvergabemöglichkeit 241
Kreditwürdigkeit 240, 244
Krönungstheorie 398, 403
Kundengeschäft 66, 67, 70

Lag 299, 301, 303
Leerverkäufe 417
Leistungsbilanz 369
Leistungsbilanzdefizit 103
leistungsorientierte Arbeitskontrakte 313, 315, 317
Lender of Last Resort 199, 202, 203
LIBOR 97
Liquidität 7, 14
Liquiditäts(Keynes)-Effekt 100
Liquiditätsmanagement 128
Liquiditätspräferenztheorie 84
Liquiditätsprämientheorie 114, 117
Liquiditätsschock 125
LM-Kurve 89, 91, 92
Losgrößentransformation 8, 13

Maastricht-Vertrag 393, 395, 397-401, 403
magisches Dreieck der Geld- und Währungspolitik 388, 389
makroökonomische Projektionen 346, 351, 356
MaRisk 186, 190
marktadäquate Verzinsung 108
Markt(preis)risiko 198
Marktrisiko 170
Marktsegmentationstheorie 114, 117
Marktwert bestehender Aktiva (MW) 219, 229, 249
Mark-up-Pricing 245
Mechanismus der relativen Preise 229, 233, 244, 246, 248, 249
Mengentender 288, 289
Mindestreserve 277, 280, 282, 283, 286, 290-293, 296, 297
Monetäre Finanzinstitute (MFI) 14-16, 75-77, 81, 120
Monetäre Rahmenbedingungen 218
Monitoring 124, 133, 135
Moral Hazard 124, 243

Natürliche Arbeitslosigkeit 268, 269, 271, 276
NatürlicherZins 105
natürliches Monopol 175, 178, 179
Nettoabwicklungssystem 176, 178
Netto-Exportnachfrage 210
Nettogeldvermögen 24
Nettonachfrage des Auslandes 369
Netzgeld 80
No-Bail-out-Klausel 401, 403

Offenmarktpolitik 277-281, 283, 286, 290, 294, 296
operationelles Risiko 187, 188, 203

Opportunitätskosten 85, 89
Optimaler Währungsraum 395-398, 402
Optimiertes Portefeuille 228
Optionsgeschäft 34
Output-Lücke 323, 324-326, 328, 329, 338

Pegging 381
Pensionsgeschäft 280
Pfandkredit 280, 286
Phillips-Kurve 252, 266-272, 275, 276
Pooling 144-147
Portfoliogleichgewicht 229
präventiveRegulierung 181
Preis für Risiko 407
Preisausblick 345, 349, 350, 352
Preisdeflator des Bruttoinlandsprodukts 254
Preisindex 253-256, 259
Preisniveau(Fisher)-Effekt 100
Preisniveaustabilität 252, 253, 265, 275
Preisrigiditäten 272
Primärmarkt 34
Principal-Agent-Problem 299, 303, 304
Principal-Agent-Situation 124
Principal-Agent-Konflikt 164
Produktionspotential 208, 212, 353
Projektionen 346, 347, 351, 356
protektive Regulierung 181, 198

Quantitätstheorie 348, 352
Quasi-Zwischenziel-Stragie 348, 350, 352

Rating 108, 109
Ratingagenturen 411, 417, 423
Rationale Erwartungen 271
Rationierungs-Gleichgewicht 144
Reaktionsfunktion, geldpolitische 323, 328, 331
Realer Zins 99, 102, 105
Realkapital 24-25
Realwirtschaft 1-5, 14, 16
Rechenmitte 14, 13
Rechenschaftspflicht 350, 356
Referenzwert für das Geldmengenwachstum 346, 348, 349
Referenzwerte 399
Regel 299, 300, 303, 310-314, 316
    diskretionär 299, 300
    flexibel 300
    starr 300, 303

Regelbindung 299, 300, 303, 310-314, 316
　　mit Ausnahmevorbehalt 311
Regulierung
　　makroprudenziell 171-173, 179
　　mikroprudenziell 171, 172
　　präventiv 163, 179
　　protektiv 163, 179
Regulierungsgrad 167-169, 174, 179, 423
Regulierungskosten 184
Regulierungswettlauf 184, 185
Relationaler Vertrag 42, 44
Renditedifferentiale 102
Rendite-Risiko-Kombination 10
Repartieren 288, 289
Repräsentativer Zinssatz 230, 239
Reputation 313, 314, 317, 355
Reservehaltungsquote 71-74
Rettungsschirm 401
Risikoabgeltung 139-141, 151
Risikoaufschlag 108
Risikodiversifikation 8, 9, 11, 13
Risikoeinstellung 122, 126, 128, 231
Risikonormierung 139, 151, 154, 155
Risikoprämie 98, 265, 275
Risikoscheu 10
Risikovermeidung 139
Risikoverteilung 407
risk spread 108
rules vs. discretion 304, 316

Sachvermögen 24-26, 38
Schuhsohlen-Kosten 262, 275
Screening 124, 133, 146, 147
Seignorage 42, 43
Sekundärmarkt 34
Selbstbindung 313, 355
Selbst-Selektion 147
Selektive Geldpolitik 283, 285
Separation 146, 147, 150
Sicherheiten 146-148, 158
Sicherheitenpotential 243
Signalling 146, 147, 158
Solvabilitätskoeffizient 189, 190
Sparen, realwirtschaftliche Bedeutung 22-24
Speisekarten-Kosten 259, 262, 275
Spekulationsmotiv 84-86, 90

Spitzenrefinanzierungsfazilität 281
Spot-Markt 362
Spread 108, 113, 114, 117
Staatsverbrauch 210
Stabilisator, automatischer 353
Stabilitäts- und Wachstumspakt 393, 398-400, 403
Stabilitätskultur 60-63
Stagflation 267
State Verification 124
Sterilisierung 385
Steuerverzerrungen, inflationsbedingte 262, 263, 273
Strategie
  geldpolitische 341, 345, 346, 349, 350, 352, 355, 356
  stabilitätsorientierte 341, 350, 352, 356
Stützungskäufe 383-385, 388
Subprime-Segment 406, 409, 423
Substitutionsbeziehung 226, 229, 231, 237, 241, 249
Switching Costs 154
System fester Wechselkurse 377, 381, 385, 387
System flexibler Wechselkurse 381
System von Bretton Woods 377, 390
systemisches Risiko 163, 174

Tagesgeldsatz 323, 324, 326
Tauschmittel 4, 13
Taylor-Regel 319, 322-330, 333, 338
TED-Spread 408
Termingeschäft 34
Tobin-q-Theorie 219, 221, 230, 244, 248, 249
too big to fail 408
too big to fail-Politik 202
Transaktionskosten 2, 4, 7, 9, 11, 13, 14, 123
Transaktionsmotiv 84-86, 90
Transmissionsweg 205, 222, 228, 231, 248
Transparenz und Glaubwürdigkeit 355
Transparenz und Vorhersehbarkeit 333
Trennbankensystem 418

Überlassung von Kaufkraft 94, 105
Überraschungsinflation 309, 310, 312-314, 317
Umlaufgeschwindigkeit des Geldes 211
Unabhängigkeit der Zentralbank 41, 51, 52, 55-60, 62, 63
unbarer Zahlungsverkehr 174
ungedeckte Zinsparitäts-Bedingung 364, 376
Unsicherheits(Friedman)-Effekt 101

Vergütungsasymmetrie 165
Vermögensänderungskonto 24-25
Vermögensmärkte 413, 417, 423
Vermögensmarktkurve 372
Vermögensposition 229, 246
Versicherungsfunktion 9
Vertrag von Amsterdam 399
Verwendungsseite des Bruttoinlandsprodukts 210, 211, 217
Vorbehalt, währungspolitischer 381
Vorsichtsmotiv 84
Vorsorgesparen 233
Vorteilhaftigkeitskalkül 228

Währungskorb 381
Währungsreserven 280, 296, 382-384
Währungswettbewerb 44
Wechselkurs 360-364, 367-375
    erwarteter 363, 365, 367, 374
    nominaler 360, 361, 357, 375
    realer 361, 362, 369-371, 375
Wechselkursrisiko 103
Wechselkursziel 380, 381, 385, 391
Werner-Plan 394, 403
Wertaufbewahrungsfunktion 4
Wettbewerbssituation 239
Wirkungsverzögerungen 301-303, 316
Wirtschaftskreislauf 4, 5, 16

Zahlungsverkehr 77-81
Zeitinkonsistenz 304-306, 313, 316, 317
Zentralbanken (ESZB) 44, 47, 63
Zerschlagung von Banken 318
Ziele, operative 319-324, 338, 350, 352
Ziel-Inflationsrate 324
Zielkonflikt 49, 50, 63, 251, 252, 265
Zins-Einkommens-Modell 83, 89, 91
Zins- und Vermögenspreiseffekte 221, 222, 225, 226, 248
Zinsänderungsrisiko 128, 134
Zinsarbitrage 365, 376
Zinsparität 362, 364, 365, 367, 373, 376
Zinstender 288, 289, 297
Zwei-Säulen-Strategie 345, 348, 350, 351, 356
Zwischenziel 319-323, 329, 331, 333, 334, 337, 338
Zwischenziel-Regel 321
Zwischenziel-Strategie 345, 348

Printed in Germany
by Amazon Distribution
GmbH, Leipzig